大学赤本シリーズ

108

大阪大学

文系

文・人間科・外国語・法・経済学部

教学社

は　し　が　き

おかげさまで，大学入試の「赤本」は，今年で創刊 70 周年を迎えました。

これまで，入試問題や資料をご提供いただいた大学関係者各位，掲載許可をいただいた著作権者の皆様，各科目の解答や対策の執筆にあたられた先生方，そして，赤本を使用してくださったすべての読者の皆様に，厚く御礼を申し上げます。

以下に，創刊初期の「赤本」のはしがきを引用します。これからも引き続き，受験生の目標の達成や，夢の実現を応援してまいります。

本書を活用して，入試本番では持てる力を存分に発揮されることを心より願っています。

編者しるす

＊　＊　＊

学問の塔にあこがれのまなざしをもって，それぞれの志望する大学の門をたたかんとしている受験生諸君！　人間として生まれてきた私たちは，自己の欲するままに，美しく，強く，そして何よりも人間らしく生きることをねがっている。しかし，一朝一夕にして，この純粋なのぞみが達せられることはない。私たちの行く手には，絶えずさまざまな試練がまちかまえている。この試練を克服していくところに，私たちのねがう真に人間的な世界がはじめて開かれてくるのである。

人生最初の最大の試練として，諸君の眼前に大学入試がある。この大学入試は，精神的にも身体的にも，大きな苦痛を感ぜしめるであろう。あるスポーツに熟達するには，たゆみなき，はげしい練習を積み重ねることが必要であるように，私たちは，計画的・持続的な努力を払うことによって，この試練を克服し，次の一歩を踏みだすことができる。厳しい試練を経たのちに，はじめて満足すべき成果を獲得できるのである。

本書は最近の入学試験の問題に，それぞれ解答を付し，さらに問題をふかく分析することによって，その大学独特の傾向や対策をさぐろうとした。本書を一般の参考書とあわせて使用し，まとはずれのない，効果的な受験勉強をされるよう期待したい。

（昭和 35 年版「赤本」はしがきより）

挑む人の、いちばんの味方

1954年に大学入試の過去問題集を刊行してから70年。赤本は大学に入りたいと思う受験生を応援しつづけてきました。これからも，苦しいとき落ち込むときにそばで支える存在でいたいと思います。

そして，勉強をすること，自分で道を決めること，努力が実ること，これらの喜びを読者の皆さんが感じることができるよう，伴走をつづけます。

そもそも赤本とは…

受験生のための大学入試の過去問題集！

70年の歴史を誇る赤本は，500点を超える刊行点数で全都道府県の370大学以上を網羅しており，過去問の代名詞として受験生の必須アイテムとなっています。

なぜ受験に過去問が必要なのか？

大学入試は大学によって問題形式や頻出分野が大きく異なるからです。

赤本の掲載内容

傾向と対策

これまでの出題内容から，問題の「**傾向**」を分析し，来年度の入試に向けて具体的な「**対策**」の方法を紹介しています。

問題編・解答編

- 年度ごとに問題とその解答を掲載しています。
- 「**問題編**」ではその年度の試験概要を確認したうえで，実際に出題された過去問に取り組むことができます。
- 「**解答編**」には高校・予備校の先生方による解答が載っています。

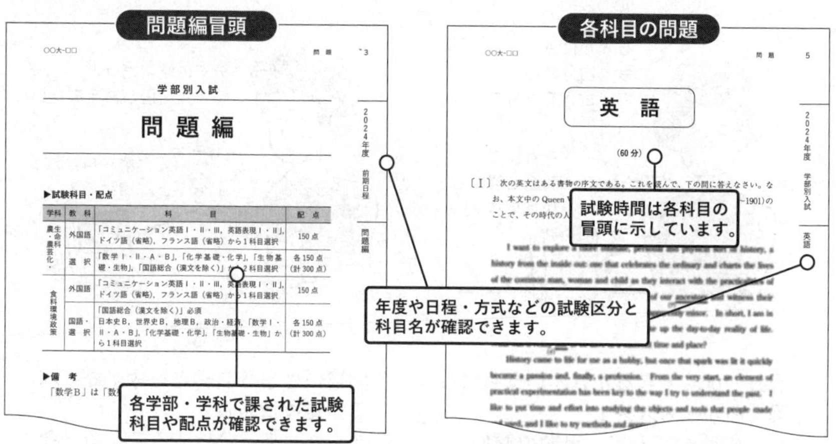

他にも，大学の基本情報や，先輩受験生の合格体験記，在学生からのメッセージなどが載っていることがあります。

掲載内容について

著作権上の理由やその他編集上の都合により問題や解答の一部を割愛している場合があります。
なお，指定校推薦入試，社会人入試，編入学試験，帰国生入試などの特別入試，英語以外の外国語科目，商業・工業科目は，原則として掲載しておりません。また試験科目は変更される場合がありますので，あらかじめご了承ください。

受験勉強は

過去問に始まり，

STEP 1 なにはともあれ

まずは解いてみる

しずかに…
今，自分の心と
向き合ってるんだから

ムーン

それは
問題を解いて
からだホン!

過去問は，**できるだけ早いうちに解く**のがオススメ！
実際に解くことで，**出題の傾向，問題のレベル，今の自分の実力**がつかめます。

STEP 2 じっくり具体的に

弱点を分析する

間違いは自分の弱点を教えてくれる**貴重な情報源。**
弱点から自己分析することで，**今の自分に足りない力や苦手な分野**が見えてくるはず！

合格者があかす赤本の使い方

傾向と対策を熟読
(Fさん／国立大合格)

大学の出題傾向を調べるために，赤本に載っている「傾向と対策」を熟読しました。

繰り返し解く
(Tさん／国立大合格)

１周目は問題のレベル確認，２周目は苦手や頻出分野の確認に，３周目は合格点を目指して，と過去問は繰り返し解くことが大切です。

過去問に終わる。

STEP 3

志望校にあわせて

苦手分野の重点対策

参考書や問題集を活用して，苦手分野の**重点対策**をしていきます。**過去問を指針**に，合格へ向けた具体的な学習計画を立てましょう！

STEP 1 ▶ 2 ▶ 3

サイクルが大事！

実践を繰り返す

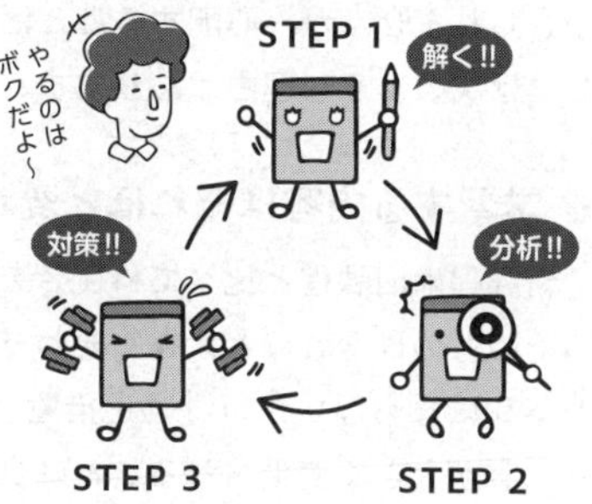

STEP 1～3を繰り返し，実力アップにつなげましょう！
出題形式に慣れることや，**時間配分を考えること**も大切です。

目標点を決める
（Yさん／私立大合格）
赤本によっては合格者最低点が載っているので，それを見て目標点を決めるのもよいです。

時間配分を確認
（Kさん／私立大学合格）
赤本は時間配分や解く順番を決めるために使いました。

添削してもらう
（Sさん／私立大学合格）
記述式の問題は先生に添削してもらうことで自分の弱点に気づけると思います。

新課程入試 Q&A

2022年度から新しい学習指導要領（新課程）での授業が始まり，2025年度の入試は，新課程に基づいて行われる最初の入試となります。ここでは，赤本での新課程入試の対策について，よくある疑問にお答えします。

Q1. 赤本は新課程入試の対策に使えますか？

A. もちろん使えます！

旧課程入試の過去問が新課程入試の対策に役に立つのか疑問に思う人もいるかもしれませんが，心配することはありません。旧課程入試の過去問が役立つのには次のような理由があります。

● 学習する内容はそれほど変わらない

新課程は旧課程と比べて科目名を中心とした変更はありますが，学習する内容そのものはそれほど大きく変わっていません。また，多くの大学で，既卒生が不利にならないよう「経過措置」がとられます（Q３参照）。したがって，出題内容が大きく変更されることは少ないとみられます。

● 大学ごとに出題の特徴がある

これまでに課程が変わったときも，各大学の出題の特徴は大きく変わらないことがほとんどでした。入試問題は各大学のアドミッション・ポリシーに沿って出題されており，過去問にはその特徴がよく表れています。過去問を研究してその大学に特有の傾向をつかめば，最適な対策をとることができます。

出題の特徴の例	・英作文問題の出題の有無 ・論述問題の出題（字数制限の有無や長さ） ・計算過程の記述の有無

新課程入試の対策も，赤本で過去問に取り組むところから始めましょう。

Q2. 赤本を使う上での注意点はありますか？

A. 志望大学の入試科目を確認しましょう。

注意

過去問を解く前に，過去の出題科目（問題編冒頭の表）と 2025 年度の募集要項とを比べて，課される内容に変更がないかを確認しましょう。ポイントは以下のとおりです。科目名が変わっていても，実際は旧課程の内容とほとんど同様のものもあります。

英語・国語	科目名は変更されているが，実質的には変更なし。 ▶▶ **ただし，リスニングや古文・漢文の有無は要確認。**
地歴	科目名が変更され，「歴史総合」「地理総合」が新設。 ▶▶ **新設科目の有無に注意。ただし，「経過措置」(Q3参照)により内容は大きく変わらないことも多い。**
公民	「現代社会」が廃止され，「公共」が新設。 ▶▶ **「公共」は実質的には「現代社会」と大きく変わらない。**
数学	科目が再編され，「数学Ｃ」が新設。 ▶▶ **「数学」全体としての内容は大きく変わらないが，出題科目と単元の変更に注意。**
理科	科目名も学習内容も大きな変更なし。

数学については，科目名だけでなく，どの単元が含まれているかも確認が必要です。例えば，出題科目が次のように変わったとします。

旧課程	「数学Ⅰ・数学Ⅱ・数学Ａ・数学Ｂ（数列・ベクトル）」
新課程	「数学Ⅰ・数学Ⅱ・数学Ａ・**数学Ｂ（数列）**・**数学Ｃ（ベクトル）**」

この場合，新課程では「数学Ｃ」が増えていますが，単元は「ベクトル」のみのため，実質的には旧課程とほぼ同じであり，過去問をそのまま役立てることができます。

Q3. 「経過措置」とは何ですか？

A. 既卒の旧課程履修者への対応です。

多くの大学では，既卒の旧課程履修者が不利にならないように，出題において「経過措置」が実施されます。措置の有無や内容は大学によって異なるので，募集要項や大学のウェブサイトなどで確認しておきましょう。

◯旧課程履修者への経過措置の例

- 旧課程履修者にも配慮した出題を行う。
- 新・旧課程の共通の範囲から出題する。
- 新課程と旧課程の共通の内容を出題し，共通範囲のみでの出題が困難な場合は，旧課程の範囲からの問題を用意し，選択解答とする。

例えば，地歴の出題科目が次のように変わったとします。

旧課程	「日本史 B」「世界史 B」から１科目選択
新課程	「**歴史総合**，日本史探究」「**歴史総合**，世界史探究」から１科目選択※ ※旧課程履修者に不利益が生じることのないように配慮する。

「歴史総合」は新課程で新設された科目で，旧課程履修者には見慣れないものですが，上記のような経過措置がとられた場合，新課程入試でも旧課程と同様の学習内容で受験することができます。

要チェックだホン

新課程の情報は WEB もチェック！
より詳しい解説が赤本ウェブサイトで見られます。
https://akahon.net/shinkatei/

科目名が変更される教科・科目

	旧課程	新課程
国語	国語総合 国語表現 現代文A 現代文B 古典A 古典B	現代の国語 言語文化 論理国語 文学国語 国語表現 古典探究
地歴	日本史A 日本史B 世界史A 世界史B 地理A 地理B	歴史総合 日本史探究 世界史探究 地理総合 地理探究
公民	現代社会 倫理 政治・経済	公共 倫理 政治・経済
数学	数学Ⅰ 数学Ⅱ 数学Ⅲ 数学A 数学B 数学活用	数学Ⅰ 数学Ⅱ 数学Ⅲ 数学A 数学B 数学C
外国語	コミュニケーション英語基礎 コミュニケーション英語Ⅰ コミュニケーション英語Ⅱ コミュニケーション英語Ⅲ 英語表現Ⅰ 英語表現Ⅱ 英語会話	英語コミュニケーションⅠ 英語コミュニケーションⅡ 英語コミュニケーションⅢ 論理・表現Ⅰ 論理・表現Ⅱ 論理・表現Ⅲ
情報	社会と情報 情報の科学	情報Ⅰ 情報Ⅱ

大学のサイトも見よう

目　次

解答編　※問題編は別冊

2024 年度

2023 年度

2022 年度

🔊外国語学部の英語リスニング問題の音声を専用サイトにて配信しています（2021・2023・2024 年度は省略／配信期間：2025 年 3 月末まで）。詳しくは，別冊問題編の目次をご覧ください。

掲載内容についてのお断り

著作権の都合上，以下の内容を省略しています。

2024 年度：外国語学部「英語」大問〔V〕（リスニング）スクリプト（放送内容）・全訳

2023 年度：外国語学部「英語」大問〔V〕（リスニング）スクリプト（放送内容）・全訳

2021 年度：外国語学部「英語」大問〔V〕（リスニング）スクリプト（放送内容）・全訳

基本情報

沿革

1838（天保 9）	緒方洪庵，適塾創設
1931（昭和 6）	医学部と理学部 2 学部からなる大阪帝国大学創設
1933（昭和 8）	大阪工業大学を吸収して工学部を設置
1947（昭和 22）	大阪大学と改称
1949（昭和 24）	学制改革により文・法経・理・医・工の 5 学部からなる新制大阪大学として新たなスタート
1951（昭和 26）	医学部から歯学部が分立
1955（昭和 30）	薬学部を設置
1961（昭和 36）	基礎工学部を設置
1972（昭和 47）	人間科学部を設置
2004（平成 16）	国立大学法人大阪大学となる
2007（平成 19）	大阪外国語大学と統合し，外国語学部を設置

 学部・学科の構成

大　学

(※) 共通教育を担当する全学教育推進機構が豊中キャンパスにあるため，新入生は入学後約１年または１年半を豊中キャンパスで学ぶことになる。

●**文学部**　豊中キャンパス

人文学科（専修：哲学・思想文化学，倫理学，中国哲学，インド哲学，日本史学，東洋史学，西洋史学，考古学，日本学，人文地理学，日本語学，日本文学・国語学，比較文学，中国文学，英米文学・英語学，ドイツ文学，フランス文学，美学・文芸学，音楽学・演劇学，美術史学）

●**人間科学部**　吹田キャンパス※

人間科学科（学科目：行動学，社会学，教育学，共生学）

●**外国語学部**　箕面キャンパス※

外国語学科（専攻：中国語，朝鮮語，モンゴル語，インドネシア語，フィリピン語，タイ語，ベトナム語，ビルマ語，ヒンディー語，ウルドゥー語，アラビア語，ペルシア語，トルコ語，スワヒリ語，ロシア語，ハンガリー語，デンマーク語，スウェーデン語，ドイツ語，英語，フランス語，イタリア語，スペイン語，ポルトガル語，日本語）

●**法学部**　豊中キャンパス

法学科

国際公共政策学科

●**経済学部**　豊中キャンパス

経済・経営学科

●**理学部**　豊中キャンパス

数学科（学科目：数学）

物理学科（学科目：物理学，宇宙地球科学）

化学科（学科目：化学，高分子科学）

生物科学科（生物科学コース，生命理学コース）

●**医学部**　吹田キャンパス※

医学科

保健学科（専攻：看護学，放射線技術科学，検査技術科学）

●**歯学部**　吹田キャンパス※

歯学科

●**薬学部**　吹田キャンパス※

薬学科［6年制］（先進研究コース，Pharm.D コース，薬学研究コース）

●**工学部**　吹田キャンパス※

応用自然科学科（学科目：応用化学，バイオテクノロジー，物理工学，応用物理学）

応用理工学科（学科目：機械工学，マテリアル生産科学〈マテリアル科学コース，生産科学コース〉）

電子情報工学科（学科目：電気電子工学〈電気工学コース，量子情報エレクトロニクスコース〉，情報通信工学〈通信工学コース，情報システム工学コース〉）

環境・エネルギー工学科（学科目：環境工学〈環境工学コース〉，エネルギー量子工学〈エネルギー量子工学コース〉）

地球総合工学科（学科目：船舶海洋工学，社会基盤工学，建築工学）

●**基礎工学部**　豊中キャンパス

電子物理科学科（エレクトロニクスコース，物性物理科学コース）

化学応用科学科（合成化学コース，化学工学コース）

システム科学科（機械科学コース，知能システム学コース，生物工学コース）

情報科学科（計算機科学コース，ソフトウェア科学コース，数理科学コース）

（備考）専攻・コース・学科目等に分属する年次はそれぞれで異なる。

大学院

人文学研究科 / 人間科学研究科 / 法学研究科 / 経済学研究科 / 理学研究科 / 医学系研究科 / 歯学研究科 / 薬学研究科 / 工学研究科 / 基礎工学研究科 / 国際公共政策研究科 / 情報科学研究科 / 生命機能研究科 / 高等司法研究科（法科大学院）/ 大阪大学・金沢大学・浜松医科大学・千葉大学・福井大学連合小児発達学研究科

大学所在地

豊中キャンパス

吹田キャンパス

箕面キャンパス

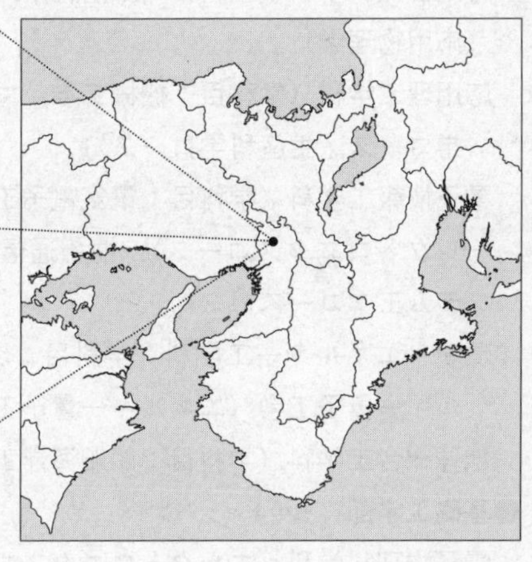

豊中キャンパス　大阪府豊中市待兼山町 1
吹田キャンパス　大阪府吹田市山田丘
箕面キャンパス　大阪府箕面市船場東 3-5-10

※豊中・吹田の両キャンパスは，学部によって郵便番号・番地が異なる（学部ごとの住所は，「募集要項（出願書類）の入手方法」の項を参照）。

入試データ

入試状況（志願者数・競争率など）

○理学部，工学部および基礎工学部の志願者数および受験者数は，第一志望学科の人数を示す。

○競争率は受験者数÷合格者数で算出。

2024 年度 入試状況

※歯学部の合格者数は前期日程 2 名の，薬学部の合格者数は前期日程 3 名の追加合格者を含む。

●前期日程

学部・学科・専攻（コース）		募集人員	志願者数	受験者数	合格者数	競争率
文		135	378	354	135	2.6
人間科		115	261	253	115	2.2
外国語	中国語	33	70	68	37	1.8
	朝鮮語	16	46	35	16	2.2
	モンゴル語	16	79	35	19	1.8
	インドネシア語	16	47	37	19	1.9
	フィリピン語	16	40	36	18	2.0
	タイ語	16	25	22	16	1.4
	ベトナム語	16	46	36	19	1.9
	ビルマ語	16	42	37	18	2.1
	ヒンディー語	16	40	37	19	1.9
	ウルドゥー語	16	27	27	19	1.4
	アラビア語	21	50	47	25	1.9
	ペルシア語	16	36	36	19	1.9
	トルコ語	16	26	24	18	1.3
	スワヒリ語	16	32	32	19	1.7
	ロシア語	21	64	49	25	2.0
	ハンガリー語	16	43	36	19	1.9

（表つづく）

学部・学科・専攻（コース）			募集人員	志願者数	受験者数	合格者数	競争率
外国語	デンマーク語		16	30	27	16	1.7
	スウェーデン語		16	30	27	16	1.7
	ドイツ語		27	67	61	30	2.0
	英語		54	154	127	58	2.2
	フランス語		21	61	51	26	2.0
	イタリア語		16	40	38	19	2.0
	スペイン語		27	77	62	32	1.9
	ポルトガル語		21	54	50	25	2.0
	日本語		24	70	53	24	2.2
法	法		153	377	363	160	2.3
	国際公共政策		72	164	153	75	2.0
経済			198	586	553	198	2.8
理	数		42	121	116	49	2.4
	物理		66	206	198	72	2.8
	化		69	184	179	75	2.4
	生物科	生物科学	26	90	87	31	2.8
		生命理学	22	56	55	23	2.4
医	医		92	256	238	93	2.6
	保健	看護学	70	131	108	71	1.5
		放射線技術科学	34	100	92	35	2.6
		検査技術科学	36	91	88	40	2.2
歯			48	126	116	50	2.3
薬			65	161	147	74	2.0
工	応用自然科		195	437	410	196	2.1
	応用理工		223	479	459	228	2.0
	電子情報工		145	458	447	146	3.1
	環境・エネルギー工		67	155	153	70	2.2
	地球総合工		106	257	246	109	2.3
基礎工	電子物理科		90	155	145	90	1.6
	化学応用科		75	118	112	75	1.5
	システム科		151	317	296	151	2.0
	情報科		74	236	227	74	3.1

2023年度 入試状況

※歯学部の合格者数は前期日程２名の追加合格者を含む。また，一般選抜前期日程においては，追試験受験者２名を含む（基礎工学部２名）。

●前期日程

学部・学科・専攻（コース）		募集人員	志願者数	受験者数	合格者数	競争率
文		135	410	392	135	2.9
人間科		115	241	232	117	2.0
外国語	中国語	36	65	61	41	1.5
	朝鮮語	16	49	48	17	2.8
	モンゴル語	16	58	58	19	3.1
	インドネシア語	10	10	10	10	1.0
	フィリピン語	10	35	35	13	2.7
	タイ語	13	37	37	16	2.3
	ベトナム語	13	23	23	16	1.4
	ビルマ語	16	35	35	19	1.8
	ヒンディー語	16	54	53	19	2.8
	ウルドゥー語	16	41	41	19	2.2
	アラビア語	22	40	39	26	1.5
	ペルシア語	16	41	38	19	2.0
	トルコ語	16	31	31	19	1.6
	スワヒリ語	16	40	40	19	2.1
	ロシア語	22	41	40	27	1.5
	ハンガリー語	13	33	33	16	2.1
	デンマーク語	16	45	44	18	2.4
	スウェーデン語	16	30	27	17	1.6
	ドイツ語	30	71	70	35	2.0
	英語	54	114	108	58	1.9
	フランス語	22	49	47	24	2.0
	イタリア語	16	29	28	19	1.5
	スペイン語	31	72	69	36	1.9
	ポルトガル語	26	93	92	31	3.0
	日本語	27	50	48	29	1.7
法	法	153	447	430	162	2.7
	国際公共政策	72	123	115	71	1.6
経済		198	637	607	200	3.0

（表つづく）

学部・学科・専攻（コース）			募集人員	志願者数	受験者数	合格者数	競争率
理	数		42	113	110	50	2.2
	物理		66	164	160	74	2.2
	化		69	172	169	73	2.3
	生物科	生物科学	26	98	94	28	3.4
		生命理学	22	52	51	24	2.1
医	医		92	235	223	94	2.4
	保健	看護学	72	125	105	75	1.4
		放射線技術科学	36	108	101	37	2.7
		検査技術科学	36	99	93	40	2.3
歯			48	105	100	50	2.0
薬			65	190	149	68	2.2
工	応用自然科		195	427	403	195	2.1
	応用理工		223	504	483	229	2.1
	電子情報工		145	420	401	146	2.7
	環境・エネルギー工		67	163	158	68	2.3
	地球総合工		106	271	262	110	2.4
基礎工	電子物理科		90	223	216	90	2.4
	化学応用科		75	218	208	75	2.8
	システム科		151	373	357	151	2.4
	情報科		74	294	280	74	3.8

2022 年度 入試状況

※文学部の合格者数は前期日程１名の，歯学部の合格者数は前期日程３名の，薬学部の合格者数は前期日程１名の追加合格者を含む。また，一般選抜前期日程においては，追試験受験者６名を含む（外国語学部３名，法学部１名，経済学部１名，工学部１名）。

●前期日程

学部・学科・専攻（コース）		募集人員	志願者数	受験者数	合格者数	競争率
文		135	373	350	138	2.5
人間科		115	302	268	117	2.3
外国語	中国語	36	86	84	42	2.0
	朝鮮語	16	48	46	19	2.4
	モンゴル語	16	45	44	19	2.3
	インドネシア語	10	25	24	13	1.8
	フィリピン語	10	33	32	13	2.5
	タイ語	13	28	27	16	1.7
	ベトナム語	13	41	40	16	2.5
	ビルマ語	16	45	44	19	2.3
	ヒンディー語	16	36	35	19	1.8
	ウルドゥー語	16	49	48	19	2.5
	アラビア語	22	44	44	27	1.6
	ペルシア語	16	36	35	19	1.8
	トルコ語	16	50	48	19	2.5
	スワヒリ語	16	37	37	20	1.9
	ロシア語	22	47	43	26	1.7
	ハンガリー語	13	36	36	16	2.3
	デンマーク語	16	52	52	19	2.7
	スウェーデン語	16	49	49	19	2.6
	ドイツ語	30	69	68	37	1.8
	英語	54	136	134	61	2.2
	フランス語	22	51	51	27	1.9
	イタリア語	16	33	32	19	1.7
	スペイン語	31	64	63	36	1.8
	ポルトガル語	26	69	69	31	2.2
	日本語	27	61	58	29	2.0
法	法	153	389	372	161	2.3
	国際公共政策	72	164	155	76	2.0
経済		198	651	607	202	3.0

（表つづく）

学部・学科・専攻（コース）			募集人員	志願者数	受験者数	合格者数	競争率
理	数		42	137	131	48	2.7
	物理		66	185	183	75	2.4
	化		69	205	201	73	2.8
	生物科	生物科学	25	93	91	31	2.9
		生命理学	20	43	42	23	1.8
医	医		95	260	238	99	2.4
	保健	看護学	72	147	131	74	1.8
		放射線技術科学	36	114	109	38	2.9
		検査技術科学	36	91	86	41	2.1
歯			48	120	110	55	2.0
薬			65	184	154	71	2.2
工	応用自然科		195	448	423	203	2.1
	応用理工		223	578	558	239	2.3
	電子情報工		145	479	456	150	3.0
	環境・エネルギー工		67	162	160	74	2.2
	地球総合工		106	254	250	117	2.1
基礎工	電子物理科		90	168	161	93	1.7
	化学応用科		75	142	131	76	1.7
	システム科		151	294	284	153	1.9
	情報科		74	248	238	76	3.1

2021 年度 入試状況

※法学部法学科の合格者数は前期日程 6 名の，歯学部の合格者数は前期日程 3 名の，薬学部の合格者数は前期日程 1 名の追加合格者を含む。また，一般選抜前期日程においては，追試験受験者 2 名を含む（外国語学部 1 名，経済学部 1 名）。

●前期日程

学部・学科・専攻（コース）		募集人員	志願者数	受験者数	合格者数	競争率
文		135	420	389	138	2.8
人間科		115	247	239	117	2.0
外国語	中国語	36	96	95	41	2.3
	朝鮮語	16	56	55	19	2.9
	モンゴル語	16	29	28	19	1.5
	インドネシア語	10	23	23	13	1.8
	フィリピン語	10	23	23	12	1.9
	タイ語	13	29	28	16	1.8
	ベトナム語	13	33	33	15	2.2
	ビルマ語	16	45	44	19	2.3
	ヒンディー語	16	46	46	19	2.4
	ウルドゥー語	16	53	53	19	2.8
	アラビア語	22	66	64	24	2.7
	ペルシア語	16	44	43	19	2.3
	トルコ語	16	39	38	18	2.1
	スワヒリ語	16	38	37	18	2.1
	ロシア語	22	44	43	27	1.6
	ハンガリー語	13	31	31	16	1.9
	デンマーク語	16	31	31	19	1.6
	スウェーデン語	16	34	32	17	1.9
	ドイツ語	30	65	63	35	1.8
	英語	54	115	112	61	1.8
	フランス語	22	47	44	25	1.8
	イタリア語	16	42	41	19	2.2
	スペイン語	31	68	65	36	1.8
	ポルトガル語	26	70	68	30	2.3
	日本語	27	83	81	30	2.7
法	法	153	304	292	163	1.8
	国際公共政策	72	127	118	74	1.6
経済		198	540	515	203	2.5

（表つづく）

学部・学科・専攻（コース）			募集人員	志願者数	受験者数	合格者数	競争率
理	数		42	125	123	51	2.4
	物理		66	175	173	73	2.4
	化		69	184	178	74	2.4
	生物科	生物科学	25	90	86	29	3.0
		生命理学	20	57	53	24	2.2
医	医		95	233	217	95	2.3
	保健	看護学	72	106	94	72	1.3
		放射線技術科学	36	55	51	36	1.4
		検査技術科学	36	64	61	42	1.5
歯			48	122	115	51	2.3
薬			65	151	136	67	2.0
工	応用自然科		195	449	426	202	2.1
	応用理工		223	481	465	241	1.9
	電子情報工		145	378	370	148	2.5
	環境・エネルギー工		67	133	127	70	1.8
	地球総合工		106	261	249	114	2.2
基礎工	電子物理科		90	213	206	93	2.2
	化学応用科		75	159	149	77	1.9
	システム科		151	389	374	154	2.4
	情報科		74	278	270	75	3.6

2020 年度 入試状況

※外国語学部の合格者数は前期日程 4 名の，歯学部の合格者数は前期日程 1 名の追加合格者を含む。

●前期日程

学部・学科・専攻（コース）		募集人員	志願者数	受験者数	合格者数	競争率
文		135	391	372	138	2.7
人間科		115	253	247	116	2.1
外国語	中国語	36	87	84	42	2.0
	朝鮮語	16	55	41	19	2.2
	モンゴル語	16	59	40	20	2.0
	インドネシア語	10	42	24	12	2.0
	フィリピン語	10	42	25	13	1.9
	タイ語	13	34	33	16	2.1
	ベトナム語	13	37	32	16	2.0
	ビルマ語	16	64	41	19	2.2
	ヒンディー語	16	45	39	19	2.1
	ウルドゥー語	16	51	41	20	2.1
	アラビア語	22	62	55	26	2.1
	ペルシア語	16	60	40	19	2.1
	トルコ語	16	46	40	20	2.0
	スワヒリ語	16	47	40	20	2.0
	ロシア語	22	56	54	26	2.1
	ハンガリー語	13	39	33	16	2.1
	デンマーク語	16	39	39	19	2.1
	スウェーデン語	16	37	36	18	2.0
	ドイツ語	30	69	68	35	1.9
	英語	54	148	132	58	2.3
	フランス語	22	70	55	26	2.1
	イタリア語	16	43	41	19	2.2
	スペイン語	31	79	78	37	2.1
	ポルトガル語	26	65	62	30	2.1
	日本語	27	77	65	29	2.2
法	法	153	287	283	165	1.7
	国際公共政策	72	132	123	74	1.7
経済		198	616	591	218	2.7

（表つづく）

学部・学科・専攻（コース）			募集人員	志願者数	受験者数	合格者数	競争率
理	数		42	155	153	50	3.1
	物理		66	205	202	75	2.7
	化		69	194	190	77	2.5
	生物科	生物科学	25	69	63	30	2.1
		生命理学	20	41	38	25	1.5
医	医		95	279	267	96	2.8
	保健	看護学	72	116	99	72	1.4
		放射線技術科学	36	75	67	36	1.9
		検査技術科学	36	97	94	44	2.1
歯			48	99	96	54	1.8
薬			65	227	215	70	3.1
工	応用自然科		195	457	437	209	2.1
	応用理工		223	539	525	236	2.2
	電子情報工		145	438	431	144	3.0
	環境・エネルギー工		67	140	135	75	1.8
	地球総合工		106	282	274	115	2.4
基礎工	電子物理科		90	180	170	91	1.9
	化学応用科		75	145	140	75	1.9
	システム科		151	358	338	153	2.2
	情報科		74	234	223	75	3.0

合格者最低点・平均点

○経済学部前期日程について：

A配点での最低点, 平均点とは, 合格者のうち, A配点での上位65位以内の者の最低点, 平均点である。

B配点での最低点, 平均点とは, 合格者のうち, B配点での上位65位以内の者の最低点, 平均点である。

C配点での最低点, 平均点とは, 合格者のうち, C配点で合格となった者の最低点, 平均点である。

2024年度 合格者最低点・平均点

学部・学科・専攻（コース）		前期日程 配点	最低点	平均点
文		650	429.05	453.34
人間科		1,200	777.00	824.00
外国語	中国語	650	351.82	393.77
	朝鮮語		388.26	407.83
	モンゴル語		306.91	358.50
	インドネシア語		321.78	368.73
	フィリピン語		327.99	365.22
	タイ語		283.12	338.07
	ベトナム語		336.02	364.66
	ビルマ語		305.25	329.78
	ヒンディー語		330.25	369.01
	ウルドゥー語		278.13	329.30
	アラビア語		329.06	381.46
	ペルシア語		343.89	376.01
	トルコ語		339.55	370.11
	スワヒリ語		322.38	379.44
	ロシア語		345.62	374.34
	ハンガリー語		352.86	392.34
	デンマーク語		337.43	386.13
	スウェーデン語		323.57	389.23

（表つづく）

学部・学科・専攻（コース）			前期日程 配点	前期日程 最低点	前期日程 平均点
外国語	ドイツ語		650	362.90	403.22
	英語			393.70	420.93
	フランス語			400.30	423.20
	イタリア語			360.81	396.13
	スペイン語			369.01	405.87
	ポルトガル語			333.63	375.09
	日本語			355.74	392.84
法	法		900	581.50	611.70
	国際公共政策			598.00	635.43
経	済	A配点	600	490.76	501.67
		B配点		364.89	384.48
		C配点		398.68	408.14
理	数		1,000	590.50	644.83
	物理			578.00	625.93
	化			571.12	605.32
	生物科	生物科学		591.37	628.16
		生命理学		568.75	611.92
医	医		2,000	1,404.00	1,497.69
	保健	看護学	1,000	606.10	648.76
		放射線技術科学	1,100	618.55	660.44
		検査技術科学	1,100	632.25	669.65
歯			1,650	993.00	1,068.92
薬			1,100	650.12	707.69
工	応用自然科		1,000	573.12	616.93
	応用理工			575.11	616.91
	電子情報工			592.12	639.60
	環境・エネルギー工			571.87	612.62
	地球総合工			573.37	617.35
基礎工	電子物理科		1,000	577.42	617.85
	化学応用科			571.47	611.45
	システム科			595.10	637.56
	情報科			629.60	672.14

（備考）追加合格者は含まない。

2023 年度 合格者最低点・平均点

学部・学科・専攻（コース）			前期日程		
			配点	最低点	平均点
文			650	461.07	483.53
人間科			1,200	872.00	922.33
外国語	中国語		650	359.34	408.49
	朝鮮語			390.16	406.07
	モンゴル語			360.68	374.73
	インドネシア語			197.01	348.49
	フィリピン語			357.43	384.54
	タイ語			368.43	394.70
	ベトナム語			322.25	372.84
	ビルマ語			317.53	350.95
	ヒンディー語			355.75	381.57
	ウルドゥー語			339.78	374.14
	アラビア語			315.55	370.79
	ペルシア語			324.32	358.50
	トルコ語			342.00	378.37
	スワヒリ語			341.16	372.97
	ロシア語			320.07	360.37
	ハンガリー語			349.25	389.61
	デンマーク語			383.59	409.65
	スウェーデン語			365.65	410.73
	ドイツ語			374.05	406.21
	英語			364.68	402.31
	フランス語			371.49	405.88
	イタリア語			349.39	379.90
	スペイン語			354.49	393.11
	ポルトガル語			344.95	372.63
	日本語			334.96	382.33
法	法		900	656.00	685.95
	国際公共政策			624.75	670.21
経済		A配点	600	494.60	508.46
		B配点		433.50	455.75
		C配点		435.07	445.70

（表つづく）

学部・学科・専攻（コース）			前期日程 配点	最低点	平均点
理	数		1,000	587.37	653.51
	物理			572.12	631.71
	化			568.00	613.61
	生物科	生物科学		590.62	634.77
		生命理学		557.75	589.97
医	医		2,000	1508.50	1601.79
	保健	看護学	1,000	634.60	698.17
		放射線技術科学	1,100	611.05	653.76
		検査技術科学	1,100	635.35	672.34
歯			1,650	983.50	1098.93
薬			1,100	685.10	728.06
工	応用自然科		1,000	569.62	612.95
	応用理工			571.74	613.19
	電子情報工			592.50	637.17
	環境・エネルギー工			571.49	616.72
	地球総合工			575.74	627.80
基礎工	電子物理科		1,000	595.27	631.54
	化学応用科			592.45	630.29
	システム科			609.19	644.85
	情報科			647.15	688.71

（備考）追加合格者は含まない。

2022 年度 合格者最低点・平均点

学部・学科・専攻（コース）			前期日程 配点	前期日程 最低点	前期日程 平均点
文			650	446.12	468.55
人間科			1,200	875.00	917.59
外国語	中国語		650	400.08	433.65
	朝鮮語			413.05	432.36
	モンゴル語			360.01	392.14
	インドネシア語			395.97	424.86
	フィリピン語			369.08	409.05
	タイ語			364.91	420.65
	ベトナム語			385.93	421.37
	ビルマ語			366.90	392.86
	ヒンディー語			360.09	396.79
	ウルドゥー語			387.13	406.83
	アラビア語			376.50	405.90
	ペルシア語			368.55	414.60
	トルコ語			386.26	422.51
	スワヒリ語			374.03	410.09
	ロシア語			379.68	413.75
	ハンガリー語			386.61	414.51
	デンマーク語			411.71	430.87
	スウェーデン語			423.03	440.83
	ドイツ語			410.01	444.56
	英語			436.44	460.61
	フランス語			422.70	450.56
	イタリア語			400.97	437.54
	スペイン語			400.05	440.10
	ポルトガル語			392.20	417.80
	日本語			405.43	434.34
法	法		900	646.00	676.93
	国際公共政策			669.50	708.85
経済		A配点	600	480.00	490.92
		B配点		450.73	465.46
		C配点		430.48	442.72

（表つづく）

学部・学科・専攻（コース）			前期日程 配点	前期日程 最低点	前期日程 平均点
理	数		1,000	608.87	669.67
	物理			578.25	636.26
	化			576.25	627.15
	生物科	生物科学		574.50	614.07
		生命理学		553.00	583.26
医	医		2,000	1504.25	1598.08
	保健	看護学	1,000	648.20	687.20
		放射線技術科学	1,100	579.75	641.48
		検査技術科学	1,100	619.35	669.38
歯			1,650	1000.50	1081.00
薬			1,100	675.35	735.53
工	応用自然科		1,000	562.99	617.27
	応用理工			574.00	620.54
	電子情報工			605.24	652.11
	環境・エネルギー工			562.74	606.58
	地球総合工			567.11	616.96
基礎工	電子物理科		1,000	571.34	616.11
	化学応用科			552.22	607.94
	システム科			588.67	635.35
	情報科			628.99	677.43

（備考）追加合格者は含まない。

2021 年度 合格者最低点・平均点

学部・学科・専攻（コース）			前期日程 配点	前期日程 最低点	前期日程 平均点
文			650	445.15	467.77
人間科			1,200	833.75	882.80
外国語	中国語		650	381.80	412.94
	朝鮮語			403.65	422.27
	モンゴル語			310.50	346.00
	インドネシア語			371.28	393.85
	フィリピン語			341.69	370.06
	タイ語			345.01	387.20
	ベトナム語			362.09	395.17
	ビルマ語			354.65	378.66
	ヒンディー語			368.82	397.59
	ウルドゥー語			345.18	371.53
	アラビア語			373.80	403.97
	ペルシア語			351.40	376.88
	トルコ語			357.90	392.54
	スワヒリ語			340.95	370.15
	ロシア語			356.99	392.52
	ハンガリー語			342.43	373.14
	デンマーク語			349.53	377.12
	スウェーデン語			353.74	395.76
	ドイツ語			369.19	398.09
	英語			377.40	413.17
	フランス語			385.19	416.79
	イタリア語			383.15	403.11
	スペイン語			388.11	414.26
	ポルトガル語			372.32	392.71
	日本語			378.76	396.28
法	法		900	602.75	644.56
	国際公共政策			616.00	664.18
経済		A配点	600	500.46	513.13
		B配点		392.32	413.73
		C配点		409.64	423.79

（表つづく）

学部・学科・専攻（コース）			前期日程		
			配点	最低点	平均点
理	数		1,000	589.12	646.26
	物理			584.62	640.92
	化			578.37	617.84
	生物科	生物科学		581.25	629.46
		生命理学		571.87	606.63
医	医		2,000	1454.50	1560.00
	保健	看護学	1,000	646.10	708.24
		放射線技術科学	1,100	571.25	669.17
		検査技術科学	1,100	578.45	689.07
歯			1,650	1020.00	1098.57
薬			1,100	689.62	741.91
工	応用自然科		1,000	555.49	605.06
	応用理工			554.37	606.01
	電子情報工			579.74	632.90
	環境・エネルギー工			555.87	601.09
	地球総合工			559.49	612.12
基礎工	電子物理科		1,000	596.19	634.64
	化学応用科			582.52	618.61
	システム科			599.45	643.78
	情報科			630.89	680.71

（備考）追加合格者は含まない。

2020 年度 合格者最低点・平均点

学部・学科・専攻（コース）			前期日程		
			配点	最低点	平均点
文			650	459.80	483.24
人間科			1,200	933.56	979.14
外国語	中国語		650	412.65	439.05
	朝鮮語			395.75	420.17
	モンゴル語			379.43	411.59
	インドネシア語			409.87	432.69
	フィリピン語			391.82	415.69
	タイ語			384.66	410.29
	ベトナム語			381.34	406.22
	ビルマ語			378.70	401.94
	ヒンディー語			371.71	395.33
	ウルドゥー語			367.06	394.34
	アラビア語			383.16	416.00
	ペルシア語			384.45	413.18
	トルコ語			385.93	412.19
	スワヒリ語			382.36	406.92
	ロシア語			402.15	430.01
	ハンガリー語			394.64	424.64
	デンマーク語			402.49	427.45
	スウェーデン語			399.29	432.60
	ドイツ語			411.53	437.20
	英語			427.07	458.42
	フランス語			425.74	443.61
	イタリア語			378.77	417.39
	スペイン語			402.02	434.30
	ポルトガル語			387.99	407.94
	日本語			397.63	429.45
法	法		900	676.12	711.51
	国際公共政策			684.87	727.48
経済		A配点	600	516.92	528.02
		B配点		477.91	493.74
		C配点		468.52	479.56

（表つづく）

学部・学科・専攻（コース）			前期日程		
			配点	最低点	平均点
理	数		1,000	649.40	695.03
	物理			615.05	661.05
	化			595.70	647.54
	生物科	生物科学		586.00	633.36
		生命理学		587.35	625.49
医	医		2,000	1561.90	1657.07
	保健	看護学	1,000	692.30	741.72
		放射線技術科学	1,100	640.30	694.75
		検査技術科学	1,100	647.00	694.36
歯			1,250	793.60	877.63
薬			1,050	710.05	758.79
工	応用自然科		1,000	607.75	653.66
	応用理工			619.50	673.86
	電子情報工			642.80	687.74
	環境・エネルギー工			606.45	651.76
	地球総合工			612.05	661.03
基礎工	電子物理科		1,000	605.72	657.34
	化学応用科			596.49	637.59
	システム科			614.19	670.59
	情報科			637.70	691.67

（備考）追加合格者は含まない。

募集要項（出願書類）の入手方法

一般選抜は「Web 出願」のため，募集要項については紙の冊子は作成されません。詳細は大学のホームページでご確認ください。

なお，学部・学科等の紹介冊子が発行されています。紹介冊子の請求方法・請求先については大学のホームページでご確認ください。

問い合わせ先

大阪大学 教育・学生支援部入試課
〒565-0871 大阪府吹田市山田丘 1-1
TEL 06-6879-7097
ホームページ https://www.osaka-u.ac.jp/

※問い合わせは，原則として志願者本人が行ってください。
月～金（祝日，年末年始を除く） 9：00～12：00，13：00～17：00

大阪大学のテレメールによる資料請求方法

スマートフォンから　QRコードからアクセスしガイダンスに従ってご請求ください。
パソコンから　教学社 赤本ウェブサイト(akahon.net)から請求できます。

●学部等所在地

地区	学部等名	所在地	
吹田キャンパス	入試課	〒565-0871　吹田市山田丘 1-1	☎ 06(6877)5111 (代表)
	人間科学部	〒565-0871　吹田市山田丘 1-2	
	薬学部	〒565-0871　吹田市山田丘 1-6	
	工学部	〒565-0871　吹田市山田丘 2-1	
	医学部(医学科)	〒565-0871　吹田市山田丘 2-2	☎ 06(6879)5111 (代表)
	医学部(保健学科)	〒565-0871　吹田市山田丘 1-7	
	歯学部	〒565-0871　吹田市山田丘 1-8	
豊中キャンパス	文学部	〒560-8532　豊中市待兼山町 1-5	☎ 06(6850)6111 (代表)
	法学部	〒560-0043　豊中市待兼山町 1-6	
	経済学部	〒560-0043　豊中市待兼山町 1-7	
	理学部	〒560-0043　豊中市待兼山町 1-1	
	基礎工学部	〒560-8531　豊中市待兼山町 1-3	
	全学教育推進機構	〒560-0043　豊中市待兼山町 1-16	
箕面キャンパス	外国語学部	〒562-8678　箕面市船場東 3-5-10	☎ 072(730)5111 (代表)

合格体験記
募集

2025 年春に入学される方を対象に，本大学の「合格体験記」を募集します。お寄せいただいた合格体験記は，編集部で選考の上，小社刊行物やウェブサイト等に掲載いたします。お寄せいただいた方には小社規定の謝礼を進呈いたしますので，ふるってご応募ください。

応募方法

下記 URL または QR コードより応募サイトにアクセスできます。
ウェブフォームに必要事項をご記入の上，ご応募ください。
折り返し執筆要領をメールにてお送りします。
※入学が決まっている一大学のみ応募できます。

☞ http://akahon.net/exp/

応募の締め切り

総合型選抜・学校推薦型選抜 ……… 2025年 2 月 23日
私立大学の一般選抜 ……… 2025年 3 月 10日
国公立大学の一般選抜 ……… 2025年 3 月 24日

受験にまつわる川柳を募集します。
入選者には賞品を進呈！
ふるってご応募ください。

応募方法　http://akahon.net/senryu/　にアクセス！☞

気になること、聞いてみました！

在学生メッセージ

大学ってどんなところ？ 大学生活ってどんな感じ？
ちょっと気になることを，在学生に聞いてみました。

以下の内容は2020～2023年度入学生のアンケート回答に基づくものです。ここで触れられている内容は今後変更となる場合もありますのでご注意ください。

メッセージを書いてくれた先輩　［外国語学部］M.I.さん　T.A.さん　［理学部］N.H.さん　［薬学部］C.I.さん　［工学部］K.N.さん　［基礎工学部］N.H.さん

Message from current students

大学生になったと実感！

自由に活動できる幅が広がること，そして，所属するコミュニティーや友人関係を自由に選ぶことができるようになるということです。高校までは，決まったクラスのなかであったり，部活動などで友人を作ることが多いのでそれは大きく変わったと思う点ですね。（K.N.さん／工）

自由な時間が増えた分，責任が伴うということ。高校ではある程度決まったレールに乗って勉強や部活などをすることが多いが，大学では勉強も部活もアルバイトもやるかやらないかは自身の自由である。しかし，自由であるからと楽ばかりしていれば怠けた人間になってしまうという危機感がいつも伴う。大学生活を怠けて過ごすか充実させるかは自分次第という責任を感じる。（T.A.さん／外国語）

バイトができるようになったことです。通っていた高校ではアルバイトは禁止されていました。大学に入学してからアルバイトを始めてみて，最初は慣れなくて苦戦しましたが，ビジネスマナーや敬語などを知ることができました。それと，授業形態が高校と大きく違うところです。良く言えば自由なのですが，何の授業をどの時間に取るかを自分で管理・登録しないといけないし，授業はあくまで自分の勉強のサポートのような感じで進められるので予習をしないといけないなど，高校とは全然違っていて驚きました。（C.I. さん／薬）

大学生活に必要なもの

ノートパソコンです。ほとんどの授業においてオンラインで資料が配付されるので，パソコンがないとかなり不便です。決して安いものではないので，４年間後悔することのないものを選んで購入してください。また，スケジュール帳も必需品です。履修登録や課題・書類等の提出，遊びやバイトの予定などをきちんと把握しておくためにも購入をおすすめします。（M.I. さん／外国語）

自分で自分を律することができる力だと思います。大学に入ってからは，授業の選択ができるようになり幅が広がる一方で，すべてのことは自己責任となってしまうため，課題や授業のスケジュール管理を自分自身でやっていかなくてはならなくなります。僕自身はメモ帳やリマインダーアプリ，カレンダーなどを活用して管理しています。（K.N. さん／工）

この授業がおもしろい！

「学問への扉」という探究型の少人数制の授業です。文系は理系の，理系は文系の学びにも触れて知識の領域を広げるという授業なのですが，少人数ゆえにアットホームな雰囲気で学べますし，興味深いクラスが数多く開講されていて，楽しく受講できました。（M.I. さん／外国語）

ギリシア神話の授業がおもしろかった。興味本位で履修したためギリシア神話についての知識はほとんどなかったが，履修している学生たちのなかには，言うなればギリシア神話マニアのような学生もいて，知識量に圧倒された。また，先生が日常生活とギリシア神話を紐付けた話を多くしてくださったため，とても興味深く学ぶことができた。（T.A. さん／外国語）

好きな授業は，実験（実習）です。生物と化学の実験を 1 回生前期で履修しました。高校の教科書に載っていたもの（化学における色変化や匂いなど）を実際に体験することができるうえ，自分の手を動かして実験するのはワクワクするし，高校のときよりもできる実験が多く楽しみながら学ぶことができます。教科書には載っていないけれどこうしたほうがやりやすいなど新たな発見があったり，ネズミの解剖など貴重な体験ができたりして，とても満足しました。（C.I. さん／薬）

大学の学びで困ったこと＆対処法

英語ができて当然という前提で進行する授業が多いことです。英語が好きで得意だからこそ外国語学部を受験したのですが，上には上がいるということをかなり思い知らされました。自分の専攻語とは別に，英語の勉強を怠らないようにしてなんとか対処しています。（M.I. さん／外国語）

大学に入ってやりたいことが多く，その取捨選択に非常に困ることが多いです。大学に入っていろいろなことに手を伸ばして，実際に足を運ぶことを意識していますが，優先順位をつけて対応しなければならないときは，とりあえず自分の「やりたい」を優先順位の一つの指標としています。（K.N. さん／工）

大学の学びのなかで最も困ったことは，私は理系なので，やはり数理系の議論が厳密になり理解が難しいことです。高校までのわかりやすい捉え方とは打って変わって，式や計算を用いて厳密に科学をするのが大学の理系科目なので，数学が苦手な私はとても苦労しました。ただ幸いにも，同じ学部学科のなかには何か一分野に長けている人がたくさんいるので，周りの人も頼りながら，少しずつ理解して頑張りました。（N.H. さん／理）

部活・サークル活動

サークルでバスケットボールとピアノをしています。基本的に参加は自由なので，時間が空けば積極的に活動するようにしています。学年や学部の垣根を越えて，いろいろな人と活動したり話ができたりする機会は，自分にとって非常に刺激的でいい環境だと思っています。（K.N. さん／工）

硬式テニスの部活と，学祭の運営をする委員会に入っています。硬式テニスは，部活といっても週１しかなく欠席連絡もいらないので，自分がしたいときに行ってテニスをする感じでとても楽しいです。学祭運営では，まちかね祭に向けて着々と準備をしています。（C.I. さん／薬）

いま「これ」を頑張っています

カフェでアルバイトを始めたので，コーヒーの勉強を頑張っています。一人前のバリスタになるために，コーヒー豆の種類やコーヒーの歴史などを学び始めました。自分の好きなことについて深く学ぶのはすごく楽しいです。（N.H. さん／基礎工）

私がいま頑張っていることは，サークル活動です。チームで一つの演舞（よさこいダンス）を作るサークルに入っているのですが，仲間と一緒に練習に励んで，一つの作品ができていくのが面白いですし，先輩や同期などの仲間にもすごく恵まれていて，とても楽しいです。（N.H. さん／理）

交友関係は？

授業内ではグループディスカッションが頻繁に行われているので，学部や専攻に関係なく交友関係を築くことができました。空きコマや授業後にご飯を食べに行ったり，一緒に課題をしたりすると，より仲も深まります。また，クラブの新歓や授業内で積極的に話すことで先輩との交友関係も築けるかと思います。（M.I. さん／外国語）

普段の生活で気をつけていることや心掛けていること

生活習慣を乱さないように頑張っています。一人暮らしなのですべて自分で管理しなければいけないため，寝坊して授業に遅れることのないように毎日同じ時間に寝るようにしています。食生活なども乱れやすいので自炊をしたり学食でバランスよく食べたりして工夫しながら管理しています。（N.H. さん／基礎工）

入学してよかった！

毎日，素敵な人との出会いがあることです。授業内での議論はもちろん，何気ない会話でさえも阪大生の発する言葉には何か考えさせられることや発見があります。日々，多様なものの見方や柔軟性のある考えに触れられる環境にいられるということが，私にとってはよい刺激であり，大阪大学を受験して本当によかったと思っています。（M.I. さん／外国語）

周りの学生が真面目で，勉強しやすい環境であるということ。一見勉強とは程遠そうな学生もいるが，話してみると自分の将来像をしっかりもっていて感心することが多い。また，自分の周りは留学を考えている人が多いため，情報交換できるのもよかったと思うポイントである。（T.A. さん／外国語）

おススメ・お気に入りスポット

「阪大坂」と呼ばれている長く緩やかな坂道があり，そこが私のお気に入りスポットです。もちろん体力的にはしんどいのですが，両脇には木々があり自然を感じられますし，5限後にそこから見える景色がとてもきれいです。（M.I. さん／外国語）

箕面キャンパスに隣接する外国学図書館です。僕が普段使っているキャンパスではありませんが，施設のきれいさやデザインがとても気に入っています。テスト勉強をする際によく利用しています。（K.N. さん／工）

最近リニューアルした豊中キャンパスにある食堂が気に入っています。きれいなのは何よりだしメニューも豊富なので，昼ごはんを食べるときはほとんどそこで食べています。それと，豊中キャンパスにある図書館です。読書が好きなので，本が多いのはすごく嬉しいし，とても静かなので期末テスト前に行くと集中して勉強することができます。（C.I. さん／薬）

C棟という講義棟の中心にある中庭のスペースがお気に入りです。校舎に囲まれた小さなスペースなのですがベンチがあり，よい感じに太陽の光が当たって，作業をしたりおしゃべりをしたりするには絶好のスペースだと思います。大学にはここに限らず，屋外でくつろげるスペースがほかにもいくつかあります。（N.H. さん／理）

高校生のときに「これ」をやっておけばよかった

高校生のうちに英語の資格を取っておけばよかったです。海外留学をしたいと思ったときに，英語資格が参加要件になっていたり，奨学金の受給要件に絡んできたりすることもあるので，大学入学前に受けておけばよかったと強く思います。（K.N. さん／工）

文化祭や体育祭は全力で楽しむべき。もちろん大学でも楽しいことはたくさんあるけれど，あんなに青春という感覚を経験できるのは高校生のときだけであると思うし，大学生になった今，SNSなどを通して見る後輩の姿はとてもキラキラしているなと感じる。受験勉強で忙しくても文化祭などには積極的に参加するべきだと思う。（T.A. さん／外国語）

部活にもっと力を注げばよかったなと感じています。ついつい勉強を優先しがちだったのですが，部活も高校でしかできない特別なものだったと思うので，高校生にしかできないようなことをもっと全力で楽しんでおけばよかったなと思います。（N.H. さん／基礎工）

みごと合格を手にした先輩に，入試突破のためのカギを伺いました。入試までの限られた時間を有効に活用するために，ぜひ役立ててください。

（注）ここでの内容は，先輩方が受験された当時のものです。2025 年度入試では当てはまらないこともありますのでご注意ください。

・アドバイスをお寄せいただいた先輩・

D.I. さん　外国語学部

前期日程 2024 年度合格，石川県出身

周りの受験生は志望校の合格者最低点ばかりを気にしていたが，自分は常に合格最高点またはそれ以上を目指し続けた。そのおかげで普段の学習において，どうすれば模試や本番の入試でより多くの点数を取れるかを真剣に考えるようになり，モチベーション維持につながった。

その他の合格大学　同志社大（文〈英文〉）

S.M さん 外国語学部
前期日程 2024 年度合格，高知県出身

合格のポイントは，ずっと 1 年間勉強だけに縛られるのではなく，適度に自分の趣味の時間も作りながら勉強を続けたこと。

その他の合格大学 関西大（政策創造）

H.K. さん 外国語学部
前期日程 2023 年度合格，京都府出身

志望校を早くに決めること。その志望校に応じた必要な勉強を正しくすること。諦めず，勉強し続けること。

朝川叶和子さん 外国語学部
前期日程 2022 年度合格，京都市立西京高等学校卒

最後まで上を向いて努力し続けることが大切だと感じました。一度落ち込んだり諦めてしまったりして下を向いてしまうと，どんどん志望校のレベルも下がっていき，モチベーションもなくなってしまいます。

その他の合格大学 同志社大（文），立命館大（政策科）

K.M. さん　外国語学部
前期日程 2022 年度合格，大阪府出身

私は共通テストで思うように得点できず，ボーダーよりかなり下回っていました。しかし大阪大学を受験すると決めてからは，必死に過去問に取り組み，挽回することができました。その際，大事なのは過去問を解いた年数ではなく，過去問を覚えてしまうくらい何度もやり直し，研究することです。特に，英語では同じ単語が異なる年度で出題されたこともありましたし，記述問題の問われ方も似ています。本番では，過去問演習のときのように落ち着いて，ケアレスミスのないように，自分のこれまでやってきたことを信じて挑んでください。

その他の合格大学　同志社大（法），立命館大（法）

K.T. さん　外国語学部
前期日程 2022 年度合格，大阪府出身

合格のポイントは毎日朝から夜まで勉強し続けたことです。私は模試で志望大学の判定が最後の最後までほとんどDかE判定だったけれど，「受験本番に良い点数が取れればいい！」と自分を励まして，前日の最後の最後まで毎日勉強し続けました。どれだけ結果が出なくても，自分で「自分はたくさん勉強してる！」と言えるくらい毎日勉強すれば必ず結果はついてきます。最後の最後まで勉強し続けて頑張ってください！！

その他の合格大学　同志社大（商），関西学院大（商），立命館大（経営〈共通テスト利用〉）

入試なんでもQ&A

受験生のみなさんからよく寄せられる，
入試に関する疑問・質問に答えていただきました。

「赤本」の効果的な使い方を教えてください。

A　共通テストが終わってから，二次試験の対策として赤本中心の過去問演習を始めた。過去問を何年分も解くことで大学の出題傾向がだんだんとつかめるようになってきたため，傾向に合わせたインプット学習をするのにとても役に立った。また，赤本の解答例を見るだけでも，ほかの解答例と比較して正確な理解をする助けになった。志望校のほかにも，同じレベルの大学の赤本を利用して演習量を増やし，知識的な暗記用にも赤本を活用した。（D.I. さん／外国語）

A　赤本は，11 月の阪大オープン模試を受けるための対策として阪大の出題傾向をつかむために，9 月の終わり頃に購入しました。赤本は背表紙に大きく大学の名前が書かれているし，その大学に通っている先輩方の当時の受験への向き合い方や大学での様子を知ることもできるので，まだ過去問を解くほどの学力がついていなくても，机の上に置いておくだけで受験勉強へのモチベーションが上がります。志望校が決まったらできるだけ早くに赤本を購入することをおすすめします。

（S.M. さん／外国語）

1 年間の学習スケジュールはどのようなものでしたか？

A　3 年生の 1 学期は英語・世界史を中心に勉強した。英語は，特に英作文を重視して，例文を何度も繰り返し暗唱した。世界史は，授業プリントを PDF にして，バス通学中に何周も音読した。夏休みは共通テストを意識して数学や理科基礎などの勉強も進めた。数学は，学校で配られた共通テスト対策の問題を解き，理科基礎は『きめる！共通テスト』シリーズ（Gakken）を 2 周した。2 学期に入ると世界史の通史が終了し，教科書や資料集も用いて論述対策を始めた。部活も引退し，放課後は 19 時まで残って自習した。共通テスト直前期の 11～1 月にかけては，これまでやってこなかった倫理・政経の範囲を 1 周して，マーク演習で経験値を増やした。共通テスト後は過去問を約 10 年分解いた。

（D.I. さん／外国語）

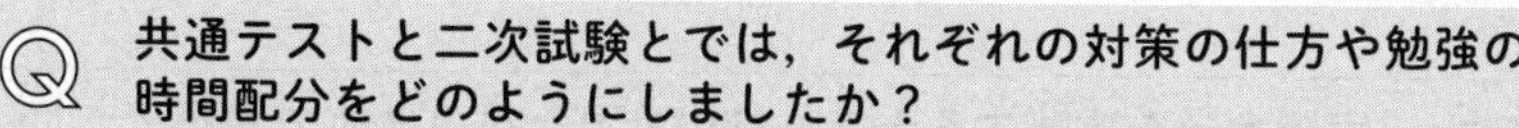

Q 共通テストと二次試験とでは，それぞれの対策の仕方や勉強の時間配分をどのようにしましたか？

A 外国語学部は共通テストの配点が全体の 2 割強しかなく，二次試験での出来が大きく合否にかかわるので，11 月～12 月初め頃も多くの時間を二次試験の勉強に費やしていました。もちろん共通テストでできるだけ点数を取れたほうがいいとは思いますが，学部によって共通テストの割合は変わってくるので，自分が受ける学部の配点をしっかり調べて，それに見合った勉強時間を確保することが大切だと思いました。

（S.M. さん／外国語）

Q どのように学習計画を立て，受験勉強を進めていましたか？

A 模試を基準にして，それに向けた学習を進めた。1 つの模試が終わったら，その解答解説を熟読して確実に解き直し，解き直しで得た新たな知識を普段の授業でも活かそうと心がける。次の模試が近づいたら，学校で配られる過去問をしっかり解いて備える。こうしたサイクルを続けて着実に解ける問題を増やしていった。また，模試の結果から，優先して学習すべき教科・分野を分析し，苦手克服に努めた。

（D.I. さん／外国語）

Q 学校外での学習はどのようにしていましたか？

A 私は家でずっと勉強していました。放課後に学校の空き教室で勉強してみたり，休日に図書館に行ってみたりといろいろ試しましたが，その結果，自分の部屋で勉強するのが私には一番合っていて勉強がはかどるということがわかりました。もちろん人によって集中できる環境や勉強がはかどる環境は違うと思うので，まずはいろいろ試してみて，早いうちに自分にとってベストな環境を知ることが大事だと思います。

(S.M. さん／外国語)

Q 大阪大学を攻略する上で，特に重要な科目は何ですか？ また，どのように勉強をしましたか？

A 外国語学部は英語の配点が共通テスト・個別試験合わせて 325 点あり，これは 650 点満点中の 50% にあたるため，英語が特に重要な科目となる。外国語学部の英語は英文和訳，1000 語を超える長文，自由英作，和文英訳，リスニングの 5 題から構成されていて，個人的に最も差がつく問題は英文和訳と和文英訳だと考え，この 2 題の問題だけは約 15 年分解いた。また，各予備校実施の阪大模試を利用して，実戦演習を多くこなすようにした。

(D.I. さん／外国語)

A 外国語学部は英語の配点が 650 点中 325 点あるので，とにかく英語が大事！　第 1 問の英文和訳と第 2 問の長文読解では語彙力と構文力がなければ手も足も出ない状態になってしまうので，この 2 つの力はかなり重要。第 3 問のテーマ英作文は比較的書きやすいお題が多く，自分の経験談を問われることもあるので，過去問の解答例になっていた使えそうな表現を集めて，こういうお題ではこういうことを書くといった自分のモデルアンサーを 10 個ぐらい暗記して臨み，実際に使えた。第 4 問の和文英訳は日本語がかなりこなれているので自分の得意表現や自分の英語力内で書けるように，問題文の日本語を変換する日本語咀嚼力が重要。これも過去問等を解いていく中で自分のモデルアンサーを集めるとかなり解け

るようになる。第5問のリスニングは必ず問題先読み！　とにかく毎日英語を聞くことが大事。　（K.T. さん／外国語）

スランプのときはどのように抜け出しましたか？

A　ずっと成績が良かった英語の点数が3年生の後半になって急に落ち込んでしまった。最初は受け入れられず自暴自棄になったが，後々悔しさのほうが大きくなって，これまでの自分を信じて英語の勉強を続けた。その結果，最終的には満足のいく成績をおさめることができた。受験生のメンタルはとても繊細で，一度崩れてしまうと再起するのがなかなか難しいが，これまでの自分の努力を信じ続ければ道は開けると感じた。

（D.I. さん／外国語）

苦手な科目はどのように克服しましたか？

A　苦手な科目は数学で，1年生の頃はなるべく数学の勉強を避けていたが，学校の課題として模試の過去問を何年分も解いていくうちに解法パターンがある程度わかるようになって，少しずつ数学に対するモチベーションが上がっていった。それからは『NEW ACTION LEGEND』シリーズ（東京書籍）などの参考書を使って数学だけ勉強する日もでき，その後の模試でも徐々に偏差値が上がっていって，さらにモチベーションアップにつながった。このように，とにかく演習量を増やして当たり前のように勉強することで苦手意識をなくしていった。　（D.I. さん／外国語）

併願をする大学を決める上で重視したことは何ですか？
また，注意すべき点があれば教えてください。

A　私立をたくさん受けると出願が大変になるので程々にしておいたほうがいいと感じた。大阪大学にしか行く気がなかったので併願校は1つに絞り，本番の雰囲気に慣れる目的で試験を受けた。前期日程にくい込みすぎないように2月初めに受けられるようにし，大阪大学で受験するのと同じ英語・国語・世界史で受けられる大学を選んだ。入試の難易度は少しチャレンジするレベルであるように注意した。

（D.I. さん／外国語）

試験当日の試験場の雰囲気はどのようなものでしたか？緊張のほぐし方，交通事情，注意点等があれば教えてください。

A　受験室はとても広くて，独特の緊張感が漂っていた。周りの受験生がみんな賢そうに見えたが，これまでに受けてきた阪大模試の結果では自分の立ち位置はそこまで低くなかったので怖じ気づくことはないと自分に言い聞かせて，何とか緊張しすぎることを防いだ。休憩時間にリラックスできる音楽が流れ始めて若干驚いたが，気持ちが和らいだので，とても嬉しい配慮だと感じた。試験監督による試験の説明もとても丁寧でわかりやすかったため，不安を感じることは全くなくスムーズに気持ちを切り替えられた。

（D.I. さん／外国語）

A　当日はかなりの数の受験生が集まるので，入試会場の建物に入るのに長蛇の列に並ぶことになります。私は開場時刻前に余裕を持って到着しましたが，実際に席に着いたのは開場時刻10分後ぐらいでした。ですので，早めに着くように計画しておいたほうがいいと思います。外国語学部の場合，志望する専攻言語ごとに受験教室が分かれていました（一部複数の専攻言語が同じ教室）。私は，合格したらここにいる人たちと一緒に授業を受けるんだ，というわくわくした気持ちで受験しました。

（K.M. さん／外国語）

科目別攻略アドバイス

みごと入試を突破された先輩に，独自の攻略法や
おすすめの参考書・問題集を，科目ごとに紹介していただきました。

英　語

英語はすべて暗記だと考えていたので，英作文の模範解答や単語帳の例文を暗唱できるまでひたすら音読した。また，洋楽を聞いてリズムで英語を覚えた。外国語学部の長文は語彙のレベルも非常に高く，それが下線部和訳に含まれることもあるので，単語帳もなるべく難単語が収録されたものを選ぶようにした。（D.I. さん／外国語）

おすすめ参考書　『英語長文問題精講』（旺文社）
『速読速聴・英単語 Advanced1100』（Z 会）

外国語学部は英文和訳，長文，英作文，和文英訳，リスニングと多様なジャンルの問題が出されているので，オールマイティーに対応できるような英語力をつけることが大事だと思います。（S.M. さん／外国語）

おすすめ参考書　『大学入試問題集 関正生の英文解釈ポラリス［2 発展レベル］』（KADOKAWA）

和文英訳とテーマ英作文は，コロケーションと定型表現を暗記することが一番大切。これをやらない限り安定して良い得点は取れない。1つのノートにまとめて見返すのがよい。テーマ英作文に関しては，コロケーション，定型表現に加えて文章の骨格を暗記すること。それにお題を当てはめる感じ。（H.K. さん／外国語）

おすすめ参考書　『竹岡広信の英作文が面白いほど書ける本』
（KADOKAWA）

世界史

資料問題が多く，暗記ばかりに頼っているとあまり点が取れないように感じた。しかし，過去問を 10 年分解いてみて，地域的には東南アジア，テーマ的には貿易の歴史がよく出題されているように思ったので，そこの対策を重点的にした。 (D.I. さん／外国語)

おすすめ参考書 『判る！解ける！書ける！ 世界史論述』（河合出版）

タテのつながりを意識する。中国史が頻出なので重点的に勉強する。

(朝川さん／外国語)

おすすめ参考書 『詳説世界史』（山川出版社）

数　学

めちゃくちゃに難しい問題はあまり出ていないので，基礎的な問題をしっかり解くことのできる知識があればよいと思います。

(S.M. さん／外国語)

おすすめ参考書 『NEW ACTION LEGEND』シリーズ（東京書籍）

近年易化傾向にあるが（注：2022 年度当時），過去には難しい問題も出ているので応用力が必要だと思う。複数の分野にまたがった問題も頻出なので解き慣れておくことが必要。 (K.T. さん／外国語)

おすすめ参考書 『実戦模試演習 大阪大学への数学』（駿台文庫）

国　語

現代文の記述に関しては，100～200 字の問題がよく出るため，かなりの記述量になる。そのため，本文中で記述に必要な要素には必ず線を引いて漏れなく記述するよう心がけた。 (D.I. さん／外国語)

おすすめ参考書 『上級現代文 I 』（桐原書店）

記述量が多い上に難解な問題が出されることも多々あるので，難しめの文章に慣れておくことが大切だと思います。　(S.M. さん／外国語)

おすすめ参考書　『上級現代文 II』（桐原書店）

時間がかなりタイトなので，書く内容を悩んでいるとすぐに時間が経ってしまいます。現代文では，文章を読みながら，筆者が強調している部分に線を引いて，ある程度解答に使えそうな部分をマークしておくといいです。古文は，学校で配られた単語帳を何度も繰り返し，単語がわからなくて点を落とすことがないようにしました。　(K.M. さん／外国語)

おすすめ参考書　『現代文 読解の基礎講義』（駿台文庫）

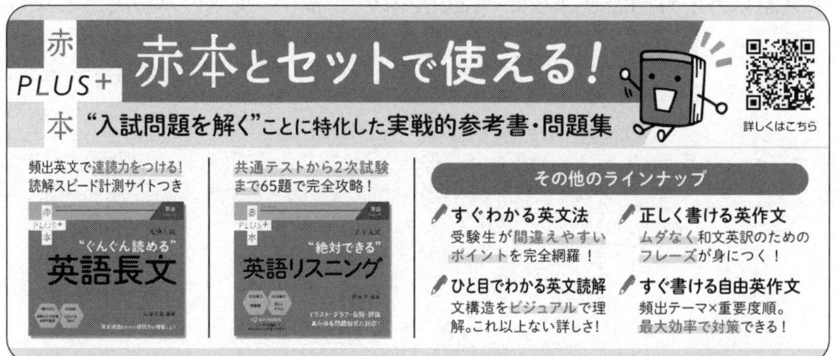

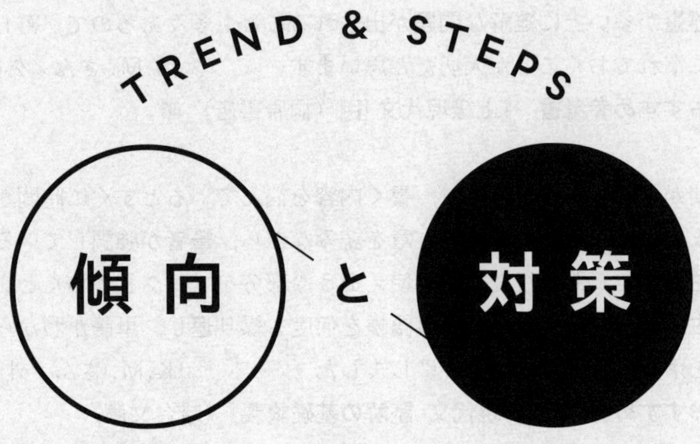

科目ごとに問題の「傾向」を分析し，具体的にどのような「対策」をすればよいか紹介しています。まずは出題内容をまとめた分析表を見て，試験の概要を把握しましょう。

注　意

「傾向と対策」で示している，出題科目・出題範囲・試験時間等については，2024 年度までに実施された入試の内容に基づいています。2025 年度入試の選抜方法については，各大学が発表する学生募集要項を必ずご確認ください。

来年度の変更点

2025 年度入試では，以下の変更が予定されている（本書編集時点）。

- 英語以外の外国語を課していたいずれの学部も，英語のみの実施となる。

英語

年度	学部	番号	項目	内容
2024	文・人間科・法・経済 ◑	〔1〕	読解	英文和訳
		〔2〕	読解	同意表現，内容説明（45 字他），主題
		〔3〕	英作文	テーマ英作文（80 語）
		〔4〕	英作文	和文英訳
	外国語	〔1〕	〈文・人間科・法・経済学部〉〔1〕に同じ	
		〔2〕	読解	内容説明，英文和訳
		〔3〕	〈文・人間科・法・経済学部〉〔3〕に同じ	
		〔4〕	英作文	和文英訳
		〔5〕	リスニング	内容説明
2023	文・人間科・法・経済 ◑	〔1〕	読解	英文和訳
		〔2〕	読解	同意表現，内容説明，内容真偽，主題
		〔3〕	英作文	意見論述（80 語）
		〔4〕	英作文	和文英訳
	外国語	〔1〕	〈文・人間科・法・経済学部〉〔1〕に同じ	
		〔2〕	読解	英文和訳，内容説明（100 字他）　**⊘視覚資料**
		〔3〕	〈文・人間科・法・経済学部〉〔3〕に同じ	
		〔4〕	英作文	和文英訳
		〔5〕	リスニング	内容説明
2022	文・人間科・法・経済	〔1〕	読解	英文和訳
		〔2〕	読解	同意表現，内容説明（45・65 字他）
		〔3〕	英作文	テーマ英作文（80 語）
		〔4〕	英作文	和文英訳
	外国語	〔1〕	〈文・人間科・法・経済学部〉〔1〕に同じ	
		〔2〕	読解	英文和訳，内容説明
		〔3〕	〈文・人間科・法・経済学部〉〔3〕に同じ	
		〔4〕	英作文	和文英訳
		〔5〕	リスニング	内容説明

年度	学部	番号	項目	内容
2021	文・人間科・法・経済	〔1〕	読　　解	英文和訳
		〔2〕	読　　解	同意表現，内容説明（25字2問他）
		〔3〕	英 作 文	テーマ英作文（70語）
		〔4〕	英 作 文	和文英訳
	外国語	〔1〕	〈文・人間科・法・経済学部〉〔1〕に同じ	
		〔2〕	読　　解	英文和訳，内容説明
		〔3〕	〈文・人間科・法・経済学部〉〔3〕に同じ	
		〔4〕	英 作 文	和文英訳
		〔5〕	リスニング	内容説明
2020	文・人間科・法・経済	〔1〕	読　　解	英文和訳
		〔2〕	読　　解	同意表現，英文和訳，内容説明，内容真偽
		〔3〕	英 作 文	意見論述（70語）
		〔4〕	英 作 文	和文英訳
	外国語	〔1〕	〈文・人間科・法・経済学部〉〔1〕に同じ	
		〔2〕	読　　解	内容説明，英文和訳
		〔3〕	〈文・人間科・法・経済学部〉〔3〕に同じ	
		〔4〕	英 作 文	和文英訳
		〔5〕	リスニング	内容説明

（注）　●印は全問，◐印は一部マークシート方式採用であることを表す。
文・人間科・法・経済学部：理系と共通問題（文学部の独自問題を除く）。

読解英文の主題

年度	学部	番号	主題	語数
2024	文・人・法・経	〔2〕	銀河で起きていること	約 800 語
	外国語	〔2〕	他者の行動を促す言葉づかい	約 1140 語
2023	文・人・法・経	〔2〕	色と感情の相関関係	約 730 語
	外国語	〔2〕	物語を求める人間の精神	約 1250 語
2022	文・人・法・経	〔2〕	人間の手の驚くべき特徴	約 720 語
	外国語	〔2〕	脳が構築する現実	約 1070 語
2021	文・人・法・経	〔2〕	クジラの声が低くなっている原因	約 700 語
	外国語	〔2〕	書くという行為の本質	約 1240 語
2020	文・人・法・経	〔2〕	人類を生み育てた技術	約 770 語
	外国語	〔2〕	「標準英語」の歴史	約 1370 語

（注）　英文和訳のみの英文は除く。

総合的な英語力が深く問われるハイレベルな問題

01 出題形式は？

《文・人間科・法・経済学部》

読解２題，英作文２題の計４題の出題が定着している。読解のうち１題は英文和訳のみ，もう１題は長文読解総合問題，英作文のうち１題はテーマ英作文または意見論述，もう１題は和文英訳という構成である。試験時間は，文学部は105分，人間科・法・経済学部は90分で，これは〔４〕の英作文問題で文学部にはやや長い英訳が課されるためである。解答用紙はＢ４判大１枚であり，解答形式は記述式が中心である。2023・2024年度は〔２〕の選択式がマーク式での解答であった。問題冊子の余白を下書きに使うことができる。

《外国語学部》

出題数は５題で，〔１〕と〔３〕が文・人間科・法・経済学部と共通問題になっている。〔２〕は長文読解総合問題，〔４〕は和文英訳問題，〔５〕がリスニング問題である。試験時間は120分。解答形式はすべて記述式である。

02 出題内容はどうか？

《文・人間科・法・経済学部》

▶〔１〕 読解（英文和訳）

例年，２つの英文が出題される。2021・2023年度はそれぞれの下線部和訳，2020・2024年度は一方が全文和訳でもう一方が部分和訳，2022年度は２つとも全文和訳だった。部分和訳でも和訳箇所は比較的長く，文章全体の半分程度を訳すことが多い。英文全体の構造を整理してつながりを正確に把握することが求められる。また，各部分が理解できても，全体をまとまりのある日本語にすることが容易ではないことも多く，英語を読みこなす力に加えて，日本語の表現力も身につけておく必要がある。取り上げられる英文のジャンルは多岐にわたっており，抽象的な内容のものもあるので，相当の思考力が要求されることもある。 ☞対策 01

▶〔2〕 読解（総合問題）

英文の分量は 700～750 語程度。2024 年度は約 800 語と，やや長めだった。設問は同意表現，空所補充といった語句レベルのものと，内容説明，英文和訳，内容真偽といった内容把握力を試すものに二分されている。語句レベルの設問は，基本的な知識で解答できるものに加え，文意・文脈に沿って柔軟に対応する必要のあるものも出題される。内容説明は，該当する箇所を特定することは困難ではないが，要点を拾い出して伝わりやすい日本語にまとめる力が要求されるものもある。難問・奇問と言えるものはなく，しっかりした英語の知識と内容の理解力を問う良問で構成されている。取り上げられる英文は論説が中心だが，もう少し柔らかいエッセー調のものもある。いずれにしても，扱われる内容は科学的なものから社会・文化，人間のあり方など多岐にわたり，興味深い論考が多い。

☞対策 02

▶〔3〕 テーマ英作文・意見論述

制限語数は 70 語程度が長らく続いていたが，2022～2024 年度は 80 語程度に増加した。「～に賛成か反対かを述べる」「～について自分の考えとその理由を述べる」「印象に残った経験を述べる」といった形式が多い。2020 年度の「キャッシュレス社会には，どのような利点，あるいは問題点があると思うか」，2022 年度の「機械や AI が取って代わることができない，もしくは取って代わってほしくないと考えるのはどのような仕事か」のように，一定の知識とやや専門的な語句を必要とする社会的な内容のものがある。2023 年度の「最近の世の中で重んじられる傾向のある効率やスピードを追求することについて考えを述べる」問題は，専門知識や専門用語は必要ではないが，世の中のことに対して関心があるかどうかが試される。2024 年度は「大学において自分が理想とする学びとはどういうものか」という，やや抽象的なテーマであり，受験勉強の先にある大学での自分のあり方をイメージしたことがあるかが問われている。一方，2021 年度の「前向きな姿勢を保ち続けるのが難しいときの抜け出し方」を経験を 1 つ例に挙げて述べるなど，自分のことを書けばよいものの，70～80 語程度で述べるには簡潔にまとめる力がかなり求められるものもある。どのようなテーマであっても，説得力のある内容にするための広く正確な知識と，それを効果的に伝える文章構成力が必要である。過去には設

問文が英文で出されたこともある。 ☞対策 03

▶〔4〕 **和文英訳**

2問の出題が定着している。うち1問は文学部のみ別問題になっており，通常，他学部より高度で分量の多いものが課される。問題文は毎年こなれた日本語のものが選ばれており，語句レベルから文構造まで，直訳を許さないものが多い。思考の進むままゆるやかに述べることのできる言語である日本語と，論理的な整合性が厳格な言語である英語とのギャップを，どう埋めながら正しい英文を書くかという高度な力が求められる。元の日本文の読み込み自体にかなりの力が必要である。 ☞対策 04

《外国語学部》

▶〔1〕 **読解（英文和訳）**

《文・人間科・法・経済学部》の〔1〕と共通。

▶〔2〕 **読解（総合問題）**

他学部と異なり，語句レベルの問題が出題されることはほとんどなく，内容説明と英文和訳で文章の記述力が大いに求められる。内容説明は，該当する箇所の特定が困難ではない点では他学部と同様だが，より広い範囲に目を配り，多くの情報をまとめ上げる力がさらに必要となる。字数制限がなく，解答欄に収まるように書く形式が基本であり，2024年度も同様だった。ただし，2023年度は3問中1問に100字以内という制限がつけられていた。いずれにしても80～100字と分量の多い解答になる。なお，英文全体の分量は1100～1300語程度である。1000語程度のものは難なく読みこなせるように準備しておくのがよいだろう。 ☞対策 02

▶〔3〕 **テーマ英作文・意見論述**

《文・人間科・法・経済学部》の〔3〕と共通。

▶〔4〕 **和文英訳**

一連の和文中の下線部（3カ所）を英訳するという形式。使われる文章はエッセーが取り上げられることが多い。原文の内容の読み込み，語彙力，英文と日本文の構造の違いの調整など，他学部でも必要な力が土台だが，レベルで言えば文学部に課される和文英訳と同等か，それ以上に高度なものである。 ☞対策 04

▶〔5〕 **リスニング**

例年，まとまった量の英文を通しで聞き，内容について日本語での設問に日本語で答える形式となっている。選択問題はない。読まれる英文の語数は，2020 年度は約 620 語，2021 年度は約 530 語，2022 年度は約 540 語，2023 年度は約 700 語，2024 年度は約 500 語と，年度によってかなりばらつきがある。いずれにせよ，集中力の持続が求められることに変わりはない。また，解答もすべて記述式で，ほぼすべて文章レベルの解答が求められている。☞対策 05

03　難易度は？

《文・人間科・法・経済学部》

全体的な難易度に年度による大きな違いはないと言ってよいが，もともと高度な力が試される問題である。表面的な英語の知識だけでは太刀打ちできない。言葉を通して考えること，一般教養的な知識，要点や自分の考えをまとめて効果的に述べる表現力といった，その人の知力全般を問うものである。長文読解総合問題の文章を，知的刺激を受けながら楽しんで読めるくらいの余裕がほしい。また，和文英訳はかなりの理解力と表現力が求められる。いずれにしても，やや難ではあるが取り組みがいのある良問である。〔1〕は 15 分，〔2〕は 25 分，〔3〕は 20 分を時間配分のおおよその目安とし，残りの時間を〔4〕にあてたい。

《外国語学部》

難易度は例年，高めである。他学部で求められる力が，外国語学部ではいっそう強く必要となる。とりわけ，リスニングはこの学部のみの出題であり，「聞く」力は短期間で身につくものではないので，入念な準備を粘り強くしておきたい。時間配分については，〔1〕は 15 分，〔2〕は 30 分，〔3〕は 20 分，〔4〕は 15 分が目安だろう。

01 英文和訳

① 語彙・構文の知識を充実させる

基本的な語句・熟語・構文の知識を確実に身につけて土台づくりをしておこう。難単語はあまり出てこないが，基本語の2番目，3番目の意味といった，基本的な訳語とは異なる意味を知っておくことが重要である。基本的な語句ほど，多様な意味合いをもっている。絶えず辞書を引いて，新たな訳語，文脈によりふさわしい意味を研究しておくこと。暗記用の単語集として，文章中での用法も含めて覚えられる『速読英単語』シリーズ（Z会）や『システム英単語』（駿台文庫）などを使って着実に語彙を増やしたい。いずれも対応したCDや音声ダウンロードがあるので，できるだけ活用しよう。リスニングの有無にかかわらず，言葉は音から覚えることが重要である。また，『東大の英単語』（教学社）は，タイトルが「東大」となっているが，各語のニュアンスや成り立ちがうまく説明されており，分野別にまとめられていることから，大阪大学の英文和訳はもちろん，英作文でも使える語彙の補強に大いに役立つ。

② 日本語の表現力を磨く

単語の意味がすべてわかり，構文が把握できていたとしても，実際に日本語を書いてみなければ和訳の練習にはならない。大阪大学の和訳問題では，全体のバランスを考えて自然な日本語にする力が大いに求められる。どう書けばよいかわからないという場合は，日本語を読む経験の不足が原因になっていることが少なくない。どんなに英単語や英文法の知識を積んでも，日本語力が乏しくては，決してよい和訳は書けない。訳文は苦しみながらでも自力で完成させる努力を惜しまないこと。そして解答例の日本語をしっかり研究し，単語レベルだけでなく，訳しにくい箇所の処理や全体の流れの自然さといった，優れた日本語表現を吸収しておきたい。練習用の教材としては『英語長文問題精講』（旺文社）などを活用しよう。

02 読解総合問題

同意表現・空所補充などの設問には，文脈から判断する必要のあるものが含まれており，単純に基本的な訳語が同じになるとは限らない場合もある。どのようなニュアンスでその語句が使われているかよく考えると同時に，訳語に使われる日本語自体の意味の広がりにも注意を払いたい。また，下線部の語句が見慣れぬものである場合，どのような意味の語か文脈から判断する力が求められる。日頃から，意味を知らない語句が出てきても，すぐ辞書を見るのではなく，前後からこのような意味となるはずだと推測するように心がけたい。内容把握に関する問いは比較的素直なもので取り組みやすいが，満足のいく解答を作成するにはやはり日本語の表現力が必要である。和訳と同様，まず自力でひととおりの解答を完成させる努力をしっかりと積むこと。その上で，解答例と自分の解答を比較して，どこをどのようにすればよりよいものになるか，十分研究したい。〔２〕で英文和訳が出題される場合は〔１〕に比べると易しいことが多いので，得点源にできるようにしたい。なお，外国語学部の〔２〕は語彙レベルがかなり高いこともあるので，英字新聞など，「生の英語」に触れる機会を増やし，さまざまな分野の専門的語句も積極的に取り込んでおきたい。過去問で出典のわかるものは，原典をあたってみるのもよいだろう。

03 テーマ英作文・意見論述

① 英作文の基本を身につける

テーマ英作文や意見論述は，書く内容を自分で決めることはできるが，英文の基礎がしっかり身についていないと，書きたい内容に英語がついていかないということになりがちである。まず，英語として間違いのないものが書ける土台づくりが欠かせない。基本例文レベルならいつでもすらすら書けるように，市販の英作文問題集の暗記例文を数多くこなしたい。

② 実際に書いてみる

過去問を使って実際に書いてみる場合，英語の文章のひな型を念頭に置きたい。賛否を問うものなら初めに賛成か反対かを表明して理由を述べる，ある事柄をどう思うかという出題なら，まず考えの要点を述べてから詳細を説明したり例を挙げたりする，というように，英語の文章の習慣にのっとって書くべきである。最後まで読まないと何を言いたいのかわからないというのは，英語の論説ではあり得ない。また，理由など，述べる順序によって相手に訴える度合いが変わることも多い。思いついたことからいきなり書くのではなく，文章構成についてもあらかじめ目安を立てるように心がけよう。『大学入試 すぐ書ける自由英作文』（教学社）は，こうした書き進め方も含めて，書く内容の掘り起こし方など丁寧な解説があり，役に立つ。また，本書とは別に『阪大の英語 20 カ年』（教学社）もあるので，そちらもぜひ参考にしてほしい。

まず，辞書などを使わずに，自分の「手持ちの」語彙・構文の知識だけでひととおり書いてみよう。書き出してみて初めて「言いたいこと」と「言えること」との調節ができる。パラフレーズ（日本語での表現方法の変更）をしたり，内容変更をしたりという，実際の試験場で必要な対処能力を培いたい。ひととおり書いたら，必ず主語と動詞の数や人称の一致，名詞の数や冠詞，名詞を受ける代名詞の一致，時制など，英文法の基本的事項が正しく処理できているか慎重に見直すこと。テーマ英作文や意見論述では，「何を書くか」という「内容」に必死になって，「どう書くか」という「形」に注意が向いていないことがある。英語の基本ルールを外すようなミスは絶対に防がなくてはならない。不明だった語句は和英辞典で調べるだけでなく，その語句の語法や類義語・類義表現の使い分けといった点を英和辞典で調べ直すなど，「言えること」を広げる努力を惜しまないこと。「今使える」表現を使った「一応言えている」レベルの英作文で満足せず，「もっと言える」「より正確に伝えられる」ことを目指したい。

04 和文英訳

① 基本知識の充実をはかる

〈テーマ英作文・意見論述〉と同様，まず基本的な英語表現をできるだけたくさん身につけておくこと。

② 和文和訳（パラフレーズ）の習慣をつける

和文英訳が難しいと感じられるのは，出題されている日本語が難しいためである。その難しさには3点ある。

1つ目は単語レベルの難しさである。単純にその語を知っているかどうかの問題であれば，ともかく語彙を増やすしかない。しかし，より注意が必要なのは，解答例には何一つ知らない語がないのに，自分が書いたときにはその語が使えるとは思いもよらなかったというものである。たとえば「当てずっぽう」は英語で何かと問われても即答できないかもしれない。しかし「当てずっぽう」=「でたらめな推測」= a random guess などと表現できる。すぐに浮かばないのは，単語集で使われている訳語に限りがあるからである。guess =「推測」と覚えることは何も間違っていない。ただ，そこで止まってしまうと，「推測」という日本語でなければ guess が出てこないということになる。出題される日本文はこなれた表現のものが多い。単語レベルのパラフレーズには，日本語の語彙力と，その言葉の意味合いやそれがどのような事態・様子を表すものなのかを十分に了解しておくことが必要である。

2つ目は構文レベルの難しさである。最も大きいのは，日本語が英語と同じ「文型」を備えているわけではないという点である。しかし，英語で書く以上，どんなに長く複雑な文でも，わずか5つの文型のいずれかで書ける。したがって，日本語の文章における「何がどうした」(SV) を常に意識し，動詞に合わせて文型や語法を整えるというやり方を培うと同時に，動詞の正しい語法を必ずチェックする習慣をつけておくことが重要である。また，日本語は読んで「内容」がわかるだけに，修飾関係など「形」の分析がおろそかになりやすい。英文読解で英語の構文分析をするのと同じ目線で，日本語の分析をしよう。

3つ目は論理性という点での難しさである。日本語が「非論理的」だというわけではないが，英語に比べると論理的整合性が甘いとは言える。過去に出題されたものであるが，英訳する対象の日本文に「鏡に右手を映してみると，鏡には左手が映っている」というものがあった。右手を映したのなら，鏡に映っているのは絶対に右手である。直訳すると論理的におかしい。だが，私たちは元の日本語を読んで奇異には思わない。このギャップを埋めるには，英語を母語とする人たちがどのような理屈で物事を考えているかをある程度体得しておく必要がある。それには，解答例において「直訳」ではなく何か言葉を補ってあったり，逆に日本語にはあった語句がなくなったりしている箇所について，その理由の解説をしっかり読んで理解していくことが第一だろう。同時に，英文を読むときに，日本語なら言わずもがなの語句が書かれていたり，くどいと思えるほど丁寧に述べられていたりする箇所に注意を払いたい。それを言わないと成り立たないから書いてあるのである。一朝一夕にはいかないが，心がけておくことで結果に違いが出るだろう。

05 リスニング

リスニングの力をつけるには，音声を聞くのは当然であるが，より効果的に聞き取るには，自分も音声を発するということが欠かせない。自分が発することができる音なら必ず聞き取れるからである。練習は，CD などの音源とそのスクリプトを用意して行うことができる。最近は，『大学入試 絶対できる英語リスニング』（教学社）など，音声がウェブサイトやアプリで配信され，再生スピードを調整できたりする便利な問題集が増えているので，それらを活用するとよい。大阪大学のリスニングは会話文ではないので，市販の音声つき問題集ならば，講義文などのモノローグ中心のものがよい。『英語長文レベル別問題集』シリーズ（ナガセ）や『短期で攻める スピード英語長文』シリーズ（桐原書店）など，音声つきの長文読解の問題集を活用するとよい。『速読英単語』シリーズ（Z 会）は一つの文章が短いので日常の練習に使いやすいだろう。

具体的な音読方法は以下のとおり。まず，スクリプトを見ながら音声を聞き，唇だけ動かす。音源から出ている声が自分の声であるかのように考えるとよい。次に，音声を聞くのと同時に音読する。慣れてきたら，スクリプトを見ないで，音源に少しあとからついていく感じで声を出す。いずれの段階でも内容理解をしようとしなくてよい。音源の速さやリズムをまねすることが第一である。余裕が出てきたら，意味はおのずと音と同時に浮かんでくるようになる。分量は少なくても，毎日続ければ必ず効果が出るので，ぜひ実践しておきたい。また，多く聞くことは重要だが，必ずしも常に新しいものを使う必要はない。材料に限りがあるなら，同じものを暗記するほど使ってもかまわない。「継続は力なり」である。さらに，単語を覚える，英文読解をするといったときでも，すべて声に出すことを心がけておこう。

阪大「英語」におすすめの参考書

- ✓『速読英単語』シリーズ（Z会）
- ✓『システム英単語』（駿台文庫）
- ✓『東大の英単語』（教学社）
- ✓『英語長文問題精講』（旺文社）
- ✓『大学入試 すぐ書ける自由英作文』（教学社）
- ✓『阪大の英語 20 カ年』（教学社）
- ✓『大学入試 絶対できる英語リスニング』（教学社）
- ✓『英語長文レベル別問題集』シリーズ（ナガセ）
- ✓『短期で攻める スピード英語長文』シリーズ（桐原書店）

赤本チャンネルで阪大特別講座を公開中

実力派講師による傾向分析・解説・勉強法をチェック →

日本史

▶文学部

年度	番号	内容	形式
2024	〔1〕	正倉院（200字）	論述
	〔2〕	蒙古襲来後の鎌倉幕府の軍事・支配体制の変容（200字）	論述
	〔3〕	田沼意次の経済政策（200字）	論述
	〔4〕	明治期における鉄道業の展開（200字）	論述
2023	〔1〕	摂関政治（200字）	論述
	〔2〕	室町幕府の財政（200字）	論述
	〔3〕	糸割符制度（200字）	論述
	〔4〕	明治時代の新聞（200字）	論述
2022	〔1〕	縄文時代の社会（200字）	論述
	〔2〕	建武の新政（200字）	論述
	〔3〕	寛永通宝の鋳造の理由と背景（200字）	論述
	〔4〕	近代の日ソ関係史（200字）	論述
2021	〔1〕	奈良・平安時代の神仏習合（200字）	論述
	〔2〕	承久の乱後の朝幕関係の変化（200字）	論述
	〔3〕	寛政の改革の農村復興政策（200字）	論述
	〔4〕	明治の地租問題と政界の展開（200字）	論述
2020	〔1〕	古墳時代中期の東アジア諸国・地域との関係（200字）	論述
	〔2〕	平安時代後期から末期の東北地方の戦乱（200字）	論述
	〔3〕	対外的危機と天保改革（200字）	論述
	〔4〕	農業恐慌（200字）	論述

事象の歴史的意義・影響・動向などの論述
知識を整理・体系化してまとめる力を要求

01 出題形式は？

〈問題構成〉 出題数は例年4題で，試験時間は90分である。

〈解答形式〉 全問論述問題。各大問の字数は，近年は200字程度で統一されており，総論述量は800字程度で定着している。

〈解答用紙〉　解答用紙にはマス目はなく，横書きの行（1行：約18cm）が各大問8行記されている。ただし，下書き用紙として20×25＝500字のマス目の用紙が4ページ分，「地理歴史」の問題冊子につけられている。「○字程度」なので厳格な字数制限ではないが，大幅な超過・不足は好ましくないので，1割程度の増減幅にとどめておきたい。

なお，2025年度は出題科目が「歴史総合，日本史探究」となる予定である（本書編集時点）。

02　出題内容はどうか？

①　時代別

2022年度〔1〕「縄文時代の社会」は原始時代からの出題であったが，例年は古代・中世・近世・近代から各1題が出題されている。なお，今のところ戦後史からの出題はみられないが注意しておこう。

②　分野別

政治史（軍事を含む）・外交史，あるいは身分制，都市，貨幣，農民と土地制度といった社会経済史分野からの出題が多い。政治史では，2021年度〔2〕で「承久の乱後の朝幕関係の変化」，〔4〕で「明治の地租問題と政界の展開」，2022年度〔2〕で「建武の新政」，2023年度〔1〕で「摂関政治」，2024年度〔2〕で「蒙古襲来後の鎌倉幕府の軍事・支配体制の変容」が出題された。外交史では，2020年度〔1〕で5世紀の東アジア諸国との関係，〔3〕で「対外的危機と天保改革」，2022年度〔4〕で「近代の日ソ関係史」，2023年度〔3〕で「糸割符制度」が出題された。また，社会経済史では，2020年度〔4〕で「農業恐慌」，2024年度〔4〕で「明治期における鉄道業の展開」が，貨幣史では，2022年度〔3〕で「寛永通宝の鋳造の理由と背景」が出題された。文化史は，2020・2022年度は出題されなかったが，2021年度は〔1〕で「奈良・平安時代の神仏習合」，2024年度は〔1〕で「正倉院」というテーマで出題された。今後も1題程度の出題は想定しておくとよいであろう。文化と政治の関連を論述させる出題が多いのも特徴で，2023年度〔4〕で明治時代の新聞と政治の関連が問われた。

③ 問われ方の特徴

これまでの傾向として，(1)歴史事象を時代ごとに比較・説明するもの，(2)歴史事象の政治的・社会的・文化的要因とその影響を論述するもの，(3)複数の時代にまたがって部門史的に書くもの，という3つのタイプがみられ，それぞれに理由・背景・影響・原因・時期設定など留意点が指定されることが多い。また，2023年度〔3〕「糸割符制度」のように特定の事業や法令の内容など狭い範囲に限定して問うもの，2021年度〔3〕の「寛政の改革の農村復興政策」や2024年度〔3〕の「田沼意次の経済政策」などのように特定の人物や政治改革を取り上げ，その中の政策や外交など限定した内容を問うものもみられる。歴史理解を深める良問であるが，それゆえ単なる丸暗記ではなく，各時代の支配のしくみ，因果関係（事件の背景や影響），時代による変化，時代間の比較などを押さえた理解が要求されている。

03 難易度は？

全体的に取り組みやすい出題が続いており，内容的にも教科書の範囲内のオーソドックスなテーマが多い。例年みられる特徴として，問題の設定や条件が明確なものが多く，人物・事件などは想起しやすくなっている。しかし，それゆえに論旨の定まらない知識の羅列（歴史事象を並べただけの解答）になってしまいがちである。設問の設定や条件を検討してまとめ上げるには，正確な日本史の知識と理解を必要とし，論旨の整った質の高い解答が要求されている。問題の難易を見極め，解答しやすいものから仕上げていくなど，解き方や時間配分を工夫したい。

対策

01 教科書の熟読とノート整理

古代から近代まで偏りなく出題されており，また，教科書の記載内容を中心に作られている問題である。したがって，日頃から教科書を丁寧に読み，日本史の基礎的知識をしっかり把握しておきたい。その際，まとめノートを作ることをすすめたい。教科書を読んで，重要事項を抽出する，それを図解や表にして流れをつかむ，この作業こそが論述攻略の基礎力を育てることになる。

02 歴史的な影響や意義に留意した学習

教科書を中心とした学習の際に，さまざまな事件・法律・条約などがもたらした歴史的な影響や意義に留意しながら学習を進めよう。オーソドックスではあるが歴史理解を要求する良問が数多く出題されている一方で，2022 年度〔3〕「寛永通宝の鋳造の理由と背景」や 2024 年度〔1〕「正倉院」について述べる問題のように局部的な知識を求めるものや，2020 年度〔2〕「平安時代後期から末期の東北地方の戦乱」など受験生にとって盲点とも言える内容もみられる。教科書の太字部分だけではなく，その前後に述べられている原因・結果に着眼するとともに，関連する知識の定着にも気を配りたい。そのためにも教科書以外に史料集や年表などの解説にも目を通して学習を深めよう。

03 テーマ学習にも取り組もう

教科書学習と並行して，あるいはひととおり終わったあとでもよいが，テーマ別の学習に取り組んでおこう。比較的ポピュラーなテーマが多く出題されているだけにテーマ学習の有無で差がつきやすいであろう。時代ごとにまとめた知識を一つのテーマを軸に時代を超えてつなぎ合わせなければならない。その際には時代ごとの比較も要求されるので，その点にも注意してまとめておきたい。

04 問題演習に取り組もう

たとえば，2021 年度〔2〕の「承久の乱後の朝幕関係の変化」，2022 年度〔2〕の「建武の新政」，2023 年度〔2〕の「室町幕府の財政」，2024 年度〔2〕の「蒙古襲来後の鎌倉幕府の軍事・支配体制の変容」などは頻出の論述テーマである。市販されている問題集などを利用し，できるだけ早くから論述の練習に取り組んでおこう。頻出テーマは類似の出題も多く，本番で遭遇すれば迅速に対応できるはずである。論述の力を養うためには，実際に書いてみることが大切である。特に，200字程度の字数で解答するため，知識だけではなく，問題に対応して「まとめる力があるか」が試されている。まとめる力を養うためには，何度も問題にあたって慣れることが大切である。問題に取り組む際には以下の点に注意しよう。

①　論述に必要な歴史用語の抽出

問題の論旨を読み取り，論述に必要な人物・事件・法律などを抽出すること。ここで過不足なく歴史用語を抽出できるかが合否を分ける。ただし，歴史用語の羅列や年代順に事象を並べるだけの解答に陥らないよう，基軸になるテーマをしっかり見据えることを肝に銘じておこう。また同時に正確な漢字で記述できるかが重要である。2024年度〔1〕「正倉院」の問題のように，『螺鈿紫檀五絃琵琶』など表記が難しい作品名を挙げた方が論述しやすいケースもある。なお，解答の際，西暦年を使用するのは極力避けたほうがよい。論述は構成力や表現力をみる問題なので，西暦年を使用すると年代順に事象を並べるだけの解答に陥りやすくなるので注意しよう。

②　構成

抽出した歴史用語を論旨に沿って並べ，構成（解答の枠組み）を組み立てる。その際，結論をどう締めくくるかがポイントである。「締め」の部分がクリアになれば論述の構成が組み立てやすくなる。

③　下書きと清書

論述の方針が決まったら，実際に下書きし，その後で清書をしてみよう。その際には，歴史用語をどれだけ盛り込むかというより，どれだけ省けるかということを念頭におき，多少粗削りでも論旨に沿って筋の通った論述を心がけよう。字数をカバーするための歴史用語の羅列は避けたいところである。

④　添削してもらおう

論述対策では，とにかく書くことで自分の弱点がわかり，修正・学習を重ねることで歴史理解も深まっていく。ただ，自分で答案の出来具合を添削するのは難しいので，なるべく高校の先生などに答案を添削してもらうようにしよう。なお，塾・予備校の季節講座などでは論述講座が開設されるので，積極的に利用するとよい。

⑤　過去問に必ず取り組むこと

例年，出題傾向に大きな違いはない。過去の出題に取り組みながら歴史理解を深め，どのようなニュアンスで出題されるかを体感しておこう。過去問で学習した内容は，学力向上とともに今後の予想にも生かせるはずである。また，他大学では，京都大学が200字の論述問題で類似している。字数や傾向に違いはあるが，名古屋大学の問題は短くまとめる練習になるだろう。筑波大学や新潟大学には指定語句を利用した400字の論述問題がある。字数はやや多いが，指定語句から論旨を探り，構成を組み立てる練習になるので利用するとよいだろう。

世界史

▶文・外国語学部

年度		番号	内容	形式
2024	文	〔1〕	問1．五胡が北中国に居住するようになった歴史的背景（150字）	論述
			問2．ソグド人の東方への移住を容易にした遊牧国家	記述
			問3．唐の高句麗遠征と朝鮮半島諸国間の戦争の推移と帰結（100字）	論述
			問4．太宗時代の唐と周辺諸国との関係	選択
		〔2〕	問1．17世紀半ばに日系人女性がバタヴィアで生活していた歴史的背景（100字）	論述
			問2．17世紀半ばのオランダ東インド会社の経済活動（指定3語句使用－150字）	論述
			問3．近世のオランダ以外のヨーロッパ諸国によるアジア貿易	選択
			問4．18～19世紀初頭までの西ヨーロッパにおける女性の権利に対する見方の変化 ⊘視覚資料	選択
		〔3〕	問1．日本の不平等条約を撤廃した条約名とその内容	論述
			問2．日露戦争に影響を受けたアジアの民族運動	記述
			問3．孫文の講演に反映された第一次世界大戦後の世界情勢・アジア情勢（200字）	論述
			問4．中華人民共和国成立からソ連崩壊までの中ソ関係の変遷（200字） ⊘史料	論述
	外国語	〔1〕	17世紀以降のアメリカにおける黒人差別問題の起源と，黒人差別に対する19世紀および20世紀の制度変革の経緯（300字）	論述
		〔2〕	〈文学部〉〔2〕に同じ	
		〔3〕	〈文学部〉〔3〕に同じ	

年度	学部	番号	内容	形式
2023	文	〔1〕	問1．イタリアを支配したゴート人の王，カールの戴冠	記述
			問2．オドアケルと同時代のビザンツ皇帝，カールに戴冠したローマ教皇	選択
			問3．ゴート人がドニエプル川流域からパンノニアに移動した経緯（50字）	論述
			問4．紀元前3世紀からオドアケルの時代までのイベリア半島の支配勢力の変遷（100字）	論述
			問5．西ヨーロッパでローマ=カトリックを中心とする文化圏が成立する画期となったローマ教皇によるカール戴冠の政治的・宗教的理由（150字） ⊘**史料**	論述
		〔2〕	問1．世界史上，世界図が作製された地域に関する正しい記述	選択
			問2．ヨーロッパ中世と近世の世界図の変化の背景	選択
			問3．日本における18世紀後半と19世紀初めの世界図の変化の背景	選択
			問4．13世紀後半から19世紀初めにかけて作製された6枚の世界図から読み取れるヨーロッパと日本の間の情報交換の歴史（200字） ⊘**視覚資料**	論述
		〔3〕	問1．パリ不戦条約締結に至ったヨーロッパの歴史的背景とこの条約が効力を持たず軽視された理由（200字）	論述
			問2．第一次世界大戦と第二次世界大戦との間の時期に起きた「世界の平和機構」が機能しなかった事例とその経緯（200字） ⊘**史料**	論述
	外国語	〔1〕	問1．イル=ハン国の1289年の外交書簡で言及される「皇帝」の事績	選択
			問2．イル=ハン国の外交書簡で言及される「フランス王」の事績	選択
			問3．フランス王がイル=ハン国のエジプト遠征に参加する提案を行った背景としての過去200年間のユーラシア西方の情勢（300字） ⊘**史料**	論述
		〔2〕	〈文学部〉〔2〕に同じ	
		〔3〕	〈文学部〉〔3〕に同じ	
2022		〔1〕	問1．17世紀後半にフランスで敵視された宗教	選択
			問2．敵視された宗教に関する記述	選択
			問3．16～17世紀のヨーロッパにおけるカトリック教会の状況（100字）	論述
			問4．17世紀以降のアメリカ大陸や西インド諸島に黒人奴隷が多数存在するようになった経緯（150字）	論述
			問5．フランスに対する奴隷反乱事件の名称	記述
			問6．フランスが植民地の反乱に軍事的介入を断念した内政・外政上の理由（100字） ⊘**視覚資料・史料**	論述
		〔2〕	問1．20世紀以降英領マレーで輸出量が増加した作物	選択
			問2．19世紀末～20世紀初頭に東南アジアからの輸出産品の構成や世界市場の占有率が変化した要因（120字）	論述
			問3．19世紀末～20世紀前半にかけて東南アジアからのメッカ巡礼者が増加した要因（120字）	論述
			問4．20世紀初頭に東南アジア島しょ部でアラビア文字の雑誌が増加した背景（150字） ⊘**統計表・グラフ・史料**	論述

年度	番号	内容	形式
2021	〔1〕	問1．14世紀後半以降，ローマ=カトリック教会を批判した3人の宗教者	選択
		問2．3人の宗教者に批判されたローマ=カトリック教会の信仰のあり方とその変革の方法（120字）	論述
		問3．11世紀のローマ=カトリック教会の刷新運動と13世紀の民衆運動への対応と変革（指定4語句使用－200字） ⊘史料	論述
	〔2〕	問1．ベンガルからキリンが献上された背景としての永楽帝治世下の明王朝内外の政治・軍事的状況（200字）	論述
		問2．フィレンツェのロレンツォ=デ=メディチが保護した文化活動とその背景（200字） ⊘視覚資料	論述
	〔3〕	サウジアラビアとイランで大勢を占めるイスラーム教の宗派のあり方（指定6語句使用－150字）	論述
2020		問1．20世紀のベトナムをめぐる動き ⊘年表	記述
		問2．アジアの民族解放運動と民主主義・社会主義勢力との連携 ⊘史料	記述
		問3．ホー=チ=ミンが持つ社会主義的性格 ⊘史料	選択
		問4．ホー=チ=ミンの社会主義者の枠に収まらない民族主義者としての行動・発言（200字） ⊘年表・史料	論述
		問5．18世紀末から19世紀半ばの中欧・東欧の政治情勢と各民族の動き（300字）	論述
		問6．阮朝のもとでのベトナムの歴史	選択
		問7．近現代の政治運動がよりどころにした過去の国家や宗教の興亡の歴史（250字）	論述

論述主体！
史料・視覚資料問題が必出

01 出題形式は？

〈問題構成〉 2020年度は大問1題，2021年度は3題，2022年度は2題，2023・2024年度は3題と，年度によって変化している。2023年度から文学部と外国語学部で〔1〕が別問題となった。試験時間は90分である。

2021～2024年度は図版や美術作品の写真などの視覚資料を使った問題，2022年度は統計資料を読み取らせる問題が出題された。また，2020～2024年度は工夫を凝らした史料問題が出題されている。

〈解答形式〉 50～150字程度の小論述および200～300字程度の長文論述の問題が混合して出題されることが多い。外国語学部では2023年度から2年連続で300字程度の長文論述が出題された。

論述の総字数はおおむね800字前後であるが，2023・2024年度のように900字を超える年度もある。また，2021・2024年度は指定語句を使用する論述問題も出題されている。その他，記述法や選択法も出題されることが多い。

〈解答用紙〉 論述問題の解答用紙は1行約18cmで，横書きとなっている。論述字数に応じて罫線が引かれており，マス目はないが，下書き用紙として20×25＝500字のマス目の用紙が4ページ分，「地理歴史」の問題冊子につけられている。

なお，2025年度は出題科目が「歴史総合，世界史探究」となる予定である（本書編集時点)。

02 出題内容はどうか？

〈概　観〉

かつては「ネットワーク論」「システム論」に立脚した問題や「人や物の移動」をテーマとした問題が多くみられ，グローバルな視点を重視した出題が最大の特徴となっていた。そのため，複数地域にまたがる問題やアジアと欧米を比較した問題が例年出題されていた。2020年度は傾向が大きく変化し，国民国家とナショナリズムを主題として「民族主義」をキーワードに，長文の問題文や史料文を読み取らせる問題が出題された。2021年度は再び複数の時代や地域から出題されたが，文化史的なアプローチが共通してみられた。2022年度は宗教・奴隷・輸出産品などをキーワードとした社会・経済史的な問題が多く出題され，視覚資料・文献史料・グラフ・統計資料などの読み取りが特徴的であった。2023年度は全問で文献史料や視覚資料を用いた出題がみられ，「日本と世界」「戦争と平和」といったテーマで新課程的な思考力を問う傾向がみられた。2024年度は「ネットワーク論」「システム論」の観点の出題に加えて「人や物の移動」「日本と世界」「日本とアジア」といった観点からの出題がみられた。

〈地域別〉

欧米地域⇨近年は西ヨーロッパは頻出で，2022年度は南北アメリカ，2024年度はアメリカ合衆国も扱われた。また，「ネットワーク論」「システム論」「人や物の移動」が多い関係上，ロシア・南欧・東欧・南北アメリカなどから幅広く出題されており，複数地域の関連で問われる問題も多い。

アジア地域⇨中国史が多出しているのが特徴である。このほか，日本・朝鮮などの東アジア，東南アジア，インド，中央アジア，西アジアなどが年度によって出題されている。2020 年度は「国民国家とナショナリズム」を主題としてベトナム史が集中的に出題された。2023 年度は日本とヨーロッパの歴史的関係を問う大問が特徴的であった。2024 年度でも「日本と世界」「日本とアジア」など日本からの視点の出題がみられた。

〈時代別〉

中世史と**近世・近代史**から最も多く出題されている。これは，「近代世界システム論」「ネットワーク論」「人や物の移動」などのテーマが重視されていることと無関係でなく，**「異なる地域・国家の比較」**や**「文化の交流」**について論じやすい時代が選ばれている。2021 年度〔２〕「15 世紀にキリンが明王朝とフィレンツェに贈られた時代背景」，2023 年度〔２〕「古代から近世にかけてのヨーロッパと日本の情報交換の歴史」は，その典型的な例である。また，**現代史**は，毎年何らかの形で出題がみられるが，2021・2022 年度は出題されなかった。

〈分野別〉

政治・外交・制度に関するものが最も多く，次いで社会経済・貿易関係・文化や宗教などからの出題が多い。近年は宗教や文字・言語に関する出題が増加しており注目される。2021 年度は宗教や絵画など，全問が文化史に関連して出題されている。いずれにしても，単なる知識だけでなく，**歴史事象の背景・原因・経過・結果・影響などの観点からどれほど深く歴史を理解しているか**が問われている。

03 難易度は？

論述問題が中心で，歴史事象の原因や影響にまで理解が深められているかどうかが問われ，細かな知識の丸暗記のみでは対応できない問題がほとんどである。

2021 年度は長文論述 3 問，小論述 2 問で，2020 年度に比べて総論述字数は増えたが，論述のテーマはオーソドックスなものが多かった。2022 年度は 200 字を超える長文論述が出題されず取り組みやすかったが，グラフや統計表など多彩な資料問題に時間を割かれることになった。2023 年度は長文論述が増加したことに加え，多数の視覚資料・文献史料が使われており，これらの吟味や整理に時間を要した。2024 年度は長文論述重視の傾向が続いたが，視覚資料や史料が減少し，長文論述のテーマも比較的取り組みやすいものであったことから若干易化した。

論述問題の解答を構成するのに時間がかかるかもしれない。1 つの問題に時間をかけすぎないよう，目安の時間を決めて，効率よく取り組んでいきたい。

01 用語集・歴史地図の活用

知識としては教科書中心の学習を十分に行うことが前提となる。論述問題を想定しながら教科書の文章を繰り返し読んでいき，不明な点や疑問点は『世界史用語集』（山川出版社）で確認し，知識に幅と深さをもたせておきたい。また，日頃から**歴史地図**に親しみ，**同時代の世界の空間的な広がり，東西交流や貿易のネットワーク，周辺地域との外交関係**などの観点でイメージをつかんでおくことも大事である。なお，教科書では『新詳 世界史探究』（帝国書院），資料集では『最新世界史図説 タペストリー』（帝国書院）が，「近代世界システム論」に基づいた編集を特徴としているので，参考になるだろう。

02 過去問の研究

独自の出題形式や，論述のスタイル，内容の深さなどを自身で理解するためにも，本書を利用してしっかり過去問に取り組んでおきたい。過去の問題の研究は重要である。特に近年の問題は資料・史料から読み取れる内容と学習した知識をいかに総合的にまとめることができるのかが問われている。大阪大学らしい出題であるため，まずは過去問に取り組み，どういった問題が出題されているのか，教科書の知識がどのように問われているのかを研究してみよう。そして，答え合わせの際，疑問点があれば納得できるまで十分調べておこう。

03 第二次世界大戦後を中心とした現代史の重点学習

第二次世界大戦後の歴史について，長文論述に耐えられるだけの正確な知識をつけるように，重点的に学習しておきたい。過去には，単に「世界史」の知識だけでなく，「日本史」「地理」「現代社会」「政治・経済」などの知識を駆使しなければ解答できない問題も出題されたことがある。こうした他科目の学習もおろそかにしないでほしい。

04 論述問題の研究

本書を利用して，過去の論述問題に取り組む際には，まず問題文をよく読んで，出題の意図をよく理解してから論述するように心がけたい。知識に任せてのポイントをはずした論述は思わぬ失点につながるので注意してほしい。まずは，解答例と自分の解答の違いを分析することに十分時間を割くようにするとよいだろう。

過去問の研究が終わったら，市販の問題集などを利用して，100～300字程度のオーソドックスな問題で練習を重ねておきたい。その際，要点を押さえたコンパクトな論述になるように，構想にしっかりと時間をかけたい。

こうした論述練習の際に注意すべきことは，次の3点である。

① 書き始める前に，出題者の意図，つまり題意をしっかり把握する。
② 解答を書く前に，想起できる歴史事項をメモして使う順序を決める（指定語句のある場合はその語句をどのように使うか，図や写真の場合はそこから読み取れるものは何か）。
③ 書き上げた文章は，先生に添削してもらう。

①については，論述問題では設問の理解の仕方あるいは問題意識によって，いろいろな方向から書くことができるものも多いので，何をどのように書くべきかを最初にしっかり把握する必要がある。

②は，試験時間が90分であり，大部分が論述問題であることから考えて，何度も書き直しをする時間的余裕はない。適当に書き始めて途中で詰まったりすることを避けるため，大まかな構成はあらかじめ決めておく必要がある。

③は，書き上げたら自己満足に終わらず，他の人にも読んでもらい，「読みやすいかどうか」「論理的に書けているかどうか」などについて，意見を聞くべきであろう。本書を含めて問題集の論述の解答は，あくまで「解答例」であるので，自由度の大きな論述問題では，自分の解答が解答例と異なっていても正解となることもありうる。自分の解答は，できるかぎり高校の先生や予備校の講師などの専門家に添削してもらうとよいだろう。

地　理

▶文　学　部

年　度	番 号	内　　容	形　式
2024	〔1〕	自然環境と農業（100 字 2 問，150 字）　✓地図	論　　述
	〔2〕	漁業（150 字，200 字 2 問）　✓地図・グラフ	論　　述
2023	〔1〕	アフリカの地誌（50 字，100 字 2 問，150 字：使用語句指定）　✓統計地図・グラフ	記述・論述
	〔2〕	松江市一帯の自然・都市の特色（150 字 2 問：1 問は使用語句指定，250 字）　✓地形図	論　　述
2022	〔1〕	観光・交通と人の移動（150 字 2 問，200 字）　✓グラフ・統計表・地図	論述・選択
	〔2〕	製造業・情報産業（150 字 2 問，200 字）	論　　述
2021	〔1〕	世界の難民と紛争（150 字 2 問，200 字）　✓統計地図	論　　述
	〔2〕	北極圏の地誌（150 字 2 問，200 字）　✓地図	論　　述
2020	〔1〕	日本の離島と島嶼国家（150 字 2 問，200 字）	論　　述
	〔2〕	世界の農産物の生産・流通・消費（150 字 2 問，200 字）　✓グラフ	論　　述

傾向　基本的で大きなテーマについての論述　世界各地の時事的問題に注意，資料対策を十分に

01　出題形式は？

〈問題構成〉　出題数は例年 2 題であり，各大問はいくつかの小問に分かれている。試験時間は 90 分。

〈解答形式〉　大問〔1〕〔2〕のいずれも論述法が中心だが，2022 年度は選択法が 1 問出題され，2023 年度は記述法が 2 問出題された。論述法の 1 問の字数は，100 字や 150 字のものが多いが，50 字や 250 字のものも出題されている。また，単に設問文のテーマに沿って論述するだけでなく，地形図，統計地図，統計表，グラフなどから読み取って考察・解答する問題

が出題されている。地理資料を使う出題が必出なので，今後も資料対策は欠かせない。

〈解答用紙〉　解答欄は横書きである。枠と行（1行約18cmで25字相当，解答量が「50字程度」で2行，「200字程度」で8行）のみ示されている。ただし，下書き用紙として20×25＝500字のマス目の用紙が4ページ分，「地理歴史」の問題冊子につけられている。

なお，2025年度は出題科目が「地理総合，地理探究」となる予定である（本書編集時点）。

02　出題内容はどうか？

①　基本的で大きなテーマについての論述

2024年度〔1〕自然環境と農業，〔2〕漁業などのように，例年，基本的かつ大きなテーマが1つ取り上げられ，その事象と背景，現状と変貌，問題点・課題などについて，掘り下げて論述させる問題が多い。しかし，なかには2022年度〔2〕の「産業の空洞化」現象の説明，2023年度〔2〕の「日本の近世の城下町における防衛機能」のように，学習内容をストレートに問う出題もみられる。高校地理の重要テーマに関する出題が多いが，問い方がシンプルなために解答に盛り込むべき事項を的確に判断する必要がある。また，さまざまな地理事象についての知識の豊富さや正確さが必要となる。

②　系統地理と地誌的分野が出題

出題数が2題と少ないため，出題分野が偏らないよう配慮されているのか，毎年異なった分野の出題となるよう工夫されている。2020・2022・2024年度は，2題とも系統地理，2021・2023年度は系統地理と地誌的分野が1題ずつ出題された。系統地理では，人口・産業（農牧業・工業）・集落（村落・都市）・民族などがよく問われており，農業は2020・2024年度に出題されている。2023年度には地形，2023・2024年度には気候に関連した内容も出題されている。また，2020年度の日本の離島と島嶼国家，2021年度の北極圏の地誌，2022年度のコンテンツ産業，2023年度の紛争鉱物のように，教科書などの記述内容が少ない分野・内容が出題されることもあるので要注意である。世界各地域の中では，アジアや発展途上地域が頻出しており，特にアジアに関しては綿密な学習が必要である。また，問題数が少ないため，攻略の不十分な領域をつくらないように注意したい。

③ 現代的課題を反映したテーマの設定

2021 年度の「世界の難民と紛争」，2022 年度の新型コロナウイルス感染症，2023 年度の「紛争鉱物」のように，現代社会の最新情勢を素材としたテーマも出題されている。地理的思考力が試される問題になっているので，普段からニュースや新聞などを通して時事問題に強くなり，それらを地理的視点で解釈するセンスを身につけておきたい。

03 難易度は？

100～200 字程度の字数の論述問題が中心であるため，難度はやや高い。出題内容は，高校地理の内容に沿った基本・重要事項が重視される傾向がみられるが，それらをベースとしながらも教科書の範囲を超えて，現代社会の動向を反映させたテーマも出題されている。オーソドックスな内容であるとはいえ，出題意図を的確に理解し，長い字数の論述をまとめるには，かなり高度な知識と学力，そして習熟が必要である。

対策

01 基本的知識のマスターが第一

教科書に書かれている内容を完全に理解し，副教材の資料集なども隅々まで目を通しておくことが望ましい。用語や地名については『地理用語集』（山川出版社）などを利用して，その定義も含め，知識を確実なものにしておこう。また，問題数が少なく出題内容が限定されるため，どの分野にも対応できるよう，満遍なく十分に学習しておくことも必要である。

02 地理的な考え方を身につける

単なる用語の暗記ではなく，さまざまな地理的知識を組み合わせて，地理的事象や地域の特色，問題点を説明することが求められている。したがって，学習の際には，地理的事象に関する因果関係やその背景の理解などに十分留意するとともに，普段の授業で解説される地理的なものの見方・考え方をしっかりと身につけることが大切である。

03 十分な論述対策を

論述問題に対処するため，大阪大学の過去問や九州大学の過去問などを参考に，50〜250 字程度で文章をまとめる訓練をしっかり重ねておこう。頭の中で論述すべき内容がわかっていても，それを試験時間内に制限字数内で論理的にまとめる作業はかなり困難が伴う。したがって，実際に文章を書く練習を積み重ねておくことは非常に大切である。さらに，自分で書いた文章を先生に添削してもらうなどの指導を受けるとよい。

04 資料対策も綿密に

統計表や統計地図を利用した出題も多い。面積・人口などの国勢や，農畜産物・鉱産物などの主要生産国や貿易など，主要な統計や各種のテーマについての統計地図については十分学習しておこう。その際には，統計資料が物語る地理的事象の意味を理解するよう心がけたい。

05 現代的課題に興味・関心をもつ

近年，世界の各地や日本で話題になっている時事的な問題について，幅広い知識を身につけておきたい。**食料問題，人口問題，環境問題，民族紛争，地域統合，経済のグローバル化，情報化社会**，**日本の社会問題**などは要注意である。地域的には，最近の変化が注目される**アジア諸国・EU などの政治・経済的動向**などは押さえておく必要があろう。普段から，教科書の内容をさらに広げて，新聞やテレビのニュースを通して，今話題になっていること，そこから読み取れる地理的な事象について考える習慣を身につけておきたい。

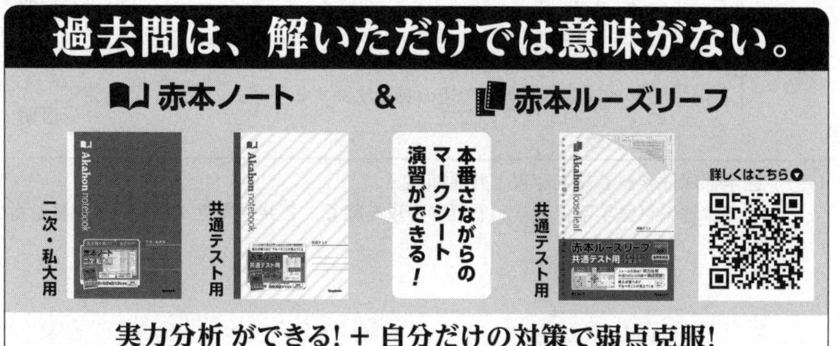
過去問は、解いただけでは意味がない。
赤本ノート
&
赤本ルーズリーフ
二次・私大用
共通テスト用
本番さながらのマークシート演習ができる！
共通テスト用
詳しくはこちら
実力分析 ができる! ＋ 自分だけの対策で弱点克服!

数 学

年 度	番号	項 目	内 容
2024	〔1〕	積分法，2次関数	絶対値記号を含む2次関数のグラフと直線で囲まれた部分の面積
	〔2〕*	ベクトル	ねじれの位置にある2直線の共通垂線の存在，ベクトル方程式 ⊘証明
	〔3〕	整数の性質，数列	素数に関する不等式の証明，数学的帰納法 ⊘証明
2023	〔1〕	三角関数，2次関数，図形と方程式	倍角公式，2次方程式の解の配置，条件をみたす点の存在範囲 ⊘図示
	〔2〕	対数関数，微分法	底の変換，3次関数の最大値
	〔3〕*	ベクトル，図形と方程式	平面ベクトルの内積，ベクトルの不等式で表された領域
2022	〔1〕	ベクトル	2つの線分の交点の位置ベクトル，ベクトルの大きさ
	〔2〕	確率，整数の性質	さいころの目の最小公倍数と最大公約数に関する確率
	〔3〕	式と証明，積分法	定積分に関する等式の証明，直線と放物線で囲まれた部分の面積の最小値 ⊘証明
2021	〔1〕	微分法，式と証明，図形と方程式	放物線の曲線外の点から引いた2本の接線とその接点を結ぶ直線，点と直線の距離の最小値，相加・相乗平均の関係 ⊘証明
	〔2〕*	ベクトル	4点が同一平面上にある条件，空間ベクトルの内積
	〔3〕*	整数の性質，積分法	定積分の計算，不定方程式の整数解，3の倍数であることの証明 ⊘証明
2020	〔1〕	微分法，三角関数，2次関数	三角関数を含む3次関数の極大値とその最大値・最小値 ⊘証明
	〔2〕	確率，数列	円周上の点の移動についての確率漸化式
	〔3〕*	図形と計量，式と証明，三角関数	三角形の辺の長さに関する不等式の証明，正弦定理，3倍角の公式 ⊘証明

(注) 医学部保健学科看護学専攻と共通問題。

*印は理系（医学部保健学科看護学専攻を除く）と共通問題（類似問題を含む）。

出題範囲の変更

2025 年度入試より，数学は新教育課程での実施となります。詳細については，大学から発表される募集要項等で必ずご確認ください（以下は本書編集時点の情報）。

2024 年度（旧教育課程）	2025 年度（新教育課程）
数学Ⅰ・Ⅱ・A・B（「数列，ベクトル」を出題範囲とし，「確率分布と統計的な推測」を出題範囲から除く）	数学Ⅰ・Ⅱ・A（図形の性質，場合の数と確率）・B（数列）・C（ベクトル）

旧教育課程履修者への経過措置

各教科・科目とも，旧教育課程履習者を考慮するものの，特別な経過措置はとらない。

思考力と計算力をバランスよく試す 基本事項の積み重ねで解決できる良問多し

01 出題形式は？

〈問題構成〉 試験時間 90 分，大問 3 題の形で定着している。

〈解答形式〉 全問記述式で，途中の計算，推論なども含めて記述するように指示されている。証明問題が出題されることが多く，2023 年度は珍しく出題がなかったが，2024 年度は 2 問出題された。また，図示問題が出題されることもある。

〈解答用紙〉 解答用紙はＢ４判の大きさで，１題につき１枚（裏に続けて書いてもよい）が割り当てられており，記入スペースは適当である。

〈計算用紙〉 問題冊子の余白は下書きに使用できるよう配慮され，スペースも十分ある。

02 出題内容はどうか？

〈頻出項目〉

- 微・積分法がほぼ毎年出題されており，2021 年度は 2 題を占めていた。
- 微分法は接線，関数の増減，最大値・最小値，積分法は面積に関する問題が多い。
- 次いで，図形と方程式，ベクトルの出題頻度が高い。また，三角関数，指数・対数関数，確率および漸化式を中心とした数列などは，融合問題の題材としてよく使用されている。

- 整数問題も頻出で，最近では 2021・2022・2024 年度に出題された。
- 2021・2024 年度は，理系学部との共通または類似問題で空間ベクトル（空間図形）に関する問題が出題された。

〈問題の内容〉

思考力や発想の柔軟さをみる問題が目立ち，複数の分野にまたがる融合問題が多く出題されている。証明問題が頻出で，論理的な答案を書くことが要求される。また，かなりの計算力を要求される問題や図形感覚を試す問題も多く出題されている。

03 難易度は？

年度によって難易度に差はあるが，入試問題の中級程度の問題が中心で，やや難程度の問題も含まれるのが標準レベルであると考えておく必要がある。3 題で 90 分の試験時間は標準的であり，方針の立てやすい問題から取り組むのがよいだろう。

01 基本事項の完全理解

教科書や参考書を利用して，基本事項を完全に理解するとともに，公式や定理などは自力で導けるようになるまで学習することが重要である。さらに，例題などで基本事項を自由に使えるよう練習し，関連のある事項を組み合わせて使用できるようにしておかなければならない。

02 計算力の充実

微・積分法を中心に，計算力を試す問題が出題されており，計算力の優劣によって明暗の分かれることも多い。公式の適切な利用方法も含めて，正確かつ迅速に計算ができるようによく練習しておこう。また，模範解答の計算の仕方を研究し，煩雑な計算を避けるテクニックや効率的に計算をする工夫を体得することが重要である。さらに，計算結果の検算方法もよく研究し，数学のいろいろな知識を活用して自分に適する計算方法を見出し，マスターしておくことが望ましい。

03 思考力の養成

受験問題集の演習によって実力の養成を図る必要がある。過去の国公立大学文系の問題を集めた中級程度の問題集が適当である。問題をよく読み，問題設定の複雑なものでも題意を確実に把握できるような力をつけておかなければならない。また，問題集の解答を見て解法の知識を増やすことはよいが，解法の考え方を理解しないで形式だけを丸暗記するやり方では思考力はつかない。方針の立て方，基本事項・頻出事項の使い方を理解するとともに，結論を導くまでの解法の流れをつかむことが重要である。問題をいろいろな角度から考え，よりよい解法あるいは視点の異なる解法を研究し，柔軟な思考力や応用力を身につけるよう心がけよう。

04 答案作成の練習

答案の作成練習を十分に行う必要がある。答案は解答結果だけでなく，解答過程も記述しなければならない。何の説明もなく，数字や式を並べるだけでは不十分であろう。また，我流で記述していては，意図が正確に伝わらなかったり，厳密さに欠けていたりする。論述の必要な証明問題に対しては，このことは特に重要である。教科書や参考書，それに本書などの解答を参考にして，答案の作成練習に力を注がなければならない。記述力養成には，添削・模擬試験なども最大限に活用したい。

05 融合問題への対策

教科書や参考書の例題では単元別の問題がほとんどであるため，融合問題に対応できない。「数学Ⅰ，A」の内容が「数学Ⅱ，B，C」の問題の中に含まれていることも多い。ある程度学習が進んだ段階で，中級レベルの受験用問題集を使用して，少しレベルの高い「数学Ⅱ，B，C」の問題演習を増やすとよい。

06 頻出事項の強化学習

全範囲にわたり，学習しておかなければならないが，その上で頻出項目に対しては学習を強化すべきである。微・積分法や図形と方程式をはじめ，〈傾向〉で述べた項目は，今後も出題の可能性が高いと予想される。これらについては，『阪大の文系数学 20 カ年』（教学社）などを利用するとともに，他大学の最近の入試問題についても演習を行い，確実に得点できる自信がつくまで十分に学習を重ねておこう。

阪大「数学」におすすめの参考書

Check!

✓『阪大の文系数学 20 カ年』（教学社）

国　語

▶文　学　部

年　度	番号	種　類	類別	内　容	出　典
2024	〔1〕	現代文	評論	内容説明	「ホモ・ナランス(homo narrans)の可能性」 野家啓一
	〔2〕	現代文	小説	内容説明，表現効果	「母の散歩」 坂崎かおる
	〔3〕	古　文	物語	口語訳，内容説明，和歌修辞，和歌解釈，表現効果	「鴉鷺物語」
	〔4〕	漢　文	笑話	口語訳，書き下し文，内容説明	「笑林」 邯鄲淳
2023	〔1〕	現代文	評論	内容説明	「出逢いのあわい」宮野真生子
	〔2〕	現代文	小説	内容説明，表現効果	「ゴットハルト鉄道」 多和田葉子
	〔3〕	古　文	紀行	語意，口語訳，内容説明，和歌解釈	「都のつと」 宗久
	〔4〕	漢　文	仏典	口語訳，書き下し文，内容説明	「百喩経」
2022	〔1〕	現代文	評論	内容説明	「フェミニズムの政治学」 岡野八代
	〔2〕	現代文	小説	内容説明，表現効果	「声の山」 黒井千次
	〔3〕	古　文	歌物語	口語訳，和歌解釈，内容説明	「大和物語」
	〔4〕	漢　文	説話	書き下し文，内容説明，口語訳，主旨	「幽明録」 劉義慶
2021	〔1〕	現代文	評論	内容説明	「観光客の哲学」東浩紀
	〔2〕	現代文	小説	内容説明，表現効果	「トリニティからトリニティへ」 林京子
	〔3〕	古　文	歌論	内容説明，口語訳，主旨	「八雲御抄」 順徳天皇
	〔4〕	漢　文	評論 経書	書き下し文，口語訳，内容説明，主旨	「琴操」 蔡邕 「論語」

2020	〔1〕	現代文	評論	内容説明	「絵画の臨界」 稲賀繁美
	〔2〕	現代文	小説	内容説明，表現効果	「バナナの皮」 島木健作
	〔3〕	古　文	物語	語意，内容説明，口語訳，和歌解釈	「狭衣物語」
	〔4〕	漢　文	随筆	訓点，口語訳，内容説明，主旨	「誠意伯文集」 劉基

現代文は現代思想の最前線が中心
古文は有名出典・頻出箇所に注意

01 出題形式は？

〈問題構成〉　出題数４題で，現代文２題，古文１題，漢文１題の構成が続いている。試験時間は 120 分。例年，記述量が多く，かなりの問題処理能力が必要である。

〈解答形式〉　全問記述問題である。説明問題が多いが，字数制限は基本的になく，設問の要求内容や解答欄の大きさをみて適切な量を判断し，書いていかなければならない。

〈解答用紙〉　大問１題につき，Ｂ４判大（横長）の解答用紙１枚が与えられる。各設問ごとに解答欄が設けられている。解答欄の大きさは，設問内容からみて，おおむね妥当なものだが，余計なことを書く余裕はないので，字数制限がないとはいっても，書く前にある程度内容を整理しておかなくてはならない。

02 出題内容はどうか？

◀現代文▶

〔1〕　**本文**：論理的文章が出題される。文学に限らず人文科学全般（言語・歴史・思想・哲学・芸術・教育など）の評論が多い。野家啓一，野矢茂樹など，入試現代文頻出の著者の文章も出題されている。

設問：説明問題は難度が高く，単に本文から抜き出してまとめるだけでは不十分で，自分の言葉で的確に説明することが求められる。理解力・語彙力・表現力が試される。なお，2019 年度までは書き取りが出題されていたが，2020 年度以降は出題されていない。

〔2〕 **本文**：小説からの出題がほとんどである。明治期の作家から現代作家まで幅広く出題されている。オーソドックスなものからかなり異色なものまでさまざまである。

設問：〔1〕以上に難度が高いことが多い。心情説明の問題は，状況描写から演繹して論述するという点で，受験生の文学的な素養が必要とされる。また，比喩や象徴などの効果を問う表現に関する設問が出題されている。内容・心情説明と同レベル，あるいはそれ以上にレベルが高いので，十分な対策が必要である。なお設問文では，「なぜだと考えられるか」「考えを述べなさい」「どういう～と思われるか」「どのような～だととらえられるか」などと問われることが多い。受験生自身の考え方を問うているように見えても，独りよがりにならず，本文に根拠を求めなければならない。じっくり考えて記述に時間をかけたいので，一般的に言って，〔2〕は後回しにした方が得策かもしれない。

◀古　文▶

〔3〕 **本文**：時代は中古と中世が中心。ジャンルは多岐にわたっている。2024 年度は『鴉鷺物語』というそれほど有名でない出典が出題されたが，例年は有名出典が比較的多く，頻出箇所であることも少なくない（2022 年度の『大和物語』など）。文章の長さ・内容ともに標準的なものである。

設問：例年，口語訳や語意，内容説明が設問の中心。和歌解釈も頻出しており，和歌修辞が問われることもある。

◀漢　文▶

〔4〕 **本文**：『韓非子』『論語』といった有名出典からなじみのない出典まで，さまざまな文章が出題されている。ジャンルも偏りはみられない。文章の長さ・内容ともに標準的なものである。2021 年度は 2 つの出典が組み合わされた点が注目される。

設問：書き下し文・訓点・口語訳・内容説明を中心に設問が組み立てられている。本文全体の主旨をふまえた説明問題もよく出題されている。概して，書き下し文・訓点は標準，内容説明・主旨はやや難のレベルにある。漢文は基本事項の出題も多く，総じて，他の大問より得点しやすい。

03 難易度は？

時間的に余裕がないので，いずれの問題についても速読速解が必要である。解答作成の時間を考えれば，古文・漢文は現代文と同様のスピードで内容が理解できるかどうかが試される。この2題を50分程度で解答できれば，残りの時間を現代文2題に回せる。問題文が比較的長文であり，試験時間に対して論述量が多いので，「やや難」～「難」レベルの問題と言える。十分な学力を身につけておきたい。

対 策

◀現代文▶

01 読解力の養成

〔1〕は人文科学分野からの出題が多い。新書・文庫・選書類の評論に親しみ，読書を通じての学習を日常的なものにして，総合的な読解力養成をめざしたい。哲学・思想系の硬い文章も自在に読みこなせるレベルに達していることが目標となる。以下のような作業をしながら読めば，内容が読み取りやすくなるので，実践してほしい。

① 目次をヒントに本全体の構成をつかむ

「キーワード」をチェックしつつ，段落・章・節の題（小見出し）などから個々のパートの役割と，全体構成を考える。

② 図を描きながら考える

論旨展開を図式化して客観的理解をめざす。

③ 要旨を書き出してみる

結論部や例示内容の要約を試みる。

④ 段落どうしの関係をつかむ

論証構成把握のため段落の内容を押さえ，段落役割を明確にする。（序論→本論→結論，導入→展開Ⅰ・Ⅱ……→まとめ，起承転結など）

⑤ 自分にひきつけて考えたり広げて考えたりする

一般論の具体例を考えたり，具体例が提示されている場合は一般化して理解するなど，多角的に読む。

⑥　**自分の言葉で説明する**

本文から抜き出してまとめる程度の練習では真の記述力は身につかない。普段から語彙を増やして自分なりの表現で説明する練習を積もう。

02 着想・柔軟な思考力の養成

〔1〕は「国語」という教科に限定される内容ではなく，「社会」（政治・経済・倫理・歴史・文化史）で扱う内容にまで踏み込んだ素材が多いので，教科の枠を超えた幅広い学習が必要である。

〔2〕の対策としては，詩や小説・随筆など幅広く接することが必要である。新聞のコラムなども多分に随筆的であるので，そうした文章に親しむのもよいだろう。小説や随筆といった文芸的な文章を読み慣れることによって，読解のスピードを上げ，筆者の意図・登場人物の心理などをより的確にとらえられるようになる。

03 論述力の養成

本書の過去問に加えて，『阪大の国語15カ年』（教学社）も利用して多くの過去問に取り組もう。その際には，以下に記すような作業を実践して，効果的な学習を心がけたい。

①　正確な表記・表現（漢字・仮名遣い・文体など）を心がけ，はっきり丁寧に記す。

②　論述問題では主旨説明など要約力が求められる。現代文に限らず，対策01で示したような全体要約や箇条的抽出をシミュレーションする。

③　心情・性格説明などが問われている。現代文はもちろん，古文・漢文でも，登場人物の行動・発言をまとめる力を養成しておくこと。

④　慣用表現に慣れておく。また表現効果を問う設問が頻出しているので，表現技巧の理解を深めること。

04 語彙力の養成

一般の語はもちろん，いわゆる〈評論文キーワード〉といわれるものを含めて幅広く語彙力を養っておこう。中村雄二郎の『術語集』『術語集Ⅱ』（ともに岩波新書）などは，この分野の古典的な名著と言えよう。中山元『高校生のための評論文キーワード100』（ちくま新書）や仲正昌樹『いまを生きるための思想キーワード』（講談社現代新書）などもすすめられる。

05 漢字・語句対策

書き取りは2020年度以降出題されていないが，論述設問での正確性を高めるためにも，同音・同訓異字や熟語を中心に問題集の反復練習をして準備しておきたい。また，過去には現代文で慣用表現が出題されたこともある。単なる知識にとどめず，使いこなすレベルを考えるならば，日常の学習において，まめに国語辞典（岩波書店の『広辞苑』や三省堂の『大辞林』など）を活用することが効果的である。

◀古　文▶

06 原典講読

これまでの傾向を考えると，原典講読が最も効果的な対策であろう。問題集などももちろん有効だが，辞書を用いての原典通釈を重ねて，まずは語彙力を身につけよう。自身の解釈上の欠点を発見し，克服しながら，**「現代文と同様に読める」レベルを目標**に練習を重ねたい。

07 和歌の修辞と解釈

和歌に関連した設問が頻出している。受験用に解説した「百人一首」の参考書などで和歌の解釈力や修辞の知識を深めるとともに，『大学入試 知らなきゃ解けない古文常識・和歌』（教学社）で和歌を含む問題を多く解いておきたい。実際に自分で和歌を解釈する練習も実力につながる。

08 頻出箇所を押さえよう

有名出典の頻出箇所からの出題もみられる。既習者と未習者とでは大きな差が出やすいので，基本～標準的な問題集などでなるべく多くの文章題にあたっておこう。

◀漢　文▶

09 基本に根ざした正確な読解を

漢文の出題内容はきわめてオーソドックスなものである。出典は多岐にわたるが，本文の内容はいずれも比較的平易である。基本が肝要であるということはいうまでもない。高度な論述問題も，基本に根ざした正確で深い読みが前提となる。対策としては，教科書と副読本の精読から始めよう。これを繰り返して，高校（大学受験）レベルでの基礎漢文を，句法（句形）を中心に復習したい。このレベルでの設問を確実に押さえることが合格の要件といってよいだろう。また，訓点をつける，頻出漢語の読みを覚える，といった基本的な学習も忘れないように。

▶人間科・外国語・法・経済学部

年　度	番号	種　類	類別	内　容	出　典
2024	〔1〕	現代文	評論	内容説明（130・250字他）	「黄錦樹の華語コンプレックス」 松浦恆雄
	〔2〕	現代文	評論	書き取り，内容説明（80・100・140・200字）	「誕生を祝うために」 森川輝一
	〔3〕	古　文	説話	口語訳，内容説明，和歌解釈	「古今著聞集」 橘成季
2023	〔1〕	現代文	評論	書き取り，箇所指摘，内容説明（25・50・120字）	「21 Lessons」 ユヴァル・ノア・ハラリ
	〔2〕	現代文	評論	内容説明（60・120・170字）	「分断と対話の社会学」 塩原良和
	〔3〕	古　文	評論	口語訳，内容説明，俳句解釈	「秋香歌かたり」 中村秋香
2022	〔1〕	現代文	評論	書き取り，内容説明（80字，120字2問）	「法と社会科学をつなぐ」 飯田高
	〔2〕	現代文	随筆	内容説明（80・130・200字）	「銀河の片隅で科学夜話」 全卓樹
	〔3〕	古　文	紀行	内容説明，和歌解釈，口語訳	「西遊記」 橘南谿
2021	〔1〕	現代文	評論	書き取り，内容説明（20字，80字2問），主旨（180字）	「ネガティブ・ケイパビリティ」 帚木蓬生
	〔2〕	現代文	評論	書き取り，内容説明（80・100字），主旨（180字）	「代表制という思想」 早川誠
	〔3〕	古　文	日記	口語訳，内容説明（50・100字），和歌解釈	「紫式部日記」
2020	〔1〕	現代文	評論	書き取り，内容説明（100字），主旨（250字）	「政治的省察」 宇野邦一
	〔2〕	現代文	評論	書き取り，内容説明（110字3問）	「近代・組織・資本主義」 佐藤俊樹
	〔3〕	古　文	説話	口語訳，和歌解釈，内容説明（100字他）	「発心集」 鴨長明

傾向　現代文の記述対策は要約を中心に 古文は和歌や俳句の解釈がポイント

01 出題形式は？

〈問題構成〉 現代文２題，古文１題の計３題の出題である。試験時間は90分。

〈解答形式〉 選択式の問題も数問程度出題されることがあるが，記述問題中心。説明問題では，字数制限が設定されることが多い。字数制限のある設問の総記述量は500〜900字程度で，過去には１問350字の記述量の設問がみられたこともある。

〈解答用紙〉 大問１題につき，Ｂ４判大（横長）の解答用紙１枚が与えられている。字数制限のある設問ではマス目が付されている。問題冊子にはマス目のついた下書き欄がある。

02 出題内容はどうか？

◀現代文▶

本文：評論２題の出題が多いが，2022年度は随筆も出された。哲学・思想系のものからの出題が目立つ。過去には野矢茂樹，吉見俊哉といった入試頻出の著者の文章も出題されている。2023年度は翻訳本が出題された。

設問：本文の主題を把握した上で論述させる設問が多く，高度な読解力と，制限字数内で簡潔にまとめる文章力・要約力が試されている。150〜250字の説明問題も出題されているので，十分な要約練習が欠かせない。空所補充問題は，前後の文脈や全体の主題に深く関わるキーワードを考えさせるもので，読解力が問われ，決して易しくない。書き取りは必出。文脈で判断する必要のある語が問われている。

◀古　文▶

本文：出題される文章の時代は中古または中世が多く，ジャンルは物語，日記，説話など幅広く出題されている。文章の長さ・内容は標準的なものである。ただし2023年度のようにかなり異色で難度の高いものが出題されることもあるので留意したい。

設問：口語訳，内容説明，和歌解釈が中心である。なかでも和歌解釈のレベルが高く（特に 2021・2024 年度），和歌の理解が大きなポイントとなっている。また，2023 年度は俳句の解釈も問われた。

03　難易度は？

設問レベルの高さ，記述量の多さ，90 分という試験時間などを考慮すると，総じて「やや難」のレベルにある。現代文のみでみると，年度によっては「難」となっている。いずれの大問も 30 分はかける必要があるだろう。時間の制約が厳しい。古文を先に解くのが得策かもしれないが，2023 年度のように古文が難しい場合もあるので，出題に応じて柔軟に対応したい。

対策

◀現代文▶

01　第一に読解力の養成をはかる

高レベルの記述力・論述力が要求されているので，評論・論説・随筆の類を数多く読み，全体の要旨，各段落の主旨，筆者の表現意図などを 100～300 字程度でまとめる練習が必要である。内容的にまとまりのある入試問題集を使って，段落ごとにまとめたり，本文全体を要約したりする練習を積んでおこう。

①　評論対策

最初は基本的で短い文章から始め，次第に文学論・芸術論・作家論・経済論，ひいては批評論まで，とにかく読み慣れておくことがきわめて重要になってくる。

過去には，切れ味のある小説家の文章や有名な学者や評論家の文章が，かなりの長文で採用されてきた。『阪大の国語 15 カ年』（教学社）を利用して多くの過去問にあたっておきたい。また，説明的な言い回しから，さらに思想的かつ哲学的な文章に慣れるためにも，野矢茂樹・村上陽一郎・

柄谷行人（からたにこうじん）・大江健三郎・中村雄二郎・山崎正和・小此木啓吾（おこのぎけいご）・小林秀雄・鷲田清一といった人の著作にも接しておくこと。1冊でも多く哲学・思想系の書物に親しんでおきたい。

②　小説対策

過去には小説が出題されたこともある。文中で使われる語句も高度なものがみられたので，いろいろなタイプの小説に接するようにしたい。授業で扱う教材で，作者の意図・登場人物の心理を読み解くことに普段から慣れておこう。

02　演習でも制限時間の設定と十分な検討が大切

記述力・論述力をつけるには，単に記述式問題を解くだけではなく，短時間で要領よくまとめるコツを身につけなければならない。『体系現代文』（教学社）などの国公立大学二次試験対策用の問題集を制限時間どおりやってみて，模範解答と比較検討してみること。先生の添削を受けてみるのもよい。「字数が合えば何とか部分点はあるだろう」という安易な考えは禁物。問題文の内容に即した，ポイントを押さえた答案作成を心がけよう。

03　漢字・語彙力の養成

書き取りは必出と考え，また確実に点を稼げる分野としたい。文章中での語感や語彙力を磨くこととも重なるので，積極的に取り組んでおこう。使用頻度の高い短例文の中でしっかり体得して，自分で使えるようにしておきたいものである。ほかに慣用表現・故事成語・類義語などにも習熟しておくこと。語彙力というのは，必要最小限の言葉でポイントをまとめる答案作りの根本でもあるから，普段から読書に親しみ，語句にこだわり，幅広い教養として蓄積していきたい。

◀古　文▶

01　古文の基礎力の養成

基本古語のマスター，文語文法，和歌修辞の整理から始め，物語・説話・日記・歌論・俳文や近世の随筆などさまざまなジャンルの文章にあたっておこう。

02　文学史の知識の整理を

2021 年度のように，文学史上の知識があれば比較的容易に解答できるような設問が出題されることがある。文学史についても，基本事項の整理が必要である。

03　和歌・俳句解釈の練習を

文学部同様に和歌解釈が頻出しており，2023 年度は俳句解釈も出題された。教科書や問題集に出ている和歌や俳句をまず自分で解釈してみよう。枕詞や掛詞などの和歌修辞もきちんと押さえておくこと。

阪大「国語」におすすめの参考書

- ✓『阪大の国語 15 カ年』（教学社）
- ✓『術語集』『術語集 II 』（ともに岩波新書）
- ✓『高校生のための評論文キーワード 100』（ちくま新書）
- ✓『いまを生きるための思想キーワード』（講談社現代新書）
- ✓『大学入試 知らなきゃ解けない古文常識・和歌』（教学社）
- ✓『体系現代文』（教学社）

2024年度

解答編

前期日程

解答編

英語

◀文・人間科・法・経済学部▶

全訳下線部参照。

全訳

(A)《海に関する考察》

熱帯雨林は，この惑星の肺として知られているかもしれないが，地球が呼吸していると私たちが感じるのは，波が砕け，潮が絶え間なく満ち引きする海を前にして立っているときである。海は，科学者曰く，地球上のすべての生命の源である。哲学者によれば，海はまた，生き物にとっての最大の恐怖，すなわち未知の制御不能なものの具体化でもある。

(B)《芸術家という仕事》

有名であろうとなかろうと，誰であれ，どの画家や彫刻家になぜ絵を描いたり彫刻をしたりしているのかと尋ねても，同じ答えを返すだろう。そうしないではいられないからだ，と。彼らに，芸術家を志す人に助言をするなら何と言うか尋ねれば，おそらく，絶対に他の選択肢がないと感じるのでない限り，芸術家としてやっていこうなどと思わないように，と忠告するだろう。経験豊かな芸術家は，芸術を作り出すことは，挫折と失望とのみじめで無限の繰り返しになりかねないものであることを，たいていは苦い経験を通じて知っている。フランスの画家ポール=セザンヌは，おそらく近代の最も優れた画家だが，自分は失敗したと思いながら1906年に亡くなった。

解説

(A)　**Rain forests may be known as the planet's lungs, but it's when standing before the seas, with their crashing waves and ceaselessly cycling tides, that we feel the earth breathe.**

●Rain forests may be known as the planet's lungs「熱帯雨林はその惑星の肺として知られているかもしれない」が直訳。the planet は「地球」のことであり，the ではあるが「この惑星」とするのがよいだろう。もちろん「地球」と訳してもかまわない。may はこのあとの but と合わせて「～かもしれないが…」と訳される譲歩の表現である。

●…, but it's when standing before the seas, …, that we feel the earth breathe「しかし，地球が呼吸をしていると私たちが感じるのは，海の前に立っているときである」が直訳。It's … that ～「～のは…だ」は強調構文。when standing は when we are standing の主語と be 動詞が省略されたもの。副詞節中では，主語が主節と同じ場合，この省略がよく行われる。before the seas は「海を前にして」とすると表現が美しい。feel the earth breathe は第5文型で feel *A do*「*A* が～するのを感じる」となる。

●with their crashing waves and ceaselessly cycling tides「その砕ける波と不断の潮の干満とともに」が直訳。with は前にカンマがあるが，海の特徴を述べており，a girl with blue eyes「青い目を持った〔目をした〕少女」のように，副詞句というより形容詞句と考えるのが妥当だろう。カンマがあるのは，このような特徴を持っていない海はないため，ちょうど非制限用法の関係詞節のような表現をしたものと考えられる。「海」を修飾するのが自然になるように「波が砕け，潮が絶え間なく満ち引きする（海）」などと整えることができる。

The ocean, say scientists, is the source of all life on earth.

●say scientists は本来の主節にあたる scientists say が倒置の形で挿入されたもので，「～と科学者（たち）は言う」としてもよいが，「海は，科学者が言うには…」などと，原文の表現に寄せた訳もできる。「科学者によれば」などとすることもできるだろう。

●(The ocean) … is the source of all life on earth.「（海は）地球上のすべての生き物の源である」が直訳で，そのままでよい。life は不可算名詞で集合的に「生き物，生物」を表す。「生命」と訳しても文意を損なうことはない。

It is also, say philosophers, the embodiment of life's greatest terror : the unknown and uncontrollable.

●say philosophers は前文の say scientists と同様の挿入。

●It is also, …, the embodiment of life's greatest terror「それはまた，生き物の最大の恐怖の具体化でもある」が直訳で，ほぼそのままでもよいが，「生き物にとっての」と補うとわかりやすくなる。embodiment は「具体化（されたもの），具現」の意。主語の It は「海」と訳出しておくと，新たな「語り手（＝哲学者たち）」の言葉として印象づけることができる。

●…: the unknown and uncontrollable「未知の制御不能なもの」が直訳。the＋形容詞は「～な人（々），～なもの・こと」を表す。文の内容からどの意味か判断するが，この部分は直前の life's greatest terror を言い換えた箇所と考えるのが妥当であり，「すなわち」「つまり」を補い，「もの」と訳すのが適切。

(B)　**Ask almost any painter or sculptor, famous or not, why they do what they do and they'll give you the same answer : it's a compulsion.**

●文の大きな構造は，命令文, and ～「…せよ，そうすれば～」の表現になっている。「もし…すれば，～」と訳しても，内容上問題ない。

●前半の Ask almost any painter or sculptor, …, why they do ～ は，ask *A* *B*「*A* に *B* を尋ねる，*B* と聞く」の第 4 文型。一つめの目的語 almost any painter or sculptor は「ほとんどどんな画家や彫刻家にでも」が直訳。any＋単数は「どの，どんな～でも」の意。「誰であれ，どの画家や彫刻家に…と尋ねても」などと，「尋ねる，聞く」と自然につながるように工夫したい。

●挿入部分の famous or not は whether they are famous or not に相当する譲歩節で，「有名であろうとなかろうと」の意。

●why they do what they do「なぜ彼らが彼らのしていることをしているのか」が直訳。what they do「彼らがしていること」とは画家や彫刻家という職業のことであり，「なぜその仕事をしているのか」「なぜ絵を描いたり彫刻をしたりしているのか」など，工夫して意味の伝わる訳にすること。

●and they'll give you the same answer「彼らはあなたに同じ答えを与えるだろう」が直訳。日本語では主語や「誰に」を省いて，「同じ答えを返すだろう」などとすっきり表現するとよい。

●…: it's a compulsion は「それは強制〔衝動〕だ」が直訳。compulsion は「強迫観念的な欲求」を表し，やめようと思ってもやめられない心理を表す。「なぜ？」という問いの返事でもあり，「そうしないではいられないからだ」「やむにやまれぬ衝動からだ」などとまとめるのがよい。

Ask them what advice they might have for an aspiring artist and they'll probably caution you not to attempt a career as one unless you feel you have absolutely no other option.

●構造は第１文と同様，命令文, and ～「…せよ，そうすれば～」である。「もし…すれば，～」と訳せることも同様。

●命令文の部分も第１文と同様 ask の第４文型で，「何を」に当たるのが what advice they might have for an aspiring artist で，直訳は「野心に燃える芸術家にどんな助言を彼らが持っているかもしれないか」となる。might は直訳では日本語としてぎこちない。「もしかして～するかもしれない」という想定，推定の含みから，「もし助言するなら何（と言う）か」などと整えたい。aspiring は「野心に燃える，大望を抱いている」などの訳語があるが，しばしば「～を志す」の意味合いで使われており，同文後半の内容からも an aspiring artist は「芸術家を目指している人，志す人」とするのが妥当だろう。

●and they'll probably caution you not to ～「彼らはおそらくあなたに～しないように忠告するだろう」が直訳。caution *A* not to *do* は「*A* に～しないように忠告する，戒める」の意。日本語では「あなたに」は省くのがよい。

●attempt a career as one「それとして（の）職業を企てる」が直訳。one は an artist を表す。「職業を企てる」の箇所は，工夫を要する。career は「職種」というより「生涯の職業，経歴」，つまりその人がどう生きていくかといった含みがある。「芸術家としてやっていこうと思う」「芸術家としての道を進もうとする」などと整えたい。

● unless you feel you have absolutely no other option「あなたが他の選択肢を絶対に持っていないと感じるのでなければ」が直訳。unless が if … not と異なるところは，「〜しない限り，〜する場合を除いて」と唯一の条件を表せる点である。文脈上この訳を使い，「〜と感じるのでない限り」などとする必要がある。you have … no other option は「他に選択肢がない」と整える。caution you の箇所と同様，you は訳出しないのがよい。absolutely「絶対に」は no を強調しているが，「絶対に他の選択肢がない」とそのまま訳出すればよい。

Ⅱ 解答

設問(1)　(i)―(ロ)　(ii)―(ニ)　(iii)―(ロ)　(iv)―(ニ)　(v)―(イ)　(vi)―(ハ)

設問(2)　小規模な銀河がより大きな銀河と融合すること。

設問(3)　天の川銀河は他の銀河と大きな衝突を起こしたが，その痕跡が見つからないことに天文学者たちは頭を悩ませていたということ。

設問(4)　the LMC, Sagittarius

設問(5)　いて座星雲は天の川銀河のひずみや銀河内の星の生成に関与し，同銀河の起源と進化のカギだから。(45字以内)

設問(6)　(イ)

全訳

《銀河で起きていること》

1　星や銀河は，人間の時間スケールではのろのろとしているように思える速度で私たちの周りを回っている。それらの動きは非常に緩やかで，何十億年にもわたって起こっている。しかし，もし私たちが星と同じ時間の見方ができるなら，私たちの暮らす天の川銀河の周辺は驚くほど活動的に見えることだろう。

2　銀河は互いの周りを回っており，ともにゆっくりとらせんを描いてついには合体する。星々がもともとあった場所の中心から引き裂かれて空一面に広がる暗黒の衝突において，多くのものは単独で動いてはおらず，仲間を連れている。他の部分はガスやちりがいっぱいになり，新しく見つかった豊かさの中で新しい星を生み始める。銀河の動きはゆっくりで，かつ荒々しく，生と死の両方に満ちているのである。

3　天の川銀河は，局部銀河群として知られている100以上の銀河の集まりの動きを御している。その群の中では，アンドロメダ銀河だけが天の川銀河より大規模で，およそ125パーセント大きい。そして天の川銀河と同様，らせんの形をしている。もっと小さい2つの銀河が際立っている。アンドロメダの周りを回っているさんかく座銀河と，天の川銀河の周りを回っている大マゼラン星雲（LMC）である。近辺の残りの部分は，主としてこの2つの取り巻き，つまりあこがれを抱くファンのようにあたりをうろうろするもっと小さな銀河でいっぱいである。こうした銀河は飛び回っているが，最終的にはより大きな仲間と融合するだろう。それが起きたときでも，それは天の川銀河が初めて他の銀河と衝突したということにはならない。

4　天の川銀河が最初に大きな衝突をこうむったのはおよそ100億年前で，天の川銀河が生まれた初期の頃だった。それ以前にも，小規模な銀河とのかすり傷を負うことがいくらかあったが，ガイア・エンケラドスと呼ばれる銀河と劇的な衝突をしたことが，消えない傷を残した。長い間，この傷は隠れており，それらが見当たらないことが天文学者たちの頭を悩ませていた。長年の手がかりののち，2018年にそれらを明らかにするのには，欧州宇宙機関のガイア宇宙望遠鏡が必要だった。

5　「ガイアのデータが明らかになる前，私たちは天の川銀河が劇的な衝突のない，とても静かな銀河だと思っていました」と，イタリアのトリノの天体物理学研究所天文台の天文学者エロイーザ=ポッジョは言う。「天の川銀河は私たちが以前に考えていたよりも複雑です」

6　ガイア・エンケラドスは，天の川銀河よりもわずかに小さい矮小銀河で，生まれてからおそらく20億年たった頃に天の川銀河に衝突した。その衝突は重大な結果を生むことになった。天の川銀河はずんぐりした円盤になり，そこから星々が飛び出てハローを作った。すると円盤の一部が不安定になり，崩壊して棒状の構造体となった。時を経て，新しい薄い円盤が出来上がった。この一連の出来事が終わったとき，天の川銀河は別の銀河になっていた。

7　「これは天の川銀河の歴史のきわめて重要なカギとなる瞬間です」と，太古の遺物を共同で発見した2つのグループの一つに加わったヴァシーリー=ベロクロフは言う。「それは，天の川銀河を，私たちが知っている天の川銀河に変えた一連の変化を引き起こしたのです」

8　そのあとの数十億年の間，天の川銀河は静かで，取り巻きの銀河をときおり飲み込みはしていたが，比較的大きなものは放っておいた。それが変わったのはおよそ60億年前，いて座星雲が大々的に登場したときのことだった。

9　いて座星雲は楕円銀河で，天の川銀河に最も近い隣人の一つであり，より大きな相手と相互作用をしながら苦しい終わりを迎えつつある。1994年に発見され，いて座星雲は天の川銀河を軸としたらせんを描いているが，天の川銀河の100分の1から1000分の1の小ささである。

10　2018年，科学者たちは天の川銀河の円盤にひずみを発見した。大規模なゆがみ，つまり重力の作用で押し合わさった星々の集まりは，渦状銀河ではよく見られるもので，天の川銀河はその円盤を中心に比較的ゆっくりと動いている。ひずみは銀河内部の相互作用が原因で生じることがあるが，その動きは起源が外部にあることを示唆している。「このように大きなぶれを説明できる唯一の可能なモデルは，衛星（銀河）です」と，そのひずみを測定し，つきとめたポッジョは言う。

11　しかし，犯人は誰なのだろうか。天の川銀河のひずみがLMC（大マゼラン星雲）によって引き起こされた可能性がある一方で，ポッジョはいて座星雲の影響のほうがより強いかもしれないと考えており，現在それを証明するために研究を続けている。彼女の理論を確証するためには，さらなるシミュレーションが必要であり，彼女はその分析の最中である。

12　いて座星雲はまた，天の川銀河内の星の生成の波を誘発している。研究者たちは，死にかけている銀河の最接近，つまり近点と同時に起こる，星の生成の集中している部分を見つけている。重力の相互作用が大量のガスやちりを押し集め，星の誕生の機が熟した領域を作り出すのである。オランダのカプテイン天文学研究所の天文学者トマス=ルイス-ララは，およそ65億年前，20億年前，10億年前の星の生成の爆発を見つけ，それぞれをいて座星雲のいくつかの近点通過と結びつけた。

13「主要な驚きは，そんなに小さなものがこうしたあらゆる影響を引き起こすことができるということです」と，ルイス-ララは言う。「いて座星雲は天の川銀河の起源と進化を描く映画の重要な役者です」

解説

設問(1)　(i)　当該箇所は「銀河は互いの周りを回っており，ともにゆっくりとらせんを描いてついには merge」となっている。直後の文に in a dark collision「暗黒の衝突において」とあり，銀河がらせんを描きながら近づき合い，ぶつかるのだと推測できる。(ロ)の combine「結合する，合併する」が適切。merge は「合併する，合流する」の意。(イ)「加速する」(ハ)「止まる」(ニ)「分離する」

(ii)　当該箇所は「他の部分はガスやちりがいっぱいになり，新しく見つかった opulence の中で新しい星を生み始める」となっている。新しい星を作る材料が，衝突で生じたガスやちりであると考えられ，grow rich in ～「～が豊かになる，～に満ちている」という表現から，(ニ)の wealth「富，豊富」が適切。opulence は「豊富，潤沢」の意。(イ)「重力」(ロ)「空間，宇宙」(ハ)「火花」

(iii)　当該箇所は「その衝突は重大な ramifications を持つことになった」となっている。続く 3 文で，衝突のあとに起きた出来事が述べられており，最終文（When the show …）に「この一連の出来事が終わったとき，天の川銀河は別の銀河になっていた」とある。つまり，衝突は天の川銀河を別のものにするという結末を見たことになる。(ロ)の consequences「結果」が適切。ramifications は「(派生的に起こる）結果，成り行き」の意。(イ)「原因」(ハ)「爆発」(ニ)「関係」

(iv)　当該箇所は「太古の artifact を共同で発見した 2 つのグループ」となっている。この文章での「発見」とは，第 4 段第 1 ～ 3 文（The Milky Way …）で「(100 億年前に）天の川銀河が他の銀河と劇的な衝突をした…傷は…長い間，隠れており，それらが見当たらないことが天文学者たちの頭を悩ませていた」とある衝突の痕跡の発見である。(ニ)の remains「遺物」が正解。artifact は「(人工）遺物」の意。(イ)「文明」(ロ)「生物」(ハ)「文書」

(v)　当該箇所は「天の川銀河は静かで，取り巻きの銀河をときおり consuming していたが，比較的大きなものは放っておいた」となっている。「取り巻き銀河」については第 3 段最後から 2 文目（These galaxies flit about …）に「こうした（小規模の取り巻き）銀河は…最終的にはより大きな仲間と融合する」と述べられている。規模の大きな銀河は小さな銀河を取り込むことが述べられており，(イ)の absorbing「～を吸い込んで（いる)」が正解。(ロ)「～になって（いる)」(ハ)「～を買って（いる)」(ニ)

「～を生み出して（いる）」

(vi) 当該箇所は「重力の相互作用が大量のガスやちりを押し集め，星の誕生 ripe for 領域を作り出す」となっている。直前の文に「研究者たちは…星の生成の集中している部分を見つけている」とあり，当該箇所は星の誕生の条件を述べていると考えられる。大量のガスやちりが集まることで，星の誕生の条件が整うということなので，(ハ)の ready for「～の準備ができている」が正解。ripe for は「～の機が熟した」の意。(イ)「～に満ちた」(ロ)「～を欠いている」(ニ)「～から結果として生じる」

設問(2) 解答欄は 18.7cm×1.4cm。当該文は「それが起きたときでも，それは天の川銀河が初めて他の銀河と衝突したということにはならない」となっており，「銀河の衝突」を指していることがわかる。直前の文に「こうした銀河（＝比較的小さな銀河）は飛び回っているが，最終的にはより大きな仲間と融合するだろう」とある。「小規模な銀河がより大きな銀河と融合すること」などとまとめられる。イメージとして「吸収される」とすることもできるだろう。

設問(3) 解答欄は 18.7cm×1.4cm。当該箇所は「それらの不在が天文学者たちの頭を悩ませて」が直訳。独立分詞構文になっており，「それらが見当たらないことが天文学者たちの頭を悩ませていた」といった内容である。「それら」とは，同文前半「長い間，この傷は隠れており」にある「この傷」を指す。さらに前文（Prior to that, …）にさかのぼると，「ガイア・エンケラドスと呼ばれる銀河と劇的な衝突をしたことが，消えない傷を残した」とある。「傷」は「衝突の痕跡」のことである。同段第1文（The Milky Way suffered …）に「天の川銀河が最初に大きな衝突をこうむったのはおよそ100億年前」とあるとおり，同段は天の川銀河の衝突のことを述べている。「天の川銀河は他の銀河と大きな衝突を起こしたが，その痕跡が見つからないことに天文学者たちは頭を悩ませていたということ」などとまとめられる。

設問(4) 下線部は「誰が犯人なのか」が直訳。天の川銀河のゆがみの原因は何なのかという意味。直後の文に「天の川銀河のひずみがLMC（大マゼラン星雲）によって引き起こされた可能性がある一方で，ポッジョはいて座星雲の影響のほうがより強いかもしれないと考えている」とある。可能性のある原因は「大マゼラン星雲」the LMC と「いて座星雲」

Sagittarius である。いずれも初出の表記（前者：the Large Magellanic Cloud，後者：the Sagittarius Galaxy）でもよいだろう。

設問(5) 当該文は「いて座星雲は天の川銀河の起源と進化を描く映画の重要な役者である」となっており，「天の川銀河の起源と進化」に重要な役割を果たしていることがわかる。第11段第2文（While it's possible that …）に「天の川銀河のひずみは…いて座星雲の影響…が…強いかもしれない」，第12段第1文（Sagittarius is also …）に「いて座星雲はまた，天の川銀河内の星の生成の波を誘発している」とあることを用いて，「起源と進化」の具体的な内容を示しながらまとめる。

設問(6) 第1段に「星や銀河は，人間の時間スケールではのろのろとしているように思える…しかし，もし私たちが星と同じ時間の見方ができるなら，私たちの暮らす天の川銀河の周辺は驚くほど活動的に見えることだろう」とあり，以下この文章は銀河の衝突や星の生成など，銀河で起きているスケールの大きな出来事について解説している。(イ)の「天の川銀河の運命は，ゆっくりとした，しかし驚くほど劇的な宇宙の動きの中で演じられている」が適切。

(ロ)「天の川銀河はおよそ100の銀河からなる大きなグループの動きを決定している」

(ハ)「天文学者たちの神話と天の川銀河の発達はヨーロッパで映画になった」

(ニ)「天の川銀河の新しい星の誕生の主な原因はいまだに議論の余地がある」

(ホ)「星や銀河が動く速度は人間には非常に遅く見える」

語句・構文

(第1段) glacial「進行の遅い」 dance「踊るような動き」星や銀河が回っていることから，複数のペアがホールをくるくると回る社交ダンスのイメージで使っていると思われる。

(第2段) spiral「らせん状に動く」 splay「～を広げる」

(第3段) hover「（何かのそばを）うろつく」 adoring「あこがれた，ほれぼれした様子の」 flit about「飛び回る」 meld「融合する」

(第4段) a handful of ～「少数の～」 scrape「こすれること，すり傷」

(第6段) stubby「ずんぐりした」 halo「ハロー」銀河を取り巻く星やそ

の他の発光物質が構成する薄雲状の領域。
(第 7 段) unleash「～を解き放つ，引き起こす」
(第 10 段) warp「ひずみ，ゆがみ」= distortion　precession「歳差運動，すりこぎ運動」運動の回転軸の位置が変わっていく現象のこと。
(第 12 段) trigger「～を誘発する，～のきっかけとなる」 pericenter「近点」天体Aが天体Bの周りを公転するとき，その軌道上で天体Bからの距離が最も近くなる点のこと。

Ⅲ ― 解答例

I think ideal learning at university is what helps me broaden my horizons. I want not only to gain more knowledge but also to learn to think critically. At university I will surely meet a great variety of people with different backgrounds and values. By talking with them, I will be able to acquire new perspectives and ways of thinking. I'm especially looking forward to taking classes with international students, engaging in discussions, and sharing viewpoints about each other's cultures. (80 語程度)

解説

大学において，自分が理想とする学びとはどういうものかについて，具体例を挙げて 80 語程度で述べる問題。まず自分の理想を端的に述べ，その詳細を続けるという書き方になる。「具体例」を入れるのがなかなか難しいかもしれないが，大学で授業を受けたり，研究をしたりしている場面を思い浮かべて書いてみるとよいだろう。

〔解答例〕は，自分の視野を広げる助けになるような学びが理想であり，知識を得るだけでなく批判的な考え方ができるようになりたいとしている。大学では異なる背景，価値観をもったさまざまな人に出会うことになるので，その人たちと話すことで新たな視点や考え方を身につけることができる。特に，留学生とともに授業を受け，討論をし，お互いの文化についての考え方を語り合うことを楽しみにしていると述べている。

またこれ以外の解答としては，自分の専門分野に集中する学びが理想である，または，理論的な知識を実社会で活かす方法を常に意識しながら学びたいなどといった内容も考えられる。

設問がやや大まかで抽象的なので，どのような内容，展開にするか素早く判断して整えることが重要だろう。英語自体のミスをできるだけ防いで仕上げること。

Ⅳ 解答

(A) 〈解答 1〉 Even so, just because you forget these questions, it does not mean (that) they have been solved. Sometimes you may remember them and they may grow bigger.

To tell the truth, asking again fundamental questions (which) you have forgotten without realizing it is precisely "philosophizing."

〈解答 2〉 However, forgetting a question does not mean (that) it is resolved. Probably, you occasionally remember it and it arouses other questions.

In fact, "thinking philosophically" means nothing other than reexamining those basic questions which you have forgotten before you know it.

(B)(イ) 〈解答 1〉 Just because you are writing a work of fiction, you are not at all allowed to write anything you like. Then, what about a case where the person you are writing about is already dead? In cases such as "Hundreds of years have already passed since his or her death" or "He or she is a historical figure and has been thoroughly studied," the restrictions may be eased, but what if these does not apply?

〈解答 2〉 Working on fiction by no means gives you permission to write anything you want. Now, what if the model of your fiction has already passed away? The restrictions may be relaxed in cases where the person has been dead for hundreds of years, or where he or she is a historical figure who has been researched from every angle, but what about other cases?

(ロ) 〈解答 1〉 Since it is human beings who collect news material, write articles about it and send them out, not all reports are correct. In addition, considering the wide range of people whom those reports reach, criticism of individual articles and programs is important and indispensable.

〈解答２〉 Because humans gather information, write news articles and convey them, what is reported is not always accurate. Besides, given how many people receive these reports, criticism on each article and program is vitally important.

解説

(A) 「とはいえ，忘れたからといって，疑問が解決されたわけではありません」

- 「とはいえ」は「そうはいっても」という含みがあり，even so とできる。「しかし」however でもよいだろう。
- 「忘れたからといって…わけではありません」は「忘れたからというだけで，それが…ということを意味しない」just because S forget ～, it does not mean … が原文に近い。S には一般論の主語として you を使うことができる。もう少し簡潔に「忘れることが…を意味しはしない」forgetting does not mean … ともできる。forget は他動詞なので目的語を補うこと。前文の「こうした疑問」を受けて these questions としてもよいし，あらためて「ある疑問」a question としてもよい。
- 「疑問が解決された」の「疑問」はすでに表現されているので，question の数に合った代名詞にする。「解決された」は現在完了を使って have〔has〕been solved〔resolved〕などとする。過去形は実際に過去に起きた出来事を表すので一般論では基本的に使えない。

「時々は，思い出したり，疑問が広がったりするのではないでしょうか」

- 「～ではないでしょうか」は通常，筆者の主張や考えを表す言い回しだが，ここでは「おそらく」probably や「かもしれない」may などが妥当だろう。「思い出す」の主語には一般論の主語の you が使える。
- 「時々は」は sometimes のほかに，occasionally / from time to time などがある。
- 「思い出す」remember は目的語「その疑問」を代名詞で補うこと。前文の question の数に合わせるのを忘れないように注意。
- 「疑問が広がる」はさまざまにパラフレーズできる。「（疑問が）より大きくなる」grow bigger，「より深まる」go deeper / deepen，「他の疑問を起こさせる〔招く／につながる〕」arouse〔invite / lead to〕other

questions〔another question〕などが考えられる。

「実を言えば，いつの間にか忘れてしまった『そもそも』問題を，あらためて問い直すのが『哲学すること』に他なりません」

●「実を言えば」は to tell the truth が文字どおり。「実は，実際」in fact も使える。

●文の骨組みは，「問い直すことが『哲学すること』だ」である。

●「あらためて～を問い直す」は「また質問する」ask again が文字どおり。「～を再検討する」reexamine〔reconsider〕,「～にまた取り組む」approach〔handle / tackle〕again,「繰り返す」repeat なども考えられる。

●「『そもそも』問題」とは，これが「哲学すること」と関連することを考慮すると，「根本的な問題」fundamental〔basic〕question などとするのが妥当である。なお，原文には「 」がついているが，これは通常の「そもそも」の使い方とは異なるためである。「根本的な」は特別なニュアンスはないので，英文では引用符をつける必要はない。

●「いつの間にか」は without realizing〔knowing〕it や before S know it が定番表現。「忘れてしまっ（てい）た」は have forgotten とする。主語は you でよい。

●「哲学すること」は philosophize「哲学的に思索する」を使えば容易。「哲学的に考える」think philosophically〔in a philosophical way〕などともできる。

●「他なりません」は,「まさしく」precisely や exactly で表せる。他の方法として，主語と補語を入れ替え「哲学することとは…問い直すことに他ならない」として，nothing〔none〕other than を使うことも考えられる。この場合，動詞を「～を意味する」means に変えてもよいだろう。

(B)　(イ)　「フィクションだから何でも許される，というわけでは決してないのです」

●文の構成を英語として適切なものに整えなおす必要がある。①「フィクションを書いているからというだけで，どんなことでも書くことを許されるわけでは決してない」としたり，②無生物主語を使って，「フィクションを書いていることがどんなことでも書けるという許可を与えるわけでは決してない」としたりできる。

- 「フィクションを書く」は fiction がこの意味では不可算名詞であることに注意。writing (a work of) fiction「フィクション（作品）を書く」とする。「～に取り組む」work on などを使ってもよいだろう。
- ①の考え方であれば，「～からというだけで」に just〔only〕because を使い，主節は you are not allowed to write ～ とする。②は「～する許可を与えない」を does not give you permission to ～ などと表現できる。「決して～ない」は not at all や (does) not の代わりに by no means を置いて表現する。
- 「どんなことでも（書く）」は anything でよいが，「好きなこと」「書きたいこと」と補って anything you like〔want〕などとしてもよいだろう。

「では，そのひとが既に故人だった場合はどうでしょう」

- 「では」は then が文字どおり。「さて」と話題を転換する now でも表せる。
- 「～はどうでしょう」は what if S V / what about＋名詞（節）が使える。前者では「場合」は訳出不要。後者なら「～する場合」a case where ～ を使う。
- 「そのひと」は the person だけでは不可。これだと前述の特定の人を指すが，そのような人の話は出ていない。「あなたが書いているひと」the person (whom) you are writing about や「あなたのフィクションのモデル」the model of your fiction などとする必要がある。
- 「既に故人だった」となっているが，過去のことではなく「書いている時点で既に故人である」ということなので，時制に注意。「既に死んでいる」have already passed away / is already dead などとする。die はやや直截なので，pass away や decease を使うとよい。

「『既にその死から何百年も経過している』『歴史上の偉人として研究し尽くされている』といったケースでは縛りが緩くなることもあるでしょうが，それに当たらない場合は，どうでしょうか」

- 「～といったケースでは」は in cases where ～ が文字どおり。「～といった」と後続が「例」であることを明確に出すには，such as を cases のあとに補い，原文の「　」を英訳では引用符を使って表す。

●「既にその死から何百年も経過している」は hundreds of years have already passed since his or her〔their〕death が文字どおり。since 以下を he or she〔they〕deceased ともできる。あるいは，he or she has〔they have〕been dead for hundreds of years ともできるが，この場合は「既に」は入れられない。

●「歴史上の偉人として研究し尽くされている」は，「そのひと」の研究上の扱いのことではないので，「～として」を as ～とするのではなく，「そのひとは歴史上の偉人であり，研究しつくされている」とするのが適切。「歴史上の偉人」は a historical (great) figure がよい。figure は「著名人，大立者」の意。「研究し尽くされている」は「(これまでに) 徹底的に研究されてきた」have been thoroughly studied,「あらゆる角度から調べられてきた」have been researched from every angle などとする。「研究し尽くされて済んでいる」というニュアンスなので現在完了がふさわしい。〈解答1〉では and を用いて表したが，〈解答2〉のように「研究し尽くされている歴史上の偉人」と考えて，関係代名詞を用いてもよい。

●「縛りが緩くなることもあるでしょう」の「縛り」とは「制約」restrictions が適切。「緩くなる」は「縛り」が主語なので，「緩められる」と受動にすること。be eased〔relaxed / lightened〕などとなる。「～することもあるでしょう」は，あとに「が (しかし)」があるので may を使って「～かもしれないが…」と定番の譲歩表現にするとよい。

●「～場合は，どうでしょうか」は第2文でも挙げた what if や what about を使う。

●「それに当たらない」は「(前述の例である) これらが当てはまらない」these does not apply がほぼ文字どおり。「他の場合」other cases などと簡略に表現することもできる。

(ロ)「取材をし，記事を書き，ニュースを発信するのが人間である以上，報道は全て正しいとは限らない」

●「～である以上」は理由にあたる。because / as / since のいずれを使ってもよい。

●「～するのが人間である」は強調構文を使えば原文に近い響きになる。It is human beings〔humans〕that〔who〕～とできる。強調構文を使わなくても間違いになるわけではない。

● 「取材をする」は「材料〔情報〕を集める」collect〔gather〕materials〔information〕などとできる。「ニュースの」を加えるなら，名詞の前に news を添える。about や for や of などの前置詞を用いて後ろから修飾することもできる。その場合，news は不可算名詞なので a をつけないように注意する。

● 「記事を書く」は write articles とそのままでよい，「取材する」に「ニュースの」を添えたのであれば，about them〔it〕をつける。次の「ニュースを発信する」とだけ合わせるなら，write news articles とする。

● 「～を発信する」は send (out) / convey / report などが使える。

● 「報道は全て正しいとは限らない」は「全ての報道が正しいわけではない」not all reports are correct,「報道がいつも正しいわけではない」reports are not always〔necessarily〕correct などと部分否定で表現する。「報道」は what is reported「報道されること」などともできる。「正しい」は「正確な」accurate などとしてもよいだろう。ただし true を使うと，「真実ではない」，つまり「うそ」という含みになる。マスメディアでの報道について述べている文章なので，これは言い過ぎになるだろう。

「また，報道が届く人々の範囲の広さを考えても，個別の記事や番組に対する批判は，あってしかるべき重要なものである」

● 「また」は「それに加えて」の含みがあるので，in addition / besides / also などがふさわしい。

● 「～を考えても」は considering / given が使える。

● 「報道が届く人々の範囲の広さ」は「広い範囲」とすると英語に直しやすい。the wide range of people (whom) reports reach とできる。なお，前文とのつながりを考えると those〔these〕reports「そうした報道」とするのがよいだろう。意訳して「どれだけ多くの人々がこうした報道を受け取るか」how many people receive these reports などとすることも可能である。

● 「個別の」は individual / each を使う。後者は単数名詞をとるので注意。

● 「記事や番組に対する批判」は criticism of〔on〕article (s) and

program(s) とそのままでよい。

● 「あってしかるべき重要なものである」の「もの」は日本語表現では，ないとしまりがないが，英語では不要。「あってしかるべき」は「なくてはならない」indispensable,「不可欠な」essential などと表現できる。「重要な」は important でよい。なお,「不可欠な」と「重要な」では，重みは前者のほうがあるので，順序を逆にするのが自然かもしれない。「あってしかるべき」が重要さを強調するものと考えるなら，vitally〔crucially〕important「決定的に重要な」とすることもできる。

講評

2024年度も従来どおり，英文和訳・長文読解総合問題・テーマ英作文・和文英訳の4題構成。Ⅳの一部（文学部の独自問題）を除いて，理系学部と共通問題である。

Ⅰの英文和訳は，(A)・(B)とも下線部訳だったが，(A)は全体に下線が入っており，全文訳だった。しかし，和訳する分量自体は(B)も含めて例年とほぼ同じである。(A)は海がこの地球で果たしている役割を述べたもの。語句・構文に難解なものはないが，日本文として自然になるような工夫が必要な箇所も含まれていた。(B)は芸術家という仕事の厳しさを論じたもの。こちらも全体的には難解ではないが，一部語句の意味を文脈から推測する必要のあるものも見られた。

Ⅱの長文読解総合問題は，銀河で起きていることを詳細に説明した文章。やや専門的な内容で見慣れない語句が含まれているため，この分野に対する日頃からの関心の有無が，内容理解に影響した可能性がある。設問は語句レベルの問題は素直で解答しやすいが，内容説明は前述のとおり，この分野の理解度により難しいと感じる受験生もいたかと思われる。日常的にさまざまなことに興味をもっておきたい。

Ⅲは「大学において，あなたが理想とする学びとはどういうものか」という問いかけに，具体例を挙げて答える問題。やや抽象的な問いであり，どのような内容にするか素早く考えることがポイントになっただろう。語数は2022・2023年度と同様，80語程度だった。

Ⅳの和文英訳は，例年同様，難度は高い。日本語が「やわらかい」表現のものである場合のほうが，英語との文構造が異なり，語句レベルでも何が使えるか思いつきにくい。日本語の文構造の分析や，語句レベルのものも含めて日本語自体のパラフレーズ力が求められる。

全体として，英文和訳問題，長文読解総合問題は標準的，英作文問題はやや難と言えるが，読解問題もあなどれない。

◀外国語学部▶

I ◀文・人間科・法・経済学部▶ I に同じ。

II 解答 **設問(1)** 部屋をきちんとしておくようにと威圧的に子どもに説教すると，かえって散らかしてしまうというように，人は自分の自律性が脅かされていると感じると，自由を取り戻そうとして命じられたことに反する行動をとるということ。

設問(2) トイレの落書きをやめさせる掲示を「落書きをするな！」ではなく，「どうぞ壁に落書きをしないでください」としたほうが効果があるように，人の行動を変えるためには，厳しい命令口調ではなく，丁寧な口調を用いるということ。

設問(3) 「主張の強くない広告と，購入を要求する文言が付け加えられた主張の強い広告を見た場合，そのブランドに愛着を持つ消費者が後者を好む割合は前者より 20 パーセント低いが，そのブランドに愛着のない消費者の間では好みにそれほどの違いはなかったといったことが起こるのは，そのブランドに愛着がある関係は，愛着のない関係よりも要求に従わなくてはという規範意識が強いからである」と，その心理学者は主張した。関係が深ければ深いほど，主張の強いメッセージは私たちの自由に干渉するように感じられるのである。

設問(4) 見知らぬ人にバスの運賃をくださいと求めるとき，拒否する自由があることを強調すると成功率が非常に高くなるという効果は，お金をくれた人の割合にとどまらなかった。くれるお金の額も上がったのである。

設問(5) 被験者は報酬として支払われた 10 ドルのうち 3 ドルを研究室の費用として封筒に入れ，作業後に実験者に手渡すという，費用回収の複雑な方法は，被験者が簡単に不正をして，その現金の一部を自分のものにできるようにすることを意図したものだった。そして，かなり多くの人がそうしたのだ！ 実際，被験者の 45 パーセントは封筒が空のままであり，3 パーセントは額の一部しか残さなかった。

設問(6) 今後の被験者のための飲み物や軽食の購入に充てるというように，

回収されたお金の使い道を研究室長に助言できるという新たな条件をつけて，ということ。

全訳

《他者の行動を促す言葉づかい》

1　あなたがその日の仕事をこつこつと進めていると，パートナーからの電話で作業が中断される。相手は仕事から帰宅したら，家がめちゃくちゃだと言う。話によれば，娘の部屋はまるで爆弾が命中したかのような様子だということである。服が床一面に散らかっている。あなたはいらだちのうめき声をもらす。娘には，自分の部屋をきちんとしておくことが必要だ，いや絶対に欠かせないことだと，少なくとも10分にわたって，昨夜説教したばかりだ。なぜ彼女はあなたの言うことを無視したのだろうか。

2　子どもを感化しようとしたあなたの試みは裏目に出たのだ。尊大な態度で彼女に従うよう命じたことで，あなたは軽率にもリアクタンスとして知られている心理的偏向を引き起こしてしまったのである。この発見は，1966年にイエール大学の心理学者ジャック=ブレームによって初めて報告された。彼は，もし自分の自律性が脅かされていると感じると，人は自分の自由を再度主張することによって反応することが多いと主張した。これは，過度に強引な要求はしばしば逆効果になることを意味している。

3　個人的な観点からこのことを聞いて興味を持つかもしれないが，それはただ子どもだけに影響するものではないことに注意を払うのが重要である。テキサス大学のジェームズ=ペンベーカーとデボラ=イェーツ=サンダーズの1976年の研究を考えてみよう。彼らは男性用トイレに落書きをしないでくださいという掲示をした。標示は丁寧に「どうぞ壁に落書きをしないでください」と書かれている場合もあった。また別の場合には，厳しく「壁に落書きをするな！」となっていることもあった。それから研究者たちは，この掲示を2時間ごとに入れ替えた。各時間の終わりに，彼らは掲示上の落書きを数えた。彼らは，権威主義的な言い方の方が相当多くのリアクタンスを喚起したことを発見した。丁寧なメッセージが使われたときと比べると，2倍近く多くの落書きがあったのだ。ペンベーカーの研究は，他者の行動を変えようとしているときには，言葉づかいを調整する必要があることを示唆している。

4　選択の自由を求める人々の気持ちを，どのようにすれば自分に都合のよいほうに向けられるか見てみよう。愛想よくしたほうがよいこともあると知っているのは，非常に有用である。本当に知りたいのは，どんな状況で最もリアクタンスに用心すべきかということである。心理学者たちは売買する人と販売に関連する2，3の状況を特定している。

5　その第一の領域は，伝達する人の権威に関するものである。ペンベーカーのトイレの研究はこれを試したものだ。彼は，落書き禁止の命令を，警察署長という高い権限のある人物からのものとしたり，大学のグラウンド整備係という権限の低い人物からのものとしたりした。伝達者の地位を変えることは，たまたまその場に行き会った人たちの反応に大きく影響を及ぼした。グラウンド整備係よりも警察署長から命令が来ているときのほうが2倍も落書きが多かったのである。したがって，あなたのブランドと伝えていることを受け取る側の力関係の不均衡がある場合には，リアクタンスを引き起こすことにとりわけ気をつけなくてはならない。

6　第二の微妙な差異は，消費者とブランドの関係性にかかわる。2017年，デューク大学のギャバン=フィッツシモンズは162人の被験者に衣料品のブランドを一つ挙げてもらった。彼は人々に，以前から使っていてある程度忠誠を感じているブランドを選んでくださいと言うこともあれば，ほんの短期間しか使っていなくてごくわずかな忠誠しか感じていないブランドのことを考えてくださいと被験者に言うこともあった。彼は第一のグループを，問題にしているブランドに愛着のある関係を持っていると定義し，第二のグループをそのブランドに愛着のないグループと定義した。それから彼は，被験者が挙げたブランド名が書かれている2つの広告のうちの1つを彼らに見せた。被験者の一部は，「2012年冬のコレクション」というメッセージの書かれた，フィッツシモンズが言うところの主張の強くない広告を見た。「今買いなさい！」という要求が付け加えられた主張の強い広告を見た人もいた。最後に，彼は被験者たちにその広告は好感が持てるか，好感が持てないか示してくださいと言った。フィッツシモンズは，愛着のある関係を持つ顧客が主張の強い広告を好む割合は，主張の強くない広告を好む割合より20パーセント低いことがわかった。対照的に，愛着のある関係がない消費者の間では好みにそれほどの違いはなかった。③その心理学者は「これが起こるのは，そのブランドに愛着がある関係は，愛着のない関係よりも，要求に従わなくてはという規範意識が強いからである」と主張した。関係が深ければ深いほど，主張の強いメッセージは私たちの自由に干渉するように感じられるのである。従えという圧力が増すことが，リアクタンスを起こす可能性を高めるのである。したがって，新しい顧客に関しては強引な売り込みをうまくやってのけられるかもしれないが，こうしたやり方は最も熱心な購入者には裏目に出る可能性がより高いのだ。どのように伝えるか，相手に合わせて調整しなければならない。

[7] 次の問題は，リアクタンスのリスクをどのように最小限にできるかということだ。2つの提案を扱うことにする。まず，南ブルターニュ大学のニコラ=ゲゲンとボルドー大学のアレクサンドル=パスカルが行った2000年の研究から始めよう。ゲゲンは80人の見知らぬ人に近づき，バスに乗るお金をくださいと言った。彼は2つのやり方のうちのひとつを使った。「すみません，バスに乗る小銭をいくらか持っていますか」と言うこともあれば，要求を変えて「すみません，バスに乗る小銭をいくらか持っていますか。応じるのも拒否するのも自由なんですが」と言うこともあった。被験者がぶっきらぼうにお金をくれと言われたとき，それに従う割合は10パーセントだった。しかし，被験者が拒否する自由を実験者が強調したときは，応じてくれる率は48パーセントに跳ね上がった。④さらに，その効果は，お金をくれる人の割合にとどまらなかった。くれるお金の額も上がったのである。「でもあなたは自由です」と言われた被験者は，平均1ドル4セントを与えたが，これは対照群の人たちが出した48セントの2倍以上だった。単純に，拒否する権利があるという事実に注意を向けさせることによって，ゲゲンは従うということにおける大きな変化を生み出したのである。

[8] もう一つ別の観点は，人々にある程度の指揮権を与えることである。これの証拠は，ピッツバーグ大学のケイト=ランバートン，UCLのジャン-エマニュエル=ドゥ=ヌーヴ，ハーバード大学のマイケル=ノートンによる2014年の研究から得られる。彼らは182人の学生に12枚の写真に対してどれくらい楽しんだかを9段階で評価してくれるように言った。心理学者たちは，被験者に時間を割いてくれたことに対して10ドル支払われるが，研究室の費用として報酬のうち3ドルを返さなくてはならないと伝えた。被験者たちは，作業が終わったらその料金を封筒に入れて，実験者に手渡すようにと指示された。⑤費用回収の複雑な方法は，被験者が簡単に不正

をして，その現金の一部を自分のものにできるようにすることを意図したものだった。そして，かなり多くの人がそうしたのだ！ 実際，被験者の45パーセントは封筒が空のままであり，3パーセントは額の一部しか残さなかった。

9 しかし，その心理学者たちは少しひねりを加えてその実験をもう一度行った。2番目の被験者グループは，そのお金をどう使うべきか研究室長に助言できると言われた。たとえば，その資金は今後の被験者のための飲み物や軽食を買うのに使うと提案することができた。このグループの提案は単なる勧告だったが，従うという行動には相当大きな影響を及ぼした。68パーセントが満額を封筒に入れておいたのだ。これは対照群の30パーセント増しである。人に発言権を与えることが，彼らの進んで従う気持ちを増したのだ。

解説

解答欄はすべて14.7cm×3.5cm。

設問(1) 下線部第2文は「尊大な態度で彼女に従うよう命じたことで，あなたは軽率にもリアクタンスとして知られている心理的偏向を引き起こしてしまった」となっており，「リアクタンス」は何かを命じられた側の反応であることがわかる。同段第4文（He argued that if people …）に「もし自分の自律性が脅かされていると感じると，人は自分の自由を再度主張することによって反応することが多い」との説明がある。具体例としては，第1段に述べられている「娘に部屋を片付けるように説教すると，かえって部屋を散らかした」ことが使える。backfire「裏目に出る」 comply「従う，応じる」 inadvertently「うっかり，軽率に」

設問(2) 当該箇所は「他者の行動を変えようとしているときには，言葉づかいを調整する必要がある」の意。同段第3～下線部②の前文（They placed signs in …）に，トイレに落書きを禁止する掲示を張り出すのに，「どうぞ壁に落書きをしないでください」という丁寧な口調のものと「壁に落書きをするな！」という権威主義的な口調のものを使うと，後者は落書きが2倍近く多かったことが報告されている。これを例として使い，「人の行動を変えるためには，厳しい命令口調ではなく，丁寧な口調を用いるということ」などとできる。

設問(3) **The psychologist argued “this occurs because committed**

brand relationships have stronger compliance norms than uncommitted brands."

●The psychologist argued「その心理学者は～と主張した」

●"this occurs because ～"「これは～から起こる」が文字どおりだが，because 節が比較的長いので，「これが起こるのは～からである」とすると読みやすい。this の内容はのちほど検討する。

●committed brand relationships have stronger compliance norms than uncommitted brands は「ブランドへの献身的な関係は，深く関与していないブランドよりも，より強い従順の規範を持っている」が直訳。committed はここでは繰り返しそのブランドの品を買うことを表しており，committed brand relationships は「そのブランドに愛着がある関係」「特定のブランドを好んで購入する関係」など，わかりやすく整える。uncommitted brands は「愛着のないブランド」「あまり購入しないブランド」などとできる。stronger compliance norms は英語らしい名詞中心の表現になっている。形容詞＋名詞をそのまま訳してもわかりにくいときには，compliance norms are stronger「従順の規範がより強い」のように，形容詞を述語にして考えてみるとよい。「従順の規範」とは，要求に従わなくてはならないという規範意識と考えられる。

●ここまでで" "内は「これが起こるのは，そのブランドに愛着がある関係は，愛着のない関係よりも要求に従わなくてはという規範意識が強いからである」となる。この内容から「これ」が指すものを下線部以前に求める。

●第6段第5～下線部③の前文（He then showed the participants …）に述べられている実験の内容が「これ」にあたる。「主張の強くない広告と購入を要求する文言が付け加えられた主張の強い広告を見た場合，そのブランドに愛着を持つ消費者が主張の強い広告（後者）を好む割合は，そうではない広告（前者）より20パーセント低いが，そのブランドに愛着のない消費者の間では好みにそれほどの違いはなかったこと」などとまとめられる。

The deeper a relationship, the more an assertive message feels like it interferes with our freedom.

●the＋比較級, the＋比較級「～すればするほどますます…」の構文。

●The deeper a relationship は，この構文ではよくあるように，is が省略されている。「(ある) 関係が深ければ深いほど」となる。

●the more an assertive message feels like … は「ますます主張の強いメッセージは…ように感じられる」が文字どおりで，そのままで問題ないが，「ますます」は省いても文意を損なうことはなさそうである。

●it interferes with our freedom「それが私たちの自由に干渉する」も文字どおりでよい。interfere with ～「～に干渉する，口出しする」

設問(4)　Additionally, the effect extended beyond the proportion of people who donated.

●additionally「そのうえ，さらに」

●the effect extended beyond ～「その効果は～を超えて広がった」が直訳。「～以上に（～以外のところにまで）及んだ」「～にとどまらなかった」などと工夫したい。The effect の内容はのちほど検討する。

●the proportion of people who donated「寄付をした人々の割合」が直訳。ここでの donate はバスの運賃を提供することを表している。「お金をくれた」などとするとわかりやすい。

●the effect「その効果」は，下線部④の直前 2 文（When participants were bluntly …）の内容を指している。「被験者がぶっきらぼうにお金をくれと言われたとき，それに従う割合は 10 パーセントだった…が，実験者が拒否する自由を強調したときは，応じてくれる率は 48 パーセントに跳ね上がった」と述べられている。「見知らぬ人にバスの運賃をくださいと求めるとき，拒否する自由があることを強調すると成功率が非常に高くなる」などと簡潔にまとめられる。

The level of donations was also boosted.

●The level of donations は「寄付の水準」が直訳。ここでは「くれるお金の額」などとできる。

●was also boosted「…も押し上げられた」が直訳。「上がった」とするのが日本語では自然である。boost「～を上げる，高める」

設問(5)　The complex method of collecting the tax was designed to allow the participants to easily cheat and keep some of the cash.

●The complex method of collecting the tax「その税金を集める複雑な方法」が直訳。tax は下線部⑤の 2 つ前の文（The psychologists told

…）の最後にある a lab tax「研究室税」のこと。collect tax は「税金を徴収する」という定番表現。いわゆる税金ではないので，「(研究室) 費用を回収する」などとしてもよいだろう。The complex method の内容はのちほど検討する。

●was designed to ～ は，design *A* to *do* で「*A* が～するように計画する，もくろむ，意図する」の受動態。「～するように計画された，意図された」が直訳だが，「～するように計画した，意図した」などとするのが日本語としては自然である。

●allow the participants to easily cheat and keep some of the cash「参加者が簡単に不正をして，その現金の一部を持っておくことを許す」が直訳。the participants は「実験への参加者」であり「被験者」とできる。allow *A* to *do* は「*A* が～するのを許す」が直訳だが，許可されればそれが可能であるということから，「*A* が～できるようにする」などと訳せる。cheat は「ごまかす」などとしてもよい。keep「持っておく」とは，「返さずに自分のものにしておく」ということ。

●「複雑な（費用の回収）方法」は，下線部⑤の直前 2 文（The psychologists told …）に述べられている。すなわち「被験者に時間を割いてくれたことに対して 10 ドル支払われるが，研究室の費用として報酬のうち 3 ドルを返さなくてはならない」「作業が終わったらその料金を封筒に入れて，実験者に手渡す」となっている。これを簡潔にまとめる。

Quite a few did!

●quite a few は「かなり多数，相当数」の意。うしろに of the participants が省略されている。「かなり多くの被験者が」とできる。「人」としても文脈上誰かわかるので問題ない。

●did「した」は代動詞。直前で述べられている被験者にできることとは，cheat and keep some of the cash であり，これを指す。「そうした」とすれば十分である。「ごまかした」とするのもわかりやすい。

●同文には接続詞はないが，冒頭に「そして」などと補うほうが前文とのつながりが自然だと思われる。

In fact, 45% left the envelope empty and 3% left only a partial amount.

●in fact はここでは意外な事実を述べてはいないので,「実は」ではなく「実際，事実」などとするのが適切。

●45％ left the envelope empty は leave O C「OをCのままにしておく」の第５文型で「45パーセントの人が封筒を空のままにしておいた」が直訳で，ほぼそのままでよい。

●3％ left only a partial amount「３パーセントは部分的な額だけを残した」が直訳。この left は第３文型。only は否定的に訳して,「額の一部しか残さなかった」とするのが文脈上ふさわしい。

設問(6)　下線部は「その心理学者たちは少しひねりを加えてその実験をもう一度行った」の意。直後に「２番目の被験者グループは，そのお金をどう使うべきか研究室長に助言できると言われた。たとえば，その資金は今後の被験者のための飲み物や軽食を買うのに使うと提案することができた」と続いている。つまり「ひねりを加えて」とは「回収されたお金の使い道を研究室長に助言できる」という「新たな条件をつけて」ということ。解答欄に余裕があるので使い道の具体例も加えてまとめるとよい。

語句・構文

(第１段) plough（＝plow）through「～をこつこつと行う」 strew「～をまき散らす，ばらまく」 harangue *A* on〔about〕*B*「*A* に *B* のことについて説教する」

(第２段) autonomy「自律性，自由裁量権」 counterproductive「逆効果の，非生産的な」

(第３段) stern「厳しい」

(第４段) be wary of～「～に用心する」

(第５段) attribute *A* to *B*「*A* を *B* に帰する，*A* は *B* の作ったものだとする」

(第６段) embedded in～「～に埋め込まれている，挿入されている」 term O C「OをCと呼ぶ，称する」 get away with～「～をうまくやってのける」 hard sell「強引な販売」 tailor「～を目的・対象に合わせる」

(第７段) bluntly「ぶっきらぼうに」 subject「被験者」 control「対照(の)」結果を比較するために操作を加えないままにしてある実験対象。

(第９段) sizable「かなりの，相当に大きな」

III ◀文・人間科・法・経済学部▶IIIに同じ。

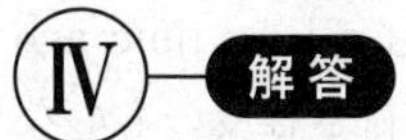

(1) 〈解答１〉 It was long ago, but there was a time when my relationship with my daughter, who was then a high school student, became awkward because of some trivial matter. Before our relationship was restored, she left home to attend a distant university, so I decided to choose one picture book a month and send it to her with a letter.

〈解答２〉 A long time ago, my relationship with my daughter, who was in high school at that time, went wrong over a trifle. As she moved out to go to a college far away before we mended our relationship, I started to pick out one picture book for her every month and send it to her along with a letter.

(2) 〈解答１〉 As if to compensate for that regret I felt, I visited bookstores while thinking about my daughter in university, and sent a book to her once a month. It was not long before our relationship was repaired. After a while, I began to receive long letters in reply from her.

〈解答２〉 In order to compensate for that regret, I would visit a bookstore, imagining my daughter at college, and send her one book a month. It didn't take much time for us to become reconciled. Before long, she started sending me long replies.

(3) 〈解答１〉 Picture books have more power than we adults think. This power is not a superficial one that merely allows you to turn your eyes away from reality or forget unpleasant things. Picture books have genuine power to encourage you to face reality and conquer difficulties.

〈解答２〉 Picture books have more power than we adults assume. It is not a deceptive power which helps us ignore reality and forget our problems. Picture books give us true power to encounter reality and overcome hardships.

解説

(1) 「もうずいぶん昔の話になるが，些細なことがきっかけで高校生の娘との関係がギクシャクした時期があった」

- 「もうずいぶん昔の話になるが」は「ずいぶん前に」a long time ago 程度に表現すれば問題ない。「が」は逆接ではなく前置き程度のものなので，訳出しなくてよい。あるいは，「それはずいぶん前のことだが」と It was long ago, but ～ とすることもできる。この but は Excuse me, but ～ などにみられる軽いつなぎである。
- 「～した時期があった」は関係副詞を使い，there was a time when ～ と文字どおりでよい。あるいは，あえて訳出しなくても文意を損なうことはないだろう。
- 「娘との関係がギクシャクした」の「娘との関係」は「私の，娘との関係」my relationship with my daughter と補う。「ギクシャクした」は「ぎこちなくなった」became awkward〔strained〕などとできる。went wrong「おかしくなった，うまくいかなくなった」などとしても状況は伝わる。
- 「高校生の」は daughter のあとに非制限用法の関係代名詞節で「(当時）高校生だった」who was (then) a high school student,「(その頃）高校に行っていた」who was in high school (at that time) などとできる。
- 「些細なことがきっかけで」は「～のせいで」because of〔due to / owing to〕～ のほかに，「～をめぐって」over ～ で処理することも可能。「些細な」は trivial / trifling / minor などの形容詞を a … thing / some … matter や something … として使う。「些細なこと」の意の名詞 trifle もある。

「関係が修復しないうちに娘は遠くの大学に行ってしまったので，僕は彼女のために毎月一冊の絵本を選んで手紙を添えて送ることにした」

- 「関係が修復しないうちに」は「修復する前に」とするのが適切。「修復する」は repair / restore / mend などが使える。「関係」を主語にして受動態で書いてもよいし，「私たち」を主語にして能動態で書くこともできる。
- 「娘は遠くの大学に行ってしまったので」は，because / as / since など従属接続詞でもよいし，so で展開してもよい。「遠くの大学に行ってしまった」は「大学に行くために家を出た」left home to attend a distant university / moved out to go to a college far away など，家を離れたことがはっきりわかるように書くとよい。なお「娘は」となっているが，第1文で my daughter が出ているので代名詞にするのが適切。

- 「僕は～することにした」は I decided to ～ でよい。I started to ～「～し始めた」としても様子は伝わる。
- 「彼女のために毎月一冊の絵本を選ぶ」は choose one picture book a month / pick out one picture book for her every month などとできる。前者の a month は「ひと月につき（一冊）」という単位を表している。後の「手紙を添えて送る」のところで「彼女に」という言葉を補えば，こちらの「彼女のために」は省略できる。
- 「手紙を添えて送る」は目的語「それ（＝絵本）」を補うのを忘れないように注意。上で述べたように，ここで「彼女に」を補ってもよい。send it (to her) となる。「手紙を添えて」は「手紙とともに」(along) with a letter とできる。

(2)　「その後悔を埋め合わせるように，大学生の娘のことを思って本屋に通い，毎月一冊の本を送ったのだ」

- 「その後悔を埋め合わせる」は compensate for that regret が文字どおり。「私が感じていた」(which) I felt などと補ってもよい。「後悔」は娘が幼いころに読み聞かせをしてやらなかったことに対するものなので，「自分の怠慢を償う」make up for my neglect などとすることも考えられる。「～ように」は「あたかも～するかのように」as if to ～ が近いだろう。「～するために」in order to ～ ともできる。
- 「大学生の娘のことを思って」は「思いながら」と分詞構文で表現するのがよい。「大学生の娘」はどの娘かを区別しているわけではないので，「大学にいる娘のことを思いながら」thinking about my daughter in university,「大学での娘を思い浮かべながら」imagining my daughter at college などとするのが適切だろう。
- 「本屋に通い」は「本屋を訪れ」〔visited〕bookstores とできる。「通う」がいつも同じところに行くことを表していると考えるなら，a

bookstore とできる。この場合習慣的行為であることを表す would を補ってもよいだろう。

● 「毎月一冊の本を送った」は sent her one book a month / sent a book to her every month など，(1)の第 2 文同様に表せる。「毎月」を「月一回」once a month としてもよいだろう。

「雪解けまでには，それほど時間はかからなかった」

● 「～までには，それほど時間はかからなかった」は It was not long before S V や It didn't take much time for *A* to *do* が定番の表現。

● 「雪解け」とは，2 人の関係が修復されることを表しているので，(1)の第 2 文でもみた「修復する」repair / restore / mend などが使える。簡単に「仲直りをする」be reconciled を使ってもよいだろう。

「しばらくすると，娘から長い返信の手紙が届くようになったのだ」

● 「しばらくすると」は after a while が文字どおり。「まもなく」soon / before long などで表すこともできる。

● 「娘から手紙が届くようになった」は，「私は娘からの手紙を受け取り始めた」I began to receive letters from my daughter,「娘は私に手紙を送り出した」my daughter started sending me letters などと整える。ここも「娘」は「彼女」でよい。

● 「長い返信の手紙」は「返事としての長い手紙」long letters in reply などとできる。reply 自体に「返信」の意があるので，long replies ともできる。

(3) 「絵本には，僕たち大人が思っている以上に力がある」

● 「絵本はより多くの力を持っている」Picture books have more power とする。「僕たち大人」は we adults と同格表現で。「思っている」は think や imagine，あるいは「思い込んでいる」assume などが使える。

「現実から目を背けさせてくれたり，嫌なことを忘れさせてくれたりといったまやかしの力ではない」

● 主語に「それは」「その力は」などと補う。後者の場合，補語は代名詞 one を使うとよい。

● 「まやかしの」は，文字どおりは fake「にせものの」だろうが，人を心の底から動かす力のない「表面的な，皮相な」superficial，それで何とかなったと「誤解させ，惑わせる」deceptive / misleading /

deceiving / deceitful などが内容上適切だろう。

- 「*A*（人）に～させてくれる」は allow *A* to *do* や help *A do* が使える。「人」には you や us を使って一般論にする。
- 「～するような」は関係代名詞 that や which で表せば問題はないだろう。merely「単に（～にすぎない）」なども，文章に沿った表現として補うことができる。
- 「現実から目を背ける」は turn *one's* eyes away from reality が文字どおり。ignore reality「現実に気づかないふりをする」といった表現も使える。
- 「嫌なこと」は「不快なこと」unpleasant things が文字どおり。抱えている問題と考えて，*one's* problems としてもよいだろう。「忘れる」は forget。

「現実と向き合い，困難に打ち勝っていくための本物の力が，絵本にはある」

- 「本物の力が，絵本にはある」は，第１文と同様「絵本は本物の力を持っている」とする。「本物の」は genuine / true が使える。
- 「現実と向き合い，困難に打ち勝っていくための」は注意が必要。「向き合い，打ち勝つ」のは「人」なので，power にじかにこれらの動詞を不定詞で続けるのは不可。「*A*（人）を向き合い，打ち勝つように促す」encourage *A* to ～ とする。あるいは，「力が絵本にはある」の骨組みを変えて，「絵本は（人）に～する本物の力を与えてくれる」とすることも考えられる。
- 「現実に向き合う」face〔confront〕reality
- 「困難に打ち勝つ」は overcome difficulties〔hardships〕。conquer difficulties ともできる。

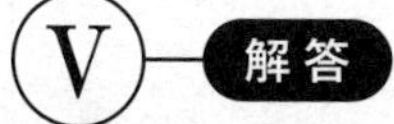

設問(1)　太陽が落とす影を利用して１日の時刻を示す日時計と水の流れを利用して時間を計測する水時計。

設問(2)　一定の速度を保つために歯車のかみ合いを制御する革命的な仕組みをもつ機械式の時計であった点。

設問(3)　懐中時計や腕時計の開発。

設問(4)　20 世紀に発明され，水晶の振動を利用して電気信号を生み出し，その信号を時計の針を動かすモーターの駆動に使うという仕組み。

設問(5)　美しく手の込んだ時計を作ること。

全訳

《時計の歴史》

著作権の都合上，省略。

著作権の都合上，省略。

解説

解答欄はすべて14.7cn×4.2cm。ただし，すべての解答がこの大きさを満たすほど長いものになるとは限らない。

設問(1) 第2段第1文（The earliest attempts…）に「時間計測の最初期の試みは…古代文明にまでさかのぼれる」とあり，その例として同段第2文（Sundials, using…）に「日時計は，1日の時刻を示すのに，太陽が落とす影を使うもの」，第3文に「水時計も…使われており，時間を計測するのに水の流れを利用したもの」とある。これらの内容をまとめる。

設問(2) 第3段第1文（However, it wasn't until…）に「計時における本当の大躍進である機械時計が登場したのは，やっと中世になってからだった」とあり，この段で中世の時計のことが述べられているのがわかる。第2文（The first mechanical clocks…）に「最初の機械時計は，一定の速度を保つために歯車のかみ合いの解除を制御する革命的な仕組みをもとにしていた」とある。古代の日時計や水時計に対して，機械式であったことに言及し，その仕組みをまとめる。

設問(3) 第4段第3文（Pendulum clocks were…）に「振り子時計…の発明は懐中時計や腕時計の開発への道を開いた」とある。

設問(4) 第6段第1文（The introduction of the…）に「20世紀の水晶時計の導入」とあり，発明されたのは20世紀だとわかる。続く第2文

(Quartz clocks use …）に「水晶時計は，電気信号を起こすのに水晶の結晶の振動を利用しているが，その電気信号は時計の針を動かすモーターを駆動するのに使われる」とある。仕組みはこの内容をまとめる。

設問(5)　第８段第２文（Clockmakers have long …）に「時計職人はずっと，正確なだけではなく美しく手の込んだ時計を作ろうと努めてきた」とある。

語句・構文

（第１段） vital「きわめて重要な，不可欠の」

（第３段） it wasn't until … that ～「…になってやっと～した，～したのはやっと…になってからだった」

（第４段） it was a Dutch mathematician and scientist who ～「～したのはオランダの数学者で科学者の人物だった」it was … who ～ は強調構文。a … mathematician and scientist は「数学者兼科学者」の意。「数学者と科学者」と２人なら a mathematician and a scientist となる。pave the way for ～「～への道を開く」

（第５段） The 18th and 19th centuries saw ～「18 世紀と 19 世紀は～を見た」が直訳。「18 世紀と 19 世紀に～が起こった」の意で，無生物主語の表現の一つ。refinement「改善，洗練」

（第６段） bring about ～「～を引き起こす」

（第８段） endeavor to *do*「～しようと（真剣に）努める」 intricate「複雑な」が辞書的な訳語だが，文意から「手の込んだ，精巧な」のニュアンスで使われていると考えられる。

（第９段） ingenuity「発明の才，創意」

講評

他学部と一部の問題が共通になっている。

Ⅰの英文和訳問題は，文・人間科・法・経済学部Ⅰと共通問題。

Ⅱの長文読解総合問題は，「他者の行動を促す言葉づかい」について，さまざまな実験事例を挙げながら論じた文章。設問は内容説明と英文和訳。内容説明は字数制限が設けられておらず，解答欄に収まるようにまとめるものだった。英文和訳はいずれも下線部中に含まれている「語句の内容を明らかにしたうえで」という条件がついているため，内容説明も同時に含んでいるものだった。

Ⅲのテーマ英作文は，文・人間科・法・経済学部Ⅲと共通問題。

Ⅳの和文英訳問題は，一連の文章の３カ所を英訳するもの。例年通り，一読して意味が不明な箇所はないにもかかわらず，英語に直そうとするとどう表現すればよいか，語句レベルでも文構造レベルでも一筋縄ではいかない。英語の文構造を文型や動詞などの語法を中心に意識して，それに合うように日本文を整えなおす作業が必要である。語句レベルでも，まず日本語で他の語句，表現に置き換えながら自分の語彙の中にあるものを探ることが求められる。

Ⅴのリスニングは，時計の歴史について，時計の仕組みを中心に述べたもの。例年同様，一連の文章が一気に放送された（放送は２回)。設問はすべて日本語の質問に日本語で答える記述式。比較的素直な問いで，解答しやすかったと思われる。設問は問題冊子に印刷されているので，あらかじめ読んで聞き取るポイントをつかんでおくこと。

「読む」「書く」「聞く」のいずれも高い習熟度が求められる。「読む」「書く」に比べると，「聞く」という面は日常的におろそかになりがちだが，「聞く」ことは他の２つの力の底上げにもつながる。３つをバランスよく日頃の勉強に取り入れて準備したい。

日本史

I　解答　正倉院の宝庫は高床式の校倉造の構造をもつ建物である。その宝物は光明皇后が東大寺に奉納した聖武天皇の遺愛品が多く，大仏開眼会に使用された調度品や楽器，文書類など多様な品々が含まれている。遣唐使など国際交流でもたらされた舶来品や，外来文化の影響を受けた日本製の美術品も多い。特に螺鈿紫檀五絃琵琶や鳥毛立女屏風には東アジアや西域の装飾や画風がみられ，国際色豊かな天平文化の特徴がよく示されている。(200 字程度)

解説

《正倉院》

▶設問の要求

〔主題〕正倉院について 200 字程度で述べる。

〔条件〕正倉院の宝庫の構造を簡潔に指摘し，宝物の中身と特徴を具体的に述べる。

▶論点の抽出

正倉院宝庫が高床式で校倉造の構造をもっていること，次に宝物の中身については「天平文化」を代表する国際色豊かな特徴をもつ作品を指摘しておきたい。「正倉院宝物の中身」が要求されているので『螺鈿紫檀五絃琵琶』や『鳥毛立女屏風』など代表的な作品名を示した解答が望まれるが，正確に漢字で書けるかがポイントになる。

▶解答の枠組み

〔正倉院の宝庫〕

- 高床式の構造
- 校倉造

〔正倉院宝物〕

- 聖武天皇の遺愛品
- 大仏開眼会に使用された調度品
- 国際色豊かな美術品
- 具体例－『螺鈿紫檀五絃琵琶』『鳥毛立女屏風』など

▶注意点

設問の要求に〔条件〕として「正倉院宝物の中身」とあるので，論旨に沿った作品をいくつか指摘すること。〔解答〕では『螺鈿紫檀五絃琵琶』『鳥毛立女屛風』を使用した。また作品個々の特徴を指摘してもよいが，国際色豊かな点をまとめて述べればよい。なお，『銀薫炉』『平螺鈿背八角鏡』『漆胡瓶』などの作品を指摘しながら述べてもよいであろう。

▶解説

〔正倉院の宝庫〕

奈良時代に寺院や諸国・郡・郷などに置かれた倉庫を正倉と称し，その一角を囲んだ区画を正倉院といった。現在では一般的に東大寺の建造物としての正倉院をさす。解答では構造として高床式と校倉造の二点を簡潔に説明しよう。

●高床式の構造

正倉院宝庫は756年頃建立され，大仏殿の北西に北倉・中倉・南倉の三つがある。いずれも床下2.4mの高床式の倉庫建築となっており，地面から離すことにより虫害や湿気などから宝物類を守った。

●校倉造

校倉造は断面が三角形の木材を井桁(いげた)組（井の字形に組むこと）にして壁面を形成する仕組みである。組み合わせた木材の膨張・収縮により室内の湿度が保たれ保存物を守る仕組みといわれている。東大寺正倉院の校倉造は現存最古で最大級である。

〔正倉院宝物〕

●聖武天皇の遺愛品

正倉院宝物は756年に崩御した聖武天皇（聖武太上天皇）の遺愛品を光明皇后（光明皇太后）が東大寺の大仏（盧舎那仏）に献納したことにはじまる。聖武天皇の冥福を祈るとともに，鎮護国家の一環として国家の安寧を願って奉献されたもので，宝物の中でも重要な品々である。

●大仏開眼会に使用された調度品

天平文化は鎮護国家の思想による仏教文化である。その一大国家事業として敢行されたのが東大寺大仏（盧舎那仏）の造立とその開眼会であった。宝物の中には開眼会で使用された開眼の筆，その筆と参列者を結んだ開眼縷(る)（ひも），また伎楽面・楽器類・幡(ばん)（のぼり）・帳(ちょう)（まく）などの品々が含まれている。なお，文書類としては「正倉院文書」という1万2000余点におよぶ古文書があり，写経などの仏教関係のものが大部分を占めるが，戸籍や計帳など行政関係の文書も多く，奈良時代の律令政治の実態や社会機構を知る重要史料となっている。

●国際色豊かな美術品

奈良時代はさかんに遣唐使が派遣された時代である。その影響から正倉院宝庫には国際色豊かな多くの美術品が納められている。唐・新羅をはじめ東ローマ，ペルシア，インドなど西域の舶来品やその影響を受けて日本で製作された品々も含まれる。シルクロードの終着点として当時の世界文化を反映したものであった。

●具体例―『螺鈿紫檀五絃琵琶』『鳥毛立女屏風』など

正倉院宝物の具体例として国際色豊かな代表的美術品を指摘しよう。〔解答〕は『螺鈿紫檀五絃琵琶』と『鳥毛立女屏風』で作成した。

『螺鈿紫檀五絃琵琶』は唐からの伝来品。螺鈿は真珠光を放つ貝片を加工して漆地や木地などにはめ込む装飾技法。インドなどを原産とする南方産の木（紫檀）でつくられ，撥(ばち)を受ける部分には駱駝に乗った西域の人が螺鈿で表現されている。またインドを起源とする五絃の琵琶の中で現存する世界最古の作品である。

『鳥毛立女屏風』は8世紀後半の6曲の屏風絵。作品名は顔や手以外の部分に鳥毛が貼られてあったことに由来し，日本製と推定されている。色濃く化粧した豊満な美人は唐代の美術作品に共通し，美人を樹下に配する構図はインドやペルシアなどの影響が見られる。トゥルファン（新疆ウイグル自治区の東部）のアスターナ古墳群から出土した『樹下美人図』に類似し，宝物を代表する国際色豊かな作品である。

Ⅱ―解答　蒙古襲来によって鎌倉幕府は九州の御家人に対する異国警固番役を強化・継続させ，また朝廷から本所一円地の武士を動員する権限を得て軍事体制を整えた。さらに再来に備えて九州に鎮西探題を設置して全国的な支配を強化した。同時に北条氏の得宗専制政治が確立され，守護・地頭の地位も北条氏一門が独占した。しかし，軍役の継続や不十分な恩賞のため窮乏する御家人が増加し，御恩と奉公を基盤とする鎌倉幕府の封建体制は動揺した。（200字程度）

解説

《蒙古襲来後の鎌倉幕府の軍事・支配体制の変容》

▶設問の要求

〔主題〕蒙古襲来後の鎌倉幕府の軍事・支配体制の変容について200字程度で述べる。

〔条件〕軍事・支配体制がどのように変わったのか，その影響にも触れつつ具体的に述べる。

▶論点の抽出

蒙古襲来という対外的危機を背景に鎌倉幕府の軍事体制や支配体制が強化されたこと，またその影響として御家人の疲弊が顕著になり封建社会が動揺しはじめたことを述べる。〔条件〕の具体例として，異国警固番役の強化と継続，本所一円地の武士（非御家人）の動員や鎮西探題の設置など，さらに政治的な支配体制として得宗専制政治が確立したことを付け加えたい。影響としては軍役の継続や不十分な恩賞によって御家人が窮乏したことを指摘しよう。

▶解答の枠組み

〔軍事体制の変容〕

- 異国警固番役の強化と継続
- 本所一円地の武士（非御家人）の動員
- 鎮西探題の設置─全国的支配を強化

〔政治的な支配体制の変容〕

- 北条氏の得宗専制政治の確立
- 北条氏一門による守護などの独占

〔御家人の窮乏〕

- 軍役の継続
- 不十分な恩賞
- 封建関係の動揺

▶解説

〔軍事体制の変容〕

●異国警固番役の強化と継続

異国警固番役は蒙古襲来に備え，九州に所領をもつ御家人が沿岸警備を行う軍役である。1274年の文永の役の前から設けられ，その後，再来に備えて整備・強化された。1281年の弘安の役後も元が日本征服を計画していたため継続された。負担は重く御家人の経済的疲弊につながった。

●本所一円地の武士（非御家人）の動員

本所一円地の武士とは，地頭職が設置されていない土地の住人（非御家人）のことである。鎌倉幕府の軍事体制の基本理念は，将軍と御家人との主従関係によって成り立ち，将軍から所領安堵された御家人（地頭）が，その御恩に対して軍役（奉公）することである。鎌倉幕府が対外的危機を背景に，主従関係のない武士まで動員できるようになったことは，軍事体制の大きな変容であった。

●鎮西探題の設置―全国的支配を強化

鎮西探題は，弘安の役後も九州を防衛し統治するために1293年博多に設置された。北条氏一門が任命されて異国警固番役などにあたる御家人の指揮や訴訟問題などを現地で扱った。鎮西探題の設置によって西国の支配体制が整い，鎌倉幕府の支配権は全国的に強化された。

〔政治的な支配体制の変容〕

●北条氏の得宗専制政治の確立

得宗は北条氏の家督を継ぐ嫡流（惣領家）のことで，北条義時の法名「徳宗」に由来する。得宗家の専制体制の予兆は北条時頼のころから見られるが，2度の蒙古襲来を退けた北条時宗の強力な指導力により得宗家への権力の集中が強まった。さらに9代執権北条貞時は蒙古再来の対外的危機を利用し権力の集中を進め，霜月騒動や平禅門の乱などを経て得宗専制政治を確立させた。

●北条氏一門による守護などの独占

鎌倉幕府の主導権を掌握した得宗（時宗・貞時）は，蒙古襲来を契機に配下の北条氏一門を全国の守護職に就けた。対外的危機に対峙し，軍事権を発動する各国の守護の指揮権強化と中央との連携を深めるためであった。やがてそれは得宗権力を支える全国的な柱となり，鎌倉時代末期には北条氏一門が占める守護職は30に及び，全国の約半分に達した。また同時に各地の地頭職にも北条氏が就くようになった。

〔御家人の窮乏〕

●軍役の継続

御家人の窮乏に拍車をかけたのが2度にわたる蒙古襲来であった。合戦における戦費の負担や襲来後も異国警固番役や石塁（防塁）の修築などの軍役が続き，その出費は御家人らの経済的負担を増大させた。

●不十分な恩賞

蒙古襲来は国土防衛戦争であったため，没収地がなく御家人への恩賞（土地）が満足に与えられなかった。多大な戦費を消失したにもかかわらず，恩賞は得られず，出費を補うことができなかった。困窮した御家人は所領を質入れすることで家計を補い，負債を抱えて所領を失うものが続出した。

●封建関係の動揺

恩賞が不十分であったことは，土地を媒介とする将軍と御家人の主従関係を損なうきっかけとなった。蒙古襲来によって鎌倉幕府の基本理念である御恩と奉公の封建体制は大きく動揺し，御家人からの信頼を失った幕府は崩壊の道を歩むことになる。

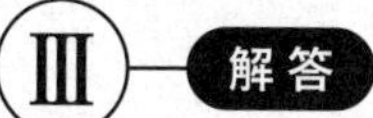

田沼意次は商業資本を利用した財政政策を推進した。都市や農村の商工業者に株仲間の結成を促して運上・冥加を上納させ，また幕府は銅・朝鮮人参などを専売する直営の座を設けて増収をはかった。長崎貿易では銅や俵物の輸出を奨励して金・銀の輸入に努め，貨幣政策では南鐐二朱銀を鋳造して金銀通貨の一本化をはかった。幕府の収入は増加し，商品経済の発展は町人・富農・武士らが新しい学問・思想・芸術などを生み出す刺激となった。(200字程度)

解説

《田沼意次の経済政策》

▶設問の要求

〔主題〕田沼意次の経済政策について200字程度で具体的に述べる。

〔条件〕その効果にも触れつつ述べる。

▶論点の抽出

田沼意次の商業資本を利用した積極政策について，株仲間の奨励や専売制による増収，長崎貿易による輸出増進，また金銀通貨の一本化をはかった貨幣制度などを指摘してまとめよう。〔条件〕の「効果」については，収入の増加や商品経済が発展したこと，それが新しい文化（宝暦・天明期の文化）を生み出す背景になったことを述べよう。

▶**解答の枠組み**

〔商業資本の利用〕

• 株仲間の結成奨励

• 専売制

• 長崎貿易における輸出増進

〔貨幣制度〕

• 金銀通貨の一本化

〔経済政策の効果〕

• 幕府収入の増加と商品経済の発展

• 新しい学問・思想・芸術の発展

▶**注意点**

田沼政治の経済政策の影響として，賄賂の横行，士風の乱れなどが連想されるが，この点は指摘しないように注意しよう。〔条件〕で「効果」が要求されているので，経済政策による“良い結果”として収入増加や商業経済の発展による新しい文化の開花を指摘すること。

▶**解説**

〔商業資本の利用〕

田沼意次は年貢増徴の限界を悟り，財政再建のために発達した商業経済を利用した。

●株仲間の結成奨励

田沼意次は江戸や大坂の都市部だけではなく広く農村に成長した在郷商人にも株仲間結成を奨励した。市場経済の発展に伴って増大した商人らの所得に目をつけ課税の対象とし，彼らに営業独占権を認める代わりに運上・冥加を徴収した。運上は一定率の営業税，冥加は営業許可に対する献金である。ただし，その収入額は多くはなく，財政再建に大きな影響を与えるものではなかったといわれている。それより株仲間には物価統制の役割が期待された。

●専売制

収入増加策のもう一つは幕府直営の座による専売制である。銅座・朝鮮人参座・真鍮座・鉄座などを設け，特定商人の管理下で生産や販売などを独占した。銅は清からの要請や金銀に代わる輸出品として重視され，直営の座を設けて専売とした。また朝鮮人参は薬用として輸入されていたが，徳川吉宗が国産化をはかり，田沼期には品質管理も兼ねて座を設けて専売とした。なお，真鍮座・鉄座は鋳銭原料の真鍮と鉄をあつかう座である。これらを指摘してもよいであろう。

●長崎貿易における輸出増進

田沼意次は長崎貿易を奨励し，貨幣鋳造のために不足していた金銀を輸入すべく清国向けの銅や俵物の輸出を増進させた。この一環として銅座が形成され，また俵物の増産をはかる意味もあって蝦夷地の開発を進めようとした。

〔貨幣制度〕

江戸時代の貨幣制度では金貨は計数貨幣，銀貨は重さをはかる秤量貨幣であり，また金貨は東日本，銀貨は西日本の基準貨幣であった。幕府は交換率を定めたが，相場はたえず変動し，交換比率も地域によって差が生じた。

●金銀通貨の一本化

18 世紀以降，商品経済の発展に伴い江戸・大坂を中心に全国が一つの大きな市場となり，東西交流が活発化した。これに即応するため田沼意次は金貨の単位で示す定量計数銀貨として 1772 年南鐐二朱銀を鋳造した。「南鐐」は上質という意味。額面に金貨の単位「二朱」が打たれ，金 1 両が 16 朱なので，8 枚で金 1 両に交換できた。東の金遣いと西の銀遣いの二元制を解消し，金を基軸に貨幣制度を統合して流通の円滑化をはかった。

〔経済政策の効果〕

●幕府収入の増加と商品経済の発展

田沼意次の積極的な経済政策により幕府の収入は増加し，一定の成果を得た。また商業資本を利用した政策により流通が活発化し，各藩の藩政改革における殖産・専売政策にも刺激を与えた。

●新しい学問・思想・芸術の発展

商品経済の発展を背景に，町人をはじめ武士から農民にいたる幅広い階層から新しい文化（宝暦・天明期の文化）が生み出された。代表例として，町人文芸では山東京伝・恋川春町ら，また柄井川柳の川柳や大田南畝の狂歌なども生み出された。絵画では鈴木春信による錦絵が創始され，西洋画では平賀源内の油絵，司馬江漢ははじめて銅版画を製作した。また，蘭学発展の契機となった『解体新書』は田沼時代の革新的な気運を象徴した著作である。具体例として解答に書く必要はないが確認しておこう。

Ⅳ 解答 殖産興業を推進する明治政府はイギリスの技術指導で新橋・横浜間に鉄道を敷設し，官営鉄道を次々に広げて主要都市と開港場を結びつけた。民営では日本鉄道会社が政府の保護で成功すると，産業革命期に鉄道建設ブームが起こり，官営の東海道線が全通する一方で，営業キロ数は民営鉄道が官営を上回った。日露戦争後，軍事・経済上の理由から主要幹線の統一的管理が必要となり，鉄道国有法を公布して民営鉄道のほとんどを国有化した。(200 字程度)

解説

《明治期における鉄道業の展開》

▶設問の要求

〔主題〕明治期における鉄道業の展開を 200 字程度で具体的に述べる。

▶論点の抽出

経済発展を支える交通機関の中核を担った鉄道業の推移を述べる問題。「明治期」と限定されているので維新期から鉄道国有法までの展開を述べればよい。官営鉄道と民営鉄道の発展について，日本鉄道会社，東海道線の全通，営業キロ数の比較などを交えながら，最終的に鉄道国有法で一本化されるまでの流れをまとめよう。

▶解答の枠組み

〔明治維新期（殖産興業）〕

- 官営の新橋・横浜間の鉄道敷設
- 官営鉄道の拡張ー主要都市と開港場を連結

〔産業革命期〕

- 日本鉄道会社の成功
- 鉄道建設ブームの到来
- 東海道線の全通
- 営業キロ数ー民営が官営を上回る

〔日露戦争後〕

- 鉄道国有法ー鉄道の統一的管理

▶解説

〔明治維新期（殖産興業）〕

近世まで国内の物資輸送は主に水運が担っていたが，蒸気機関の伝来により，陸上交通の担い手として鉄道が整備された。

●官営の新橋・横浜間の鉄道敷設

日本の鉄道建設は政府主導の官営から始まった。工部省の管轄で御雇外国人として招かれたイギリス人技師モレルの指導のもと，1872 年新橋から貿易港の横浜までが開通した。開通した鉄道は文明開化の象徴となり，政府の威信を示すシンボルとなった。

●官営鉄道の拡張－主要都市と開港場を連結

明治政府は東京と京都を結ぶ鉄道路線を計画したが，これはすぐには実現せず，殖産興業の視点から開港場路線を中心に 1874 年大阪・神戸間，1877 年大阪・京都間など鉄道網の拡充をはかった。

解答に“大阪・神戸間”や“大阪・京都間”を指摘してもよいであろう。

〔産業革命期〕

●日本鉄道会社の成功

民営鉄道では，最初の民間私鉄会社として日本鉄道会社が岩倉具視ら華族を発起人として 1881 年に設立された。政府の手厚い保護を受け，1891 年現在の東北本線にあたる上野・青森間を全通させた。なお，同社は青森までの全通に先立ち，1884 年上野・高崎（群馬県）間を開通させ，製糸業地帯の群馬県と首都圏を連結させて生糸輸送を支えた。発達する製糸業と連動することで貨物輸送を担い大きな利益を上げた。

●鉄道建設ブームの到来

松方財政で貨幣・金融制度が整備され，不況を克服した経済界は 1886 年ごろから鉄道・紡績などの分野で企業勃興ムードが高まった。日本鉄道会社の成功は民営鉄道建設ブームに火を付け，北海道炭礦鉄道，九州鉄道，山陽鉄道，関西鉄道などが建設され，全国を結ぶ鉄道路線が広がった。こうした状況下，政府は 1892 年鉄道敷設法を制定し，個別に建設されていた路線を統一的に掌握するようになった。民営鉄道建設の政府主導が確立され，後の鉄道国有化の前提条件をつくった。

●東海道線の全通

政府は経済効果を重視して東海道ルートの鉄道建設を急ぎ，1889 年に東海道線（東京・神戸間）を全通させた。関東と関西を結ぶ路線が全通すると，鉄道が海運に代わって国内輸送の主体となった。なお，1889 年は大日本帝国憲法公布と同年なので合わせて覚えておこう。

●営業キロ数―民営が官営を上回る

1889 年東海道線を全通させるなど官営も路線を拡張したが，鉄道建設ブームの流れで民営鉄道の営業キロ数は官営を上回った。

日清戦争後には官営・民営など合わせて青森・下関間が連結し，全国的鉄道網がほぼ完成した。

〔日露戦争後〕

●鉄道国有法―鉄道の統一的管理

鉄道網が拡張されたが，官営と 40 以上の私鉄が乱立し，各鉄道の連携の限界，輸送力の偏在，設備の不統一性などの問題点が噴出した。軍部は日露戦争時の大量で高速の兵員輸送の実績から，軍事的効率を向上させるためにも鉄道の一本化を期待するようになった。また経済界も運賃や鉄道事業への投資負担の軽減をはかるため，国有化を求めるようになった。1906 年第 1 次西園寺公望内閣は鉄道国有法を公布し，主要な民営鉄道 17 社を買収して鉄道の 90％を国有化した。その後，統一的管理のもと路線整備と輸送力の強化がはかられ，明治末期には全国統一的な輸送体系が実現した。

講評

2024 年度も例年と同様，全問論述問題であった。論述量は，4 題すべて 200 字程度で総字数 800 字程度と例年どおりである。時代別の構成も，Ⅰ古代，Ⅱ中世，Ⅲ近世，Ⅳ近代となっている。90 分の試験時間で題意をくみとり，論旨にそってまとめるのは容易ではない。

なお，2024 年度は近年と同様に問題の設定や条件が明確で取り組みやすい問題が多かった。しかし，Ⅰの「正倉院」をテーマにした問題は，宝物の作品名などの記述が求められているので難問であった。

Ⅰは正倉院宝庫・宝物の特徴を述べる問題。条件に「宝物の中身と特徴を具体的に」とあるので，代表的な作品名を指摘しながら述べたほうがよいであろう。『螺鈿紫檀五絃琵琶』など難解な漢字が正確に書けるかがポイント。正倉院宝物が国際色豊かな天平文化の象徴であったことを印象づけられるかが勝負どころ。

Ⅱは蒙古襲来後の鎌倉幕府の軍事・支配体制の変容について述べる問題。鎌倉幕府の基本原則である御恩と奉公の封建体制を視野に入れて解答できるかがポイント。主従関係のない本所一円地の武士（非御家人）を動員できるようになったこと，一方で不十分な恩賞から主従関係に亀裂が生じたことなどを指摘できるかが勝負どころ。また得宗専制政治についても言及できるかがポイントである。

Ⅲは田沼意次の経済政策について述べる問題。株仲間の奨励，専売制，長崎貿易の拡充，また流通促進をねらった金銀通貨の統一（南鐐二朱銀）についても触れられるかがポイント。なお，〔条件〕の「効果」は“良い結果”のことなので，賄賂政治などの悪いイメージに言及せず，積極的な経済政策が新しい文化に影響を与えたことを指摘できるかが勝負どころである。

Ⅳは明治期における鉄道業の展開を述べる問題。産業史の鉄道に特化した問題なので点差がつく問題である。「明治維新期（殖産興業）」「産業革命期」「日露戦争後」など的確な枠組み設定をして，鉄道史の必要用語をピックアップして述べられるかがポイント。官営と民営のそれぞれの発展を指摘し，鉄道の分立から統合の流れを指摘できるかが勝負どころである。

世界史

◀文 学 部▶

I 解答

問1． 中国周辺の遊牧民は分裂と統合を繰り返していたが，気候変動の影響などから，匈奴・鮮卑・羯がモンゴル方面から長城付近へ，氐・羌がチベット方面から甘粛地方に移動した。西晋の八王の乱の際，諸王が五胡の軍事力を利用したことで彼らの北中国への移住が進み，匈奴が政権をたて，永嘉の乱で西晋を滅ぼしたことを契機に北中国各地で五胡の政権が成立した。(150字程度)

問2． エフタル

問3． 高句麗・百済・新羅の3国が対立していた朝鮮半島で，新羅は唐と結んで百済を滅ぼし，百済の遺民と日本の連合軍を白村江で破った。さらに新羅は唐と結んで高句麗を滅ぼした後，半島から唐の勢力を一掃して朝鮮を統一した。(100字程度)

問4． ア

解説

《2世紀後半から7世紀前半までの中国とその周辺地域》

問1． 五胡が北中国に居住するに至った歴史的背景について説明する。「北中国」はあまりなじみのない用語であるが，西晋の滅亡によって五胡に支配権を奪われた地域であり，華北一帯を指すと考えられる。したがって，本来モンゴル高原やチベット高原で生活していた遊牧民が，部族間の抗争や気候変動（寒冷化）などの影響を受けて中国周辺にまで移動し，リード文にあるように，「八王の乱」と「永嘉の乱」を契機に，「五胡」が政権をたてたことを説明すればよい。「八王の乱」は，司馬炎（武帝）の死後，一族の有力皇族が帝位をめぐって争った内乱で，その軍事力として周辺遊牧民である五胡の武力を利用したことから，華北に五胡の勢力が拡大することになった。「永嘉の乱」は，八王の乱以後華北で政権をたてた匈奴（前趙）が西晋の都洛陽を攻め，西晋を滅ぼした事件で，これをきっかけとして五胡は華北一帯で次々と政権をたてていった。

問２． 中国の南北朝時代は５～６世紀にあたり，この間にバクトリア地方に勢力を拡大した遊牧国家はエフタル。エフタルは６世紀の中ごろ突厥とササン朝の攻撃を受けて弱体化し滅亡した。

問３． 朝鮮半島諸国間の戦争の推移と帰結について説明することが求められた。戦争に参加した国は，新羅・百済・高句麗の朝鮮３国に加えて，百済と結んだ日本（ヤマト政権），新羅と結んだ唐を挙げればよい。唐・新羅連合軍が百済を滅ぼす→唐・新羅連合軍が白村江の戦いで百済の遺民と日本の連合軍を破る→唐・新羅連合軍が高句麗を滅ぼす→新羅が唐の勢力を半島から排除して朝鮮を統一するという時系列にそって論述できるかどうかがポイント。

問４． 難問。唐の第２代皇帝は太宗。

ア．正文。突厥は東西分裂後，東突厥は太宗のとき，西突厥は高宗のときに唐に服属した。唐は，服属した周辺異民族を，その族長に官職を与えて間接統治する羈縻政策で統治した。

イ．誤文。太宗は，吐蕃のソンツェン=ガンポの下に文成公主（皇帝の娘）を嫁がせて婚姻関係を結んだが，冊封は行っていない。

ウ．誤文。シュリーヴィジャヤは唐の朝貢国であるが，婚姻関係は結んでいない。

エ．誤文。玄奘はハルシャ=ヴァルダナ王時代のインドを訪れたが，太宗の使者ではなく国禁を犯して唐を出国した。

Ⅱ　解答

問１． オランダは江戸幕府の許可した長崎出島での貿易に従事したが，キリスト教が全面的に禁止され鎖国政策が強化されたことから，キリスト教徒の日系人家族は，オランダの貿易拠点バタヴィアに移住して信仰を守った。(100字程度)

問２． オランダ東インド会社はアンボイナ事件によってイギリス勢力をモルッカ諸島から排除し，ポルトガルからスリランカやマラッカを奪い，これらの地に商館を築いて貿易拠点とし，アジアの香辛料貿易を独占して大きな利益を得た。また，台湾を拠点に中国貿易にも進出し，中国の生糸や絹織物を日本の銀と交換して大きな利益を得た。(150字程度)

問３． エ

問４． ウ

解説

《17 世紀半ばのオランダ東インド会社によるアジア貿易の展開》

問1.「1665 年」当時の日本，オランダ，バタヴィアの関係性から，コルネリアのような日系女性がバタヴィアで暮らしていた背景を論ずることが求められている。

江戸時代にオランダは日本との貿易を許されたヨーロッパで唯一の国であった。オランダ商人クノルの妻であるコルネリアが，オランダのアジア貿易の拠点であったバタヴィアで暮らしていることを説明する際に，リード文で述べられている「日系人のクリスチャン・コミュニティ」の存在に着目したい。当時の日本は江戸幕府によってキリスト教が禁止され，鎖国が強化されたことで，キリスト教徒が国外移住を余儀なくされたのである。

問2. 問3の選択肢アの文章が，ほぼオランダ東インド会社の活動をあらわしている。モルッカ諸島の「香辛料」貿易，スリランカやマラッカを占領して「商館」を建設したこと，台湾を拠点に対中国貿易を展開したことなどは，論述で使用できる。もう1つの指定語句である「銀」は，オランダ東インド会社が，中国の生糸や絹織物を日本に輸出して，日本から大量の「銀」を獲得したことを指摘すればよい。当時の日本は，世界有数の銀産出国であった。さらに，オランダ東インド会社の活動として，アンボイナ事件でイギリス勢力を排除して東南アジアの香辛料貿易独占したことも併せて指摘しておきたい。

問3. エ．正文。最初インド産綿布（キャラコ）を輸入して大きな利益を得たイギリスは，イギリス国内でインド産綿布の販売が禁止されると，国内で綿織物を生産するために，急速な技術改新が求められたことから世界に先駆けて産業革命が始まった。

ア．誤文。台湾を拠点として中国貿易を展開したのはオランダの活動。

イ．誤文。マニラとアカプルコを結んだのはフリゲート船ではなくガレオン船。またアカプルコから運ばれたのは銅ではなく大量のメキシコ銀であった。

ウ．誤文。フランス東インド会社を再建したのはルイ 14 世の財務総監コルベールで，リシュリューはルイ 13 世時代の宰相。またプラッシーの戦いでイギリス東インド会社軍を率いたのはクライヴで，デュプレクスは第1・2次カーナティック戦争でイギリスに対抗したフランスのインド総督。

問4． ウ．誤文。多くの市民が戦闘に参加したのは，総力戦で戦った第一次世界大戦のこと。ア・イ・エが18～19世紀初頭の記述であるのに対して，ウは20世紀の記述である。

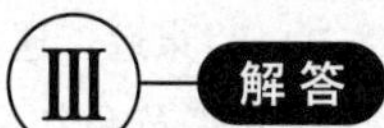

問1． 日英通商航海条約で領事裁判権を撤廃させ，関税自主権の一部回復を実現した。

問2． 青年トルコ革命（インド国民会議カルカッタ大会，イラン立憲革命，ドンズー〈東遊〉運動も可）

問3． パリ講和会議で提唱された民族自決の原則はアジアの植民地には適用されず，中国政府の主張する日本の二十一カ条要求の廃棄も認められなかった。このような情勢の下で，朝鮮の三・一独立運動，インドのサティヤーグラハ運動，中国の五・四運動や中国国民党結成などアジアの民族運動が活発化した。この間，国際連盟常任理事国となった日本は，中国での勢力拡大を目指したが，アメリカ主導のワシントン会議で中国の主権尊重などが確認された。(200字程度)

問4． 中華人民共和国が成立すると，中ソ両国は中ソ友好同盟相互援助条約を結んで相互協力を約し，冷戦下で両国は強い同盟関係にあった。しかし，1956年にソ連でスターリン批判が始まり，ソ連がアメリカとの平和共存路線を選択すると中国は強く反発し，公然とソ連を非難して中ソ対立が始まった。この対立は国境付近での武力紛争にまで発展したが，ソ連がペレストロイカで新思考外交を展開して関係改善が進み，ゴルバチョフ訪中で両国は国交を回復した。(200字程度)

解説

《日露戦争後と第一次世界大戦後のアジア情勢，第二次世界大戦後の中ソ関係》

問1． 難問。日本は1858年の安政の五カ国条約とその後の諸条約によって領事裁判権や関税自主権喪失などを内容とする不利な条約を結んだが，明治政府は不平等条約の改正に向けて努力し，1894年に日英通商航海条約で治外法権撤廃に成功した。この条約では，他に相互対等の最恵国待遇も合意されたが，関税自主権の回復は実現せず，関税率の一部引き上げにとどまった。その後，1911年の日米通商航海条約で関税自主権の回復を実現した。孫文の講演は1924年のことで，日本が不平等条約を撤廃した

30年前の条約とは，日英通商航海条約を指している。

問2．〈日本がロシアに勝った日以降アジアで起こったヨーロッパに対する独立運動〉を要求しているので，1905年以降のアジアの民族独立運動を指摘すればよい。これらの条件に当てはまるのは，1905年に始まるベトナムのファン=ボイ=チャウが日本留学を提唱した「ドンズー（東遊）運動」，同じ1905年開始のカージャール朝の下での「イラン立憲革命」，1906年の「インド国民会議カルカッタ大会」，1908年のオスマン帝国の青年将校による「青年トルコ革命」の諸運動などである。

問3．やや難。孫文は，第一次世界大戦後のアジアにおいて，日本が欧米列強の側に立つか，アジアの諸民族の側に立つかの選択を問題提起している。第一次世界大戦後のアジアの民族運動の高まりについて，世界情勢として，欧米列強がパリ講和会議で「民族自決」を提唱しながらアジアで植民地支配を継続したことを指摘したい。また，そのような矛盾に満ちた世界情勢を反映したアジア情勢としては，「民族自決」に影響を受けた朝鮮の三・一独立運動，「民族自決」が適用されなかったことへの反発から起こったインドの反英闘争，ヴェルサイユ条約調印拒否を要求した中国の五・四運動などの民族運動について説明すればよい。また，日本で行われた孫文の講演ということから，日本の帝国主義的な二十一カ条要求や孫文の中国国民党の結成についても言及しておきたい。さらに，この講演が1924年ということを考慮すれば，日本が国際連盟の常任理事国であったことも考えたい。アメリカ主導のワシントン会議（1921～22年）で，中国の主権尊重・領土保全などを再度確認した九カ国条約（1922年）の内容について触れるとよいだろう。これによって，石井・ランシング協定が廃棄され，二十一カ条要求の一部放棄など，日本の中国政策は後退させられることになった。

問4．1949年に中華人民共和国が成立すると，翌1950年ソ連は中ソ友好同盟条約（中華民国との同盟）に代わって中ソ友好同盟相互援助条約（期限30年）を結んで中華人民共和国との友好関係を強固なものとした。アメリカ合衆国を中心とする資本主義陣営に対して中国とソ連は強力な同盟国であったが，1956年にソ連のフルシチョフ第一書記がスターリン批判の演説を行い，その後，米ソが接近する姿勢を見せると，中ソ関係は悪化した。スターリン主義を信奉する中国は，ソ連の路線変更を公然と批判し，社会主義陣営の中で独自路線をとるようになった。1969 年には中ソ間でウスリー川のダマンスキー島（珍宝島）をめぐる軍事衝突も発生するなど対立が先鋭化した。両国関係の転機となったのはソ連のゴルバチョフ書記長の登場で，彼の下でソ連は新思考外交へ転換し，1989 年にゴルバチョフが中国を訪問して関係改善を実現した。

講評

Ⅰ 問１の論述問題は，五胡の移動を八王の乱，永嘉の乱との関係で説明すればよい。知識的にはさほど難しくはないがまとめ方に工夫が必要。問２の記述問題は，時代・地域からエフタルを特定することは難しくない。問３の論述問題は，朝鮮の三国時代から新羅の統一に至る過程を説明するもので，少ない字数で要点を押さえた論述が要求される。問４の選択問題は，唐と周辺諸国の関係についての正文を選ぶもので，それぞれの選択肢にわかりやすい誤りがないので正文を絞りづらく，難問である。

Ⅱ 大阪大学で近年よく出題されている視覚資料を使った問題。必ずしも解答に視覚資料を必要としないが，当時のバタヴィア植民地の様子を知るヒントにはなるだろう。東南アジアという地域，17 世紀という時代，大航海時代の東インド会社の活動というテーマは，いずれも大阪大学では頻出である。問１の論述問題は，17 世紀半ばの日本・オランダ・バタヴィアの関係について 100 字程度で説明するもので，絵画の説明文の〈バタヴィアの日系人のクリスチャン・コミュニティ〉という情報に着目して，当時の日本のキリスト教政策について述べていけばよいと思われる。問２の論述問題は，オランダ東インド会社の活動を「銀・香辛料・商館」の語句を使用して 150 字程度で説明するもの。問３の選択肢の文中に論述に必要な情報が含まれていることもあり，知識的にはさほど難しくはない。問３の選択問題は，個々の選択肢がかなりの長文で情報量も多いが，誤りのポイントがわかりやすく，正文を絞り込むことは難しくない。問４の選択問題は，近代西ヨーロッパの女性の権利についてジェンダーの視点から問うもの。選択肢のうち１つだけが 20 世紀の総力戦について述べているので，誤文を見つけるのは容易である。

Ⅲ　孫文の「大亜洲主義」講演（1924 年）を史料として，当時の日本と中国の置かれていた歴史的状況を中心に，さらに現代の中ソ関係についても問う問題。問 1 は，日本の不平等条約改正に関して，その条約名と内容を問うもので，「日英通商航海条約」は近代日本の重要条約であるが，世界史学習者にとっては難問だろう。問 2 は，日本が日露戦争で勝利したことに刺激されて起きたアジアの民族運動を答えるもので，数多くの事例の中から 1 つを答えればよい。問 3 の論述問題は，第一次世界大戦後のアジアの民族運動について 200 字程度で説明するもので，2023 年度も第一次世界大戦後のヴェルサイユ体制について論述する問題があり，ほぼ同時代で内容的にも重複するところがある。問 4 の論述問題は，中ソ関係の変遷について 200 字程度で説明するもの。スターリン批判以後の中ソ対立はよく取り上げられるテーマであるが，中華人民共和国誕生からソ連崩壊までの長いスパンで問われることはやや珍しい。「中ソ友好同盟相互援助条約」「ソ連の新思考外交」「ゴルバチョフ訪中」といったキーワードを思いつくかどうかが解答のカギとなる。

2023 年度は，文学部と外国語学部が一部別問題となったが，すべての問題で文献史料や視覚資料などの資料が用いられ，それらの資料をどのように利用するかなど思考力や表現力が問われる問題が多かった。2024 年度も，視覚資料や文献史料を使った問題が出題されたが，例年ほど多くはなかった。しかし，新課程の歴史総合を意識してか，日本に関する知識を問う問題が多く見られた。

◀外国語学部▶

Ⅰ　解答　アメリカ合衆国では，現在も黒人への深刻な人種差別が残っている。17 世紀以降，イギリスの北米植民地南部では，白人入植者がアフリカから連れて来られた黒人奴隷を使役してタバコなどのプランテーション経営を行った。独立後のアメリカ合衆国でも奴隷制は維持され，奴隷制に反対する北部と，奴隷制に依存する南部との間で南北戦争が起こった。戦争中にリンカン大統領は奴隷解放宣言を発し，戦後に憲法修正第 13 条でアメリカの奴隷制は廃止された。しかし，南部の黒人は解放後もシェアクロッパーの下で貧困と差別に苦しみ，参政権も制限された。差別撤廃を求めて 1960 年代にキング牧師の指導する公民権運動が起こり，ジョンソン大統領の下で人種差別を禁じる公民権法が成立した。(300 字程度)

解説

《17 世紀以降のアメリカにおける黒人差別問題の起源と，黒人差別に対する 19 世紀および 20 世紀の制度変革の経緯》

現在のアメリカ合衆国における黒人に対する人種差別問題を確認したうえで，17 世紀以降を対象に①「その起源」，②「19 世紀の制度変革」，③「20 世紀の制度変革」の歴史を問う問題。

①黒人に対する人種差別の起源としては，17 世紀以降，大量の黒人がアフリカからプランテーションの労働力として連れて来られたことに加えて，当初から白人が黒人を奴隷として使役する奴隷制度が導入されていたことを指摘したい。この非人間的な奴隷制度は，自由・平等を求めたアメリカ合衆国の成立後も維持・継続された。

② 19 世紀の制度変革とは，南北戦争中の奴隷解放宣言（1863 年）および南北戦争後の憲法修正第 13 条（1865 年）によって奴隷制廃止が達成されたことを指している。ただし，その制度変革は不十分であり，黒人はシェアクロッパーの下で小作人となり，参政権にも制限が加えられるなど，人種差別は強固に残り続けた。

③ 20 世紀の制度変革とは，1960 年代のキング牧師の指導する公民権運動とジョンソン大統領時代の公民権法制定（1964 年）を指している。公

民権法制定後も黒人に対する人種差別が実際には強く存在し，リード文にあるような事件が発生する背景となっている。

Ⅱ

◀文学部▶Ⅱに同じ。

◀文学部▶Ⅲに同じ。

講評

Ⅰ　2023年度に続き，300字程度の長文論述となった。アメリカの黒人差別について問うもので，① 17〜18世紀，② 19世紀，③ 20世紀の３つの時期のアメリカの黒人差別問題について説明することが求められているが，基本的知識で対応できるためそれほど大きな負担ではないと思われる。論述の構成も指示通りに３部構成で書けばよい。ただ制度変革のみを論述するのではなく，制度変革の結果，黒人の状況がどのようになったかを丁寧に説明したい。

Ⅱ　◀文学部▶Ⅱに同じ。

Ⅲ　◀文学部▶Ⅲに同じ。

地理

I 解答

問1． 緯度60度一帯には，北半球では広大な陸地が広がるため，気温の年較差の大きい冷帯気候が分布するが，南半球では大部分が海洋のため気温の年較差が大きくならず，冷帯気候とならない。また，北緯60度一帯でも，シベリア付近は大西洋からの偏西風の影響を被りにくく，冬季に強力な高気圧が発達するため少雨となるが，他地域はそうならない。(150字程度)

問2． 半乾燥で夏雨型の気候が卓越しているため，耐乾性に優れた綿花などの商品作物の栽培や，アワ・モロコシなどの自給作物の栽培が粗放的に行われている。また，耐乾性に優れるヤギなどの飼育も粗放的に行われている。(100字程度)

問3． 地下水を揚水・利用するセンターピボット方式の灌漑農業が展開されていて，トウモロコシ，小麦，綿花などの栽培が盛んである。しかし，塩害・土壌侵食や過剰揚水による地下水枯渇など，持続可能性に関する問題が生じている。(100字程度)

解説

《自然環境と農業》

問1． ケッペンの気候区分において，(1)冷帯（亜寒帯）気候の出現がほぼ北半球に限られる理由と，(2)そのなかでも冷帯冬季少雨気候（Dw）の出現がシベリア付近に限られる理由の両者を，あわせて150字程度で記述・説明する設問。30度間隔に緯線が示された世界地図（図1）が示され，それを参考に説明せよという指示に従って考察しよう。

(1)については，図1に冷帯（亜寒帯）気候の出現する地域を書き込んだうえで考察しよう。そうすれば，北緯60度一帯に該当地域が広がっている一方で，南緯60度一帯に冷帯気候の出現がみられないことに気付き，なぜそうなるのか疑問を感じるはずだ。この疑問に答えることが，解答となる。ケッペンの気候区分において，冷帯気候は「湿潤気候のなかで最寒月平均気温が−3℃未満かつ最暖月平均気温が10℃以上となるもの」と定義されていることを想起しよう。図1から明らかなように，北緯60度一帯には広大な陸地が広がっている。このため，この地域には温度変化の激しい大陸性気候が出現して気温の年較差が大きくなり，最寒月平均気温が−3℃未満かつ最暖月平均気温が10℃以上となる地域が広範に出現する。しかし，南緯60度一帯には広大な海洋が広がっている。このため，この地域には温度変化の緩やかな海洋性気候が出現して気温の年較差が小さくなり，最寒月平均気温が−3℃未満かつ最暖月平均気温が10℃以上となる地域の出現が難しくなる。

(2)については，冷帯（亜寒帯）気候が，冷帯湿潤気候（Df）と冷帯冬季少雨気候（Dw）に区分されることに注目して考察したい。冷帯気候のなかで明瞭な雨季・乾季をもたないものがDf，明瞭な雨季・乾季をもち夏雨型となるものがDwである。よって，北緯60度一帯で夏雨型となる地域が，なぜシベリア付近に限られるのかを説明することが解答となる。図1を用いて考察すれば，シベリア付近を除いた北緯60度一帯は太平洋や大西洋から吹き込む偏西風の影響により冬季も水蒸気が供給され降水があるが，シベリア付近は大西洋からの隔海度が大きく，そうならないことがわかるだろう。このため，シベリア付近を除いた北緯60度一帯は海洋性気候となって緯度の割に冬季は比較的温暖であるが，シベリア付近は大陸性気候となって冬季は極寒で，シベリア高気圧と称される強力な高気圧の発達をみる。シベリア高気圧からの風の吹き出しによって，シベリア付近は太平洋からの水蒸気の供給も妨げられ，冬季に水蒸気の供給が乏しくなって夏雨型となる。

問2． 図1に示された3地域（A～C）に共通する気候と農業の特徴を，100字程度で記述・説明する設問。解答に際して，少なくとも穀物名を一つ挙げることが求められている。

図1をみると，地域Aはホワンツー（黄土）高原付近，地域Bはデカン高原南部，地域Cはサヘル地方南部のベナン，ブルキナファソ，ニジェール国境付近である。よって，この3地域に共通する気候の特徴は，砂漠地帯隣接地域で観察される半乾燥気候であると考察できるだろう。さらに，3地域とも季節風（モンスーン）の影響で夏雨型の気候となっていることにも言及するとよい。

地域に共通する農業の特徴を考察することも容易であり，まず乾燥に強い農作物の栽培や家畜の飼育が粗放的に行われていることを指摘するのがポイントとなる。解答に際して穀物名を少なくとも一つ挙げることが求められていることから，農作物や家畜の名称を具体的に明示することが必要となる。これについては，デカン高原南部の地域Bでは綿花，サヘル地方南部の地域Cではアワ・ヒエ・モロコシなどの雑穀類のほかに砂漠化の一因として知られるヤギなどの飼育が盛んなことを想起して解答すればよい。

問3． 図1に示された地域Dの灌漑農業の特徴と問題点を，100字程度で記述・説明する設問。地域Dがテキサス州中部付近であることに注目すれば，センターピボット方式の灌漑について解答すべきことにすぐ気付くだろう。

センターピボット方式の灌漑は，地下水を揚水した後，自走式の散水管を用いて散水する灌漑方法で，揚水井戸を中心に散水管の長さを半径とする円形の灌漑農地を創出する。アメリカ合衆国のグレートプレーンズのほか，エジプトやサウジアラビアなどでみられる灌漑方式である。しかし，アメリカ合衆国のオガララ帯水層などで問題化しているように，この方式は過剰揚水にともなう地下水位低下や地下水枯渇を誘発する。また，不適切な灌漑による塩害や表土流出などの問題もみられる。このため，近年はこうした問題に対処するコスト上昇のために耕作放棄される事例も増加している。これらの点をしっかり指摘しよう。

Ⅱ 解答

問1． 山がちで平地が乏しいために沿海部では半農半漁の生活を余儀なくされてきたことや，哺乳類の殺生を忌避して動物性タンパク質を水産物に求めてきたことなどを背景に，日本近海では早くから漁業が発展した。特に，暖流の黒潮と寒流の親潮が会合する潮境の存在する三陸沖から紀伊半島沖一帯は，魚種・魚量の両者に恵まれ，日本近海有数の好漁場となっている。(200字程度)

問2． 需要の増大を背景に，1990年頃までは海面漁業や内水面漁業による生産量が増大したうえ，両漁業が水産物生産の中心となっていた。しかし，1990年頃以降は資源枯渇や各国の漁業規制の強化などを背景として，両漁業の生産量が横ばいとなった。その一方で，人口増加や発展途上諸国の経済成長などを背景に需要が増加の一途にあるため，1990年頃以降は海面養殖業や内水面養殖業による生産量が急増し，2020年には両養殖業の生産量が両漁業の生産量を上回る状況にある。(200字程度)

問3． まず行政による，被災して破壊された漁業従事者の住居・居住地の再建と，港湾・漁船・流通網など設備・施設の再建が必要である。土砂や災害廃棄物の流入などによって荒廃した漁場とそれを取り巻く環境の整備にも取り組まねばならない。これら公的支援のほかに，風評被害の排除など市場・消費者などからの非公的支援も重要である。(150字程度)

解説

《漁 業》

問1． 図2に示された九州・沖縄地方を除いた地域，および瀬戸内海を除いた地域を対象に，太平洋北西部の日本近海における好漁場の位置とその要因について，自然環境および経済的・文化的な側面から200字程度で記述・説明する設問。好漁場成立の自然環境の側面については容易に解答できるだろう。経済的な側面としては，山がちで平地が乏しいことを背景として，沿海部で暮らす人々が半農半漁の生活を余儀なくされてきたこと，近代以降は消費地である大都市とも地理的に近いことなどを指摘するとよいだろう。また，文化的な側面としては，哺乳類の殺生が忌避されてきたことを背景として，動物性タンパク質を水産物に求めてきた魚食文化を指摘するとよいだろう。これらの点を背景として早くから漁業が発展した日本近海のなかでも，太平洋側地域では暖流の黒潮と寒流の親潮が会合する潮境の存在する三陸沖から紀伊半島沖一帯が，魚種・魚量に恵まれる好漁場となっていることを指摘するとよい。

問2． 1960年から2020年の，世界の海面漁業，内水面漁業，海面養殖業，内水面養殖業の生産量の推移が示されたグラフから読み取ることのできる漁業種別ごとの傾向と背景について，200字程度で記述・説明する設問。「海面養殖業はサケ類や海藻類などの養殖の活発化を背景に，近年生産量を大きく増加させている」といったように海面漁業，内水面漁業，海面養殖業，内水面養殖業のそれぞれについて，その傾向と背景を細かく記述・説明していると，200字程度でまとめることが難しくなる。傾向の類似している海面漁業と内水面漁業，および，海面養殖業と内水面養殖業の2つのグループに大別して記述・説明する工夫が求められる。

海面漁業と内水面漁業のグループについては，需要の増大を背景として1990年頃までは生産量が増大してきたこと，そして，この期間において両者が世界の水産物生産の中心となっていたこと，さらに，1990年頃以降は資源枯渇や各国における水産資源の保護・管理の強化などを背景として生産量の停滞・微減が生じていることを記述・説明すればよい。一方，海面養殖業と内水面養殖業のグループについては，海面漁業と内水面漁業のグループの生産量が1990年頃以降に横ばいとなっている一方で，人口増加や発展途上諸国の経済成長などを背景として世界全体の水産物需要が増大しており，それを背景に生産量が急増していること，そして，2020年には海面養殖業と内水面養殖業のグループの生産量が海面漁業と内水面漁業のグループの生産量を上回っていることを記述・説明すればよい。

問３． 東日本大震災後の被災地の漁業に関わる復興の要点について，多面的な視点から150字程度で記述・説明する設問。大震災後の被災地の漁業の復興のために必要とされる事柄を，複数の視点から整理して記述するのがポイント。

〔解答〕に示したように，被災によって破壊された設備・施設の再建という視点からは，漁業従事者の住居・居住地の再建や，港湾・漁船・流通網などの設備・施設の再建に対する公的な支援が必要なことを指摘したい。また，被災によって荒廃した漁場とそれを取り巻く環境の整備という視点からは，流入した土砂や災害廃棄物の除去作業などに対する公的な支援が必要なことを指摘したい。さらに，これらの漁業生産の復興を目的とする支援だけでなく，水産物消費の復興を目的とする支援が必要であることも指摘したい。この視点からは，風評被害の排除など，市場・消費者などからの非公的な支援が必要であることを指摘したい。

講評

Ⅰ　自然環境と農業に関する出題。ケッペンの気候区分において冷帯（亜寒帯）気候の出現がほぼ北半球に限られる理由と，そのなかでも冷帯冬季少雨気候（Dw）の出現がシベリア付近に限られる理由を150字程度で記述・説明する問１，３地域に共通する気候と農業の特徴を穀物名を少なくとも一つ挙げて100字程度で記述・説明する問２，センターピボット方式の灌漑農業の特徴と問題点を100字程度で記述・説明する問３によって構成されている。いずれも教科書の内容をきちんと理解できていれば，難解ではない。しかし，問１は解答を150字程度にまとめるのに骨が折れる。

Ⅱ　漁業に関する出題。太平洋北西部の日本近海における好漁場の位置とその要因について自然環境および経済的・文化的な側面から200字程度で記述・説明する問1，世界の海面漁業，内水面漁業，海面養殖業，内水面養殖業の生産量の推移が示されたグラフから読み取ることのできる，漁業種別ごとの傾向と背景について200字程度で記述・説明する問2，東日本大震災後の被災地の漁業に関わる復興の要点について多面的な視点から150字程度で記述・説明する問3から構成されている。いずれも教科書の内容理解で対処できる。しかし，問1・問2は理路整然とした解答を作成する必要があり，また問3も多様な解答が許容されるため，解答を作成するのに労を要する。論述問題対策が不十分だと，「解答する事柄はわかっているのに試験時間内に答案を完成させることができない」事態に陥るだろう。

数　学

1

発想

絶対値記号を含む2次関数のグラフと直線によって囲まれた部分の面積に関する問題。

(1) 絶対値記号をはずして正確に計算しよう。図を描き，$0<a<1$ に注意して共有点がどうなるか考える。

(2) 2つの部分のうち，特に右側の面積を直接求めるのは骨が折れる。公式 $\int_\alpha^\beta (x-\alpha)(x-\beta)\,dx=-\frac{(\beta-\alpha)^3}{6}$ が使えるように工夫することがポイント。2つの部分の面積に共通の部分の面積を適切に加えるのであるが，図をじっくり眺めれば見えてくるであろう。

解答 (1) 曲線 C：$y=|x^2-1|=\begin{cases} x^2-1 & (x\leqq -1,\ 1\leqq x) \\ -x^2+1 & (-1\leqq x\leqq 1) \end{cases}$

$y=x^2-1$ と $y=2a(x+1)$ より

$x^2-1=2a(x+1)$　　$(x+1)(x-2a-1)=0$

$x=-1,\ 2a+1$

となるが，$0<a<1$ より，これらはいずれも $x\leqq -1,\ 1\leqq x$ を満たす。

$y=-x^2+1$ と $y=2a(x+1)$ より

$-x^2+1=2a(x+1)$　　$(x+1)(x+2a-1)=0$

$x=-1,\ -2a+1$

となるが，$0<a<1$ より，これらはいずれも $-1\leqq x\leqq 1$ を満たす。

$x=-2a+1$ のとき

$y=-(-2a+1)^2+1=-4a^2+4a$

$x=2a+1$ のとき

$y=(2a+1)^2-1=4a^2+4a$

以上より，曲線 C と直線 l の共有点の座標は

$(-1,\ 0),\ (-2a+1,\ -4a^2+4a),\ (2a+1,\ 4a^2+4a)$　……(答)

(2)　$0<a<1$ より，$-1<-2a+1<1<2a+1$ であるから，曲線 C と直線 l を図示すると図1のようになる。

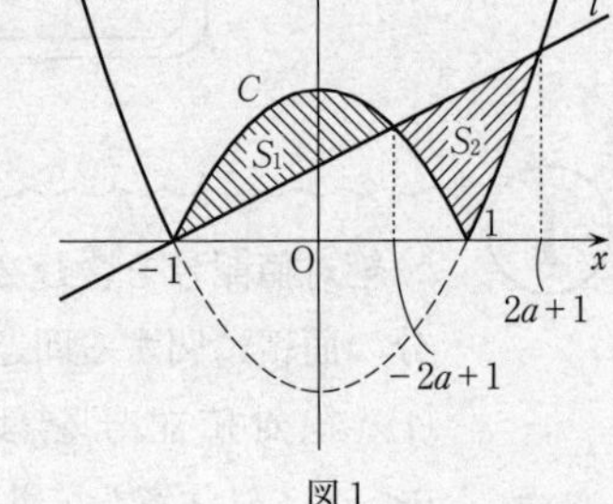

図1

曲線 C と直線 l で囲まれた2つの部分の面積を図1のように S_1，S_2 とし，さらに図2の網かけ部分の面積を S_3 とする。

このとき $S_1=S_2$ となる条件は，S_1 と S_2 にそれぞれ S_3 を加えた面積を考えることにより

$S_1=S_2$

$\Longleftrightarrow$　$S_1+S_3=S_2+S_3$

$\Longleftrightarrow$　（$y=-x^2+1$ と $y=x^2-1$ で囲まれた部分の面積）

$=$（$y=x^2-1$ と直線 l で囲まれた部分の面積）

図2

となるから

$$\int_{-1}^{1}\{(-x^2+1)-(x^2-1)\}dx$$

$$=\int_{-1}^{2a+1}\{2a(x+1)-(x^2-1)\}dx$$

$$-2\int_{-1}^{1}(x+1)(x-1)\,dx=-\int_{-1}^{2a+1}(x+1)\{x-(2a+1)\}dx$$

$$2\cdot\frac{\{1-(-1)\}^3}{6}=\frac{\{(2a+1)-(-1)\}^3}{6}$$

$2\cdot 2^3=(2a+2)^3$　　$(a+1)^3=2$

$a+1$ は実数だから　　$a+1=\sqrt[3]{2}$

よって　　$a=\sqrt[3]{2}-1$　（これは $0<a<1$ を満たす）　……(答)

解説

《絶対値記号を含む2次関数のグラフと直線で囲まれた部分の面積》

(1)　曲線 $y=|x^2-1|$ と直線 $y=2a(x+1)$ を図示し，交点がどうなるか視覚的に確認するのがわかりやすい。a の値にかかわらず，点 $(-1,\ 0)$ が共有点であることがわかるが，これ以外の共有点がどうなるか，$0<a<1$ に注意して丁寧に計算しよう。すなわち，$y=x^2-1$ と $y=2a(x+1)$ を連立して得られる $x=2a+1$ と，$y=-x^2+1$ と $y=2a(x+1)$ から得られる

$x=-2a+1$ のとり得る値について考えればよい。

(2)　(1)の結果から問われている２つの領域が図のどの部分になるのか確認しよう。〔解答〕のように２つの部分の面積を S_1，S_2 とおくとき，S_2 をまともに計算すると

$$S_2=\int_{-2a+1}^{1}\{2a(x+1)-(-x^2+1)\}dx+\int_{1}^{2a+1}\{2a(x+1)-(x^2-1)\}dx$$

となって計算が煩雑になるので，計算を省力化するための工夫が望まれる。ポイントは公式 $\displaystyle\int_\alpha^\beta(x-\alpha)(x-\beta)\,dx=-\frac{(\beta-\alpha)^3}{6}$ が使える形の面積にすることで，これは頻出の手法である。しっかり図を眺めると共通の面積 S_3 を S_1，S_2 に加えるという発想が得られるであろう。本問の場合，この公式を使用する利点は計算の省力化の他に，自然に３乗の因数分解の形 $(a+1)^3=2$ が得られ，〔解答〕の $a=\sqrt[3]{2}-1$ がスムーズに導出できることである。

発 想

明らかに成り立つ命題の証明であるが，自力で証明の方針を立て正確に論証を進めなければならず，少々骨が折れる。「ねじれの位置」についても正しい理解が必要である（２つの直線がねじれの位置にあるとは，２つの直線が同一平面上にないということ）。証明にはいくつかの手段が考えられるが，ベクトルを用いるのが有効である。ベクトル方程式を利用して直線 l と z 軸上の点を表せばよいが，２直線のうちの１つが z 軸と具体的に与えられているから，z 軸の方向ベクトルを $\vec{z}=(0,\ 0,\ 1)$ として成分を用いて計算するのがわかりやすいだろう。直線 l も方向ベクトルが $\vec{l}=(l,\ m,\ n)$ で点 $\mathrm{A}(a,\ b,\ c)$ を通るとして，成分を導入し，z 軸，直線 l 上の点をそれぞれP，Qとして，点P，Qの位置ベクトルをそれぞれ実数 s，t を用いて表す。そして，$\overrightarrow{\mathrm{PQ}}\perp\vec{l}$，$\overrightarrow{\mathrm{PQ}}\perp\vec{z}$ を満たす条件を考えよう。「ただ１つ存在する」ことの証明も重要である。

なお，成分を用いずに，$\vec{l}$，$\vec{z}$ の形のままで論証を進めてもよい。$|\vec{l}|=|\vec{z}|=1$ と設定すると計算が少し楽になる。

解答　z 軸の方向ベクトルを $\vec{z}=(0,\ 0,\ 1)$ とすると，z 軸上の点P は実数 s を用いて

$$\overrightarrow{\mathrm{OP}}=s\vec{z}=s(0,\ 0,\ 1)$$

と表せる。次に直線 l の方向ベクトルを $\vec{l}=(l,\ m,\ n)\ (\neq\vec{0})$ とし，通る点の1つを $\mathrm{A}(a,\ b,\ c)$ とすると，l 上の点Qは実数 t を用いて

$$\overrightarrow{\mathrm{OQ}}=\overrightarrow{\mathrm{OA}}+t\vec{l}=(a,\ b,\ c)+t(l,\ m,\ n)$$

と表せる。ただし，l と z 軸はねじれの位置にあるから

$$\vec{l}\not\parallel\vec{z}\ \cdots\cdots①,\quad \overrightarrow{\mathrm{PQ}}\neq\vec{0}\ \cdots\cdots②$$

①より，$(l,\ m,\ n)\not\parallel(0,\ 0,\ 1)$ であるから

$$(l,\ m)\neq(0,\ 0)\ \cdots\cdots③$$

このとき

$$\begin{aligned}\overrightarrow{\mathrm{PQ}}&=\overrightarrow{\mathrm{OQ}}-\overrightarrow{\mathrm{OP}}\\&=(a,\ b,\ c)+t(l,\ m,\ n)-s(0,\ 0,\ 1)\\&=(lt+a,\ mt+b,\ nt-s+c)\end{aligned}$$

PQ を l と z 軸の両方に直交する直線であるとすると，②と $\vec{l}\neq\vec{0}$，$\vec{z}\neq\vec{0}$ より

$$\mathrm{PQ}\perp l,\ \mathrm{PQ}\perp z\text{ 軸}\iff\overrightarrow{\mathrm{PQ}}\cdot\vec{l}=0,\ \overrightarrow{\mathrm{PQ}}\cdot\vec{z}=0$$

であるから，これを満たす実数 s，t の組がただ1つ存在することを示せばよい。

$\overrightarrow{\mathrm{PQ}}\cdot\vec{l}=0$ より

$$l(lt+a)+m(mt+b)+n(nt-s+c)=0$$

$$(l^2+m^2+n^2)t-ns+al+bm+cn=0\ \cdots\cdots④$$

$\overrightarrow{\mathrm{PQ}}\cdot\vec{z}=0$ より

$$0(lt+a)+0(mt+b)+1(nt-s+c)=0$$

$$nt-s+c=0\qquad\therefore\quad s=nt+c$$

これを④に代入して

$$(l^2+m^2+n^2)t-n(nt+c)+al+bm+cn=0$$

$$(l^2+m^2)t=-al-bm$$

③より，$l^2+m^2\neq0$ であるから

$$t=-\frac{al+bm}{l^2+m^2},\quad s=-\frac{n(al+bm)}{l^2+m^2}+c$$

したがって，s，t の組がただ1つ存在するから l と z 軸の両方に直交す

る直線がただ１つ存在する。 (証明終)

別解 (成分を用いずに計算する方法)

z 軸と直線 l の方向ベクトルをそれぞれ $\vec{z}$, $\vec{l}$ $(|\vec{z}|=|\vec{l}|=1$ ……⑤$)$ とし，l が通る点の１つをAとする。このとき z 軸，直線 l 上の点をそれぞれP，Qとすると，s, t を実数として

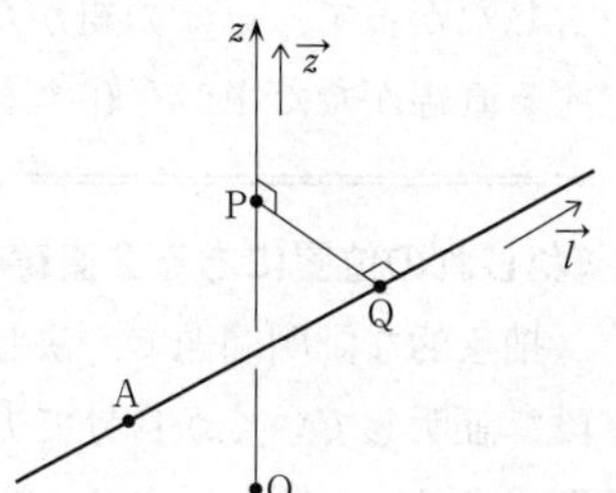

$$\overrightarrow{OP}=s\vec{z},\ \overrightarrow{OQ}=\overrightarrow{OA}+t\vec{l}$$

と表せる。ただし，z 軸と直線 l はねじれの位置にあるから

$$\vec{z}\nparallel\vec{l},\ \overrightarrow{PQ}\neq\vec{0}$$

このとき

$$\overrightarrow{PQ}=\overrightarrow{OQ}-\overrightarrow{OP}=\overrightarrow{OA}+t\vec{l}-s\vec{z}$$

PQを z 軸と l の両方に直交する直線であるとすると，$\overrightarrow{PQ}\neq\vec{0}$，$\vec{z}\neq\vec{0}$，$\vec{l}\neq\vec{0}$ より

$$\overrightarrow{PQ}\perp\vec{z},\ \overrightarrow{PQ}\perp\vec{l}\iff\overrightarrow{PQ}\cdot\vec{z}=0,\ \overrightarrow{PQ}\cdot\vec{l}=0$$

であるから，これを満たす実数 s, t の組がただ１つ存在することを示せばよい。

$\overrightarrow{PQ}\cdot\vec{z}=0$ より

$$(\overrightarrow{OA}+t\vec{l}-s\vec{z})\cdot\vec{z}=0$$

$$t\vec{z}\cdot\vec{l}-s|\vec{z}|^2+\overrightarrow{OA}\cdot\vec{z}=0 \quad \cdots\cdots⑥$$

$\overrightarrow{PQ}\cdot\vec{l}=0$ より

$$(\overrightarrow{OA}+t\vec{l}-s\vec{z})\cdot\vec{l}=0$$

$$t|\vec{l}|^2-s\vec{z}\cdot\vec{l}+\overrightarrow{OA}\cdot\vec{l}=0 \quad \cdots\cdots⑦$$

ここで，$\vec{z}$ と $\vec{l}$ のなす角を θ $(0\leqq\theta\leqq\pi)$ とすると，⑤より

$$\vec{z}\cdot\vec{l}=|\vec{z}||\vec{l}|\cos\theta=\cos\theta$$

ただし，$\vec{z}\nparallel\vec{l}$ より，$\theta\neq0$，π であるから　$\cos\theta\neq\pm1$ ……⑧

$\overrightarrow{OA}\cdot\vec{z}=c$，$\overrightarrow{OA}\cdot\vec{l}=d$ とおくと，⑥，⑦より

$$s-t\cos\theta=c,\ s\cos\theta-t=d$$

よって，t を消去すると

$$s-(s\cos\theta-d)\cos\theta=c \qquad (1-\cos^2\theta)s=c-d\cos\theta$$

⑧より

$$s=\frac{c-d\cos\theta}{1-\cos^2\theta},\ \ t=\frac{c-d\cos\theta}{1-\cos^2\theta}\cdot\cos\theta-d=\frac{c\cos\theta-d}{1-\cos^2\theta}$$

したがって，s，t の組がただ1つ存在するから，z 軸と l の両方に直交する直線がただ1つ存在する。

解説

《ねじれの位置にある2直線の共通垂線の存在，ベクトル方程式》

抽象的な証明問題で，決して難しい内容ではないものの，どのような手段で証明していくか自分で方針を立てなければならず，実力が問われる問題である。z 軸上に点P，直線 l 上に点Qをとり，$\mathrm{PQ}\perp l$，$\mathrm{PQ}\perp z$ 軸を満足する条件を考えればよいが，そのためにはベクトル方程式を利用し点P，Qの位置ベクトルを表すという方針が見えてくる。直線の1つが具体的に z 軸と定められているので，ベクトルの成分を用いて，$\overrightarrow{\mathrm{OP}}=s(0,\ 0,\ 1)$ $(=s\vec{z})$（s は実数）と表すのがわかりやすい。直線 l は，点 $\mathrm{A}(a,\ b,\ c)$ を通り，ベクトル $\vec{l}=(l,\ m,\ n)$ に平行と自分で設定し，実数 t を用いて，$\overrightarrow{\mathrm{OQ}}=\overrightarrow{\mathrm{OA}}+t\vec{l}=(a,\ b,\ c)+t(l,\ m,\ n)$ と表すのが証明の第一歩である。この準備が完了すれば次は計算である。

$\overrightarrow{\mathrm{PQ}}=\overrightarrow{\mathrm{OQ}}-\overrightarrow{\mathrm{OP}}=(lt+a,\ mt+b,\ nt-s+c)$ を導き，垂直条件を考えると，内積を用いて $\overrightarrow{\mathrm{PQ}}\cdot\vec{l}=0$，$\overrightarrow{\mathrm{PQ}}\cdot\vec{z}=0$ から s，t に関する連立1次方程式が得られるので，これを解けばよい。ここで最後の関門“ただ1つ存在”の証明を正しく行う必要がある。この方程式の解 $(s,\ t)$ がただ1組得られることを示せばよいが，そのためには l と z 軸がねじれの位置にあるという条件を使うことになる。$l\not\parallel z$軸より $(l,\ m,\ n)\not\parallel(0,\ 0,\ 1)$ $\Longleftrightarrow$ $(l,\ m)\neq(0,\ 0)$ であることを用いると，分母が0になることなく s，t の値をただ1つ定めることができる。

〔別解〕のように，方針は〔解答〕と同じであるが，成分を用いずに z 軸，直線 l の方向ベクトルをそれぞれ $\vec{z}$，$\vec{l}$ $(|\vec{z}|=1,\ |\vec{l}|=1)$ として計算を進める解法もある。最終的には〔解答〕と同じく $\cos\theta\neq\pm1$（θ は $\vec{z}$ と $\vec{l}$ のなす角）を用いて連立1次方程式を解くと解 $(s,\ t)$ をただ1つ定めることができる。なお，z 軸，直線 l の方向ベクトルは，大きさが $|\vec{z}|=|\vec{l}|=1$ となるように設定すると計算が少し楽になる。

3

発想

素数に関する整数問題で，とっつきにくく感じるかもしれないが，素数の基本的な性質を把握していれば道筋は開けてくる。

(1) 小さい順に素数を書き出していくと容易に解答が得られる。

(2) 数学的帰納法により証明するのが有効である。$n=12$ のとき成り立つことを確認した上で，$n=k$ $(k\geqq 12)$ のとき $p_k>3k$ が成り立つと仮定すると，$p_{k+1}>3(k+1)$ が成り立つことを示す。いくつかの考え方があるが，p_k $(k\geqq 12)$ が素数であるとき p_k+1 は素数にならないから，$p_{k+1}\geqq p_k+2$ が成り立つことに着目するとよい。

他には，自然数を6で割ったときの余りを考えると，素数になる可能性があるのは m を自然数として $6m+1$ と $6m+5$ の2つの場合であり，その他の場合は素数にはなり得ないことに着目して示すこともできる。

解答 (1) 素数を小さい順に並べることにより

$p_1=2,\ p_2=3,\ p_3=5,\ p_4=7,\ p_5=11,\ p_6=13,\ p_7=17,\ p_8=19,$
$p_9=23,\ p_{10}=29,\ p_{11}=31,\ p_{12}=37,\ p_{13}=41,\ p_{14}=43$

よって　$p_{15}=47$　……(答)

(2) $n\geqq 12$ のとき不等式 $p_n>3n$ ……(＊)が成り立つことを数学的帰納法により証明する。

(i) $n=12$ のとき　$p_{12}=37>3\cdot 12$

であるから(＊)は成り立つ。

(ii) $n=k$ $(k\geqq 12)$ のとき，(＊)が成り立つと仮定すると　$p_k>3k$

p_k は奇数の素数であるから，p_k+1 は2より大きい偶数になり，素数ではないので仮定より

$$p_{k+1}\geqq p_k+2>3k+2$$

よって，$p_{k+1}\geqq 3k+3$ となるが，$3k+3$ は3より大きい3の倍数であり，素数ではないので

$$p_{k+1}>3k+3=3(k+1)$$

ゆえに，$n=k+1$ のときも(＊)は成り立つ。

(i), (ii)より，$n \geqq 12$ のとき(＊)は成り立つ。 (証明終)

別解1 自然数を 6 で割った余りを考えると，「m を自然数として

$$6m+2=2(3m+1),\ 6m+3=3(2m+1),\ 6m+4=2(3m+2)$$

であり，これらは素数ではないから，自然数 n が素数になる可能性があるのは $n=6m+1$ と $n=6m+5$ の 2 つの場合である」 ……(＊＊)

このことを踏まえて，$n \geqq 12$ のとき不等式 $p_n > 3n$ ……(＊) が成り立つことを数学的帰納法により証明する。

(i) $n=12$ のとき $p_{12}=37>3\cdot 12$

であるから(＊)は成り立つ。

(ii) $n=k$ ($k \geqq 12$) のとき(＊)が成り立つと仮定すると，m を自然数として

(ア) $p_k=6m+1$ と表せるとき，(＊＊)より

$$p_{k+1} \geqq 6m+5=p_k+4>3k+4 \quad (\because \text{ 仮定より})$$
$$>3(k+1)$$

(イ) $p_k=6m+5$ と表せるとき，仮定より $6m+5>3k$ が成り立つが，$6m+4$ は 3 の倍数ではないから $6m+5>3k \geqq 6m+4$ とはならないので，$6m+4>3k$ である。

したがって，(＊＊)より

$$p_{k+1} \geqq 6m+7=(6m+4)+3$$
$$>3k+3=3(k+1)$$

よって(ア)，(イ)いずれの場合も $n=k+1$ のとき(＊)は成り立つ。

以上(i)，(ii)より，$n \geqq 12$ のとき(＊)は成り立つ。

別解2 〔別解 1〕と同様，(＊＊)を利用して，数学的帰納法により $n \geqq 12$ のとき(＊)が成り立つことを証明する。

(i) $n=12,\ 13$ のとき $p_{12}=37>3\cdot 12,\ p_{13}=41>3\cdot 13$

であるから(＊)は成り立つ。

(ii) $n=k,\ k+1$ ($k \geqq 12$) のとき(＊)が成り立つと仮定すると $p_k>3k$

(ア) $p_k=6m+1$ (m は自然数) と表されるとき，$p_{k+1} \geqq 6m+5$，$p_{k+2} \geqq 6m+7$ となるから

$$p_{k+2} \geqq 6m+7=p_k+6>3k+6 \quad (\because \text{ 仮定より})$$
$$=3(k+2)$$

(イ) $p_k=6m+5$ (m は自然数) と表されるとき，同様に

$$p_{k+2} \geqq 6m+11=p_k+6>3k+6$$

$=3(k+2)$

よって，(ア)，(イ)いずれの場合も $n=k+2$ のとき(＊)は成り立つ。

以上(i)，(ii)より，$n \geqq 12$ のとき(＊)は成り立つ。

解説

《素数に関する不等式の証明，数学的帰納法》

(1)　(2)で用いる条件を確認するための設問。素数を小さい順に並べていけばよい。なお，素数とは正の約数が1とその数自身のみである自然数のことで，1は含まれないことに注意。$p_1=2$ である。

(2)　数学的帰納法により証明すればよい。すなわち，(i) $n=12$ のときの成立を確認し，(ii) $n=k$（$k \geqq 12$）のときに成り立つ（$p_k>3k$）と仮定すれば $n=k+1$ のときも成り立つ（$p_{k+1}>3(k+1)$）ことを示す。p_k（$k \geqq 12$）は奇数であるから p_k+1 は2以上の偶数となり素数ではないので，$p_{k+1} \geqq p_k+2$ が成り立つことがポイントである。このとき仮定を用いると，$p_{k+1}>3k+2$ すなわち $p_{k+1} \geqq 3k+3$ となるが，$3k+3$ は素数ではないことに気付けば証明が完了する。

〔別解1〕のように，自然数を6で割った余りに注目したとき，素数になり得るのは m を自然数として，$6m+1$ と $6m+5$ のときに限ることに着目してもよい。$p_k=6m+1$ のときは $p_{k+1} \geqq 6m+5$，$p_k=6m+5$ のときは $p_{k+1} \geqq 6m+7$ となり，仮定を用いると前者は $p_{k+1} \geqq (6m+1)+4>3k+4$ となり成立することがわかるが，後者は同様にすると $p_{k+1}>3k+2$ となって，もう一押し考察が必要である。仮定より $6m+5>3k$ であるが，このとき $6m+4>3k$ も成り立つことに着目すればよい。または〔解答〕と同じ手法で，$p_{k+1}>3k+2$ より $p_{k+1} \geqq 3k+3$ となるが $3k+3$ は素数ではないことから示してもよい。

〔別解2〕も自然数を6で割った余りに注目すると，$p_{k+2} \geqq p_k+6$ が成り立つことから，$n=k$，$k+1$ のときの成立を仮定したとき $n=k+2$ の成立を示す2段階の帰納法を用いる解法である。

講評

2024年度は，主分野としては，1．積分法，2．ベクトル，3．整数の性質の内容が出題された。大問1と3は他の分野（1は2次関数，

3は数列）の知識を要する融合問題であった。微・積分法の分野は，2019年度を除いて毎年出題されており，2024年度も積分法の問題が出題された。ベクトルの分野も頻出でここ数年では2020年度を除いて毎年出題されていて，2022・2023年度は平面ベクトル，2021年度は空間ベクトルの問題であった。さらに整数問題も最近頻出傾向で2021・2022年度にも出題されている。微・積分法，ベクトルおよび整数問題の分野は重点的に押さえておく必要があるだろう。また，2024年度は証明問題が2問出題されたが，図示問題は出題されなかった。

1　絶対値記号を含む2次関数のグラフと直線で囲まれた2つの部分の面積が等しくなる条件を求める問題。普通に面積計算を行うと計算が面倒になるので，公式 $\int_{\alpha}^{\beta}(x-\alpha)(x-\beta)\,dx=-\frac{(\beta-\alpha)^3}{6}$ が使えるよう工夫することが大切である。2つの領域に共通の領域を加えることで，この公式を用いて簡明に面積を求めることができるようになる。しばしば登場する技法なのでしっかり押さえておきたい。この公式を用いて面積を求める問題は特に大阪大学では頻出であるので，間違いなく公式が適用できるよう十分練習を積んでおこう。本問は標準レベルの内容で，2024年度の出題の中では最も得点しやすい問題であり，計算ミスに気をつけて完答を目指したい。

2　空間ベクトルの問題で理系学部との類似問題。ねじれの位置にある2直線（直線の1つは z 軸）の両方に直交する直線がただ1つ存在することを証明する問題である。抽象的な内容で，自分で方針を立て，論述を展開しなければならず，苦労した受験生が多かったと思われる。「ねじれの位置」の意味を正しく理解できたか，直線 l をうまく設定できたか，「ただ1つ存在」を遺漏なく示せたかなど，多くの関門があって完答するにはかなりの実力を要した。全く手をつけることができなかった受験生が結構いたのではないだろうか。

3　素数に関する不等式の証明問題で，数学的帰納法を用いることになる。(1)は素数を小さい順から並べる内容で失点は許されないが，自信を持って答えられるようにしてほしい。(2)は数学的帰納法による証明で，とっつきにくいかもしれないが，内容は比較的簡単で，$k\geqq 12$ のとき p_k は素数なので奇数であるから，p_k+1 は偶数で素数にならない。よって，

$p_{k+1} \geqq p_k + 2$ となるというごく当たり前の性質を利用する。ここで帰納法の仮定 $p_k > 3k$ を用いると，$p_{k+1} > 3k+2$，実際には $p_{k+1} \geqq 3k+3$ となるが，$3k+3$ は 3 の倍数で素数ではないことに着目すれば証明が完結する。他には 6 で割った余りに着目して，素数になり得る自然数は 6 で割った余りが 1 または 5 のときに限るという性質を用いる解法も考えられる。$p_k = 6m+1$ と $p_k = 6m+5$（m は自然数）の場合に分けて帰納法により証明する。答えがわかれば難しくないと感じるかもしれないが，入試本番で的確に論証できたかどうかが成否を分けたと思われる。なお素数に関する問題は 2022 年度にも出題された。

大阪大学の数学は，2020 年度にかなり易化し，それ以降方針の立てやすい基本・標準レベルの問題を中心に出題されていたが，2023 年度に難化し，2024 年度は骨のある証明問題が 2 問出題され難化傾向に拍車がかかり，質・量ともに 2019 年度以前のレベルに戻ったといえよう。証明問題は敬遠してしまいがちだが，積極的に学習し，十分慣れておくことが大切である。

頻出分野を中心に学習するとともに，年度によって出題傾向が変わり，融合問題が数多く出題されるので，どの分野も偏ることなく学習することが重要である。基本・標準レベルの問題はミスすることなく確実に得点できる力をつけ，さらに 2023 年度からの難化傾向に対応できるよう，発展的な内容の問題にもチャレンジし，演習を重ねていこう。

頻度の高い文章なので、問題集などで読んだことがあるという受験生もいるだろう。問一・問二は基本的な問題。問三は、北野天満宮が菅原道真を祭った神社であること、さらに菅原道真が神として祭られるに至ったエピソードについての知識も必要。問四は本文全体の内容をまとめた上で、古今集仮名序に「目に見えぬ鬼神をもあはれと思はせ」と述べられた和歌の力との関連をおさえた説明が求められる。

わしてほしいと訴えているのである。

問四　設問に挙げられた古今和歌集仮名序の一節は、撰者(せんじゃ)の一人である紀貫之(きのつらゆき)が和歌のもつ力について述べた部分。天地を動かしたり、鬼神を感動させたり、男女を親しくさせたり、武士の心を和ませたり、という力が和歌にはあると言っている。無実の罪を着せられた小大進は、自分と同じ境遇だった天神に和歌を通して助けを求め、その小大進の気持ちに感動した天神が、御衣を盗んだ真犯人が誰であるかがわかるように霊験をあらわしたのである。天神は、法師と雑仕（＝雑役や使い走りをつとめた下級の女官）に盗まれた御衣をかぶって獅子舞を舞わせ、その様子を北面の武士に目撃させた。和歌に込めた小大進の思いが天神に届き、無事に小大進の無実が証明されたのである。これこそ、古今集仮名序に書かれた和歌の効力の類いだと語り手は述べているのである。

講評

Ⅰは松浦恆雄の評論文からの出題。台湾の文学者黄錦樹の紹介と、彼の文学者としての立ち位置を記したものである。予備知識がなくても問題なく読み進められるだろう。設問は標準〜やや難レベル。問一・問二はやや紛らわしい選択肢が含まれている。問二の(イ)は魯迅についての知識があると役に立ったかもしれない。問四は字数が多く、要約力が問われる。

Ⅱは森川輝一の評論文からの出題。子どもの誕生をテーマとした随筆風の評論文である。文章は読みやすく、内容把握も容易である。設問は総じて標準レベル。ただし書く分量が多いので、解答の構成には十分に留意する必要がある。問三は問二とある程度解答が重なっても仕方がないだろう。

Ⅲの古文は、鎌倉時代成立の説話集『古今著聞集』からの出題。無実の罪で捕らえられた小大進が北野天神に救いを求めて和歌を奉納したところ、その和歌に感動した天神の霊験により小大進の無実が証明されたという話。比較的出題語の表現。主語は直前の「おぼしめし」と同じ法皇なので、「せ（す）」は使役の意味ではない。

問二 「しるし」は名詞で〝験・徴〟と書くものと〝印・標・証〟と書くものがある。ここは、小大進が北野天満宮にこもっているという文脈なので前者で〝霊験〟の意。霊験とは、人の祈りに対して神仏があらわす不思議な働きのこと。小大進は自分の無実の罪が晴れるように天神に祈っているのである。「それに」は直前にある〝三日の暇の間に〟の意。「なくは」は形容詞「なし」の連用形に係助詞「は」が接続したもので、〝なかったら〟と仮定の意味で訳す。「ぐし（具す）」は〝連れる〟、「いで（出づ）」は〝出る〟、「たまへ」は「たまふ」の命令形で〝～してくだされ〟の意。この言葉は小大進が検非違使に対して言ったもの。検非違使とは現代の警察官と裁判官を合わせたような役目を担う職である。小大進は、神水をこぼしたことで検非違使に叱責されここから出ろと言われるが、泣きながら三日間の猶予を願い出る。その三日の間に天神からの霊験がなかったら、自分をここから連れ出してください、と言っているのである。〝三日〟〝霊験〟の具体的内容がわかるように説明したい。現代語訳が要求されているわけではないので、〔解答〕では検非違使の小大進に対する行為がよりわかるように〝引きずり出し連行し〟と表現したが、直訳で〝連れ出し〟としてもよい。

問三 「思ひいづや」の「や」は疑問を表し、「現人神にな」った天神、すなわち菅原道真に呼びかけている。「現人神」とは〝この世に人間の姿で現れた神〟のことをいう。注にあるように、北野天満宮は菅原道真を神として祭った神社である。菅原道真は平安時代前期の学者・政治家で、宇多・醍醐両天皇に仕え右大臣にまで昇りつめたが、それをやっかむ藤原時平の讒言（ざんげん）によって大宰府（ださい）に権帥（ごんのそち）として左遷され、かの地で失意のうちに没した。その後、天変地異などの怪異が道真のたたりとして恐れられ、それを鎮めるために天神として祭られるに至ったのである。和歌中の「なき名たつ身はうかりき」とは、そのことを言っている。「なき名」とは〝根拠のないうわさ・身に覚えのない評判〟のこと。「うかり」は形容詞「うし（憂し）」の連用形で〝つらい〟の意。「き」は過去の助動詞。小大進は、今の自分とまったく同じ境遇にあった菅原道真（天神）なら、無実の罪を着せられたつらさがわかるはずだから霊験をあら枕元に立って、「もしもし」と起こし申し上げて、「私は北野の右近の馬場の神でございます。すばらしいことがございますのを、御使者を送っていただいて（その御使者に）見せましょう」と申し上げなさると（法皇は夢の中で）お思いになって、ふと目が覚めなさって、「天神が（夢に）お見えになったのは、どのようなことがあるのか。見て参れ」ということで、「御厩の御馬に、北面の武士を乗せて走らせよ」と命令なさったので、（北面の武士が北野天満宮に）馳せ参じて（様子を）見ると、小大進は、雨しずくのように（涙を流して）泣いて（神前に）おりました。神前に（はってある）紅色の薄様に歌が書いてあるのを見て、これをはがし取って（御所に）帰参する間、まだ参り着かないときに、鳥羽殿の南殿の前で、例の紛失したお召し物を頭にかぶって、前を法師、後ろを敷島といって、待賢門院の雑仕であった者がかぶって、獅子舞を舞ってやって参ったのこそ、天神があらたかに歌に感動なさっ（て真実をお示しになっ）たのだと（思われるにつけても）、すばらしく尊いことでございます。ただちに（疑いが晴れた）小大進をお呼びになったが、（小大進は）このような責め咎めを受けるのも、（法皇が自分を）心のよくない者とお思いになることがあるからなのだといって、そのまま仁和寺という寺にこもっていた。「力をも入れずして」と、古今集の仮名序に書かれているのは、このような類いのことでございましょうか。

解説

問一　(1)　主語は、その前の「負ひ」「北野にこもり」「祭文かき」がすべて接続助詞「て」でつながっていることから、それらの主語と同じ小大進だと考える。「まもら（まもる）」は〝目を離さずにじっと見つめる〟が原義の動詞、「まもられ」の「れ（る）」は受身の助動詞。ここは罪人と見なされている小大進が主語なので、「まもられ」で〝監視される〟と訳す。「ける（けり）」は過去の助動詞。

(2)　「うち」は接頭語。「おどろか（おどろく）」は古文では〝はっと気づく〟または〝目が覚める〟という意味で使われることが多い動詞だが、ここでは前に「御夢」とあるので後者の意味。接頭語「うち」がついているので、〝ふと（はっと）〟などと訳出しておいたほうが無難。「せ給ひ」は尊敬の助動詞に尊敬の補助動詞が接続した最高敬

Ⅲ

出典　橘成季『古今著聞集』〈巻五・一七七〉

解答

問一　(1)小大進は監視された
(2)鳥羽法皇はふと目が覚めなさって

問二　検非違使の個人的な温情で与えてもらった三日間の猶予の間、自分の無実を証明できるような北野天神の霊験がなかったら、この北野天満宮から自分を引きずり出し連行してもらってかまわないということ。

問三　思い出しますか。無実の汚名を着せられた身はつらかったと。菅原道真公が現人神になったあの昔のことを。

問四　盗みの嫌疑をかけられた小大進が、かつて自分と同じように無実の罪を着せられた菅原道真公を祭った北野天満宮に和歌を奉納したところ、天神がその和歌に感動して小大進の無実の証明となる霊験をあらわしてくださったという話は、古今和歌集仮名序に書かれている和歌の力を伝える話だと考えている。

全訳

鳥羽法皇の女房に、小大進という歌人がいたが、待賢門院の御所で、お召し物が一かさねなくなったことの嫌疑を身に受けて、（その疑いを晴らそうと）北野天満宮にこもって祭文を書いて（その間検非違使に）監視されたが、三日目という日に神前に供えてある水をこぼしてしまったので、検非違使が、「これ以上の過ちがあるだろうか。（神殿から）出ていきなさいませ」と申したところ、小大進が、泣きながら申すことには、「公の中の私（＝公のことでも時には私情で手加減する）と申すのはこのようなことを言うのです。あと三日間の猶予をください。それでも（私が無実だと証明できる）霊験がなかったら、私を（罪人として）連れ出してください」と泣いて申したので、検非違使もかわいそうに思って、（期限を）延ばしたときに、小大進が、

思い出しますか。無実の汚名を着せられた身はつらかったと。（菅原道真公が）現人神になったあの昔のことを。

と詠んで、紅色の薄様一枚に書いて、御宝殿にはりつけた夜、法皇の御夢に、実に気高く尊い様子の老人が、束帯姿で御

というはじまりは、この世で人間が何かを始める自由のはじまりなのだ」などとあるように、人間の個人としての価値や自由の大切さが主張される。また社会との関係については「世をともにする隣人たちを苦しめる社会の不正をただし」とあるように、個人を抑圧する社会との対決を鮮明にし、よりよい社会の実現を目指そうとする。では社会は個人に対してどうあるべきかという点については言及されていないが、個人の自由と尊厳を尊重しなければならないという程度のことは導けるだろう。以上より解答のポイントは次の三点となる。

① 人間はだれもが自由な個としてこの世に誕生する
② 隣人たちを苦しめる社会に対してはその不正を正し、新しい世界を作るための自由を持っている
③ 社会は個人の自由と尊厳を最大限に尊重すべきだ

問五 終わり二段落に着眼する。二〇一六年に政府が策定した「一億総活躍社会プラン」が紹介され、それによると、国全体の生産力を低下させず、今の社会の仕組みを維持するために、国民は労働力の再生産（＝子どもの出産）に努めなければならないとされる。このような「国の都合や政府の思惑」のもとでは、子どもの誕生は「ユニークなはじまりであるがゆえに祝福される」のではなく、「くずれかかったアリ塚（＝破綻しかけている社会の仕組み）をささえる労働力の供給としてカウントされてしまう」と言われる。それゆえ子どもの誕生日を素直に祝えないというのが傍線部の趣旨である。以上の事情を簡潔にまとめることになる。解答のポイントは次の三点である。

① 子どもの誕生は唯一無二の個のはじまりであるがゆえに祝福されるべきものである
② 政府は社会の仕組みの維持のために出生率の向上を国策としている
③ 子どもの誕生はたんなる労働力の供給としてカウントされてしまう

参考 森川輝一（一九七一年～）は政治学者。現在、京都大学大学院法学研究科教授。著書に『〈始まり〉のアーレント』などがある。

素の間に「軋轢や衝突」が生じ、「個人の自由と共同体の秩序をめぐるソウコク」が生じると述べている。以上の事情を説明することになるが、「本文の内容に即して」という指示があるので、ほぼ本文中の語句を用いて説明すればよいだろう。解答のポイントは次の二点である。

①　ヒトの誕生とは唯一無二の個のはじまりであり、既存の社会への参入・所属でもある

②　個人の自由と共同体の秩序の間に軋轢や衝突が生じかねない

問三　「ナチスの全体主義国家」の性質については次の段落に説明がある。「全体に奉仕する……純血種の健康な個体でなければならない」として、「劣等とみなされた人々（＝ユダヤ人など）の大規模な殺害へと発展していく」と説明される。また「アリ塚」については第四段落で、「種族の存続をはかる……奴隷みたいに働く」「個を滅却して全体に奉仕す」ると説明される。両者に共通するのは「②の要素を消し去り、③に①をひきよせる、というやり方」（同段落）である。これが設問の「本文の『誕生』をめぐる議論を踏まえて」に該当する。よってこの箇所を具体的に説明しながら右の事情を説明することになる。解答のポイントは次の四点である。

①　ヒトの誕生とは唯一無二の個のはじまりであるが、社会の維持を第一義にして個の尊厳が否定されることがある

②　はたらきアリは種族の繁栄・存続のために奴隷のように働く

③　ナチスの全体主義国家の場合、国民は国家の安定と種族の繁栄のために生きるように強制される

④　殖えるべきは純血種の健康な個体でなければならないとして、それ以外の人々の大規模な殺害へと発展する

問四　第六段落の内容に基づいて、アーレントの「新しい政治」についての考え方をまとめる。第四段落で述べられているように、アーレントはドイツ系ユダヤ人であったため、ナチスによる迫害を受け、かろうじてアメリカに亡命する。そんな彼女がドイツで目の当たりにしたのは、個人の自由と尊厳を奪って社会に奉仕させる全体主義の嵐である。そんな彼女が個の復権を主張するのは当然のことと言えよう。第六段落の「だれもが自由な個としてこの世に到来し」「誕生

めぐる相克が生起することがある。ナチスは②の要素を消し去り、③に①を引き寄せた。アーレントはこれに異を唱え、誕生は個のはじまりであり、人間が何かを始める自由のはじまりなのだと説いた。二〇一六年、政府は労働力の再生産のために出生率の向上を国策に掲げた。今や私たちは、誕生日おめでとうなどと気軽に口にすべきではないのかもしれない。

解説

本文は「誕生を祝うために」の冒頭から後半の途中までを引用したものである。これを三つの部分に分けて内容をまとめよう。

一　誕生の三つの要素　第一～第三段落（誕生日おめでとう……と言ってよい。）

ヒトの誕生には①個体の産出、②唯一無二の個のはじまり、③既存の社会への参入・所属の三つの要素がある

二　ナチスとアーレント　第四～第六段落（そうした問題を……ともし続けるために。）

ナチスは②の要素を消し去ったが、アーレントは②の要素に人間の自由と尊厳を見出した

三　政府の少子化対策　第七～第九段落（自由と平和を……ないのかもしれない。）

政府の少子化対策は労働力の供給を意図しており、誕生日おめでとうなどと気軽には言えない

問一　**(a)**　「相克〔剋〕」は〝対立・矛盾する二つのものが相手に勝とうと争うこと〟。「克〔剋〕」は〝相手に打ち勝つこと〟。

(b)　「精妙」は〝きわめて細かくて巧みであること〟。

(c)　「安寧」は〝世の中が穏やかで平和なこと〟。「安」も「寧」も〝やすらかなこと〟。

(d)　「大綱」は〝ある事柄の根本となるもの。おおまかな内容〟の意。

問二　傍線部の「②と③」とはその前で説明される、「②唯一無二の個のはじまり」と「③既存の社会への参入・所属」をいう。この両者の関係が「緊張をはらみ、かならずしも調和的ではない」と言われる理由は、次の第三段落で説明される。すなわち、男の子が成長して「女性として生きたいのだ、と言い始める」場合を例にあげて、この二つの要

学を学ぶ人のために』『越境するテクスト』などがある。

出典　森川輝一「誕生を祝うために」（『añjali（あんじゃり）』二〇二一年十二月　第41号　親鸞仏教センター）

解答

問一　(a)相克（相剋）　(b)精妙　(c)安寧　(d)大綱

問二　ヒトの誕生とは唯一無二の個のはじまりであると同時に、既存の社会への参入・所属でもあるため、個人の自由と共同体の秩序の間に軋轢や衝突が生じかねないから。（八〇字以内）

問三　ヒトの誕生とは唯一無二の個のはじまりであるが、社会の維持を第一義にして個の尊厳が否定されることがある。ナチスの全体主義国家の場合、国民は、種族の存続のため奴隷のように働くはたらきアリのように、個を滅却して全体に奉仕し、国家の安定と種族の繁栄のために生きるように強制される。その一方で種族の繁栄につながる純血種の健康な個体ではない人を排除するため大規模な殺害へと発展していくという、人道に反する性質。（二〇〇字以内）

問四　人間は既存の社会への隷属を宿命づけられて誕生するのではなく、だれもが自由な個としてこの世に誕生するのであり、世をともにする隣人たちを苦しめる社会に対してはその不正を正し、新しい世界を作るための自由を持っている。それゆえ、社会もこのような個人の自由と尊厳を最大限に尊重すべきだ。（一四〇字以内）

問五　子どもの誕生は唯一無二の個のはじまりであるがゆえに祝福されるべきものであるが、政府が社会の仕組みの維持のために出生率の向上を国策としている現状では、たんなる労働力の供給としてカウントされてしまうから。（一〇〇字以内）

要旨

ヒトの誕生とは①繁殖行為の帰結として個体が生み出されることであり、②唯一無二の個のはじまりであり、そして③既存の社会への参入・所属である。このうち②と③の二つの要素の間に軋轢や衝突が生じ、個人の自由と共同体の秩序を

①　マレーシア華人の方言は北京語とは異なり、それぞれの方言間の理解も困難である
②　彼らの共通語また祖国への文化的象徴性を備えた言語として、学校で漢字と華語を学ぶ
③　華人としてのアイデンティティを自覚する

問四　傍線部は、黄錦樹が華語で創作活動を行うことの覚悟を表明した箇所からの引用である。「実践」とは創作活動をいい、「伸張し」「その存在を引き延ばされ」とは前文に「華語にひそむ可能性」とあるように、華語が持っている表現の潜在力や可能性を意味するであろうことは納得がいくだろう。問題は傍線部直後の「黄錦樹の華語コンプレックス」である。これは黄錦樹が自らの表現手段である華語にコンプレックスを抱いていたということで、「昇華されることなく」、すなわちこのコンプレックスを作品の中で解消することなく「創作の原動力として存在し続けるだろう」と筆者は述べている。この華語コンプレックスは黄錦樹がマレーシア華人であるゆえに抱え込まざるをえない、いわば彼の宿命であり、彼の創作活動の原点とも言えるものであろう。設問の「本文全体の趣旨を踏まえて」という指示は、この点にも触れることを求めていると理解できる。そこで第一～第三段落に依拠して、黄錦樹と華語との関わりを説明し、また最終段落などに基づいて、華語コンプレックスを具体的に説明する。特に後者については、北京の白話文（「美的中国語」）と華語とを対比させながら、彼の華語コンプレックスが生まれる事情を説明する。以上より解答のポイントは次の四点となる。

①　華語は黄錦樹が生まれ育ったマレーシアの学校で学び身につけた郷愁あふれる言葉である
②　華語は典雅な中国語から見れば不純であり、また粗雑で語彙が乏しく、思いを表現しきれない
③　華語で文章を書くことはコンプレックスであると同時に自らの宿命でもある
④　華語を用いた創作活動を通して、華語の潜在力と可能性をどこまでも広げる

参考　松浦恆雄（一九五七年～）は中国文学者。大阪府生まれ。神戸大学文学部中国文学科卒業。同大学院文学研究科修士課程修了。大阪市立大学（現・大阪公立大学）文学研究科教授。共編著『中国のプロパガンダ芸術』『中国二〇世紀文

ではない。よって「類似した困難さ」があると言える。

(エ)適当。第十二段落に「彼（＝李金髪）の詩が晦渋なのは……北京語を話せず、まともな白話文を書けないからだと考えられていた」「こう考えたのは、朱自清…詩人であり、学者」とある。

(オ)適当。第五段落に「華語による白話文」とある。

問二　傍線部前後に「文化創造の階級差をなくす」（Aとする）、「演劇や大衆芸能などを含む口語や白話文による表現が、歴史上最も高い評価を勝ち得た」（Bとする）とあり、これらを手がかりにする。

(ア)不適。中国知識人が日本語の書物によって西洋の学術を学んだことは白話文とは関係がない。

(イ)適当。本文中に魯迅についての記述はないが、『狂人日記』は白話文の最初とされる。第六段落の「王朝を支えた文言文」あたりも手がかりになる。

(ウ)不適。中国の詩人が日本の漢詩を翻案したことは白話文とは関係がない。

(エ)適当。「民間歌謡のスタイルを発展させて」が右のBと合致する。

(オ)適当。「庶民が文字（＝白話文）によって自らの思想を表現する」が右のAと合致する。

問三　「マレーシアの中国南方方言話者」とはどのような人たちをいうのか、また「新たに華人となる」とはどういう意味なのかを説明する。まず第一点については第四段落が参考になる。この段落で、マレーシア華人は中国の南方出身者がほとんどであること、彼らの話す方言は北京語とは甚だ異なるだけでなく、彼らの方言間でも意思疎通が困難であること、そのため学校で彼らの共通語である華語を学び身につけることが説明される。次に第二点については、傍線部直前の「華人としてのアイデンティティを保証する」が手かがりになる。すなわち華人は華語と漢字を身につけることで、自らが華人であるという自覚を持つというのである。これは第四段落の「祖国への文化的象徴性を備えた言語として」とも呼応していて、華語が華人としてのアイデンティティの重要な手段となることを意味している。以上より、解答のポイントは次の三点である。

狭間から抜け出せない黄錦樹の華語コンプレックスは、昇華されることなく、彼の創作の原動力として存在し続けるだろう。

解説

「黄錦樹の華語コンプレックス」は一～四に分かれている。本文はその一～三である。それに基づいて内容をまとめよう。

一　マレーシア華人の華語　第一～第五段落（黄錦樹……考えることから始めたい。）
マレーシア華人である黄錦樹は華語で創作活動を行う文学者である

二　マレーシア華人が抱える困難　第六～第十五段落（二〇世紀に入り……関わるからである。）
北京語による白話文の優位と華語教育の締め付けは、マレーシア華人に二重の困難を与えた

三　黄錦樹の華語コンプレックス　第十六～第十九段落（マレーシア華人は……存在し続けるだろう。）
雅（中国語）と俗（華語）の狭間で、黄錦樹の華語コンプレックスは創作の原動力であり続ける

※

問一　傍線部は、マレーシア華人の華語が北京語とは「微妙に異なる言語的特徴」（傍線部の直前）を持つことを、第二段落の「ゴム園農家の人たちの体臭」と関連づけて、「異なる体臭をすでに身につけている」という比喩で表現したものである。

(ア)不適。老舎は北京生まれで、巧みな北京語の白話文を書いている（第十段落参照）。
(イ)不適。マレーシア華人の言語状況は、「彼らの話す中国語は…方言」で、「華語は、彼らの共通語として…学校で学び身につける言葉」（第四段落）とある。
(ウ)適当。広東語の話者が「（北京語の）白話文で創作するのは極めて困難である」（第十四段落）。またマレーシア華人にとって華語は「北京語に基づく共通語」「学校で学び身につける言葉」（第四段落）であり、いずれも「母語」

▲人間科・外国語・法・経済学部▼

出典　松浦恆雄「黄錦樹の華語コンプレックス」〈一〜三〉（黄錦樹『夢と豚と黎明――黄錦樹作品集』人文書院）

解答

問一　（ウ）・（エ）・（オ）

問二　（イ）・（エ）・（オ）

問三　マレーシア華人の話す方言は北京語とは異なる南方方言であるだけでなく、それぞれの方言間の理解も困難であるため、彼らは共通語として、また祖国への文化的象徴性を備えた言語として漢字と華語を学校で学ぶことで、華人としてのアイデンティティを自覚するということ。（一三〇字以内）

問四　華語は自分が生まれ育ったマレーシアの学校で学び身につけた郷愁あふれる言葉であり、自分の書く文章は華文とならざるをえない。確かに典雅な中国語から見れば不純であり、また粗雑で語彙が乏しく、どれほど言葉を費やしても自分の思いを表現しきれない。でもその一方で、華人である自分には美的中国語も異形に見えてしまう。よって、華語で文章を書くことは自分にとってコンプレックスであると同時に自らの宿命でもあると覚悟を決め、華語を用いた創作活動を通して、華語の潜在力と可能性をどこまでも広げたいという考え。（二〇〇字以上、二五〇字以内）

要旨

マレーシア華人のほとんどは中国南方からの移民である。彼らの方言は北京語との違いが甚だしく、方言間の理解も困難である。華語は彼らの共通語として、また祖国への文化的象徴性を備えた言語として学校で学び身につける言葉である。マレーシア華人の一人である黄錦樹は、華語に基づく白話文で創作活動を行っている。彼にとって華語は蕪雑で語彙が乏しく、どんなに言葉を費やしても意に適わない。一方で北京語も異形の姿に見えてしまう。雅（中国語）と俗（華語）のここをクリアすれば後の議論をたどるのに困難はないだろう。設問は要所要所の理解を試すものとなっており、総じて標準レベルにある。もちろん本文の内容がつかめないまま、適当に本文の語句をつないでまとめても高得点は得られないだろう。

Ⅱは坂崎かおるの小説からの出題。現在と過去を巧みに織りまぜた構成をとるため、時系列を考えながら読み進める必要がある。中略が多いが、一応筋はつながる。ただバスケットの登場は唐突であり、戸惑った受験生も少なからずいただろう。設問は問一～問三が標準レベル。解答の方向性ははっきりしている。問四はやや難レベル。「本文全体の内容をふまえて」という指示があるため、表現効果をどこまで広げて説明すればよいのか判断に迷うだろう。

Ⅲの古文は、室町時代成立の擬軍記物で、本文は物語の発端に当たる部分。真玄が山城守の娘に懸想し、婿入りを申し込むものの相手にされず、さらに娘の召し使う千鳥を抱き込んで恋文を送るが、乳母代筆のすげない返事を返されてしまったという話。話の流れは比較的つかみやすい。問一～問三は特別難しい単語も用いられておらず、さほど難しくはない。問四は掛詞の知識が要求される。問五も二つの和歌に用いられている掛詞がわからないと難しい。問六は難度が高いが、リード文の記述を参考にし、この物語の特徴を考えれば説明の方向性が見えてくるはず。

Ⅳの漢文は、三国時代の魏の邯鄲淳の編とされる笑話集。ただの鳥を鳳凰と信じ込んで大金を費やし楚王に献上しようとした人、その人の気持ちに感動して法外な褒美を与えた楚王の愚かさを笑う。話の流れは容易につかめる。問一～問四は基本レベル。問五は「笑」がどのような笑いかを的確に捉えられるかがポイントだが、難易度としては標準レベルである。

の人がこれを伝えたところ)」とあるので、〔解答〕では「皆」は〝この話を聞いた人は皆〟と解釈した。「献」の主語は傍線部(2)でも示されているように「路人(=通りすがりの人)」。「宜」は再読文字で〝~するのがよい・適当だ〟と訳す。すでに鳥が死んで、「路人」が楚王に献上できなかったことを悔しがった話を聞いた後で「皆」が思ったことなので、〔解答〕では〝本物の貴重な鳳凰だったのだから、それを楚王に献上しようとしたのは適切なことだった〟という表現にした。

問四　「識者」は「しきしゃ」と読み、〝物事をよくわきまえている人・見識のある人〟をいう。「無」「不」ともに返読文字、また「之」は「笑」の目的語なので、「無レ不レ笑レ之」と返り点が付き、「之を笑はざる(は)無し」と書き下す。「~ざるは無し」は二重否定の重要句形。すべて平仮名で答えることに注意する。

問五　傍線部(4)は問四でみたように二重否定で、〝識者でこのことを笑わない者はいなかった(=皆このことを笑った)〟と訳すが、まずはこの「笑」が〝嘲笑〟であることをつかむ。「之」とはその前に描かれた「鳳凰」にまつわる話である。設問に、傍線部(a)および傍線部(b)をふまえて、という要求があるので、それぞれの内容も解答に盛り込まなくてはならない。傍線部(a)「請加倍」とは、「路人」が初め提示した千金では相手が納得しなかったので、その倍を出すから鳳凰を売ってくれとお願いしたことを指す。傍線部(b)「過買鳳凰之値十倍矣」とは、楚王が現物をもらってもいないのに「路人」の自分を思う気持ちに感動したというだけで、鳳凰の値段の十倍に相当する褒美を与えたことを指す。これらのことに対して、「識者」は彼らの愚かさを「笑」ったのである。

……………

講評

Ⅰは入試現代文頻出の評論家の一人、野家啓一の評論文からの出題。因果関係と「物語り」との関係を論じた、興味深い内容の文章である。最初の二段落で基本的な物理法則が論じられており、文系の学生はやや戸惑うかもしれないが、これを（楚王に）献上しようとしたのは適切だったと思った。（この話が）ついに楚王の耳に入った。楚王はその人が（鳳凰を）自分に献上したいと思ったことに感動し、（その人を）お呼びになってこの人にたくさん褒美をお与えになったのだが、（その褒美は）鳳凰を買った値段の十倍以上であった。識者（＝物事をよくわきまえている人）の中で（ただの鳥を鳳凰と思い込んだ彼らの愚かさに）笑わない者はいなかった。

読み　楚国に山鶏を担ふ者有り。路人問ひて曰く「何の鳥や」と。担ふ者之を欺きて曰く「鳳凰なり」と。路人曰く「我鳳凰有りと聞くこと久し。今真に之を見る。汝之を売らんや」と。担ふ者曰く「然り」と。路人乃ち千金を酬ゆるも、担ふ者与へず。路人倍を加ふるを請へば、担ふ者乃ち之に与ふ。路人将に楚王に献ぜんとす。翌日鳥死す。路人其の金を惜しまず、唯以て献ずるを得ざるを恨むるのみ。楚国の人之を伝ふれば、皆以為へらく真の鳳凰にして、宜しく之を献ずべしと。遂に楚王に聞こゆ。楚王其の己に献ぜんと欲するに感じ、召して厚く之に賜ふに、鳳凰を買ふの値を過ぐること十倍なり。識者之を笑はざるは無し。

解説

問一　傍線部⑴一文目の「久」は長い時間が経ったさまを表す。〝かなり前から鳳凰という鳥が存在すると聞いていた〟という内容が書けていればよい。二文目の「真」は〝本当に〟などでもよい。実際に鳳凰を目の当たりにしているという内容が書けていればよい。三文目の「乎」は疑問を表す。直前に送り仮名「ン」があるが、反語ではないので注意する。路人が鳥を売ってほしいと思っていることがわかる表現になっていればよい。

問二　「将」は再読文字で「まさニ～ントす」と読み、〝（今まさに）～しようとする〟と訳す。「献」はここでは動詞で〝献上する〟の意。「路人」が楚王に献上しようとしたものは、「担者」から高値で買い取った「山鶏」である。しかし、彼はその鳥を鳳凰だと思い込んでいるのである。その内容が伝わるように訳したい。

問三　「以為～」は〝～と思う〟と訳す。「以為」の主語は直前の「皆」だが、設問で主語の明示が要求されているので、その「皆」がどのような人々を指しているのかがわかるようにしなければならない。直前に「楚国人伝之（＝楚の国

出典 邯鄲淳・編『笑林』

解答

問一 私が鳳凰のいることを聞いてからかなりの時間が経つ。今実際にこれを目にしている。あなたは私にこの鳳凰を売ってくれないか。

問二 通りすがりの人は鳳凰と信じて買い取った山鶏を楚王に献上しようとした

問三 この話を聞いた人は誰もが皆、それは本物の鳳凰であって、通りすがりの人がその鳳凰を楚王に献上しようとしたのは適切なことだと思った。

問四 しきしや〔しきしゃ〕これをわらは〔わらわ〕ざるはなし

問五 通りすがりの人が、ただの山鶏を鳳凰と信じ込んで初めに提示した倍額の高値で買い取り、楚王に献上しようとしただけでなく、楚王までもが自分に鳳凰を献上しようとした者の忠義心に感動して鳥の値段の十倍以上の褒美を与えたという話を聞いて、彼らのことを価値のないものに不相応な評価をする、まともな判断もできない愚か者だと思ったから。

全訳

楚の国に山鶏をかつぐ者がいた。通りすがりの人が尋ねて言うことには「何の鳥か」と。かつぐ者がこの人をだまして言うことには「鳳凰だ」と。通りすがりの人が言うことには「私は鳳凰がいることを聞いてからかなりの時間が経つ。今実際にこれを目にしている。あなたはこれを私に売ってくれないか」と。かつぐ者が言うことには「わかりました」と。通りすがりの人がそこで千金と引き換えにすると言ったが、かつぐ者は承知しない。通りすがりの人がその倍を払うからとお願いすると、かつぐ者はやっと通りすがりの人に売ってやった。通りすがりの人は（鳳凰を）楚王に献上しようとした。（ところが）翌日鳥は死んでしまった。通りすがりの人は自分が払った金を惜しむでもなく、ただ（楚王に鳳凰を）献上できなかったことを悔しがるだけだった。楚の国の人々がこの話を聞き伝えると、皆（それは）本物の鳳凰であって、この手紙が娘に宛てた真玄の手紙であるということから容易にわかる。「いかなれば」は〝どういうわけで〟の意だが、「みるめもなきに」の「に」を逆接で解釈し、その後に〝こんなにも恋しいのか〟などという内容を補うと自然な解釈になる。真玄は娘に切ない恋心を伝えようとしているのである。

問五　傍線部の「浮き沈む」は、真玄がⓍの和歌で「淵となりては浮き沈むらん」と詠んだことを受けての表現。「淵」とは川の深く水が淀んでいる所をいう。それに対して「瀬」は浅瀬のことで、傍線部(イ)の「あふ瀬」は「逢瀬」と書き、〝男女が会う機会〟を表す。「あらめや」の「や」は反語の意で、〝あるだろうか、いやあるはずがない〟と訳す。つまりこの返事は、〝あなたが浮き沈みしようとどうでもよい。そもそも淵に瀬がないのだから、「逢瀬」（＝あなたに会う機会）もあるはずがない〟という「むげはなちなる返事」なのである。また、設問ではⓍの和歌についての説明も要求されていることに注意する。「音にのみきく」は〝うわさだけで聞く〟の意。「きく」は「聞く」と「菊」の掛詞。「露」は〝涙〟をも表しており、真玄が娘に恋い焦がれて流す涙がいつの間にか深い川になり、そこで自分は浮いたり沈んだりしている、と詠んでいるのである。修辞法に関する詳細な説明まで解答に反映させる必要はないが、真玄が自分のつらく切ない思いをどのような形で表現しているのかがわかるような説明にしたい。

問六　「月夜がらす」は〝月の美しい晩に、浮かれて鳴くからす〟のことだが、リード文にあるように真玄は「京の祇園林に住む鴉」が擬人化されたものである。そのことを読者に伝えるため、「尽き（ぬ）」と掛詞になる「月」で始まる「月夜がらす」という表現が用いられていることを捉える。さらに「音にたてでなくばかりなる恨み」まで傍線が引かれているので、「なく」に「（からすが）鳴く」と「（つらい思いに自分が）泣く」の意が掛けられていることについても説明の中に盛り込みたい。

問二　「誰のどのようなことばを受けて」とあるので、まずその点を明らかにする。「儀」とは〝事の次第〟の意。直前に、真玄が山城守に婿入りを願い出たところ、山城守は「なかなか思ひよらざる事（＝とうてい思いも寄らないこと）」と言って実質的には真玄の申し出を拒絶したという内容があり、それを受けて「その儀」と言っていることをつかむ。ここの「なかなか」は〝かえって〟という意味ではなく、下に打消の語をともなって〝とうてい・簡単には〟の意。「押し寄せ」はここでは〝集団が勢いよく近づく〟の意。できれば〝仲間を引き連れて〟などの言葉を補いたい。誰を「奪ひとり」というのか、誰に「恥を与ふる」のかについても、補いが必要。

問三　傍線部を含む会話文が、山城の守の娘が召し使う千鳥の言葉だということをつかむ。真玄は千鳥に「語らひ寄り」、千鳥の協力を得ようと娘への思いの丈をぶつける。「語らふ」は〝説得して自分の味方につけること〟をいう。千鳥はそれを聞いて「あまりに（あまりなり）」と感じている。「あまりなり」は〝あんまりだ・度が過ぎている〟の意。〔解答〕では、その前で千鳥が「殿（＝山城守）」の人柄について批判的に述べていることから、山城守の対応の様子を聞いて千鳥が真玄に同情していると解釈したが、真玄が「心の奥をつぶさに語り」とあることから、真玄の真剣な思いに心を動かされたなどという方向の説明でもよいだろう。「一筆たまはりて」は〝一筆いただいて〟の意。つまり、千鳥は真玄に手紙を書くことを勧め、それを娘に取り次いでやろうと言っているのである。「たよりをうかがひ」は〝ちょうどよい機会を見計らう〟の意。〔解答〕では「うかがひ」に〝相手の意向を探る〟の意も含めて訳した。〝返事をもらってくる〟としてもよいだろう。真玄は千鳥という強力な助っ人を手に入れたことで「とびあがるばかり」に「うれしさ」を感じたのである。

問四　まず、「みるめ」が海藻の「海松布」と〝会う機会〟の意の「見る目」との掛詞であることをつかむ。「近江なる」は〝近江にある〟の意。「近江」は現在の滋賀県にあたり、ここには海がないので「伊香具の海」は本物の海ではなく淡水の湖であることに着目する。淡水だから「みるめ（海松布）もなき」であり、それと同じく「見る目（＝あなたに会う機会）もなき」と言っているのである。設問の要求は「文の書き手の心情」の説明だが、「文の書き手」はんだりしているのでしょう。

と（歌が）添えてある。乳母は、「話にならないほどひどい歌ですが、返歌しないのは七生なんとやらと（申しますので）」と、硯に向かい、紙を取って、

たとえあなたが淵となった涙川に浮き沈みしようとも、その川に瀬がないのですから「逢瀬」（＝会う機会）がありましょうか、いいえ、ないでしょう。

と書いて、千鳥に投げるように渡す。（千鳥が）これを受け取って真玄に見せたところ、すげない返事である。そうかといって（真玄の姫に対する）思いがなくなる程度の恋心ではないので、その後も手紙を送ることがたびたびである。

解説

問一 ①　真玄から山城守の娘への手紙である。「あり」は〝（ここに）いる〟の意。または〝この世に存在している〟と訳してもよい。「あり」の主語は真玄自身。「だに」は副助詞で、ここは類推を表し、〝～さえ〟の意。「知られ」の「れ」は受身。「知ら」の動作主は真玄が恋い焦がれる山城守の娘で、手紙の相手なので、訳す場合は「あなた」とする。「ぬ」は打消の助動詞「ず」の連体形。つまり、〝私の存在さえもあなたには知られていない（ましてや自分の思いに答えてもらえるなど夢のまた夢だ）〟ということを言っている。

②　「さりとて」は〝そうかといって〟の意。直前にある〝山城守の娘からすげない返事を受け取った〟という内容を指している。「やむ（止む）」は、ここは下二段活用動詞の終止形と考え、〝終わりにする・やめる〟と解釈する。すなわち〝娘に対する思いを絶ち切る〟ということ。「べき（べし）」はここでは後に打消語を伴っているので、可能の助動詞。「ならねば」の「なら」は断定、「ね」は打消の助動詞「ず」の已然形で「ば」が接続しているので、〝ではないので〟と訳す。「玉梓」が難しいが、そのあとに「たびたび」とあり、文脈から何がたびたびだったのかと考えれば、「玉梓」が〝手紙〟の意味であることは見当がつくだろう。手紙を何度も送ったのが誰であるかがわかるように、動作主を補って訳したい。

て仲良くなり、（その者を）あてにして心の奥を詳しく語ったところ、「さようでございます。殿のお心は、（普通の）人に似ていらっしゃらなくて。その御事でございますが、（あなたの姫様へのお気持ちが）あまりのこととお聞きしますので、一筆お書きいただいて、（この私が）およばずながら姫様（にあなたのお手紙をお渡しするため）のよい機会をうかがって（手紙を渡し姫様の気持ちを探って）きましょう」と言う。（真玄の）うれしさは飛び上がらんばかりで、墨をすり、筆を墨で濡らして、（紙面が）黒っぽくなるほどあれやこれやと書き連ね、千鳥に渡した。（千鳥は）この手紙を持って、その姫が乳母といっしょに河遊びに出かけた所で、気を引いて（手紙を）さし出す。姫は「何の手紙か」と言って開いて見てみると、（千鳥が）「祇園林より、姫様へさし上げなさる（手紙です）」と言うと、「正気じゃないわ」と言って顔を赤らめて捨てた。乳母が取り上げて見てみると、

近江（＝現在の滋賀県）にある、（淡水の）伊香具の海（＝余呉湖の旧称）ではないが、どういうわけか、海松布（みるめ）がないのと同じように会う機会がないのに（あなたが恋しい）と思うけれども、（古歌にあるように）恋しいときは、（夢であなたに会うために）夜の衣を裏返しに着て寝ながら、（あなたを恋しく思う）気持ちは尽きないこの月夜に浮かれて鳴くからす（のように）、声を上げて泣くばかりである嘆きには、眠らない関守と同じように眠れない自分は（夢も見られず）、夢路までも（あなたと）隔てた仲となってしまったよ。（深い川に浅瀬がないように）「逢瀬」（＝会う機会）もない涙の深い川に、浮いたり沈んだりしている心の闇を、たどりたどってつらい身のほど、ここであなたを恋しているとさえ（あなたに）知られない恋をする一生を恨み、（これまた古歌にあるように）誰のせいでと、かこつけるのに適当な相手もなくて日々を過ごし、あの（『源氏物語』の）柏木の衛門の督、二品の宮の御事（のように）、思い乱れた頃であろうか、（衛門の督が）行方の知れない空の煙（となってもあなたのそばは離れません）と嘆いたとかいうのも、今初めてこのような我が身に思い知らされるのです。

とまで書き乱して、

うわさにあなたのことを聞いて流れる菊の白露のような涙がいつの間にか淵となっては、その深みに私は浮いたり沈

ではないので、真玄はその後もたびたび恋文を送るのである

問二　山城守の、真玄の婿入りなど考えもしないということばを受けて、仲間を引き連れて山城守の屋敷に押しかけて娘を奪い取り、山城守に恥をかかせてやろうということ。

問三　山城守の娘に仕える千鳥が真玄に同情して、娘への手紙を書くことを勧め、適当な機会を見計らってそれを娘に届けて気持ちを探ってこようといっている。

問四　「みるめ」は「海松布」と「見る目」との掛詞であり、近江の国にある淡水の伊香具の海に海松布がないように、あなたに会う機会（「見る目」）もないのにどういうわけでこんなにも恋しいのか、という山城守の娘に対する切ない恋心を訴えている。

問五　うわさだけで聞くあなたを恋い慕って流す涙が深い川となり、その淵で自分は悲しみに浮いたり沈んだりしているという真玄のつらく切ない思いに対し、涙川の淵で浮いたり沈んだりしていようと、その川には瀬がないので会う機会もないだろうと返事をしている。

問六　真玄が娘に対する恋心を伝える手紙の中で、月夜に鳴くからすのように自分も尽きぬ思いに声を上げて泣いていると詠んでいるが、「月夜がらす」という表現を用いることで、真玄は「京の祇園林に住む鴉」を擬人化したものだということを読者に改めて認識させる効果がある。

全訳

真玄は、身のほども考えずそわそわして、すぐに「婿になりたい」と申したので、山城守はとうてい思いも寄らないことと言った。真玄は、「さては私を嫌うのであるようだな。そういうことなら（仲間を連れて屋敷に）押し寄せて（姫を）奪い取って恥を与えてやるか。（私の申し出に対してそんなふうに）言うとは不幸なことよ」などと、会う者ごとに向かって遠慮もなく大口をたたいた。しかしながら山城守は、「相手にする必要はない奴」と思って（真玄の申し出を）受け入れるとも受け入れないとも言わないでいたところ、真玄は、その姫が召し使っていた下役人で、千鳥という者に近づい

を持って散歩に出かけていた母をしのび、供養しようとしたと考えるのが妥当であろう。以上の事情をできるだけ具体的に説明したい。解答のポイントは次の三点である。

①　母は生前、架空の犬を飼い、リードを持って散歩に出かけた

②　ネクタイは首（喉仏周辺）につけるものであり、犬を象徴するものである

③　母を供養しようと思った

問四　「臙脂のしっぽ」が臙脂色のネクタイの隠喩であることは言うまでもない。また〈架空の犬〉からの連想であることももちろんである。さらに佐知子がネクタイを「ぶらぶらさせながら」公園に向かう様子は、後半部分で母がリードを揺らしながら散歩する姿と重なる。そして末尾の部分で佐知子がネクタイを母の骨壺に巻き付ける動作へとつながっている。すなわち「臙脂のしっぽ」は犬の尻尾のたとえであると同時に、母のリード（「トマトのような色のリード」）をもイメージさせるものでもあり、それを母に返してやろうとして母の骨壺に巻き付ける場面の伏線となっていると言える。このような事情をまとめればよいだろう。設問の「本文全体の内容をふまえて」という指示にも合致する。解答のポイントは次の二点である。

①　臙脂色のネクタイを犬の尻尾にたとえて、母が飼っていた架空の犬の存在感を強調する

②　佐知子がネクタイを母の犬の存在を思わせるものとして母の骨壺に巻き付ける伏線として働く

参考　坂崎かおる（一九八四年〜）は小説家。東京都生まれ。著書に『嘘つき姫』がある。

出典　『鴉鷺物語』〈第二　七夕の因位、真玄化粧文、文の使打擲の事〉

解答

問一　①　私がここで恋しているということさえあなたには知られていない

②　山城守の娘からすげない返事をもらったからといって、それで彼女に対する思いを絶ち切れる程度の恋心

③　今までされたことのない指摘に、すぐには意味がわからず、動揺した

問二　母が架空の犬を飼うのをやめた場面である。佐知子が「犬はどこに行ったの?」と不用意に質問すると、母は「首を絞めたよ」「もう必要なくなったからね」と返答する。この言葉に佐知子は衝撃を受け、戸惑い、「そうなんだ」と言おうとして口を開いたまま、言葉を飲み込んでしまう。そして「なんと返事をしていいかわからない」まま、かろうじて「それはなんだかかわいそうだね」と無難に答えたというもの。確かに、「いなくなった」とか「死んでしまった」と言うのならともかく、「(犬の)首を絞めた」と言うのは穏やかでない。ここに母の精神状態が正常でないことを読み取るのはたやすいだろう。そもそも母が架空の犬を飼い出したのは息子の直哉が亡くなった後である。息子を失った喪失感や悲しみを癒すため、あるいはその現実から逃避するために、母が架空の犬を飼い出したことは文脈から読み取れる(なお本文より前の部分で、夫が動物を苦手とし、佐知子も動物アレルギーだったため、母が大好きな犬を飼育するのを諦めたことが記されている)。解答は以上の事情をまとめることになる。設問に「その原因である母の言動もあわせて」とあるので、直哉の死にも触れてもよいだろう。解答のポイントは次の三点である。

①　架空の犬がいなくなったのは母の精神状態がよくなったのかと思った

②　母が平然と「首を絞めた」と言ったことに衝撃を受けた

③　どう返答してよいのかわからなかった

問三　実家を訪れた佐知子が、生前、母が受け取りを忘れたネクタイを母の骨壺に巻き付けた場面である。このネクタイは本文冒頭近くに「順当に考えれば父のものだ」とあるように、おそらく父が首に巻いて使用していたものである。と同時に、本文前半部でヘビタくんがリードの代わりになるものなら何でもいいと言って、佐知子の持っているネクタイを見たことからもわかるように、母が架空の犬に付けたトマトのような色のリードに見立てたものでもある。「骨壺」については、直後に「母の骨の中に喉仏はあっただろうか。あったはずだ」とあるように、おそらく中に喉仏が入っているものである。つまり佐知子は母の骨壺に首に着けるものであるネクタイを巻き付けることで、リード

解説

本文は短編小説の一節で、冒頭から少し進んだ所から始まる。中略が多いうえに、出来事が時間を前後して語られる。そのため筋がつかみにくい。出来事を時系列で記しておこう。なおバスケットは、母がネクタイのクリーニングを頼んだとき、架空の犬と一緒に店主に預かってもらったものである。

- 母は直哉が十代で亡くなった後、架空の犬を飼い出した
- 父が亡くなった
- 母も亡くなり、佐知子が実家の整理をしていると、クリーニング店の預かり証が出てきた
- 佐知子はクリーニング店でネクタイを受け取り、バスケットを返しに公民館へ行った
- 佐知子はネクタイを母の骨壺に巻き付けた

問一　佐知子たちが直哉の遺骨を拾う場面である。傍線部は、葬儀場の職員が火葬で残るのは第二頸椎であり、喉仏は燃えてなくなってしまうと、「滔々（＝次から次へとよどみなく）」と「お定まり（＝お決まり）の説明」を終えた後に、母が突然「じゃあ、嘘なのね」と言ったことに対する職員の反応である。職員は遺族に対して、「仏様が座禅をしているように見える」と死者の供養にふさわしい喉仏についての説明をし、今までその説明は遺族たちに素直に受け入れられてきたのであろう。「瞳を揺ら（す）」は動揺したり、途方にくれたりするときの表情を表す。これは母に「嘘なのね」と言われて、今までにそのような指摘をされたことがなく、虚をつかれてただ「嘘」と「繰り返した」のであると理解できる。そして母が「本物の喉仏じゃないのねよ」と続けたので、職員は「嘘」の意味がわかり「医学的には、そうなります」と返答する。よって以上の事情を説明することになるが、「お定まり」「滔々と」の意味を明らかにすると、より適切な説明となるだろう。解答のポイントは次の三点である。

①　葬儀場の職員として喉仏についてのお定まりの説明をよどみなく終えた

②　突然母から「嘘なのね」と言われた

①　人間のアイデンティティは自由と、行為の結果の責任を負うところに成立する

②　人間の存立基盤は意図と行為との間の因果関係を物語る能力にこそ存する

出典　坂崎かおる「母の散歩」（『文學界』二〇二三年五月号　文藝春秋）

解答

問一　葬儀場の職員として喉仏についてのお定まりの説明をよどみなく終えたときに、突然母から「嘘なのね」と言われて、経験したことがない指摘に一瞬意味がわからず、動揺したから。

問二　架空の犬がいなくなったのは母の精神状態がよくなったのかと思ったのに、平然と「首を絞めた」と、より精神状態が心配になる尋常でないことを言ったことに衝撃を受け、どう返答してよいのかわからなかったから。

問三　架空の犬を飼い、リードを持って散歩に出かけた母も今は亡くなってしまったが、犬のリードとしっぽを思わせるネクタイを母の喉仏の入っているであろう骨壺に巻き付けて、母を供養しようと思ったから。

問四　臙脂色のネクタイを犬の尻尾にたとえることで、母が飼っていた架空の犬の存在感を強調し、また佐知子がネクタイを母の犬の存在を象徴するものとして母の骨壺に巻き付ける伏線として働いている。

要旨

佐知子はクリーニング店で、母が受け取るのを忘れていたネクタイを受け取った。そのとき店員からバスケットを返された。それは〈架空の犬〉のダイエットプログラムを提供する団体のものだった。それで佐知子はそれを返しに公民館に行った。対応したヘビタくんの喉仏を見て、亡くなった兄の直哉のことを思い出した。母が最初に架空の犬を飼い出したのは直哉が死んだ後だった。母はその架空の犬を連れて散歩に出かけた。が、あるとき犬の首を絞めたと言って散歩をやめてしまった。今はその母も亡くなり、佐知子は箪笥の上にのる母の白い骨壺にそのネクタイを巻き付けた。

がどのように行為の責任追及と結びつくのかの説明が求められる。傍線部で「基本的に過去の出来事についてである」とされるのは、責任が追及されるのは当然過去の行為であるから言うまでもないことのように思えるが、これは、意図と行為の因果関係が時系列に基づいて問われること、および因果関係を物語るのに一定の時間がかかることがその理由であろう。そこで第七・第八段落の内容をふりかえると、行為の責任について物語りが果たす役割を、「場面、行為、行為者……結末が与えられる」「行為の意味を理解し、その責任を判断する」などと説明し、この物語りは「ひとつのコミニュケーション形式」であり、「応答」であると述べられる。すなわち、行為の責任追及は、「意図と行為の間の因果関係」（第七段落冒頭）を設定する物語りとしてなされ、それは行為者と追及者との間での応答を通じて形成されるというのである。ここに責任と「物語り」との間の密接な関係が見出させる。以上より解答のポイントは次の三点となる。

① 過去の行為について責任が追及される
② 行為と場面、行為者、手段、意図との間に因果関係を設定して物語る
③ 物語りは応答、コミュニケーションを通じて形成される

問四　「人間のアイデンティティ」という言葉は最終段落にある。「アイデンティティ」は「自己同一性」などと訳されるように、自己を自己として確認したり、他者から承認されたりするための基盤となる概念である。この言葉がここで使われるのには理由がある。それは同段落冒頭の「人間が行為の『自由』をもち、行為の結果について『責任』を負う存在である」の箇所に、「自由」と「責任」という自己の確立に関わる重要な概念があり、これを踏まえているからである。そしてこれに続けて「その（＝人間の）存立基盤は行為の理由について『物語る』という能力にこそ存する」と言われる。したがってこの二カ所を用いればほぼ解答が作成できるが、設問の「本文全体をふまえて」という指示に従い、物語りとは意志と行為の間の因果関係を組み立てることであることを補足して説明すればよいだろう。以上より解答のポイントは次の二点となる。

に連続的事象を扱うのであるが、前者が微視的な事象を対象とするのに対して、後者は日常的関心に基づく中規模な事象を対象とし、また前者が単に変化を記述するだけであるのに対して、後者は原因と結果という概念を持ち込み、一つの物語りとして記述するというのである。よってこの二点を「違い」として説明すればよい。解答のポイントは次の二点である。

① 科学的説明＝事象の微視的な連続的変化の描写を目指す
② 物語り的因果性＝連続的に変化する事象を人間的スケールで捉えて、原因と結果の関係として物語る

問二 「プロトタイプ」とは注にあるように〝基本型、原型〟の意であるが、言語学などでは「典型例」として知られる言葉である。たとえば、「鳥」という言葉のカテゴリーにはツバメからペンギンまでさまざまな動物が含まれるものの、日本語を母語とする者の場合、典型例としてあげられるのはスズメやカラスである（これを「プロトタイプ的カテゴリー」という）。これでこの言葉のイメージがわかりやすくなったであろう。「基本型、原型」ではピンとこないかもしれないので、やはりこういう評論文キーワードは知っておいた方がよい。さて傍線部は、原因と結果のプロトタイプは、個人の「心的状態」とその「行為」であると述べている。そしてその直後で「心的状態」は「非連続的・離散的」であり、「行為」も完結した（＝非連続的に独立した）出来事であると言われる。これは前の第五段落の内容をふまえている。この段落では「脳状態」と「心的状態」が対比され、前者が「自然法則に従って連続的に遷移している」のに対して、後者は「心的状態の変化は、逡巡から決断へと非連続的であろう」と言われ、問一でみたような原因―結果のカテゴリーを適用できるのは後者であると言われる。よってこれについても言及しながら説明するのが適当である。以上より解答のポイントは次の二点となる。

① 個人の行為は連続的に遷移する脳状態ではなく、非連続的な心的状態の結果である
② 個人の行為は因果関係の原型的なモデルになる

問三 傍線部の直後で、過去の行為と現在の自分を結びつける言語的営みが物語り行為であると言われるように、物語り

めの不可欠の概念装置であり、行為の理由についての応答を可能にするコミニュケーションの場である。人間のアイデンティティの在処は「物語るヒト」すなわち「ホモ・ナランス」であるところにこそ求められねばならない。

解説

本文はリード文にあるように、「物語り」が因果関係と密接に関わっていることを論じたものである。全体は九段落から成る（引用箇所は段落数に含めない）。これを三つの部分に分けて内容をまとめよう。

1 **科学的因果性と生活世界の因果性　第一～第三段落**（たとえば、リンゴが…）
自然科学が事象の連続的変化を描写するのに対して、われわれは事象を離散させて原因と結果を適用する

2 **物語り的因果性　第四～第六段落**（その観点からすれば…）
人間的事象において物語り的因果性を適用できるのは心的状態である

3 **行為の責任　第七～第九段落**（行為の責任が…）
人間は行為の結果に責任を負い、行為の理由を物語る能力があるゆえに「ホモ・ナランス」である

※

問一　第一～第三段落に着眼する。まず「科学的説明」については、リンゴの落下を例に、原因と結果の特定が困難であることを示し、「因果関係のカテゴリーは……正常な機能を果たしていない」（第二段落）と言われる。その理由として「科学的説明は……ミクロスコピック（微視的）な連続的変化の描写を目指す」（第三段落）ことがあげられる。要するに科学的説明は事象の時空的・時間的な変化を記述するだけで、そこに因果関係を持ち込まないというのである。では因果関係が持ち込まれるのはどこかといえば、それが「物語り的因果性」である。これについては第三段落でヒュームの因果関係成立の三条件をあげたうえで、連続的に変化する「メゾスコピック（中規模）な人間的スケールの事象」の中に、「人間的関心に従って切れ目を入れ、そこに見出される離散的事象を原因あるいは結果と称する」と説明される。これで両者の共通点と相違点が明らかになる。すなわち、「科学的説明」と「物語り的因果性」とも

国語

Ⅰ

出典　野家啓一「ホモ・ナランス（homo narrans）の可能性」〈5　物語り的因果性〉（野家啓一編『ヒトと人のあいだ』岩波書店）

解答

問一　科学的説明が事象の微視的な連続的変化の描写を目指すのに対して、物語り的因果性は事象を人間的スケールで捉えて、その連続的変化を人間的関心に従って分離し、原因と結果の関係として物語る。

問二　個人の行為は、連続的に遷移する脳状態ではなく、逡巡や決断などとして同定できる非連続的な心的状態の結果としてなされるという考え方は、因果関係の原型的なモデルになるということ。

問三　過去の行為について責任が追及される場合、その行為と場面、行為者、手段、意図との間に因果関係を設定して説明される物語りが、行為者と追及者との間の応答を通じて組み立てられる。

問四　人間のアイデンティティは自由であることと、自分の行為の結果について責任を負うところに成立するとすれば、その存立基盤は意図と行為との間の因果関係を物語る能力にこそ存するということ。

要旨

われわれは自然の連続的変化の中に人間的関心に従って切れ目を入れ、そこに見出される離散的事象を原因あるいは結果と称する。その意味でこの生活世界的カテゴリーとしての因果概念を「物語り的因果性」と呼ぶことができる。行為の責任が正当に問われうるのも「物語り」という場においてである。物語りは行為の意味を理解し、その責任を判断するた

//////////////////// · memo · ////////////////////

2023年度

解答編

解答編

英語

◀文・人間科・法・経済学部▶

I **解答** 全訳下線部参照。

◆全　訳◆

(A)　≪人類が摂取するカロリーの源≫

今日，惑星地球上の平均的な人間は，そのエネルギーのほとんどを植物界から得ている。人類のカロリー摂取の80パーセント以上は，さまざまな種類の穀物や青果で構成されている。残りのカロリーは動物界に由来する。そのおおよそ10分の1は，動物の脂肪や内臓を含む肉に，残りは卵や牛乳，そして魚介類に由来する。私たちが食べる肉も自然に由来する。もっとも，これはもはや厳密には正しくない。今や，世界の肉の生産の多くは，自然のものというより工業に似ているからである。

(B)　≪人間と創造性≫

「創造性」という言葉が文書に見られるのは，少なくとも英語では19世紀からにすぎないとはいえ，創造性に関する考えは人類誕生のときからある。これは，何かを創造するという行為が，人類の定義となるような特徴だからである。歴史的には，創造的な個人に対する私たちの評価は変わってきたし，時代ごとに特定の個人，職業，活動が，他のものより容易に創造的であると認識されてきた。しかし，創造的な人々を「際立た」せるものや革新的なことを行う彼らの能力を刺激するものに人間全般が魅了されることは，時代を経ても変わらない。

◀解　説▶

▶(A)　**The remaining calories come from the animal kingdom —**

roughly a tenth from meat, including animal fat and organs, and the rest from eggs and milk, and seafood.

- The remaining calories come from the animal kingdom「残りのカロリーは，動物界から来ている」が直訳。remaining は「残りの，残っている」の意の形容詞。come from ～ は「～に由来する」などと整えるとよい。あるいは，カロリーをどこから得ているかを表しているので「～から得ている」とすることもできる。
- the animal kingdom は「動物界」と訳されるのがふつう。第 1 文のコロン（：）前にある the plant kingdom「植物界」と合わせて，生物の分類上の最初の区分。
- roughly a tenth from meat「肉からおおよそ 10 分の 1」が直訳。動物界に由来するものの内訳を述べている。a tenth は「10 分の 1」の意。分数は，日本語と逆で分子→分母の順で言い，分子は基数（one の代わりにこの箇所のように不定冠詞も使う），分母は序数で表す。なお，分子が 2 以上の場合，分母の序数は複数形になる。*e.g.* two thirds「3 分の 2」
- including animal fat and organs「動物の脂肪や内臓も含む」は meat を修飾する。organ は広く「器官」を表すが，食物摂取の話をしており，「内臓」とするのがふさわしい。
- and the rest from eggs and milk, and seafood「そして残りは卵，牛乳，魚介類から」が直訳。the rest「残り」は肉が 10 分の 1 なのでその残りの 10 分の 9 のこと。この from も come from の意。seafood は広く「海産物」を表すが，動物界からのカロリー摂取の話なので，海藻などを除いた「魚介類」としておくとよい。
- ダッシュ（―）以下は訳し上げてもよいが，やや分量が多いので訳し下す，あるいは新たな文のように訳すのが読みやすいかもしれない。

The meat we eat also comes from nature ― although this is no longer strictly true now that much of the world's meat production looks more like industry than nature.

- The meat we eat also comes from nature「私たちが食べる肉も自然に由来する」が直訳で，そのままで問題ない。meat と we の間に目的格の関係代名詞 which が省略されている。

● ―although this is no longer strictly true「もっともこれはもはや厳密には真実ではない」が直訳。ダッシュがあるので，although は「～にもかかわらず」と訳し上げるのではなく，「もっとも～だが」と訳し下す。no longer は「もはや～ない」の意。not の位置に入れて使う。(not) true は，後続の内容とのバランスを考えると「正しくない，事実とは違う」などとするとよいだろう。

● now that ～「今や～なので」と理由を表す。訳し上げるのが一般的だろうが，訳し下しても読みやすい。

● much of the world's meat production looks more like industry than nature「世界の肉の生産の多くは，自然というより工業のように見える」が直訳。more *A* than *B* は「*B* というよりむしろ *A*」の意。直訳でほぼ問題ないが，「自然のものというより工業に似ている（ように思える)」などと言葉を足すことも考えられる。

▶ (B) **Historically, our appreciation for creative individuals has changed and, at different moments in time, certain individuals, professions, or activities have been more easily recognized as creative than others.**

● Historically, our appreciation for creative individuals has changed「歴史的には，創造的な個人に対する私たちの評価は変わってきた」が直訳。appreciation for ～ は「～に対する謝意」の意であることが多いが，内容上，appreciation of ～「～の評価」の意と考えるべきである。has changed は，本文冒頭に「創造性に関する考えは人類誕生のときからある」とあり，下線部の 2 文目に But … remains constant「しかし…は変わらないままである」と続くことから，「変わってしまった」ではなく，「これまでに変わってきた」とするのが妥当。

● and, at different moments in time,「そして時間の異なる瞬間瞬間には」が直訳だが，内容上「時代ごとに」「時代が異なれば」「時代によって」などと整える必要がある。

● certain individuals, professions, or activities have been more easily recognized as creative than others「特定の個人，職業，活動が，他のものより容易に創造的であると認識されてきた」が直訳で，このままで問題ない。certain は「ある特定の」の意で，individuals, professions, activitiesすべてにかかる。

But the general fascination for what makes creative people 'stand out' and what fuels their capacity to innovate remains constant through the ages.

●But the general fascination for～「しかし～への一般的な魅了された状態」が直訳。fascinationは「魅了された状態」と「魅力」の2つの意味がある。下線部の1文目では，時代が異なると特定の個人などへの評価が異なることが述べられていた。それと相対する内容であることから，the general fascinationとは「一般的に（多くの人が）魅了されること」ということ。本文冒頭に「創造性に関する考えは人類誕生のときからある」，第2文（This is because…）には「何かを創造するという行為は，人類の定義となるような特徴だ」とあるように，人間の歴史，人類全般を視野に入れた文章であることを考えると，「人間全般が魅了されること」などとしてもよいだろう。

●what makes creative people 'stand out'「創造的な人々を『際立た』せるもの」が直訳で，ほぼそのままで問題ない。stand outは「目立つ，際立つ」の意。

●and what fuels their capacity to innovate「そして，彼らの革新する能力を促進するもの」が直訳。fuelは「～に燃料を補給する」がもともとの意味で，そこから「～を活気づける，促進する」の意。目的語が「能力」なので「刺激する」などとするとつながりがよい。their capacity to innovate「彼らの革新する能力」は「革新を起こす〔革新的なことを行う〕彼らの能力」などと言葉を補いたい。

●remains constant through the ages「時代を通じて不変のままである」が直訳。下線部1文目の「時代によって変わる」との対比であり，「時代を経ても変わらない」「どの時代でも不変である」などと，意味内容がずれなければいろいろに整えられるだろう。

Ⅱ　解答

設問(1)　(i)―(ニ)　(ii)―(イ)　(iii)―(ロ)　(iv)―(ロ)　(v)―(イ)

設問(2)　joy and amusement

設問(3)　color-emotion associations

設問(4)　人が腹を立てると顔に血がのぼるが，そのような怒りで紅潮した顔を何度も見ること。

設問(5)　目にするすべての色に何らかの感情を抱くとしたら，私たちが暮らしている世界はさまざまな色にあふれているので，どこへ行っても絶え間ない感情の湧き起こりに耐えなくてはならないから。

設問(6)　(ロ)・(ホ)

設問(7)　(ハ)

◆全　訳◆

≪色と感情の相関関係≫

「赤色は愛と関連づけられるが，私たちは実際にそれを感じるか？」

目を閉じて赤色を思い浮かべてみよう。それからこの色と結びつく感情について考えてみよう。愛あるいは怒り，もしかすると憎しみや情熱も想像するかもしれない。その全部を思い浮かべるかもしれないし，そのうちのたった一つかもしれないし，まったく違う感情を想像するかもしれない。あなたがどのような感情を想像したかにかかわらず，実際のところ人は容易に色と感情を結びつける。しかし，ある感情を「結びつけること」は（必ずしも）それを「感じること」と同じではない。たぶん，あなた自身が，初めのちょっとした頭の体操からそれに気づいただろう。つまり，赤色を想像したとき，怒りが湧き上がる，あるいは心臓が止まりそうになるのを感じたか，ということだ。

インターネットで「色」と「感情」という言葉を使って検索してみれば，色が感情を喚起すると主張する数多くの人気のウェブサイトに行きつく。また，特定の主張がそのようなサイトの多くで繰り返されているのもわかるだろう。たとえば，青は気持ちを落ち着かせる色で，信用，知性，信頼性，生産性と結びつけられる，という記述をよく見かける。一方，赤は元気づけ活性化させる，また外向的な人が好む色だ（でも，本当にそうだろうか？）と主張されている。確かに，プロパガンダやもっと一般的な宣伝に関しては事実であるように，同じことを何度も何度も聞いたり読んだりすると，それらが人間の脳にはよりもっともらしいものになる。しかし，繰り返すことが魔法のようにそれらを真実にするわけではない。そのような主張の実際の科学的根拠がもしあるとすれば，それは何だろうか。色を見ながら実際の感情を抱くことがあるのだろうか。

最近の投稿で，私たちは30カ国での色と感情の相関関係に関する研究を説明した。この研究では，色を表す言葉が感情を表す言葉とどのように結びついているかを調査した。参加者は，色と感情の結びつけ方において，驚くほどの類似性と一貫性を示すことがわかった。どこの出身であれ，赤から最も一貫して連想されるのは，愛，怒り，憎しみだった。また，愛はピンクとも結びつけられ，一方怒りと憎しみは黒色と結びつけられていた。黄色に関しては，最も一貫して連想されるのは喜びと楽しみで，それらの感情はオレンジ色とも結びつけられていた。

これは，回答者がみんな愛，怒り，憎しみ，喜び，楽しみを感じていたということを意味するだろうか。はっきりとはわからないが，私たちはそれは怪しいと思っている。(もしそうなら相当疲れる生活だろう。)　私たちは，色と感情の相関関係は主に概念的なもので，それらは現在のものであれ進化の歴史を通してであれ，抽象的な知識や人生経験に基づいていると推測している。

赤色の場合，愛との結びつきを避けることは不可能だ。バレンタインデーのことを考えてみればよい。その日までの数週間の間，私たちはどこを見ても赤いハートや赤いバラを浴びせかけられる。そして，一年の他の時期の間，もしだれかのことを深く気づかったり愛したりしているなら，私たちは，多くの場合絵文字で，赤いハートを送っている。赤色はまた，ヒヒのような一部の動物種には，重要な性的誇示である。メスのヒヒの赤いお尻は繁殖が可能であることを示していることは非常によく知られている。同時に，人間の作った危険や警告の印も赤色（そして黄色）で示される。そうした赤＝危険という組み合わせは，自然界にも似たものがある。毒キノコや危険な動物のことを考えてみればよい。このように，こうした結びつきが危険を知らせているのだ。

最後に，私たちが赤＝怒りという連想について考えるとしたら，妥当と思われる生理学的説明がある。人が腹を立てると，顔に血がのぼり，顔が赤く見える。そうした，怒りに満ちた赤い顔を何度も繰り返し見ると，怒りと赤色が密接に結びつくようになる。同様の説明を赤色のプラスイメージの連想にも当てはめることができる。人が喜びを感じているときにも顔は赤くなり，おそらく赤色からのロマンチックな連想，たとえば愛や喜びや欲望を連想することを促す。

これまでに得ている証拠から引き出した私たちの結論は，色と感情の相関関係は実際の感情とは無関係だが，そうした相関関係が現れたのは，同時に起こることが多い経験が私たちの頭の中で結びつくようになったからだというものである。この結論は，多くの人にとってはがっかりするものかもしれない。しかし，目にするすべての色に対して何らかの感情を抱くことが何を意味するかちょっと考えてみてほしい。私たちに言わせると，そのような状況は生きていけるものではないように思われる。私たちが暮らしている世界はさまざまな色に満ちあふれているのだから，どこへ行っても，途切れることのない感情の流れに耐えなくてはならないことになる。スーパーマーケットで買い物をしたり，美術館を訪れたりすることを考えてみよう。もし，これらの色やその組み合わせが特定の感情の経験を引き起こすとしたら，感情の嵐を想像してみてほしい。そんな経験が本当に楽しいだろうか。

◀解　説▶

▶設問(1)　(i)　当該箇所は「あなたがどのような感情を想像したか irrespective of，人は容易に色と感情を結びつける」となっている。この前の部分には赤色と結びつけられる感情として，愛，怒り，憎しみ，情熱，これらとはまったく違う感情と，あらゆる可能性があることが述べられている。つまり，ある色でどのような感情を思い浮かべるか自体は，色と感情の相関関係には関係ないと言っていると判断できる。(ニ)の regardless of「〜にかかわらず」が正解。irrespective of は「〜に関係なく」の意。(イ)「〜を考慮して」(ロ)「〜の代わりに，〜ではなく」(ハ)「(原因を表して)〜から」

(ii)　当該箇所は「色が感情を evoke」となっている。同段第 3・4 文（For instance, … is it, really?).）に例として「青は気持ちを落ち着かせる」「赤は元気づけ活性化させる」とある。(イ)の cause「〜を引き起こす，〜の原因となる」が正解。evoke は「(感情など) を喚起する」の意。(ロ)「〜をぬぐい去る，消す」(ハ)「〜をとっておく」(ニ)「〜に苦しむ」

(iii)　当該箇所は「参加者は，色と感情の結びつけ方において，stunning な程度に類似性と一貫性を示すことがわかった」となっている。続く文の冒頭に「どこの出身であれ」とあり，色と感情の相関関係の具体的な例が示されている。同段第 1 文（In a recent …）に調査対象の人々の出身地は 30 カ国に及ぶことが述べられており，国が異なっても相関関係は「とても」似ているといった内容であると考えるのが妥当。(ロ)の remarkable「注目に値する，著しい」が正解。stunning は「驚くべき」の意。(イ)「ある」 certain は名詞を修飾するとき（限定用法）は「ある特定の」の意。「確かな」は補語に使うとき（叙述用法）の意。(ハ)「少しの」 (ニ)「さまざまな」

(iv) 当該箇所は「私たちは，色と感情の相関関係は主に概念的なもので…抽象的な知識や人生経験に基づいていると conjecture」となっている。同段第 2 文（While we cannot …）に「はっきりとはわからないが，私たちはそれ（＝色で感情を連想して，実際にその感情を抱くということ）は怪しいと思っている」とあり，当該箇所は「私たち」の考えを述べていると判断できる。(ロ)の guess「～と推測する」が正解。conjecture も「～と推測する」の意。(イ)「～ではないと思う」 (ハ)「～であればよいと思う」 (ニ)「～を拒絶する」 なお reject は目的語に that 節はとらない。

(v) 当該箇所は「人が喜びを感じているときにも顔は赤くなり，おそらく赤色からのロマンチックな連想を facilitating」となっている。facilitating は分詞構文で，and facilitate の意の付帯状況と考えられる。この部分は，赤色のプラスイメージの連想について説明しており，「赤い顔が喜びを表し，ロマンチックな連想が進む」といった内容であると考えるのが妥当。(イ)の contributing to「～に貢献する，～の一因となる」が正解。facilitate は「～を促す，促進する，手助けする」の意。(ロ)「～を妨げる」 (ハ)「～を延期する，後回しにする」 (ニ)「～を疑う，～に異議を唱える」

▶設問(2) 当該文前半に「黄色に関しては，最も一貫して連想されるのは喜びと楽しみで」とあり，続いて「それらの感情はオレンジ色とも結びつけられていた」とあるので，「喜びと楽しみ」joy and amusement を指すのは明らかである。

▶設問(3) 当該箇所は「色と感情の相関関係は主に概念的なもので，それらは抽象的な知識や人生経験に基づいている」となっている。直前の節の主語「色と感情の相関関係」color-emotion associations を指すことは明らかである。

▶設問(4) 解答欄は 18.7cm×1.8cm。当該文後半に「妥当と思われる生理学的説明がある」とあり，続く同段第 2 文（When people get …）で

「人が腹を立てると，顔に血がのぼり，顔が赤く見える。そうした，怒りに満ちた赤い顔を何度も繰り返し見ると，怒りと赤色が密接に結びつくようになる」と述べられている。「赤＝怒りの連想が生じる要因」を問われているので，「人が腹を立てると顔に血がのぼるが，そのような怒りで紅潮した顔を何度も見ること」などとまとめられる。

▶設問(5)　解答欄は 18.7cm×2.1cm。下線部は「そのような状況は生きていけるものではないように思われる」の意。「そのような状況」とは，直前の同段第 2 文（This conclusion might …）で仮定された「目にするすべての色に対して何らかの感情を抱く」という状況である。下線部直後の同段第 4 文（We would have …）には「私たちが暮らしている世界はさまざまな色に満ちあふれているのだから，どこへ行っても，途切れることのない感情の流れに耐えなくてはならないことになる」とある。これらの内容をまとめると，「目にするすべての色に何らかの感情を抱くとしたら，私たちが暮らしている世界はさまざまな色にあふれているので，どこへ行っても絶え間ない感情の湧き起こりに耐えなくてはならないから」などとなる。

▶設問(6)　第 3 段第 1 ～ 3 文（In a recent post, … color-emotion associations.）に「30 カ国での色と感情の相関関係に関する研究…では，色を表す言葉が感情を表す言葉とどのように結びついているかを調査し…参加者は，色と感情の結びつけ方において，驚くほどの類似性と一貫性を示すことがわかった」とある。(ロ)の「異なる国においても，色と感情の相関関係にはかなりの一致が見られる」はこの部分と一致する。また，第 6 段第 1 文（Finally, if we think …）に「私たちが赤＝怒りという連想について考えるとしたら，妥当と思われる生理学的説明がある」とあり，同段第 4 文（We can apply …）に「同様の説明を赤色のプラスイメージの連想にも当てはめることができ…人が喜びを感じているときにも顔は赤くなり…赤色からのロマンチックな連想，たとえば愛や喜びや欲望を連想することを促す」と述べられている。(ホ)の「喜びの感情と赤色との結びつきには生理学的な要因が関わっている」がこの部分と一致する。(ロ)と(ホ)が正解。

(イ)「プロパガンダや宣伝」という語句は第 2 段第 5 文（Sure, as is the case …）に見られるが，「プロパガンダやもっと一般的な宣伝に関しては事実であるように，同じことを何度も何度も聞いたり読んだりすると，それらが人間の脳にはよりもっともらしいものになる」とあり，プロパガンダや宣伝に特定の色が使われるということを述べているのではない。

(ハ)「赤いバラ」「ハートの絵文字」は第5段第3・4文（During the weeks … the form of emojis.）にあるが，「その日（＝バレンタインデー）までの数週間の間，私たちはどこを見ても赤いハートや赤いバラを浴びせかけられ…一年の他の時期の間，もしだれかのことを深く気づかったり愛したりしているなら，私たちは，多くの場合絵文字で，赤いハートを送っている」とあり，バラよりハートの絵文字のほうがよく送られるとは述べられていない。

(ニ)第5段第5文（Red is also an important …）に「赤色はまた，ヒヒのような一部の動物種には，重要な性的誇示である。メスのヒヒの赤いお尻は繁殖が可能であることを示している」とあることと一致しない。

▶設問(7)　第7段第1文（Our conclusion from the evidence …）に「私たちの結論は，色と感情の相関関係は実際の感情とは無関係だ…というものである」とある。(ハ)の「色が私たちに特定の感情を感じさせることはありそうにない」がこの内容と一致する。これが正解。

(イ)「色と感情の相関関係は概念的なもので，私たちの経験とは無関係だ」第7段第1文後半 but they have emerged … の「そうした相関関係が現れたのは，同時に起こることが多い経験が私たちの頭の中で結びつくようになったからだ」と一致しない。

(ロ)「色は常に私たちの感情と結びついている」 第7段第1文の内容と逆であり，不一致。

(ニ)「多くの人々が色は感情と結びついていると信じているのは，そうした主張が多くのウェブサイトで繰り返されているからである」 第2段第1・2文（Search the internet … many such sites.）に「インターネットで『色』と『感情』という言葉を使って検索してみれば，色が感情を喚起すると主張する数多くの人気のウェブサイトに行きつく。また，特定の主張がそのようなサイトの多くで繰り返されている」とある。こうしたウェブサイトの影響で色と感情の結びつきを信じている人は多いかもしれないが，本文全体でそのことを論じているわけではなく，本文全体の主旨とは言えない。

●語句・構文●

(第 1 段) skip a beat「心臓が止ま（りそうにな）る，心拍が（一つ）とぶ」

(第 2 段) land on ～「～に行きつく，着地する」 as is the case for ～「～に関しては事実であるとおり」 as は疑似関係代名詞で主節の内容を先取りして受ける。be the case は「事実，実情である」，for は「～に関して，～について」の意。assume「(感情など）を帯びる」

(第 3 段) consistency「一貫性」

(第 4 段) for sure「確かに，確実に」

(第 5 段) analogy「類似点，類似性」

(第 6 段) plausible「妥当と思われる」 physiological「生理学的な」 psychological「心理学的な」と見誤りやすいので注意。

(第 7 段) navigate「～を航行する」が文字どおりの意。「私たちが navigate する世界」という使われ方であり，「世の中を渡っていく」イメージ。「私たちが生きている，暮らしている世界」などの訳が適切だろう。

III 解答例

〈解答例 1〉 It is reasonable to pursue efficiency and speed because sticking to an inefficient way only makes you tired. Whether you study or work, you should review the traditional way of doing things as it sometimes involves unnecessary steps that people have been taking without question or with resignation. In some companies, long and unproductive meetings were recently made less frequent by the spread of remote work. Their employees probably feel less stressed and might have more leisure. In other words, more efficiency means a healthier life. (80 語程度)

〈解答例 2〉 I don't think too much importance should be placed on efficiency and speed. Some of my friends read news on TikTok because they say it is the easiest way to check news. But just pursuing efficiency and speed like this can possibly lead to ignoring what is unfamiliar to them or what is difficult to understand. As a result, their views can be limited and distorted. Thus, in order to do what is right, we should take enough time to consider things carefully.

（80語程度）

◀解　説▶

最近の世の中で重んじられる傾向のある効率やスピードを追求することについて，具体的に利点もしくは問題点を１つ挙げ，自分の考えを80語程度で述べる問題。根本は，効率やスピードの追求に対する賛否を問われていることになるので，まず自分の立場を表明して，その具体的な利点，問題点を述べるという書き方になる。

〈解答例１〉は，非効率的なやり方に固執すれば疲れるだけなので，効率やスピードを追求することは理に適っているという立場である。人々が疑問に思わず，または諦めて踏んでいる不要な手続きが含まれていることがあるので，勉強にせよ仕事にせよ，従来のやり方を見直すべきだ。一部の企業では，長くて非生産的な会議が，最近はリモートワークの普及のおかげで減ったが，それで社員のストレスは軽減されただろうし，余暇が増えたかもしれない。つまり，効率を上げれば健康的な生活を送れるのだと述べている。〈解答例２〉では，効率やスピードを重視しすぎるべきではないという立場である。いちばん簡単にチェックできるからという理由で，ニュースをティックトックで読んでいる友達がいるが，このように効率とスピードを追求するだけでは，なじみのないことや理解しにくいことを無視してしまい，その結果，視野が限られたりゆがんだりしかねない。正しい行動を取るには，物事を注意深く検討するのに十分な時間をかけるべきだと述べている。

妥当な利点や問題点をわかりやすく述べることがポイントである。語法や文法面で誤りのない英文に仕上げること。

Ⅳ　解答

(A)　〈解答１〉 Recognizing our similarities should make us tolerant of our differences. We should not pay attention only to "how different" people around the world are, but consider the fact that we are all brothers and sisters who have shared a long history, and therefore have the belief that "we can potentially understand each other."

〈解答２〉 If we realize what we have in common, we can surely be willing to accept our differences. Instead of concentrating only on "how different" people around the world are, we should pay attention to the fact that we have had a long common history as if we were all siblings, and hence believe that "we have the potential to understand each other."

(B)(イ)　〈解答 1〉　There are two main ways to enjoy foreign literature. They are "enjoying what is similar to things familiar to you" and "enjoying what is different from things you know." Some things can be interesting because you know them, and other things can be interesting because you don't know them. I do recommend that you enjoy both elements of reading.

Of course, the more you know, the wider and more profound your field of vision will be, and the world you see will gradually change. It is as if the screen becomes larger and shows a clearer image.

〈解答 2〉　You can enjoy foreign literature mainly in two ways. One is by "enjoying similarities to your own experience," and the other is by "enjoying differences from what is familiar to you." You may find what you know interesting, and you may find what you don't know interesting. I sincerely hope that you will appreciate both aspects.

Needless to say, as you gain more knowledge, your horizons will become broader and deeper, and you will gradually come to see the world in a different way. In other words, you will have a wider and clearer view of the world.

(ロ)　〈解答 1〉　At first glance, these five senses may seem to be each person's subjective, physical functions, but in fact, they are also cultural and historical. What you perceive and how you perceive it, for example, the softness or hardness you feel when you touch something, the sounds you hear in the street(s) or the taste of food, depend on the society, culture and age in which you were born and brought up.

〈解答 2〉　At first sight, these five senses may seem like each person's subjective, physical reactions, but actually, they are culturally and historically developed as well. How we perceive something—how soft or hard something feels when we touch it, how we perceive the sounds in the street(s) or how some food we have tastes — is conditioned by the society and culture in which we are born and raised, as well as by the age in which we live.

◀解　説▶

◆(A) 「共通性に気づくことは，違いを認める心の余裕を生むはずです」

●文全体をどのような構造にするか，あらかじめ考えておく必要がある。原文どおり「共通性に気づくこと」を主語にする以外に，「共通性に気づくことによって（私たちは…はずだ)」「もし私たちが共通性に気づけば…」などとすることも考えられる。それによって，「余裕を生むはずだ」の部分の表現も変わる。

●「共通性」は「類似点」similarity,「共通の特徴」common feature〔trait〕などとできる。一つだけではないので複数形が妥当。また「私たち（人類）の」共通点なので，our を添えたり，the similarities we have「私たちが持っている類似点」としたりするとよい。他に，「私たちが共通して持っているもの」what we have in common などとすることもできる。

●「～に気づく」は notice や recognize，realize などが使える。

●「違いを認める心の余裕を生む」は，「気づくこと」を主語にするなら，「(私たちの）違いに対して私たちを寛容にする」makes us tolerant of〔toward〕our differences,「私たちが違いに対する寛容さを持つ手助けとなる」helps us have tolerance for our differences などと表現できる。「気づけば」「気づくことによって」などとするなら，「私たちは違いを受け入れるのを厭わなくなる」we can be willing to accept our differences,「私たちは寛容になれる」we can be tolerant などとまとめることができるだろう。

●「はずです」は助動詞 should で表す他に，「～と私は確信している」I'm sure (that) ～ で文を始めたり，surely「きっと」などの副詞で表したりできる。

「世界の人々が『どう違うか』ばかりに目を奪われるのでなく，私たちはみな，かつて同じ長い歴史を共有してきた兄弟姉妹である事実に目を向け，だから『私たちは潜在的にわかり合える』という信念を持つべきでしょう」

- 「～するのではなく…すべきだ」の処理としては，「～するのではなく」を instead of *doing* で表現する，あるいは should not ～ but … と not ～ but … 「～ではなく…」を使うといったことが考えられる。
- 「世界の人々が『どう違うか』」は “how different” people around the world are が文字どおりで，このままでよい。
- 「～ばかりに目を奪われる」は「～にだけ注意を払う」pay attention only to ～，「もっぱら～に焦点を当てる」exclusively focus on ～，「～にだけ注意を集中する」concentrate only on ～ などとできる。
- 「～に目を向け」は文末の「べきでしょう」につながると考えるのが妥当だろう。「～に目を向ける」は前述のものが使える。できれば，異なる表現を使うほうが英語らしい。「～をよく考える」consider としてもよい。
- 「私たちはみな…兄弟姉妹である（という）事実」は the fact that ～ と同格で表現できる。「私たちはみな兄弟姉妹である」は we are all brothers and sisters が文字どおりで，そのままでよい。あるいは，「私たちはまるで兄弟姉妹であるかのように（…を共有してきた）」we … as if we were all brothers and sisters のように表現することも考えられる。なお，siblings なら一語で「兄弟姉妹」を表せる。
- 「かつて同じ長い歴史を共有してきた」は時制をどうするか考える必要がある。文字どおり「かつて」を once などで表して過去形にすると，現在は共有していないことになる。しかし，同じ地球で暮らし，グローバル化が進む今，むしろ各国，各地域の関わり合いは強まっていると言える。著者は生物学的，進化論上のイメージを抱いて「かつて共有してきた」とした可能性があるが，「共通点に目を向けよう」という文章の内容からも，ここは現在形か現在完了で表すのが妥当ではないかと思われる。したがって，share〔have shared〕a long history / have〔have had〕a long common history などとなる。
- 「だから…という信念を持つ（べきでしょう）」は and therefore〔hence〕have the belief that … などとできる。あるいは「…と信じる」believe that … と動詞に落とし込むことも考えられる。
- 「私たちは潜在的にわかり合える」は we can potentially understand each other が文字どおり。「わかり合う潜在能力を持っている」we

have the potential to understand each other とすることもできる。

◆(B)　▶(イ)「海外文学の楽しみ方は，大きく分けて二つある」

● 「海外文学の楽しみ方」は「海外文学を楽しむ方法」a way to enjoy〔of enjoying〕foreign literature と整え直す。「大きく分けて」は「主に，主な」などとするとよい。「二つある」は，数量の語句が述語にかかる日本語の特徴が出ている。英語は名詞を修飾するしかないので，「主な二つの方法がある」There are two main ways がベースになる。「海外文学は主に 2 つの方法で楽しむことができる」You can enjoy foreign literature mainly in two ways などと読み換えることもできるだろう。

「『自分と似ている部分を楽しむ』ことと，『自分と異なる部分を楽しむ』ことだ」

● 主語がないので，They are … and ～「それらは…と～だ」，One is …, and the other is ～「一つは…そしてもう一つは～」などとする必要がある。なお第 1 文を You can enjoy … とした場合，「2 つのやり方で」という副詞句に対応するので by *doing*「～することによって」の形にする。

● 「『自分と似ている部分を楽しむ』こと」の「自分と似ている部分」は文字どおり訳すと，「(登場人物が) 自分という人間と似ている部分」の意になる。しかし文学で味わうのは，描かれている状況，文化，慣習，社会といった側面もある。やや説明的になるが，「自分になじみのあるものと似ているもの」what is similar to things familiar to you や「自分の経験との類似点」similarities to〔with〕your own experience などと言葉を補うのがよいだろう。同様に「自分と異なる部分」も「自分が知っていることとは異なるもの」what is different from things you know，「自分になじみのあることとの相違点」differences from what is familiar to you などと整える。

「知っているから面白いし，知らないから面白い」

● 主語，目的語など英語で必要な要素が書かれていないので，それらを補って文を整える必要がある。「物事は，あなたがそれらを知っているから，面白い場合がある」some things can be interesting because you know them，「あなたは知っているものを興味深いと思うかもしれない」you may find what you know interesting などとできる。「知らないから面白い」も同様に，other things can be interesting because you don't know them や，you may find what you don't know interesting などとする。

「ぜひ両方の要素を堪能してもらいたい」

- 「ぜひ～してもらいたい」は「私は本当にあなたに～することをお勧めする」I do recommend that you ～，「あなたが～することを心から望む」I sincerely hope that you ～ などとできる。
- 「～を堪能する」は「～を楽しむ」enjoy や「～の良さを味わう」appreciate で表せる。
- 「両方の要素」は both elements が直訳だが，直前で述べられている「知っているから［知らないから］面白い」という内容を「要素」とは呼べないので，「読書の要素」elements of reading と補ったり，「両方の側面」both aspects などとしたり，文章の流れに合うように考えること。

「むろん，知識が増えればそれに比例して視野が広く深くなり，目に見える世界が変わっていく」

- 「むろん」は「もちろん」of course でよい。「当然だ」ということを表しているので，naturally や「言うまでもなく」needless to say も考えられる。
- 「～すればそれに比例して…になる」は，the＋比較級～，the＋比較級… の構文や「～するにつれて」の意の接続詞 as が使える。
- 「知識が増える」は「あなたがより多く知る」you know more，「あなたがより多くの知識を得る」you acquire〔attain / gain / get / obtain〕more knowledge などとできる。後者で the＋比較級～，the＋比較級… の構文を使うときは，the more knowledge you acquire と knowledge も前に出すこと。
- 「視野が広く深くなる」は your field of vison will be (come) wider and deeper〔more profound〕が文字どおり。「視野」には view や horizons，「広い」には broad も使える。「視野」と「深い」を合わせることは通常は見られないが，原文を尊重して訳出しておくのが無難だろう。

●「目に見える世界が変わっていく」は the world you see will (gradually) change が文字どおり。「変わっていく」は「徐々に変わる」などとすればニュアンスが出せる。実際に変わるのは世界のほうではなく，あなたのものの見方だとも言えるので，the way you see the world will (gradually) change としたり，「あなたは世界を違ったふうに見るようになる」you will gradually come to see the world in a different way としたりすることも考えられる。

「画面が大きくなって，解像度が高くなると言ってもいい」

●ここは比喩なので，「それはあたかも～かのようだ」It is as if ～ などとできる。「解像度」は resolution だが，「解像度が高くなる」は「画像がより鮮明になる」と簡単に言い換えられるので，as if のあとに「画面が大きくなって，より鮮明な画像を映す」the screen becomes larger and shows a clearer image と続ければよい。「言い換えると，あなたはより大きく，はっきりした世界観を持つようになる」In other words, you will have a wider and clearer view of the world. などと，内容を説明的に表現してもよいだろう。

▶(ロ) 「これら五感は，一見，個々人の主観的・身体的作用のようだが，実は文化的・歴史的なものでもある」

●「これら五感は，一見…のようだ」は At first glance〔sight〕, these five senses seem to *do* でよいが，同文後半に「だが」と続くので，「かもしれない」may を補って譲歩にすることも考えられる。seem like ～ としてもよい。

●「個々人の主観的・身体的作用」は each person's subjective, physical functions〔faculties〕などとできる。function / faculty は「機能」のニュアンス。「作用」を「反応」reaction とすることも考えられる。

●「…が，実は文化的・歴史的なものでもある」は but in fact, they are also cultural and historical で十分表せる。やや説明的に補えば，「それらは文化的，歴史的に発達したものでもある」actually, they are culturally and historically developed as well などとすることもできる。

「何かに触れた時に感じる柔らかさや硬さ，街の中で聞こえてくる音，食べ物の味など，何をどう感じ取るかは，生まれ育った社会や文化によって，また時代によって異なるのだ」

●骨組みは「何をどう感じ取るかは…によって異なる」である。冒頭から「味など」にかけては，「たとえば」for example として文中に挿入する形になるだろう。挿入部分がやや長いので，ダッシュではさむと読みやすくなる。

●「何をどう感じ取るか」の「感じ取る」は「五感で知覚する」の意なので perceive が使える。「何を感じ取るか」と「それをどう感じ取るか」は一つにまとめることができないので what you perceive and how you perceive it とする。あるいは「何かをどう感じ取るか」how you perceive something と，やや簡略化することも考えられる。なお，主語は we としてもよい。

●「～によって異なる」は「～に左右される」depend on ～ が使いやすい。「～によって条件づけられる」be conditioned by ～ も使える。

●「生まれ育った社会や文化」は the society and culture in which you are〔were〕born and brought up〔raised〕が直訳で，そのままでよい。「その社会，文化の中で生まれ育つ」が元になるので，which の前には前置詞 in を入れること。なお，「生まれ育った」は過去形でもよいし，一般論なので現在形でもかまわない。

●「また時代（によって）」は，前述の brought up〔raised〕のあとに，「生きている時代と同様に」as well as on〔by〕the age in which you live〔age you live in〕と続ける。「生まれ育った社会や文化，時代」the society, culture and age in which ～とまとめてもよいだろう。

●「何かに触れた時に感じる柔らかさや硬さ」は the softness or hardness you feel when you touch something が直訳。how soft or hard something feels when you touch it「あるものに触れた時にそれがどれほど柔らかい，あるいは硬いと感じられるか」などともできるが，その場合は，続く「音」「味」という 2 つの名詞も間接疑問文に整え直したほうが文としての統一感がある。

●「街の中で聞こえてくる音」は the sounds you hear in the street(s) が文字どおり。なお，「街を歩く」，「街中で」といったときの「街」は city や town ではなく，the street(s) を使う。間接疑問文なら how you perceive the sounds in the street(s)「街中の音をどのように知覚するか」などとなるだろう。

●「食べ物の味」は the taste of food が文字どおり。food は基本的に不可算で用いるが，種類の多さを強調するなら the taste of different foods としてもよい。間接疑問文なら how some food you have tastes「あなたが食べる何らかの食べ物がどのような味がするか」などとなる。

❖講　評

2023 年度も従来どおり，英文和訳・長文読解総合問題・テーマ英作文（2023 年度は意見論述）・和文英訳の 4 題構成。Ⅳの一部（文学部の独自問題）を除いて，理系学部と共通問題である。

Ⅰの英文和訳は，(A)・(B)とも下線部訳で，分量も例年とほぼ変わらない。(A)は人類が摂取するカロリーの源について述べたもの。語句・構文とも難解なものはなく，取り組みやすい問題だった。(B)は人間の創造性について論じた文章で，こちらも比較的読みやすかったが，一部，語句の意味を文脈から正しく推測して適切な訳語を選ぶ必要のあるものもあった。

Ⅱの長文読解総合問題は，色と感情の相関関係について論じた文章。ある色と特定の感情を結びつけて考えることはよくあり，調査の結果，その連想は人類に広く共通しているが，色が実際の感情を喚起しているわけではないことを説明している。設問はいずれも素直な問いであり，素早く解答をまとめたい。

Ⅲは「最近の世の中で重んじられる傾向のある効率やスピードを追求すること」について，具体的に利点もしくは問題点を 1 つ挙げ，自分の考えを述べる問題。語数がそれまでの 70 語程度から 2022 年度に 80 語程度に増加し，2023 年度も 80 語程度だった。今後もこの語数を意識して準備しておくのがよいだろう。

Ⅳの和文英訳は，例年同様，レベルの高いものだった。長い文をどこからどの順序で述べるか，比喩的な表現をどのように処理するべきかといったことを判断する，高度な力が求められた。

全体として，英文和訳問題，長文読解総合問題は標準的，英作文問題はやや難と言える。

◀外国語学部▶

I

◀文・人間科・法・経済学部▶ I に同じ。

II

解答

設問(1)　全訳下線部①参照。

設問(2)　軍服ではないのに軍人とし，医療鞄や聴診器を持っていないのに医師とし，数多くの英国軍の駐屯地から，根拠もなくアフガニスタン帰りとし，左腕のこわばりは他の原因のケガや病気の症状ではなく戦傷のせいとした点。(100字以内)

設問(3)　一つの手がかりに関する数多くの異なる解釈のうちから選び，独断的に正しいと主張する一つの解釈。

設問(4)　全訳下線部④参照。

設問(5)「人間は物語を好み，人間の脳は物語を楽しみ，それらから学ぶだけでなく，物語を創ることへの親和性を生来持っている。頭脳が抽象的なパターンを見てそれを顔に変換するのと同じように，想像力は出来事のパターンを見てそれを物語に変換する」と述べている。

設問(6)　全訳下線部⑥参照。

◆全　訳◆

≪物語を求める人間の精神≫

自分自身の物語る心（storytelling mind）は，おそらく自分の左目の裏の1インチか2インチ上に住んでいるホムンクルス（小人）のように考えることができる。この小人は，数多くの空想上の探偵への道を開いた偉大な文学的始祖であるシャーロック=ホームズとの共通点がたくさんある。アーサー=コナン=ドイル卿の描写では，ホームズは犯罪捜査の天才で，犯罪学という新しい科学におけるニュートンである。ホームズは，死体やかろうじて見て取れる2，3の手がかりなど何らかの結果を見て，恋愛関係，毒薬，アメリカ西部の冒険といった，その結果に至る豊かなストーリーを丸ごと見て取る不気味な能力を持っている。

こうした詳細は，シャーロック=ホームズの最初の小説『緋色の研究』(1887)のものである。①その小説は，語り手である（「親愛なる」）ワトソンを紹介することから始まるが，彼は登場人物というより文学上の装置であり，自身の凡庸さでホームズの素晴らしい才能を引き立てることがその仕事である。ワトソンが初めてホームズと出会うのは煙の立ち込める化学実験室であり，そこであの天才は新しい犯罪学の技術を完成させようとしているところである。ホームズはワトソンのほうを向き，彼の手を握る。それからこの魔法使いはワトソンを驚かせるのだが，それはその後何度も起こることの１回目である。彼はこう言うのだ。「君はアフガニスタンにいたことがあるとお見受けする」

ワトソンは驚きのあまり口がきけない。どうしてホームズはわかったのだろうか。あとになって，ホームズとワトソンが共有しているアパートでゆったり座っているときに，ホームズは自分の洞察には何の魔法もなく，論理があっただけだと説明する。大いに楽しそうに，彼はワトソンの人生について論理的推測をするために，どのようにしてワトソンの外見の目立たない詳細から「逆向きに推論した」かワトソンに語る。「一連の推論だよ」とホームズは言い，次のように述べた。

> 医療関係タイプの紳士がここにいるが，軍人の雰囲気を持っている。それなら，明らかに軍医だ。ちょうど熱帯地方から戻ってきたのだ。顔が浅黒い。そしてそれは彼の生まれつきの肌の色ではない。彼の手首は白いからだ。彼が苦難と病を潜り抜けてきたことは，やつれた顔が明らかに物語っている。彼は左腕を負傷したことがある。硬くぎこちない抱え方で左腕を抱えている。英国の軍医がそんな苦難に遭い，腕を負傷することは熱帯地方のどこならありうるだろうか。明らかにアフガニスタンだ。

ホームズがワトソンにそのような話をするたびに，ワトソンは驚きで頭を振る。そして，私たちドイルの読者はワトソンの例にならい，この探偵の非凡な才能に感動するはずだと思われている。しかし，シャーロック＝ホームズの話はとても面白くはあるが，ホームズの手法はばかげていると気づくことは有益である。

実験室でワトソンをちらっと見たあとホームズがでっち上げた情報量の多い話を例に取ろう。ワトソンはごく普通の民間人の服を着ている。何が彼に「軍人の雰囲気」を与えるのだろうか。ワトソンは医者の鞄も持っていないし，聴診器を首にかけてもいない。何をもって彼が「医療関係タイプの紳士」とわかるのだろうか。そして，ワトソンは帝国の絶頂期にある英国が軍隊を駐屯させている他の多くの危険な熱帯地方の場所の一つではなく，アフガニスタンから戻ったばかりだと，なぜホームズはそれほど確信しているのだろうか。（アフガニスタンは実際には熱帯にはないという事実は無視しよう。）そして，なぜホームズはワトソンが戦闘で傷を負ったと速断するのだろう。ワトソンはぎこちなく腕を抱えているが，これがクリケットでケガをした結果ではないとホームズはなぜわかるのだろうか。ワトソンが，心臓発作のよくある症状を―痛む左腕に―感じているのではないとなぜわかるのだろう。

要するに，シャーロック=ホームズのいつもの手法は，最もあいまいな手がかりから最も自信に満ちた完全な説明物語をでっち上げるというものなのだ。ホームズは，一つの手がかりの異なる 100 の解釈のうちの一つに飛びつき，その解釈が正しいと独断的に主張する。すると，これが，同様にありそうにない数多くの解釈の基礎になり，結局はその解釈が全て，まとまっていて巧妙な，ほとんどありえない説明物語になる。

シャーロック=ホームズは文学上の虚構である。彼は理想の地に生きているので，常に正しくなる。しかし，もし彼が現実の世界で「顧問探偵」として自分の仕事に精を出そうとするなら，友人のワトソンとベーカー街 221 番地 b で暮らす天才というより，『ピンクパンサー』のクルーゾー警部に似た，危険なほど無能な愚か者だろう。

私たちにはそれぞれ，小さなシャーロック=ホームズが頭の中にいる。彼の仕事は，今観察できることから「逆向きに推論し」，どのような整然とした一連の原因が特定の結果に至ったかを示すことである。④進化が私たちに「内なるホームズ」を与えたのは，世界は本当に物語（陰謀，策略，同盟，因果関係）に満ちており，それらを突き止めることは有益だからである。物語る心は非常に重要な進化的適応だ。そのおかげで私たちは自分の生を明快で整然とした，意味のあるものとして経験できる。それが，生活を途方もなくざわついた混乱以上のものにしてくれるものである。

しかし物語る心は完全無欠ではない。左脳に住んでいる，物語を紡ぐホムンクルスのほぼ 50 年にわたる研究の結果，マイケル=ガザニガは，この小人は，その長所は否定できないものの，愚か者でもありうると結論づけた。物語る心は，不確実さ，不規則性，偶然の一致が大嫌いなのである。

それは意味に取り憑かれている。物語る心は世界に意味のあるパターンを見つけられなければ，世界に意味を押しつけようとする。要するに，物語る心は，それが可能なときには真実の物語を生産し，できないときには嘘を製造する工場なのである。

人間の精神はパターンを突き止めるように調律されており，偽陰性より偽陽性に偏っている。私たちを人間の顔や姿に対して非常に注意深くするのと同じ精神のソフトウェアが，雲の中に動物を見せたり，トーストの焼き目にキリストを見せたりする。心理学者たちによると，これは，私たちが自分を取り巻く環境の中に意味のあるパターンを見てとるのを手助けする「頭脳の設計」の一部である。

意味のあるパターンに対する私たちの渇望は，物語に対する渇望に変わる。ビデオゲームのデザイナーであり，作家でもあるジェームズ=ウォーリスが言うように，「人間は物語が好きである。私たちの脳は物語を楽しみ，それらから学ぶだけでなく，物語を創ることへの親和性を生来持っている。頭脳が抽象的なパターンを見てそれを顔に変換するのと同じように，想像力は出来事のパターンを見てそれを物語に変換するのだ」。ウォーリスの言い分を立証する適切な研究はたくさんあり，私たちが受け取る情報から無意識に物語を導き出すこと，また，もし何の物語もなければ，ただもう喜んで物語を創り出すことを示している。次の情報を考えてみよう。

トッドは花を求めてその店に駆け込んだ。
グレッグは彼女の犬を散歩させた。
サリーは１日中ベッドの上にいた。

さあ，何を考えていただろうか。あなたが大半の人たちと同じようなら，隠された物語を見つけようとして，この３つの文について頭をひねっていただろう。たぶん，サリーはだれかが亡くなって悲しいのだろう。たぶん，グレッグとトッドは彼女の友達だ。グレッグはサリーの犬の世話をし，トッドは彼女に花を買おうとしているのだ。あるいは，ひょっとするとサリーは幸せなのだろう。彼女は宝くじに当たったばかりで，お祝いをするために，１日ベッドで贅沢に過ごすことにしたのだ。グレッグとトッドは，彼女が個人秘書として雇った魅力的な若者だ。

実は，これらの文は互いに無関係である。私がでっち上げた。だが，もしあなたが健全な物語る心を持っているなら，無意識にそれらを織り合わせ出して，ある物語の始まりにすることだろう。⑥もちろん，私たちはこれらの文が無数の物語を創る材料として役立ちうると，意識的にはわかっている。しかし，さまざまな研究が示していることだが，でたらめでパターンのない情報を与えられると，人々はそれを織り合わせて物語に仕立て「ない」でいることはほとんどできないのである。

◀解　説▶

▶設問(1) **The novel begins by introducing the narrator,（"my dear"）Watson — who is not so much a character as a literary device — whose job it is to highlight Holmes's brilliance through his own conventionality.**

● The novel begins by introducing the narrator,（"my dear"）Watson は「その小説は語り手（「親愛なる」）ワトソンを紹介することから始まる」が直訳で，ほぼそのままでよい。begin by ～「～から，～で始まる」は，英作文の際，前置詞を from と間違えないように覚えておきたい。narrator は「語り手」の意。なお「親愛なる」は，Elementary, my dear Watson.「初歩的なことだよ，親愛なるワトソン君」と，小説中でホームズが言ったとされるフレーズ（実際にはどの作品でも使われていないらしいが，いかにもホームズが言いそうな言葉だということで広く知られている）からきているものと思われる。

● —who is not so much a character as a literary device— は「一登場人物というよりむしろ文学上の装置である」が直訳。not so much *A* as *B* は「*A* というよりむしろ *B*」の意。character は内容上「登場人物」が妥当。a literary device は「文学上の装置，文学的装置」の意。この部分は，このあとも関係代名詞節が続くので工夫を要する。どちらの関係詞節も訳し下して，補足説明のようにするのが読みやすいだろう。したがって，「～から始まるが，ワトソンは登場人物というより…装置であり」などとする。

● whose job it is to highlight Holmes's brilliance through his own conventionality は「彼自身の月並みさによって，ホームズの素晴らしい才能を目立たせることがその仕事である」が直訳。whose job is to highlight ～ではないことに注意。もとになる文は it is his job to highlight ～という形式主語の文であり，to highlight ～が主語，

whose job は補語である。highlight は「～を目立たせる，強調する」の意。内容上「～を引き立てる，際立たせる」などとすると文意によく合う。brilliance は「素晴らしい才能，卓越した頭脳，明敏さ」の意。conventionality は「因習的なこと」の意から「月並みであること，型に嵌まっていること」を表す。brilliance と対照的な語なので，「凡庸さ」などとするのがよいだろう。

▶設問(2)　ホームズの推論は下線部に続く引用文で述べられている。それをまとめると以下のようになる。

①「医療関係タイプの紳士である」（第1文前半）

②「軍人の雰囲気がある」（第1文後半）

③「熱帯から戻ってきたばかりで，それはアフガニスタンだ」（第3文冒頭，最終文）

④「左腕を負傷したことがあり，それは軍医としてアフガニスタンで従軍しているときのことだ」（第5～最終文）

これらへの反論は第5段（Take the rich story …）に述べられている。①に対しては，第4文（Watson is not …）に「医者の鞄も持っていないし，聴診器を首にかけてもいない」，②に対しては，第2文（Watson is dressed …）に「ワトソンはごく普通の民間人の服を着ている」，③に対しては，第6文（And why is Holmes so …）に「英国が軍隊を駐屯させている他の多くの…熱帯地方の場所の一つではなく，アフガニスタンから戻ったばかりだと，なぜホームズはそれほど確信しているのだろうか」，④に対しては，最後の2文（Watson holds his … a heart attack?）に「クリケットでケガをした結果ではないとホームズはなぜわかるのだろうか。ワトソンが，心臓発作のよくある症状を…感じているのではないとなぜわかるのだろう」と述べられている。これらを100字以内にまとめる。①と②はまとめて「軍医である」という判断に反論してもよいだろう。

▶設問(3)　解答欄は14.7cm×3.5cm。当該文は「すると，これが，同様にありそうにない数多くの解釈の基礎になる」となっている。直前の第6段第2文(Holmes seizes on …)には「ホームズは，一つの手がかりの異なる100の解釈のうちの一つに飛びつき，その解釈が正しいと独断的に主張する」とある。一見すると下線部はこの内容全体を指すように思えるかもしれない。しかし述語動詞が is ではなく becomes であり，順序を表す

thenを伴っていることから，当該文は第2文と同じく，ホームズが推論をするたびに起こることを述べていると言える。「多くの解釈のうちの一つに飛びつき，その解釈が正しいと独断的に主張する」という習慣的な行為が「その都度」多くの解釈の基礎になる，では不自然であり，この2つの文は，最初の段階で選ばれた一つの解釈が次の段階で他の多くの解釈の基礎になる，という主旨だと考えるのが妥当である。よって，解答は「一つの解釈（のこと）」と名詞で終わるように第2文の内容をまとめる。「100」とあるのは数が多いことを表していると考えてよいだろう。

▶設問(4)　**Evolution has given us an “inner Holmes” because the world really is full of stories (intrigues, plots, alliances, relationships of cause and effect), and it pays to detect them.**

●Evolution has given us an “inner Holmes” は「進化は私たちに『内なるホームズ』を与えた」が直訳で，ほぼそのままでよい。

●because the world really is full of stories (intrigues, plots, alliances, relationships of cause and effect) は「世界は本当に物語（陰謀，策略，同盟，因果関係）に満ちているから」が直訳。主節がすでに述べられている事柄を受けているので，「進化が～与えたのは…からである」と訳し下すと流れがよい。カッコ内はstoriesの具体例。intrigue「陰謀」，plot「策略」，alliance「同盟」は語彙の知識が求められる。relationship of cause and effect「因果関係」は知っておきたい。

●and it pays to detect them は「そしてそれらを突き止めることは有益だ」が直訳だが，内容上because節の中にあると考えるのが妥当。itは形式主語で，to detect them「それらを突き止めること」が真主語。payは自動詞で「有益である，利益になる，割に合う」の意。

The storytelling mind is a crucial evolutionary adaptation.

●The storytelling mind is ～ は「物語る心は～である」が直訳。mindは「心，精神，頭脳」の意。

●a crucial evolutionary adaptation「非常に重要な進化的適応」

It allows us to experience our lives as coherent, orderly, and meaningful.

●It allows us to ～ は「それは私たちが～することを可能にする」が直訳だが，「そのおかげで私たちは～することができる」と整え直せる。

●experience our lives as coherent, orderly, and meaningful は「自分の生を明快で整然とした，意味のあるものとして経験する」が直訳。coherent は「筋が通っていてわかりやすい」の意。

▶設問(5)　解答欄は 14.7cm×3.5cm。下線部は「意味のあるパターンに対する私たちの渇望は，物語に対する渇望に変わる」の意。直後の文に「ジェームズ=ウォーリスが言うように」として，彼の言葉が引用されている。この部分を使って解答をまとめる。have a natural affinity for ～ は「～に対する自然の親和性」が直訳。natural は「生まれつきの，生来の」の意と考えられる。not only for *A* but also for *B*「*A* に対してだけでなく *B* に対しても」となっており，*A* は enjoying narratives and learning from them「物語を楽しみそこから学ぶこと」，*B* は creating them「それら（物語）を創ること」となっている。in the same way that S V は「SがVするのと同じように」の意。この SV は your mind sees an abstract pattern and resolves it into a face「あなたの精神（頭脳）が抽象的なパターンを見てそれを顔に変える」となっている。resolve *A* into *B* は「*A* を *B* に変える」の意。主節は your imagination sees a pattern of events and resolves it into a story「あなたの想像力は，出来事のパターンを見てそれを物語に変える」である。「私たちの」や「あなたの」は人間一般のことを表しているので，訳出しないか「人間の」とするのがよい。

▶設問(6)　**Of course, we recognize consciously that these sentences could serve as building blocks for an infinite number of narratives.**

●Of course, we recognize consciously that ～「もちろん，私たちは～を意識的に認識する」が直訳。Of course ～ But … と譲歩の展開なので，recognize consciously は「意識的にはわかっている」などとする。

●these sentences could serve as building blocks「これらの文は建設用ブロックとして役に立ちうる」が直訳。serve as ～ は「～として役に立つ」の意。building blocks はあとの内容からすると，「物語を創る材料，構成要素」などとなる。

●for an infinite number of narratives「無数の物語のための」

But studies show that if you give people random, unpatterned information, they have a very limited ability *not* to weave it into a

story.

●But studies show that ～ は「しかしさまざまな研究が～を示している」が直訳。「さまざまな研究が示していることによれば～」「さまざまな研究でわかっていることだが～」などと日本語を整えたい。

●if you give people random, unpatterned information は「もしあなたがでたらめでパターンのない情報を人々に与えると」が直訳。「あなた」は訳出せず，「与えられると」と受動態にして「だれが」を消すとよい。

●they have a very limited ability *not* to weave it into a story は「彼らはそれを織り合わせて物語に『しない』非常に限られた能力を持っている」が直訳。「非常に限られた能力を持っている」とは，「持っている能力が限られている」「能力があまりない」ということであり，*not* to weave it into a story「物語に織り合わせ『ない』」能力がないとは，物語に織り合わせないようにすることができない，ということである。第 11 段に挙げられたでたらめな 3 文を，つい一つの物語にしようとしてしまうことを第 12 段で述べ，下線部直前で「もし健全な物語る心を持っているなら，無意識にそれらを織り合わせ出して，ある物語の始まりにすることだろう」と述べていることに注意を払うこと。

●語句・構文●

（第 1 段）patriarch「始祖」 pave the way for ～「～への道を開く」 a thousand ～「多数の～，無数の～」 a Newton「ニュートンのような人」 spooky「不気味な」

（第 2 段）blow *one's* mind「～の心を圧倒する，～を驚かせる」

（第 3 段）dumbstruck「驚きでものが言えない」 relish「喜び，楽しい味わい」 silent「目立たない」 run「～と述べられている，書かれている」 tint「色」 haggard「やつれた」

（第 4 段）be supposed to *do*「～するはずだ，～すると思われている」 take *one's* cue from ～「～の例にならう」 thrill to ～「～で感動する」

（第 5 段）concoct「～をでっち上げる」 civilian clothes「（軍服ではない）民間人の服」 stethoscope「聴診器」 station troops「軍隊を駐屯させる」 jump to the conclusion that ～「～と速断する，～という結論に飛びつく」 sustain a wound「負傷する」

（第 6 段）fabricate「～をでっち上げる」 seize on ～「～に飛びつく，～

に注目する，～をとらえる」 arbitrarily「勝手に，独断的に」
(第7段) figment「作りごと，想像の産物」 Neverland「理想の地」『ピーターパン』の中に登場する架空の国の名から。ply *one's* trade「仕事〔商売〕をする」
(第8段) blooming「途方もない，ひどい」 罵りの言葉 bloody の婉曲語。
(第9段) for all of ～ は通常「～に関する限りは」だが，内容上 for all ～「～にもかかわらず」と考えられる。
(第11段) make *one's* point「～の言い分を立証する」

Ⅲ

◀文・人間科・法・経済学部▶Ⅲに同じ。

Ⅳ

解答 (1) 〈解答1〉 In Japan these days, the custom of evaluating a person on such things as whether they can be trusted as a person or whether they keep their word has become obsolete.

〈解答2〉 In Japan today, people have stopped following the practice of judging a person by such standards as whether they are reliable or true to their words.

(2) 〈解答1〉 "An eye for people" refers to the ability to judge the person in front of you as they are without being misled by external information. Such an ability is, however, no longer required.

〈解答2〉 "A good judge of people" is someone who has the ability to evaluate the true character of the person in front of him or her without being deceived by superficial information. However, nobody thinks of this ability as necessary any longer.

(3) 〈解答1〉 The dominant ideology in today's Japan is that a person should be assessed on the basis of external "evidence" such as their annual income, status or social power, regardless of their inner self.

〈解答2〉 Many people think that a person should be judged, whatever their real self may be, by external "evidence" like their yearly income, social position or social power. Such a way of thinking is prevalent in present-day Japan.

◀解　説▶

▶(1)「今の日本では『人として信じるに足るかどうか』『一言を重んじる人か』というようなことを人物鑑定の基準にするという風儀は廃れてしまいました」

● 「今の日本では」は文頭で処理する。in Japan today〔these days〕/ in today's Japan / in present-day Japan などとできる。

● 「～するという風儀」は「～するという習慣・慣習」the custom〔practice〕of *doing* が使える。

● 「～というようなことを人物鑑定の基準にする（という風儀）」は，そのままの構造で英訳するとかえってわかりにくい。「～というようなことに基づいて人物を評価する」evaluate a person on such things as ～，「～というような基準によって人物を判断する」judge a person by such standards as ～ などと整える。なお，a person を受ける代名詞は，he, she, he or she 以外に they も使える。

● 「人として信じるに足るかどうか」は whether they can be trusted as a person がほぼ直訳。日本語は「だれが」を言わずに能動態で表現しているが，英語ではそれができない。we や you といった一般の人を表す主語を想定する以外に，受動態で処理する方法も使えるようにしておくと便利である。他には whether they are trustworthy〔reliable〕as a person などともできる。なお，「人として」は自明のことであり，あえて訳出しないことも考えられる。

● 「一言を重んじる人か」は「その人が一言を重んじるかどうか」と整え直すと関係詞節を使わずに済ませられる。「一言を重んじる」は，「自分の言ったことを守る」they keep their word，「自分の言葉に忠実である」they are true to their words などとできる。

● 「廃れてしまいました」は has become obsolete が直訳。obsolete の代わりに outdated「時代遅れの」，uncommon「まれな」でもよい。

● 同文全体を，「今の日本では，人々は～といったことによって人を評価するという習慣に倣っていない，習慣に倣うのをやめてしまった」などとパラフレーズすることも考えられる。「～という習慣に倣う」は

follow the custom〔practice〕of ～。

▶(2) 「『人を見る目』というのは，外形的な情報に惑わされず，目の前の人の正味の人間としてのありようを評価できる能力のことですけれど，そういう能力はもう誰も求めなくなりました」

● 「人を見る目（がある）」は英語にも（have）an eye〔a good eye〕for people という類似した表現がある。「人を見る目がある人」a good judge of people の表現もあるが，これを使うのであれば，補語は「～する能力を持つ人」などと整え直すこと。原文に「 」があるので，英文でも引用符をつける。

● 「～を評価できる能力のことです」は is the ability to evaluate〔judge〕～ が文字どおり。主語が an eye for people と一見能力を表す表現ではないので，is の代わりに「～のことを意味する」means,「～のことを言う」refers to ～ とするのもよいだろう。a good judge of people を使うのであれば，前述のとおり，is someone〔one〕who can evaluate ～「～を評価できる人」とする。

● 「目の前の人の正味の人間としてのありよう（を評価する）」は，「目の前にいるその人物をありのままに（評価する）」(judge) the person in front of you as they are,「目の前にいるその人物の本当の性格〔人格〕(を評価する)」(evaluate) the true character〔personality〕of the person in front of you などとできる。

● 「外形的な情報に惑わされず」は without *doing*「～せずに」が使える。「～に惑わされる」は「判断を誤らされる」be misled by ～ が最も近いだろう。「～にだまされる」be deceived by ～ とするのもよい。「外形的な情報」は external information「外的な情報」がほぼ文字どおり。「外形的な」は「表面的な」superficial も使える。

● 「けれど」は but で軽くつなぐことも考えられなくはないが，厳密にはこの前後は相反する内容になってはいない。2つの文に分けて書くのが無難である。なお,「正味の人間としてのありようを評価できる」ことは「よいことだ」という言外の意味も感じるので，文を切った上で however「ところが」を使うことも考えられる。

● 「そういう能力はもう誰も求めなくなりました」の「求める」は「能力」を主語にすると be required「求められている」, be sought after

「求められている，需要がある，もてはやされる」が使える。「もう～ない」は no longer で表せる。もちろん「誰も～ない」を no one / nobody として seek after を能動態で使うこともできる。その場合は「もう～ない」は any longer にすること。「求められる」は，「価値があると見なされる」be valued,「必要だと思われる」be thought of as necessary などとしてもよい。これらを上記の no one / nobody を主語にした能動態で使うこともできる。

▶(3) 「人間の中身がどうであれ，外形的に年収とか，地位とか，社会的な力とか，そういう『エビデンス』に基づいて人間は査定されるべきだというイデオロギーが今の日本では支配的です」

●日本語の構造のまま書くと，主語が長くなり読みづらい。「今の日本の支配的なイデオロギーは～ということだ」The dominant ideology in today's Japan is that ～ と整え直すことが考えられる。あるいは，「多くの人が～査定されるべきだと考えている。そうしたイデオロギーが今の日本では支配的だ」と文を分けて書くことも考えられる。「支配的な」には predominant もある。「広く流布している」prevalent も使えるだろう。「イデオロギー」ideology が強すぎる言葉だと考えるなら，「原理」principle や，さらに柔らかく「考え方」a way of thinking などを使うのもよいだろう。

●「人間の中身がどうであれ」は「その人の本当の自己がどのようなものであれ」whatever the person's〔their〕real self may be〔is〕,「その人の内的な人格〔その人が内的にどのような人か〕にかかわらず」regardless of their inner personality〔who they are inside〕など。

●「～に基づいて人間は査定されるべきだ」a person should be assessed on the basis of〔based on〕～ がほぼ文字どおり。「査定する」はこれまでに使った「評価する」evaluate / judge などを使っても構わない。

●「外形的に」は「外形的に査定されるべきだ」という修飾関係だが,「外形的〔外的な〕『エビデンス』」external "evidence" とするとよい。

●「年収とか，地位とか，社会的な力とか，そういう（『エビデンス』）」は（"evidence"） such as（their） annual income,（social） status or social power が文字どおりでほぼ問題ない。「年収」は yearly income,「地位」は social position なども使える。

V 解答

設問(1) その言語の最後の話し手が亡くなったとき。

設問(2) 言語に関して私たちが得る情報は乏しかったり古かったりするし，言語と方言の区別をするのは難しいから。

設問(3) （そのコミュニティーの伝統は）突然失われ，より力の強い集団の文化的習慣にとって代わられる。

設問(4) （以下のうちの一つ）

- （ある民族，国民の歴史は，言語を通じて伝えられるので，）そのコミュニティーの初期の歴史に関する重要な情報が失われる。
- （人間の言語で可能なこと，不可能なこと，子どもはどのようにして言語のような複雑な仕組みを素早く楽々と習得できるのかなど，）言語学者が人間の精神の働きについて学べることが大きく制限される。

設問(5) 翻訳に加えて，公式，非公式な場面での言語の使い方を，録画，録音，文書で記録している。

◆全 訳◆

≪消滅の危機に瀕する言語≫

著作権の都合上，省略。

著作権の都合上，省略。

著作権の都合上，省略。

◀解　説▶

解答欄はすべて14.7cm×4.2cm。ただし，すべての解答がこの大きさを満たすほど長いものになるわけではない。

▶設問(1)　第1段第4文（Many other languages …）後半に「このような言語はその最後の話し手が亡くなったときに消滅する」とある。「その言語の最後の話し手が亡くなったとき」とまとめられる。なお「どのようなことが起きたとき」と問われているので，「その言語の最後の話し手が亡くなること」というまとめ方でもよい。

▶設問(2)　第2段第3文の主節である These numbers should be taken with a grain of salt が「これらの数値は割り引いて受け取るべきである」の意で，これが問いの「この数値は鵜呑みにはできない」にあたる。続く because 節に「というのも，多くの言語に関して私たちが得る情報は乏しかったり古かったりするものであり，言語と方言を区別するのは難しいからである」とあり，これをまとめる。draw the line between *A* and *B* は「*A* と *B* の間に線引きをする，*A* と *B* を区別する」の意。

▶設問(3)　第3段の最後から3番目・2番目の文（When a language is lost, … the more powerful group.）に「ある言語が失われるとき…すべてを新しい言語で…作り直さなくてはならない…多くの場合，この過程で伝統は突然失われ，より力の強い集団の文化的習慣にとって代わられてしまう」とある。「そのコミュニティーの伝統はしばしばどうなると述べられていますか」という問いなので,「(そのコミュニティーの伝統は) 突然失われ, より力の強い集団の文化的習慣にとって代わられる」とまとめられる。

▶設問(4)　第4段第1文 (Much is lost …) に「ある言語が消滅すると, 科学的観点からも多くのものが失われる」とあり, この段で述べられていることの一つを解答とする。続く第2文 (A people's history …) に「ある民族, 国民の歴史は, 言語を通じて伝えられるので, その言語が失われると, そのコミュニティーの初期の歴史に関する重要な情報がそれとともになくなってしまうかもしれない」とある。「そのコミュニティーの初期の歴史に関する重要な情報が失われる」などとまとめられる。理由にあたる部分を加えてもよい。同段第3文 (The loss of human languages …) に「人間の言語の喪失は, 言語学者が人間の精神の働きについて学べることにも大きな制限を加える」とある。「言語学者が人間の精神の働きについて学べることが大きく制限される」などと整え直せる。後者については,「世界のあらゆる言語が共通して持っているものを研究することで, 人間の言語で可能なこと, 不可能なことがわかる」,「子どもはいったいどのようにして言語のような複雑な仕組みをそんなに早く楽々と習得できるのかについて, 重要なことを教えてくれる」と具体的な内容が続いて述べられており, これらを入れてまとめてもよいだろう。

▶設問(5)　最終段第2文 (Researchers make …) に「研究者たちは, 翻訳に加えて, 公式的な場面, 普段の格式ばらない場面の両方の言語使用を, 録画, 録音し, また書き留めて記録している」とある。これを「翻訳に加えて, 公式, 非公式な場面での言語の使い方を, 録画, 録音, 文書で記録している」などとまとめる。

●語句・構文●

(第1段) fall out of use「用いられなくなる, 廃れる」 reverse「～を反対方向に向ける, 変える」 dozens of ～「何十もの～」

(第2段) count「勘定, 統計」 well over ～「～を優に超えて」 decrease by half「半分に減る, 半減する」 give way to ～「～に道をゆずる, ～に負ける」

(第3段) a people「ある民族, 国民」 refashion「～を作り直す」 if S is to *do*「もし～したい〔～する〕つもりであれば」 among others「と

りわけ，なかでも」

（第4段）pass down ～「～を（あとの世代に）伝える」 take *A* with ～「*A* を持って行く」 ここでは言語が消滅するとそれとともに *A*（important information）もなくなることを表している。how it is that S V「いったいどのようにしてSはVするのか」 it is that は強調構文で，疑問詞 how を強調している。

❖講　評

他学部と一部の問題が共通になっている。

Ⅰの英文和訳問題は，文・人間科・法・経済学部Ⅰと共通問題。

Ⅱの長文読解総合問題は，「物語を求める人間の精神」について，有名な小説中の探偵の推論に反論しながらも，人はみな物語を創りたがるようにできていることをわかりやすく論じた文章。設問は英文和訳と内容説明。内容説明は従来字数制限が設けられていなかったが，2023年度は3問中の1問に100字以内という制限がついていた。

Ⅲの意見論述は，文・人間科・法・経済学部Ⅲと共通問題。

Ⅳの和文英訳問題は，一連の文章の3カ所を英訳するもの。例年どおり，一読したときの内容のわかりやすさと，英語でどのように表現するかのギャップが大きい。日本文の構造どおりに訳そうとしても，わかりにくい英文になる部分がいくつかあり，内容が変わらないように注意しながら文構造を整え直すことが求められる。語句レベルでもそのままだと英単語が浮かばないかもしれないものがいくつかあり，まず日本語で他の語に置き換えながら，自分の語彙の中にあるものを探る必要がある。

Ⅴのリスニングは，言語の消滅について，それがどのようなときに起こるか，どのような影響を及ぼすかを述べたもの。例年同様，一連の文章が一気に放送された。設問はすべて日本語の質問に日本語で答える記述式。設問は問題冊子に印刷されているので，あらかじめ読んで聞き取るポイントをつかんでおくこと。

「話す」以外の英語の総合的な力が試され，「読む」「書く」「聞く」のいずれも高い習熟度が求められる。日常的な勉強にこの3つをバランスよく取り入れて準備したい。

日本史

I **解答** 藤原北家は有力他氏を排斥するとともに，天皇家と外戚関係を結び，天皇の幼少時には摂政，成人後には関白として天皇の政務を代行した。藤原氏の氏長者は摂政・関白の地位を独占し，官吏の人事権を掌握して権勢をふるった。国政は太政官の公卿会議を通じて審議され，天皇の決裁を経て太政官符や宣旨によって命令・伝達されたが，次第に先例や儀式を重んじるようになり，地方政治は摂関家に取り入った受領に委ねられるようになった。（200字程度）

◀解　説▶

≪摂関政治≫

▶設問の要求

〔主題〕摂関政治の特徴について200字程度で述べる。

〔条件〕太政官機構にも触れつつ具体的に述べる。

▶論点の抽出

藤原道長・頼通父子が全盛期を築いた摂関政治の特徴を述べる問題。天皇の外戚として摂政や関白となり，官吏の人事権を掌握したこと，また〔条件〕を考え合わせると，摂関政治であっても国政は従来通り太政官機構を利用し，天皇の裁可を得て行われていたことを指摘しよう。また国政が形骸化し，地方政治は受領に委ねるなど消極的な側面があったことをまとめよう。

▶解答の枠組み

〔藤原北家の台頭〕

- 他氏排斥の完了―摂関常置体制
- 天皇との外戚関係を構築
- 摂政・関白
- 官吏の人事権を掌握

〔太政官政治〕

- 公卿会議
- 政治の形骸化―先例・儀礼の重視

・地方政治の特徴

▶解説

〔藤原北家の台頭〕

●他氏排斥の完了―摂関常置体制

北家台頭のきっかけをつくった藤原冬嗣以来，藤原北家は有力他氏を排斥しながら摂政・関白の地位につき権勢をふるったが，10世紀前半の延喜・天暦の治では天皇親政によって摂政・関白が置かれない時期もあった。やがて969年の安和の変で左大臣源高明を左遷すると，藤原氏による他氏排斥は完了し，以来摂政・関白の官職は常置され，藤原氏の氏長者がその地位を独占するようになった。

●天皇との外戚関係を構築

藤原氏は奈良時代以来，天皇の母方の親戚（祖父・叔父など）である外戚となり，血縁を利用して天皇権威を包摂することで実権を握った。当時の貴族社会では招婿婚などで男性が妻の家に入り，子は母方の家で養育されるのが一般的であった。こうした社会通念が外戚による摂関政治の背景となった。

●摂政・関白

〔解答〕には摂政と関白の説明を簡潔に記した。摂政は天皇の幼少期に政務を代行する官職，関白は天皇が成人後に政務を補佐する官職で，共に令外官である。安和の変の後，円融天皇の即位時に藤原実頼が摂政に就任し，以後摂政・関白は常置の官職となる慣例が生まれた。

●官吏の人事権を掌握

藤原氏を統率する氏長者は摂政・関白を兼ね，一族の叙爵推薦など人事権をもった。また位階・官職の決定権は天皇にあるが，天皇が幼少であれば摂政，成人後は関白の意見を入れつつ決定したため，官吏の人事権は事実上，摂政・関白が掌握することになった。

〔太政官政治〕

摂関政治においても律令制以来の太政官の行政組織が機能しており，太政大臣，左・右大臣，その下の大納言・中納言・参議などの公卿が主体となって国政が行われた。

●公卿会議

天皇は太政官を通じて国政を主宰するが，摂関政治では天皇の側に摂政・関白が近侍し，太政官との連絡事項に関与した。この連絡を中継ぎしたのが蔵人頭である。政策は公卿会議で審議され，天皇の裁可を得た上で太政官符や宣旨などで命令・伝達された。また，最重要懸案は皇居警備にあたる左近衛府の陣座（詰所）で行う陣定で審議された。道長・頼通父子の摂関全盛期であっても専制的な形跡はなく，多くは太政官制の慣例に従い行われていた。

●政治の形骸化一先例・儀礼の重視

太政官政治の継続が，政治の形骸化を促すことになった。例えば太政官符などの発行には複雑な手続きがあり，いくつかの機関を経なければならなかった。こうした事務手続きを慣例に則ってそつなく処理することが官吏（貴族）の任務であった。やがて積み重ねられた業務が儀礼化すると，諸行事を無難に執り行うようになった。また，人事権を掌握した摂関家に取り入った貴族や官吏は，特定の官職を請け負って世襲するようになった。よって貴族社会ではそれぞれの地位の安定をはかるため，先例と形式を重視するようになり，朝廷政治は形骸化し積極的な政策はみられなくなった。

●地方政治の特徴

高位高官の道を閉ざされた中・下級貴族の中には，摂関家に取り入って地方の受領（国司）になることを求める者もいた。10 世紀以降，朝廷は地方政治を担当する受領に大きな権限を持たせ，一国の支配を任せて徴税を請負わせるようになった。経済的に有利となったその地位は利権視され，成功や重任など売位売官の風潮を横行させた。やがて実質的な政策はなくなり，受領に地方支配を一任したため，寄進地系荘園の増加や武士の争乱が相次ぐようになった。

II 解答

室町幕府は御料所からの収入が少なく財政基盤は脆弱であった。日明貿易で輸入された明銭が流通して貨幣経済が進展すると，土倉や酒屋などの金融業者を保護して営業税を課し，配下の五山禅院からの収益も財源とした。さらに交通の要所に関所を設けて関銭や津料を徴収し，臨時税として全国の土地に段銭，家屋には棟別銭を課した。また日明貿易に従事する商人から抽分銭を取り，徳政一揆が横行するとその対応として分一銭を徴収した。（200 字程度）

◀解　説▶

≪室町幕府の財政≫

▶設問の要求

〔主題〕室町幕府の収入源とその特徴について200字程度で具体的に述べる。

▶論点の抽出

知行国と荘園からの年貢収入が主だった鎌倉幕府に対して，室町幕府は発達した貨幣経済に目を付けた課税で財政を補填したことを述べよう。室町幕府の直轄地からの収入のほか，金融業者や五山禅院への課税，関銭などの交通税，臨時税として段銭や棟別銭も指摘しよう。また，貿易税（抽分銭）や徳政一揆に対する分一銭など具体的な例を挙げて述べるとよい。

▶解答の枠組み

〔室町幕府の財政基盤〕

- 御料所（直轄地）からの収入―少なく脆弱な財政基盤

〔貨幣経済の進展に便乗〕

- 金融業者への課税―土倉・酒屋・五山禅院など
- 交通税―関銭・津料の徴収
- 臨時税―段銭・棟別銭の徴収

〔その他の課税〕

- 貿易税―抽分銭の徴収
- 徳政一揆―分一銭の徴収

▶解説

〔室町幕府の財政基盤〕

●御料所（直轄地）からの収入―少なく脆弱な財政基盤

室町幕府の直轄地である御料所は全国に散在していたが，南北朝の動乱の影響から直属家臣の奉公衆や地方の地頭御家人らに給与されたものも多く，幕府の恒常的な年貢収入地としては少なかった。また幕府の諸行事などを賄う際には守護出銭（守護の分担金）が徴収され，守護を介して徴収される地頭御家人に対する賦課金などもあった。解答で守護の分担金などを指摘してもよいであろう。

〔貨幣経済の進展に便乗〕

御料所からの収益が不安定であったこともあり，幕府は財源を発達した貨幣経済に求めることになった。日明貿易による明銭の大量輸入は貨幣流通を促し，成長した金融・商業・運輸業者などに課税して財政収入とした。

●金融業者への課税―土倉・酒屋・五山禅院など

幕府は京都で金融業を営む土倉・酒屋を保護する代わりに土倉役・酒屋役を課した。また有力な土倉・酒屋を政所の納銭方に登用し，徴税を請け負わせて幕府の中枢に取り込んでいった。さらに幕府は保護下の五山禅院の僧侶にも課税した。五山禅院の僧侶は祠堂銭（信者からの寄付金）を資本に高利貸しを行い莫大な利益を上げていた。幕府は臨済宗の五山禅院を保護する代わりに，その荘園からの収入や僧侶からの献金なども財源とした。こうして幕府の財政は金融業の営みに大きく依存していた。

●交通税―関銭・津料の徴収

貨幣経済の進展は流通を促し，交通運輸を発展させた。中世の関所は古代の軍事的，近世の警察的な目的と違い，交通料徴収のための経済的関所である。幕府は流通の中心地となった京都周辺などに関所を設け，関銭や津料（船着場で徴収する水上通行税）を徴収して財源とした。なお，関所の設置は幕府だけではなく，皇室・公家・守護・国人・荘園領主なども競って設置し，関銭や津料を徴収した。

●臨時税―段銭・棟別銭の徴収

南北朝末期になると，守護が国衙の権能を吸収したため臨時の土地税である段銭を徴収できるようになった。段銭は従来朝廷が国家的行事のために，国衙を通じて荘園・公領に一律に賦課した一国平均役のことである。幕府はこれを全国的に守護を通して賦課するようになった。また重要行事や寺社建築などのため，家屋数を基準にした棟別銭も賦課され，幕府の重要財源になった。これらは臨時税であったが次第に恒常化された。

〔その他の課税〕

●貿易税―抽分銭の徴収

朝貢形式であった日明貿易では明の皇帝からの莫大な返礼品（回賜）や永楽通宝など多量の銅銭がもたらされ，さらに貿易に従事した堺商人や博多商人などから貿易利潤として抽分銭を徴収した。貢納金額は朝貢船一艘の請負につき 3000～4000 貫文に及び，恒常的収入ではないものの重要な収入源となった。

●徳政―揆―分―銭の徴収

15世紀に入り，度重なる徳政一揆（土一揆）の襲撃によって，土倉役・酒屋役の収入が激減すると，幕府は分一銭を徴収して補おうとした。幕府は1454年の享徳の徳政一揆以降，分一徳政令を度々発布し，その代償として債務額の1割（分一銭）を幕府に納めさせた。また反対に債権者が貸付額の1割を幕府に納めて徳政から除外される分一徳政禁制もあった。いずれにせよ幕府は債権者・債務者を問わず手数料を納めた側の権利を認めて財源の確保をはかった。

Ⅲ

解答　17世紀初頭，需要の高い中国産生糸を求めて活発に貿易が行われていたが，マカオを拠点にしたポルトガル商人が独占していたため，輸入生糸は高額で取引された。これに対して幕府は糸割符制度を設け，京都・堺・長崎の特定商人に糸割符仲間をつくらせ，輸入生糸の価格を決定して一括購入させ，仲間の構成員に分配させるようにした。こうして幕府はポルトガル商人の利益独占を排除し，特権を与えた貿易商人の保護と統制をはかった。(200字程度)

◀解　説▶

≪糸割符制度≫

▶設問の要求

〔主題〕糸割符制度を設けた理由について200字程度で具体的に述べる。

〔条件〕その制度の内容にも触れつつ述べる。

▶論点の抽出

ポルトガル商人の利益独占を排除し，輸入生糸の価格統制や従事する貿易商人の統制を意図していたことを述べよう。〔条件〕は糸割符仲間による一括購入や構成員への分配などを指摘できるかがポイント。糸割符制度を導入する背景（理由），制度のしくみ，その結果という流れでバランスよく構成すればよい。

▶解答の枠組み

〔糸割符制度導入の背景（理由）〕

- 積極的な貿易（中国産生糸の輸入）
- ポルトガル商人の独占

〔糸割符制度のしくみ〕

- 糸割符仲間による一括購入

• 構成員への分配

〔結果〕

• ポルトガル商人の利益独占の排除

• 幕府による貿易統制

▶解説

〔糸割符制度導入の背景（理由）〕

●積極的な貿易（中国産生糸の輸入）

17 世紀初め，江戸幕府を創設した徳川家康は高度な文化や産物を得るため積極貿易を展開した。その中で中国産生糸（白糸）は高級絹織物の原料として人々に求められた。舶来の生糸でつくる絹織物は，将軍家や大名家などの武威の象徴として，また上級階層の贈答品などとして需要が高まっていた。

●ポルトガル商人の独占

16 世紀半ばに日明貿易が断絶すると，中国産生糸はマカオを拠点とするポルトガル商人の中継貿易によってもたらされた。明が海禁政策を維持していたため，直接中国から輸入することができず，ポルトガル商人に依存する状況となっていた。ポルトガル商人は独占的に日本に生糸をもたらし，需要の高い生糸は高額で取引されて莫大な銀貨が流出していった。なお，ポルトガルが生糸をもたらした理由は，日本から銀貨を獲得するためであった。解答で銀貨について触れてもよいであろう。

〔糸割符制度のしくみ〕

●糸割符仲間による一括購入

幕府（徳川家康）は 1604 年に糸割符制度を創設し，京都・堺・長崎の特定商人に糸割符仲間をつくらせ，ポルトガル商人がもたらす中国産生糸の価格を決めて一括購入させた。また糸割符仲間の代表者（糸割符年寄）が輸入生糸の価格を決定するまで国内商人の長崎への立ち入りを禁止し，自由競争により高騰していた輸入生糸の価格を抑えた。

●構成員への分配

一括購入された生糸は，糸割符仲間の構成員に分配された。当初は京都・長崎・堺の三カ所であったが，1631 年には江戸・大坂が加わり五カ所商人と称された。輸入生糸の分配率は京都・長崎がそれぞれ 100，堺が 120，江戸が 50，大坂は 30（のちに江戸 100，大坂 50）の割合で，それから各地の商人に規定の率に従って分配された。幕府は糸割符制度を通して輸入生糸の価格と共に国内販路の統制をはかった。なお，解答に糸割符仲間の五カ所をすべて指摘する必要はない。最初に対象となった京都・長崎・堺の三カ所などをピックアップして解答すればよいであろう。

〔結果〕

●ポルトガル商人の利益独占の排除

幕府は糸割符制度によりポルトガル商人の利益独占を抑制するとともに，一方で朱印船を東南アジア諸国に活発に派遣し，新たにイギリスやオランダも参入させ，中国産生糸の輸入ルートを増やした。ライバルが増えたことでポルトガル商人の利益は激減し，日本との貿易は衰退の一途をたどり，1639年にはポルトガル船の来航が禁止されて日本の貿易市場から消え去った。

●幕府による貿易統制

糸割符制度は，はじめポルトガル商人を対象とした制度であったが，鎖国政策の道程で1631年から中国船に，1641年からはオランダ船にも適用された。糸割符制度はその後形骸化していくが，その貿易統制の方向性は，鎖国下における特権商人を利用した幕府の長崎貿易独占の流れにつながった。

Ⅳ 解答

活版印刷技術の発達により新聞が次々と創刊され，政治評論中心の大新聞と報道・娯楽中心の小新聞があった。大新聞は自由民権運動が高揚する中で活発に議論を展開し，政党の機関紙も登場して各々の主張を発信した。また欧化主義による条約改正交渉に反対する新聞も現れて世論を喚起した。日露戦争前には非戦論を唱える新聞もあったが，多くは主戦論を唱えて国民感情を誘導するなど，新聞は主要メディアとして大きな影響力を持った。(200字程度)

◀解　説▶

≪明治時代の新聞≫

▶設問の要求

〔主題〕明治期における新聞の展開を200字程度で具体的に述べる。

〔条件〕政治との関わりにも触れながら述べる。

▶論点の抽出

明治期の新聞の発展を述べる難問である。新聞が主要なメディアとして社会に大きな影響を与えたことを踏まえ，〔条件〕に従って政治との関わりをピックアップして解答を作成しよう。また大新聞と小新聞があったことを指摘し，政治との関わりから大新聞の展開を述べるとよい。〔解答〕は世論が高まった自由民権運動，条約改正問題，日露戦争前の関わりに絞って作成した。

▶解答の枠組み

〔新聞の発行〕

- 活版印刷技術の発達
- 大新聞・小新聞

〔自由民権運動との関連〕

- 大新聞の活躍
- 政党の機関紙

〔条約改正問題との関連〕

- 欧化主義への反発

〔日露戦争前〕

- 非戦論
- 主戦論

▶注意点

新聞の名称を指摘しながら解答してもよいが，字数制限もあるので必要最低限に抑えよう。〔解答〕は字数の関係から新聞名を書かずに作成した。〔解説〕には具体的な新聞名も紹介しているので参考にしてほしい。

▶解説

〔新聞の発行〕

●活版印刷技術の発達

本木昌造が本格的な鉛製活字の量産に成功し，それを用いて日本最初の日刊新聞『横浜毎日新聞』（1870 年）が創刊されると，1872 年には『日新真事誌』『東京日日新聞』（現：毎日新聞）『郵便報知新聞』などが相次いで東京で創刊され，本格的な近代ジャーナリズムの幕が切って落とされた。解答に『横浜毎日新聞』を指摘してもよいであろう。

●大新聞・小新聞

大新聞は民撰議院設立建白書（1874 年）の発表を契機に政治論説を中

心に掲載したタイプの新聞である。サイズが大きかったので「大新聞」（現在と同じブランケット判）と呼ばれた。士族が主導するものが多く解釈し難い漢文調の文語体が主流であった。これに対して小新聞は報道（社会での出来事）と娯楽が中心で，サイズが小型（タブロイド判）であったので「小新聞」と呼ばれた。記事は平仮名を主とした口語体で漢字にもふりがなを付けたのが特徴である。1874年に創刊された『読売新聞』が先駆となった。なお，自由民権運動が下火になると，大新聞も報道などに紙面を割き，小新聞も政治報道などを平易に掲載するなど，両者の差はなくなっていった。解答にこの点を指摘してもよいであろう。

〔自由民権運動との関連〕

●大新聞の活躍

新聞は自由民権運動を広げる役割を担い，それを背景に発展した。民撰議院設立建白書（1874年）が『日新真事誌』に発表されると，大新聞の各紙はこれを取り上げ，また国会開設の時期をめぐって民撰議院論争が起こると，急進論と漸進論による活発な議論を掲載した。なお，字数に余裕があれば『日新真事誌』，また新聞紙条例による弾圧などを指摘してもよいであろう。

●政党の機関紙

明治十四年の政変（1881年）で国会開設が約束されると，政党が結成され，その機関紙が言論界を牽引するようになった。自由党の機関紙として『自由新聞』が創刊され，また立憲改進党が結成されると『郵便報知新聞』はその機関紙となり，『朝野新聞』も機関紙的存在として論陣をはった。しかし，1880年代半ばから政府の言論統制や民権運動の迷走などから次第に下火となった。

〔条約改正問題との関連〕

●欧化主義への反発

1880年代になると，朝鮮問題や条約改正問題などが新聞報道の中心となった。特に井上馨外相の条約改正交渉における極端な欧化主義政策は多くの反発を生み，徳富蘇峰の『国民之友』（1887年）や三宅雪嶺の『日本人』（1888年）などの機関誌も登場し，新聞では陸羯南が『日本』（1889年）を創刊し，藩閥政府やその外交政策を批判した。『日本』は国民主義を唱え，国民的統一と国家の独立を主張するなど近代ナショナリズムの論陣をはった。解答に『日本』を指摘してもよいであろう。

〔日露戦争前〕

1880 年代の朝鮮問題に対して，『時事新報』で福沢諭吉は脱亜論（1885 年）を提唱し，日清戦争前には徳富蘇峰が『国民新聞』（1890 年）を創刊して国家主義を唱えた。新聞は主要メディアとして対外的危機感を背景に世論に大きな影響を与えるようになった。

●非戦論

「臥薪嘗胆」のスローガンで国民が日露戦争に誘導されるなか，幸徳秋水らの平民社は『平民新聞』（1903 年）を発行し，社会主義の啓蒙と共に平和主義を掲げて非戦論（反戦論）を訴えた。しかし，非戦論は少数派で世論を動かす力はなく，政府の圧力でしばしば発禁処分を受け，1905 年に廃刊となった。解答に『平民新聞』を指摘してもよいであろう。

●主戦論

日露戦争が間近に迫ると，対露同志会（1903 年）や東京帝国大学の七博士らによって主戦論が扇動され，黒岩涙香の『万朝報』（はじめ非戦論）や徳富蘇峰の『国民新聞』など新聞各社もこれに同調する記事を掲載して世論を誘導した。なお，『国民新聞』は桂太郎（日露戦争時の首相）を支援する政府系御用新聞と見なされていたため，国民新聞社は日露講和反対の運動（日比谷焼打ち事件）で襲撃を受けた。

❖講　評

2023 年度も例年と同様，全問論述問題であった。論述量は，4 題すべて 200 字程度で総字数 800 字程度と例年どおりである。時代別の構成もⅠ原始・古代，Ⅱ中世，Ⅲ近世，Ⅳ近代となっている。90 分の試験時間で題意をくみとり，論旨に沿ってまとめるのは容易ではない。

なお，2023 年度は近年と同様に問題の設定や条件が明確で取り組みやすい問題が多かったが，Ⅳの「明治時代の新聞」をテーマにした問題は難問であった。

Ⅰは摂関政治の特徴について述べる問題。条件として「太政官機構」に触れながらの解答が求められているので，摂関政治であっても従来の太政官制に基づく政治が行われていたことを示せるかがポイントである。太政官制の枠組みの中で，天皇の外戚として摂政・関白の地位を独占し，官吏（貴族）の人事権を掌握したことなどを指摘できるかが勝負どころである。

Ⅱは室町幕府の財政基盤について述べる問題。鎌倉幕府との違いを前提に土地からの収益より，発達した貨幣経済に便乗した課税について具体例を示して解答できるかがポイントである。税目の名称の羅列にならないように注意し，簡潔に説明できるかが試されている。

Ⅲは糸割符制度を設けた理由について述べる問題。制度の内容を明確に説明できるかがポイント。糸割符仲間による輸入生糸の一括購入だけでなく，構成員への分配まで指摘できるかが勝負どころである。制度導入の理由（背景）として，輸入生糸がポルトガル商人に独占されていたことを忘れず指摘できるかが重要である。なお，字数を増やすことに苦慮して，五カ所商人を羅列するような解答は避けたい。

Ⅳは明治時代の新聞について述べる問題。ジャーナリズムをテーマにした文化史の内容だが，設問の条件である政治との関わりを縦軸にして解答できるかがポイント。とはいえ，政治と新聞との関連でどの政治期をピックアップするか，また知識と字数の関係から新聞名をどこまで指摘できるかなど，構成に頭を悩ます難問である。また教科書に掲載されている新聞についての内容も短く，よく学習した受験生でも200字の字数をクリアするのは至難の業であろう。

世界史

◀文　学　部▶

I **解答** 問1．A．テオドリック

B．カール〔シャルルマーニュ，カール大帝〕

問2．エ

問3．東ゴート人は西進するフン人に征服されたが，アッティラの死後フン人の帝国が崩壊するとパンノニアに移住した。(50字程度)

問4．カルタゴが支配していたイベリア半島は，ポエニ戦争でカルタゴを破ったローマの属州となり，ローマ帝国の分裂後は西ローマ帝国領となった。その後，ゲルマン人のヴァンダル人が進入し，さらに西ゴート人が王国を建てた。(100字程度)

問5．西ローマ帝国滅亡後，ゲルマン人に布教を進めたローマ教会は，ビザンツ皇帝の聖像禁止令に反発し，新たにビザンツ皇帝に対抗しうる強力な政治権力の保護を必要とした。カロリング朝創始にあたりフランク王権に接近したローマ教皇は，国王カールが西ヨーロッパの大部分を統一すると，彼にローマ皇帝の帝冠を与えビザンツ皇帝に対抗した。(150字程度)

◀解　説▶

≪中世初期のヨーロッパの資料に見る政治と宗教の動き≫

▶問1．A．資料1の「イタリアに進軍して，オドアケルを攻撃」「ゴート人として領土の西部を支配」という表現に着目すれば，西ローマ帝国を滅ぼしたオドアケルを倒し，旧西ローマ帝国領イタリアに東ゴート王国を建国したテオドリックと判断できる。

B．資料2の「聖降誕祭の日」「教皇は彼の頭上に冠を載せ，そして〔居ならぶ〕すべてのローマ人たちが賛同の歓呼をあげた」という表現に着目すれば，これがカールの戴冠を表していることがわかる。

▶問2．①は476年に西ローマ帝国を滅ぼしたオドアケルと同時代のビザンツ皇帝であるから，ローマ皇帝のテオドシウスやトラヤヌス，726年に

聖像禁止令を発したビザンツ皇帝レオン3世は除外できるので，消去法でゼノンが正解。②はカールの戴冠を行った教皇としてレオ3世と特定できる。なお，ヨハネス12世はオットー1世（初代神聖ローマ皇帝）に戴冠した教皇である。

▶問3．資料1に描かれているゴート人とは東ゴート人を指す。4世紀にドニエプル川流域（黒海北岸）に居住していた東ゴート人が，資料1の示す5世紀後半にパンノニアに移住した経緯を述べることが求められている。アジア系騎馬遊牧民フン人に服属した東ゴート人が，フン人の衰退後にパンノニアに移動したことを説明すればよい。5世紀前半にフン人のアッティラ王がパンノニアに大帝国を築いたが，451年のカタラウヌムの戦いで西ローマ帝国とゲルマン連合軍に敗れた。彼の急死後，フン人の帝国は急速に瓦解し，東ゴート人はこの後パンノニアに入りビザンツ皇帝の命令でイタリアに移動してオドアケルの王国を倒した。

▶問4．紀元前3世紀から資料1の時期である5世紀後半までのイベリア半島における支配勢力の変遷をまとめることが求められている。前3世紀半ば（前264年）にポエニ戦争が開始しているので，この時期のイベリア半島の支配勢力はカルタゴである。イベリア半島は，カルタゴ領からポエニ戦争によってローマの属州となり，ローマの東西分裂を受けて西ローマ帝国領となった。その後，ゲルマン人（ヴァンダル人）が進入して彼らが北アフリカに移動した後，西ゴート王国が建国（418年）された。

▶問5．資料1の時期とは5世紀後半に西ローマ帝国が滅亡した時期ととらえればよい。資料1から資料2までの間に西ヨーロッパで生じた政治と宗教の動きについて整理してみると，政治の動きとしては，西ローマ帝国の滅亡（476年），フランク王国の建国と勢力拡大，トゥール・ポワティエ間の戦い（732年），ピピンのカロリング朝創始（751年），カールの西ヨーロッパ統一などが考えられる。また，宗教の動きとしては，ローマ教会のゲルマン人への布教，クローヴィスの改宗（496年），聖像禁止令（726年）をめぐるビザンツ皇帝との対立，ローマ教皇によるカロリング朝の承認などが考えられる。150字程度という限られた字数の中での論述であるので，ローマ教皇がフランク国王をローマ皇帝とすることでビザンツ皇帝に対抗しようとしたというカールの戴冠の理由を中心に，その前段階としてローマ教会によるゲルマン人布教，聖像禁止令をめぐるビザンツ皇帝との対立，ローマ教皇によるピピンの即位承認といった西ヨーロッパで生じた政治と宗教の動きについて言及すればよいだろう。

Ⅱ 解答

問1．ア
問2．エ
問3．ア
問4．大航海時代以後，世界図に日本やヨーロッパの正確な姿が見られるようになり，両者の間で情報交換が始まったことがわかる。日本にスペイン人やポルトガル人が直接来航して情報交換が行われたが，鎖国以後，日本はオランダや中国を通じてヨーロッパの情報を入手し，日本の情報はオランダを通じて伝えられた。その結果として19世紀初めの日本で作製された地図には，ロシアによる日本北方の探査，イギリスの太平洋探検航海などの最新情報が反映されている。(200字程度)

◀解　説▶

≪ヨーロッパと日本で描かれた世界図に見る両者の間の情報交換の歴史≫

▶問1．ア．正文。アムル人の建てた古バビロニア王国で作られたハンムラビ法典は，アムル人以前にメソポタミアを支配したアッカド人の言語（アッカド語）で書かれている。他の選択肢が明らかに誤りであることがわかるので，消去法で対応したい。

イ．誤文。アケメネス朝はアレクサンドロス大王に敗れて衰退・滅亡した。ヘレニズム時代の文化の中心地はカイロではなくアレクサンドリア。

ウ．誤文。ナーランダー僧院はインドの仏教教学の中心地で，13世紀にイスラーム勢力によって破壊されている。ダライ=ラマは16世紀後半にアルタン=ハンから与えられたチベット仏教の最高権威者の称号であるため無関係。

エ．誤文。元朝の衰退後に明朝の冊封を受けたのは，新羅ではなく李成桂の建てた朝鮮王朝。

▶問2．エ．正文。ルネサンスの時代には，大航海時代にアフリカ大陸やアメリカ大陸，アジアなどの新知識が流入するとともに，古代ギリシア・ローマの知識や芸術が再評価された。ヘレニズム時代の天文・地理学者プトレマイオスの世界図には，緯線・経線が使われており，その影響を受けたことは十分に想像できる。

ア．誤文。ヴァイキング（ノルマン人）は，比較的早い段階でキリスト教を受け入れており，アメリカ大陸が描かれなかった理由が教会との対立とは考えにくい。

イ．誤文。イスラーム教徒の地理学者イドリーシーがシチリアのパレルモ宮廷に招かれて「ルッジェーロの書」と言われる世界地図を残したのは12世紀のことで，17世紀に図3が作製された直接の背景とは考えにくい。また，2世紀に活躍したプトレマイオスの地図にはすでに地中海が詳しく描かれている。

ウ．誤文。中国宋代に実用化された羅針盤は，モンゴルの遊牧民ではなくアラブ人の航海者たちによってヨーロッパに伝えられたと考えられている。

▶問3．ア．誤文。1724年に雍正帝がキリスト教布教を禁止した時点で，日本ではすでにキリスト教は禁止されており，イエズス会士が日本に逃れたとは考えにくい。

イ．正文。図6が作製された1810年時点で，オランダ東インド会社は長崎の出島で日本と交易を行っており，18世紀にアムステルダムで作られた世界図がオランダを通じて日本にもたらされた可能性は否定できない。

ウ．正文。18世紀にはベーリングの東シベリア・カムチャツカ・アラスカ探検やラクスマンの根室来航などが行われており，その知識が1810年に日本で作製された図6に反映されたという可能性は否定できない。

エ．正文。イギリスは，図6が作製された1810年の段階で，すでにクックによる太平洋探検事業（1768～79年）を進めていた。

▶問4．図1～図6の世界図から読み取れるヨーロッパと日本の間の情報交換の歴史を，図1～図6の解説や問1～問3の内容を踏まえながら説明することが求められている。

図3以降は現代の世界地図とほぼ同等で，図1・図2と比べると明らかな差異が認められる。この点を考慮し，①日本の情報がヨーロッパに，ヨーロッパの情報が日本にもたらされるようになったのはいつごろからか，②江戸時代のいわゆる「鎖国」中には，日本の情報はどのようにヨーロッパに伝えられ，ヨーロッパの情報はどのように日本にもたらされたのか，両者の間の情報交換は行われなかったのか，以上の2点について与えられた資料を使って考察し，論述すればよい。

①図1の世界図にも解説にも日本の情報は見られず，図2の世界図にも

解説にもヨーロッパの情報は見られないので，２つの資料から見る限り14 世紀まで日本とヨーロッパの情報交換は行われなかったと結論づけられる。13 世紀のマルコ=ポーロの『世界の記述』の伝えるジパングの情報などは，出題の意図とは異なるのでここでは対象としなくてよい。ポルトガル人が初めて日本に来航するのが 1543 年であるので，16 世紀以降は，日本とヨーロッパの直接の情報交換が可能となった。それ以前にも，インドや東南アジアで日本の情報をヨーロッパ人が間接的に手に入れたことも考えられるが，15 世紀に大航海時代が始まったことを情報交換の開始と考えることに大きな矛盾はないだろう。以上のことから，両者の情報交換は大航海時代開始以降から始まることを指摘すればよい。

②図３と図４，図５と図６が酷似していることから，日本とヨーロッパの間の情報交換が，日本の「鎖国」中も引き続き行われていたと考えられる。自由な交渉が制限された「鎖国」時代に，どのような形で両者の情報交換が成立していたかを図３～図６とその解説，問３の内容から説明していけばよい。図３に見られるようなヨーロッパの世界図の知識はイエズス会士を通じて中国に伝えられ，その知識を日本は『坤輿万国全図』という形で中国から手に入れた。またロシアのベーリングによる探検やイギリスのクックによる太平洋探検航海のような最新の地理情報は，図５のアムステルダムで繰り返し出版されたオランダの世界図によって入手していると推定できる。このように，いわゆる「鎖国」中も，日本は中国やオランダを通じて活発な情報交換を行っていた。

Ⅲ　解答

問１．従来，紛争解決のための戦争は主権国家の権利として国際的に認められていた。しかし，第一次世界大戦の戦禍によって高まった国際協調主義を背景に国際連盟が発足し，ルール占領の緊張を経て，ヨーロッパの集団安全保障条約であるロカルノ条約が成立した。不戦条約は，紛争解決手段としての戦争を禁止したが，自衛のための戦争を認め，条約を補完すべき平和維持機構の国際連盟はアメリカの不参加などで強力な制裁権がなく，実際に戦争を抑止する能力を欠いていた。(200 字程度)

問２．イタリアのファシスト政権を率いたムッソリーニは，世界恐慌の影響を受けて国内経済が苦境に陥ると，国民の不満をそらすためにエチオピアに侵攻した。国際連盟は，侵略国イタリアに対して連盟初の経済制裁を実施したが石油が禁輸から除外されるなどその効果は弱く，侵略を防ぐことはできなかった。イタリアはエチオピア併合を強行し，ナチス=ドイツに接近してベルリン=ローマ枢軸を結成，日本・ドイツに続いて1937年に国際連盟を脱退した。(200字程度)

◀解　説▶

≪第一次世界大戦後の国際秩序≫

▶問1．①パリ不戦条約が締結されるに至ったヨーロッパにおける歴史的背景，②不戦条約が効力を持たずに軽視された理由を国際連盟と関連づけて説明することが求められた。

①は，その「歴史的背景」について説明するので，上記〔解答〕では，第一次世界大戦以前の戦争観についても指摘している。第一次世界大戦の惨禍の大きさから，その反省の下に戦後は国際連盟やロカルノ条約などの国際協調体制が生まれ，ついには戦争そのものを否定する不戦条約が締結されたことを指摘すればよい。

②は，不戦条約が自衛としての戦争を禁止せず，制裁規定もなかったことなどを考えたい。不戦条約は，国際連盟の集団安全保障機能に依拠していたが，その国際連盟もアメリカの不参加や侵略国への制裁規定が不十分であるなど，紛争解決能力に限界があり，戦争を抑止する実効性に欠けていた。

▶問2．第一次世界大戦から第二次世界大戦の間の時期に起こった下線部①と下線部②に類似する他の事例を取り上げ，その経緯を「世界の平和機構」である国際連盟が機能しなかったことと関連づけて説明することが求められた。

下線部①は1932年にボリビア・パラグアイ間，コロンビア・ペルー間で起こった2つの国境紛争，下線部②は1931年に日中間で起こった満州事変を指している。①はほとんど学習することはないので，②の満州事変に類似した戦争の事例を考えれば，イタリアがエチオピアを侵略して自国の領土としたエチオピア侵攻（エチオピア戦争）（1935～36年）を取り上げることになる。

この戦争で国際連盟は経済制裁を実施したが，重要物資である石油の禁輸が対象外となるなど，これは，ネールー（ネルー）の言う「微力で役にも立たない努力」であったといえる。論述は，イタリアのエチオピア侵攻，国際連盟の経済制裁，イタリアのナチス=ドイツ接近と国際連盟脱退の3点にわたって展開すればよかろう。

❖講　評

2023 年度は，Ⅰが文学部と外国語学部で別問題となり，ⅡとⅢが共通の問題となった。論述問題を中心としながら一部に記述問題や選択問題が出題されている。論述問題の総字数は，2022 年度は 740 字であったが，2023 年度は文学部・外国語学部ともに 900 字に増加した。

Ⅰ　問 1 の記述問題は，いずれも資料から人物を特定しなければならないが，基礎的知識なので対応しやすい。問 2 の選択問題は，①のゼノンは難問だが②のレオ 3 世がすぐに正しいとわかるので，組み合わせ問題としては易しい。問 3 は，ゴート人が東ゴート人でありパンノニアがフン人の本拠地であったことを理解していることが前提となる。問 4 は，資料 1 が 5 世紀のことであることがわかれば，イベリア半島の最初の支配勢力のカルタゴからそれ以後のローマ，ゲルマンの変遷を答えるのはさほど難しくない。問 5 は，ローマ教皇がカールに戴冠した理由を西ヨーロッパの政治・宗教的側面から説明するもので，頻出のテーマである。

Ⅱ　ヨーロッパと日本で作製された 6 枚の世界図を使って日本とヨーロッパの相互の情報交換の歴史について問うもの。地図は縮小されたもので細部の情報までは読み取ることはできず，それぞれの地図の解説文を参考にしながら，資料の一部として利用することになる。問 1 はメソポタミア・ヘレニズム・チベット・モンゴルに関する知識を問うもので，資料としての世界図は利用しなくても解答できる。下線部の誤りは比較的わかりやすいが，正文であるアのハンムラビ法典がアッカド語で書かれていることは難しい。消去法で考えたい。問 2 はヨーロッパの中世と近世で作られた世界図を比較して，その時代背景について問う問題。正誤判断すべき 4 つの文章の情報量が多く，どこが誤りであるのかを判断するのに時間をとられる可能性がある。問 3 は 18 世紀後半と 19 世紀初めに日本で作られた 2 枚の世界図の変化の背景を問うもの。イエズス会士が禁教令下の日本に逃れるという誤りは比較的わかりやすいが，問 2 と同様に 4 つの文章中の正誤判断すべき情報量が多い。問 4 は，大航海時代以前と以後の日本とヨーロッパの情報交換の変化および日本の「鎖国」中の両者の間の情報交換の状況について論ずるものであるが，特に後者の論述では設問中に指示があるように，問 3 の内容を大幅に引用しなければならない。

Ⅲ　不戦条約の条文とネールー（ネルー）の手紙という 2 つの資料を用いて，戦間期の国際秩序について論ずるもの。問 1 は不戦条約が効力を持たなかった理由が国際連盟と関連づけて問われたが，不戦条約の具体的な内容を理解していないとなかなか書きづらかったと思われる。問 2 は「世界の平和機構」国際連盟が役に立たなかった事例を一つ取り上げて説明するもの。満州事変と同等の「世界的重要性」をもつ国際紛争としては，イタリアのエチオピア侵攻を取り上げるのが妥当であろう。

2022 年度は，視覚資料・文献資料・統計・グラフなど多彩な資料を駆使して思考力を問う新課程的で意欲的な問題がそろっていた。2023 年度は，文学部と外国語学部が一部別問題となったが，すべての問題で文献資料や視覚資料などの資料が用いられ，それらの資料をどのように利用するかなど思考力や表現力が問われる問題が多かった。

◀外国語学部▶

I **解答** 問1．エ・ク

問2．ウ

問3．11 世紀にセルジューク朝がビザンツ帝国領小アジアに侵入すると，ビザンツ皇帝はローマ教皇に対して救援を要請した。これを受けてウルバヌス２世はクレルモン宗教会議を開き，聖地奪還のための十字軍を決定した。西ヨーロッパのキリスト教徒による第１回十字軍は，イスラーム勢力と戦って聖地を占領し，イェルサレム王国を建てることに成功したが，その後，アイユーブ朝のサラディンに聖地を奪われ，フランス王ルイ９世による第６回十字軍もマムルーク朝の前に敗退した。一方，モンゴル人はアッバース朝を滅ぼして西アジアにイル=ハン国を建国し，エジプトのマムルーク朝と対峙していた。そこでフランス王は，イル=ハン国に同盟を申し入れ，マムルーク朝を挟撃しようと考えた。(300 字程度)

◀解　説▶

≪イル=ハン国の外交書簡から見えるモンゴルとフランスの関係とその歴史的背景≫

▶問１．イル=ハン国の君主から見て「皇帝」にあたるのは，大ハンである元の皇帝と推測できる。外交書簡の発せられた 1289 年の元の皇帝は，ク．南宋を滅ぼし，エ．元寇を起こして日本に遠征軍を送ったフビライ（位 1271～94 年）である。

▶問２．問１と同様に 1289 年という年号が判断の決め手となる。選択肢を時代順に並べると，イ．ユーグ=カペーのカペー朝創始（987 年)→ウ．フィリップ４世の三部会招集（1302 年)→エ．フランソワ１世のイタリア戦争開始（1521 年)→ア．アンリ４世のナントの王令発布（1598 年）となり，「フランス王」は，アナーニ事件や三部会招集で知られるカペー朝のフィリップ４世とわかる。

▶問３．「お前」は「フランス王」と同義であるので，提案は，イル=ハン国のエジプト遠征にフランス王が参加を申し出るというものである。イル=ハン国に対抗したエジプトのイスラーム王朝がマムルーク朝であることがわかれば，フランス王がなぜマムルーク朝を攻撃しようとしたかを考えればよい。フランス王フィリップ4世の祖父ルイ9世はエジプトのマムルーク朝に対する十字軍を起こしたが敗北している（第6回十字軍）。時代的背景を考えて，フランス王のマムルーク朝攻撃の意図が十字軍の再戦にあったことは想像できよう。そのために，西アジアのイスラーム勢力を一掃したイル=ハン国の軍事力にフランス王が期待したのも肯ける。

論述は，1289年に資料が書かれるまでの約200年間のユーラシア西方（ヨーロッパ〜西アジア）の情勢を述べるものであるから，ヨーロッパで十字軍が開始された11世紀末から説明し，西アジアでモンゴル人がアッバース朝を滅ぼしてイル=ハン国を建てたことに言及すればよい。

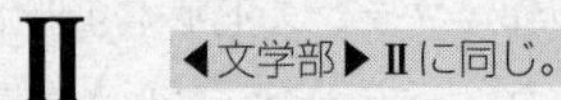

Ⅲ　◀文学部▶Ⅲに同じ。

❖講　評

Ⅰ　問1・問2の選択問題は，資料中の「皇帝」「フランス王」が誰かを年号を手掛かりに特定して，その事績を選択肢の中から選ぶ問題。選択肢の年代にかなりの開きがあるので判定しやすい。問3は，300字という字数は阪大としては2020年度以来の長文であるが，十字軍の経緯とイル=ハン国の西アジア征服というオーソドックスなテーマであり，比較的取り組みやすかった。

Ⅱ　◀文学部▶Ⅱに同じ。

Ⅲ　◀文学部▶Ⅲに同じ。

地理

I **解答**　問1．(a)　ヒツジ，ヤギ

(b)　ステップ気候やサバナ気候が卓越し，ウシの飼料となる草本の生育するサヘル地域や東アフリカの高原地帯などの半乾燥地域に多く分布するが，飼料を確保することの難しい砂漠地域や熱帯雨林地域にはあまり分布しない。(100字程度)

(c)　アフリカではウシの牧畜を行う場所が季節によって水平移動するが，チベット・ヒマラヤでは垂直移動する。(50字程度)

問2．石油資源への依存度が高いアンゴラの経済は原油価格変動の影響を反映して，2000年代には概して高成長を示したが，2010年代後半にはマイナス成長に転じた。一方，アフリカ諸国中第2位の約1.2億の人口を擁するエチオピアの経済は，安価・豊富な労働力と海外企業の誘致で輸出産業の育成が図られた影響で，2000年代半ば以降高成長を示す。(150字程度)

問3．(a)　スズ，タングステン（タンタル，金も可）

(b)　密輸や偽装が容易で，厳格な原産地の証明や流通経路の確認が難しい。また，厳格に運用すると産出地の経済や地域住民の生活に打撃を与え，さらなる貧困を誘発する。さらに，代替となる産出地の乏しい金属もあるため。(100字程度)

◀解　説▶

≪アフリカの地誌≫

▶問1．(a)　アフリカ大陸における分布パターンがウシに類似する放牧家畜名を二つ解答する。先に(b)に取り組む方が考察しやすいだろう。ウシと同様に飼料となる草を必要とし，熱帯雨林気候や砂漠気候の地域で頭数が少なく，ステップ気候やサバナ気候地域で頭数が多い「放牧家畜」を考える。ヒツジやヤギの過放牧が，サヘル地域での砂漠化進行の一因であったことを想起できるとよい。

(b)　図1の情報をもとに，アフリカ大陸およびマダガスカルにおけるウシの頭数分布の特徴を100字程度で記述・説明する。解答に際して，自然環

境との関係に言及するよう求められている。

図 1 では，実線で示された赤道の直下に位置するコンゴ盆地一帯，および破線で示された南北回帰線付近に位置するナミブ砂漠やサハラ砂漠一帯の国・地域においてウシの頭数が少ない。一方，それら以外の場所，なかでもサハラ砂漠南縁部のサヘル地域，およびエチオピア高原から南に延びる東部アフリカの高原地帯の国・地域においてウシの頭数が多い。

本問ではさらに，この特徴が，どのような自然環境との関係で創出されているのかを考察する。「自然環境」から「地形」や「気候」を想起するだろうが，標高の高い東部アフリカの高原地帯だけでなく，標高の高くないサヘル地域においてもウシの頭数が多いため，また，湿潤なコンゴ盆地一帯だけでなく，乾燥の強いサハラ砂漠一帯においてもウシの頭数が少ないため，先述した特徴が「地形の違い」や「気候の違い」だけで創出されているとは考えられない。そこで，ここでは「植生の違い」と，それに起因する，ウシの飼育に必要な「飼料の確保状況の違い」によって創出されていると考えたい。熱帯雨林気候地域では密林によって地表への日射の到達が阻害されるため，また，砂漠気候地域では年中乾燥が強いため，飼料となる草の確保が難しい。しかし，ステップ気候やサバナ気候の地域では，飼料となる草を比較的豊富に確保可能で，ウシの頭数が多くなっている。

(c)　アフリカとチベット・ヒマラヤ両地域におけるウシの牧畜の特徴の違いを，50 字程度，かつ「一文」で記述・説明する。解答に際して，両地域の自然環境の違いを考慮することが求められている。複数存在する「ウシの牧畜の特徴」のいずれについて考察・解答するかが示されていないので，本問では複数の解答が許容されよう。

両地域におけるウシの牧畜の「手法の違い」については，チベット・ヒマラヤでは季節により牧畜地が垂直方向に移動する移牧が行われる一方，アフリカでは行われない点を指摘するのがポイント。高山地帯に位置するチベット・ヒマラヤでは，高日期には高地で飼料を確保できるが，低日期にはできなくなる。このような自然環境を背景に，移牧によってウシが飼育される。これに対して，アフリカでウシの飼育が盛んな地域は，太陽回帰にともなう赤道低圧帯や亜熱帯高圧帯の季節変動の影響で雨季・乾季が明瞭な場所である。このため，飼料が豊富な場所，すなわち雨季となっている場所や乾季の乾燥が弱い場所を求めて，牧畜地は水平方向に移動する。

一方，両地域におけるウシの牧畜の「目的の違い」については，チベット・ヒマラヤではウシからの採毛も重要だが，アフリカではそうではない点を指摘するのがポイント。高山地帯で気候が寒冷なチベット・ヒマラヤでは，植物繊維の確保が難しいため，ヤクに代表されるウシ科の動物の体毛を用いて，衣類，テントなどが生産・利用される。「寒冷な高地のひろがるチベット・ヒマラヤでは，アフリカでは盛んでないウシからの採毛が行われる。」といった別解が考えられる。

▶問 2．アンゴラとエチオピアにおける 2000～2019 年の年平均実質 GDP 成長率の推移を図 2 から読み取るとともに，その背景について 5 つの指定語句（人口，労働力，海外企業の誘致，資源への依存，原油価格）を全て用いて 150 字程度で記述・説明する。年平均実質 GDP 成長率の推移の読み取りは容易なので，その背景を正確に考察せねばならない。

アンゴラが OPEC（石油輸出国機構）加盟国で，ナイジェリアに次ぐアフリカ有数の産油国であると想起するのが第 1 のポイント。また，エチオピアが約 1.2 億の人口を擁し，ナイジェリア（約 2.1 億人）に次ぐアフリカ第 2 位の人口国（2021 年）であると想起するのが第 2 のポイント。以上 2 つのポイントから，石油モノカルチャー経済国であるアンゴラの経済が，原油価格変動の影響を強く被っていることや，そのために 2000 年代に概して高い経済成長を示していた一方で，2010 年代後半にはマイナス成長に転じたことを考察できる。指定語句も活用すれば，エチオピアの経済が，豊富な低賃金労働力と消費人口の存在を背景とする外資導入によって輸出産業を中心として発展し，2000 年代半ば以降，高成長を示していることも考察できる。

なお，エチオピアは鉱物資源に恵まれず，その経済は輸出額（2020 年）の約 4 分の 3 を占めるコーヒー豆，野菜，ごま，切り花などの農産物で支えられている。さらに，エリトリア，ソマリア，南北スーダンといった周辺諸国からの難民の流入，北部地域での内戦，干ばつなどの影響で，近年，食料不足も深刻化している。このため，この国の経済は，アフリカ非産油諸国のなかで最高水準の成長率であるものの，1 人当たり GNI（2020 年）はわずか 900 ドルに満たず，未だ最貧国水準にあることも確認しておこう。

▶問 3．(a)　サハラ以南アフリカにおける「紛争鉱物」の具体的な名称を二つ解答する。「3TG」と称されるスズ（Tin），タンタル（Tantalum），タングステン（Tungsten），金（Gold）から任意の二つを解答すればよい。

継続的に紛争が発生している中央アフリカのコンゴ民主共和国一帯では，この地域で採掘されるこれらの鉱物が，現地武装勢力の活動資金源だけでなく，鉱山における地元住民の強制労働などの武装勢力による非人道的行為の原因にもなってきた。このため，これらの鉱物は「紛争鉱物」と称され，それを使用した工業製品の生産・利用は，結果的に武装勢力の行動に加担すると考えられて，世界的に，紛争鉱物の非使用や，使用率引き下げの動きが高揚している。実際，アメリカ合衆国の金融規制改革法の紛争鉱物条項は，この4つの鉱物を紛争鉱物に指定している。

(b) 紛争鉱物を規制することが困難な理由を，100字程度で記述・説明する設問。①厳格な原産地の証明や流通経路の確認といったトレーサビリティーが困難なこと，②規制を徹底すると産出地の経済や地域住民の生活に打撃を与えて人道上の問題を誘発すること，③代替となる産出地が乏しいこと，以上3点を指摘するのがポイント。

紛争鉱物の利用を忌避することで現地武装勢力の資金が減少し，彼らの活動およびそれにともなう非人道的行為の抑制を期待できる。しかしながら，鉱物資源は密輸や産地偽装が容易なうえ，複数の製錬所・精製所を経る複雑な加工工程の全てにおいて紛争鉱物の使用の有無を確認することは難しく，トレーサビリティーによる紛争鉱物の規制は困難である。また，紛争鉱物の規制は事実上の禁輸措置につながり，産出地の経済や住民生活に打撃を与え，人道上の問題を誘発しかねない。さらに，3TGは，携帯電話，コンピュータ，ジェット機のエンジン部品などから歯科材料まで多用途に使用される一方で，サハラ以南アフリカへの偏在性が強い。特に，タンタルは総産出量（含有量，2018年）の39.2％がコンゴ民主共和国，22.3％がルワンダで占められ，サハラ以南アフリカ以外での確保は容易でない。

II 解答

問1．湖水位は潮位変化の影響を受け，農業・生活・工業用水としての利用には適さないが，シジミなどの水産資源に恵まれているうえ，熱帯地域ではマングローブの発達もみられ，生物多様性に富んでいる。また，閉鎖性が高く，水深も大きくないため，干拓地や埋立地の造成を行いやすい一方で，排水の流入による水質汚濁が生

じやすい。(150 字程度)

問２．城の防衛を最優先とする思想の下，城を高台に設け，周囲を堀や水路で取り巻いている。また，城下の町割りも堀や水路に近い場所へ武家屋敷，その周囲へ町人町や職能別の商人町，防御上の弱点地点へ寺院を集積させた寺町を置き，街路もT字路や屈曲路による遠見遮断を多用した防御機能に優れた道路形状を示すものとなっている。(150 字程度)

問３．地方都市の中心商店街は，CBD に隣接する都心部に地元の中小零細資本による非大規模商店が集積した形態を示している。地価が高く，過密化していて用地取得も容易でないため，ここに新たに大規模な商業施設・駐車場などを建設することは難しい。また，全国展開する大資本に負けない魅力的で競争力の高い商店群を創出することも難しい。このため，モータリゼーションの進行や，全国展開する大資本によって郊外の幹線道路沿いに建設された広大な駐車場を備える大規模商業施設に顧客を奪われ，「シャッター街化」とも称される衰退を余儀なくされている。(250 字程度)

◀解　説▶

≪松江市一帯の自然・都市の特色≫

▶問１．汽水湖の特色について，150 字程度で記述・説明する。

海水と淡水の中間の塩分濃度の水を汽水，そして，それを湛えている湖沼を汽水湖と呼び，砂州などにより外海と隔てられて形成された潟湖に代表される。問題文にも述べられているように，汽水湖は外海との繋がりを有しているため，潮汐の影響で湖水位が変動する。また，汽水湖の湖水は塩分を含有するため，農業・生活・工業用水としての利用には適さない。しかし，流域の最下流に位置するため，汽水湖には上流域から有機物や栄養塩類などが大量に流入し，その集積が進む。このため，生物生産性が高く，シジミ，ワカサギ，ハゼ，ウナギといった多様な生物種の生息地を創出する。また，水産活動のほか，釣りなどのレクリエーション活動にとって重要な空間を創出する一方で，富栄養化とそれによる水質汚濁が誘発されやすい。さらに，水深が大きくないため，中海，八郎潟などでみられたように干拓地や埋立地の造成が行われやすい。汽水湖のもつこれら多様な特色を指摘することが，本問の解答上のポイントである。

▶問２．近世の城下町を前身とする島根県松江市中心部を示した地理院地図（図3）を参照し，この都市の建造環境を事例としながら，また，6つの指定語句（城，堀，水路，道路形状，寺院，町割り）を用いて，日本の近世の城下町における防衛機能について 150 字程度で記述・説明する。

最重要ポイントは，城下町が地方大名の居城の防衛を最優先とする思想の下で，計画的に建造されている点を指摘することである。この観点で図3をみれば，松江城が丘陵状の高台に築城されていること，その周囲が堀，水路，河川で環状に取り巻かれている理由が明らかになるだろう。また，城下の町割りが整然とした計画的に整備されたものであることや，その道路形状がT字路（丁字路）や屈曲路を多用した遠見遮断の工夫の施されたものであること，さらに「大橋」や「新大橋」で結ばれた川向こうの対岸に，寺社の集積する「寺町」が存在する理由も明らかになるだろう。これらの事実を具体的に指摘しながら，地方大名の居城の防衛を最優先とする思想の下で城下町が計画的に建造されていることを記述・説明したい。

▶問3．地方都市の中心商店街の衰退要因を，図3から読み取れる事項も盛り込んで，250 字程度で記述・説明する。

問題文にあるように，松江市の中心商店街は城跡近くの県庁一帯の行政機能集積地付近に，伝統的な商人町と並行して立地する。具体的には，「殿町」「片原町」「東茶町」「東本町」「白潟本町」「天神町」一帯が該当する。図3からは，この一帯は過密化が進み道路が狭隘であることや，鉄道駅からは距離があり，大都市と比べると公共交通網が未発達であることも読み取れる。これらを図3の判読結果として指摘しよう。

また，上記の歴史的経緯も背景となって，地方都市の中心商店街は地元で古来より商いを行ってきた中小零細資本による非大規模商店の集合・集積体である。このため，地価の高さ，狭隘な道路，新たな用地確保の難しさ，資本力の欠如などが原因となり，地方都市の中心商店街は，公共交通機関が脆弱であるために生じた自動車社会化や，ワンストップショッピングへの対応が困難なうえ，全国展開する大資本によって郊外の幹線道路沿いに建設された広大な駐車場を備える大規模商業施設との競争においても大変不利な状況にある。この結果，近年，かつては繁栄していた地方都市の中心商店街の多くが衰退を余儀なくされ，「シャッター街」と称される状況に陥っている。本問は，地方都市の中心商店街の立地の特色，および近年の消費行動において生じている変化の両観点から，「シャッター街化」

について理路整然と記述・説明するのがポイント。

❖講　評

Ⅰはアフリカに関する出題。問１はアフリカ大陸およびマダガスカルにおけるウシの頭数分布を表した統計地図を用いて出題された。分布パターンがウシに類似する放牧家畜名を解答する(a)や，分布の特徴を自然環境との関係に言及しながら論述する(b)は，「さまざまな地理現象が創出されるメカニズムを考察する力」が身についていれば，難解ではない。しかし，アフリカ大陸およびマダガスカルとチベット・ヒマラヤ両地域におけるウシの牧畜の特徴の違いを，両地域の自然環境の違いを考慮して論述する(c)は，想起されるポイントが複数存在するものの，「50 字程度の一文」という制限があるために解答の方向性を絞りにくい。また，アンゴラとエチオピアにおける年平均実質 GDP 成長率の推移とその背景について指定語句を用いて論述する問２や，サハラ以南アフリカにおける「紛争鉱物」の名称を解答する問３の(a)は，知識がないと難解である。紛争鉱物を規制することが困難な理由を論述する問３の(b)は，問１の(a)・(b)同様難解ではなかった。

Ⅱは，松江市の地形図を用いて出題された。汽水湖の特色について論述する問１は，問題文の記述を参考に考察すれば難解ではない。また，日本の近世の城下町における防衛機能について論述する問２や，地方都市の中心商店街の衰退要因を論述する問３も，共通テストでも扱われる内容であり，それほど難解ではない。

数学

1

◇発想◇　与えられた方程式は，$t=\sin\theta$（$-1\leqq t\leqq 1$）などとおくと，倍角公式より t の2次方程式となる。このことから，$-1\leqq t\leqq 1$ をみたす2次方程式の実数解が存在する a，b についての条件を求めることになり，「解の配置」問題に帰着させることができる。得られた条件は，a，b に関する連立不等式になるから，これを座標平面に図示すればよい。2次関数の値域を求める問題に帰着させることもできる。一度は解いた経験があるような定型問題であるから，慎重に対応し，完答を目指したい。

解答

$\cos 2\theta=a\sin\theta+b$　……①

倍角公式により　$1-2\sin^2\theta=a\sin\theta+b$

$\sin\theta=t$ とおいて整理すると，$-1\leqq t\leqq 1$ であり

$2t^2+at+b-1=0$　……②

①が実数解 θ をもつ $\Longleftrightarrow$ t の2次方程式②が $-1\leqq t\leqq 1$ の範囲に少なくとも1つの実数解をもつ

であるから

$$f(t)=2t^2+at+b-1$$
$$=2\left(t+\frac{a}{4}\right)^2-\frac{a^2}{8}+b-1$$

とおくと，求める条件は次の「ⅰ)またはⅱ)またはⅲ)」をみたすことである（ただし，重解の解の個数は2個と考える）。

ⅰ）②が $-1<t<1$ の範囲に実数解を1個もつ

ⅱ）②が $-1<t<1$ の範囲に実数解を2個もつ

ⅲ）②が $t=1$ または $t=-1$ を解にもつ

ⅰ)〜ⅲ）の条件は

ⅰ）$f(-1)\cdot f(1)<0$　　$(1-a+b)(1+a+b)<0$

$$\Longleftrightarrow\begin{cases}b>a-1\\b<-a-1\end{cases}\text{ または }\begin{cases}b<a-1\\b>-a-1\end{cases}$$

ii）$\begin{cases} f\left(-\dfrac{a}{4}\right) = -\dfrac{a^2}{8} + b - 1 \leqq 0 \\ -1 < -\dfrac{a}{4} < 1 \\ f(-1) > 0 \\ f(1) > 0 \end{cases} \iff \begin{cases} b \leqq \dfrac{a^2}{8} + 1 \\ -4 < a < 4 \\ b > a - 1 \\ b > -a - 1 \end{cases}$

iii）　$b = a - 1$ または $b = -a - 1$

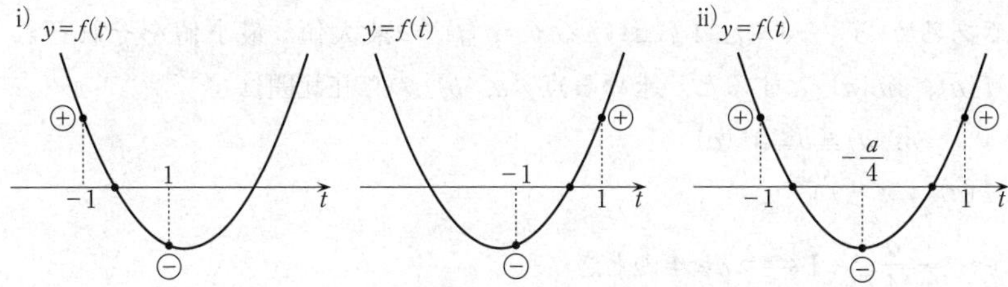

以上より，点（a, b）の存在範囲は下図の網かけ部分である。ただし，境界を含む。

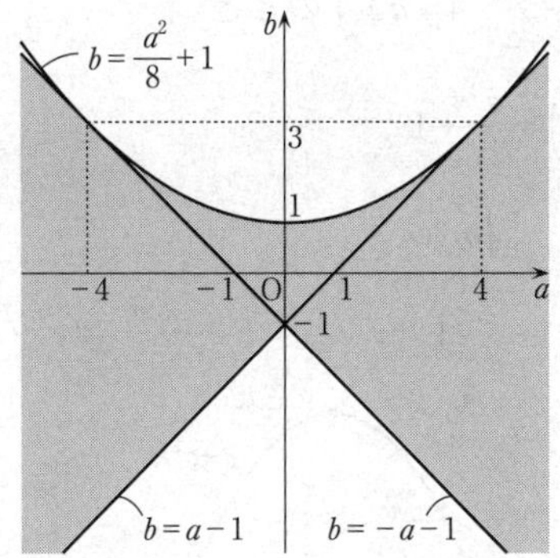

（注 1）　ii）の $f\left(-\dfrac{a}{4}\right) \leqq 0$ は，$f(t) = 0$ の判別式を D として

$$D = a^2 - 8(b-1) \geqq 0 \iff b \leqq \frac{a^2}{8} + 1$$

より導いてもよい。

（注 2）　直線 $b = \pm a - 1$ は放物線 $b = \dfrac{a^2}{8} + 1$ に点（± 4, 3）において接している。(複号同順)

別解　$\cos 2\theta = a\sin\theta + b$　……(＊）は倍角公式より

$$1-2\sin^2\theta=a\sin\theta+b$$

$\sin\theta=t$ とおいて整理すると，$-1\leqq t\leqq 1$ であり

$$b=-2t^2-at+1$$

ここで，$g(t)=-2t^2-at+1=-2\left(t+\dfrac{a}{4}\right)^2+\dfrac{a^2}{8}+1$ とおくと

(＊)が実数解 θ をもつ $\Longleftrightarrow$ 2つのグラフ $y=g(t)$ $(-1\leqq t\leqq 1)$ と $y=b$ が共有点をもつ

であるから，$-1\leqq t\leqq 1$ における $y=g(t)$ の最大値，最小値をそれぞれ $M(a)$，$m(a)$ とすると，求める点 $(a,\ b)$ の存在範囲は

$$m(a)\leqq b\leqq M(a)$$

$M(a)$ について

i） $-\dfrac{a}{4}\leqq -1 \Longleftrightarrow a\geqq 4$ のとき

$$M(a)=g(-1)=a-1$$

ii） $-1\leqq -\dfrac{a}{4}\leqq 1 \Longleftrightarrow -4\leqq a\leqq 4$ のとき

$$M(a)=g\left(-\frac{a}{4}\right)=\frac{a^2}{8}+1$$

iii） $1\leqq -\dfrac{a}{4} \Longleftrightarrow a\leqq -4$ のとき

$$M(a)=g(1)=-a-1$$

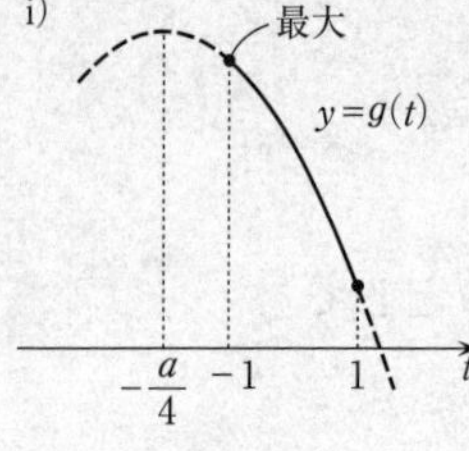

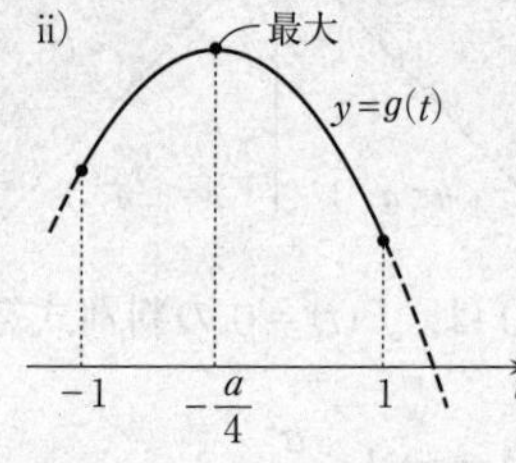

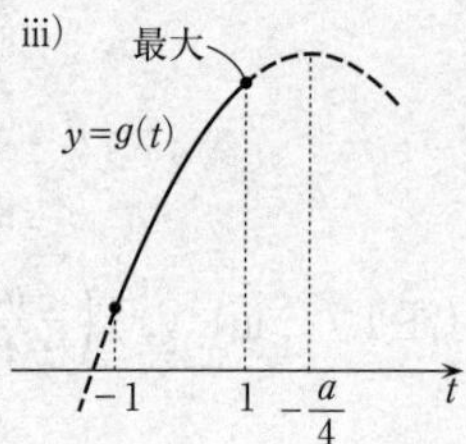

$m(a)$ について

i） $-\dfrac{a}{4}\leqq 0 \Longleftrightarrow a\geqq 0$ のとき

$$m(a)=g(1)=-a-1$$

ii） $0\leqq -\dfrac{a}{4} \Longleftrightarrow a\leqq 0$ のとき

$m(a)=g(-1)=a-1$

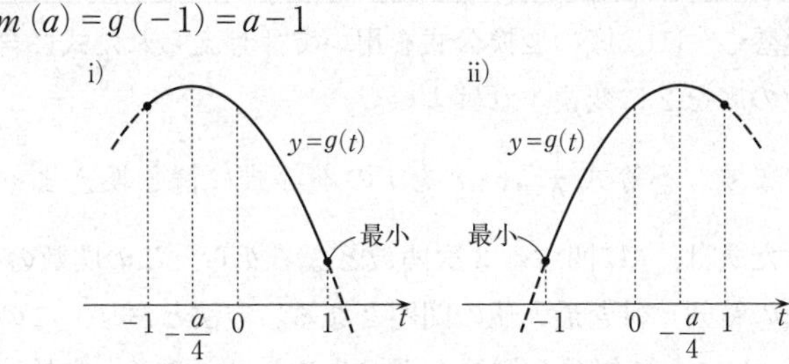

以上より

- $a \leqq -4$ のとき　　$a-1 \leqq b \leqq -a-1$
- $-4 \leqq a \leqq 0$ のとき　　$a-1 \leqq b \leqq \dfrac{a^2}{8}+1$
- $0 \leqq a \leqq 4$ のとき　　$-a-1 \leqq b \leqq \dfrac{a^2}{8}+1$
- $4 \leqq a$ のとき　　$-a-1 \leqq b \leqq a-1$

したがって，点 $(a,\ b)$ の存在範囲を図示すると，〔解答〕の図と同様になる。

◀解　説▶

≪倍角公式，２次方程式の解の配置，条件をみたす点の存在範囲≫

与えられた方程式の右辺は $\sin\theta$ を含む式であるから，左辺の $\cos 2\theta$ を倍角公式を用いて $\sin\theta$ で表すと，$\sin\theta$ の２次式が得られる。ここで，$\sin\theta=t$ $(-1 \leqq t \leqq 1)$ とおくと，t の２次方程式 $f(t)=0$ が $-1 \leqq t \leqq 1$ をみたす実数解を少なくとも１個もつ条件を求めるという，いわゆる解の配置の問題に帰着する。これは頻出の問題であり，定法に従い解いていけばよい。ｉ) $-1<t<1$ の範囲に１個だけ解をもつ場合，ⅱ) $-1<t<1$ の範囲に２個（重解を含む）解をもつ場合，ⅲ) $t=1$ または $t=-1$ の解をもつ場合のそれぞれの条件を求め，それらの和集合を求めるのが標準的な解法である。ｉ)は中間値の定理を用いる，ⅱ)は放物線の頂点の位置，端点の値の正負を考える定番の手法なので，確実に処理したい。

〔別解〕のように $b=g(t)$ と変形して $g(t)$ の値域を考え，その値域に b が含まれる条件を考察してもよい。

2

◇発想◇　(1)　底の変換公式を用いて，与えられた式に含まれる対数の底を2に変換すればよい。

(2)　まず，不等式$\frac{1}{2}\leqq x\leqq 8$を$t$の不等式に置き換えよう。与えられた式は，$t$に関する3次関数となるから，この関数の条件（$t$の値の範囲）付き最大値の問題となる。定法どおり，この3次関数をtについて微分し増減を調べることになるが，定数aを含んでいるので，aの値による場合分けが必要である。本問も特に難しい箇所のない定型問題なので，完答を目指したい。

解答　(1)　$t=\log_2 x$のもとで

$$\log_{\frac{1}{2}}x=\frac{\log_2 x}{\log_2\frac{1}{2}}=\frac{\log_2 x}{-1}=-t$$

$$\log_{\sqrt{2}}x=\frac{\log_2 x}{\log_2\sqrt{2}}=\frac{\log_2 x}{\frac{1}{2}}=2t$$

$$\log_4 x^3=\frac{\log_2 x^3}{\log_2 4}=\frac{3\log_2 x}{2}=\frac{3}{2}t$$

であるから

$$y=(\log_{\frac{1}{2}}x)^3+a(\log_{\sqrt{2}}x)(\log_4 x^3)$$

$$=(-t)^3+a\cdot 2t\cdot\frac{3}{2}t$$

$$=-t^3+3at^2\quad\cdots\cdots(\text{答})$$

(2)　$\frac{1}{2}\leqq x\leqq 8\Longleftrightarrow 2^{-1}\leqq x\leqq 2^3$について，底が2（>1）の対数をとると

$$\log_2 2^{-1}\leqq\log_2 x\leqq\log_2 2^3$$

$$\therefore\quad -1\leqq t\leqq 3$$

(1)より，$f(t)=-t^3+3at^2$とおくと

$$f'(t)=-3t^2+6at=-3t(t-2a)$$

$f'(t)=0$とすると　　$t=0,\ 2a$

$2a>0$であるから，$-1\leqq t\leqq 3$における$f(t)$の増減を調べると

ⅰ）$0<2a\leqq 3 \Longleftrightarrow 0<a\leqq\dfrac{3}{2}$ のとき

増減表は下のようになる。

t	-1	$\cdots$	0	$\cdots$	$2a$	$\cdots$	3
$f'(t)$		$-$	0	$+$	0	$-$	
$f(t)$		↘	極小	↗	極大	↘	

ここで，$f(-1)$ と $f(2a)$ の大小を比較すると

$$\begin{aligned} f(2a)-f(-1) &= (-8a^3+12a^3)-(1+3a) \\ &= 4a^3-3a-1 \\ &= (2a+1)^2(a-1) \end{aligned}$$

より

$0<a\leqq 1$ のとき，$f(2a)\leqq f(-1)$ であるから

$$M=f(-1)=3a+1$$

$1<a\leqq\dfrac{3}{2}$ のとき，$f(2a)>f(-1)$ であるから

$$M=f(2a)=4a^3$$

ⅱ）$2a>3 \Longleftrightarrow a>\dfrac{3}{2}$ のとき

増減表は右のようになる。

t	-1	$\cdots$	0	$\cdots$	3
$f'(t)$		$-$	0	$+$	
$f(t)$		↘	極小	↗	

ここで，$f(-1)$ と $f(3)$ の大小を比較すると

$$\begin{aligned} f(3)-f(-1) &= (-27+27a)-(1+3a) \\ &= 24\left(a-\frac{7}{6}\right)>24\left(\frac{3}{2}-\frac{7}{6}\right)>0 \end{aligned}$$

より

$f(3)>f(-1)$ であるから

$$M=f(3)=27a-27$$

以上より，求める最大値 M は

$$M=\begin{cases} 3a+1 & (0<a\leqq 1 \text{ のとき}) \\ 4a^3 & \left(1<a\leqq\dfrac{3}{2} \text{ のとき}\right) \\ 27a-27 & \left(\dfrac{3}{2}<a \text{ のとき}\right) \end{cases} \quad \cdots\cdots(\text{答})$$

別解　(2)　$f(t)=-t^3+3at^2$ において，$-1\leqq t\leqq 3$ の範囲を動くときの $f(t)$ の最大値 M を求める。

まず，$f(t)=-t^3+3at^2$　($a>0$) の増減を調べると，$f'(t)=-3t(t-2a)$ より，増減表は右のようになる。

t	$\cdots$	0	$\cdots$	$2a$	$\cdots$
$f'(t)$	$-$	0	$+$	0	$-$
$f(t)$	↘	0	↗	$4a^3$	↘

ここで，$f(t)=4a^3$　($=f(2a)$) をみたす t の値を求めると

$$-t^3+3at^2=4a^3 \iff (t+a)(t-2a)^2=0$$

より　　$t=-a,\ 2a$

よって，$y=f(t)$ のグラフは図 1 のようになるので，$-a$ と -1 および $2a$ と 3 の大小によって場合分けして考える。

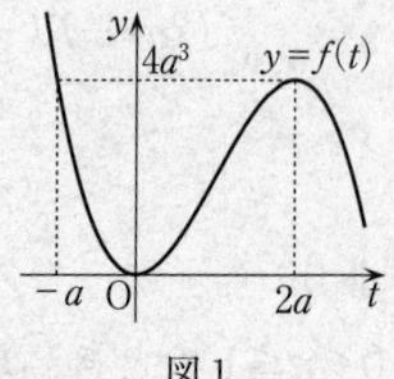

図 1

i ）$0<a\leqq 1$ のとき

$-1\leqq -a<2a<3$ より

$$M=f(-1)=3a+1\quad（図 2 参照）$$

ii ）$1<a\leqq \dfrac{3}{2}$ のとき

$-a<-1<2a\leqq 3$ より

$$M=f(2a)=4a^3\quad（図 3 参照）$$

iii ）$a>\dfrac{3}{2}$ のとき

$-a<-1<3<2a$，$f(3)-f(-1)=24\left(a-\dfrac{7}{6}\right)>0$ より

$$M=f(3)=27a-27\quad（図 4 参照）$$

（以下，〔解答〕と同じ）

[$0<a\leqq 1$]

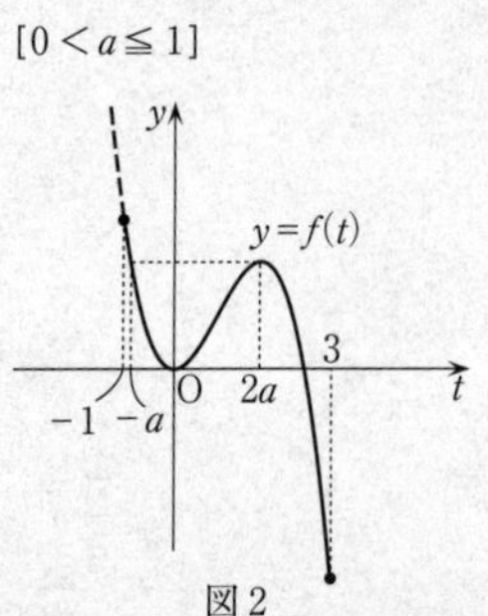

図 2

[$1<a\leqq \dfrac{3}{2}$]

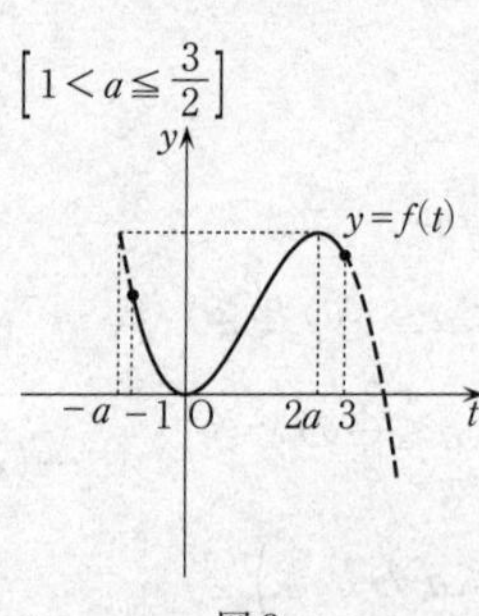

図 3

[$a>\dfrac{3}{2}$]

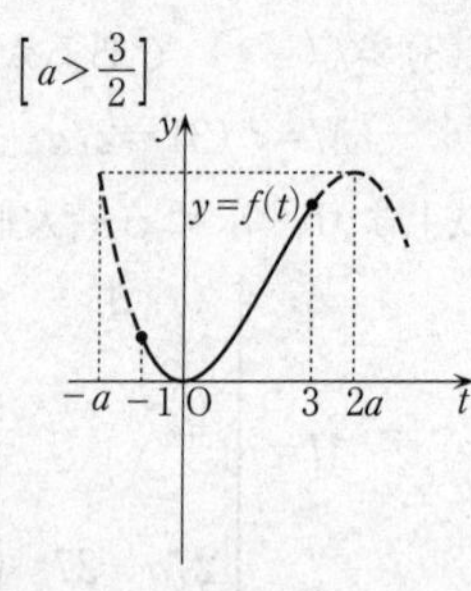

図 4

◀解　説▶

≪底の変換，３次関数の最大値≫

▶(1)　与えられた式の対数に現れる数はすべて２のべき乗の形なので，底の変換公式を用いて底を２に変換すれば，t の３次式を導くことができる。

▶(2)　与えられた x の値の範囲を t の値の範囲に置き換え，この範囲における t の３次関数の最大値を求めればよい。微分法を用いて増減を調べればよいが，文字定数 a を含むので，極大値をとるときの $2a$ の値，および最大値の候補２つの値の大小比較により，a の値による場合分けが必要である。

また，〔別解〕のように，極大値と同じ値をとる（$f(t)=f(2a)$）t の値を求めることによって，グラフを用いて解くこともできる。

いずれにしても，頻出問題で定型の手法であるので，確実に得点したい。

3

◆発想◆　(1)　$|2\overrightarrow{OA}+\overrightarrow{OB}|=|\overrightarrow{OA}+2\overrightarrow{OB}|=1$ を見て，$2\overrightarrow{OA}+\overrightarrow{OB}=\vec{e}$，$\overrightarrow{OA}+2\overrightarrow{OB}=\vec{f}$ などと置き換える発想が出てきただろうか？ $\overrightarrow{OA}$，$\overrightarrow{OB}$のまま計算しても解けるが，このように置いて他の式を $\vec{e}$，$\vec{f}$ で表すと，見通しよく処理していくことができる。

(2)　$|\vec{e}|=1$，$|\vec{f}|=1$ および(1)で得られた条件から，xy 座標を導入し，適当にベクトルの成分を設定するのがわかりやすい。与えられたベクトルに関する連立不等式が表す領域を xy 平面に図示し，$|\overrightarrow{OP}|$ の最大値と最小値を求めよう。このとき，前者の不等式は円，後者の不等式は直線を境界とする領域となる。なお，円が絡むこのパターンの最大値・最小値の問題は頻出であるから，即座に解けるようにしておきたい。

解答　(1)　$2\overrightarrow{OA}+\overrightarrow{OB}=\vec{e}$，$\overrightarrow{OA}+2\overrightarrow{OB}=\vec{f}$ とおくと

$$\overrightarrow{OA}+\overrightarrow{OB}=\frac{1}{3}(\vec{e}+\vec{f})$$

と表されるから，与えられた条件は

$$|\vec{e}|=|\vec{f}|=1 \qquad \cdots\cdots①$$

$\vec{e}\cdot\frac{1}{3}(\vec{e}+\vec{f})=\frac{1}{3}$　……②

②より　$|\vec{e}|^2+\vec{e}\cdot\vec{f}=1$

①を代入して　$\vec{e}\cdot\vec{f}=0$

よって　$(2\overrightarrow{OA}+\overrightarrow{OB})\cdot(\overrightarrow{OA}+2\overrightarrow{OB})=0$　……(答)

(2)　条件と(1)の結果から，$|\vec{e}|=|\vec{f}|=1$，$\vec{e}\perp\vec{f}$ が成り立つので，Oを原点とし，$\vec{e}=(1,\ 0)$，$\vec{f}=(0,\ 1)$ とする xy 平面を考える。

このとき，まず

$$|\overrightarrow{OP}-(\overrightarrow{OA}+\overrightarrow{OB})|\leqq\frac{1}{3}\Longleftrightarrow\left|\overrightarrow{OP}-\frac{1}{3}(\vec{e}+\vec{f})\right|\leqq\frac{1}{3}$$

であり

$$\frac{1}{3}(\vec{e}+\vec{f})=\frac{1}{3}\{(1,\ 0)+(0,\ 1)\}=\left(\frac{1}{3},\ \frac{1}{3}\right)$$

より，点Pは中心 $\left(\frac{1}{3},\ \frac{1}{3}\right)$，半径 $\frac{1}{3}$ の円の内部および周上を動く。……③

次に

$$\overrightarrow{OP}\cdot(2\overrightarrow{OA}+\overrightarrow{OB})\leqq\frac{1}{3}\Longleftrightarrow\overrightarrow{OP}\cdot\vec{e}\leqq\frac{1}{3}$$

であるから，P$(x,\ y)$ とおくと

$\overrightarrow{OP}\cdot\vec{e}=(x,\ y)\cdot(1,\ 0)=x$

より，点Pは

$x\leqq\frac{1}{3}$

で表される領域，すなわち直線 $x=\frac{1}{3}$ の左側の領域および直線上を動く。

……④

したがって，点Pは③，④を同時にみたすような領域を動く。

これを図示すると，右図の網かけ部分（境界を含む）のようになる。

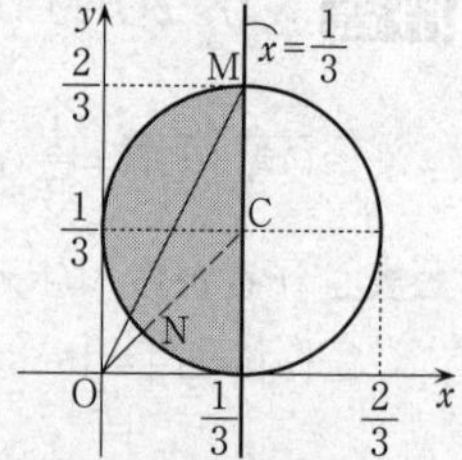

ここで，C$\left(\frac{1}{3},\ \frac{1}{3}\right)$，M$\left(\frac{1}{3},\ \frac{2}{3}\right)$，点Nを円と線分OCの交点とする。$|\overrightarrow{OP}|$ は原点Oと点Pの距離を表すことに注意すると，右図より

$|\overrightarrow{\mathrm{OP}}|$ の最大値は

$$\mathrm{OM}=\sqrt{\left(\frac{1}{3}\right)^2+\left(\frac{2}{3}\right)^2}=\frac{\sqrt{5}}{3}\quad\cdots\cdots(\text{答})$$

$|\overrightarrow{\mathrm{OP}}|$ の最小値は

$$\mathrm{ON}=\mathrm{OC}-\mathrm{CN}=\frac{1}{3}\sqrt{2}-\frac{1}{3}$$

$$=\frac{\sqrt{2}-1}{3}\quad\cdots\cdots(\text{答})$$

別解　(2)　(座標を導入しない解法)

原点をOとし，$\vec{e}=\overrightarrow{\mathrm{OE}}$, $\vec{f}=\overrightarrow{\mathrm{OF}}$ をみたす点E，Fをとると，条件と(1)の結果から

$$\mathrm{OE}=\mathrm{OF}=1,\ \angle\mathrm{EOF}=\frac{\pi}{2}$$

また，$\overrightarrow{\mathrm{OA}}+\overrightarrow{\mathrm{OB}}=\frac{1}{3}(\vec{e}+\vec{f})=\overrightarrow{\mathrm{OC}}$ をみたす点Cに対して

$$|\overrightarrow{\mathrm{OP}}-(\overrightarrow{\mathrm{OA}}+\overrightarrow{\mathrm{OB}})|\leqq\frac{1}{3}$$

$$\Longleftrightarrow|\overrightarrow{\mathrm{OP}}-\overrightarrow{\mathrm{OC}}|\leqq\frac{1}{3}$$

を満足する点Pは，点Cを中心とする半径 $\frac{1}{3}$ の円の内部および周上を動く（図1）。

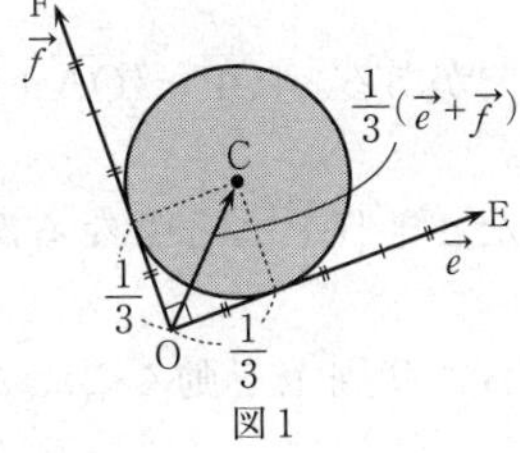

図1

一方，$\overrightarrow{\mathrm{OP}}$ と $2\overrightarrow{\mathrm{OA}}+\overrightarrow{\mathrm{OB}}$ $(=\vec{e})$ のなす角を θ $(0\leqq\theta\leqq\pi)$ とすると，$|\vec{e}|=1$ より

$$\overrightarrow{\mathrm{OP}}\cdot(2\overrightarrow{\mathrm{OA}}+\overrightarrow{\mathrm{OB}})\leqq\frac{1}{3}\Longleftrightarrow\overrightarrow{\mathrm{OP}}\cdot\vec{e}\leqq\frac{1}{3}\Longleftrightarrow|\overrightarrow{\mathrm{OP}}|\cos\theta\leqq\frac{1}{3}$$

ここで，点Pを通り $\overrightarrow{\mathrm{OE}}$ に垂直な直線を l, l と直線OEの交点をQとする。

このとき，$|\overrightarrow{\mathrm{OP}}|\cos\theta=k$ (k は定数) をみたす点Pは

$$\overrightarrow{\mathrm{OQ}}=k\vec{e}$$

を満足する直線 l 上の点を動く（図2）。よって，$\overrightarrow{\mathrm{OP}}\cdot\vec{e}\leqq\frac{1}{3}$ $\left(k\leqq\frac{1}{3}\right)$ をみたす点Pは，図3の網かけ部分（境界を含む）の領域を動く。

(以下，〔解答〕と同じ)

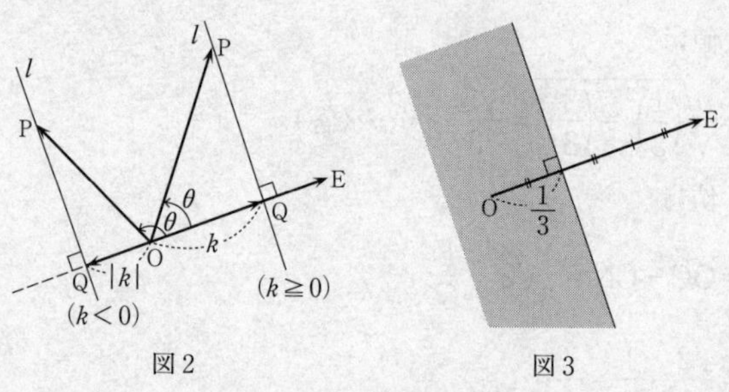

図2　図3

◀解　説▶

≪平面ベクトルの内積，ベクトルの不等式で表された領域≫

▶(1)　$2\overrightarrow{OA}+\overrightarrow{OB}=\vec{e}$，$\overrightarrow{OA}+2\overrightarrow{OB}=\vec{f}$ とおいて，与えられた条件を $\vec{e}$，$\vec{f}$ を用いて表す。結局 $|\vec{e}|=|\vec{f}|=1$，$\vec{e}\cdot(\vec{e}+\vec{f})=1$ のとき $\vec{e}\cdot\vec{f}$ の値を求める基本問題に帰着することができる。このまま計算して，$|\overrightarrow{OA}|$，$|\overrightarrow{OB}|$，$\overrightarrow{OA}\cdot\overrightarrow{OB}$ を求める解法も考えられるが，結局2つのベクトル $2\overrightarrow{OA}+\overrightarrow{OB}$，$\overrightarrow{OA}+2\overrightarrow{OB}$ を基準に考えていかなければならないことになる。

▶(2)　与えられたベクトルに関する不等式が何を意味するかを理解する必要がある。$|\overrightarrow{OP}-(\overrightarrow{OA}+\overrightarrow{OB})|\leqq\dfrac{1}{3}$ は基本的な内容で，$\overrightarrow{OA}+\overrightarrow{OB}=\overrightarrow{OC}$ としたとき $|\overrightarrow{CP}|\leqq\dfrac{1}{3}$ となるから，点Pは点Cを中心とする半径 $\dfrac{1}{3}$ の円の内部および周上を動くことがわかる。$\overrightarrow{OP}\cdot(2\overrightarrow{OA}+\overrightarrow{OB})\leqq\dfrac{1}{3}\iff\overrightarrow{OP}\cdot\vec{e}\leqq\dfrac{1}{3}$ については，まず $\overrightarrow{OP}\cdot\vec{e}=\dfrac{1}{3}$ をみたす点Pは $\vec{e}$ に垂直な直線上を動くことを押さえよう。このためには xy 平面を導入して，$\mathrm{P}(x,\ y)$ とし，ベクトル $\vec{e}$，$\vec{f}$ の成分を適切に設定することにより内積の成分計算を実行すれば，x，y の方程式が得られ，これが直線を表すことが容易にわかるだろう。このことから，この不等式は $\vec{e}$ に垂直な直線 $\left(x=\dfrac{1}{3}\right)$ を境界とする領域を表すことがわかる。〔別解〕のように，ベクトルのなす角 θ を考えて図形的に考察してもよい。

以上のことから，2つの不等式が表す領域の共通部分を図示すれば，図形的に考えることにより $|\overrightarrow{OP}|$ の最大値と最小値が得られる。最小値は「(Oと円の中心の距離)－(円の半径)」として求めることができる。

❖講　評

2023年度は，主分野としては[1]2次関数，[2]微分法，[3]ベクトルの内容が出題された。いずれも他の分野（[1]は三角関数，[2]は対数関数，[3]は図形と方程式）の知識を要する融合問題であった。微・積分法の分野は，2019年度を除いて毎年出題されており，2023年度も微分法の問題が出題された。整数問題は2021・2022年度と連続して出題されたが，2023年度は出題されなかった。空間ベクトル（空間図形）の分野は近年しばしば出題されている（2018・2019・2021年度）が，2022・2023年度は平面ベクトルが出題された。微・積分法およびベクトルの分野が特に頻出であるので，重点的に押さえておく必要があるだろう。また，2023年度は証明問題は出題されず，図示問題が1題出題された。

[1]は，三角関数が実数解をもつような点 $(a,\ b)$ の存在範囲を図示する問題。倍角公式を用いて $t=\sin\theta$ とおくことにより，t の2次方程式を導くことができるので，この方程式が $-1\leqq t\leqq 1$ をみたす実数解を少なくとも1つもつ条件を求める典型的な「解の配置」問題に帰着させることができる。標準レベルの問題で，定型の手法に従ってミスに気をつけて完答を目指したい。

[2]は対数関数の最大値を求める問題。(1)は底の変換公式を用いて底を2に揃えて $t=\log_2 x$ とおくと，t の3次関数が得られるので，(2)で t のとりうる値の範囲を求め，この範囲における3次関数の最大値を求める。あとは微分法の定石に従って増減を調べればよいが，定数 a の値によって $t=-1,\ 2a,\ 3$ のうちどの値で最大値をとるか異なるので，a の値による3通りの場合分けが必要となる。頻出の内容で，特に解答に行き詰まることもない標準レベルの内容なので，ミスには十分留意して完答を目指したい。

[3]は平面ベクトルの問題で，理系学部との共通問題。まず，$2\overrightarrow{\mathrm{OA}}+\overrightarrow{\mathrm{OB}}=\vec{e}$，$\overrightarrow{\mathrm{OA}}+2\overrightarrow{\mathrm{OB}}=\vec{f}$ などと置き換えることにより，処理が非常に簡潔になる。このことに気づけたかどうかが第一のポイントといえる。次に，ベクトルで表された2つの不等式が何を意味するか理解できるかが第二のポイントである。Cを定点，r を定数とするとき，ベクトル方程式「$|\overrightarrow{\mathrm{OP}}-\overrightarrow{\mathrm{OC}}|=r$」はCを中心とする円，そして「$\overrightarrow{\mathrm{OP}}\cdot\overrightarrow{\mathrm{OC}}=r$」は $\overrightarrow{\mathrm{OC}}$ に垂直な直線を表す。後者は xy 平面を導入し，ベクトルの成分計

算を行えば容易に導くことができる。この方程式を不等式に変えることで点Pの存在する領域が得られるが，これを図示し，$|\overrightarrow{OP}|$つまり原点Oと点Pの距離の最大値と最小値をスムーズに計算できたかどうかが最後のポイントである。これらのポイントをすべてクリアするには，柔軟な対応力が要求される，やや難レベルの問題で，どれだけ完答に近づくことができたかが成否を分けたであろう。

大阪大学の数学は，2020 年度にかなり易化し，それ以降方針の立てやすい基本・標準レベルの問題を中心に出題されていたが，2023 年度は難化し，質・量ともに 2019 年度以前のレベルに戻ったといえる。2023 年度1 2では，いずれも「場合分け」がポイントで，この考え方が重視されているので，「場合分け」を重点的に訓練しておくことを勧めたい。

年度によって出題傾向や難易度が変わることがあり，また融合問題が数多く出題されるので，どの分野も偏ることなく学習することが重要である。ミスを防ぎ，慎重な処理や検算を心掛け，確実に問題を解いていく必要がある。特に基本・標準レベルの問題はミスすることなく確実に得点する実力をつけるとともに，発展的な内容の問題の学習も怠らず，実践的な演習を積んでいこう。

仕事で忙しく駆け回って宿場の役人の手を煩わせるばかりで　心安らかに暮らす崇寿院の老僧の手前恥ずかしい

いつかまた恋い慕って訪ねて来るにちがいないが　どうか私がかつてここに来たことを覚えておいてほしい

中村秋香（一八四一～一九一〇年）は国文学者、詩人、歌人。武士の家に生まれ漢学を学ぶ。明治維新後、愛知県に仕官。その後、教部省、文部省、第一高等中学校などで奉職する。和歌や古典の注釈書を多く執筆する。著書に『活語図』『新説歌がたり』『皇国文法』『秋香集』などがある。

❖講　評

Ⅰはユヴァル・ノア・ハラリの評論文からの出題。翻訳とはいえこなれた日本語であるため、読みやすく明快である。またタイムリーな内容で非常に興味深いものと言える。設問は総じて標準レベルである。

Ⅱは塩原良和の評論文からの出題。グローバリゼーションをメタファー的思考から論じた文章である。これも論旨が明快ですっきりしている。設問は問一・問二が標準、問三がやや難レベルである。問一の「本文中のメタファーを用いて」という条件に注意したい。問三はどこまで広げて説明すべきかで迷う受験生も多かっただろう。

Ⅲは中村秋香の俳諧を論じた文章からの出題。入試での出題は初めてではないかと思われるほど、きわめて稀な出典である。四つの句の典拠や解釈について考察したもので、特に後半の二句の解釈をめぐる議論はとても面白いとはいうものの、受験生にとってはなじみが薄く難しい印象を受けるだろう。設問は問一・問二が標準、問三～問五がやや難レベルである。

ってしまうと穂積夫人が言ったというのである。これでわかるように「かかり（かかる）」は〝かかわる。関係する〟の意となる。解答は、解答欄がそれほど大きくはないので、「三日見ぬまに」とした場合の句の構造とその内容のみを説明すればよいだろう。

▼問五 「共に面白きはなし」の一つは穂積夫人の話、すなわち「よの中は三日見ぬまに桜かな」の句の、「見ぬまに」の「に」を「の」に変えた場合、「桜」が「花盛り」から「落花」へと変わってしまうという話である。すなわち助詞一つ変えるだけで句の解釈が異なってくるという話である。したがってもう一つの話とは「鍋洗ふ前に三つ四つ蛍かな」の句についての話で、「前に」の「に」を「を」と変えた場合、蛍が草むらに止まっている状態から飛び交う状態へと変わると指摘した話である。以上をふまえて解答をまとめることになる。「どのような共通点」については、前に示したように助詞一つ変えただけで句の解釈が異なってくる点を答えればよいだろう。また「どのようなこと」については、たんに両句を挙げるだけではなく、それらの句の問題となっている助詞を具体的にあげて説明した方がよいだろう（「何と何が」との違いに注意したい。もしそうなっていたら「『鍋洗ふ』の句と『よの中』の句とが……」と答えればよい）。

参考　蘇軾の「太白山下早行至横渠鎮書崇寿院壁（太白山下早行して横渠鎮に至り崇寿院の壁に書す）」の詩は次の通りである。

馬上続残夢　不知朝日昇
乱山横翠嶂　落月澹孤燈
奔走煩郵吏　安間愧老僧
再遊応眷眷　聊亦記吾曾

馬上に残夢を続ぎ　朝日の昇るを知らず
乱山翠嶂横たはり　落月孤燈澹し
奔走郵吏を煩はし　安閒老僧に愧ず
再遊応に眷眷たるべし　聊か亦吾曾を記せ

馬上でうつらうつらと昨夜の夢の続きを見ていて　朝日が昇るのに気づかなかった
ふぞろいにそびえ立つ山々が緑色の屛風を立てたように並び　月は西に傾き一軒の家から灯火が淡く漏れている

後二者が前者を典拠としているというのはもっともである。「火おこさぬ火桶、炭櫃」→「火おこさぬ夏の炭櫃」→「炭櫃さへすごき」という引用の流れも自然に見える。解答は「何と何とが、どのように同じである」という設問の指示に従う形でまとめる。また「何」と「何」についてはたんに其角の句、『無名抄』の歌と記すのではなく、それらのどの句であるかも明示して説明するとよいだろう。

▼問三　嵐牛の句「鍋洗ふ前に三つ四つ蛍かな」にある「前に」を「前を」とした場合、どのように風情が変わるのか。まず「前に」とした場合は「鍋を洗ふ前の草むらなどに居るさまにて、飛びかふさまとは聞こえぬなり」とあるように、蛍は前の草むらに止まっているような感じがすると言う。これに対して「前を」とした場合は「鍋洗ふ前を三つ四つ蛍が飛びかふさま」とあるように、蛍が飛び交っているさまが思い浮かぶと言う。これは要するに蛍は飛んでいる方が夏の風情が増すということであろう。確かに『枕草子』でも「夏は夜。……闇もなほ、蛍の多く飛びちがひたる。また、ただ一つ二つなど、ほのかにうち光りて行くもをかし」と記している通りである（あるいはこの句はここを典拠としているのかもしれない）。よって傍線部を説明しながら、夏の風情という観点から両者の優劣を説明すればよいだろう。なお格助詞の「を」「に」にはともに場所を表す用法があり、「を」には通過点の用法があるが、「に」にはない。また、あるいは「前へ」とでもした方が、鍋を洗う手元を照らしに蛍がやってきたというニュアンスが出て、俳味が出たかもしれない。

▼問四　「よの中は三日見ぬまに桜かな」と「よの中は三日見ぬまの桜かな」との違いをおさえる。前者の場合は「よの中は三日見ぬまに」と「桜かな」に意味上分けることができて、世の中は三日の間に情勢が一変するものであり、桜も三日見ない間に満開だという内容になると述べている（「三日の間に局面の一変する……『桜かな』は花盛りをいへるが如く聞え」）。後者の場合は「よの中は」と「三日見ぬまの桜かな」に分けることができて、世の中は三日見ない間に散ってしまった桜のように無常なものだという内容になると述べている（「『三日見ぬうち変じたる桜』……『桜かな』は落花をいへるが如く聞ゆ」）。このように「に」と「の」の違いで、「三日見ぬま」の「かかり」が変わ

語句　○残夢＝明け方うとうとしながら見続ける夢。目が覚めても続く夢心地。
○遠江なる＝「なる（なり）」は所在を表す助動詞。
○人口に膾炙す＝広く人々の口にのぼってもてはやされる。
○局面＝形勢。情勢。

◀解　説▶

本文は四つの句とその評釈で構成されている。最初の二つの句「馬に寝て残夢月遠し茶の烟」「炭俵」についてはその典拠を考察し、後の二つの句「鍋洗ふ前に三つ四つ蛍かな」「よの中は三日見ぬまに桜かな」については助詞の用法を考察している。

※

▼問一　「なでふ」は「なにといふ」→「なにてふ」→「なんでふ」→「なでふ」（撥音「ん」の無表記）と変化したもので、連体詞と副詞の用法があり、いずれも疑問または反語の意になる。ここは「たはごと」にかかるので前者の用法となり、文末の「ぞや」（係助詞「ぞ」＋係助詞「や」）を伴って疑問の意を表す。「たはごと」は〝ふざけた言葉。でたらめ。たわけたこと〟の意。直前に「これらの句を評して」とあることから、「たわけた句」くらいに訳すのが適当だろう。小山田与清は、芭蕉が蘇軾の漢詩の句「馬上続残夢」を「馬に寝て残夢」と発句に詠み替えた点を、「漢文を邦語にてよむが如く」と非難したわけである。しかし筆者は「遥かに味あるを覚ゆ」と述べて、芭蕉の句の方が味わいが深いと芭蕉を擁護している。

▼問二　傍線部（2）の「よる」は〝基づく。典拠とする〟の意。「また其角が」以下の筋をおさえる。すなわち芳樹翁が、其角の「炭櫃さへ」の句は『無名抄』の「火おこさぬ」の和歌から思いついたと自説を述べたことに対して、筆者が両者とも『枕草子』の「すさまじきもの」の段にある「火おこさぬ火桶、炭櫃」を典拠としていると反論したというものである。確かに『枕草子』が平安中期、『無名抄』が鎌倉初期、其角の句が江戸初期の成立であってみれば、

火おこさぬ夏の炭櫃のここちして人もすさめずすさまじの身や（＝火をおこしていない夏の囲炉裏のような心地がして人も寄りつかない興ざめなわが身であるよ）

とある歌から思いついたのであろうと、芳樹翁がおっしゃったのはいかがなものだろう。これは『枕草子』の「すさまじきもの（＝興ざめなもの）」の中に「火をおこさない火ばち、囲炉裏」とあるのをふまえているのであって、『無名抄』の歌と典拠とするところが同じと言うべきである。

遠江（＝今の静岡県西部）に住む柿園嵐牛は、俳句では当時名を知られた人であったが、あるとき、

鍋洗ふ前に三つ四つ蛍かな（＝外で鍋を洗っている前に蛍が三つ四つ飛んでいる）

という句を詠み得て、このような風情は和歌では詠むのが難しいだろうと思い、石川依平に見せたところ、依平が見て、「私は俳諧のことはわからないので、あれこれと批評を加えることはできない。ただ和歌では『鍋洗ふ前を』と詠まなければならない。『を』と詠めばすなわち、鍋を洗う前を蛍が三つ四つ飛び交っている様子が、自然と言外に理解できるだろう。（しかし）『前に』では鍋を洗う前の草むらなどに止まっているようで、飛び交っている様子とは思えないのである」と言ったので、嵐牛は深く感じ入り、これ以来いつも依平の指導を受けて俳句もたいそう上達した、と春畊氏がお話しになった。

また、多くの人が口にして広く知られた、

よの中は三日見ぬまに桜かな（＝世の中は三日見ない間に満開になる桜のようなものよ）

の句は、あるいは「三日見ぬまの」とも伝わっている。「『三日見ぬまに』と詠むときは、『三日見ぬま』の句は、『よの中』という句にかかわり、三日の間に（世の中の）情勢が一変することを『桜かな』と詠んだことになり、『桜かな』は満開の桜を詠んだように聞こえ、また『三日見ぬまの』と詠むときは『三日見ぬま』の句は桜にかかって、『三日見ぬうちに変化した桜』ということになって、『桜かな』は散った桜を詠んでいるように聞こえる」と、穂積夫人がおっしゃった。両方ともに面白い話である。

じきもの」の段にある「火おこさぬ火桶、炭櫃」を典拠としているということ。

問三 「前に」とすると場所が指定され、鍋を洗う前の草むらなどに蛍が止まっている感じがするが、「前を」とすると通過点の意味合いが出て、その前を蛍が飛び交っている感じがして、いかにも夏の夜の風情が感じられる。

問四 「三日見ぬまに」とすると「よの中」と関連づけられて、世の中は三日の間にも情勢が一変するという意味になり、三日見ない間に満開になった桜でそれを知ったという意味になるということ。

問五 「鍋洗ふ前に」の「に」を「を」とするかという話と、「三日見ぬまに」の「に」を「の」とするかという話とが、助詞一つの違いで句の解釈が異なってくるという共通点をもつ。

◆全　訳◆

松尾桃青（＝芭蕉）が（詠んだ）、

馬に寝て残夢月遠し茶の烟（＝馬上でうつらうつらと夢の続きを見ているうち、ふと気づくと有明の月が遠くに見え、人家では茶を煮る煙が立ちのぼっている）

の句は、蘇軾の早行の詩の「馬上に残夢を続ぎ（＝馬上でうつらうつらと夢の続きを見ていた）」という句をふまえて詠んだそうだが、（「馬に寝て残夢」を）「月遠し茶の烟」と受けたことによって、有明の月が出ているなか早朝に旅に出たときの景色も、馬の背の上でうとうとしながら、揺られ揺られ行く様子も、まの当たりに浮かぶようで、元の詩の「不知朝日昇（＝朝日が昇るのも気づかない）」と詠んでいるのよりも、はるかに味わいがあるように思われる。（ところが）小山田与清の『俳諧歌論』に、これらの句を批評して、漢文を日本語で読んでいるようで、なんというたわけた句だろうかと非難しているのは、適当とも思われない議論と言わねばならない。

また其角が、

炭櫃さへすごきに夏の炭俵（＝夏に囲炉裏を見るのでさえすごいのに、炭俵が積んであるとは）

と詠んでいるのは、『無名抄』に、

新しいものと混ざり合って再び沈殿するように、「ある場所の集合的記憶が……歴史が語られ直されていくプロセスを表現している」と述べている。このように「渦」というメタファーに「刺激され」て、「堆積物」という新しい表現と、歴史の再解釈という「新しい思考」を「加え」たわけである。解答をまとめるにあたっては、「渦」がたとえる内容は説明する必要がなく、「新しい思考と表現」について説明すればよいだろう。また「思考」と「表現」を別々に説明する必要はなく、一体のものと捉えて説明すればよいだろう。

▼問三　第十段落以下、グローバリゼーションという時代の流れにどう対処して生きるかという問題に関して、「流れ」と「船」との関係の三パターンになぞらえて論じられている。その三パターンの第一が、急流をさかのぼろうとするカヌーや、流れに抵抗するモーターボートのイメージで、大きな力が必要であるという。第二が、ある程度身を任せながら風を巧みに操って進むヨットのイメージで、慎重に航路を保つだけの力が必要であるという。第三が、エンジンの壊れた漂流船のイメージで、無力で流されるままであるという。そしてこの三パターンが生き方の三パターンに対応する。第一が「時代の流れに乗らず、抗い続ける生き方」であり、第三が「自分の意思にかかわらず動かざるをえない」生き方である。第二は傍線部（3）にいう「中間」のタイプで、「どのくらいその移動を自己決定できるかという可能性」（以上、最終段落）を手がかりにすれば、グローバリゼーションの流れに従いながらも主体的に自己決定できるような生き方をいうと言えよう。設問は「中間」の状態を尋ねているが、その両極端の状態についても説明する必要がある。また「流れ」と「船」の関わり方というたとえにも触れる必要がある。

Ⅲ　解答

出典　中村秋香『秋香歌かたり』〈俳句〉

問一　なんというたわけた句だろうか

問二　其角の句の「炭櫃さへすごき」と、『無名抄』の歌の「火おこさぬ夏の炭櫃」とが、『枕草子』の「すさま

1　第一～第五段落（「たとえ話」は……歴史の解釈をめぐる論争でもある。）
グローバリゼーションは「流れ」と「ネットワーク」「渦」というメタファーで理解される
2　第六・第七段落（このように、メタファーを……対話可能性を広げていく。）
メタファー的思考は新たな視点をもたらし、私たちの想像力と対話可能性を広げていく
3　第八・第九段落（「流れ」「ネットワーク」……根本的な変容を模索している。）
グローバリゼーションは「時代の流れ」そのものであり、その評価は論者によって多様である
4　第十～第十三段落（「時代の流れ」という表現は……その中間にいるということだ。）
グローバリゼーションに対処する私たちの主体性は、どのくらい移動を自己決定できるかにかかっている

※

▼問一　傍線部（1）を含む第三段落で、グローバリゼーションという社会現象を説明するためのメタファーとして「フロー（流れ）」と「ネットワーク（あるいはスケイプ）」という言葉が使われることが説明される。このうち「流れ」は「人、モノ、カネ、情報等の国境を越えた頻繁な移動の過程」を表し、「ネットワーク」は「それらの流れを方向づけ統制するために作られる制度」を表すとされる。そして川の流れが水路の堤防を越えて氾濫するように、これらの「流れ」も「ネットワークの制御の限界を超えて氾濫する」と説明される。「難民」は「人」の「流れ」の例である。この事情を、設問の「本文中のメタファーを用いて」という指示に従い、「フロー（流れ）」と「ネットワーク（あるいはスケイプ）」の二語を用いて具体的に説明することになる。

▼問二　「渦」というメタファーについては第四段落で「『地域（国家）』を……合流して形成される」、また「制御しきれない人……ありさま」と説明される。グローバリズムの「流れ」をよりダイナミックに表現したのがこのメタファーである。続く第五段落で、筆者はこのメタファーに「堆積物」という新たなメタファーを追加して、新たな思考を展開する。すなわち「堆積物」を「歴史や集合的記憶」のメタファーとして使い、堆積物が渦によって巻き上げられ、

出典　塩原良和『分断と対話の社会学――グローバル社会を生きるための想像力』（慶應義塾大学出版会）

解答

問一　難民となった人々の「流れ」が、国境という「ネットワーク」の制御の限界を超えて他国へと氾濫する現象。（四〇字から六〇字）

問二　「渦」というメタファーに「堆積物」を加えて、渦によって巻き上げられた堆積物が新しく流れ込んだものと混ざり合って再び沈殿するように、歴史や集合的記憶が現代の出来事によって呼び覚まされ、再解釈され、歴史が語られ直されていくという思考を加えた。（一〇〇字から一二〇字）

問三　急流に逆らうカヌーやモーターボートでも、流されるままのエンジンの壊れた漂流船でもなく、ある程度流れに身を任せながらも慎重に航路を保って進むヨットのように、グローバリゼーションという大きな時代の流れに乗らず抗い続けるのでも、自分の意思にかかわらず動かざるを得ないのでもなく、時代の流れに乗りながら自分の人生を自己決定してゆく状態。（一五〇字から一七〇字）

◆要　旨◆

メタファーを適切に用いることで、社会や歴史の成り立ちや現象を具体的なイメージで理解できる。またメタファー的思考は多様な思考や発想を結びつけ交流させることで新たな視点をもたらす。たとえばグローバリゼーションは「流れ」「ネットワーク」「渦」といったメタファーで表現される。この「流れ」と私たちの人生との関係を示すために使われるのが「船」である。こうした思考から、不可避な時代の流れとしてのグローバリゼーションに対処する私たちの主体性は、移動すること自体ではなく、どのくらいその移動を自己決定できるかという可能性として体験されることが明らかになる。

▲解　説▼

本文はグローバリゼーションをメタファー的思考によって理解することの意義を説いた文章である。全十三段落から成る。これを四つの部分に分けて内容をまとめよう。

アルゴリズムが時代遅れであること、である。これらをふまえて、傍線部（2）で「AIが人間を凌ぎうる」と言われる。その理由は第七・第八段落で説明される。特に第七段落の「情動や欲望が生化学的なアルゴリズムにすぎないのなら……ホモ・サピエンスよりもはるかにうまくやれない道理はない」、および第八段落の「適切なセンサーを備えたAIなら、人間よりもそのすべてをはるかに正確かつ確実にやってのけられるだろう」に着眼する。以上より、人間の脳の活動を確率計算やパターン認識やアルゴリズムの解読として理解すれば、AIの方がはるかに正確かつ確実に行えることを、右の引用箇所を利用して説明すればよい。

▼問四　傍線部（3）について（中略）の後の第十一段落以下で、自動運転車とAI医師を例にあげて具体的に説明される。それによると、接続された自動運転車はすべて「単一のアルゴリズムの一部」であり、規則を遵守し、衝突事故を避けながら走ることができ、また「コンピューターネットワーク」でつながったAI医師なら、「個別性のオンケイを失わずに」「多くの代替アルゴリズムを作動させることが可能」なため、セカンドオピニオンを聞けると言う。以上の具体例をふまえて、「アルゴリズム」と「ネットワーク」という二語を用いて「接続性」を説明すればよい。

▼問五　「更新」とは第十一・第十二段落に登場する「アップデート」を言う。「すべて完全に同時に、たやすくアップデートでき」「そのすべてを瞬く間にアップデートでき」とあり、また「新しい規則」「新しいシッペイや薬」とあるように、アップデートが容易で完全なこと、また最新の状態に保てることを説明する。

参考　ユヴァル・ノア・ハラリ（一九七六年～）はイスラエルの歴史学者。ヘブライ大学で地中海史と軍事史を学び、さらにオックスフォード大学に進み、博士の学位を取得した。ヘブライ大学歴史学部の終身雇用教授。著書に、世界的ベストセラーとなった『サピエンス全史』、『ホモ・デウス』などがある。『21Ｌｅｓｓｏｎｓ――21世紀の人類のための21の思考』は二〇一八年刊。翌一九年邦訳された。

◀解　説▶

本文はＡＩ革命がもたらす近未来の姿を論じた文章である。全十六段落から成り、前半と後半に分けることができる。

前半　第一～第九段落（二〇五〇年に……可能にするかもしれない。）

ＡＩ革命による雇用の喪失の恐れはＩＴとバイオテクノロジーの融合から生じる

後半　第十～第十六段落（このようにＡＩは……見つけるしかない。）

ＡＩの特長である接続性と更新可能性とによる統合されたコンピューターシステムは社会に多大な恩恵を与える

※

▶問一　(a)「余剰」は〝必要分を除いた残り。余り〟。

(b)「疎通」は〝意思などが滞りなくよく通ずること〟。「意思疎通」は「コミュニケーション」の訳語。

(c)「疾病」は〝やまい。病気〟。

(d)「恩恵」は〝めぐみ。なさけ〟。

▶問二　傍線部（1）の前の第三段落で、人工知能（ＡＩ）が人間の身体的能力だけでなく、認知的能力、特に情動まで理解するようになってきたと述べられたのを受けて、傍線部（1）でＡＩ革命はコンピューターが「速く賢くなるだけの現象ではない」と指摘される。そして続けて、人間の生化学的なメカニズムの理解が深まるほど「コンピューターは人間の行動を分析したり……弁護士に取って代わったりするのがうまくなる」と言われる。このように筆者はＡＩ革命に関して、コンピューターが生命科学や社会科学と結びつくことの意義を強調する。解答はこの引用箇所を抜き出せばよい。「取って代わったりする」までを引用しても正解と認められるだろうが、「どのようになる」という指示に形を合わせれば「うまくなる」まで抜き出すのが適当だろう。

▶問三　傍線部（2）直前の「これ」は前段落の内容を指す。すなわち、人間の意思決定は謎めいた自由意志ではなく、一瞬の確率計算によって行われること、また人間の直感がパターン認識にすぎないこと、そして人間の脳の生化学的

▲人間科・外国語・法・経済学部▼

出典　ユヴァル・ノア・ハラリ『21 Lessons──21世紀の人類のための21の思考』〈I　テクノロジー面の難題　2　雇用──あなたが大人になったときには、仕事がないかもしれない〉（柴田裕之訳、河出書房新社）

解答

問一　(a) 余剰　(b) 疎通　(c) 疾病　(d) 恩恵

問二　人間の行動を分析したり、人間の意思決定を予測したり、人間の運転者や銀行家や弁護士に取って代わったりするのがうまくなる

問三　人間の意思決定は確率計算によってなされ、人間の直感はパターン認識にすぎず、人間の情動や欲望は生化学的なアルゴリズムにすぎない。適切なセンサーを備えたＡＩなら、人間よりもそのすべてをはるかに正確かつ確実にやってのけられるから。（一二〇字以内）

問四　すべての個体が単一のアルゴリズムの一部となって、コンピューターネットワークを構成すること。（五〇字以内）

問五　完全かつ容易に最新の状態にアップデートできること。（二五字以内）

◆要　旨◆

人間の情動や欲望は生化学的なアルゴリズムにすぎない。コンピューターはそのアルゴリズムを解読して人間よりはるかにうまくやれる。したがって雇用の喪失の恐れはＩＴの興隆からのみ生じるのではなく、ＩＴとバイオテクノロジーの融合から生じるのだ。だがＡＩと人間の違いはたんに程度の問題ではない。ＡＩが持っている、人間とは無縁の能力のうち、特に重要なものが接続性と更新可能性である。統合されたコンピューターシステムによって人間社会が受ける恩恵は計り知れない。人間の仕事を守るためだけに、交通や医療のような分野での自動化を妨げるのは愚行だろう。

地形や気候についての基本的な知識がある方が理解しやすいかもしれない。設問は問一～問三が標準レベル、問四がやや難レベル。問一～問三は「本文に即して」という指示があるので比較的書きやすいが、ポイントを落とさないように注意する必要がある。問四は非常に難しく、ある程度考えて解答が思いつかなければ後回しにした方が得策である。

Ⅲ『都のつと』からの出題。本文がやや長いが、紀行文なので問題ないだろう。文意のとりにくい箇所はないと思われる。設問は総じて標準レベルである。問二はどこまで踏み込んで理由づけするか迷ったかもしれない。問四の(二)は設問に「この文章全体で」とあるが、実際には「文章全体」にかかわる設問ではなく、着眼点は最終段落である。

Ⅳ『百喩経』という非常に珍しい出典からの出題。文章が短いうえに内容も平易である。設問もいずれも標準レベル。現代文で時間を使いすぎて漢文に時間が回らなかったということにならないよう、漢文から解くのが時間配分としては効率がよかっただろう。

ども）の用法がある。ここは直後に「欲」があるように前者の用法になる。「踏」は「欲」に続けるために「ふまんと」と読む。「常」は「つねに」と読む副詞。

▼問四　「汝」は長者を指す。「得汝意」は前の「得其意」と同じく、長者に気に入られることを言う。そのために愚人は「唾欲出口、挙脚先踏」（傍線部(4)直前）という行動に出た。ところが長者の唾を踏むどころか、長者の唇を切り、歯を折るという最悪の事態になってしまったのである。この引用箇所を含めて具体的に説明する。

▼問五　長者が唾を吐く前に愚者が唾を踏もうとしたために、長者から見れば悲劇が、第三者から見れば喜劇が起こった。これをふまえて教訓が導かれる。「凡物須時」とは物事を行うにはその時機があるということ。しかし愚者のようにそれをわきまえずに物事を行おうとすれば、長者の唇と歯が損なわれたように「得苦悩」となり、傍線部(5)のように結論づけられる。「与(と)」は接続詞で、「時」と「非時」をつなぐ。解答はこの第二段落の内容を説明する形で行えばよいだろう。

参考　『百喩経』は古代インドの寓話を集めた仏典で、全九十八編で構成される。五世紀に成立・漢訳された。撰者は僧伽斯那、漢訳者は求那毘地。いずれも二段落構成で、短い寓話とそこから導かれる教訓とから成る。

❖講　評

Ⅰ　宮野真生子の評論文からの出題。九鬼周造の偶然性の問題について論じた文章である。最初にかなり内容的につっこんだリード文があるという珍しいスタイルをとる。これを横目に見ながら本文に取り組むことになる。本文では第一・第二段落で九鬼の論考が解説されているが、全体としては九鬼の論考を批判的に検討したものである。その点に注意しながら読み解こう。設問は問三が標準レベル、他がやや難レベルである。

Ⅱ　多和田葉子の小説からの出題。現代小説だからと言ってしまえばそれまでだが、文章は主観的、感覚的、断片的であり、文意のとりづらい箇所がいくつかある（それゆえ逆に入試問題向きの文章と言えなくもない）。ヨーロッパの

読み 昔長者有り、左右の人其の意を得んと欲し、皆恭敬を尽くす。長者唾する時、左右の人脚を以て踏みて却く。一愚人有り、踏むを得るに及ばず、念ひて曰く、「若し已に地に唾すれば、則ち諸人踏みて却く。唾せんと欲する時、我当に先に踏むべし」と。是に於いて長者正に唾せんと欲する時、此の愚人即ち脚を挙げて長者を踏み、唇を破り歯を折る。長者愚人に語りて曰く、「汝何を以てか我が唇歯を踏む」と。愚人答へて曰く「若し長者の唾口を出でて地に落つれば、諸人已に踏みて却くるを得、我踏まんと欲すと雖も、常に及ばず。是を以て、唾口を出でんと欲すれば、脚を挙げて先に踏み、汝の意を得るを望む」と。

凡そ物は時を須む。時未だ到るに及ばざるに、強ひて之を為さんと欲すれば、反つて苦悩を得。是を以て、当に時と時に非ざるとを知るべし。

語句 ○長者＝年長の人。高貴な人。金持ち。本文では第二または第三の意。
○左右＝近臣。使用人。
○諸人＝多くの人。

◀解　説▶

本文は二段落から成る。第一段落は愚人にまつわる笑話を記し、第二段落はそれに基づく教訓を記す。

※

▼問一　「欲唾」の主語は「長者」。「欲（～んとほつす）」は〝今にも～しようとする〟の意の助動詞。「当」は「まさに～べし」と読む再読文字で、〝～すべきである〟の意。ここは自分の行為についての発言なので、〝～しよう〟と決意するニュアンスで訳すとよい。「先」は〝誰よりも先に。真っ先に〟の意。

▼問二　「汝」は二人称の代名詞で、「愚人」を指す。「何以（なにをもつてか）」は〝どうして〟の意の疑問の副詞。「我」は自称の代名詞で「長者」を指し、「唇歯」にかかる。

▼問三　「雖（いへども）」は逆接の接続詞。逆接の仮定条件（たとえ～であっても）と逆接の確定条件（～ではあるけれ

出典　『百喩経』〈巻下　蹋長者口諭〉

解答

問一　長者が唾を吐こうとするとき、私が真っ先に踏んでやろう

問二　おまえはどうして私の唇と歯を踏みつけたのか

問三　われふまんとほつす〔ほっす〕といへ〔いえ〕ども、つねにおよばず。

問四　長者の口から今にも唾が出ようとしたとき、誰よりも先にその唾を踏んで掃除して、長者に気に入られることを望んだ。

問五　物事を行うにはそれに適した時機があり、それを無視して行うとひどい結果を招くことになるので、時機が適しているかいないかを知らなければならないということ。

◆全　訳◆

昔長者がおり、使用人たちは彼に気に入られようとして、みんな崇敬の限りを尽くした。長者が唾を吐くとき、使用人たちは（地面に落ちた唾を）足で踏みつけて除いた。一人の愚か者がおり、（唾を）踏むことができず、心の中で言うには、「もし（長者が）地面に唾を吐いたら、大勢の者たちが踏んで掃除してしまう。（長者が）唾を吐こうとするとき、私が真っ先に踏んでやろう」と。そこでちょうど長者が唾を吐こうとしたとき、この愚か者はすぐさま足を上げて長者を踏みつけ、（彼の）唇を切り歯を折った。（そのため）長者が愚か者に告げて言うには、「おまえはどうして私の唇と歯を踏みつけたのか」と。愚か者が答えて言うには「もし長者の唾が口から出て地面に落ちると、大勢の者たちが踏んで掃除してしまうので、私が踏もうとしても、いつも間に合わない。このために、唾が口から出ようとすると、足を上げて真っ先に踏んで、あなたに気に入られたいと思ったのです」と。

おおよそ物事には時機が必要である。まだその時機に至らないのに、無理やり行おうとすれば、かえって悩ましい結果を招く。このために、ちょうどよい時機かそうでないかを知らなければならない。

生前は花が散るのを敦忠は惜しんでいたのだろう。だが今は逆に花の方が敦忠の生きていた往時を恋しく思っているようだ）

▼問四（一）句切れなしの和歌である。「名」は〝うわさ。評判。名声〟。「名に立つ」で〝評判になる。有名になる〟の意。「荒れ始め」の「始め（始む）」は〝～始める。初めて～〟の意の補助動詞。「けむ」は過去推量の助動詞。なおこの和歌は『古今集』の読み人知らずの和歌「宮城野のもとあらの小萩つゆをおもみ風をまつごと君をこそまて（＝宮城野の根元の葉のまばらな萩が、枝に置く露が重いので風を待つように、あなたが来るのを待っています）」をふまえる。

（二）「本荒の萩」の名の由来についての二通りの解釈を問う。「本荒」は〝根元の葉がまばらなこと〟。一説に〝木がまばらに生えていること〟と言う。本文を見ると、傍線部(b)直後の「そもそも本荒の萩とは」以下でその解釈が示される。一つは「春やき残したる……あばらなるにや」の部分で、聞き伝えとして、野焼きで残った去年の枝に咲いた花を言うこと、「古萩」とも呼ぶこと、そして枝がごわごわしてまばらであることをあげている。もう一つはその後の「もしこの里の名によりてもやよみけむ」の部分で、本荒の里に咲く萩だからではないかと自説を披露している。つまり前者は普通名詞としての解釈であり、後者は固有名詞としての解釈である。この二つの解釈を明確に切り離して説明する。なお「本荒の桜などもよみてはべれば」とあるのは、『曾丹集』の和歌「わが宿のもとあらの桜咲かねども心をかけて見れば頼もし（＝わが家の根元の葉のまばらな桜は咲かないけれども、心をかけて見れば将来咲くのが楽しみだ）」などを言うか。

参考　『都のつと』は紀行文。南北朝時代の歌人で僧侶の宗久作。宗久は修行のため東国への旅を思い立ち、九州を出て上京し、さらに関東、東北へと行脚した。各地で見聞を広め、その印象を記した。「つと」は〝土産〟の意である。

る山の中に……と語りし」の部分にある。幾重にも重なる山の中から煙が立ちのぼるのを見て水夫たちに尋ねると、元弘の戦乱で鎌倉幕府が滅んで以来、煙が立ちのぼり始めて今に至っていると説明したというもの。鎌倉幕府が滅亡したことと、東北の山中から時を同じくして煙が立ちのぼることには何の因果関係もなく、不思議でもなんでもない。不思議に思うのは両者を関係づけて考えるからである。すなわち作者はこの煙に戦乱の余韻を見て取っているのである。そう考えれば理由は二点指摘できる。一つは元弘の戦乱とは遠く離れた東北の地で煙がのぼったことであり、もう一つは二十年前に戦乱が終わったのにいまだに続いているかのように煙がのぼっていることである。この二点を含めて説明する。

▼問三　和歌の前後の「本荒の里といふ所に……草堂一宇よりほかは見えず」に着眼する。この箇所で、本荒の里に変わった色の萩が咲いていること、昔は人が住んでいたのだろうが、今は一面やぶの野原となって小屋が一つしかないことが記される。傍線部(b)はこれをふまえる。「この花」は萩を指す。この花が植えられたものであることは「色などもほかには異なる」からわかる。そして昔はこの花が散るのを惜しむ人がいたのだろうと「あはれに」思いやったというもの。したがってこれは、故人が植えた草木が花盛りなのを見て故人を惜しみ、世の無常をしみじみと感じるというパターンになる。「あはれに」がこの心情を表す。「思ひやられ」の「れ」は自発の助動詞「る」の連用形。「はべり」は丁寧の補助動詞「はべり」の連用形。「き」は過去の助動詞である。設問の「どのような状況」についてはやぶ野原と萩を中心に説明し、「どのような心情」については世の無常をしみじみと感じていることを説明する。

なお「花をもいにしへは散るをや人の惜しみけむ」は『拾遺集』の一条摂政の歌をふまえる。詞書きを含めて示す。

　中納言敦忠まかり隠れて後、比叡の西坂本に侍りける山里に人々まかりて花見侍りけるに

　いにしへは散るをや人の惜しみけん花こそ今は昔恋ふらし

（＝中納言敦忠の亡き後、比叡の西坂本にありました山里（にあった故人の山荘）に人々が出かけて花見をしました折に

○思ひ給へしに＝「給へ」は謙譲下二段活用の補助動詞「給ふ」の連用形。

本文は紀行文で、走井→白河の関→阿武隈川→東平王の墓→武隈の松→名取川→本荒の里という行程をたどっている。

◀解　説▶

※

▼問一　(1)「おのづから」は〝自然と。偶然。たまたま。（下に仮定表現を伴って）ひょっとして〟の意がある。ここは旅寝するとき、たまたま虫の音を聞いたという文脈になる。

(2)「いづく」は〝どこ〟。「あくがれ（あくがる）」は〝魂が体から離れる。思い焦がれる。さまよい歩く〟の意。ここはもちろん旅の道中なので〝さまよい歩く〟の意になる。「まかり（まかる）」は本来「出づ」「行く」の謙譲語で〝退出する。参上する〟の意であるが、「行く」の丁寧語（〝参ります。行きます〟の意）としても用いられた。ここもそうで、本文では「出ではべりし」（同段落）の「はべり」のように、所々に丁寧語が用いられている。「し」は過去の助動詞「き」の連体形。「ほど」は〝時。うち。間〟の意を表す形式名詞。

(3)「旅の空」は〝旅の途中。旅先〟。「にて」は場所を表す格助詞。「はかなくなり（なる）」は〝死ぬ〟。「なば」の「な」は完了の助動詞「ぬ」の未然形。「ば」は順接仮定条件の接続助詞。「夜半の煙」は〝夜中に立ちのぼる煙〟の意で、特に夜に死者を火葬にする煙を言う。ここも直前に「はかなくなり」があるので火葬の煙を言うから、それを訳に明示する。「なほ」は〝やはり〟の意の副詞。「ふるさと」は〝故郷〟。「かた」は〝方角。方向〟。「に」は場所（帰着点）を表す格助詞。「や」は疑問の係助詞。「なびく」は煙が横へ流れることを言う。「まし」は反実仮想の助動詞で、上の「〜ば」を受ける。

▼問二　「いと」は〝たいそう〟。「ふしぎ（不思議）なり」は〝思いがけない。考えられない。怪しい〟の意の形容動詞。「しか」は過去の助動詞「き」の已然形で上の「こそ」の結びである。作者がこのように感じた理由は直前の「重な

る）のを見て悲しむ。宮城野の木から滴り落ちる露も、なるほど笠を付けても間に合わないくらいである。花のさまざまな色は、（野に）錦を敷いたように見える。なかでも本荒の里という所で、色なども他とは違う萩があったのを、一枝折って、

宮城野の萩で名を知られた本荒の里はいつからその名のように荒れ始めたのだろうか。

と（歌に詠んだことから）思いが連なりました。この土地は昔は人が住んでいたのに、今は一面やぶ野原となって、草ぶきの小屋一つ以外は見えない。この（萩の）花も昔は散るのを人が惜しんだのであろうかと、しみじみと思いやらずにはいられませんでした。それを古萩とも言うそうだ。そもそも本荒の萩とは、春に焼き残した去年の古い枝に咲いたのを言うそうだと、聞き覚えております。それを古萩とも言うそうだ。これは枝ぶりなども、一般の萩よりもごつごつしていて、まばらなのであろうか。本荒の桜などとも詠んでおりますので（普通名詞か）と思っておりましたが、今聞きますと、もしかするとこの里の地名によって詠んだのであろうかと、改めて考え合わせられるのです。

語句　○かたしく＝独り寝をする。昔は男女が互いに袖を敷き交わして共寝をしたことから、自分の片袖だけを敷いて寝ることを「片敷く」と言った。

○舟子＝水夫。

○思ひのすゑ＝「すゑ」は結果。「恨みの末」などという。

○昭君が青塚＝匈奴の地では白い草しか生えないのに、昭君の望郷の思いが死後に青い草木に宿ったという伝説をいう。

○うなゐ松＝「うなゐ」は髪を襟首のあたりに垂らした子どもの髪形を言う。墓のしるしに植えた松がこの形に似るところからこのように言う。

○心を尽くす＝真心をこめる。いろいろと物思いをする。後者の意が重要。

○木のしたつゆ＝木の枝葉から落ちる露。この前後の箇所は『古今集』の東歌「御さぶらひ御笠と申せ宮城野の木の下露は雨にまされり（＝お供の人よ、「お笠をどうぞ」と主人に申し上げよ。宮城野の木の枝葉から落ちる露は雨よりひど

て）急ぎ、走るゆえに、（走井と）名づけたとか、聞きましたでしょうか。あるときは峰から吹き下ろす強風の音を聞きながら独り寝をし、野原の露に濡れながら横になり、あるときは磯に打ちつける波の音に夢から目覚め、涙で寝床も浮き上がらんばかりに袖を濡らす。たまたま、旅寝で弱ってゆく虫の声を聞いて、秋も終わりになったことを思い、漁師の小屋で寝泊まりして、月が満ち潮のころ空に昇るのを見る。

このように、どこへ行くというあてもなくさまよい参りましたうちに、白河の関を通り過ぎて二十日あまりにもなったが、広い川のほとりに出た。これが阿武隈川であった。都ではるかにうわさに聞き続けていた所の川の名なので、かぎりなく遠くやってきた道のりをつい思い知るのである。渡し守が船を岸に寄せて、通行人たちが急いで乗って岸を離れましたときに、水上を遠く見渡すと、幾重にも重なる山の中に煙が立ちのぼる所があったのを、水夫たちに尋ねたところ、「元弘の戦乱で鎌倉幕府が滅びて以来、この煙がのぼり始めて今に至るまで絶えないのだ」と語ったのは、たいそう不思議であった。

船から降りて進む道のほとりに、一つの墓（＝土を盛り上げて作った墓）がある。行き来する人のしわざと思われて、近くの木に、詩歌などが数多く書きつけてある。「昔東平王と言った中国人の墓だ。故郷を思い慕いながらここで亡くなったが、その望郷の思いの結果であろうか、墓の上の草木もすべて西へ傾くと言い習わしている」と語る人がいたので、たいそう気の毒に思われて、かの王昭君の墓の草の青色ももっともだと思いやらずにはいられなかった。誰でも旅の途中で亡くなってしまったら、夜中に立ちのぼる火葬の煙もやはり故郷の方角へなびくのであろうかと、現世における執着もはかなく思われました。墓の上に松の木を数多く植え並べてあるのも、墓標の松とはこれであろうかと思うとしみじみとなる。物語に登場する例も自然と思い出される。

故郷のことは本当にどういうわけで、夢のようにはかなく亡くなった後々までもなおも忘れないのだろうか。

そこをなおも通り過ぎて、武隈（＝今の宮城県岩沼市）の松の陰で旅寝をして木の間を漏れる月の光を見ていろいろと物思いをし、名取川のほとりを通り過ぎるときには、流れる水が元に戻らない（＝旅人が故郷に戻れないことを暗示す

③　全身の感覚で捉えられる刺激的な体験と思っている

参考　多和田葉子（一九六〇年～）は小説家、詩人。東京都生まれ。早稲田大学第一文学部卒業。ハンブルク大学大学院修士課程修了。ベルリンに在住し、日独二カ国語で作品を発表している。「ゴットハルト鉄道」は文芸雑誌『群像』（一九九五年十一月号）に発表された。主な作品に『犬婿入り』『球形時間』『雲をつかむ話』『百年の散歩』などがある。

出典　宗久『都のつと』

解答

問一　(1)たまたま

(2)どこへ行くというあてもなくさまよい参りましたうちに

(3)誰でも旅の途中で亡くなってしまったら、夜中に立ちのぼる火葬の煙もやはり故郷の方角へなびくのであろうか

問二　元弘の戦乱で鎌倉幕府が滅びて以来、戦乱とは関係のない東北の山で煙が立ちのぼり、しかもいまだ戦乱が続いているかのように今でも煙が絶えないから。

問三　今は誰も住まず、やぶ野原となっている本荒の里に萩の花が咲いているのを見て、昔は花が散るのを惜しむ人も住んでいたのだろうと思って、しみじみと世の無常を感じている。

問四　(一)　宮城野の萩で名を知られた本荒の里はいつからその名のように荒れ始めたのだろうか。

(二)　本荒の萩の名の由来は、春の野焼きの後に残った、去年のごつごつしてまばらな古枝に咲く萩に基づくという解釈と、本荒の里に咲く萩に基づくという解釈。

◆全　訳◆

夜が明けると、遠くまで続く野辺を過ぎようとして、その野の名前を尋ねると、「これが（かの）走井」と言う。出会う人もなくはるかに遠い道で、山賊などといって人に危害を加える連中が多いので、旅人も早く行くことばかり（思ったスイスの国旗が張り付いているのを見て、もし日本の列車に日の丸が張り付けられているのを見たら、戦時の集団疎開を連想して「気が滅入るだろう」と思う。しかしスイス人たちは「わたし」とは違った思いで国旗を眺めるにちがいないというのが前段落（第十二段落）から傍線部(3)に至る筋である。その理由として、直後でスイスの国旗は帆船の舳先に取り付けた女の胸像（これを「フィギュアヘッド」または「船首像」という）と同じく魔除けなのかもしれないと思い至ったことをあげている。たとえて言えば、エクソシストが悪魔に向けて十字架を突きつけるようなものである。ただこれが唯一の理由かと言えば、「わたし」が十字架にこだわっている点を考慮すると（第十段落にも登場する）、十字架に宗教的な慰安を感じているからという理由づけもあながち見当外れではないだろう。この点も解答に含めるとすれば、解答のポイントは次の三点となる。

① 日の丸から戦時の集団疎開を連想して気が滅入る
② スイス人たちは国旗の白い十字架を魔除けとみなす
③ 宗教的な慰安を覚える

▼問四　ゴットハルト鉄道に乗ることになった「わたし」は「聖人のお腹の肉の中（＝臓器の中）を走るのだと思って胸をおどらせ」る（第三段落）。この表現からすでに「わたし」がこの体験を身体感覚的に捉えていることがわかる。「わたしという粘膜」という、「わたし」が粘膜そのものとなったことを表す比喩表現も同様である。子どもが夏休みに旅行に行くという期待で熱病にかかるように、粘膜そのものとなった「わたしという粘膜」も「炎症」を起こす。それは「錆びた鉄の赤み」や「まだ冷たい四月の煙った空気」や「線路の摩擦音」についての感覚的な刺激となって表れる。このように「わたし」はゴットハルト鉄道に乗ることへの期待で子どものように興奮しており、しかもその体験を全身の感覚を通して味わえるものと思っている。以上の事情をまとめる。解答のポイントは次の三点となる。

① 「わたし」はゴットハルト鉄道に乗ることへの期待で興奮している
② 男の体内を走るイメージや、錆びた鉄の赤みや冷たい空気や線路の摩擦音

い。以上の事情をまとめることになる。解答のポイントは次の三点である。

①　貫通という言葉はイタリアに憧れ、ゴットハルトを障害物とみなすインテリたちには歓迎される

②　「わたし」は聖人のお腹の中を思わせるトンネルの中でしばらく暮らしたいと思う

③　「わたし」は貫通という言葉になじめない

▼問二　「わたし」が古本屋で買った地図には、ゴットハルトが中央に堂々と寝そべっており、その中からスイスが生まれたのだと「わたし」は思いかけそうになる（中略）の後、第八・第九段落）。続く傍線部⑵を含む第十段落で、「わたし」は赤い絨毯と十字架の形に積まれた白紙の書類の山（スイスの国旗を暗示する）の夢を見、目覚めてはっと気づく。「山が母親であると信じること……快いらしい」と。「山が母親である」とは前段落の内容から考えて、山の中から国が生まれたということ。だが多くの人は山が「男であると確信し」て「快い」と思っていると言う。これはゴットハルトという山の名が聖ゴットハルトに由来することをふまえている。すなわち山を母親であるとしながらも、男性的で雄大なイメージで捉えることを多くの人が好んでいるというのである。そしてこれは富士山も同じだと言い（傍線部⑵）、日本の絵葉書の写真の中央に富士山が写っていること、富士山の中から日本が生まれてきたような錯覚を覚えることが記される。だが次の段落で、「わたし」は「富士山」の歌を歌おうとして、同じ歌詞をもつキングコングの歌のメロディーが浮かんでしまう。これは、富士山＝男性的な雄大さというイメージに対するパロディとなっている。以上の事情を説明することになる（パロディにまで触れる必要はない）。

解答のポイントは次の三点である。

①　ゴットハルトも富士山も地図や写真の中央に位置する

②　山は国がその中から生まれてきた象徴のように扱われる

③　多くの人は山を男性的なイメージで捉えることを好んでいる

▼問三　「わたし」はチューリヒ中央駅に行き、ルガノ行きの列車に乗る。そのとき列車に、「赤地に白い十字架」を描い

て」という一文で、もともとはドイツ語で書いた文章を、日本語に「翻訳」する過程でフィクションを加えて小説化したと述べている。また同文で、この小説のタイトルの由来についても解説している。

全体は十三段落から成り、内容上大きく四つの部分に分けることができる。

1　第一〜第三段落（ゴットハルト鉄道に乗ってみないか……それは詐欺のようなものだった。）
ゴットハルト鉄道に乗ってみないかと誘われて、聖人の身体の中を走るのだと思ってすぐに承諾した

2　第四〜第六段落（ゴットハルトは、わたしという粘膜に……ユングフラウヨッホなどというところに出掛けたがる。）
イタリアに憧れる知識人にはゴットハルトは光を遮る障害物に過ぎない

3　第七〜第十一段落（チューリッヒの古本屋で……キングコングになってしまう。）
ゴットハルトはヨーロッパの地図の中心にあり、その山からスイスが生まれたと思いそうになった。

4　第十二・第十三段落（翌朝、チューリッヒ中央駅に行くと……鉄道事故など起こすことがないようにと。）
チューリッヒ中央駅に停車している列車に付いているスイス国旗は魔除けなのかもしれない

※

▼問一　ゴットハルト鉄道に乗ってみないかというスイスの新聞社の誘いを受けた「わたし」は、「ゴットハルト」という名から聖ゴットハルトを連想し、聖人の身体の中を走るのだと考えて胸をおどらせる（第一〜第三段落）。そしてゴットハルトのトンネルの中でしばらく生活したいとまで思うけれども、ライナーをはじめ、イタリアの光に憧れる北ドイツの知識人には理解されないとも思う（第五・第六段落）。そしてチューリッヒの古本屋でゴットハルトのトンネル建設について書かれた小説を買う。その「感じの悪い題名」の「貫き通す」「貫通」という言葉には「好感が持てない」と言い（傍線部(1)）、「袋小路とか洞穴の方がずっと美しい言葉だと思う」と言う。確かに「我々はゴットハルトを貫き通す」という表現にはゴットハルトを邪魔者とみなして強引に穴を開けて貫こうとする不屈の意志を感じさせる。しかし「わたし」は何かの中に入り込むことに強い執着をもっており、「貫通」という言葉にはなじめな

③　真摯に自らの生き方を選び直すことを困難にする

参考　宮野真生子（一九七七〜二〇一九年）は哲学者。大阪府生まれ。京都大学文学部文学科卒業。同大学院文学研究科博士課程（後期）単位取得満期退学。元福岡大学人文学部文化学科准教授。著書に『なぜ、私たちは恋をして生きるのか』『出逢いのあわい』などがある。

Ⅱ

出典　多和田葉子「ゴットハルト鉄道」（『ゴットハルト鉄道』講談社文芸文庫）

解答

問一　貫通という言葉はイタリアに憧れ、ゴットハルトを障害物とみなすインテリたちには歓迎されても、聖人のお腹の中を思わせるトンネルの中でしばらく暮らしたいと思う「わたし」にはなじめないから。

問二　ゴットハルトも富士山も、地図や写真の中央に位置し、国がその中から生まれてきた象徴のように扱われながら、なぜか多くの人は男性的なイメージで捉えることを好んでいるということ。

問三　「わたし」なら列車に日の丸が付いていたら戦時の集団疎開を連想して気が滅入るだろうが、スイス人たちは国旗の白い十字架を見て宗教的な慰安を覚え、魔除けとみなすかもしれないと思ったから。

問四　「わたし」がゴットハルト鉄道に乗ることを、男の体内を走るイメージや、錆びた鉄の赤みや冷たい空気や線路の摩擦音など、全身の感覚で捉えられる刺激的な体験と思って興奮していることを表す効果。

◆要　旨◆

本文は「わたし」がスイスの新聞社の招きに応じてゴットハルト鉄道に乗ったときの体験を記した小説の冒頭部分で、「わたし」がチューリッヒに到着して当地のホテルに一泊した後、チューリッヒ中央駅まで行く場面が描かれている。

▲解　説▼

「ゴットハルト鉄道」は文庫本で三十ページ程の短編小説である。作者はこの小説について、「言葉のトンネルをぬけ

▼問三　傍線部の「それ」は、偶然事に遭遇した当事者に対して、間柄の関係にある非当事者が後ろめたさややましさの気持ちを抱くことを指す。そしてそのことが「『がある』ことの事実的な偶然性」に思い至るのはなぜかと設問は問うている。そこで最終段落に目を移すと、「両者の立ち位置は偶然的な『がある』によって決まったにすぎない」「他者は病に苦しんでいるが、あるいは自分が病であったかもしれない」などとあり、非当事者が当事者を前にして、両者の立場が入れ替わりうる偶然的なものにすぎないという思いを抱くことが指摘される。よってこの事情を日常の「有り-難さ」として説明することになる。当事者と非当事者は赤の他人の関係ではなく（これでは「である」間柄の日常に戻れない）、間柄を共有する関係にあることをおさえる必要がある。解答のポイントは次の三点である。

① 偶然事に遭遇した当事者と、間柄を共有する非当事者
② 非当事者が後ろめたさややましさを感じる
③ 両者の立ち位置は偶然にすぎず、自分が当事者であったかもしれない

▼問四　偶然事に苦しむ当事者は「がある」の交換可能性と偶然性に戸惑いながらも必死で日常に戻ろうとするなかで、日常のかけがえなさ、唯一性に気づき、自らの生き方を真摯に選び直すことができる（第四段落）。一方、非当事者は当事者を前にして後ろめたさややましさを感じ、「一つの間柄を共有しつつ……戸惑うばかりである」（傍線部の前文。傍線部の「それ」はこの前文を指す）。当事者と非当事者のこのような非対称の関係において、非当事者が当事者に「他者への理解を安易に表明する」ということは、この偶然事を理解可能なものとみなして相対化してしまい、自らの存在の偶然性や唯一性、また他者との間柄の偶然性や唯一性に気づくことを妨げ、その結果、自らの生き方を真摯に選び直すことを不可能にするものであろう。このように本文の論旨をたどれば解答のポイントは次の三点となる。

① 偶然事に苦しむ他者への理解を安易に表明する
② 日常は偶然性に貫かれた間柄によって成り立つ唯一のものである

すぎない」とあり、第三段落にも「偶然において日常が不安定化し」とあって、いずれも偶然の出来事による日常の不安定化や転覆の危機という同じ趣旨のことを述べている。リード文の「他の誰かと交換可能な存在にしかねない危うさ」という表現がヒントになる。解答はこれらの点を他者との間柄と関連づけて説明することになる。ポイントは次の三点である。

①　日常は他者との間柄によって安定しているように思える
②　偶然の出来事に遭遇する
③　日常は脆く崩れ、間柄が無意味な規定になる

▼問二　「有り難い」という現代語が他者の好意などに対する感謝の気持ちを表すのに対して、古語の「ありがたし」が〝めったにない。珍しい〟の意であることは古文の基礎知識である。この知識が役に立つ。「有り—難い」という語は第一段落にあり、以下、第二～第五段落で「有り—難さ」と形を変えて登場する。まず第一～第三段落では、この語の前後に「『この私がある』ことの唯一性」「唯一性を感受する」「『私がある』こと」などとあるように、自分という存在の唯一性ということに関して使われている。次に第四段落では「『である』間柄を紡ぎ、日常という安定を作っている」「この日常が成立していることのかけがえなさ、唯一性」などとあるように、他者との間柄や日常の唯一性ということに関して使われている。この両者ともに「唯一性」ということが強調されており、それはまさしく「めったにない」ことでもある。また人間の実存に対する根源的な気づき、驚きであるとも言えよう。解答は、設問で「どう異なるのか」と尋ねているので、普通の「有り難い」と対比させる形で説明する必要がある。解答のポイントは次の三点である。

①　「有り難い」＝他者の好意などに対する感謝の気持ち
②　「有り—難い」＝自分が存在することの唯一性
③　「有り—難い」＝他者との間柄に基づいて日常が存在することの唯一性

するが、「有り―難さ」の唯一性を感受する態度にもつながる。ただしそれは「がある」の事実性に直面しただけでは手に入らず、そこから再び日常に戻ることが必要になる。そのとき人はこの日常が成立していることの唯一性に気づくことができる。「である」間柄それ自体が「がある」の事実的な偶然性に貫かれているのである。このような偶然性に気づいて他者と関わることこそが真摯に他者と向き合うということではないだろうか。

▲解　説▼

本文はリード文にあるように、和辻哲郎の「間柄」論についての九鬼周造の考察を解説したうえで、それに対する批判的見解を述べたものである。全体は六段落から成り、これを三つの部分に分けることができる。1が九鬼周造の考察であり、2・3が筆者の見解である。

1　「である」から「がある」へ　第一・第二段落（日常において…）
　偶然事との出会いにおいて、日常の間柄の「である」の背後にある、唯一性の「がある」が感受される
2　日常の唯一性　第三・第四段落（まず、注意しておきたいのは…）
　「がある」の事実性から日常に戻ったとき、日常の唯一性に気づくことができる
3　他者との真摯な関係　第五・第六段落（こうした「有り―難さ」は…）
　「である」間柄のなかで「がある」の事実的偶然性に気づくとき、他者と真摯に向き合うことになる

※

▼問一　リード文および第一段落で、日常では人は他者との間柄を生きており、その安定のうえに自らの居場所をつくるが、いったん偶然の出来事と遭遇すると、安定していると思っていた日常は脆く崩れやすいことに気づき、他者との間柄がいったん無意味な規定になり、「である」の下に隠れていた「がある」が裸出すると言われ、傍線部につながる。「無の深淵」とは要するに自分の生の深い無意味さというほどの意である。また直後で「仮小屋」という比喩を用いて、日常が実は不安定なものにすぎないことを表している。第二段落にも「日常が無の深淵に晒された仮小屋に

国語

▲文学部▼

出典　宮野真生子『出逢いのあわい──九鬼周造における存在論理学と邂逅の倫理』（堀之内出版）

解答

問一　日常は他者との間柄を生きることで成り立ち、安定しているように思えても、ひとたび偶然の出来事に遭遇すると、日常は脆く崩れ、間柄が無意味な規定になってしまうということ。

問二　「有り難い」は他者の好意などに対する感謝の気持ちを表すが、「有り―難い」は自分が存在すること、および他者との間柄に基づいて日常が存在することの唯一性に気づいたときの根源的な驚きの気持ちを表す。

問三　偶然事の非当事者が間柄を共有する当事者に対して後ろめたさやましさをもつとき、両者の立ち位置は偶然に決まったものにすぎず、自分が当事者であったかもしれないという思いから、日常の「有り－難さ」を感じるから。

問四　偶然事に苦しむ他者への理解を安易に表明することは当事者の存在の軽視であり、日常が偶然性に貫かれた間柄で成り立つ唯一のものであることに気づいて真摯に自らの生き方を選び直すことを困難にするから。

◆要　旨◆

日常は間柄の「である」によって淡々と続いていき、その安定のうえに多くの人は自らの居場所をつくる。だが偶然事との出会いによって、「がある」という偶然的な事実性が裸出する。この「がある」の裸出の背後には交換可能性が存在

2022年度

解答編

解答編

英語

◀文・人間科・法・経済学部▶

I **解答** 全訳下線部参照。

◆全　訳◆

(A) ≪犬の罪の意識≫

犬の「後ろめたそうな表情」と思われる顔つきがわかる飼い主は多いが，科学はこの顔つきが実はそのときの飼い主の身体言語に対する反応だということを示している。後ろめたさは，比較的複雑な感情である。犬は，自分が何をしでかしたのかわからないまま，単に，今にも罰せられるのではないかと不安なだけなのだ。

(B) ≪宗教の衰退の理由≫

宗教は文化的進化によって生み出される力であり，主に個人や集団にとって実用上の恩恵を作り出すために存在するという考えは，世界の一部の地域で宗教が「衰退して」いる理由を説明しうる。人間社会が国家を作り，自治の仕組みを考案すると，罰を与えることによって集団の規範や倫理的行動を強制するのにあれほど有効だった神々は，もう以前ほど必要ではなくなったのだ。

◀解　説▶

▶(A) **Many owners identify what they think is a dog's "guilty look", but science has shown that this is actually a reaction to the owner's body language at that moment.**

● Many owners identify …「多くの飼い主が…を特定する」が直訳。owner は続く内容から「所有者」ではなく「飼い主」が妥当。identify

は「～が何であるかわかる」の意。「～を認める，認定する」などとしてもよい。

● what they think is a dog's "guilty look"「犬の『後ろめたそうな顔つき』だと彼らが思うもの」が直訳。もとになるのは they think (that) it is a dog's "guilty look"「彼らはそれが犬の『後ろめたそうな顔つき』だと思う」という文。主格の関係代名詞 what とその動詞以下の is a dog's "guilty look" の間に主節の they think がはさまった形。what は基本どおり「もの」でもよいし，内容上「顔つき」とすることもできる。

● but science has shown that…「しかし，科学は…ということを示している」が直訳で，このままでよい。「科学によって…ということが明らかになっている」などと整えることもできる。

● this is actually a reaction to the owner's body language at that moment「これは実際には，そのときの飼い主の身体言語への反応である」が直訳で，このままで問題ない。at that moment は「その瞬間の」が文字どおりだが，「瞬間」は意味が狭すぎるので，「とき」としておくのがよい。

Guilt is a relatively complex emotion.

●「後ろめたさは比較的複雑な感情である」が直訳で，そのままでよい。guilt は「罪悪感」としてもよい。

The dog is simply worried that it's about to be punished, without knowing what it's done wrong.

● The dog is simply worried that…「犬は単に…ではないかと不安なだけだ」が直訳。that 節は「…すること」が直訳だが，不安や心配の内容を表すとき，日本語ではしばしば「…ではないか」のように言う。逆に，英作文のときに whether 節にしないように注意したい。

● it's about to be punished「それが今にも罰せられる」が直訳。it は the dog を指す。be about to *do* は「今にも～しそうである」の意。punish は「～を罰する」で，scold「～を叱る」ではないので，安易に訳をずらさないのがよいだろう。

● without knowing what it's done wrong「それが何を間違って行ったか知らずに」が直訳。it's は it has の短縮形で it は the dog を表す。do *A* wrong は「*A* を間違って行う，*A* をまずくやる」が文字どおりの意で，通常やってはならないことを「しでかす」ことを表す。「自分が何をしでかしたのか」「どんな間違いをしたのか」などとすると内容がうまく伝わる。without knowing「〜を知らずに」は，「何を間違ったかはわからないが罰を与えられそうなので心配している」という内容から，「わからないまま」などとするのがふさわしい。

▶(B) **The notion that religion is a force produced by cultural evolution, and that it primarily exists to produce functional benefits to individuals and groups can explain why religions are *in decline* in some parts of the world.**

- The notion … can explain why 〜「…という考えは，なぜ〜なのか〔〜する理由〕を説明することができる〔説明しうる〕」が骨組み。無生物主語なので，「…という考えによって〜を説明できる〔〜が説明されうる〕」などと整えることもできる。なお，can は可能とも可能性とも解釈できる。
- that religion is a force「宗教は力であるということ」は the notion の同格節の１つ目。produced by cultural evolution「文化的進化によって生み出される」は force を修飾する形容詞用法の過去分詞の句。
- …, and that it primarily exists to 〜「そしてそれ（＝宗教）は主に〜するために存在するということ」は the notion の同格節の２つ目。primarily は「何よりもまず」「第一に」「本来」などでも文意に反しない。
- produce functional benefits to individuals and groups「個人や集団にとっての機能的恩恵を作り出す（ために）」の functional benefits は，直訳ではやや意味がわかりにくい。宗教の存在意義を述べていることや第２文の内容を考慮すると，「実用上の恩恵」「実際的な便益」などとするのがよさそうである。
- why religions are *in decline*「なぜ宗教が『衰退して』いるのか」は「宗教が『衰退して』いる理由」とすることもできる。in decline が斜字体で強調されているので，訳文では「　」でそれを示しておくのがよいだろう。
- in some parts of the world「世界の一部の地域で」が直訳で，そのままでよいが，「世界に（宗教が『衰退して』いる）地域がある」とすることもできる。なお，some は「一部」を表すことを押さえておきたい。「いくつかの」では，「数個」のイメージになる。たとえば100のうちの30や40も some である。

As human societies created nations, and devised mechanisms for self-governance, the gods who were so effective at enforcing group norms and ethical behavior through punishment were no longer as necessary.

- As は主節の内容に応じて訳を決定する必要がある。「とき」とも「ので」ともできそうである。「～すると」とややあいまいに訳すのもよいだろう。
- human societies created nations, and devised mechanisms for self-governance「人間社会が国家を作り，自治の仕組みを考案した」が直訳で，ほぼそのままでよい。devise は「～を工夫する，考案する」の意。self-governance は「自己統制」としてもよい。
- the gods … were no longer as necessary「神々はもう以前ほど必要ではなかった」が直訳。no longer「もう～ない」が否定の副詞であり，not as … as ～「～ほど…ない」の変型。as ～ は文意上「以前ほど」であることは明らかなので省略されているが，日本語では補う必要がある。なお，動詞は were だが，日本語のバランスとしては「必要ではなくなった」とするのがよい。
- who were so effective at …「…に非常に効果的だった」は the gods を先行詞とする関係代名詞節。at は be good at ～「～が得意・上手である」などの at と同様，「どのような場面，状況で」なのかを表す。were effective は「有効だった」「効力があった」などとしてもよい。なお，so は「非常に」でもよいが，「そんなに」の意を持つものであり，人間が自治を行うようになる以前に発揮していた力をイメージさせて，「あれほど」などとすれば very との違いが表現できる。
- enforcing group norms and ethical behavior「集団の規範や倫理的なふるまいを強制すること」の enforce は，「～を守らせる」などとすることもできる。norm は「規範」の意。behavior は「行動」ともできる。
- through punishment は「罰を通じて」が直訳で enforcing を修飾する。through は手段を表し，「罰（を与えること）によって」などとすると自然である。

II　解答　設問(1)　(i)—(ニ)　(ii)—(ハ)　(iii)—(ハ)　(iv)—(ロ)　(v)—(ニ)

設問(2)　人間の手

設問(3)　手のひらや前腕だけでなく，肩までの筋肉にもつながる柔軟性の高い腱で指が遠隔操作されて動く仕組み。(45字程度)

設問(4)　人間の手首が非常に柔軟であるため，物を前腕の延長になるように握れること。

設問(5)　(ロ)・(ホ)

設問(6)　幼少期に視力を失ったが，ムラサキイガイの化石やそれが見つかる岩石を指で触れて複雑な構造を探り，目の見える多くの科学者が見逃す細部に気づく。(65字程度)

◆全　訳◆

≪人間の手の驚くべき特徴≫

ちょっと自分の手に注意を払う時間をとってほしい。無駄にはならないだろう。なぜなら，手は進化上の驚異だからだ。片手をあげてじっくり見てみよう。開いたり閉じたりしてみよう。指をあれこれ動かしてみよう。親指で4本の他の指の先に触れてみよう。手首を回してみよう。楽に180度回せるはずだ。手を，親指が上にきて人差し指，中指，薬指に力を貸すようになるまでこぶしに丸めてみよう。それはどの類人猿にもできないことだ。

関節とじん帯でつながれた27個の骨，33の筋肉，3つの主要神経枝，結合組織，血管，そして高感度の触覚受容体が備わった皮膚が，進化がこれまで生み出した中で，握ったり触ったりするための，最も繊細で複雑な道具の背後にある。手のひらは，物をしっかり握ることを可能にする大きな1枚の繊維組織で保護されている。指が細くて骨が小さいのは，筋肉がないことが理由の一部である。指は，糸でつられた操り人形のように，遠隔で操作される。しかし，その糸は柔軟性の高い腱であり，これが手のひらと前腕の中にある筋肉だけでなく，肩までずっと続く筋肉にもつながっている。

この装備と私たちの複雑な脳の協力で，私たちは，たとえば，火をおこすこと，いちばん小さな穀物の粒を地面から拾い集めること，編み物をすること，物を切ること，縄を結んで網を作ること，小さなねじを回すこと，キーボードでタイプすること，バスケットボールをしたり楽器を演奏したりすることといった，地球上の他のどの動物にもできないさまざまなことができる。

私たちの親指は，私たちの器用さにおいて特別な役割を果たしている。私たちは，親指をどの指とも簡単に合わせることができる。そのおかげで，私たちは手触りを確かめたり触れたり，つかんだり握ったりできる。親指のつけ根にある鞍関節は玉継手のように回転する。私たちの親指は，最も近い親戚である大型類人猿のものよりもずっと長く，力強く，柔軟である。そのおかげで，私たちは力強くつまむのと同じくらいたやすく繊細に握ることができるのである。チンパンジーも，親指の側面と他の指の間に小さな物を固定することができるが，人間に比べると力強さはずっと少なく，感覚を伝える指先からのインプットは何もない。それは，チンパンジーには，ペンやねじのような道具を，きちんと親指と他の指の先で握って動かす手段はないということを意味する。

大型類人猿は，たとえば棒のような，もっと大きな道具を，前腕と直角に手のひらに押しつけて握ることはできる。彼らにできる他のやり方は多くはない。チンパンジーやゴリラと比べて，私たちは非常に柔軟な手首を持っており，そのおかげで物を私たちの前腕の延長になるように握ることができる。このことは一撃の威力を高める。それは，敵や危険な動物を寄せつけないようにしておけることも意味する。もし動物が実際に射程内に入り，追加できるてこの力が最大限に使われると，骨が砕けることもある。

人間の手をこのように特別なものにしているのは，他の指と完全に向かい合わせにできる親指によって与えられた融通性だけでなく，その手触りを確かめて触れる並外れた能力でもある。人間の手は，独立した感覚器官と言ってよいほどの仕事をする。私たちは，そよ風や水の温度を感じ取るのに手を使う。手の助けを借りて，私たちは暗闇の中でさえも，鍵を鍵穴に直接差し込むことができる。肉眼では見えない表面のでこぼこを指で知ることができる。ほんの少し練習すれば，目をつぶっていても，指を使って正絹と人絹，本革と合皮を識別することができるようになる。

私たちの触覚は，繊細な違いを感じ取り，この情報を受容体と神経経路の密なネットワークを介して脊髄へ，そしてそこから脳へと送る。私たちの指が，世界を知覚する方法として目の代わりにさえなりうるのは，３歳のときから目が見えないオランダの古生物学者ヒーラット=ヴァーメイが証明できるとおりである。海棲のムラサキイガイとその生態系の研究で有名な専門家だが，彼は一度も化石を目で見たことはない。現場に出ると，彼はムラサキイガイや，それが見つかる岩の複雑な構造を手で触れてみる。彼は指で，多くの目の見える科学者が見逃す細部を「見る」のである。次のことはまちがいない。私たちの手は，進化の歴史上，例外的に発達したものである。

◀解　説▶

▶設問(1)　(i)　当該箇所は「(手にちょっと注意を払っても時間の）無駄にはならないだろう。なぜなら，手は進化上の marvels だからだ」となっている。少し時間をとってみる価値があることが述べられており，同段最終文（That is something…）に人間の手や指の動きが「どの類人猿にもできないことだ」としていることから，肯定的な評価を表す語であることがわかる。(ニ)の wonders「驚くべきもの」が適切。marvel も「驚くべきもの」の意。(イ)「概念」 (ロ)「新しい物」 (ハ)「結果」

(ii)　当該箇所は「いちばん小さな穀物の kernels を地面から拾い集めること」となっている。「落穂ひろい」をイメージしたい。(ハ)の seeds「種」が適切。kernel は「穀粒，実」の意。(イ)「種類，品種」 (ロ)「点」 (ニ)「波」

(iii)　当該箇所は「私たちの親指は，私たちの dexterity において特別な役割を果たしている」となっている。同段は以下，他の指と向かい合わせで，容易に回転する親指があるおかげで，最も近い親戚であるチンパンジーにもできない繊細なことが人間にはできることを述べている。(ハ)の skillfulness「巧みさ」が適切。dexterity は「器用さ」の意。(イ)「優雅さ」 (ロ)「操作」 (ニ)「強さ」

(iv)　当該箇所は「繊細な握りを execute（する)」となっている。英語らしい名詞中心の表現であり,「繊細に握る」ことを表している。直訳では,「繊細な握りを行う」という表現になると考えられる。(ロ)の perform「～を行う」が適切。execute は「～を実行する，果たす」の意。(イ)「～を模倣する」 (ハ)「～をゆるめる」 (ニ)「～を選び出す」

(v)　当該箇所は「私たちの手は，進化の歴史上の exceptional 発達である」となっている。文章全体で，人間の手は最も近縁の種であるチンパンジーにもできない繊細なことができることが述べられており，第6段第1文（It is not only …）には「人間の手をこのように特別なものにしている」との記述もある。(ニ)の remarkable「驚くべき，めざましい」が適切。exceptional は「例外的な」の意で，この文章では「他に類を見ない，特別に優れている」の意で使われている。(イ)「進歩的な」 (ロ)「特徴的な」(ハ)「主要な」

▶設問(2)　下線部は「最も繊細で複雑な道具」の意。直後に「握ったり触ったりするための」とあり，第1段の内容からも「手」のことであることは容易に判断できる。注意点は，第1段最終文に人間の手ができることが類人猿にはできないと述べられているので，「人間の手」とすることである。

▶設問(3)　問題文で取り上げられている記述は第2段第4文（They are controlled …）にあり，「指は，糸でつられた操り人形のように，遠隔で操作される」となっている。「操り人形」の比喩は「遠隔操作されている」ことを表している。直後の第5文（But those strings …）に「その糸は柔軟性の高い腱であり，これが手のひらと前腕の中にある筋肉だけでなく，肩までずっと続く筋肉にもつながっている」となっており，指は上腕部の筋肉でも動かしていることがわかる。この内容を 45 字程度でまとめる。解答欄のマス目は 51 字まで書ける。

▶設問(4)　当該文は「このことは一撃の威力を高める」となっており，直前の文には「私たちは非常に柔軟な手首を持っており，そのおかげで物を私たちの前腕の延長になるように握ることができる」とある。この内容をまとめる。解答欄は 16.4cm×1.7cm。

▶設問(5)　類人猿への言及は第4段第7文～第5段最終文（Chimpanzees can also … bones can be broken.）に見られる。第4段第7文には「チンパンジーも，親指の側面と他の指の間に小さな物を固定することができるが…感覚を伝える指先からのインプットは何もない」とある。(ホ)の「指先からの感覚的インプットを何も使わずに小さな物をつまむこと」がこの記述と一致する。また，第5段第1文（A great ape holds …）に「大型類人猿は…棒のような…道具を，前腕と直角に手のひらに押しつけて握ることはできる」とある。(ロ)の「物体を握り，それを前腕と直角に手のひらに押しつけること」がこの記述と一致する。(ロ)と(ホ)が正解。

(イ)「親指が上にきて人差し指，中指，薬指に力を貸すようになるまでこぶしに丸めること」は，第１段第９文（Ball your hand up …）にあり，人間の手の動きについて述べている。

(ハ)「物を親指と他の指の先ではさんでつまむこと」は，第４段第７文（Chimpanzees can also …）に「チンパンジーも，親指の側面と他の指の間に小さな物を固定することができるが…」とあること，および同段第８文（That means they have …）に「チンパンジーには，ペンやねじのような道具を，きちんと親指と他の指の先で握って動かす手段はない」とあることから，類人猿には当てはまらない内容である。

(ニ)「敵や危険な動物を寄せつけないでおけること」は第５段第５文（It also means …）の「敵や危険な動物を寄せつけないようにしておける」に該当するが，これは人間が前腕の延長になるように物を握れることから可能になることである。

▶設問(6)　ヒーラット=ヴァーメイについては最終段第２～５文（Our fingers can even … sighted scientists miss.）に述べられている。第２文にヴァーメイは「３歳から目が見えない」とあり，第３文にもあるように「一度も化石を目で見たことがない」。しかし，第４・５文に「彼はムラサキイガイや，それが見つかる岩の複雑な構造を手で触れ…指で，多くの目の見える科学者が見逃す細部を『見る』」とある。この内容を 65 字程度でまとめる。解答欄のマス目は 72 字まで書ける。

●語句・構文●

（第１段）It will be time well spent「その時間はうまく使われる時間になるだろう」が直訳。「時間の無駄にはならない」の意。ball *A* up into *B*「*A* を *B*（の形）に丸める」

（第２段）touch receptor「触覚受容体，触覚を感じ取る器官」 fibrous「繊維の」

（第３段）between this equipment and our complex brains「この装備と私たちの複雑な脳が協力して」 between が「協力」のニュアンスで使われることがある。

（第５段）at right angles「直角に」 in contrast to ～「～と比べると」 keep *A* at arm's length「*A* を寄せつけない」 within range「射程内に」

take full advantage of ～「～を最大限に利用する」
(第 6 段) opposable「(親指が) 他の指と対置できる，向かい合わせにできる」 uneven「でこぼこした，平らではない」
(最終段) spinal cord「脊髄」 as the Dutch paleontologist … can attest「オランダの古生物学者が証明できるとおり」の as は疑似関係代名詞で，attest の目的語にあたり，指す内容は同文の主節。attest「～を証明する，証言する」 field「現場，実地の場」

III **解答例** 〈解答例 1〉 I don't want singers to be replaced by machines or AI. I sometimes listen to songs performed by vocaloids and develop a bit of interest in them, as vocaloids have a wide range and can sing quickly with clear articulation. But I have never been impressed by them. I think it is only natural human voices that can touch our heart. They are sometimes powerful, sometimes emotional, and sometimes cheerful or tearful. Synthetic voices lack all such features. (80 語程度)

〈解答例 2〉 I don't think that machines or AI should replace teachers. They may be helpful in identifying students' weaknesses in studies, and in preparing appropriate teaching materials. However, gaining knowledge is not everything in education. At school, children and young people meet others and interact with them, from which they begin to learn how they should behave in society. In other words, they mature as persons. The presence of human teachers as supervisors and advisors is important. (80 語程度)

◀解 説▶

「機械や AI が取って代わることができない，もしくは取って代わってほしくないと考えるのはどのような仕事か」について，具体的な仕事を 1 つ挙げ，理由を 80 語程度で述べる問題。まずどのような仕事かを挙げ，理由を続けるという書き方になる。

〈解答例 1〉は，歌手は機械や AI に取って代わってほしくないという考えを表明し，ボーカロイドの音域の広さや素早くかつ滑舌よく歌うことには少し興味はあるが，心は動かされない，心を打つのは，時に力強く，時に感情に訴え，陽気に，あるいは涙を誘うようにも響く人間の肉声だけだと理由を述べている。〈解答例 2〉では，機械や AI が教師に取って代わるべきではないという意見で，機械や AI は生徒の教科の弱点を突き止めたり，適切な教材を用意したりするのに役に立つだろうが，知識を身につけることが教育のすべてではない，学校で子どもや 10 代の人たちは他者に出会い，他者と触れ合って，社会でのふるまい方を学び始める，つまり人間として成長するのだから，人間の教師が指導者，助言者としてそこにいることが大切だとしている。

説得力のある理由をわかりやすく伝える手順や言葉をよく考えたい。正しく使える語句・表現で，英語として誤りのないものに仕上げること。

Ⅳ 解答

(A) 〈解答 1〉 For example, if the universe's various conditions did not exist, we human beings wouldn't have been born. It can be said that these conditions were satisfied by chance, and on the other hand, it is also a fact that the probability of such coincidences is surprisingly low.

〈解答 2〉 For instance, if the various conditions the universe has now had not been met, we wouldn't have come into existence. On (the) one hand, it could be said that these conditions were fulfilled accidentally, and on the other hand, it is also true that the chances of such coincidences are miraculously small.

(B)(イ) 〈解答 1〉 Since conversation is also a human interaction, the speaker or the listener sometimes feels uncomfortable even if neither has any ill will. As a result of only a few careless comments, you may end up quarreling with someone or in an extreme case, have no choice but to quit your job. Of course, you often make friends with others and develop a relationship of trust with them through conversation, but as long as you interact with someone, there is always a possibility of (you) hurting his feelings.

〈解答 2〉 As conversation is also a form of interaction between people, the speaker or the listener may get offended even if neither means any harm. Even a careless slip of the tongue on your part, it may get you into a fight and, in extreme cases, force you to leave your job. It is true that conversation helps people develop a friendly relationship with each other and establish trust, but when you have some relations with others, it is always possible that you may hurt their feelings.

(ロ) 〈解答1〉 If the sky starts to look threatening while you are climbing a mountain to reach the top, you need the courage to descend in order to avoid an accident. Likewise, you sometimes need to give up what you are working on, whether it is your future course or job, so that you don't waste the time and money of the people who are involved in it.

〈解答2〉 If the weather begins to worsen while you are climbing to the top of a mountain, you need to make a courageous decision to turn back for fear that some accident should happen. Similarly, it may be necessary under certain circumstances to abandon what you are doing, whether in your studies or in your career, not to waste the time and money of those concerned.

◀解　説▶

◆(A) 「例えば，現在の宇宙が持っているいろいろな条件が整わないと，私たちは誕生しえませんでした」

●同文の内容は事実とは逆のことを想定しているので，仮定法を使うことに注意。「過去に条件が整い，私たち人間も過去に誕生した」と考えれば，仮定法過去完了である。ただし，「現在の宇宙が持っている（整った）いろいろな条件がなければ」と考え，条件節を過去形で表すことも可能だろう。

●「例えば」は for example や for instance とする。

●「いろいろな条件が整わないと」は，「条件を満たす」meet〔satisfy / fulfill〕various conditions を受動態にし，上記のように仮定法過去完了で if the various conditions had not been met とする。「条件」には関係詞節がつき，内容が限定されるものなので the をつける。

●「現在の宇宙が持っている（条件）」は which the present universe has が直訳だが，人類が誕生する条件は過去の宇宙で整ったので，「宇宙が現在持っている」(which) the universe has now と「現在」を副詞で入れるのが無難である。

なお，前述のようにここまでの部分を「宇宙が持っているいろいろな条件が存在しなければ」と解釈し，if the universe's various conditions did not exist と簡潔に表現しても，日本文の意味は概ね伝わる。

● 「私たち人間」は we human beings が文字どおり。おおまかに we「私たち」だけ，human beings「人間」だけにしても問題はないだろう。

● 「誕生しえませんでした」は仮定法過去完了の帰結節の形に注意。wouldn't have been born が文字どおりだが，「存在するようにはなりえなかった」wouldn't have come into existence〔being〕，「存在しえなかった」wouldn't have existed などとすることもできる。この部分は，実際的な可能性の有無というよりは想像上の話なので，could より would が適切。

「この条件は偶然にそろったものともいえますし，一方でその偶然が起こる確率は奇跡的というほど低いのも事実です」

● 「〜と言える」は形式主語を使い，it can be said とするのが文字どおり。後半の内容から確信度は高くないことがわかるので，could にするのもよいだろう。

● 「この条件はそろった」は，前述の「条件を満たす」で使える動詞を利用するとよい。ここは実際にそろったので，過去時制で書くこと。また「この条件」だが，「さまざまな条件」を受けるので複数形にするのを忘れないようにすること。these conditions were met〔satisfied / fulfilled〕となる。

● 「偶然に」は by chance〔accident〕，accidentally が使える。なお，「何らかの偶然がこの条件を満たした」some coincidence met these conditions などと整え直すことも考えられる。

● 「一方で」は on the other hand が使える。これとの対で前半を on (the) one hand で始めておいてもよい。なお，on the other hand は接続詞ではないので，前半と 1 文にするなら and を入れること。

● 「〜も事実です」は it is also a fact that 〜 が文字どおり。a fact の代わりに true としてもよい。

● 「確率は奇跡的に低い」は，the probability〔likelihood〕is miraculously low が文字どおりだが，意味を考えれば「驚くほど」surprisingly などの表現に変えてもよいだろう。「確率」は「可能性」possibility や chance を使うこともできる。chance はしばしば chances と複数形で使う。なお，「低い」は probability には slender，slight，small，chance には poor，slender，slim，small，possibility には slim も使える。

● 「その偶然が起こる（確率）」は上に挙げた「確率，可能性」の意の語のすべてが同格の that 節を取ることができるので，that the coincidence happens ともできるが，（the probability）of such coincidences などとするとより英語らしい表現となる。

◆(B)　▶(イ)「会話も人と人との関わり合いなので，悪意がなくても，話し手や聞き手が不愉快な思いをすることはあります」

● 「～なので」は as，since を使って，文の前半で示すのが読み手には展開がわかりやすい。

● 「会話も」は，単純に conversation is also で「人と人との関わり合い」を補語にしてもよいが，下線部の前に人と人との関わり合い一般について述べており，「会話も関わり合いのひとつ〔一形態〕である」is also a form of interaction などとすることもできる。

● 「関わり合い」は「関係」relation（ship）の類ではなく，こちらが話し，あちらが応じというやりとりがあるので，「相互作用」interaction がふさわしい。「人と人との」は between people でよい。あるいは形容詞 human「人間の」で interaction を修飾する。

● 「話し手や聞き手が～することはあります」は the speaker or the listener sometimes ～ とできる。一般論では無冠詞複数がよく使われるが，ここでは会話をしている当人同士の姿を思い浮かべると単数がふさわしい。また，想定ではあっても，今行われている会話に携わっている人として特定されるイメージであり定冠詞がよい。「～することがある」は sometimes で表せる。「可能性」は can で表すことがよくあるが，助動詞を使うのであれば may のほうが内容としっくりくる。

● 「不愉快な思いをする」は feel uncomfortable が文字どおり。相手の言葉や態度に「むっとする」feel〔get〕offended も状況に合う。

- 「悪意がなくても」は「だれに」が「話し手にも聞き手にも」なので「どちらも～ない」neither を主語にできる。「悪意がある」は have〔bear〕ill will が文字どおり。「傷つけようというつもりである」intend〔mean〕harm なども使える。いずれも否定文なので目的語に any をつけるとよい。なお neither は単数扱いが基本である。
- 「～ても」は「たとえ～でも」even if で表す。

「不注意から出たちょっとした失言が元で，ケンカになったり，極端な場合は仕事を辞めざるをえなくなったりします」

- 一般論なので「だれが」には「あなた」を使うとよい。あるいは，前文の「話し手や聞き手」を受けて「彼ら」とすることも考えられる。
- 全体の運びとして，「失言のせいで〔失言の結果〕，あなたは～する」「失言すると，それがあなたに～させる」「失言があなたに～させる」などいろいろに整え直せる。
- 「不注意から出たちょっとした失言」は，「失言（する）」make a slip of the tongue という言い方があり，これを使えば「不注意に失言する」make a slip of the tongue carelessly や「不注意な失言（をする）」(make) a careless slip of the tongue とできる。「不注意な発言（をする）」(make) a careless comment などと表現することもできる。「ちょっとした」は表現しにくいが，only を入れて「失言をしただけ」とニュアンスを添えたり，comment を使うのであれば，(make) only a few careless comments などとしたりすることで表せる。
- 「ケンカになったり」は「(だれかと) ケンカをするはめになる」end up quarreling with someone などとできる。無生物主語の文なら，get you into a fight などとできる。
- 「極端な場合には」は in extreme cases, an extreme case。
- 「仕事を辞めざるをえなくなったりします」は「あなた」など人を主語にした場合は，have no choice but to quit your job, cannot help quitting your job など，無生物主語なら force〔compel〕you to quit your job などとできる。「(仕事) を辞める」には leave や give up も使える。なお，「ケンカする」「仕事を辞める」は必ず起きることではないので，may を補うのが妥当だろう。

「もちろん，会話を通して親しくなり，信頼関係を深めることもたくさんありますが，他者と関わり合いを持つ以上，相手を傷つける可能性は常にあるのです」

●「もちろん～だが…」は Of course ～, but … が文字どおり。「確かに～だが…」It is true ～, but…,「～は言うまでもないが…」It is needless to say ～, but … などとすることもできる。

●「会話を通して」は through conversation が文字どおり。「会話があなた〔人々〕に～させる，あなた〔人々〕が～するのを助ける」conversation makes〔helps〕you〔people〕～と無生物主語も使える。

●「(～と) 親しくなる」は make friends with ～ が文字どおり。「(～と) 親しい関係を築く」form〔develop〕a friendly relationship with ～ などとすることもできる。

●「信頼関係を深める」は「深い信頼関係を築く」develop a deep relationship of trust などとできる。あえて「関係」を訳出しなくても，「信頼を築く」build (up)〔establish〕trust でも十分に意味を表せる。

●「～こともたくさんある」は often を使ったり，冒頭に in many cases を入れたりすることで表せる。また，it is true that ～「～ということも事実だ」などでも，似たニュアンスを表現することができるだろう。

●「他者と関わり合いを持つ以上」は「あなたがだれかと関わり合うかぎり」as long as you interact with someone などと整えられる。「あなたが他者となんらかの関係を持つとき」when you have some relation〔relationship〕with others などとすることもできる。

●「～する可能性は常にある」は there is always a possibility of *doing*〔that S V〕が文字どおり。It is always possible that S V とすることもできる。なお，that 節を用いるなら，助動詞 may を補って表現を和らげるとよい。

●「相手を傷つける」はこの場合，「感情を害する」ことなので，hurt his (or her)〔their〕feelings などとできる。なお，「他者」に単数の名詞を使っていても，their を使うことができる。

▶(ロ)「頂上を目指して山に登っているとき，雲行きが怪しくなれば，事故が起きないよう退却する勇気が必要です」

●一般論なので，「あなた」を主語にして書くとよい。

●「～しているとき」は「怪しくなれば」にかかるので，if 節内におさめると文の構造がすっきりする。

- 「頂上を目指して山に登っているとき」は「山の頂上に向かって登っている間に」while you are climbing to the top of a mountain,「頂上に向かって山を登っている間に」while you are climbing a mountain to its summit,「頂上に到達するために山を登っている間に」while you are climbing a mountain to reach the top〔summit〕などとできる。
- 「雲行き」は「空（模様）」the (look of the) sky で，要するに「天候」the weather である。「(天気が）怪しくなる」は threatening という形容詞があり，the sky〔weather〕starts to look threatening「空が怪しく見え始める」などとできる。the weather begins to worsen「天気が悪くなり始める」などとすることもできる。
- 「～する勇気が必要です」は you need the courage to *do*〔of *doing*〕が文字どおり。迷わず退却を決断するという状況なので，「～する勇気ある決断をする必要がある」you need to make a courageous decision to *do* などと整えることもできる。
- 「退却する」はこの場合「下山する」ことであり descend が使える。「来た道を引き返す」turn back, go back を使うこともできる。
- 「事故が起きないよう」は「事故を避けるために」in order to avoid an accident とすれば容易。for fear that some accident should happen「何か事故が起きるといけないので」とすることもできる。for fear of some accident も同意。

「それと同じで，進路でも仕事でも進めていることを途中で見切るのは，そこに関わる人の時間やお金を無駄にしないためには必要なことです」

- 文全体の運びを整理して書く必要がある。「それと同じで」は，前文の「勇気ある退却」の点が同じであることを示しており，「それと同じで，進めていることを途中で見切るのは必要なことだ」が骨組みになるだろう。「進路でも仕事でも」は「～であろうと…であろうと」の譲歩節を「進めていること」のあとに置く。「そこに関わる人の時間やお金を無駄にしないためには」は目的を表す構文や不定詞を使って最後に置くとよい。
- 「それと同じで」は「同様に」likewise, in the same way, similarly などで表せる。

● 「進めていることを途中で見切ること」の「進めていること」は，「取り組んでいること」what you are working on や単純に「していること」what you are doing でもよいだろう。「途中で見切る」は「あきらめる」give up，abandon や「やめる」stop で表せる。

● 「進路でも仕事でも」の「進路」は「将来進む道」と考えれば your future course などとなる。「学業」と考えるなら your study〔studies〕とできる。「仕事」は your job〔career〕でよいだろう。あるいは，「進めていること」を「進路においてでも仕事においてでも」と修飾すると解釈して，whether in your study〔studies〕or in your job とすることも考えられる。

● 「～を無駄にしないために」は so that you don't waste ～ や not to waste ～ などとできる。

● 「時間やお金」は「そこに関わる人の」で限定されるので the time and money と定冠詞をつける。

● 「そこに関わる人の」は of those〔the people〕(who are) involved (in it) や「関係者の」of those〔the people〕concerned などとできる。

● 「必要なことです」は，常に見切ることが必要なわけではないので「必要なこともある」を表すために sometimes や「ある場合には」under〔in〕certain circumstances などを補いたい。

❖講　評

2022年度も従来どおり，英文和訳・長文読解総合問題・テーマ英作文・和文英訳問題の4題構成。Ⅳの一部（文学部の独自問題）を除いて，理系学部と共通問題である。

Ⅰの英文和訳問題は，(A)・(B)とも下線部訳だが，2022年度は全体に下線が入っており，全訳となった。ただし，訳す分量は例年と大差はない。(A)は，犬の申し訳なさそうな表情が表すものを説明した文章。3文から成っており，各文は短く構造も複雑ではないが，それだけに単語ひとつの訳にも気が抜けない。(B)は，宗教が果たす役割とその衰退の理由を述べたもの。(A)に比べると1文が長めで，文構造の分析を正確に行う必要がある。

Ⅱの長文読解総合問題は，人間の手がどれほど優れたものであるかを説明した文章。類人猿にもない精巧な手の作りを具体的に述べており，興味深い論考である。設問は，いずれも素直な問いであり，素早く解答したい。

Ⅲは「機械やAIが取って代わることができない，もしくは取って代わってほしくないと考えるのはどのような仕事か」を1つ挙げ，その理由を述べるもの。語数が2000年度から続いていた70語程度から80語程度に増加したことが注目点である。今後どうなるか予測はできないが，またこういった変更の可能性があることは頭に入れておく必要がある。

Ⅳは例年同様，レベルの高い和文英訳である。日本語を読んで意味がわからないようなものではないのに，英語に直すとなると，語句レベルから文構造まで，じっくり検討しなくてはならない。英語らしさ，英語自体の知識の充実とともに，日本語を日本語で言い直す力も求められる。

全体として，英文和訳問題，長文読解総合問題は標準的，英作文問題はやや難と言える。

◀外国語学部▶

I

◀文・人間科・法・経済学部▶ I に同じ。

II

解答

設問(1)　全訳下線部①参照。

設問(2)　日々の経験は，自分の身の周りで起こる出来事への単なる反応ではなく，現在の状況と類似した過去の記憶に基づいて脳が推測したものであるということ。

設問(3)　全訳下線部③参照。

設問(4)　ペットの魚とレストランで見る魚では思い浮かべるものが異なるというように，「魚」というカテゴリーは外部世界に固定して存在しているものではなく，状況に基づいて脳が作り上げるものだと説明している。

設問(5)　全訳下線部⑤参照。

設問(6)　長方形の紙や丸い金属，貝殻，大麦，塩，巨石から，抵当権やビットコインのような無形のものまで，あらゆるものが貨幣として使われてきたように，あるものに何らかの機能を負わせるとき，それを本来のものとは異なるカテゴリーに分類すると解説している。

◆全　訳◆

≪脳が構築する現実≫

人間の脳は，どのようにして社会的現実を作り出すのだろうか。これに答えるために，脳のほうの観点からそれを検討してみよう。生涯にわたって，あなたの脳は頭蓋骨と呼ばれる暗い沈黙した箱の内部に捕らえられている。

あなたの脳は，目，耳，鼻，その他の感覚器官からのデータを絶えず受け取っている。また，肺が広がり，心臓が鼓動し，体温が変化し，他の内臓がその活動の交響曲を奏でるとき，脳は絶え間ない感覚データをあなたの体の内部から受け取る。

これらのデータはすべて，箱の中に入った脳には謎として示される。合わせて，そのデータは未知の一組の原因の最終結果を表している。

世界で何かが，大きなバンという音に聞こえる気圧の変化を生み出したとき，可能性のある原因は，ドアをばたんと閉めたこと，発砲，水槽が床に倒れたことなどが考えられる。お腹がゴロゴロいえば，原因は空腹，消化不良，緊張，あるいは愛情かもしれない。

したがって，脳は解決すべき問題を抱えており，これを哲学者たちは「逆推測問題」と呼んでいる。あいまいなデータを前にして，あなたの脳は次に何をすべきか計画するのに，何らかの方法でそのデータの原因を推測しなければならない。そうすればあなたは生き続け，健康でい続けられるのである。

幸いにも，脳はこの任務の手助けとなるもう一つの情報源を持っている。記憶である。脳は，感覚データの意味を推測するために，現在の状況と似たものが含まれるこれまでの人生の過去の経験を引き出すことができる。

①たとえば，近くの窓から強い風が吹き込んでいるなら，あるいは，あなたの深く傷ついた恋人が怒って部屋から飛び出して行ったところで，過去の恋愛関係で同じように部屋を出て行かれた経験があるなら，倒れた水槽ではなく，ばたんと閉じられたドアがバンという音の原因として最も可能性が高いだろう。

あなたの脳の最善の推測は，正しかろうと間違っていようと，あなたの行動と，そのときにあなたが見，聞き，においをかぎ，味わい，肌で感じるすべてとなって現れる。そして，精神構築のこの旋風はすべて，あなたがまったく自覚することなく，一瞬のうちに起こる。

高く評価されている神経科学者ジェラルド=エデルマンは，日々の経験を「記憶された現在」と説明する。あなたは自分の周りで起こる出来事にただ反応しているだけだと感じるかもしれないが，実は，あなたの脳は絶えず，そして見えないところで，次に何をすべきか，あなたが次に何を経験することになるか，現在の状況と類似した記憶に基づいて推測している。

ここでカギとなる言葉は「類似した」である。脳は正確に一致するものを必要としてはいない。これまで見たことがなくなじみのない階段を難なく上れるのは，過去に階段を上ったことがあるからだ。したがって，あなたがこの世界で生き延び，元気にやっていくのを脳が手助けをするのには，似ているということで十分なのである。

心理学や哲学においては，互いに似ているものは一つのカテゴリーを形成する。たとえば，多くの水生動物の分類群を含む常識的なカテゴリーである魚について考えてみよう。③魚にはあらゆる色，形，大きさのものがいる。泳ぐときの動きもさまざまだ。群れで移動するものもあれば，単独でいるものもある。海で暮らすものもいれば，池で暮らすもの，また人間の家庭で暮らすものもいる。

典型的な魚はひれとうろこを持ち，水中で呼吸するかもしれないが，中にはうろこを持たないもの（たとえばサメ），ひれを持たないもの（たとえばヌタウナギ），少数ではあるが陸上で呼吸するもの（たとえばハイギョ）もいる。こうしたことにもかかわらず，私たちはこれらの種のすべてを似ていると見なし，魚と呼ぶ。犬を魚であると考えることは決してないだろう。

カテゴリーは外部世界に存在していると思うかもしれないが，実は，脳がカテゴリーを作っているのである。もしあなたにペットとしての魚を想像してくださいと言えば，あなたの脳はベタや金魚，グッピーを含むであろうカテゴリーを作り出す。しかし，もしレストランで見る魚を想像してくださいと言えば，あなたの脳はタラ，ハドック，サケからカテゴリーを作り上げる可能性が高いだろう。したがって，「魚」のようなカテゴリーも，脳の中にある何か固定的なものではない。それは，状況に基づいて脳が作り出す抽象的なカテゴリーなのである。

「魚」のようなカテゴリーを形成する最も重要な類似性は，物理的な外見ではなく，役割に関するものである。昼食にベタのサンドイッチを食べたりサケを水槽で飼ったりしないのは，ペットの役割は食事の役割とは異なるからである。

同様に，金魚鉢の役割は，通常生きた魚を入れておくことだが，別の状況では，花瓶，鉛筆や余った小銭を入れるもの，喉のかわいた犬の飲み水入れ，ちょっとした火が出たときの消火器，あるいは，攻撃してくるものに投げつける武器にさえなる。

抽象的なカテゴリーは驚くほど柔軟性がある。以下の３つのものを考えてほしい。一瓶の水，ゾウ，ピストルである。これらのものは見た目も，手触りも，においも同じには思えないし，何か他の明らかな物理的類似性もない。だが，確かにそれらは物理的機能が共通していることがわかる。つまり，それらはみんな水を噴出することができるのだ。したがって，３者で一つのカテゴリーを形成する。

しかし，それらは，水を噴出することとは違って，その物理的な性質とは全く関係のないもう一つ別の機能も共通している。3つとも「空港の警備を通過できなさそうなもの」というカテゴリーに属する。この純粋に抽象的なカテゴリーは，機能にのみ基づいており，人間の思考の産物である。

純粋に抽象的なカテゴリーは，実は，人の行動や経験の多くをかき立てるものである。あなたの脳があなたの周囲やあなたの内部の感覚データについて推測をするとき，それらの推測は多くの場合，機能に基づいて抽象的なカテゴリーを形成する。

⑤息切れを感じている原因を説明するために，脳は，運動，腹部への殴打，驚き，欲情，その他，現在の状況に似たあらゆる原因を含むカテゴリーを構築するかもしれない。それで脳は考えられる原因を絞り込んで，行動を起こすことができるのである。カテゴリーの構築は，脳が，ある物が何なのか，それについてどうするべきか，そして行動に備えるために人の器官，ホルモン，免疫系をどのように調整すべきかをはじきだす過程なのである。

抽象的なカテゴリーはまた，社会的な現実の背後にある推進力でもある。ある対象に何らかの機能を負わせるとき，私たちはその対象を何か他のものとしてカテゴリー化する。人類の歴史を通じてずっと，長方形の紙や丸い金属だけでなく，貝殻，大麦，塩，動かすには重すぎる刻んだ岩まで，あらゆる種類のものが「貨幣」という抽象的なカテゴリーに属してきた。私たちは，抵当権やビットコインのような形のないものにさえ貨幣の機能を与えている。

私たちはそうしたカテゴリー化を，貨幣や国や市民権に関してそうであるように，ときには小さな集団だけと，ときには大きな人間集団と共有し，それを実在させている。

◀解　説▶

▶設問(1)　**A slammed door, rather than a fish tank, may well be the best candidate for a loud bang if, for example, there is a strong breeze blowing through a nearby window, or if your heartbroken lover has just stormed out of the room and you've experienced similar exits in past relationships.**

●A slammed door, rather than a fish tank は「水槽よりもむしろばた

んと閉じられたドアが」が直訳。第 4 段第 1 文（When something in …）の内容を受けており，「倒れた水槽ではなく，ばたんと閉じられたドアが…」などと言葉を補って訳すとよい。

●may well be the best candidate for a loud bang「大きなバンという音の最善の候補だろう」が直訳。may well ～ は「たぶん～だろう」の意。「大きなバンという音の候補」とは，「音の原因として考えられるもの」を表しているので，「バンという音の原因として最も可能性が高いだろう」などとするとわかりやすい。

●if, for example, there is a strong breeze blowing through a nearby window は，「たとえば，近くの窓を通って強い風が吹いているなら」が直訳。「近くの窓から強い風が吹き込んでいるなら」などと整える。

●or if your heartbroken lover has just stormed out of the room は「あるいは，あなたの深く傷ついた恋人がちょうど部屋を激しい勢いで出て行ったばかりなら」が直訳。heartbroken は「深く傷ついた，悲嘆にくれた」の意。storm は「(怒って) 勢いよく進む」の意。out of ～「～(の中) から (外へ)」が続いており，「怒って部屋から飛び出して行ったところなら」などとできる。

●and you've experienced similar exits in past relationships「そしてあなたが過去の関係で同様の退去を経験していれば」も if 節内に含まれる。「過去の関係」は文脈から「過去の恋愛 (関係)」と考えられる。「同様の退去を経験する」は「同じように部屋を出て行かれた経験がある」などとわかりやすく整えたい。

▶設問(2)　解答欄は 14.7cm×3.5cm。当該箇所は「エデルマンは，日々の経験を『記憶された現在』と説明する」となっている。下線部は「日々の経験」とはどういうものかを表している。直後の文に「あなたは自分の周りで起こる出来事にただ反応しているだけだと感じるかもしれないが，実は，あなたの脳は…次に何をすべきか，あなたが次に何を経験することになるか，現在の瞬間と類似した記憶に基づいて推測している」とある。この内容を，「日々の経験は…ではなく～であるということ」という形にまとめる。

▶設問(3)　**Fish come in all colours, shapes and sizes.**

●come in ～「(主語は)～のものがある」の意。基本的には商品などが販売・製造される種類や形状を表す。たとえば，This shirt comes in five colors.「このシャツは５色ある」といった使い方をする。

●fish は基本的に単複同形。「魚にはあらゆる色，形，大きさのものがいる」などとなる。

They swim with a variety of motions.

●「魚はさまざまな動きで泳ぐ」が直訳。「泳ぐときの動きもさまざまだ」などと自然な日本語になるように整えたい。

●原文に also はないが，前文で「色，形，大きさ」が多様であることを述べており，文章の流れとして「も」を補うのが適切である。

Some travel in schools and others are solitary.

●Some … and others 〜 は「…するものもあれば［いれば］，〜するものもある［いる］」が定番の訳し方である。

●travel は広く「移動する」ことを表す語である。通勤や光や音などの伝達にも使うことを確認しておきたい。

●school は「魚，クジラ，イルカなどの群れ」の意。英語では，どの生物であるかによって「群れ」を表す語が異なるので，これも一度確認しておくこと。in schools は「群れで」の意。

●solitary は「連れがいない」ことを表し，ここでは「群れ」に対して「単独で」あることを示している。

Some live in oceans, some in ponds, and some in human homes.

●Some の反復は，前文の Some … and others 〜 の変型。訳し方は同様でよい。

●live in oceans「海で暮らす」の live が以下の２つでは省略されており，日本語では in ponds「池で暮らす」，in human homes「人間の家庭で暮らす」と，「暮らす」をその都度言うほうが自然になる。

▶設問(4)　解答欄は 14.7cm×3.5cm。下線部は「したがって，『魚』のようなカテゴリーも，脳の中にある何か固定的なものではない。それは，状況に基づいて脳が作り出す抽象的なカテゴリーなのである」となっている。同段第２・３文（If I ask you to … haddock and salmon.）で「ペットとしての魚」と「レストランで見る魚」では，思い浮かべる種類が異なる例が挙がっている。この例を盛り込み，「『魚』というカテゴリーが固定的なものではなく，脳が作り出すものであると解説している」とまとめる。

なお,「固定的なもの」は, 同段第 1 文（You might think …）に「カテゴリーは外部世界に存在している（と思うかもしれない)」が同じ意味であり, この表現も利用するとよりわかりやすくなる。

▶設問(5)　**To explain a feeling of shortness of breath, your brain might construct a category containing physical exercise, a punch in the gut, surprise, lust and a hundred other potential causes that are all similar to the present moment, so it can whittle them down and act.**

●To explain a feeling of shortness of breath「息が切れている感じを説明するために」が直訳だが,「息切れの感じを説明する」とは,「なぜ息切れを感じているのか, その原因を説明する」ことを表している。shortness は「不足」の意。

●your brain might construct a category「あなたの脳はカテゴリーを構築するかもしれない」で, そのままでよい。

●containing「～を含む」は category を修飾する形容詞用法の現在分詞。以下 physical exercise から present moment までがこの目的語である。physical exercise「運動」, a punch in the gut「腹部への殴打」, surprise「驚き」, lust「欲情」。a hundred other potential causes「可能性のある他の 100 の原因」は文字どおりの 100 個ではなく,「多数」を表すと考えるのが妥当。「可能性のある原因」とは「息切れの原因と考えられるもの」ということ。

●that are all similar to the present moment「すべて現在の状況と似ている」は causes を先行詞とする関係代名詞節。moment は「瞬間」すなわち時間というより,「(特定の) 機会」のニュアンスと考えるほうが文意には合うと思われる。

●…, so it can whittle them down and act.「それで, 脳はそれらを whittle down し, 行動を起こせる」は whittle them down を文脈から正しく推測することが求められる。them は potential causes「考えられる原因」を指しており, これは非常にたくさんあることが述べられていた。このあとに（can）act「行動を起こせる」とあることから, 原因はこれだと判断がついたと考えられる。down のイメージとして, boil down ～「(話などが) つまるところ～になる」などに見られるように,最終的にどこに落ち着くかということを表し，多くの候補から「絞り込む」ことを述べていると考えられる。whittle down はもともと「(木など) をナイフで少しずつ削る」の意。そこから「～を減らす，そぐ」の意でも使う。

▶設問(6)　解答欄は 14.7cm×3.5cm。下線部は「ある対象に何らかの機能を負わせるとき，私たちはその対象を何か他のものとしてカテゴリー化する」となっている。このあと，「人類の歴史を通じてずっと…あらゆる種類のものが『貨幣』という抽象的な概念に属してきた」とあり，私たちになじみ深い紙幣や硬貨だけが貨幣なのではなく，貝殻や本来は食品である大麦や塩，動かせもしない大きな岩も貨幣として使われてきたことが述べられている。さらに，同段最終文（We even impose …）には，形のない抵当権やビットコインにも貨幣の機能を持たせていることが述べられている。これらの例を使って，「あるものに何らかの機能を負わせるとき，その本来のものとは異なるカテゴリーに収めると解説している」とまとめる。

●語句・構文●

(第 2 段) insides「お腹，内臓」
(第 3 段) end result「最終結果」
(第 4 段) unleash「～を解き放つ」 gurgle「ゴロゴロいう音」
(第 6 段) draw on ～「～を引き出す，生かす」
(第 8 段) manifest *oneself* as ～「～となって現れる」 whirlwind「旋風」
(第 9 段) esteemed「高く評価されている」
(第 10 段) have no trouble *doing*「難なく～する」
(第 11 段) taxonomic group「分類群」
(第 12 段) scale「うろこ」
(第 15 段) spare change「余った小銭」
(第 16 段) squirt「～を噴出する」
(第 17 段) untether「～を解放する」
(第 20 段) mortgage「抵当（権）」

III　◀文・人間科・法・経済学部▶Ⅲに同じ。

Ⅳ **解答** (1) 〈解答1〉 Although I live abroad, I don't have a feeling that I have come very far away, and I don't feel as lonely as I used to. I get in touch with my family back home every day and my wife also contacts her parents, so the sense of distance has been changing.

〈解答2〉 Even though I live outside my country, I don't feel so often as before that I'm far away from home or lonely. I get in touch with my parents every day and so does my wife. Thus, our sense of distance is different from what it used to be.

(2) 〈解答1〉 But when people from different cultures marry each other, their ways of child rearing are naturally different because it is also natural that the environments in which they were born and brought up are different. They sometimes disagree with each other about what to do. When values underlying their cultures clash, what is important is compromise.

〈解答2〉 When people with different cultural backgrounds marry each other, however, they naturally have different views of child rearing because, as a matter of course, they were born and brought up in different environments. They occasionally have conflicts about what they should do. When values at the root of your cultures clash, it is important to compromise.

(3) 〈解答1〉 I believe what helps us overcome differences in values or cultures is not romantic feelings but trust. In a romantic relationship, as soon as your love cools off, you cannot tolerate the differences.

〈解答2〉 I think it is not a romantic relationship but trust that overcomes differences between values or cultures. As soon as you fall out of love, you cannot stand your partner's view.

◀解　説▶

▶(1) 「国外に住んでいるからといって，昔ほど『遠くへ行っちゃった』『寂しい』という感覚はない」

● 「国外に住んでいるからといって」は「～にもかかわらず」although,

even though が使える。「国外に住んでいる」は I live abroad〔outside my country〕。

- 「昔ほど〜ない」は not as〔so〕〜 as before〔I used to〕で表せる。この表現をどこで用いるかについては，「昔ほど感じない」とすることと，「そんなに遠い，そんなに寂しいとは感じない」とすることが考えられる。前者の場合は「(昔ほど) 頻繁に」often,「(昔ほど) 強烈に」strongly, intensely, keenly などが使える。
- 「〜という感覚はない」を I don't have a feeling that 〜, I don't feel that 〜として，that 節の中に「遠くへ行っちゃった」「寂しい」を置く。
- 「遠くへ行っちゃった」となっているが，筆者の立場から考えると「(母国から) 遠くに来ている」とするのが正しい。「過去に来て，今もいる」ので，現在完了で I have come far (away from home) とするか,「今遠くにいる」と現在形で I am far (away from my home country) などと表す。
- 「寂しい」は，have a feeling that なら I'm lonely, I don't feel ならそのまま lonely が続く。

「私は私の実家と毎日連絡し，妻も両親と連絡していて，距離感は昔とは変わってきている」

- 「私は私の実家と毎日連絡し」の「実家」は，内容上「家」ではなく,「両親」か「本国にいる家族」。「〜と連絡する」は get in touch with 〜, contact, make contact with 〜 などが使える。
- 「妻も両親と連絡していて」は，表現を変えて再度書き表してもよいし,「妻もそうだ」so does my wife とまとめてしまうことも考えられる。
- 「距離感は昔とは変わってきている」は，前述の結果なので，so や thus などでつなぐ。「距離感」は the〔our〕sense of distance,「変わってきている」は文字どおり has been changing とできる。「昔と違う」is different from what it used to be などと表現することも考えられる。

▶(2) 「ただ，異なる文化の人たちが結婚すると，当然生まれ育った環境が違うため，子育ての価値観もやっぱり違う」

- 「ただ」は単純に「しかし」の意と考えれば，but や however で表す。however は文頭に置くなら必ずカンマを打つこと。逆に but は打ってはならない。however は文中に挿入することもできる。なお，直前の下線部(1)と当該箇所の内容は，直接的には相反する関係にないとも言える。話は転じているとして，by the way「ところで」などとすることも考えられる。

● 「異なる文化の人たちが結婚すると」の「と」は when がふさわしい。「異なる文化の人たち」は，people from〔of〕different cultures, people with〔from〕different cultural backgrounds などと表せる。「結婚する」marry は他動詞なので，marry each other と目的語を入れること。

● 「当然生まれ育った環境が違うため」は because it is natural that the environments in which they were born and brought up are different などとするのが文字どおり。「当然，違った環境で生まれ育ったので」because they were naturally born and brought up in different environments とすることもできる。「当然」には as a matter of course も使える。なお，when 節と because 節で主節をはさむ形にすると文のバランスがよい。

● 「子育ての価値観も違う」に，values「価値観（一般）」は使えない。「子育てのやり方〔考え方〕」ways〔views〕of child rearing などとして，「彼らの子育てのやり方が異なる」their ways of child rearing are different,「彼らは異なる考え方を持っている」they have different views of child rearing とする。

「ぶつかることもある」

● 「ぶつかる」は，「(～について)〈人が〉互いに意見が一致しない」disagree with each other (about ～),「(～について)〈人が〉対立する」have conflicts (about ～) などとできる。「～について」はなくてもよいかもしれないが，「どうすべきか」what to do, what they should do などを補うことも考えられる。

● 「～こともある」は sometimes や occasionally を使う。

「文化の根底にある価値観がぶつかったとき，折り合いが重要になってくる」

● 「文化の根底にある価値観」は values underlying culture だが，文脈上「だれの」文化であるかを補いたい。ここまでの流れで「異なる文化をもって結婚した人たち」を受けて their cultures とするか，一般論と考えて読者を想定した your cultures とすることもできる。「～の根底にある」は at the root of ～ ともできる。

- 「ぶつかる」は「もの」どうしの衝突なので，clash が使える。
- 「折り合い」は「妥協」compromise とできる。「重要になってくる」の直訳は英語ではやや不自然なので，「重要なのは妥協だ」what is important is compromise としたり，動詞「妥協する」compromise を使って「妥協することが重要だ」it is important to compromise としたりするのがよい。

▶(3) 「私は，恋愛では価値観や文化の違いは乗り越えられず，信頼なら乗り越えられると思っている」

- 「私は～と思っている」は I think (that) ～ 以外に，believe や suppose も可能。
- 「*A* で *B* を乗り越える」は「で」に何が使えるかが問題。「乗り越える」に overcome を使った場合，受動態の be overcome by〔with〕～ が「～によって圧倒される，弱る」という意味になることから，by や with はふさわしいとは言えない。「～に基づいて」on the basis of ～ などと言葉を補うか，「*A* が，私たちが *B* を乗り越えるのを手助けする〔可能にする〕」*A* help〔enable〕us to overcome *B* のように無生物主語で処理するとよい。また，現実には人が乗り越えるのだが，「*A* が *B* を乗り越える」と表現するのも修辞的に許容されるだろう。
- 「恋愛」は love でもよいが，かなり意味の広い語なので「恋愛感情」romantic feelings〔sentiments〕，「恋愛関係」a love〔romantic〕relationship とするとよい。「信頼」は trust。
- 「価値観や文化の違い」は differences in〔between〕values or cultures とできる。
- 「～は乗り越えられず，…は乗り越えられる」は，「乗り越える」の反復を避けて，「(乗り越えるのは)～ではなく…」として not ～ but … が使える。「乗り越えるのは」は，「乗り越えるものは」と考えて what を使ったり，強調構文を使ったりすれば表せる。

「恋愛は，相手への気持ちが冷めたら途端に我慢できなくなる」

- 「恋愛は，相手への気持ちが冷める」は，「恋愛関係においては」in a romantic relationship と補って，「愛が冷める」*one's* love cools off

［fades］とするか，単純に人を主語にして fall out of love などとできる。

- 「〜したら途端に」は as soon as 〜 を使う。
- 「我慢できなくなる」は「何を」を補う必要がある。文脈上「その（価値観や文化の）違い」が妥当。「相手のものの見方」view などとすることもできる。「〜を我慢する」は tolerate や stand が使える。

V 解答

設問(1)　繁殖や冷たい水の中での体温維持のため。

設問(2)　2カ月でおよそ6,000キロメートル移動した。

設問(3)　捕食回数と潜水深度を調べるためのもの。

設問(4)　マッコウクジラは大型の獲物を食べるのに対し，メスのゾウアザラシは長時間にわたって潜り，小さな魚を大量に食べる。

設問(5)　4.8時間足らず。

◆全　訳◆

≪ゾウアザラシの捕食活動≫

新しい研究で，ゾウアザラシは太ったままでいるために非常に努力しなければならないことがわかった。

その研究は，現在までのところ，キタゾウアザラシの捕食活動に関する最も徹底した調査である。科学者たちは，太平洋北東部での移動期間中のメスに特別な注意を払った。

ゾウアザラシは，魚を食べるためにずっと深く潜ったまま，毎日20時間，ときには丸24時間費やすことがわかった。彼らは，繁殖したり，冷たい水の中で体温を保ったりするために必要な体脂肪をつけるのに，毎日1000回から2000回エサを食べていた。

スコットランドにあるセントアンドリュース大学のアダチタイキが，最近『サイエンス=アドバンス』誌に発表されたこの調査の指揮を執った。

「太るのは楽ではありません」と，アダチは言った。

研究者たちは，2カ月間大洋を長距離移動しながら，カリフォルニア州のアニョヌエボ州立公園生まれの48頭のメスのゾウアザラシを調査した。彼女たちの旅はおよそ6,000キロに及んだ。

科学者たちの発見は，2011年から2018年に収集されたデータに基づいたものだった。彼らは着脱できる3つの小さな装置を使った。

装置の一つは，あごの下に取り付けられ，ゾウアザラシがエサを食べる回数を数え，潜った深さを測定した。衛星とリンクした別の装置は頭部に取り付けられ，ゾウアザラシの海での移動を追跡した。もう一つの装置は，赤外線LEDライトをつけた「高性能の」ビデオカメラで，もう一つの深度センサーだった。これも頭部に取り付けられた。

ゾウアザラシという名前は，オスの大きな鼻からついたものである。この鼻がゾウの鼻のように見えるのだ。ゾウアザラシには2種ある。キタゾウアザラシと，少し体の大きいミナミゾウアザラシである。2種とも世界で最大のアザラシで，クジラを除けば，最大の海洋哺乳類である。

オスのキタゾウアザラシは体長4メートル，体重2,000キロにまで成長することがある。メスはそれより小さく，最大で体長3メートル，体重590キロになる。オスは沿岸域でしかエサをとらない。

大型の海洋哺乳類の中には，その大きな体を維持するのに十分なエサを得るために，深く潜ることに頼るものもいる。たとえば，マッコウクジラはダイオウイカのような大型の獲物を狙う。

メスのゾウアザラシは，大きいがマッコウクジラほどではなく，異なる解決策を採っている。彼女たちは，小さな魚を大量に食べるのである。しかし，大きな体が必要とするエネルギーを満たすのに十分な小さな魚を捕らえるのは難しい。

アダチはメスのゾウアザラシについて次のように述べている。

「彼女たちは，長時間にわたって連続して潜水します。平均して20分，最長で100分ほどです。そして深く潜るのですが，平均で500メートル，最深で1,500メートル潜るのを，水面でほんの数分呼吸して行うのです」

アダチは，ゾウアザラシが2カ月の旅，つまり移動の間，陸地に戻っては来ないことに注目した。「海に出ている動物の睡眠時間については完全にはわかっていません。ですが，極端なフォリジングの記録をもとに考えると，彼らが睡眠のために使える時間は，1日の20パーセント未満のはずです」と，彼は付け加えた。

フォリジングは，食べ物を探すことを意味する言葉である。

キタゾウアザラシは，合衆国，カナダ，メキシコの太平洋岸に生息している。通例，彼らは12月から3月までの間に，カリフォルニアやバハカリフォルニアの，普通は沖合にある島で子どもを産む。交尾期には何も食べない。この期間に，彼らは体重のおよそ3分の1を失う。

◀解　説▶

解答欄はすべて14.7cm×4.2cm。ただし，すべての解答がこの大きさを満たすほど長いものになるわけではない。

▶設問⑴　第3段第2文（They fed 1,000 …）に「繁殖したり，冷たい水の中で体温を保ったりするために必要な体脂肪をつける」とあることをまとめる。

▶設問⑵　第6段（Researchers studied 48 female …）に「2カ月にわたる調査でおよそ6,000キロ移動した」ことが述べられている。

▶設問⑶　第8段第1文（One device, attached …）に「装置の一つは，あごの下に取り付けられ，ゾウアザラシがエサを食べる回数を数え，潜った深さを測定した」とある。この内容をまとめる。

▶設問⑷　第11段第2文（Sperm whales, …）に「マッコウクジラはダイオウイカのような大型の獲物を狙う」，第12段第2文（They eat huge …）に「彼女たち（＝メスのゾウアザラシ）は，小さな魚を大量に食べる」とあるのをまとめる。解答欄に余裕があるので，第12段第3文（But it is difficult …）「しかし，大きな体が必要とするエネルギーを満たすのに十分な小さな魚を捕らえるのは難しい」ため，最後から4つ目の段落のアダチの発言 They continuously dive, … にある「長時間にわたって連続して…深く…潜水する」ことを添えてもよいだろう。

▶設問⑸　最後から3つ目の段落の第3文（But, based on …）に「彼らが睡眠のために使える時間は，1日の20パーセント未満のはず」とある。よって，4.8時間足らずとなる。

●語句・構文●

（第2段）to date「今までのところ」

（第3段）waters「大量の水，海，海域」

（第9段）trunk「ゾウの鼻」 trunk はもとは「木の幹」「幹状のもの」を表す。

（第10段）up to ～「（数値などが）～まで」 最大値を表す。

❖講　評

他学部と一部の問題が共通になっている。

Ⅰの英文和訳問題は，文・人間科・法・経済学部Ⅰと共通問題。

Ⅱの長文読解総合問題は，「脳が構築する現実」について，興味深い観点から説明した文章。特に「カテゴリー（化）」に関しては，これまでに聞いたことや考えたことがないものと思われる。楽しんで読みたい。設問は英文和訳と内容説明。内容説明は字数制限が設けられていないので，解答欄の大きさを考慮してまとめる。

Ⅲのテーマ英作文は，文・人間科・法・経済学部Ⅲと共通問題。

Ⅳの和文英訳問題は，一連の文章の3カ所を英訳するもの。例年どおり，一読した日本文のわかりやすさと，それを英語でどう表現するかのギャップが大きい。日本語と英語の構造の違いや，日本語では言わなくてもわかることを英語では補ったり，逆に日本語では繰り返しても英語では言わないと判断したりする必要のある箇所が少なくない。

Ⅴのリスニングは，ゾウアザラシの捕食活動その他の生態について述べたもの。例年と同様，一連の文章が一気に放送された。設問はすべて日本語の質問に日本語で答える記述式。設問は問題冊子に印刷されているので，あらかじめ読んで聞き取るポイントをつかんでおくこと。

「読む」「書く」「聞く」という，短期では身につけられない総合的な力が試される。この3つをバランスよく日常的な勉強に取り入れておきたい。

日本史

I　**解答**　縄文時代の人々は，食料資源が入手しやすい水辺に近い台地上に環状集落を形成した。集落は中央の広場を中心に数戸の竪穴住居で構成され，小家族の集団で狩猟・漁労・採集を主とする自給自足の生活を営んだ。集落や住居の規模には大きな差はなく，また埋葬は集落内の共同墓地でおこなわれ，個人の富を示す多量の副葬品が認められないことから，集団の統率者はいても貧富の差や階級の区別がない平等な社会が形成されたと考えられる。(200 字程度)

◀解　説▶

≪縄文時代の社会≫

▶設問の要求

〔主題〕縄文時代の社会の特徴について述べる。

〔条件〕集落と墓に焦点をあてる。

▶論点の抽出

縄文時代が平等な社会であったことを，「集落」や「墓」の特徴を指摘しながら解答すればよい。「集落」については環状集落とそれを形成する竪穴住居を指摘し，その規模に大きな差がなかったことを付け加えよう。「墓」については共同墓地での埋葬や副葬品がなかったことなどを指摘し，身分差のない平等な社会であったことを結論づければよい。

▶解答の枠組み

〔定住化による集落の形成〕

- 環状集落
- 竪穴住居
- 自給自足の生活

〔共同墓地での埋葬〕

- 副葬品をともなわない埋葬
- 平等社会の形成

▶解説

〔定住化による集落の形成〕

縄文時代になると，気候の変動から植物相や動物相が変容し，狩猟・採集・漁労などに適する自然資源の条件が整った場所に定住がはじまった。

●環状集落

環状集落は10戸程度の竪穴住居が集まり，中央の広場を中心に環状または馬蹄形に形成された。集落は食料や飲料水が獲得しやすく，また自然災害の少ない水辺に近い台地上につくられた。中央の広場は儀礼・集会・共同作業など集落の社会的統合の空間として機能していたと考えられる。

●竪穴住居

竪穴住居は床面を深さ50㎝ほど掘り下げ，上部に屋根をかけた掘立柱の住居である。室内の中央に炉が設けられ，円形や楕円形または方形で径5m程度のものが多い。住居に住む世帯は，平均6～7人程度と推測され，夫婦と子供を中心とする現在の核家族のような構成と考えられる。三内丸山遺跡（青森県）のように大型の竪穴住居をともなう場合もあるが，ほとんど規模や構造に違いがなく，この点からも平等な社会が形成されたことが推測できる。

●自給自足の生活

縄文人の生活は小家族を単位に地域や季節の自然と共存した狩猟・漁労・採集を基本としていた。また補助的にイモ類やマメ類の栽培もみられたと考えられている。

〔共同墓地での埋葬〕

縄文時代の埋葬は屈葬が一般的であった。遺体の手足を折り曲げて埋葬する方法で，埋葬する穴を掘る労力削減，胎児の姿勢をとり再生を祈る，休息の姿勢，悪霊の復活防止など諸説がある。

●副葬品をともなわない埋葬

人々の遺体は集落内の共同墓地に埋葬された。またゴミ捨て場の貝塚からも人骨が発見されることもある。墓の中心部や周辺部に埋葬される者など違いが見られることもあるが，弥生時代以降のように多量の副葬品をともなう墓は見られない。遺体の中にはヒスイの首飾り・碧玉製腕飾り・貝輪などの装身具をともなう者，特定の歯に溝を刻む叉状研歯などが認められる者もあるが，これらは呪術的な風習か，または集団の指導者と考えられている。なお，縄文中期から晩期になると，東北地方などで環状列石のような配石遺構が集落から離れた場所に営まれることもあった。これらは埋葬の場であるとともに宗教儀礼の場とも考えられている。

●平等な社会の形成

「集落」「墓」に焦点をあてて縄文時代の社会をみると，血縁で結ばれた小集団を形成し，集団を統率するリーダーは存在したが，貧富の差や階級差はなく，人々は自然と共生しながら共同してはたらく平等な社会であったと考えられる。なお，黒曜石などの分布からこれらの集団（集落）が広域にわたって交易していたことも知られている。この点も縄文時代の社会の特徴として指摘してもよいであろう。

Ⅱ　**解答**　後醍醐天皇は延喜・天暦の治を理想とし，幕府や院政，摂政や関白も否定して天皇親政のもと公武一統の政治をはじめた。中央の記録所などの諸機関や地方に併置した国司と守護には，側近の公家や武家を任用した。しかし綸旨を用いた所領安堵が御成敗式目にある知行年紀法など武家の慣習や法を無視したため，混乱を招いて武士の反感を買った。また一貫性のない政策や不公平な恩賞なども期待を裏切り，足利尊氏の反旗によって崩壊した。(200 字程度)

◀解　説▶

≪建武の新政≫

▶設問の要求

〔主題〕建武の新政が数年しか続かなかった理由について具体的に述べる。

〔条件〕鎌倉時代の政治との違いに留意しながら述べる。

▶論点の抽出

建武の新政が短命に終わった理由を述べる問題。〔条件〕に留意すると，後醍醐天皇がそれまでの公武二元政治を改め公家と武家を統一的に支配しようとしたこと，特に綸旨を用いた所領安堵で鎌倉幕府が築いてきた武家の道理（慣習）を無視したこと，この 2 点に絞って解答すればよい。そして，急進的な政策が極端に先例を無視したため大きな混乱と反発を招いて崩壊したことを指摘しよう。

▶解答の枠組み

〔後醍醐天皇の建武の新政〕

• 新政の理念ー延喜・天暦の治を理想

• 公武一統の政治ー公家・武家の任用，国司・守護の併置

〔新政の混迷〕

• 綸旨を用いた所領安堵―武家社会の慣習を無視
• 武士の不満
• 政治の迷走
• 足利尊氏の反旗

▶解説

〔後醍醐天皇の建武の新政〕

隠岐を脱出した後醍醐天皇は鎌倉幕府が滅亡すると京都に帰還し，中国の光武帝が後漢を復興したときの年号にあやかって「建武」と改元，建武の新政を開始した。

●新政の理念―延喜・天暦の治を理想

朱子学の大義名分論に影響を受けた後醍醐天皇は，宋朝の中央集権的な官僚体制による支配を目指した。建武の新政は，理想とされた10世紀の醍醐天皇・村上天皇の「延喜・天暦の治」の再現を掲げた。

●公武一統の政治―公家・武家の任用，国司・守護の併置

幕府・院政・摂政・関白を否定，それまでの公武二元的な政治を改め，公家と武家とを統一した体制（公武一統）を目指した。解答では「鎌倉時代の政治との違い」に留意し，この点を指摘しよう。中央の記録所・雑訴決断所・恩賞方・武者所などの機関には公家や武家が広く任用された。また，地方は公家社会で命脈を保っていた国司と鎌倉時代以来の守護が併置された。特に守護の設置は，公武一統政権が幕府の守護制度を公的地方機関として取り込んだことを意味した。

〔新政の混迷〕

天皇独裁体制を目指す後醍醐天皇は，権威高揚をはかるため綸旨を絶対とする方針を打ち出した。綸旨は蔵人が天皇の意思を奉じて出す文書で，天皇はその効力を絶対とし，諸機関の決定事項も綸旨による決裁を必要とした。しかし，この「綸旨万能」主義が政務の混乱を招き，権威を失墜させることになった。

●綸旨を用いた所領安堵―武家社会の慣習を無視

後醍醐天皇は幕府滅亡後の所領問題をすべて綸旨によって決定するという個別安堵法を打ち出した。そのため全国各地から武士が綸旨を求めて上洛し，それを裁くために慣れない審理で即決に走ったため，同一の所領を

複数に安堵するという不手際が続出した。また，知行年紀法（20 年以上保持した所領の領有権を認める慣習）のように御成敗式目にも規定された慣習を無視したため，武士の不安と不満が増大した。なお，混乱に対処するため設置された雑訴決断所であったが，公家や旧幕府の事務練達者が任用されたものの，煩雑となった所領関係の審議は円滑に進まなかった。

●武士の不満

鎌倉幕府は所領を媒介とした御恩と奉公の関係で成り立ち，武士にとっては生活の場である所領の安堵が最大の要求であった。後醍醐天皇は先例無視の政治手法で，先例重視の鎌倉時代の政治との違いを示して新政を推し進めようとした。しかし，武家が在地を支配する時代にあって，彼らの所領問題を的確に処理して安堵できなかったことが，新政崩壊の大きな原因となった。

●政治の迷走

天皇親政の独裁体制により，天皇におもねる寵臣の不正規な意見具申や天皇の気まぐれな性格もあって，政策は一貫性を欠いて朝令暮改となり停滞した。また人事においても，気に入った一部の武士や公家に恩賞が厚く不公平であり，公家社会においても，寵臣の公家が律令制以来の官位相当を無視して重用されたため，多くの不満が噴出した。公武一統の急進的な政治は，結果として公武両者からの反発を招くことになった。

●足利尊氏の反旗

所領安堵の不手際に加え，大内裏造営計画による課税も武士の反発を助長した。やがて不満をいだく武士の期待を集めた足利尊氏は，中先代の乱鎮定を機に幕府再興を掲げて反旗をひるがえし，新政権はわずか 3 年余りで崩壊した。

III 解答

貨幣鋳造権を独占した江戸幕府は，全国に貨幣を安定して供給するため，金・銀・銭の三貨の鋳造をはかった。江戸時代初期は中世以来の輸入銭や悪質で雑多な私鋳銭などが依然として使用され，取引きの際に良銭と悪銭を選り分ける撰銭が横行して流通を阻害していた。日常通貨として使用する銭貨を重視した幕府は，寛永通宝を大量に鋳造し，全国に流通させて銭貨の統一をはかった。その結果，撰銭が消滅して商品流通の発展が促された。(200 字程度)

◀解　説▶

≪寛永通宝の鋳造の理由と背景≫

▶設問の要求

〔主題〕寛永通宝の鋳造の理由と背景について具体的に述べる。

〔条件〕戦国時代から江戸時代初期の銭貨の使用状況をふまえる。

▶論点の抽出

〔条件〕から推察して，撰銭が依然として続いていたことが「背景」にあり，鋳造の「理由」は統一的な銭貨を大量発行して撰銭を消滅させ，流通の安定をはかることが目的であったこと，この2点を軸にまとめられるかがポイント。あまり簡潔にまとめてしまうと字数を満たせなくなるが，逆に関連事項を付け加え過ぎると論旨がずれてしまうので，注意が必要である。

▶解答の枠組み

〔江戸幕府による貨幣鋳造〕

- 三貨の鋳造

〔戦国時代から江戸時代初期の銭貨の使用状況〕

- 輸入銭や私鋳銭の流通
- 撰銭の横行―流通を阻害

〔銭貨の統一〕

- 寛永通宝の鋳造―撰銭の消滅と商品経済の発展

▶解説

〔江戸幕府による貨幣鋳造〕

●三貨の鋳造

全国の主要な鉱山を直轄にし，貨幣鋳造権を掌握した江戸幕府は，安定した貨幣の供給と，統一的な貨幣制度の樹立を目指して1600年頃から金貨・銀貨（慶長金銀）を鋳造した。江戸幕府は米の収穫高による石高制を基盤にした統一政権であった。その一方で，依然として中世以来の輸入銭が市場経済の基盤であったため，これを排除して新たな貨幣制度を構築する必要があった。また，兵農分離によって武士が集住する城下町が形成されると，農産物への需要が高まり，その交換の便宜のためにも貨幣の鋳造と安定した供給は必須となった。

〔戦国時代から江戸時代初期の銭貨の使用状況〕

●輸入銭や私鋳銭の流通

江戸時代初期には依然として日明貿易で輸入された明銭（銅銭）や雑多な私鋳銭なども流通していた。これを排除する前提として，まずは慶長金銀を鋳造し，銅銭に代わる新たな価値基準として金・銀貨を発行し，幕府による貨幣統一の方向性を示した。

●撰銭の横行―流通を阻害

金・銀貨は公鋳されたが，価値基準が落ちた輸入銭（銅銭）は庶民の小銭としてそのまま放置されていた。市場では依然として良銭と悪銭が混在し，悪銭をきらった撰銭が横行して流通が阻害され，健全な商品経済の発展を妨げた。

〔銭貨の統一〕

●寛永通宝の鋳造―撰銭の消滅と商品経済の発展

幕府は慶長金銀の鋳造から約 35 年を経て，ようやく日常通貨として使用する銭貨の鋳造を行った。1636 年に寛永通宝を大量に鋳造して全国の末端にまで浸透させ，同時に輸入銭や私鋳銭などの流通を禁じ，銭貨の統一をはかった。金座や銀座が京都や江戸などに限定されているのに対して，銭座は江戸・近江坂本をはじめ，民間請負のかたちで京都・大坂・長崎・秋田など全国的規模で増設された。寛永通宝が流通した結果，撰銭が消滅し，幕府による三貨による貨幣制度が確立され，商品流通の発展を支えた。なお，寛永通宝はその後も江戸時代を通じて長く鋳造され続けた。

Ⅳ

解答　ロシア革命により日露協約が消滅すると，日本は米英などと共にシベリア出兵を行い革命に干渉した。1920 年代に入ると，日本は協調外交の一環としてシベリアから撤兵し，日ソ基本条約を結んでソ連との国交を樹立した。1930 年代に入り，日本が満州事変によって国際的孤立を深める一方で，ソ連は国力増強や国際連盟加盟などで国際社会への影響力を強めた。日本はドイツと日独防共協定を結び，ソ連と共産主義拡大に対抗する姿勢を固めた。（200 字程度）

◀解　説▶

≪近代の日ソ関係史≫

▶設問の要求

〔主題〕ロシア革命から日独防共協定の締結に至るまでの日露・日ソ関係

の展開について具体的に述べる。

▶論点の抽出

ロシア革命から日独防共協定の締結に至るまでの日露・日ソ関係の展開を時系列に沿って述べればよい。概観すると，1917 年のロシア革命で日露協約が消滅し，帝国主義（資本主義）の日本が社会主義革命（ロシア革命）を失敗させるためシベリア出兵を断行，1920 年代は協調外交によるシベリア撤兵と日ソ国交樹立，1930 年代はファシズムを進める日本とドイツが連携して共産主義のソ連に対抗するという構図となる。ロシア革命から日独防共協定の締結に至るまでの重要事項を引き出して解答しよう。

▶解答の枠組み

〔ロシア革命とシベリア出兵〕

• ロシア革命，日露協約の消滅

• シベリア出兵―革命干渉

〔1920 年代〕―協調外交の時代

• シベリア撤兵

• 日ソ国交樹立―日ソ基本条約

〔1930 年代〕―ファシズムと共産主義の台頭

• 満州事変―日本の国際的孤立

• ソ連の台頭

• 日独防共協定の締結―ソ連と共産主義拡大に対抗

▶注意点

重要事件や条約などを述べる際，関連する内閣を指摘しながら解答してもよいが，字数の関係と論旨を考慮して最小限にすること。また，時系列に沿って解答する際，西暦年を含めて書くと解答しやすいが，事項の羅列に陥りやすいので注意すること。西暦年は間違えると減点になるので極力避けるようにしよう。

▶解説

〔ロシア革命とシベリア出兵〕

●ロシア革命，日露協約の消滅

第一次世界大戦中の 1917 年，ロシア革命が勃発し，世界ではじめての社会主義革命が成功した。ロシアは日本と同じ連合国側であったが，革命に成功したソヴィエト政権は戦争の即時停止や民族自決の方針など帝国主義（資本主義）戦争に背馳する方針を打ち出した。日本にとっては，日露協約で相互の勢力範囲を確認し合ったロシア帝国が倒れ，共産主義国の勢力が極東に及ぶこと，さらにソヴィエト政権とドイツの単独講和により，ドイツ勢力が再び極東に及ぶことの 2 点が危惧された。

●シベリア出兵―革命干渉

資本主義の欧米諸国は社会主義革命の成功と共産主義政権の影響が自国と植民地に及ぶのを恐れ，ソヴィエト政権を倒すための軍事介入を断行した。日本もアメリカ・イギリスなどと共同出兵し，東部シベリアに 7 万 3000 人の大軍を送って領土的野心をあらわにした。大戦終結後，欧米は革命干渉は失敗したとして撤退したが，日本は革命が満州や朝鮮に波及するのを阻止するため，またシベリア居留民保護を理由に出兵を継続，1920 年にはニコライエフスクで惨敗して多くの犠牲者を出した。

〔1920 年代〕―協調外交の時代

大戦終結後，ワシントン会議（1921〜22 年）により国際協調外交が展開した。その影響からシベリア撤兵と日ソ国交樹立が果たされた。

●シベリア撤兵

大規模な出兵による被害と負担は国内の反発を受け，また長期の駐兵はアメリカなどの列国から強い非難を浴びた。出兵は完全な失敗とみた日本はワシントン会議で撤兵を宣言し，1922 年にようやくシベリアからの撤兵を完了した（ただし北樺太は 1925 年）。戦費 10 億円と 3000 人の死者，負傷者は 2 万人以上に及んだ。

●日ソ国交樹立―日ソ基本条約

加藤高明内閣の外相幣原喜重郎はワシントン会議に即応した協調外交を展開した。その一環として列国のソ連承認を踏まえ，1925 年に日ソ基本条約を締結し，北樺太からの撤兵，旧ロシア時代のポーツマス条約の効力の確認などを約束した。

〔1930 年代〕―ファシズムと共産主義の台頭

●満州事変―日本の国際的孤立

陸軍による満州占領（満州事変）の背景には最大の仮想敵国ソ連の台頭があった。ソ連は 1928 年からの第 1 次五カ年計画で国力を増強させており，関東軍参謀の石原莞爾らは国防上の理由からもソ連に隣接する満州占領を最重要課題とした。満州事変が勃発して満州国が建国されると，ソ連との国境紛争が頻発し，また国際的な非難を浴びた日本は国際連盟を脱退，ワシントン体制から離脱して国際的に孤立しはじめた。

●ソ連の台頭

ソ連は五カ年計画により社会主義的工業化をはかり国力を増強した。アメリカは日本の満州支配を牽制する意図もあって1933年にソ連を承認，さらに翌年ソ連は国際連盟に加盟して国際社会での影響力を高めた。またソ連は日本の満州国建国（1932年）とナチス・ヒトラーの政権掌握（1933年）による東西挟撃の情勢に対抗するため，スターリン主導のもと反ファシズム統一戦線を形成した。

●日独防共協定の締結―ソ連と共産主義拡大に対抗

ドイツのナチス・ヒトラーは一党独裁体制を確立すると，国際連盟を脱退し，ヴェルサイユ体制の打破と「反共反ソ」を掲げて再軍備を進めた。日本は躍進するドイツ（ナチス党）と日独防共協定（1936年，翌年イタリアが参加）を結び，コミンテルン（国際共産主義組織）の活動とソ連への対抗措置を定め，秘密付属協定においてソ連を仮想敵国とした。ドイツとの提携で日本は新たな国際的枠組みを形成したが，ファシズム勢力（枢軸国）の構成員となったため，ソ連や欧米諸国との対立を深めるようになった。

❖講　評

2022年度も例年と同様，全問論述問題であった。論述量は，4題すべて200字程度で総字数800字程度と例年どおりである。時代別の構成もⅠ原始・古代，Ⅱ中世，Ⅲ近世，Ⅳ近代となっている。90分の試験時間で題意をくみとり，論旨に沿ってまとめるのは容易ではない。

なお，2022年度は近年と同様に問題の設定や条件が明確で取り組みやすい問題が多かった。

Ⅰは縄文時代の社会の特徴について述べる問題。2017年度以来の縄文時代からの出題である。「集落と墓に焦点をあてながら」という条件があるので，環状集落，それを構成する竪穴住居，また共同墓地による埋葬などを指摘し，それに差異がないことから貧富や階級差がない社会であったと解答できるかがポイントである。その他，アニミズムなどの縄文の信仰や交易についても触れてもよいが，条件に沿った簡潔な解答がのぞまれる。

Ⅱは建武の新政が短命に終わった理由を述べる問題。「鎌倉時代の政治との違いに留意しながら」という条件こそが，短命に終わった理由であることに気づけるかがポイント。公武二元政治を改めて公武一元化をはかったこと，また，知行年紀法など鎌倉幕府の慣習を無視した所領安堵を指摘し，それらが混乱と武士の反発を強めたことを簡潔にまとめられるかが勝負どころである。

Ⅲは寛永通宝の鋳造の理由・背景について述べる問題。寛永通宝は基礎的用語として知っているだろうが，鋳造の理由・背景となると何を述べるべきか悩むところである。「戦国時代から江戸時代初期の銭貨の使用状況をふまえながら」という条件をヒントに，輸入銭や私鋳銭の流通や撰銭が行われていた状況などを想起し，それを解決するための鋳造であったことが指摘できるかがポイントである。やや難問である。

Ⅳはロシア革命から日独防共協定の締結までの日露・日ソ関係を述べる問題。複雑な過程を経た外交史だけにやや難問である。日ソ外交史の重要事項（事件や条約など）を想起し，その目的や影響などを加味しながら時系列に沿って解答できるかがポイント。条約を締結したときの内閣や西暦年などを無駄に羅列しないよう注意しなければならない。

世界史

I　解答

問１．③

問２．②

問３．宗教改革以降，カトリック教会はプロテスタントに対抗して勢力の維持・拡大を目指し，イエズス会や托鉢修道会はカトリックの海外布教を進めた。また，フランスではナントの王令が廃止されてカトリックの国教化が進んだ。(100 字程度)

問４．ラテンアメリカでは，疫病や強制労働によって先住民が減少し，労働力が不足したため，西アフリカから黒人奴隷を輸入して労働力にあてることが始まった。英仏などの奴隷商人が大西洋三角貿易によってもたらした大量の黒人奴隷は，南米や西インド諸島では砂糖，北米ではタバコや綿花のプランテーションで使役された。(150 字程度)

問５．ハイチの独立

問６．ナポレオンは，内政面ではフランス革命の理念である自由や平等の精神に反する奴隷制度への批判を考慮し，外政面では周辺諸国の反抗の動きを警戒し，ルイジアナ売却にみられるように植民地の経済的・軍事的負担を考慮した。(100 字程度)

◀解　説▶

≪近世ヨーロッパにおけるカトリックの状況とアメリカ大陸における奴隷制度をめぐる問題≫

▶問１・問２．問１と問２を関連づけて考えたい。史料２の第１条に「キリスト教の明白な敵」と記されており，①イエズス会士，②マニ教徒，④原住民などの選択肢は排除できる。問２では，①はプロテスタンティズム（カルヴァン主義）に関する記述，③はゾロアスター教に関する記述，④はアリウス派キリスト教に関する記述なので，問１の⑤無神論者も排除できる。したがって，問１では③ユダヤ教徒，問２では②の「シオニズム」「バルフォア宣言」などの表現からユダヤ教徒に関する記述と組み合わせることができる。

▶問３．16 世紀から 17 世紀のヨーロッパにおけるカトリック教会の状況を説明する問題。

●資料1

17世紀前半にフランシスコ会がカナダで宣教している様子が描かれた図である。宗教改革によってカトリックに対抗するプロテスタント勢力が台頭し，カトリック勢力は対抗宗教改革によってカトリックの失地回復に努めたが，フランシスコ会だけでなく，同じ托鉢修道会であるドミニコ会や対抗宗教改革の中で設立されたイエズス会も新大陸やアジアにカトリックを布教したことを指摘すればよい。

●資料2

フランス王の命令で，17世紀後半のフランス領西インド諸島でカトリック以外の宗教が禁止されていることが読み取れる。17世紀後半のフランス王はルイ14世（位1643～1715年）で，1685年にナントの王令を廃止してカトリックの信仰を強化したことを想起すれば，フランスにおけるカトリックの国教化を17世紀のヨーロッパにおけるカトリックの状況として論述に反映することができよう。

▶問4．空欄Bに当てはまる言葉は，資料2からフランス領西インド諸島にやってきて新たにカトリックの洗礼を受け，「主人」に仕える人々で，資料3からは「身分をあらわすこの呼び名」という表現も見て取れるので，「奴隷」と特定できる。

17世紀以降のアメリカ大陸や西インド諸島には多数の黒人奴隷が存在した。「このような状況が生じた経緯」としては，疫病や鉱山などでの酷使によって先住民の人口が激減したことで労働力不足となり，大西洋三角貿易でポルトガル・イギリス・フランス・オランダなどの奴隷商人が，西アフリカから大量に黒人奴隷を輸入したことを指摘すればよい。

また，彼らがラテンアメリカや西インド諸島のサトウキビ，北米植民地のタバコ・綿花などそれぞれの地域のプランテーションにおける労働力となった点に言及すればよいだろう。

▶問5．資料3が19世紀初頭のアメリカ大陸と西インド諸島におけるフランス植民地に関するものであるということから，西インド諸島のヒスパニョーラ島西部，フランス領サン=ドマングで黒人奴隷が反乱を起こし，1804年にハイチが独立したことを想起したい。

▶問6．難問。トゥサン=ルヴェルチュールの反乱を一度は鎮圧したフランスが，最終的に軍事的介入を断念した理由をフランスの内政・外政面から説明するのが本問のねらいであるが，内政面からの説明が難しい。

●内政面　資料3は，奴隷身分からの解放・独立の自由の意義を訴えているが，これにはアメリカ独立革命やフランス革命の精神の影響が読み取れる。フランス革命は，自由・平等・博愛の理念を訴えており，すでに国民公会が黒人奴隷解放宣言を 1794 年に決議している。ナポレオンがこうしたフランス革命の成果を配慮・尊重し，ハイチの独立運動に介入することに対して，フランス国民の反発を考慮したと思われる。

●外政面　ハイチは 1804 年1月に独立しており，同年5月にナポレオンは皇帝に即位している。1802 年のイギリスとのアミアンの和約成立により第2回対仏大同盟は解消したが，依然としてフランスとイギリスを中心とする諸外国の間には軍事的緊張が継続していた。こうした状況下で 1803 年にはアメリカにミシシッピ川以西のルイジアナを売却したように，ナポレオンには植民地を経営したり，ハイチに遠征軍を派遣するだけの財政的・軍事的余裕がなかったことが考えられる。

Ⅱ 解答

問1．②

問2．宗主国では植民地への投資が本格化し，第2次産業革命で重化学工業や自動車産業が発達した。輸出産品はコーヒー，タバコなどの商品作物の比率が減少し，インドからの移民を労働力としたゴム，石油・石油製品などの工業原料の比率が大きくなり，前者では市場占有率も上がった。(120 字程度)

問3．従来の商品作物に加えて工業原料の輸出も増加し，経済的に安定した植民地のムスリム社会では一定の富裕層が生まれた。また，新たな資本投下先として，各地で鉄道建設や客船の就航も進み，交通網が整備された。その結果，富裕化したムスリムの間にメッカ巡礼熱が高まった。(120 字程度)

問4．20 世紀に入り，東南アジアのムスリム社会に貧富の差が生じる一方，富裕層の成長が見られた。メッカ巡礼者の増加は，パン=イスラーム主義などの思想をもたらし，広くムスリムの連帯意識が生まれた。また，インド人や中国人移民の増加に伴い，ムスリム社会に民族意識や相互扶助の意識が生まれ，共通言語としてアラビア文字の出版物が増加した。(150

字程度）

◀解　説▶

≪19 世紀末以降の東南アジアの経済的変化とムスリム社会の変化≫

▶問１．コーヒー・ゴム・砂糖・茶はいずれも英領マレーの輸出品であるが，そのうち世界の総輸出量の約半分を占めるのは特産品として有名なゴムである。

▶問２．やや難。19 世紀末から 20 世紀初頭に，東南アジアからの輸出産品の構成や世界市場における占有率に変化があったことを表１・表２から確認すると，表１からはゴムの輸出量が 1910 年から増加傾向にあり，1918 年以降は占有率がすべて 50％以上となっていることが確認できる。表２からは，1890 年と 1910 年の比較で，ゴム，コプラ（ココヤシの胚乳を乾燥させたもので，石けんやマーガリンの原料となった），石油・石油製品の比率が大きく増加し，香辛料，コーヒー，タバコ，スズ・スズ鉱石の比率が減少していることが読み取れる。

●宗主国との関係

　こうした変化の要因を 19 世紀末から 20 世紀初頭にかけての宗主国と植民地との関係から考察すると，帝国主義時代に入ってから宗主国の国内に蓄積された余剰資本が，有利な投資先として植民地の輸出産業に投下され，生産量や輸出量が増加したことが指摘できる。

●技術革新

　技術革新から要因を考察すると，ちょうどこの時期に宗主国を含む先進国では第２次産業革命が進行し，新たに重化学工業や電気産業・自動車工業などが発展し，ゴム，コプラ，石油・石油製品の増加にみられるように輸出品目に変化が生じたことが指摘できる。

●人口移動

　東南アジアにおける人口移動から要因を考察すると，スズ鉱山の労働力として中国人（華僑）が，ゴムプランテーションの労働力としてインド人（印僑）が流入して，これらの商品の生産量・輸出量が増加したことが指摘できる。

▶問３．やや難。「グラフ１で確認できる現象」とは，オランダ領東インドからのメッカ巡礼者数が，19 世紀はそれほど大きな増減はなかったが，20 世紀に入ると急カーブで増加していることを指す。

●経済的な変化

問題文の冒頭の「植民地体制下で社会生活が安定し，人口が増加した。貧富の格差は生じたものの，富裕層も成長した」という言及をヒントに，東南アジアの経済的変化に関する論述を展開したい。

グラフ1からは，オランダ領東インドからのメッカ巡礼者が，1904年に最低となってから年々増加し，1910年以降は，1912年の落ち込みがあったものの全体として大幅に増加していることが読み取れる。こうした巡礼者の増加は，植民地の経済的安定や富裕層の増加が要因と考えられる。

●当時の世界的な交通環境

「19世紀末から20世紀前半にかけて」の「世界的な交通環境」については，交通環境が整備され，移動が容易になったことを指摘したい。先進国の余剰資本が投下された結果，陸路では鉄道網が，海路では旅客用の汽船就航が進んで，東南アジアからのメッカ巡礼が容易になり，結果，富裕層のムスリムによるメッカ巡礼者数が増加していったのである。

▶問4．難問。東南アジア島しょ部で，「アラビア文字で書かれた新聞・雑誌が数多く出版され，国境を超えて広く流通した」という雑誌の流通量増加の背景を，資料1やグラフ1で示された現象をふまえて説明することが求められている。

●グラフ1

グラフ1で示された現象は問3で説明した通りで，富裕層の成長によってメッカ巡礼者が増加したことと，ムスリムに連帯意識が芽生えたこととを結びつけて考えたい。

●資料1

資料1からは，エジプト・インド・トルコなどイスラーム大国で，雑誌の刊行が宗教的連帯と関連づけて説明されているので，これを手がかりにしたい。メッカ巡礼者によって他のイスラーム世界の情報がもたらされ，東南アジアのムスリムの意識の変化と結びつければ，20世紀初頭という時代から，アフガーニーの唱えたパン=イスラーム主義が影響を与えたことを指摘できる。

こうしたムスリムの連帯意識の背景には，貧富の差の拡大などムスリム社会内の変化や，問2で指摘した中国人・インド人移民の増加による環境の変化があったことも考えられる。貧富の差によるムスリム社会の分裂を回避し，移民労働者に対抗してマレー人やジャワ人の利益を擁護するために，この時期にムスリムの連帯意識が生まれ，その手段としてアラビア文字の出版物が増加したことを，丁寧に説明したい。

なお，資料1の発行年が1911年ということを考えれば，ジャワ島でサレカット=イスラーム（イスラーム同盟）が結成（1911年）されたことを指摘することもできるだろう。

❖講 評

2022年度は大問2題の出題であった。選択問題が3問，記述問題が1問で，論述問題は6問であった。論述の総字数は740字程度で，2021年度の870字程度からかなり減少している。

I 問1は，資料文中からは正解を絞りづらいが，問2と併せて考えればよい。問3は，視覚資料と文献資料を使って宗教改革以後のカトリック教会の動きについて問うもので，2021年度**I**に続き近世のキリスト教史から2年連続の出題となった。視覚資料の絵のタイトルからフランス領カナダにフランシスコ会宣教師が訪れていたことを読み取りたい。論述のポイントは，文献資料からフランス国内でのカトリックの状況について指摘できるかどうかにかかっており，その点で得点差が生じる。問4は，アメリカ大陸に黒人奴隷が存在する理由について問うオーソドックスな論述である。問5は，資料3を読み取ってフランス領ハイチの独立を答える問題で，易しくはないが，この問題に正解できなければ問6の論述問題に答えることができない。問6の論述は，フランスの内政について言及するのが難しい。

II 統計資料・グラフ・文献資料を使って，19世紀末から20世紀初頭の東南アジア島しょ部における社会・経済の変化を問う問題。宗主国を含む欧米社会の変化，イスラーム世界全体の変化にまで視野を広げ，その関連を問う問題は，従来から大阪大学が問うてきた，知識だけでなく思考力・分析力等の力を測る良問である。問1は表1の英領マレーという地名からゴムを想起することは容易。問2は，各主要輸出品の数値から増減を正確に読み取ることが求められた。石油やゴムと技術革新を結びつけることはできるだろうが，宗主国との関係や人口移動への言及が難しい。問3は，東南アジアからのメッカ巡礼者の増加の要因を資料とどう結びつけるかが難しいが，問2の論述の延長と考えれば，比較的考えやすい。問4は，東南アジアのイスラーム社会の変化の要因を多角的にとらえさせる良問。それだけに難しいが，問2・問3の論述を発展させることによって論述の展望が開けるだろう。

2021年度は，Ⅱ問1の「キリンが永楽帝に献上された背景」以外の問題は比較的取り組みやすかった。2022年度は，視覚資料・文献資料・統計・グラフなど多彩な資料を駆使した大阪大学の面目躍如といった問題が多く，高校世界史で学習した内容と初見の資料で読み取った内容を総合的に思考させる良問がそろった。

地理

I 解答

問1．世界の国際観光客数は増加傾向にあり，どの地域も域内での移動が中心である。経済的に余裕があり，EU中心に人の自由な移動が認められているヨーロッパ内の移動は特に活発で，経済成長の進むアジアは，域内移動の多さに加えて到着数の伸びも大きい。アフリカや中東は，出発数は少ないが到着数の増加率は比較的高く，観光業の促進がうかがえる。(150字程度)

問2．両者とも人から人へ移動や交流によって感染し，まず起源地から近隣諸国や交流の深い国へ，さらに世界各地へ拡散した。アジアかぜは，貿易港を持つ都市を中心に海路や陸路で伝播し，国際間の交流が現在より少なかったため，世界への伝播の速度が遅く各地の沿岸部から拡散した。一方，新型コロナウイルス感染症は，航空交通の発達や，国際化の進展による国際間の人的交流の大幅な増加により，伝播の速度が速く短期間に世界中に拡散した。(200字程度)

問3．B

問4．日本からの海外渡航者は，バブル期までの所得の向上，円高により1980年代後半から急増したが，1990年代後半以降，バブル崩壊後の景気の低迷で横ばいが続いている。一方，訪日外国人は，アジアの近隣諸国の経済発展に加え，日本政府のビザ発給要件の緩和などによる観光促進政策やLCCの就航などにより，2010年代以降急増している。(150字程度)

◀解　説▶

≪観光・交通と人の移動≫

問1．世界の国際観光客の流動についての説明が求められている。参考となる図1のグラフの読み方がやや難しい。世界を5つの地域に分け，それぞれの地域の観光客の出発数が円の大きさと数字で表され，それぞれの地域への観光客の到着数が，グラフの縦軸の目盛りで表されている。到着数は，円の中心から横軸に平行に引いた線と縦軸との交点で求められる。例えば，2018年にヨーロッパから6億7230万人が出発しているが，同じ時期にヨーロッパには約7億人が到着していると読み取れる。また，横軸には観光客到着数の前年に比べた伸び率が示され，例えばアフリカでは前年に比べ 7 %程度増加したことが読み取れる。ただ，このグラフからは，例えばヨーロッパの人々はどの地域へ行ったのか，またどの地域からヨーロッパに来たのかは読み取れない。そこで，表 1 から，国際観光客がどこに到着したかを見ると，出発地から地域内に到着した人が，地域外へ到着した人よりも圧倒的に多いことが読み取れる。そこで，大まかには例えばヨーロッパからは大半の人がヨーロッパ内へ移動したといえるだろう。他の地域も，出発数と到着数の数字を見ると，ヨーロッパと同様に地域内での移動が多いと考えられる。日本でも 2018 年の海外旅行者の訪問先は，韓国，中国，台湾などのアジアが中心になっている。よって，流動の傾向の 1 つとして，地域内での移動が中心となっていることはおさえたい。出発数が最も多く国際観光客全体のおよそ半分ほどを占めるヨーロッパについては，流動が多い理由を述べたい。ヨーロッパは先進国が多く，経済的に豊かな人が多いこと以外に，移動がしやすい制度があることなども挙げるのがよいだろう。加えて，横軸の国際観光客到着数の伸び率についても指摘する必要があるだろう。この指標から以下の動向を読み取りたい。まずは，大きさの幅はあるが，どの地域も前年に比べてプラスの値を示していることである。世界全体で到着数が増加していることを示し，国際観光が活発になっていることがうかがえる。また，経済成長の著しいアジア・太平洋地域は，出発数，到着数ともに多いだけでなく，到着数の伸び率も最大である。そして，出発数，到着数がともに他地域より少ないアフリカ，中東では，国際観光が一般化しているとはいえないが，到着数の伸び率は，それぞれ 7 %，4.7 %程度であり，新たな産業として観光業に力を入れていることがうかがえるだろう。

問 2．アジアかぜと新型コロナウイルス感染症の時空間的拡散過程の説明が求められている。アジアかぜは 1956 年に中国南西部で発生し，1957 年に香港で広まり 1957 年から 58 年にかけて世界的に流行したインフルエンザのパンデミックである。日本では 1957 年の 5 月に感染がおこり，300 万人ほどに感染して約 5700 人の死者を出した。新型コロナウイルス感染症は 2019 年 12 月に中国でヒトへの感染が初めて報告され，2022 年 3 月末の段階でなお世界で感染が進行している。時空間的な拡散過程については，どのくらいの時間で，どの範囲に拡散したかを説明すると考えよう。

まず，両者の共通点の指摘はやや難しいが，いずれも人から人へ感染し，人の移動や交流により感染が拡大したと考えられるため，起源地からまず近隣諸国へ，新型コロナウイルス感染症の場合はさらに交流のさかんな国へも拡散したことが挙げられるだろう。アジアかぜの場合は，図２の地図からそのことが明確にうかがえる。次に，両者の相違点であるが，感染時期が 60 年も離れると人の移動や交流の手段および量が異なり，それによって感染のスピードや感染の範囲が大きく変わると考えられる。そこで，感染のスピードと感染の範囲の大きさの違いを，理由を含めて説明するとよい。アジアかぜの場合は，図２の数字を見ると，世界各地への伝播に比較的時間がかかり，また各地の沿岸部から感染が拡大したことが読み取れる。一方，新型コロナウイルス感染症の場合は，2020 年１月中にはすでにアメリカ合衆国で感染者が確認されており，世界保健機関（WHO）は 2020 年３月 11 日にパンデミックの状態にあることを表明するなど，短期間で沿岸部に限らず世界中に感染が拡大している。その理由を考えると，アジアかぜの場合は，図２の拡散経路から読み取れるように，海路を経由して各国の港に伝わり，さらに陸路を通って拡散している。この点は，新型コロナウイルス感染症が，航空機の利用が中心になって世界へ伝わったこととは対照的であろう。さらに，今日では，国際化時代を反映して，国際間の人々の移動や交流が，60 年ほど前とは比較にならないほど世界の隅々まで拡大していることも挙げられるだろう。

問３．1960 年代後半以降，近年まで，日本を訪れる外国人観光客数は日本人の海外観光客に比べて少なかったが，最近は外国人観光客数の方が上回っている。A，Bのグラフを見て，2010 年半ば以降，数が急に増加しているBが，海外からの訪日外国人数に該当する。

問４．国際観光客流動についての説明が求められているが，1963～2018 年の年次変化が問われているので，歴史的背景の説明が必要である。国際観光客は，グラフではAとBで示されている日本の海外渡航者と訪日外国人の両方の説明が必要であろう。そこで，まず，日本の海外渡航者についてのAのグラフを見ると，1980 年代後半以降に急に増加していること，1990 年後半以降は数が横ばいであることが読み取れる。これらの時期は流動の年次変化を見る際の重要な転換点と考えられ，この変化の理由を説明したい。かつての日本では国内旅行が観光の中心で，海外旅行が自由化されたのは1964年のことである。その後，1980年代後半以降の海外渡航者の増加が，円高の影響によることはよく知られるが，石油危機後の安定成長からバブル期にかけて，所得水準が向上したことも考慮したい。1985年はプラザ合意がなされた年で，アメリカの急なドル高を是正するため，数カ国の先進国が協調して為替市場に介入した。この合意後，日本では急激な円高が進行し，1985年9月のプラザ合意の時は1ドル＝240円台であった円とドルの相場は，1986年の夏には1ドル＝150円台になった。また，1990年代後半以降はバブル崩壊後の時期にあたり，不況が長期化し所得が向上しなかったことを説明するとよい。次に，訪日外国人観光客についてのBのグラフを見ると，2010年代半ば以降，急激に数が増加していることが注目される。訪日外国人観光客が増加する要因はいくつか考えられるだろうが，訪日観光客の多くを占める中国など，アジアの国で経済発展により豊かな中間層が増加したことと，日本政府による観光誘致の取り組みがあったことは説明したい。日本政府が2004年からビジット・ジャパン・キャンペーンを始めたことにより，訪日外国人旅行者は増加しはじめた。さらに，2012年ごろからはビザの発給要件を所得水準の引き下げで緩和するなどの措置がとられ，急増の大きな要因になった。その他，東南アジアなどで活用が増えている格安航空会社（LCC）の就航も大きく影響し，2014年ごろから円安傾向にあったことも含め，字数を考慮しながら説明するとよい。

II　解答

問１．1980年代は円高や国内の人件費の高騰により，労働集約型産業はコスト削減のためアジア諸国に生産拠点を移し，自動車工業は貿易摩擦の解消のため，欧米で現地生産を行った。1990年代はバブル崩壊後の不況や，安価な工業製品の流入増加により，海外への進出が増加した。これらの結果，国内の工業生産の縮小や失業者の増加が起こった。(150字程度)

問２．コンテンツ産業は，娯楽や教育を目的として，映画，音楽，アニメ，ゲームなど，映像や音声により構成される作品を制作し商品化する産業である。ICT産業の発展を背景に成長し，創造性や技術に優れた人材の確保が必要で，消費市場の動向を含めた豊富な情報収集が不可欠である。また，大手メディア企業を中心に，作品制作にかかわるさまざまな分野を担

当する専門的な下請け企業が関係するため，それらが豊富に集積する東京などの大都市に立地する。(200字程度)

問3．高度情報化社会にある現代は情報が社会活動において重要性をもち，インターネットなどの情報技術を利用できるか否かで得られる情報量に格差が生じる。高齢者と若年層との世代間，都市部と農村部との地域間，先進国と発展途上国との国家間などでみられるが，これらの格差は，新たな経済格差や民主化推進への障害を生む可能性が懸念される。(150字程度)

◀解　説▶

≪製造業・情報産業≫

問1．産業の空洞化現象についての説明が求められている。「産業の空洞化」は企業が海外に進出することにより，国内の産業が衰退していく現象をいうが，その現象が起こった時代背景や海外との関係をふまえた理由を説明することになる。1980年代と1990年代以降に分けて考える必要があるため，時代背景の把握がやや難しい。まず，1980年代は経済面の時代背景として，円高の進行による輸出競争力の低下と国内の人件費の高騰が挙げられる。一方，海外との関係では，1980年代に日本の工業製品の輸出が急増したことから，欧米を中心に深刻な貿易摩擦が起こったことを想起したい。そこで，製造業のうち労働集約型の繊維工業や電気機械工業などでは，企業が生産コストを引き下げるために安価な労働力や用地を求めて近隣のアジアの発展途上国へ生産拠点を移した。また，自動車工業では，輸出制限なども行ったが，摩擦の解消をめざして生産拠点を輸出相手国のアメリカ合衆国やEUに移し，現地生産を行うことで対応している。次に，1990年代は，バブル崩壊後の国内経済の不況で景気が落ち込み国内市場が縮小したことや，東南アジアや中国から安価な工業製品が流入したことが背景にある。そこで，企業はさらなる合理化が必要になり，販路拡大をめざして海外に進出した。こうした企業による海外進出の結果としては，国内の企業による雇用が減少することで失業者が増大し，中小の下請け企業の衰退を招いたことを説明するとよい。

問2．コンテンツ産業の特徴の説明が求められている。コンテンツ産業は，情報の内容（コンテンツ）を取り扱う映画，音楽，アニメ，ゲームソフトなどを製作，販売する産業である。日本のアニメやゲームは世界でも人気が高く，日本が国際的に競争力を有する成長産業として注目されている。

立地条件の記述が求められており，まずコンテンツ産業の意味や特徴を述べ，その特徴をふまえて立地点を結論づける流れでまとめるとよい。コンテンツ産業は研究開発が重視される知識集約型産業の一例と考えると，次のような特徴が考えられるだろう。

- ICT 産業の発展を背景とし，その結びつきが強い。
- 作り出された作品などは知的財産として保護される。
- 商品開発のために創造性や技術・才能に優れた人材を必要とする。
- 多くの情報をもつ報道機関，研究機関などを必要とする。
- 研究開発のための多くの資金を必要とする。

これらの点以外に，コンテンツ産業がもつ大きな特徴として，テレビ局，広告会社，出版社など大手メディア企業と密接な関係をもち，それらを中心に数多くの制作部門を実際に担当する中小の制作会社が周囲に集中することが挙げられる。これらの条件を満たす立地点をさがすと，東京などの大都市に集積する傾向が強いことが考えられる。

問３．情報格差（デジタルデバイド）の説明が求められている。情報格差はインターネットなどの情報通信技術（ICT）の発展に伴って生じ，その通信機器を持っている人と持っていない人，あるいはその技術を使える人とそうでない人との得られる情報量の格差をいう。多面的な視点から説明することが求められているため，情報格差がどういう場合に起こっているかという実態の説明が中心になろうが，現代社会において情報がもつ役割，情報格差により懸念されることなどを含めて説明するとまとめやすいであろう。まず，情報がもつ役割については，情報の社会における重要性を指摘するとよい。現代が情報化社会や高度情報化社会と呼ばれるように，情報ネットワークが世界的規模で発展し，有用な情報を瞬時に大量に活用することは，社会生活，経済生活を営む上で不可欠なものとなっている。ところが，そうした情報化は世界で均等に進行しているわけではなく，その情報活用に関する不均衡がどのような場合に起こっているか想起したい。日本でも，若年層と高齢者との情報技術の活用能力の差などの個人の格差がある。また，発展途上国では，情報機器やサービスを受けられる大都市とそうでない農村部との地域の格差がある。さらには情報技術を駆使して活動している先進国と情報ネットワークの整備が遅れている発展途上国との国家間の格差も考えられる。特に，先進国と発展途上国との格差については，世界の国別のインターネットの普及率などの統計地図で大きな格差が確認できる。こうした情報の活用や入手の差が，特定の人が情報社会に参加できない状況を生み，経済格差に加えて，民主化推進の阻害など，新たな格差を生む可能性があることを指摘したい。

❖講　評

2022 年度は，大問数は例年通り 2 題で，選択法 1 問の他は全問論述法が用いられた。論述問題の総字数は 6 問 1000 字程度で，例年と変わらない。内容は，2 題とも系統地理的分野からの出題で，2021 年度に出題された地誌的分野はみられなかった。2022 年度も例年通り，グラフ，地図・分布図，統計表などの資料を用いた問題が出題された。また，新型コロナウイルス感染症やコンテンツ産業など，時事的な内容や新しい分野が出題された点は，今後注意したい。難易度は 2021 年度とほぼ同じであったといえるだろう。

Ⅰは観光・交通と人の移動に関する問題で，いずれもグラフや地図・分布図を用いて地理的事象の本質を考察させる良問であった。問 1 はグラフを丁寧に読む必要があり，国際観光客の流動の特徴をどう読み取るかが難しかった。問 2 はアジアかぜと新型コロナウイルス感染症の 2 つの感染症が素材になっており，現代は人の移動の速度が速いことと，交流範囲が広いことを考察させる問題であった。問 3・問 4 は日本の国際観光客の流動が問われ，グラフから訪日外国人数と日本の海外渡航者数の推移を読み取り，その背景にある経済の動向をきちんと述べたい。

Ⅱは製造業・情報産業の問題であった。問 1 の産業の空洞化は学習の重要事項であるが，1980 年代と 1990 年代以降の日本の経済の動向をそれぞれ把握するのが難しかった。問 2 のコンテンツ産業は，今日注目されている産業分野であるが，教科書などの記述がやや少ない分野であり，書くべき内容に苦慮したかもしれない。問 3 は情報格差が問われ，格差が具体的にどのような場合で生じているかを丁寧に説明したい。

2022 年度は，内容的には教科書の学習内容を素材にした取り組みやすい問題であったといえよう。ただ，Ⅰ・Ⅱとも，現代社会や政治・経済の学習内容とも重なる出題がみられた。関連教科の学習にも力を入れながら，地理的事象に関する幅広い知識や，地理的な考え方，諸資料を読みこなす能力をしっかり身につけてほしい。

数学

1

◇発想◇　(1)　2線分の交点の位置ベクトルの問題で，教科書レベルの基本問題である。$\overrightarrow{AP}$ を $\overrightarrow{AB}$，$\overrightarrow{AC}$ を用いて2通りの方法で表し，ベクトルの1次独立性を用いるのが標準的な解法である。
(2)　(1)を用いて $|\overrightarrow{AP}|^2$ を計算する。このとき $\overrightarrow{AB}\cdot\overrightarrow{AC}$ を a，b，c を用いて表す必要があるが，余弦定理を用いればよい。$|\overrightarrow{BC}|^2=|\overrightarrow{AC}-\overrightarrow{AB}|^2$ から求めることもできる。

解答　(1)　条件より　$\overrightarrow{AM}=\frac{2}{3}\overrightarrow{AB}$，$\overrightarrow{AN}=\frac{1}{3}\overrightarrow{AC}$

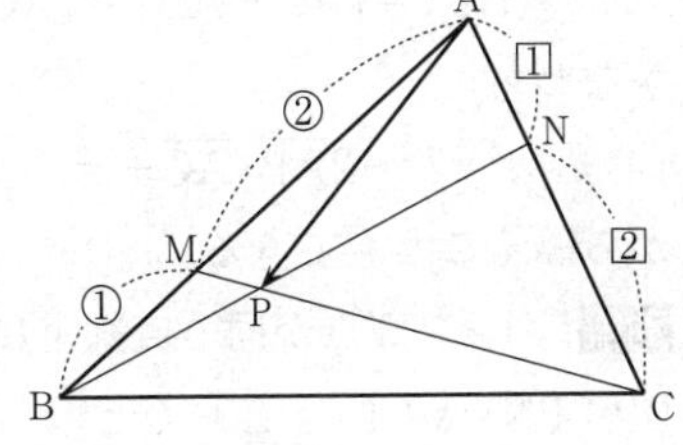

BP：PN$=s:1-s$ とおくと

$$\overrightarrow{AP}=(1-s)\overrightarrow{AB}+s\overrightarrow{AN}$$
$$=(1-s)\overrightarrow{AB}+\frac{1}{3}s\overrightarrow{AC}$$

CP：PM$=t:1-t$ とおくと

$$\overrightarrow{AP}=t\overrightarrow{AM}+(1-t)\overrightarrow{AC}$$
$$=\frac{2}{3}t\overrightarrow{AB}+(1-t)\overrightarrow{AC}$$

$\overrightarrow{AB}$，$\overrightarrow{AC}$ は1次独立（$\overrightarrow{AB}\nparallel\overrightarrow{AC}$，$\overrightarrow{AB}\neq\vec{0}$，$\overrightarrow{AC}\neq\vec{0}$）であるから

$$1-s=\frac{2}{3}t,\ \ \frac{1}{3}s=1-t$$

この連立方程式を解くと，$\frac{3}{2}(1-s)=1-\frac{1}{3}s$ より

$$s=\frac{3}{7},\ \ t=\frac{6}{7}$$

よって　$\overrightarrow{AP}=\frac{4}{7}\overrightarrow{AB}+\frac{1}{7}\overrightarrow{AC}$　……(答)

(2)　条件より $|\overrightarrow{BC}|=a$，$|\overrightarrow{CA}|=b$，$|\overrightarrow{AB}|=c$ であるから

$$|\overrightarrow{AP}|^2=\frac{1}{7^2}|4\overrightarrow{AB}+\overrightarrow{AC}|^2$$

$$=\frac{1}{7^2}(16|\overrightarrow{\mathrm{AB}}|^2+8\overrightarrow{\mathrm{AB}}\cdot\overrightarrow{\mathrm{AC}}+|\overrightarrow{\mathrm{AC}}|^2)$$

ここで，余弦定理より，$a^2=b^2+c^2-2bc\cos A$ が成り立つから

$$\overrightarrow{\mathrm{AB}}\cdot\overrightarrow{\mathrm{AC}}=|\overrightarrow{\mathrm{AB}}||\overrightarrow{\mathrm{AC}}|\cos A=bc\cos A$$

$$=\frac{1}{2}(b^2+c^2-a^2)\quad\cdots\cdots(*)$$

よって　$|\overrightarrow{\mathrm{AP}}|^2=\frac{1}{7^2}\left\{16c^2+8\cdot\frac{1}{2}(b^2+c^2-a^2)+b^2\right\}$

$$=\frac{1}{7^2}(-4a^2+5b^2+20c^2)$$

これより　$\mathrm{AP}=\frac{1}{7}\sqrt{-4a^2+5b^2+20c^2}$　……(答)

(注)　$(*)$の$\overrightarrow{\mathrm{AB}}\cdot\overrightarrow{\mathrm{AC}}=\frac{1}{2}(b^2+c^2-a^2)$ については

$$|\overrightarrow{\mathrm{BC}}|^2=|\overrightarrow{\mathrm{AC}}-\overrightarrow{\mathrm{AB}}|^2=|\overrightarrow{\mathrm{AC}}|^2-2\overrightarrow{\mathrm{AB}}\cdot\overrightarrow{\mathrm{AC}}+|\overrightarrow{\mathrm{AB}}|^2$$

すなわち

$$a^2=b^2-2\overrightarrow{\mathrm{AB}}\cdot\overrightarrow{\mathrm{AC}}+c^2$$

から導くこともできる。

別解　(1)　(3点が同一直線上にある条件を用いる解法)

$\mathrm{BP}:\mathrm{PN}=s:1-s$ とおくと

$$\overrightarrow{\mathrm{AP}}=(1-s)\overrightarrow{\mathrm{AB}}+s\overrightarrow{\mathrm{AN}}$$

ここで，$\overrightarrow{\mathrm{AM}}=\frac{2}{3}\overrightarrow{\mathrm{AB}}\iff\overrightarrow{\mathrm{AB}}=\frac{3}{2}\overrightarrow{\mathrm{AM}}$，$\overrightarrow{\mathrm{AN}}=\frac{1}{3}\overrightarrow{\mathrm{AC}}$ であるから

$$\overrightarrow{\mathrm{AP}}=\frac{3}{2}(1-s)\overrightarrow{\mathrm{AM}}+\frac{1}{3}s\overrightarrow{\mathrm{AC}}$$

点Pは直線MC上にあるから

$$\frac{3}{2}(1-s)+\frac{1}{3}s=1$$

これより　$s=\frac{3}{7}$

よって　$\overrightarrow{\mathrm{AP}}=\frac{4}{7}\overrightarrow{\mathrm{AB}}+\frac{1}{7}\overrightarrow{\mathrm{AC}}$

◀解　説▶

≪2つの線分の交点の位置ベクトル，ベクトルの大きさ≫

▶(1)　BP：PN$=s：1-s$，CP：PM$=t：1-t$とおいて，$\overrightarrow{AP}$をs，tをそれぞれ用いて2通りの方法で表し，2つのベクトル$\overrightarrow{AB}$，$\overrightarrow{AC}$の1次独立性から係数を比較することでs，tの連立方程式を導けばよい。教科書レベルの典型問題である。

〔別解〕のように，3点が同一直線上にあるための条件（点Qが直線DE上にある$\Longleftrightarrow \overrightarrow{AQ}=k\overrightarrow{AD}+l\overrightarrow{AE}$，$k+l=1$）を用いると，計算がやや簡潔になる。

▶(2)　線分APの長さを求めるために，ベクトル$\overrightarrow{AP}$の大きさの2乗$|\overrightarrow{AP}|^2=\frac{1}{7^2}|4\overrightarrow{AB}+\overrightarrow{AC}|^2$を内積を用いて計算する。このとき，$\overrightarrow{AB}\cdot\overrightarrow{AC}$を求めるのがポイントであるが，余弦定理を用いる方法と$|\overrightarrow{BC}|^2=|\overrightarrow{AC}-\overrightarrow{AB}|^2$を利用する方法との2通りの解法が考えられる。

2

◇発想◇　さいころをn回投げて出た目の最小公倍数と最大公約数についての問題で，整数を題材にした確率の問題である。

(1)　5は素数で，さらに，5以外のさいころの目の数とすべて互いに素であるから，考えやすい。$L_2=5$，$G_2=5$となるのはどのような場合かを正確に捉えよう。

(2)　素数は約数が2個しかないから，L_nが素数である場合の方が考えやすいので，余事象を用いて1−（L_nが素数である確率）として求めるべきである。(1)の$L_2=5$と同様に考えればよい。

(3)　(2)と同様，余事象を考えるとよいが，素数2は4，6の約数，素数3は6の約数であるから，$G_n=2$，3の場合は(1)の$G_n=5$の場合と同様の処理では解決しないことに注意。

解答　(1)　$L_2=5$となるのは，「X_1，X_2は1または5のいずれかで，X_1，X_2がともに1とはならない」場合であるから，求める確率は

（2回とも1または5の目が出る確率）

−（2回とも1の目が出る確率）

$=\left(\frac{2}{6}\right)^2-\left(\frac{1}{6}\right)^2=\frac{1}{12}$　……(答)

$G_2=5$となるのは，「2回とも5の目が出る」場合だから，求める確率は

$\left(\frac{1}{6}\right)^2=\frac{1}{36}$　……(答)

(2)　余事象「L_nが素数である」場合を考える。

さいころの目の中で素数のものは2，3，5であるから，L_nが素数になるのは$L_n=2$，3，5に限られる。

$L_n=2$となるのは，(1)と同様に考えて，「X_1，X_2，…，X_nは1または2のいずれかで，すべてが1とはならない」場合だから，その確率は

(n回とも1または2の目が出る確率)

−(n回とも1の目が出る確率)

$=\left(\frac{2}{6}\right)^n-\left(\frac{1}{6}\right)^n$

$L_n=3$，5となる場合も同様で，確率はいずれも$\left(\frac{2}{6}\right)^n-\left(\frac{1}{6}\right)^n$であるから，

L_nが素数である確率は$3\left\{\left(\frac{2}{6}\right)^n-\left(\frac{1}{6}\right)^n\right\}$となる。

よって，求める確率は，余事象を用いて

$1-3\left\{\left(\frac{2}{6}\right)^n-\left(\frac{1}{6}\right)^n\right\}=1-\left(\frac{1}{3}\right)^{n-1}+3\left(\frac{1}{6}\right)^n$　……(答)

(3)　余事象「G_nが素数である」，すなわち「$G_n=2$，3，5となる」場合を考える。

(i)　$G_n=5$となるのは，(1)と同様に考えることができて，「n回とも5の目が出る」場合だから，その確率は　$\left(\frac{1}{6}\right)^n$

(ii)　$G_n=3$となるのは，3は6の約数であることから，「X_1，X_2，…，X_nは3または6のいずれかで，すべてが6とはならない」場合だから，その確率は

(n回とも3または6の目が出る確率)

−(n回とも6の目が出る確率)

$=\left(\frac{2}{6}\right)^n-\left(\frac{1}{6}\right)^n$

(iii) $G_n=2$ となるのは，2は4または6の約数であること，4と6の最大公約数が2であることから，「X_1, X_2, …, X_n は2または4または6のいずれかで，すべてが4またはすべてが6とはならない」場合だから，その確率は

(n 回とも2または4または6の目が出る確率)

$-$(n 回とも4の目が出る確率)$-$(n 回とも6の目が出る確率)

$$=\left(\frac{3}{6}\right)^n-\left(\frac{1}{6}\right)^n-\left(\frac{1}{6}\right)^n=\left(\frac{1}{2}\right)^n-2\left(\frac{1}{6}\right)^n$$

したがって，求める確率は

$$1-\left(\frac{1}{6}\right)^n-\left\{\left(\frac{2}{6}\right)^n-\left(\frac{1}{6}\right)^n\right\}-\left\{\left(\frac{1}{2}\right)^n-2\left(\frac{1}{6}\right)^n\right\}$$

$$=1-\left(\frac{1}{2}\right)^n-\left(\frac{1}{3}\right)^n+2\left(\frac{1}{6}\right)^n \quad \cdots\cdots(\text{答})$$

◀解　説▶

≪さいころの目の最小公倍数と最大公約数に関する確率≫

▶(1)　1個のさいころを2回投げて出た目の最小公倍数，最大公約数がそれぞれ5になる確率を求める問題である。5は素数であり，また他の目の数と1以外の公約数をもたないから容易である。$L_2=5$（X_1, X_2 の最小公倍数が5）となるのは，2回とも1または5の目が出て，2回のうち少なくとも1回は5の目が出る場合であり，$G_2=5$（X_1, X_2 の最大公約数が5）となるのは，2回とも5の目が出る場合である。$L_2=5$ となる場合については，$(X_1, X_2)=(1, 5), (5, 1), (5, 5)$ の3通りの場合があるので，確率は $\frac{3}{6^2}=\frac{1}{12}$ として求めてもよい。

▶(2)　余事象を用いて，$1-$(L_n が素数である確率）として求める。L_n が素数になるのは，$L_n=2, 3, 5$ の3通りの場合であり，(1)と同様に考えて，$L_n=p$（$p=2, 3, 5$）となる確率はいずれも「n 回とも1または p の目が出て，n 回のうち少なくとも1回は p の目が出る」場合であるから，求める確率は $1-3\left\{\left(\frac{2}{6}\right)^n-\left(\frac{1}{6}\right)^n\right\}$ となる。

余事象を考えずに直接求めるのは，L_n が素数でない値は数多くある（$L_n=1, 4, 6, 10, 12, 15, 20, 30, 60$）ので，適切ではない。

▶(3)　(2)と同様に，$1-$(G_n が素数である確率）として求める。(2)では

$L_n=2, 3, 5$ になる確率はどれも同じであったが，G_n の場合は異なることに注意。$G_n=5$ となるのは(1)と同様に考えて，n 回とも 5 の目が出る場合でよいが，$G_n=2, 3$ の場合はそれぞれ 2，3 を素因数にもつ目の数が関わることになる。$G_n=2$ となるのは n 回とも 2 を素因数にもつ数の目：2，4，6 の目が出る場合を考える必要があるが，この場合は $G_n=4$ となる場合（n 回とも 4 の目が出る場合）と $G_n=6$ となる場合（n 回とも 6 の目が出る場合）を含むから，これらを除かなければならない。$G_n=3$ となる場合も同様に，n 回とも 3 または 6 の目が出る場合から，$G_n=6$ となる場合を除くと考えよう。

余事象を考えずに直接求めるのは，$G_n=1$ となる確率を求めるのが非常に骨が折れるので，適切ではない。

3

◆発想◆　(1)　よく知られた公式であるが，証明の仕方についてはしっかりおさえておこう。普通に $(x-\alpha)(x-\beta)$ を展開して計算してもよいが，$x-\beta=(x-\alpha)-(\beta-\alpha)$ と考えて，

$$\int (x-p)^n dx=\frac{1}{n+1}(x-p)^{n+1}+C$$（C は積分定数，n は自然数）

を用いて示すのが常法である。

(2)　直線と放物線で囲まれた部分の面積の最小値を求める典型問題である。放物線 $y=x^2$ と直線 $y=k(x-a)+b$ が 2 つの共有点をもつことを確認した上で，共有点の x 座標を α, β とおいて，$S(k)$ を(1)の公式を用いてまず α, β で表し，次に k, a, b の式に変形する。このとき $S(k)$ は，α, β を解とする 2 次方程式の判別式を用いて表すことができることは，おさえておきたい。

解答　(1)

$$\begin{aligned}\int_\alpha^\beta (x-\alpha)(x-\beta)\,dx&=\int_\alpha^\beta (x-\alpha)\{(x-\alpha)-(\beta-\alpha)\}dx\\&=\int_\alpha^\beta \{(x-\alpha)^2-(\beta-\alpha)(x-\alpha)\}dx\\&=\left[\frac{1}{3}(x-\alpha)^3-\frac{1}{2}(\beta-\alpha)(x-\alpha)^2\right]_\alpha^\beta\\&=\frac{1}{3}(\beta-\alpha)^3-\frac{1}{2}(\beta-\alpha)^3\end{aligned}$$

$$= -\frac{(\beta-\alpha)^3}{6}$$

$$= \frac{(\alpha-\beta)^3}{6}$$

（証明終）

(2) 点 $(a,\ b)$ を通り，傾きが k の直線 l の方程式は

$$y = k(x-a) + b$$

放物線 $y=x^2$ と直線 l の方程式を連立して

$$x^2 = k(x-a) + b \Longleftrightarrow x^2 - kx + ka - b = 0 \quad \cdots\cdots①$$

2 次方程式①の判別式を D とすると

$$D = k^2 - 4(ka-b) \quad \cdots\cdots②$$

ここで，$b>a^2$ であるから

$$D = k^2 - 4ka + 4b > k^2 - 4ka + 4a^2$$

$$= (k-2a)^2 \geqq 0$$

よって，$D>0$ が成り立つから，①は k の値によらず異なる 2 つの実数解をもつ。

この 2 つの実数解を $\alpha,\ \beta\ (\alpha<\beta)$ とおくと

$$\alpha = \frac{k-\sqrt{D}}{2},\quad \beta = \frac{k+\sqrt{D}}{2} \quad \cdots\cdots③$$

さらに，①の左辺は

$$x^2 - kx + ka - b = (x-\alpha)(x-\beta) \quad \cdots\cdots④$$

と表すことができる。このとき，l と $y=x^2$ は異なる 2 点で交わり，l と $y=x^2$ で囲まれた部分は右図の網かけ部分のようになるから

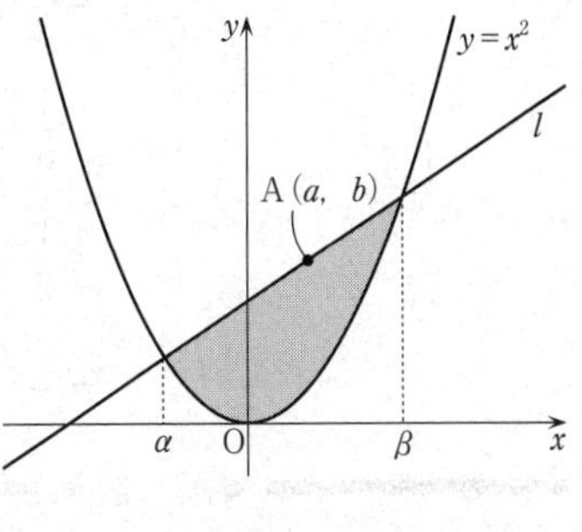

$$S(k) = \int_\alpha^\beta \{k(x-a) + b - x^2\}\,dx$$

$$= -\int_\alpha^\beta (x^2 - kx + ka - b)\,dx$$

$$= -\int_\alpha^\beta (x-\alpha)(x-\beta)\,dx \quad (④より)$$

$$= -\frac{(\alpha-\beta)^3}{6} \quad ((1)の結果より)$$

$$= \frac{(\beta-\alpha)^3}{6} = \frac{(\sqrt{D})^3}{6} \quad (③より)$$

$$=\frac{1}{6}D^{\frac{3}{2}}=\frac{1}{6}(k^2-4ak+4b)^{\frac{3}{2}} \quad (②より)$$

$$=\frac{1}{6}\{(k-2a)^2+4b-4a^2\}^{\frac{3}{2}}$$

よって，$S(k)$ は $k=2a$ のとき最小となり，最小値は

$$S(2a)=\frac{1}{6}\{4(b-a^2)\}^{\frac{3}{2}}=\frac{4}{3}(b-a^2)^{\frac{3}{2}} \quad \cdots\cdots(答)$$

（注） $\beta-\alpha$ は判別式 D を用いて $\beta-\alpha=\sqrt{D}$ として求めたが，解と係数の関係を用いて次のように計算してもよい。

①より，解と係数の関係から

$$\alpha+\beta=k,\ \alpha\beta=ka-b$$

よって

$$(\beta-\alpha)^2=(\alpha+\beta)^2-4\alpha\beta$$
$$=k^2-4(ka-b)$$

$\alpha<\beta$ $(\beta-\alpha>0)$ より　　$\beta-\alpha=\sqrt{k^2-4ka+4b}$

別解 (1) $(x-\alpha)(x-\beta)$ を普通に展開して積分を計算する。

$$\int_\alpha^\beta(x-\alpha)(x-\beta)\,dx=\int_\alpha^\beta\{x^2-(\alpha+\beta)x+\alpha\beta\}\,dx$$
$$=\left[\frac{1}{3}x^3-\frac{1}{2}(\alpha+\beta)x^2+\alpha\beta x\right]_\alpha^\beta$$
$$=\frac{1}{3}(\beta^3-\alpha^3)-\frac{1}{2}(\alpha+\beta)(\beta^2-\alpha^2)+\alpha\beta(\beta-\alpha)$$
$$=\frac{1}{6}(\beta-\alpha)\{2(\alpha^2+\alpha\beta+\beta^2)-3(\alpha+\beta)^2+6\alpha\beta\}$$
$$=\frac{1}{6}(\beta-\alpha)(-\alpha^2+2\alpha\beta-\beta^2)$$
$$=-\frac{(\beta-\alpha)^3}{6}=\frac{(\alpha-\beta)^3}{6}$$

◀解　説▶

≪定積分に関する等式の証明，直線と放物線で囲まれた部分の面積の最小値≫

▶(1) よく知られた公式 $\int_\alpha^\beta(x-\alpha)(x-\beta)\,dx=\frac{(\alpha-\beta)^3}{6}$ を証明する問題である。〔解答〕のように，$(x-\alpha)(x-\beta)=(x-\alpha)^2-(\beta-\alpha)(x-\alpha)$ と変形

し，n を自然数とするとき，$\displaystyle\int(x-\alpha)^n dx=\frac{1}{n+1}(x-\alpha)^{n+1}+C$（$C$ は積分定数）を用いて積分計算を行う手法を身につけておきたい。〔別解〕のように，$(x-\alpha)(x-\beta)$ を展開して普通に積分計算を実行してもよいが，計算はやや煩雑になるので，ミスをしないように注意しなければならない。

▶(2)　まず，$b>a^2$ を満たすとき，点 $(a,\ b)$ を通る直線 $y=k(x-a)+b$ と放物線 $y=x^2$ は常に異なる2点で交わることを示す。そのために，2次方程式 $x^2=k(x-a)+b \Longleftrightarrow x^2-kx+ka-b=0$ が異なる2つの実数解（α，β（$\alpha<\beta$）とする。）をもつ，すなわち，2次方程式の判別式 $D>0$ が成り立つことを示す。このとき，$x^2-kx+ka-b=(x-\alpha)(x-\beta)$ と表されることに注意すると

$$S(k)=\int_\alpha^\beta\{k(x-a)+b-x^2\}dx=-\int_\alpha^\beta(x-\alpha)(x-\beta)\,dx$$

となるので，(1)の結果を用いると，$S(k)=\dfrac{(\beta-\alpha)^3}{6}$ を得る。さらに，$\alpha=\dfrac{k-\sqrt{D}}{2}$，$\beta=\dfrac{k+\sqrt{D}}{2}$ であるから，$S(k)=\dfrac{(\sqrt{D})^3}{6}$ と表すことができるので，$S(k)$ の最小値は，$D=k^2-4ak+4b$ の最小値を考えればよい。この種の問題では，この処理の流れは定番であるので，しっかりマスターしておこう。また，(注)で述べたように，解と係数の関係を用いて $(\beta-\alpha)^2=k^2-4ka+4b$ を導くのも有効である。

❖講　評

2022年度は，主分野としては1ベクトル，2確率，3積分法の内容が出題された。2と3は他の分野（2は整数の性質，3は式と証明）の知識を要する融合問題であった。微・積分法の分野は2019年度を除いて毎年出題されており，2022年度も積分法の問題が出題された。整数問題は2017～2020年度は出題されていなかったが，2021・2022年度と連続して出題された。空間ベクトル（空間図形）の分野は近年しばしば出題されている（2018・2019・2021年度）が，2022年度は平面ベクトルの問題が出題された。証明問題は1問出題され，内容は等式（公式）の証明であった。

1は，平面ベクトルの問題である。2つの線分の交点の位置ベクトルをベクトルの1次独立性を用いて導き，さらにこの位置ベクトルの大きさ（線分の長さ）を求める内容で，教科書レベルの基本問題であり，完答することが必須である。

2は，確率と整数の性質の融合問題で，さいころを n 回投げて出た目の最小公倍数 L_n，最大公約数 G_n に関する内容で，(1)はさいころを2回投げて $L_2=5$ と $G_2=5$ になる確率を求める問題で容易である。(2)，(3)はそれぞれ L_n，G_n が素数にならない確率を求める問題で，余事象を用いる。最小公倍数と最大公約数に対する処理を正確に行うことがポイントである。標準レベルの問題で完答を目指したい。

3は，(1)で等式（公式）が成り立つことの証明を行い，(2)でこの公式を用いて，定点を通り傾きが k の直線と放物線で囲まれた部分の面積を導き，その最小値を求める問題である。(1)は教科書に掲載される基本的な公式で証明は容易であり，(2)は頻出の内容の標準レベルの問題で，本問も完答を目指したい。

例年，理系学部とは共通問題または類似問題が出題されていたが，2022 年度は出題されなかった。2022 年度は難問はなく，いずれも方針の立てやすい基本・標準レベルの問題であった。2021 年度は 2020 年度よりやや難化したが，2022 年度は易化し，2020 年度のレベルに戻ったといえる。計算も複雑なものはなく，いずれも完答を目指すべき問題で，高得点の争いになったものと予想される。ミスを防ぎ，慎重な処理や検算を心がけ，確実に問題を解いていく必要がある。

年度によって出題傾向や難易度が変わることがあり，また融合問題が数多く出題されるので，どの分野も偏ることなく学習することが重要である。近年は易化の傾向にあるので，特に基本・標準レベルの問題はミスすることなく確実に得点する実力をつけるとともに，発展的な内容の問題の学習も怠らず，実戦的な演習を積んでいこう。

いる（同段落）。すなわち、鐘を惜しんだ竜神がふたたび鐘を海底に沈める代わりに授けてくれた面なのではないかと人々が考えたというのである。よってこの二点を理由として挙げればよい。

参考　橘南谿（一七五三～一八〇六年）は江戸後期の医者、国学者。本名は宮川春暉（はるあきら）。京都で古医学を学び開業する。人体解剖も行う。また文学にも通暁する。医学修行のために全国を遍歴し、紀行文『西遊記（せいゆうき）』『東遊記』や、随筆『北窓瑣談』などを著す。

❖講　評

Ⅰ　飯田高の評論文からの出題。「インセンティブ」という概念を法との関わりから論じた、示唆に富む内容である。イソップ寓話から始めている点も取り組みやすい印象を与えるだろう。設問は標準～やや難レベル。問二は「インセンティブ」の理解を試す良問といえる。問三は要約力が試される。問四は問い方にやや曖昧なところがあり、受験生の解答もさまざまだったのではないか。

Ⅱ　全卓樹の随筆文からの出題。入試現代文では珍しい科学随筆である。人間の付和雷同の心性に関する科学的実験を紹介したもので、肩肘張らず楽しく読める。設問は総じて標準レベル。問一はポイントをどのように絞り、どのように配置するか、頭の中でシミュレーションした上で書くとよいだろう。問二は「著者が援用する故事の意味をふまえて」という問い方であるが、故事を説明に加えるべきかどうかで迷うだろう。問三は字数も少なく書きやすい。

Ⅲ　橘南谿の紀行文からの出題。南谿の文章が出題されるのは珍しい。紀行文とはいえ、やや長文で和歌も数首あるため、決して易しい文章とはいえない。リード文と注を参照しながら着実に読み進める必要がある。設問は総じて標準レベル。問二の和歌解釈は「なく」の解釈によって解答にバラツキが出ただろう。問七は本文の理解度を試す良問である。

なお、「わたり」は〝あたり。付近〟の意。「けり」は詠嘆の助動詞である。

▼問三　「誰」は〝誰も。誰一人〟。「取りあげ（取りあぐ）」は〝引き上げる〟。海底の鐘を引き上げることをいう。「ん」は意志の助動詞。二つの「し」はいずれも過去の助動詞「き」の連体形。句末の「に」は逆接の接続助詞。直後で黒田長政が鐘を引き上げようとしたことが語られている。

▼問四　「たとひ」は副詞で、下に「ば」などを伴って順接の仮定条件（もし〜ば）を表す用法と、下に「とも」「ども」「とて（接続助詞的な用法）」などを伴って逆接の仮定条件（かりに〜ても）を表す用法がある。ここは後者。「います（います）」（サ行四段）は「あり・をり」の尊敬語。〝いらっしゃる〟の意。「ば」は確定条件を表す接続助詞。「領主」はそのままでも、あるいは「大名・城主」などでもよい。「いかで」は疑問・反語・願望の意の副詞で、ここは反語になり、文末の反語の終助詞（係助詞）「や」と呼応する。「敵す」は〝敵対する。歯向かう〟の意。「べき（べし）」は可能の意。

▼問五　「なじかは」は疑問・反語の副詞。ここは文脈上、反語の意になる。「もって」は「以」を訓読した漢文訓読調の言葉で、語調を整えるために使われたもの。無理に訳さなくてよい。「たまる」は〝（水が）たまる。積もる。とどまる〟の意であるが、打消・反語の語句を伴うと多く〝こらえる。ささえる〟の意になる。ここもそうで、大波に船が持ちこたえられない様子を表す。「べき（べし）」は可能の意。

▼問六　「さへ」は添加の副助詞。直前の「（鐘）横ざまになりて」に加えてということ。「砕け（砕く）」は〝壊れる〟の意。「たれ」は完了・存続の助動詞「たり」の已然形。「ば」は確定条件を表す接続助詞。「あげ（あぐ）」は〝引き上げる〟。「ん」は婉曲の助動詞。「たより」は〝手段。方法〟の意。「ぬ」は完了の助動詞。

▼問七　「奇異」は〝珍しいこと。不思議なこと〟の意。少し前にも「希代の作」とあり、その直後に「なかなか世間の物にあらず」とあって、それが類まれな、見事な出来のものであることがわかる。さらにこの面が大波が起こったときに潮に乗って打ち上げられたものであること、「竜神より鐘のかはりの心にてや」と人々が考えたことが記されて

○何でふ＝「何といふ」が変化したもの。「なでふ」とも。反語の副詞。また〝どんな〟の連体詞ともなる。
○なかなか＝かえって。なまじっか。（近世の用法で、下に打消語を伴って）とうてい…（ない）。

※

本文はリード文にあるように、崇福寺の住職が作者に語ったことを書き留めたものである。「鐘の岬」という地名にまつわる興味深い昔話となっている。

◀解　説▶

▼問一　傍線部の直前で、むかし三韓から鐘を船に積んで運んできたときに、嵐にあって船が転覆して鐘が海底に沈んでしまい、その場所を「鐘の岬」と名づけたことが語られる。それを「ふるきことにや（あらむ）」と述べて、以下、『万葉集』などを引用して（『新古今』とあるが、衣笠内大臣のこの和歌は『新古今集』には収められていない）、いずれの和歌にも「鐘の岬」が詠まれていることを住職が説明する。すなわち早くも『万葉集』に「鐘の岬」という地名が登場することから、「ふるきこと」と言っている。以上の事情を、「鐘の岬」『万葉集』の名を明示しながら具体的に説明する。

▼問二　源俊頼の私家集『散木奇歌集』〈巻六　悲歎〉にある和歌である。「音にきく」は〝うわさに聞く。有名な〟の意の慣用句。「つきもせず」の掛詞の一つは、直前の「鐘」や、本文少し前の「撞鐘」からわかるように、「撞き」を掛ける。もう一つは「つきもせず（＝尽きもしない）」という慣用的な言い回しから、「尽き」を掛ける。「なく声ひびく」は二通りの解釈ができよう。一つは前の家良の和歌にも「白波の岩打つ音やひびくらん」とあるように、波の音を「なく」と擬人化したものと理解して、波音が尽きることなく鐘のように鳴り響いているという解釈である。もう一つは文字通り「泣く」ととって、船が転覆して非業の死を遂げた人々の泣き声が尽きることなく響くようだという解釈である。実はこの和歌には「あしづを出でて鐘の岬といふ所を過ぎけるに、やうやう筑紫を離れぬることなど心細さに包みもあへられぬ心地して」という詞書があって、哀調を帯びている。よっていずれの解釈も認められよう。

と）は成し遂げなかった。領主はなおも怒りなさったけれども、家来たちが強く諫めて引き止めたので、やむをえず、そのままに捨て置きなさった。

その後、三、四代目の領主は、勇気がとりわけ勝っていらっしゃったが、この鐘のことをお聞きになり、「どういうことはなかろう。その日に折悪しく風が吹いたので不思議にも思ったのだ。たとえ竜神がいらっしゃるからといって、領主にどうして歯向かうことなどできようか。この鐘を引き上げられないのは残念だ」と言って、家来たちの諫めに従わない。準備を万端にせよと言って、髪の毛を入れて縒った大綱を数多く鐘の竜頭に巻き付け、数艘の船に大石を数多く積み入れて、船の喫水を深く沈め、その鐘の上に到達し、鐘に付けておいた綱を船にしっかりと巻き付けて、船に積んであった大石を海中へ投げ捨てたところ、船がだんだんと浮くにつれて、鐘も次第に動く折しも、案の定、大地が震え雷がなり稲妻が光って風が激しく吹き出し、雲は墨を溶いて流したように（真っ黒になり）、大波が、大岩を砕いたので、どうして持ちこたえられようか、船も人も木っ端みじんになり、鐘も竜頭が砕けて横倒しになり、ふたたび、海底に沈んでしまった。それから大波が、陸に上がり、人家、田地を、ひどく破壊し、人民の悲嘆は並大抵ではない。

不思議なことに、その潮に乗って、翁の面が、一つ（陸に）上がってきた。その面は、世にも稀な作で、とうてい世間並みの物ではない。領主におかれては、なおも（竜神と）闘おうとなさるつもりであったけれど、人民が悲嘆しているので（思い止まってほしい）と言って、家来たちが諫めたために、また一方では竜神から鐘の代わりというつもりであろうか、世にも稀な面を打ち上げたことなので、領主におかれても思い止まりなさって、鐘は結局人間の手に入らず、すっかり横倒しになって、竜頭までも壊れてしまったので、もう一度引き上げるような方法もなくなってしまった。面は世にも稀な物だとして、宗像の神社に納めて、現在もその神社に伝わっているということだ。鐘はこの寺崇福寺に納まるはずであったのに、このように竜神が愛玩しているということによって、いつまでも海底の物とはなった。

語句　○艮＝「うしとら」と読む。「丑」と「寅」の間で、北東を表す。

○千早振る＝「ちはやぶる」。「神」「うぢ」にかかる枕詞。本文では枕詞にならず、〝荒々しい〟の意。

三韓から撞き鐘を船に積んで（日本に）送ったときに、竜神がその鐘を欲しがり、この筑前の海に行き着いて、波風が突然起こり、船が転覆して、鐘は結局海底に沈んでしまった。三韓から送ったのは古いことであろうか、『万葉集』の歌にも、

波の荒々しい鐘の岬を無事に通り過ぎたけれども、私は忘れはしない、志賀の海神のことを　読み人しらず

と出ている。また、『新古今集』にも、

白波の岩を打つ音が鐘の音のように響いているだろうか、鐘の岬の暁の空の下で　衣笠内大臣

また、私家集（『散木奇歌集』）には、

かの有名な鐘の岬は鐘を撞いてもいないのに、波の音が尽きることなく鐘のように鳴り響いているあたりであるよ　俊頼

また、『類字名所和歌集』に、

鐘の岬を通りすぎる船の中で波の音を聞きながら夜を明かしたが、幾夜夢も見ないまま経ったことだろうか

など、諸集に見えて、昔から竜宮の物として人々が恐れ、誰も引き上げようとした人はいなかったのに、当主の先祖の、黒田長政が、この国の領主となって、「この崇福寺を菩提寺に引き立てて、いまだ適当な鐘もないので、新しく鋳造するよりは海中にある鐘こそ名高い鐘なので、引き上げてこの寺に寄贈したい」と言ったところ、家来たちはみな、「この鐘は竜神が大事になさっていると古来から申し伝えておりますので、今になって引き上げなさるのも恐れがある」と諫めたけれど、もともと、長政は勇猛な武将なので、お聞き入れにならず、「私の入り用で私の領内にある物を取るのに、竜神だからといって（鐘を失うことを）惜しむようなことがあろうか、そんなことはない。早く海から引き上げよ」と言って、数十艘の船を浮かべ、鐘の竜頭に大綱を数多く引っ掛けて、海から陸に引きつないで、数千人の力で、掛け声を出して引いたところ、その鐘が少し動いたとたん、大空が急に一面暗くなり、天も地も闇夜のようになって、大風が、波を逆巻き返すので、船が砕け、綱が切れて、人も大半は海に溺れて漂ったので、とうとうそのこと（＝海底の鐘を引き上げるこ

葉である。本文でも「家人」はそれをふまえて発言したものと思われる。その「家人」との会話に「マーケティングとか世論誘導」「営利企業のマーケティング」「世論操作」とあり、また最後から二段落目にも「私企業の営利追求の手助け」「人々が宣伝や世論操作のたやすい餌食となり」とあるように、科学の知見が一部の企業やマスメディアや政治家の私利私欲のために役立てられていることを念頭にこの言葉が用いられている。この事情を言葉を補いながらわかりやすく説明する。

出典　橘南谿『西遊記』〈巻之七　竜愛鐘〉

解答

問一　三韓から船で運んできた鐘が海底に沈んだことから名づけられた「鐘の岬」が、早くも『万葉集』に登場するから。

問二　かの有名な鐘の岬は鐘を撞いてもいないのに、波の音が尽きることなく鐘のように鳴り響いているあたりであるよ。

問三　誰も引き上げようとした人はいなかったのに

問四　たとえ竜神がいらっしゃるからといって、領主にどうして歯向かうことなどできようか（いやできはしない）。

問五　どうして持ちこたえられようか（いや持ちこたえられない）

問六　竜頭までも壊れてしまったので、もう一度引き上げるような方法もなくなってしまった。

問七　面は世にもまれな見事な出来であるうえに、大波が出て鐘がふたたび海底に沈んでしまった時に打ち上げられたものなので、鐘を惜しんだ竜神が代わりにくださったのだろうと人々は考えたから。

◆全　訳◆

この国（＝筑前国）の海の中に鐘がある。その所を鐘の岬という。織幡山の北東の方角で、岸を離れること、わずかに五町（＝五百メートル強）ほどの所にある。船に乗ってその所に行くと、よく見えると、土地の者が言う。これはむかし

▼問一　ワッツ博士のグループが行った実験について、音楽ダウンロード・サイトを訪問した人に四十八曲を試聴して評価してもらうこと、訪問者は各人が独立に曲を評価する第一グループと、他人の評価を見ながら評価する第二～第九グループに振り分けられること、この二点をまずおさえる。また「ジニ係数」とは「不平等さの度合いを測る統計量」（第十段落）である点もおさえる。そのうえで「0・4」「0・5」「0・25」という有意の数値の差異が出た事情を説明する。すなわち前二者が他人の評価を見ながら評価するグループ群であり、後の一者は独立して自分の耳と感性だけで評価するグループである点、前二者はグループごとに特有な人気曲があるために数値が高くなった点、そして前二者で数値が異なるのは、曲がランダムに並べられたか、評価順に並べられたかに基づいている点の三点である。この三点を説明すれば、おおよそ制限字数に近づく。なお、このような差異が出た理由は付和雷同の心理が働いたからであるが、これは次の設問で答えることになるので、ここでは触れなくてもよいだろう。※

▼問二　設問の「著者が援用する故事」とは第一・第二段落で紹介されるパニュルジュの羊の故事をいう。すなわちリーダー格の羊を海に投げ込むと、残りの羊もみな海に飛び込んだというもので、人間の「付和雷同の習性」（第二段落）を寓喩する話として取り上げられている。この習性を科学的に明らかにしたのがワッツ博士のグループによる実験である。傍線部の前後でも「『人気があるから人気がある』という付和雷同の群集心理が作り上げた」「ある曲にたまたま高評点が重なって、雪だまる式に評価を上げて大人気曲へと成長する」と述べられる。自分で聴いて曲自体の価値に基づいて評価するのではなく、他人の評価を参考にして評価する傾向が強いために、曲自体の価値とは無関係に、たまたまある曲に高評点が集まって大人気曲が生まれるというわけである。これを端的に理由づければ、付和雷同の心理が働いたからとなるが、設問の意図をふまえて、羊の故事に基づきながら右の事情を具体的に説明することになる。

▼問三　「ダークサイド」は〝人間や社会の暗黒面〟の意で、映画『スター・ウォーズ』で広く知られるようになった言

を見ながら評価する他のグループ群では、グループごとに特有な大人気曲があり、総じてジニ係数が高かった。しかも曲がランダムに並べられた一回目の実験よりも、評価順に並べられた二回目の実験の方がより高くなった。（二〇〇字以内）

問二　リーダーの羊に倣って残りの羊もみな海に飛び込んだという故事が示すように、人間も付和雷同の習性を備えているため、曲自体を自ら評価するよりも他人の評価を参考に評価しようとする傾向が強く、結果的にある曲にたまたま高評点が重なって大人気曲へと成長するから。（一一〇字から一三〇字）

問三　人々の幸福や社会の発展のために役立てられるべき科学的知見が、私企業の営利追求やマスメディアの世論操作の手助けとして用いられて人々がその犠牲となっているから。（六〇字から八〇字）

◆要　旨◆

ワッツ博士のグループが行った実験によって、付和雷同の心が超人気曲をランダムに生み出すという結果が得られた。音楽に限らず、みなの人気投票で優劣を決める分野は、少数の天才とその他の凡庸に二分されがちであるが、この鋭い二分は人間の付和雷同の心によって発生する社会的な構成物と考えたほうがよい。この付和雷同の習性はすべての人間が持っており、人々は宣伝や世論操作の餌食となってきた。科学者はそれに手を貸してきたわけだが、今一度科学者がダークサイドから這い上がって、社会制度の賢い設計を通じて人々を救う時が来るであろうか。

▲解　説▼

本文は「付和雷同の社会学」という標題を付した文章の全文で、三つの空白行によって四つの部分に分かれる。原文にはワッツ博士のグループが実験に用いた表の一部などが図示されている。しかし本文では省略されているので、自分でイメージしながら読み進める必要がある。またこの実験では他人の評価が表示されるグループと表示されないグループに分けられたことが記されているが、Ⅰの外発的なインセンティブと内発的動機づけの議論と通じる部分があるので、きっぱりと切り離して読み進めることが大切であろう。

いる。よってこの事情を説明しながら右の理由へと結びつければよい。

▼問四　第二十段落以下、「インセンティブは逆効果を生むこと」（第二十段落）が指摘され、その例として託児所で行った実験が取り上げられる。いくつかの託児所で子どもを引き取りに来るのに遅刻した親から罰金を徴収したところ、徴収しなかった託児所に比べて遅刻する親が増加したというものである。この現象について「罰金導入により、非金銭的であった社会的交換関係（＝「好意」で時間が過ぎても子どもを預かる関係）が金銭ベースの取引関係（＝代価を伴う「サービス」で子どもを預かる関係）に変質した」というひとつの解釈が示される。これは託児所の好意に甘えず遅刻しないようにしようと努めていた親が、遅刻しても罰金さえ支払えばいいだろうと考え直したため、遅刻してもかまわないと判断したということであろう。この事情を「インセンティブが内発的動機づけを阻害する」と一般化している。すなわちある特定の行動を選ぶように仕向けるインセンティブの提供が、自発的にその行動をとろうとしていた人々の意思決定をくじいてしまい、その行動とは逆の行動をとらせてしまうのである。以上の事情を、実験の具体例→一般化という順で説明する。ただ設問に「具体的に」とあるのは実験結果のことをいうと解釈する余地があるため、別解を示しておいた。

参考　飯田高（一九七六年～）は法学者。兵庫県生まれ。東京大学法学部卒業。同大学院法学政治学研究科修士課程修了。二〇二二年現在、東京大学社会科学研究所教授。主な著書に『〈法と経済学〉の社会規範論』、『危機対応の社会科学（上）・（下）』（共編著）などがある。『法と社会科学をつなぐ』は二〇一六年刊。

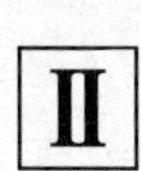

出典　全卓樹『銀河の片隅で科学夜話――物理学者が語る、すばらしく不思議で美しいこの世界の小さな驚異』〈数理社会編　第11夜　付和雷同の社会学〉（朝日出版社）

解答

問一　音楽ダウンロード・サイト上に並べられた曲を試聴して評価する実験で、各人が独立に自分の耳と感性だけで評価する第一グループでは評価の分布はなだらかで、ジニ係数が最も低かった。これに対して、他人の評価

▼問二　傍線部の「説得」は太陽が用いた方法をいい、「強制」は北風が用いた方法をいう。両者の勝負は旅人の帽子をとることと、旅人の服を脱がせることの二回行われる。北風は二回ともただもう力いっぱい吹きつけるだけで、一回目は勝つが二回目は負ける。太陽は一回目はいきなり「燦々と照らし」たために負けるが、二回目は「はじめゆっくり」そして「徐々に熱を強め」ることで勝利する。この両者の勝負について、太陽はインセンティブを意識的に使ったのに対して、北風はそれを使おうとしなかったと言われる（第五段落）。このインセンティブについて、「ある個人に特定の行動を選ぶように仕向ける要因」を指し、「その気を起こさせる外からの刺激」（同段落）であると説明される。さらに「当の個人は自ら選択を行っていると思っている」「カギ括弧つきの『自発性』」という性質を備えていると説明される（第九段落）。第十一段落以下で多用される「意思決定」を用いれば、「強制」は旅人の意思を無視しており、旅人を受動的な立場に置くだけであるのに対して、「説得」は旅人の意思を尊重して彼の能動的な行動を促すといえよう。よって北風と太陽のとった行動の違いを、インセンティブの有無という視点から具体的に説明することになる。

▼問三　傍線部の「これら」は前文の「法がいかなるインセンティブを……どのくらい合致しているのか、ということ」を指す。すなわち法とインセンティブの関わりである。しかし筆者は「十分に解明されているとは言いがたい」と述べ、直後の段落で、「その一因」として「行動に対する法の効果を研究する人たちが外発・内発の二分法にこだわりすぎていた」ことを挙げている。すなわち人間の行動は内発的動機によるものか、それとも外発的動機によるものかのいずれかであるという古典的な考え方が研究者の間で支配的であるということであり、これが傍線部の理由となる。そこで法とインセンティブとの関わりを説明した箇所に戻ると、「法は外発的なインセンティブにも内発的な動機づけにも関わっており」（第十段落）、「たいていの場合、法は人々の自律的な意思決定を通じて行動をコントロールすることを目指している」（第十一段落）、「法は……『意思決定に影響を及ぼす要素』として立ち現れる」（第十二段落）などと説明される。すなわち法は人々の行動を外発的にも内発的にも動機づけるという新しい考え方が示されて

内発的動機づけの境界が曖昧なことが多々ある。法もこの両者に関わっており、たいていの場合、人々の自律的な意思決定を通じて行動をコントロールすることを目指している。法も意思決定に対しては微妙な形で働きかけをしているのである。またインセンティブが内発的動機づけを阻害することもある。インセンティブの働き方を理解するのは容易ではない。

語句　○イソップ寓話＝紀元前六世紀にアイソーポスという奴隷が作ったとされる物語を集めた寓話集。
○ヴィクトリア期＝ヴィクトリア女王がイギリスを統治していた一八三七～一九〇一年の期間。

◀解　説▶

本文は全二十二段落から成る。これを四つの部分に分けて、論旨の展開を示す。

1　第一～第五段落「イソップ寓話の『北風と太陽』では……与えてしまってもいる」
　インセンティブとは個人に特定の行動を選ぶように仕向ける外的要因を意味する
2　第六～第九段落「このインセンティブという考え方は……明らかでないことも多々ある」
　外発的なインセンティブは内発的動機づけと対になるが、自発性の余地を残している
3　第十～第十九段落「境界をどこに設定するにしても……法の効果はなおさらである」
　法も外発的なインセンティブと内発的な動機づけに関わっており、意思決定に微妙な形で働きかける
4　第二十～第二十二段落「帽子をとり損ねた太陽と同じように……長い道のりがありそうである」
　インセンティブは内発的動機づけを阻害することがあり、その正確な理解はまだ先である

※

▼問一　(a)「奏でる」は〝楽器を演奏する〟。
(b)「実態」は〝実際の有様・状態〟の意。「実体（＝物事の実質。正体）」と区別する。
(c)「方略」は〝方策。手立て〟。「謀略（＝人を陥れるはかりごと。たくらみ）」と区別する。
(d)「優遇」は〝手厚くもてなすこと。優先的に扱うこと〟。

▲人間科・外国語・法・経済学部▼

出典　飯田高『法と社会科学をつなぐ』〈第一章　個人の意思決定　①インセンティブ――何が人を駆り立てるのか〉（有斐閣）

解答

問一　（a）奏（でる）　（b）実態　（c）方略　（d）優遇

問二　旅人の意思を無視してただもう彼の服を力いっぱい吹き飛ばそうとする北風と違い、太陽は旅人が自発的に服を脱ぐかのように仕向けるインセンティブを意識的に使ったから。（六〇字から八〇字）

問三　法は外発的なインセンティブにも内発的な動機づけにも関わっており、人々の自律的な意思決定を通じて行動をコントロールすることを目指しているのに、行動に対する法の効果を研究する人たちは、動機が外発か内発かという二分法にこだわりすぎているから。（一〇〇字から一二〇字）

問四　託児所で遅刻した親から罰金を徴収する制度を導入した結果、かえって遅刻する親が増加したように、人々に特定の行動を選ぶように仕向けるインセンティブの提供が、自発的にその行動をとろうとしていた人々の意思をくじいて逆の行動をとらせてしまうこと。（一〇〇字から一二〇字）

（別解）託児所で遅刻した親から罰金を徴収する制度を導入した結果、かえって遅刻する親が増加したのは、罰金制度というインセンティブが、託児所の好意に甘えず遅刻しないように努めようという自発的な意思を親たちから奪い去ったためであるということ。（一〇〇字から一二〇字）

◆要　旨◆

インセンティブとは個人に特定の行動を選ぶように仕向ける要因を意味する。外発的動機づけと大まかに対応し、内発的動機づけと対になる。しかしインセンティブの妙は自発性の余地を残している点で、そのため外発的インセンティブと後は地方の役人を務めた。説話集『世説新語』、志怪（＝怪奇）小説集『幽明録』がある。

❖講　評

Ⅰ　岡野八代の評論文からの出題。グディンの責任論を論じた文章で、今日の新自由主義思想に拠る自己責任論がはびこる中に一石を投じるものといえよう。本文はやや短いものの、論旨が明解で取り組みやすいだろう。設問は問一～問三が標準、問四がやや難レベルである。この問四をやや難とする理由は、「価値」の説明が難しいことと、「具体例を用いて」という指示がただ具体例を示すだけでよいのか、それとも具体例を示しつつそれを一般化すべきなのか判断に迷うからである。

Ⅱ　黒井千次の小説からの出題。入試現代文でも頻出の作家の一人である。山登りを通した少年の成長物語とでもいうべきストーリーである。平易な文章で読みやすい。ただリード文に「『僕』」とあることから、本文が「僕」の一人称語りの小説になっていると思って読み、戸惑った人もいるかもしれない。ただし設問を解く上での支障はない。設問は問一・問二が標準レベル。状況を把握できればそれなりの解答が作れるだろう。問三はやや難レベル。概して表現効果の説明は難しい。問四は難レベル。本文に解答の根拠となる箇所が乏しいので、手に負えないと思っても仕方がない。後回しにするのが賢明だろう。作者ならどのように解答するだろうか、興味がわくところである。

Ⅲ　頻出出典の一つ『大和物語』の頻出箇所からの出題である。頻出箇所とはいえ、初めて読む文章であっても筋を追うのに問題はないだろう。内容もストーリー性があっておもしろい。設問は総じて標準レベル。口語訳が中心となっている。連歌・和歌の解釈も難しくない。ただし十二支のような古典常識は知っていないといけない。

Ⅳ　『幽明録』からの出題。志怪小説は概しておもしろく、文章も難しくない。取り組みやすいだろう。設問も総じて標準レベル。問三はどこまで踏み込んで理由を説明すればよいのか戸惑うだろうが、問五の存在に気づけば書くべき内容が絞れる。

▼問二　「孝節」は〝孝行の道を踏み行うこと。立派な孝行〟の意。県の長官が姚牛の孝心に同情して死罪を免れさせたという前後の筋をおさえれば、「孝節」は「牛売衣物……刃之於衆中」を指していることがわかる。そのポイントは、父親を殺した村人を斬り殺したこと（「報讐」）、および家財を売ってまで武器を購入したこと（自己犠牲）の二点である。

▼問三　傍線部は老人（実は亡霊である。リード文にも「幽霊譚」とある）が杖を振り上げ、県の長官の乗った馬をたたいたという内容である。その前後を読むと、長官が狩猟に出かけ、鹿を追いかけて草むらに入ったこと、草むらには深い落とし穴がいくつかあり、長官の乗った馬がその穴に向かって進んだこと、馬が進路を変えたために、鹿を逃したことが記されている。よって馬が落とし穴に向かって進んで穴に落ち、長官が大怪我をするのを防止するためと理由づけられる。そもそも老人がこのような行動をとったのは、長官が姚牛の命を救ってくれた恩人だったからということになるが、この点は問五で説明することになるので、ここでは触れる必要はない。

▼問四　「令（＝県の長官）」が主語である。「将」は「まさに～（せ）んとす」と読む再読文字で〝今にも～しようとする〟の意。「之」は老人を指すが、「鹿狩りの邪魔をした老人」「自分が乗っていた馬をたたいて馬の進路を妨げた老人」などと限定する必要がある。

▼問五　県の長官の危難を救った老人が、自分は姚牛の父親であると名のり、長官が姚牛の命を救ってくれたことに感謝し、その恩返しのためにやって来たと告げている。これをふまえて老人が「恩」を感じたいきさつを第一段落に戻ってたどる。特に「令深矜」以下に着眼する。姚牛は衆人環視の中、村人を殺害して役人に捕らえられ、あやうく死罪となるところであった。しかし県の長官が姚牛の孝心に同情して（「深矜孝節」）、彼が村人を殺害したこと（「其事」）の審理を延期し、たまたまあった恩赦に合わせて（「会赦」）その罪を免除してやった（「得免」）というもの。この事情を説明する。

参考　劉義慶（四〇四～四四四年）は南朝宋の文学者。彭城（現在の江蘇省）の人。王室の一族で、要職を歴任し、そのに追いつくことができなかった。長官は怒って、弓を引いて今にも老人を射ようとした。（すると）老人が言うには、「この草むらの中には落とし穴があります。あなたが（その穴に）落ちるのを心配しただけです」と。長官が言うには、「お前は何者か」と。老人がひざまずいて言うには、「（私は）姚牛の父親です。あなたが牛の命を救ってくださったことに感じ入り、それゆえここにやって来てご恩に感謝するのです」と。言い終わると姿が消えて見えなくなった。

読み 項県の民姚牛、年十余歳にして、父郷人の殺す所と為る。牛衣物を売り刀戟を市ひ、図りて報讐せんと欲す。後に県署の前に在りて相遇ひ、手づから之を衆中に刃る。吏捕らへ得るも、令深く孝節なるを矜れみ、為に其の事を推遷す。牛赦に会ひ免るるを得。

令後に出猟するに、鹿を逐ひて草中に入る。古き深穽数処有り、馬将に之に趣かんとす。忽ち一公杖を挙げ馬を撃つを見る。馬驚きて避け、鹿に及ぶを得ず。令怒り、弓を引き将に之を射んとす。公曰く、「此の中に穽有り。君の堕つるを恐るるのみ」と。令曰く、「汝何人たるか」と。翁跪きて曰く、「姚牛の父なり。君の牛を活かすに感じ、故に来りて恩に謝す」と。因りて滅えて見えず。

語句 ○衣物＝衣服と家財。

○避＝進路を逸れる。

▲解　説▼

本文は二段落から成る。

第一段落　姚牛が父親の敵を討ったが、長官はその孝心に同情して赦免してやった

第二段落　長官が猟に出たとき、乗っていた馬が穴に落ちるのを姚牛の父親の霊が防いだ

※

▼問一　受身形「為A所～」（Aの～（する）所と為る）になる。「郷人」は〝同じ村の人〟。姚牛は父親をその者に殺されたということ。

（願望）を表す副助詞「だに」（＝せめて～だけでも）＋サ変動詞「す」の命令形「せよ」の形。下の句は「涙で濡れた私の僧衣」などと言葉を補うと歌意が通じやすくなる。

参考　『大和物語』は平安中期の歌物語。作者未詳。成立は九五〇年前後。約百七十三段から成る。同じ歌物語である『伊勢物語』に比べて、物語の比重が大きくなっている。

出典　劉義慶『幽明録』〈一七九〉

解答

問一　ちちきやうじん〔きょうじん〕のころすところとなる。

問二　姚牛が父親を殺した村人に復讐するため、家財を売って刀や矛を買い、それで敵を斬り殺したこと。

問三　狩猟に出かけた県の長官の乗った馬が、深い落とし穴に落ちて長官が大怪我をするのを防止するため。

問四　県の長官は怒って、弓を引いて今にも鹿狩りの邪魔をした老人を射ようとした

問五　県の長官が、父親の敵である村人を斬り殺した姚牛の孝心に同情して、彼の審理を延期し、たまたまあった恩赦に合わせてその罪を免れさせてくれたこと。

◆全　訳◆

項県の民姚牛は、年が十歳余りのとき、父親を同じ村の者に殺された。（それで）牛は衣服や家財を売って刀や矛を買い、様子をうかがって復讐しようとした。その後県の役所の前にいて（かたきと）出くわし、多くの人が見ているなかで自ら手を下してこの者を斬った。役人が（姚牛を）逮捕したが、県の長官は（姚牛が）親孝行であることに深く同情して、そのためその殺人事件の審理を延期した。牛は恩赦に合わせて刑を免れることができた。

長官がその後狩猟に出かけたとき、鹿を追って草むらの中に分け入った。（そこには）古い落とし穴が数箇所あり、馬がその穴に向かって進もうとした。突然一人の老人が杖を振り上げ馬をたたくのを目にした。馬は驚いて進路を逸れ、鹿

逢えない恋人と夢の中で逢えることを願うというのはパターン的な表現である。「ね」は「子（＝午後十二時前後）」と「寝」の掛詞。「ぞ」は強意の係助詞で、句末の詠嘆の助動詞「けり」の連体形「ける」が結びになる。「すぎ（過ぐ）」は子の刻が過ぎる意に寝過ごすの意を重ねる（掛詞ではない）。直後にも「寝過ぎにたるになむありける」とある。「に」は完了の助動詞「ぬ」の連用形。これも直訳では内容がよくわからないので、「あなたに逢えるか」「あなたが現れるか」などと補うとよい。

▼問三（1）「ちりばかり」は「塵ばかり」で〝ほんの少しばかり〟の意。「さる」はラ変動詞「さり（然り）」の連体形で〝そのような〟の意。「けしき」は〝様子。そぶり〟。「見せ（見す）」は〝見せる。嫁がせる〟の意。もちろん前者の意。「さる」の指示内容については前の「妻は三人なむ」以下に着眼する。すなわち良少将には妻が三人いて、普通に愛していた二人には「なほ世に経じとなむ思ふ」と本心を明かしている。「世に経」は〝生き長らえる。俗世で暮らす〟の意。「じ」は打消意志の助動詞。ここは俗世で暮らすつもりがない、言い換えれば出家するつもりだという気持ちを表す。しかし「かぎりなく思ひて子どもなどある」妻にはそのけぶりも見せなかったというのだから、「さる」は出家することを指している。

（2）傍線部直後の「このことを……心地のしければ」がその理由となる。理由は二つある。一つは「女も、いみじと思ふべし」で、この最愛の妻がひどく悲しむからというのである。もう一つは「われも、えかくなるまじき心地のしければ」で、自分も出家できそうにない気持ちがしたからというのである。この二点を説明する。

▼問四　この和歌は、当時の習慣に従い、河原に行って身を清め、喪服を脱いで平服に着替える人々にあてて良少将が詠んだものである。「みな人」はその人々を指す。「花の衣」は〝華やかな衣服〟。「なりぬなり」は四段動詞「なる」の連用形「なり」＋完了の助動詞「ぬ」の終止形＋伝聞の助動詞「なり」の終止形の形。「苔の袂」は〝僧衣。また僧衣の袂〟の意。僧侶や隠者の着る粗末な衣で、喪に関係なく着用する。「花の衣」と対比されている点に注意。「よ」は呼びかけを表す間投助詞。「かはきだにせよ」は四段動詞「かはく（乾く）」の連用形「かはき」＋最小限の限定

▲解 説▼

本文は大きく四つの部分に分けることができる。

1 (深草の帝…) 良少将は今をときめく人で、恋愛もたいそう好んだ
2 (かくて世にも…) 帝の死後、良少将は妻子をおいて出奔してしまった
3 (ともかくもなれ…) 出家した良少将は妻子と再会したい衝動をこらえた
4 (かかれどなほ…) 帝の喪が明けて、人々は良少将が出家したことを知った

※

▼問一 (ア)「うせ(うす)」は〃なくなる。死ぬ〃の意。直前に「その夜より」とあるので前者の意となる。良少将が姿を消したということ。「にけり」は完了の助動詞「ぬ」の連用形「に」+過去の助動詞「けり」の形。

(イ)「念じ(念ず)」は〃祈る。我慢する〃の意。ここは後者。「泣きあかし(あかす)」は〃泣いて夜を明かす〃の意。

(ウ)「見なし(見なす)」は〃みなす。見届ける。世話をする〃の意。ここは直前に「良少将の手(=筆跡)に」とあるように、見て判断したということ。「つ」は完了の助動詞。

▼問二 (a)女が男に贈った上の句である。「人心」は男の心を指す。「うしみつ」に「丑三つ」と「憂し見つ」を掛ける。前者は少し前の「『丑三つ』と申しける」を詠み込んだもの。後者の「うし」は〃つれない。薄情だ〃の意で、男の心のつれなさをとがめたもの。「みつ」は上一段動詞「見る」の連用形「見」+完了の助動詞「つ」の終止形で〃わかった〃の意。「今は」は〃今となってはもう〃。「頼ま」は四段活用の自動詞「頼む」の未然形で〃あてにする。頼りに思う〃の意(下二段活用の他動詞「頼む」は〃あてにさせる。頼りに思わせる〃の意)。「じ」は打消意志の助動詞。「よ」は詠嘆の間投助詞。直訳したのでは文意が通じないので、「丑三つ時になってもいらっしゃらない」などと言葉を補うとよい。

(b)男が付けた下の句である。「見ゆ」は〃会う。現れる〃の意。どちらでも訳せる。「や」は疑問の終助詞。現実には

ていたが、自分の身の上をこのように申し上げながら、自分の装束などをこうして読経のためのお布施にするのを見ると、思慮も分別もなくなり、悲しいこと、たとえようもない。「（妻の元へ）走って出て行こうか」と何度も思ったけれども、考え直し考え直しして、夜通し泣き明かした。自分の妻子たちの泣き泣き申し上げる声なども聞こえる。たいそうつらい気持ちがした。しかし我慢して泣き明かして、朝になって見てみると、蓑も何もかも涙がかかった所は、血の涙で真っ赤だった。「ひどく泣くと、血の涙というものはあったのだなあ」と（良少将は）言った。「そのときは今にも走り出したい気持ちがした」と、後に語った。

このようではあるけれどやはり（良少将の消息は）聞くことができず、（帝の）御喪が終わって、喪服を脱ぎに、すべての殿上人が河原に出たときに、子どもで変わったなりをした者が、柏の葉に書いた手紙を持ってきた。（その場にいた殿上人が）受け取って見てみると、

人々はみんな喪服を脱いで華やいだ衣服になったということだ。涙で濡れた私の僧衣の袂よ、せめて乾くだけでも乾いてくれよ。

と書いてあったので、この良少将の筆跡であると見て判断した。「（子どもは）どこへ（行ったのだろう）」と言って、（手紙を）持ってきた人をあたり中探すけれど、いない。（良少将は）僧侶になったのにちがいないとは、この手紙によって人々はみんな知ったのだった。しかし、どこにいるのだろうかということは、まったく知ることができない。

語句 ○らうあり＝「らう」は「労（＝苦労・年功・経験）」。経験が豊かだ。もの慣れている。物事に通じている。

○かけても＝少しでも。まったく（～ない）。

○導師＝中心となって法事を行う僧侶。

○走りやいでなまし＝「まし」はためらいの意志（～しようかしら。～したものだろうか）を表す。疑問の係助詞「や」を伴っている。

と（下の句を）付けて（女に）送った。しばらく（休もう）と思って、眠ったうちに、寝過ごしてしまったのだった。

こうして世間でも（良少将は）物事によく通じた人だと思われ、お仕えする帝も、この上なく寵愛なさっていたうちに、この帝が、お亡くなりになった。御葬送の夜、お供にすべての人がお仕えしたなかで、その夜から、この良少将が姿を隠してしまった。（それで）友人・妻も、どうしたのだろうと思って、しばらくはあちらこちらと探すけれども、噂にも聞こえない。僧侶になったのだろうか、（それとも）身投げしたのだろうか。もし僧侶になったのなら、僧侶になっているときっと耳に入るだろう。やはり身投げをしたのにちがいないと思うと、世間でもたいそう気の毒に思い、妻子たちは言うに及ばず、夜も昼も、精進潔斎して、世の中の神仏に（良少将の無事を）祈願してうろたえるけれど、噂にも聞こえない。妻は三人いたが、普通に愛していた（二人の）妻には、「（寵愛してもらった帝が亡くなった今は）やはり俗世では暮らしたくないと思う」と二人には言った。（だが）この上なく愛していて子どもなどがいる妻には、ほんの少しもそのような様子も見せなかった。このこと（＝出家）を少しでも言ったら、女（＝最愛の妻）も、たいそう悲しいと思うにちがいない。自分も、出家できなくなりそうな気がしたので、（女の元に）立ち寄りさえしないで、突然姿を隠してしまったのだった。

（自分は）どうなろうと、（良少将が）「このようにしようと思う」とも言わなかったことのひどく情けないことを思っては泣き悲しまずにいられなくて、初瀬の御寺（＝長谷寺）に、この妻は参詣した。この少将は僧侶になって、蓑一枚を着て、世の中を修行して回って、（折しも）初瀬の御寺で勤行するときであった。（たまたま女の居る）局（＝仕切りで囲われた部屋）近くに座って勤行するところ、この女が、導師に言うには、「私の夫がこのように姿を隠してしまったが、この世に生きているものならば、もう一度逢わせてください。（あるいは）身投げして死んでしまったのならば、成仏させてやってください。そして死んでいたとしても、この人のあろう姿を、夢でも現実でも、聞かせたり見せたりしてください」と言って、自分（＝良少将）の装束・上下・帯・太刀まで、すべて読経のためのお布施にした。（女）自身も最後まで申し上げることができないで泣いていた。（良少将は）最初は、「どういう人が参詣しているのだろう」と思って聞い

Ⅲ

出典　『大和物語』〈百六十八〉

解答

問一　(ア)姿を隠してしまった　(イ)我慢して泣いて夜を明かして　(ウ)見て判断した

問二　(a)丑三つ時になってもいらっしゃらない、あなたの薄情な心がよくわかりました。今となってはもうあなたをあてにしませんよ。

(b)夢のなかであなたに逢えるかと思って寝過ごしてしまい、子の刻を過ぎてしまいましたよ。

問三　(1)ほんの少しも出家するような様子も見せなかった

(2)最愛の妻に出家の決意を話したら、彼女はひどく悲しむだろうし、また自分もその決意が鈍るような気がしたから。

問四　人々はみんな喪服を脱いで華やいだ衣服になったということだ。涙で濡れた私の僧衣の袂よ、せめて乾くだけでも乾いてくれよ。

◆全　訳◆

深草の帝と申し上げた帝の御代、良少将という人は、たいそう時めいていた。とても恋愛好きな人であった。人目を忍んで時々逢っていた女が、同じ宮中にいた。「今夜きっと逢おう」と約束した夜があった。女は念入りに化粧して待つが、（男は）訪れない。（女は）目を覚まして、夜も更けてしまっただろうかと思うときに、時刻を申し上げる声がしたので、聞くと、「丑三つ（＝午前二時過ぎ）」と申し上げたのを聞いて、男の元へ、すぐに書き送った。

丑三つ時になってもいらっしゃらない、あなたの薄情な心がよくわかりました。今となってはもうあなたをあてにしませんよ。

と書き送ったところ、（男は）目を覚まして、

夢のなかであなたに逢えるかと思って寝過ごしてしまい、子の刻を過ぎてしまいましたよ

② 小さな動物が敵の気配を感じて耳をそばだてる様子にたとえる

③ 視覚的、聴覚的にイメージ化する

▼問四　五郎は、「もう一度見てくるからな。」とだけ言って立ち去った父親を待っている。しかしなかなか戻って来ないので、「小さな不安」を感じるようになる。そして「もしかしたらパパはなにかを失くしたのかもしれない」と思い至り、その失くしたものとは白い馬かもしれないと子どもらしい想像を膨らませる。そうしながらも父親を探しに行きたいという衝動にかられる。でもじっと待っていなければならないと自分に言い聞かせる。このように筋をたどると、五郎が「今迄の父とはなにかが少し違うかもしれない」と思った理由とは、「その馬を出してたもれえ」（以上、最終段落）と父親が叫んだ声に反応があり、その喜びで父親に少し変化が現れたからということになるだろう。

また、そう気づくことができたのは、五郎が少し変わったからという解釈も成り立つかもしれない。すなわち、傍線部の直前に「どこかから戻ってくる……悟っていた」とあるように、独り待ち続けられることで、五郎は少し成長したといえよう。これは、傍線部⑵と⑶のあいだにある「弟や妹が一緒だったら……大人のようにただ横たわっていたかった」という箇所とも結びつく。また父親も何かを失くしたのかもしれないという思いつきは、五郎と父親の距離を縮めるものともなる（失くしものをするのは子どもだけではない）。このように考えれば解答のポイントは次の二点となる。

① 父親は何かを失くしたので権現さまに祈願しに行ったのではないかと思い至る

② 父親も失くしものをするということに気づくことで、父親と自分との距離が縮まったと感じた

参考　黒井千次（一九三二年～）は小説家。本名、長部舜二郎（おさべしゅんじろう）。東京都生まれ。東京大学経済学部卒業。富士重工業に入社し、サラリーマン生活のかたわら創作活動を行い、その後退社して作家として独立する。代表作に『時間』『五月巡歴』『群棲』『カーテンコール』などがある。「声の山」は月刊文芸雑誌『海』（一九七五年三月号）に発表され、その後単行本に収められた。

▼問二　山の頂上に着いた場面である。五郎は山登りの途中、父親から神社の権現さまのご利益を聞かされる。「なんとかを出してたもれえー」と三度呼べば見つけてくれるのだという。その話に興味をいだいた五郎は「呼んでみようか?」と言う。父親に「なにを呼ぶんだ?」と聞かれると、「ただ、叫んでみるだけだよ。」と答えるのみで、「あー」とか「おー」とか「ヤッホー」とか、ただ叫び声をあげるばかりである。しかし山は何の反応も返さない。そのため五郎は「馬鹿にされたような」、「なにかいけないことをしたような気がし」、そして傍線部の「自分がいやになって」に続く。五郎は大切な腕時計を失くしており、父親に連れられて山に登ったのは権現さまに祈願する絶好の機会である。だが父親に知られたくないために、それが言えず、ただ叫び声をあげるしかない。五郎は自分の愚かさ、ふがいなさを実感しており、それが「馬鹿にされたような気がした」理由と言える。また「いけないことをしたような気がした」というのは、権現さまにはっきり願い事をせず、「ヤッホー」などとふざけた発声をして不謹慎な気がしたからであろう。このように読み取れば解答のポイントは次の二点となる。

① 腕時計を出してほしいと正直に言えない自分を情けなく思った
② 権現さまに対して不謹慎なことをしているような気がした

▼問三　「弱い獣のように」という直喩と、「ぴんと」という擬態語の表現効果を説明する。この場面は、行き先をはっきり告げずに立ち去ったまま、なかなか戻ってこない父親を待ち続ける五郎の様子を描いている。「小さな不安が自分の奥に生れている」とあるように、五郎は独り残された不安・心細さを感じ始めている。そして神社の周りを歩く父親の姿を想像する。五郎は父親が戻って来るのを今か今かと待ち望んでおり、どんな物音も聞き逃すまいと聞き耳を立てている。この様子をウサギやネズミのような小さな動物が敵の気配を察知して、緊張しながらぴんと耳を立てるしぐさにたとえている。したがってこの直喩や擬態語は五郎の不安感や緊張感を、視覚的かつ聴覚的にイメージ化する効果があると説明できる。以上より解答のポイントは次の三点となる。

① 父親が戻るのを独り待ち続ける五郎の不安と緊張感を表現する

を三区分して内容をまとめよう。

1　（「お前、なにか失くして…」）
父親は五郎に何か失くした物はないかと尋ね、権現さまに祈れば失踪者や紛失物が見つかるという話をした

2　（「呼んでみようか？」…）
頂上で弁当を開くと五郎は気持ちが和んだが、父親は五郎を残してひとりでどこかへ行ってしまった

3　（どのくらい時間がたった…）
父親がなかなか戻らないので五郎は不安になり、走り出しそうになる自分を必死でおさえた

なお、リード文に「僕」とあるが、本文は「僕」が物語る形式ではない。「五郎」とするべきところだったと思われる。

※

▼問一　簡単に答えれば「腕時計を着けていなかったから。」となるが、これをそのときの事情を説明しながら具体化する。傍線部の続きを読むと、五郎が失くした腕時計は「三年生になった時にようやく買ってもらった」ものであること、一週間前から行方不明であちこち探しても見つからないこと、「それを失くしたことによって叱られるのが怖くていやだった」ことが記されている。五郎はようやく買ってもらった腕時計を失くしたことを親に言えずにいることがわかる。父親と山登りをした日ももちろん着けていない。そんなとき「お前、なにか失くして困っているものはないか？」と聞かれて、改めて腕時計をしていないことを意識したのである。このように本文の筋をたどれば、傍線部の「頼りなく」という表現には、腕時計を失くした喪失感と同時に後ろめたさの気持ちを読み取ることができよう。

以上より解答のポイントは次の三点となる。

①　ようやく買ってもらった腕時計を失くしてしまった
②　父親に失くした物はないかと聞かれた
③　喪失感と後ろめたさ

あげる自分が情けなく、権現さまに対しても不謹慎な気がしたから。

問三　独り残されたまま父親が戻って来るのを待ち続ける五郎の不安と緊張感を、小さな動物が敵の気配を感じて耳をそばだてる様子にたとえて、視覚的、聴覚的にイメージ化する効果。

問四　五郎は独りで待つうちに父親も自分と同じように何かを失くしたのかもしれないと思い至り、父親の新たな面を知ったことで、自分との距離が少し縮まったように感じたから。

◆要　旨◆

父親に連れられて山に登った五郎は、何か失くして困っているものはないかと問われて、腕時計を失くしたことを父親が知っていてわざと聞くのではないかと思い、叱られるのが怖くて口ごもった。だが父親は山の神社に祈れば失くしたものが見つかるという言い伝えを話すつもりで言ったのだった。昼食後、父親はひとりでどこかへ行ってしまった。独り残された五郎は父親がなかなか戻らないので不安になった。今にも立って走り出そうとする自分を必死におさえつけるうち、戻ってきたときの父親は今までの父親とはなにかが少し違うかもしれない、そんな予感が五郎の心を満たし始めていた。

語句　○鍵取八郎右衛門＝昔、今熊神社の宮守をしていた人。

○「ぼうけん手帳」＝学習雑誌『小学五年生』（小学館が発刊した、学年別の月刊学習雑誌）の付録。

○冷蔵庫に似た白い扉＝社殿の正面にある観音開きの扉。

▲解　説▼

「声の山」は単行本で二七ページの短編小説である。主人公の五郎が父親に連れられて、東京都八王子市にある今熊山に登ったときの出来事を描いている。この山は標高五〇五メートルで、頂上に今熊神社（今熊大権現）がある。本文に描かれているように、失踪者や紛失物などを戻してほしいとき、頂上でその願いを大声で叫べば元に戻るという信仰がある。本文は後半の一節で、途中に（中略）がある。その箇所では二人がさらに山登りを続けてついに頂上に達し、神社を参拝する様子が描かれている。そこで本文を（中略）までと（中略）以下に分け、（中略）以下をさらに二つに分けて、全体いった説明を参考にすれば、傷つきやすい立場に置かれた者（社会のなかで生み出される）を救う責任は社会全体で分かちもつものであると一般化できよう。このように考えれば、第一段落の「わたしたちが社会を構成するのは、そのようにして示された責任をよりよく果たしあえる共同体を築くためである」に必然的に目が届き、設問の「どのような価値が生じるのか」という問いもおのずからこの箇所に答えが出ていることがわかる（他に「価値」に該当する箇所がない）。以上より解答のポイントは次の三点となる。具体例→責任の分有が可能になる理由→価値という流れで説明すると書きやすい。

①　子を飢えという深刻な危害から守る責任が母親だけでなく政府にもある
②　責任は社会全体で補完しあうものである
③　互いに責任をよりよく果たしあえる共同体を築く

参考　ロバート・グディン（一九五〇年～）は政治学者。アメリカ生まれ。オーストラリア国立大学特別栄誉教授。邦訳された著書に『緑の政治理論』がある。

岡野八代（一九六七年～）は政治学者。三重県出身。早稲田大学政治経済学部政治学科卒業。同大学院政治学研究科修士課程修了。大阪市立大学大学院法学研究科博士課程退学。二〇二二年現在、同志社大学教授。著書に『法の政治学』『シティズンシップの政治学』などがある。『フェミニズムの政治学』は二〇一二年刊。

Ⅱ

出典　黒井千次「声の山」（『石の話――黒井千次自選短篇集』講談社文芸文庫）

解答

問一　ようやく買ってもらった腕時計を失くしてしまい、手首に何も着けずに山登りをしていたが、父親に失くして困っている物はないかと聞かれて、改めてそのことを意識して後ろめたく思ったから。

問二　失くした腕時計を出してほしいと権現さまに正直に訴えればよいものを、父親に知られるのを恐れてただ叫び声を

② 公的な契約は契約を交わす当事者双方に責任があり、家族は自発的行為者である親が子に対して一方的に責任を負う

▼問三 第五段落以下の論旨の展開をおさえる。すなわち、グディンの責任論は第一に、家族における責任も、公的な場における責任も関係性のなかで生じている点では同じであり、当事者間の相互依存の在り方と程度は違っても、両者はともに傷つきやすい相手が被る危害を生じさせない責任を負っている、というものである。これを傍線部が受ける。「そうだとすれば」の「そう」は以上の内容を指し、「やはり」「親密な関係性」がなければ「特別な責任」は「果たし得ないのではないか」と疑問を呈する。これに対するグディンは「帰結主義」をとり、「その責任を誰が担うかは、状況に左右される二次的な問題であり」（以上同段落）、「最終的にその責任がもっともよく果たせる者が果たすのが合理的だと考える」（第八段落）。責任が果たされることを重視するグディンは、「親密な関係性」において責任が発生することと、その責任を果たすことを切り離して考えるため、親密ではない第三者が責任を果たしてもよいと考えるわけである。以上より解答のポイントは次の二点となる。設問の指示に従い、「そう」の内容をまとめた上で、グディンの考えを説明する。

① 責任は常に関係性のなかで生じ、傷つきやすい相手が危害を被らないようにするという帰結こそが重視される

② 関係性によらず、責任は最もよく果たせる者が果たせばよい

▼問四 「分有可能性」とは第二段落に「多数の者たちと分有可能で」とあるように、責任を分かつことをいう。それが可能になる理由を考えるために、設問にいう「本文中で言及される具体例」に着眼する。その具体例とは最終二段落で挙げられる例である。すなわち母親は子どもが飢えないようにする責任があるとはいえ、その責任を果たすのが困難な場合は政府が果たすべきであるというものである。これは第八段落の「子に対する危害を避けるための責任を果たし得る者が果たす方がよい」や、傍線部直前の「子に対する母親の責任と政府の責任は……相互に補完しあう」と

倫理」であるのに対して、責任は「ある特定の成果がもたらされることを引き受けるよう命じる」「帰結主義的な倫理」であり、「多数の者たちと分有可能で」あると述べられる。要するに、義務が義務を果たすべき行為そのものを重視し、その行為を行うように命じるのに対して、責任は常に行為を命じるわけではなく、行為自体よりも成果をもたらすことを重視するというわけである。よってこの両者の違いに基づけば、義務の観点から見れば教師は自ら講義を行わなければならないが、責任の観点から見れば他の講師に代講させても「学生によりよい教育効果」＝成果をもたらせばそれで責任を果たしたことになる。以上より解答のポイントは次の二点となる。「責任の意味」は義務と対比しながら説明するとよい。

①　責任は、義務のように常に行為を命じるのではなく、ある特定の成果がもたらされることを重視する

②　他の講師に代講させても、学生によりよい教育効果をもたらせば責任を果たしたことになる

▼問二　「契約モデル」については「責任が個人の自発的行為から生じる」（第三段落）と説明がある。このモデルに従った場合にがもたらす結果に対しては義務を負わなければならない」（傍線部の直前）、「自発的に取り交わした契約「家族における責任が特殊な責任のように思われて」しまう理由を説明する。この「家族における責任」は段落の初めで「より公的な場における責任」と対比されている。さらに第六段落では、この両者は「ビジネス契約における当事者の責任と、子どもに対する親の責任」と言い換えられ、その違いは「当事者間の相互依存の在り方とその程度にある」と言われる。さらに第八段落には「母親や父親は……子の養育に責任があるとされる」とある。これらを総合すれば、ビジネス契約のような公的な契約では、契約を交わした当事者双方に責任があるとみなされるのに対して、家族「契約」では親が子に対して一方的に責任があることになり、これが家族の責任を特殊なものに思わせる理由となる。以上より解答のポイントは次の二点となる。家族の責任と公的な場（ビジネス契約）における責任とを対比しながら説明しよう。

①　契約モデルでは責任が個人の自発的行為から生じるとされる

が生じる。

◆要　旨◆

「契約モデル」に基づく責任論は、ある結果を生む行為を最初にした者が、行為の帰結についても責任を負うべきだとする因果論的な責任モデルをとる。このモデルでは責任は責任を負う者によって一方的に担われる。これに対して「傷つきやすさを避けるモデル」に基づく責任論は、ある行為が他者に及ぼす結果の重さを勘案する帰結主義をとる。このモデルでは他者とのある関係性のなかで、傷つきやすい立場に置かれた者が被る危害をいかにして避けるかということを重視し、最終的にその責任を最もよく果たせる者が果たすのが合理的だと考える。

▲解　説▼

本文は従来の、義務と結びつけた契約的な責任論とは異なる、義務と切り離した関係的な責任論を提示したものである。全十段落から成る（引用箇所は一段落と数えない）。これを三つの部分に分けて、論旨の展開を示そう。

1　義務と責任　第一・第二段落（グディンの責任論の出発点は…）
　義務は結果を問わない義務論的な倫理であり、責任は結果を生じさせる帰結主義的な倫理である

2　契約的な責任論とグディンの関係的責任論の第一の違い　第三～第六段落（さて、議論のなかで…）
　グディンは契約上の義務に基づく責任に対置して、関係性のなかで生じる責任を提案する

3　契約的な責任論とグディンの関係的責任論の第二の違い　第七～第十段落（第二に、そうだとすれば…）
　契約的な責任論では行為者が責任を負うが、関係的責任論では責任を果たしうる者が責任を引き受ける

※

▼問一　傍線部は、教師が他の専門の講師を雇って自分の代わりに講義をさせた場合、その教師は自分の責任を果たしたことになるのかという問題を扱っている。筆者はこれについてYESと答えるわけだが、その論拠はこの第二段落で、義務と責任の違いとして示される。すなわち義務が「義務を負う者に直接ある行為をするよう命じる」「義務論的な

国語

◀文学部▶

I

出典　岡野八代『フェミニズムの政治学――ケアの倫理をグローバル社会へ』＜第二部　ケアの倫理の社会的可能性　第一章　ケアの倫理からの出発　第六節　ケアの倫理から社会的責任論へ＞（みすず書房）

解答　問一　責任は、義務のように常に行為を命じるのではなく、ある特定の成果がもたらされることを重視するものなので、教師が他の講師に代講させても、学生によりよい教育効果をもたらせばそれで責任を果たしたことになるから。

問二　責任が個人の自発的行為から生じると考える契約モデルに基づけば、契約を交わした当事者双方に責任があるとみなす公的な契約と違い、親の自発的行為によって形成された家族においては、親が子に対して一方的に責任を負うとみなされるから。

問三　ビジネス契約でも家族でも、責任は常に関係性のなかで生じ、傷つきやすい相手が危害を被らないようにするという帰結こそが重要なのであって、関係性の親密さによらず、その責任は最もよく果たせる者が果たせばよいと考えている。

問四　子を飢えという深刻な危害から守る責任が母親だけでなく政府にもあるように、責任は社会全体で補完しあうものと考えるからであり、こういった責任の分有によって互いに責任をよりよく果たしあえる共同体を築けるという価値

2021年度

解答編

解答編

■英語■

◀文・人間科・法・経済学部▶

I　**解答**　全訳下線部参照。

◆全　訳◆

(A)　≪食事を共にすることの意味≫

アメリカ文化の中で最も奇妙な側面の一つは，私たちが一般に食事を共にする習慣を放棄していることである。たいていの人間の文化は，調理と食事，とりわけ人と一緒に食事をすることを，家族，部族，宗教，その他の社会的絆にとって欠かせないものと見なしてきた。さらに進んで，社会的動物として，一緒に食事をすることによって，私たちはいっそう社交に長けた，さらにはより幸せな人間になるとさえ言う人もいるだろう。しかし，私たちの高度に個人主義的な社会においては，共に飲食することの価値は，おそらく順守より違反が名誉なことだとされるだろう。

(B)　≪言葉の音や表記の恣意性≫

言語において，ある信号の形態とその意味の関係は，たいてい恣意的なものである。たとえば，blue という音は，私たちが青として経験する光の特性とも，blue という視覚でとらえられる書かれた形とも，おそらく何の関係もないだろうし，言語によって発音は異なるだろうし，手話ではまったく何の音ももたない。blue に相当するものは，色の区別がもっと少なかったり，多かったり，あるいは異なっていたりする多くの言語には，存在さえしないだろう。言語に関しては，ある信号の意味は，感覚でとらえられる，その信号のもつ物理的な特性からは推測できない。そうではなく，その関係は慣習で決まっている。

◀解　説▶

▶(A)　**Most human cultures have considered food preparation and consumption, especially consuming food together, as essential to family, tribal, religious, and other social bonds.**

●Most human cultures have considered ～ as …「たいていの人間の文化は～を…と見なしてきた」が骨組みで，この直訳のままで問題ない。

●food preparation and consumption, especially consuming food together は considered の目的語の部分で，「食べ物の準備と消費，とりわけ食べ物を一緒に消費すること」が直訳。food preparation「食べ物の準備」は「調理，料理」のこと，(food) consumption「食べ物の消費」は「食べ物を食べること」であり，両方を合わせて「調理と食事」などとまとめられる。「食事」を補足して especially consuming food together「とりわけ一緒に食べ物を消費すること」が添えられており，「とりわけ一緒に食事をすること」などと整えられる。「一緒に」は「人と」を補うと自然になる。

●essential to family, tribal, religious, and other social bonds.「家族の，部族的，宗教的，そしてその他の社会的絆にとって不可欠な」が直訳。family は family bonds で「家族の絆」の意であり，以下の tribal などと同様，形容詞として bonds を修飾していることに注意。日本語としては，tribal「部族的」，religious「宗教的」を名詞のように訳すほうがまとめやすいかもしれない。「家族，部族，宗教，その他の社会的絆にとって欠かせない」などとできる。なお，この部分は as「～として」につながる箇所であり，「欠かせないもの（として）（見なす）」とすると自然である。

Some people would go even further and say that as social creatures, eating together makes us more socially adept and indeed happier human beings.

●Some people would go even further and say that …「さらに進んで…と言う人もいるだろう」が直訳。go further and say ～で「さらに言う」の意の成句。even は比較級 further を強調する副詞で「さらに，いっそう」の意だが，「さらに」が重複するので，「とさえ言う」「と言う人さえいる」など他の箇所で生かすとよい。

●as social creatures,「社会的動物〔生物〕として」が直訳で，そのままでよい。

●eating together makes us (more …)「一緒に食事をすることは私たちを（いっそう…）にする」が直訳。無生物主語なので，「一緒に食事をすることで私たちは（いっそう…）になる」などと整えられる。

●more socially adept and indeed happier human beings.「より社会的に熟達し，実際，より幸せな人間（にする)」が直訳。more socially adept と happier は human beings を修飾する。adept はなじみの薄い語だと思われるので，文意・文脈から推測することになるだろう。下線部第1文で，食事を共にすることが人と人との絆にとって欠かせないと述べられていることから，socially「社会的に，社交的に」より優れた人間になるという意味にすれば文脈に沿う。実際，adept は上記のとおり，辞書的には「熟達した，精通した」の意。「社交により長けた」「人づきあいがより上手な」などとするとよいだろう。indeed は，ただ社交に長けているだけでなく，人間としての幸福感が増すという，さらに広い意味で人に有益であることを強調しており，「さらには」などと訳すのが適切。

▶(B) **the sound of "blue" will likely have no relationship to the properties of light we experience as blue nor to the visual written form "blue," will sound different across languages, and have no sound at all in signed languages.**

●まず，全体の構造を押さえる。the sound of "blue" が主語，それに対する述部が，will likely have …，will sound …，have …の3つである。

●the sound of "blue" will likely have no relationship to …「blue という音はおそらく…と何の関係もないだろう」が直訳で，ほぼそのままでよい。likely は副詞で「たぶん，おそらく」の意。will も「～だろう」と推測を表す。

●the properties of light we experience as blue「私たちが青として経験する光の特性」が直訳で，ほぼそのままでよい。property はしばしば複数形 properties で「特性，特質」の意。we experience as blue「私たちが青として経験する」は，properties を先行詞とする関係代名詞節。which が省略されている。

●nor to the visual written form "blue,"「また，視覚的な書かれた形 blue とも（関係が）ない」は，relationship to 〜「〜との関係」の２つ目。否定文なので，nor「〜もまた…ない」が使われている。the visual written form「視覚的な書かれた形」とは端的には文字自体のことで，「目に映る書かれた形」とほぼ直訳でもよいだろうし，「視覚でとらえられる文字」,「視覚的な筆記形態」など，いろいろに工夫できる。"blue" の前には前置詞がなく，ただ form と並んでいるので同格であり，「blue という目に映る書かれた形」などとする。

●will sound different across languages,「言語によって異なって聞こえるだろう」が直訳。across は「〜を横切って」が基本義だが，複数のものを横切れば，異なる領域に入ることから，「異なる」「変わる」「違う」といった語とともに用いると「〜によって（異なる）」「〜が違えば（変わる）」などの意味になる。sound different「違って聞こえる」は，言語が異なれば「青」をどう言うかも異なることを表しており，「発音が違う」などとするとよい。

●and have no sound at all in signed languages.「手話ではまったく何の音ももたない」が直訳で，ほぼそのままでよい。at all は否定文で「まったく〜ない」と強い否定を表す。signed language は「手話」の意。

No equivalent of "blue" will even exist in many languages that might make fewer or more or different color distinctions.

●No equivalent of "blue" will even exist in many languages「多くの言語には，blue に相当するものが存在さえしないだろう」が直訳で，ほぼそのままでよい。equivalent は「同等のもの，相当物，相当語句」の意。

●that might make … color distinctions.「…な色の区別をするかもしれない」は，languages を先行詞とする関係代名詞節。make distinctions は「区別をする」の意。

●fewer or more or different は distinctions を修飾する。「より少ない，より多い，異なる（区別をする）」が直訳。日本語では「色の区別がより少ない，あるいはより多い，あるいは異なる」などとするとわかりやすい。

●語句・構文●

(A)　commensality「食事を共にする習慣」 honored more in the breach than in the observance「(規則や習慣などが) 守るより破ったほうがましな，順守されるより違反されることのほうが多い」

(B)　arbitrary「任意の，恣意的な」 with respect to ～「～に関しては」

Ⅱ　解答

設問(1)　(i)—(ロ)　(ii)—(ニ)　(iii)—(イ)　(iv)—(ロ)　(v)—(ニ)　(vi)—(ハ)

設問(2)　Antarctic blue whales

設問(3)　貨物船の通過音との競合を避け，鳴くのをやめる行動。(25 字以内)

設問(4)　氷の融解は，人為的な地球温暖化が原因だという意味。(25 字以内)

設問(5)　(ニ)・(ホ)

◆全　訳◆

≪クジラの声が低くなっている原因≫

南極大陸を取り囲む海よりも私たちの想像とかけ離れた環境があるだろうか。氷山が，サルパ，ホヤ，海綿動物その他の，生きているかいないかわからないほどの生物が点在する海床の上でぎしぎしと音を立てている。1 年の半分は太陽がほとんど昇らない。このような緯度の自然条件のもと，南極のシロナガスクジラは生物音響学で定義される世界に存在している。シロナガスクジラは地球上最大の動物で，同じ種の他の個体に呼びかけるが，こうした呼び声が厳密に何を伝えているのかは謎のままである。つがいの相手を呼び寄せるためであろうと，競争相手を追い払うためであろうと，あるいは他の何らかの社会的な目的のためであろうと，シロナガスクジラが出す音は，歌というより単調な低音，つまり人間の耳でとらえられる極限の，地鳴りのようなゴロゴロ音である。シロナガスクジラの出す音が単調に思えることは，その音が何世代にもわたって変化していないことを示唆しているかもしれない。しかし，この無調の音は漸進的な変化を始めているのだ。少なくとも 1960 年代から，その音の高さが，ピアノの白鍵で 3 つ分に相当するほど下がっているのである。科学者たちはその理由に関してさまざまな説を立てている。憂慮すべきものもあれば，希望に満ちたものもあるが，すべて人間が関わっている。

南極のシロナガスクジラの出す音が低くなっていることは，この亜種に特有なことではない。世界中の海で暮らしているナガスクジラだけでなく，マダガスカル，スリランカ，オーストラリア付近で見られるピグミーシロナガスクジラの群れも声が低くなっているのである。（この変化が起こる前でも，ナガスクジラは人間の耳にはほとんど聞き取れないほど低い音を出していた。彼らの出す呼び声の波長は，クジラ自身の体よりも長いことが多かった。） 100 万を超える別個のクジラの呼び声の録音を分析した昨年のある研究では，音階の変化が種を超えて見つかり，また必ずしも互いに交流があるわけではない群れ同士の間で見つかった。つまり，変化を引き起こしたものが何であれ，それに特定の地理的な起源はないように思えるということだ。

海上交通や天然資源採取産業によって引き起こされる水面下の騒音がもっともらしい原因に思えるかもしれない。何と言っても，そのような騒音はクジラがエサを捜すのを邪魔し，彼らが声で連絡を取り合うことに干渉することが知られているのだから。しかし，たとえば貨物船の通過と競合するのを避けるために呼び声を中断するなど，方法は限られているとはいえ，海中の人工的な音に適応するクジラも確かにいるが，科学者たちは，クジラの声が低くなっていることが騒音公害への反応だとは考えていない。彼らは，主な航路がなく，機械音がわずかしかない海で暮らすクジラのさまざまな群れでも声が低くなっていることを突き止めているのだ。

クジラの声の変化に対するもう一つの可能性のある説明は，地球規模での保護活動のなせる業だというものだ。20 世紀の初めには，推定 23 万 9 千頭の南極のシロナガスクジラが南極海にあふれていた。1970 年代初期には，初めはノルウェーと英国の捕鯨者によって，後には違法なソビエトの船団によって行われた，何十年もの商業捕鯨が，その地域のシロナガスクジラの数をほんの 360 頭にまで減少させていた。しかし，この亜種の保護が 1966 年に始まって以降，その数は戻り始めている。科学者たちはクジラの解剖学的形態が要因で，呼び声が大きくなればなるほどその高さが上がると推測している。そして，数が増えるにつれ，短い距離でやり取りする可能性が高まるため，クジラは音量を小さくしたのかもしれない。言い換えると，南極のシロナガスクジラが今日，過去数十年よりも声が低くなっているのは，単にもう大声を出す必要がないからなのかもしれない。

しかし，クジラの呼び声に関する昨年の研究は，高さの低下に対してもっと不吉な理由も示唆している。クジラがそれほど大きな声を出す必要がないのは，音波は，二酸化炭素の吸収で酸化した海では，より遠くまで伝わるからかもしれないというのである。

一方，大気中の二酸化炭素は，別の点で間接的にクジラの声に影響を及ぼしているかもしれない。南極のシロナガスクジラの最近の調査は，南半球の夏の間，クジラの声の高さが上がることを示している。研究者たちは以下のような仮説を立てた。比較的暖かい月には，クジラは割れる氷のただなかで聞こえるように音量を上げなくてはならない。氷の割れる音は，気温の上昇が氷の融解を悪化させるため，不自然な作用によって増幅される自然の音だ。したがって，地球温暖化の影響は，ほとんど人間のいない，そして最もとどろきわたる音が，船からではなく割れる氷のきしみから響いてくる隔絶した場所でさえ，動物の声の調子を変えるのかもしれないのだ。

シロナガスクジラの声が何を意味しているのか，私たちはまだわかっていないかもしれない。しかし，こうした動物を保護しようとする私たちの意図によってであれ，彼らの生きる環境を変えてしまった結果としてであれ，私たちの行為が彼らの声に影響を及ぼしているのである。

◀解　説▶

▶設問(1)　(i)　当該箇所は「競争相手を repel ために」となっている。縄張りやつがいの相手をめぐって，競争相手を「追い払う」といった意味であると推測できる。(ロ)の drive away ～「～を追い払う」が正解。repel も「～を追い払う」の意。(イ)「～を訪ねる」 (ハ)「～から逃げる」 (ニ)「～と和解する」

(ii)　which is to say は，that is to say「つまり，すなわち」の変型であり，前文の内容を受けるときに使われることがある。(ニ)の Put another way「別の言い方をすると」が正解。(イ)「さらに」 (ロ)「それにもかかわらず」 (ハ)「他方で」

(iii)　当該箇所は「主な航路がなく，機械音が negligible 海」となっている。「主な航路がない」ことから，機械音は「ほとんどない」と考えられる。(イ)の extremely limited「きわめて限られている」が正解。negligible は

「無視できるほどの，わずかな」の意。(ロ)「ほとんど心地よくない」(ハ)「比較的大きい」(ニ)「たいへん重要な」

(iv)　anatomy は「解剖学的構造，形態」の意。(ロ)の body structure「身体構造」が正解。文意からはやや推測しづらい。単語自体を知らない場合は，各選択肢を下線部の前後と照らし合わせて，文脈上無理のないものを残す消去法を使うことになるだろう。(イ)「動物の言語」(ハ)「音楽的能力」(ニ)「宇宙科学」

(v)　当該箇所は「気温の上昇が氷の融解を exacerbate」となっている。気温が上昇すれば，氷の融解は進む。選択肢の中では(ニ)の worsen「～を悪化させる」しか合うものはない。exacerbate も「～を悪化させる」の意。(イ)「～を遅らせる」(ロ)「～を凍らせる」(ハ)「～を減少させる」

(vi)　当該文は「こうした動物を保護しようとする私たちの意図によってであれ，彼らの生きる環境を変えてしまった結果としてであれ，私たちの行為が echo in 彼らの声」となっている。「シロナガスクジラの保護」については第 4 段（Another possible explanation …），「シロナガスクジラの生きる環境を変えたこと」については第 6 段（Carbon dioxide …）に述べられており，いずれもクジラの声が低くなっている原因として考えられる項目に挙げられている。人間の行為が彼らの声に「影響している」の意だと推測できる。(ハ)の have an impact on ～「～に影響を及ぼす」が正解。echo in ～は「～(の中）に反響する」が文字どおりの意味。人間の行為の結果がクジラの声として鳴り響くというイメージで，この語が使われていると考えられる。(イ)「～とは無関係である」(ロ)「～においては人目を引かなくなる」(ニ)「～のために働く」

▶設問(2)　当該文は「南極のシロナガスクジラの出す音が低くなっていることは，この亜種に特有なことではない」となっており，続く文に「ナガスクジラやピグミーシロナガスクジラの群れでも声が低くなっている」とある。したがって，「音が低くなっていることは，南極のシロナガスクジラに特有なことではない」ということである。本文中の英語で答える条件なので，Antarctic blue whales が正解。複数形でしか出てきていないことに注意。

▶設問(3)　当該箇所は「方法は限られているとはいえ，海中の人工的な音に適応するクジラも確かにいる」となっており，続くダッシュ以下で「たとえば貨物船の通過と競合するのを避けるために呼び声を中断することによって」とある。この部分を 25 字以内にまとめる。

▶設問(4)　当該箇所は「不自然な作用」となっており，直後に「気温の上昇が氷の融解を悪化させる」とある。「気温の上昇」とは地球温暖化のことであり，人間が排出する二酸化炭素などが主な原因と考えられていることを踏まえた表現であることから，「人為的」という意味で「不自然」だと述べていると判断できる。したがって，「氷の融解は，人為的な地球温暖化が原因だという意味」などとまとめられる。

▶設問(5)　第 4 段第 1 文（Another possible explanation …）に「クジラの声の変化に対するもう一つの可能性のある説明は，地球規模での保護活動のなせる業だというものだ」とあり，同段最後から 2 番目の文（As populations have grown, …）に「（保護のおかげで）数が増えるにつれ，短い距離でやり取りする可能性が高まるため，クジラは音量を小さくしたのかもしれない」とある。この内容に相当するのが(ニ)の「シロナガスクジラの数が増えた」である。第 5 段のコロン以下（Perhaps whales don't …）には「クジラがそれほど大きな声を出す必要がないのは，音波は，二酸化炭素の吸収で酸化した海では，より遠くまで伝わるからかもしれない」とあり，この内容に相当するのが(ホ)の「海水は今，酸性度が高くなっている」である。この 2 つが正解。

(イ)「持続低音はシロナガスクジラに突き止められる」 第 1 段第 6 文（Whether to attract …）に「シロナガスクジラが出す音は，歌というより単調な低音…である」とあるように，「持続低音」はクジラの出す音のことを表しているだけである。

(ロ)「多くの船がシロナガスクジラの上を通過する」 第 3 段最終文（They have identified …）に「主な航路がなく，機械音がわずかしかない海で暮らすクジラのさまざまな群れでも声が低くなっている」とあり，船の出す音はクジラの声が低くなっていることとは無関係である。

(ハ)「商業捕鯨を再開した国がある」 本文にこのような記述はない。

(ヘ)「融解する氷の音がだんだん大きくなっている」 第 6 段第 2 文（Recent monitoring …）に「南半球の夏の間，クジラの声の高さが上がる」とあり，低音化とはむしろ逆の現象である。

●語句・構文●

（第１段） grind「ぎしぎしと鳴る」 bioacoustics「生物音響学」 atonal「無調の」

（第２段） trigger「〜のきっかけとなる」

（第３段） maritime「海の」 extractive「天然資源を採取する」 culprit「犯人，原因」 forage「食料をあさる」

（第４段） fleet「船団」

（第５段） ominous「不吉な」

（第６段） austral「南半球の」 forte「強音の」 modulate「〜（声）の調子〔強さ，高さ〕を変える」

（最終段） refashion「〜を新たに作る，変える」

III 解答例

〈解答例１〉 The key to maintaining motivation is remembering the original aim. When I was a ninth grader, I was tired of studying for entrance examinations. My brother, a student of the high school of my first choice, invited me to the school. So, one Saturday afternoon, I went there with him and saw many students doing club activities. They all looked happy, which reminded me that I also wanted to experience such a school life.（70 語程度）

〈解答例２〉 Talking with someone who shares their experience with you can stimulate your motivation. I belonged to the tennis club of my school, but considered quitting because I was a poor player. I told one of my seniors about it. She said that she had felt the same way before but that she continued because she liked the sport. Indeed, she always seemed to enjoy playing it. I decided to follow her example.（70 語程度）

◀解　説▶

「長期にわたって何かに取り組む場合に，前向きな姿勢を保ち続けるのが難しくなったとき，具体的にどうすれば抜け出せるか」を，自分自身もしくは他の人の経験を１つ例に挙げて，70 語程度で述べる問題。まず端的に「どうするか」を述べ，具体例を続けるという書き進め方になるだろう。

〈解答例 1〉は，モチベーションが下がったら，もともとの目的を思い出すことが大事だとして，高校入試に向けた試験勉強に疲れたとき，志望校を訪れて生徒たちの楽しそうな様子を見たことで，そのような学校生活をしたかったのだという思いを新たにしたという経験を述べている。〈解答例 2〉は，自身の経験を話してくれる人と話すことがモチベーションを刺激してくれるとして，部活をやめようかと思っていることを先輩に話したところ，以前に同じように感じた先輩はそのスポーツが好きだから続けていると語ってくれ，実際いつもプレーするのを楽しんでいるように思えたので，先輩の例に倣うことにしたと述べている。

具体的な例を簡潔にまとめることが重要なポイントである。正しく使える語句・表現で英語として誤りのないものに仕上げること。

Ⅳ 解答

(A)〈解答 1〉 The more I learned, the better I understood what I hadn't before, and this gave me a broader outlook. When I came across something unfamiliar or new, my curiosity was stimulated, and I wanted to learn even more.

〈解答 2〉 The more you learn, the better understanding you'll have about what you didn't grasp before, which widens your perspective. Encounters with something unfamiliar or new (will) make you more curious and inspire you to learn more.

(B)(イ)〈解答 1〉 For a mountain climber, the means of expressing himself is the very act of climbing mountains itself, and even if he writes about it later, that is only (an addition,) a by-product of his climb. Whether or not he intended to write a book afterwards, he would have climbed the mountain, and he would not have imagined himself writing a book later while he was climbing.

〈解答 2〉 A mountaineer expresses himself by climbing mountains, and afterwards organizing what he experienced in the act into a book is merely something extra, that is, nothing more than a by-product of his climbing. Whether or not he planned to write a book later, he would have climbed the mountain anyway. Besides, he probably does not picture himself writing a book afterwards while climbing.

(ロ) 〈解答1〉 Whether it is about freedom of expression, public welfare, or democracy, if you are unable to express in your own words what value it has, you cannot persuade and change the minds of those who assert that such things are not worth protecting.

〈解答2〉 Unless you can explain in your own words how valuable something is, whether it is freedom of expression, public welfare, or democracy, you cannot persuade those who affirm that things like these are not worth defending to change their minds.

◀解　説▶

◆(A) 「学べば学ぶほど，いままでわからなかったことがわかるようになり，それによって自分の視野が広がります」

直前に「やみつきになりました」とあり，下線部は筆者個人の経験を述べたものと考えられる一方，現在形で書かれていることから一般論として述べたものとも考えられる。前者なら，主語は「私」で過去のこととして書く。後者なら，主語は読者を想定した「あなた」で，現在形を中心に書くことになる。以下，前者を中心に考えていく。第2文も同様。

● 「学べば学ぶほど」は the＋比較級～，the＋比較級…の構文が使える。この部分は「より多く学べば学ぶほど」The more I learned となる。

● 「いままでわからなかったことがわかるようになり」は「以前は理解できなかったことをよりよく理解するようになった」the better I understood what I hadn't (understood) before や，「以前は理解できなかったことに関してよりよい理解をもつようになった」the better understanding I had about what I hadn't grasped などとできる。

● 「それによって自分の視野が広がります」はいろいろ考えられる。文字どおりの「それによって」thereby を用いる場合は，S V, thereby *doing* の形にする。「それによって」を前述の内容を受ける関係代名詞 which の非制限用法で表現するなら，「それは私の視野を広げた」…, which widened my perspective〔broadened my outlook〕など無生物主語で表現する。カンマ＋which の代わりにカンマ＋and this としてもよい。無生物主語の場合は「より広い視野を私に与えた」gave me a broader outlook ともできる。

「知らないことや新しいことに出合うと好奇心が刺激され，もっと多くのことを学びたくなります」

● 「知らないことや新しいことに出合うと」は，内容上 if ではなく when で表す。「～に出合う」は meet では適さず，「～に遭遇する」encounter や「～に偶然出くわす」come across ～ などを使う。「知らないことや新しいこと」は something unfamiliar or new や unfamiliar or new things などとできる。

● 「好奇心が刺激され」は文字どおり my curiosity was stimulated でよい。「私はより好奇心旺盛になり」I became more curious などとすることもできる。

● 「もっと多くのことを学びたくなります」は and I wanted to learn more でよいが，下線部の第 1 文で「学べば学ぶほど」と，すでに「より多く学ぶこと」が述べられているので，「いっそう多く」even more とすると流れがよい。直前の「なる」became を生かすなら，形容詞 eager を使うこともできる。なお，and に SV を続ける場合は，and の前にカンマをつけること。

● 第 2 文全体を「知らないことや新しいこととの遭遇は，私をより好奇心旺盛にし，もっと多くのことを学ぶ気にさせた」と無生物主語に整え直すこともできる。その場合は，Encounters with〔Encountering〕something unfamiliar or new made me more curious and inspired me to learn more. などとなる。

◆(B)　▶(イ)　「登山家にとっての表現はあくまで登山行為そのものであり，その登山行為をあとから文章にまとめたところで，そんなものは所詮“おまけ”，彼の登山の副次的な生産物にすぎない」

● 「登山家」は mountaineer や alpinist という語があるが，(mountain) climber でも問題ない。一般論なので複数も可能だろうが，「彼」とあるのであえて複数にしなくてよい。なお，本問では日本文に忠実に he を用いたものの，ジェンダーの観点から，総称として登場する人物や性別不特定の人物は，単数でも they で受けることが推奨されている。

● 「表現」とは，文章全体の内容を考えると「自己表現」と考えられる。したがって，第 1 文の前半は「登山家にとっては，自己表現（の手段）はまさしく登山という行為自体である」For a mountain climber, (the means of) expressing himself is the very act of climbing mountains itself や，「登山家は山に登ることによって自分を表現する」A mountaineer expresses himself by climbing mountains などとまとめられる。

● 「その登山行為をあとから文章にまとめたところで」の「ところで」は「たとえ～しても」even if のニュアンス。「その登山行為」はすでに the act of climbing mountains を使っていれば it で十分。そうでなければ改めて「その行為」the act や「その経験」the experience などと表現する。あえて「ところで」にこだわらず，「登山行為をあとから文章にまとめることは」とすることも考えられる。「あとから」は「のちに」later, afterwards が使える。「～を文章にまとめる」は「～について書く」write about ～で十分。organize ～ into a book などとしてもよいが，目的語をどうするかが考えどころである。「山を登っているときに自分が経験したこと」what he experienced while climbing the mountain などと工夫する必要がある。

● 「そんなものは所詮“おまけ”」の「所詮」は「単なる」merely, just, only などとできる。「おまけ」は「付け足し」addition, あるいは「余分なもの」something extra などといった方向で考えるとよい。

● 「彼の登山の副次的な生産物にすぎない」の「すぎない」も「単なる」にあたる語で表現できる。さきほど挙げた語を使い分ければよい。あるいは nothing more than ～「～以上のものではない，～にすぎない」とすることもできる。「副次的な生産物」は「副産物」a by-product が使える。なお，「おまけ」と「副次的な生産物」は同格関係にあり，カンマを打って並べるだけでもよいし，「すなわち」that is (to say) を置いてもよい。また，「所詮“おまけ”」が意味するところは「副次的な生産物にすぎない」で簡潔かつ具体的に表現されるので，前者はあえて訳出しない，ということも考えられる。

「あとから本を書こうが書くまいが，いずれにせよ彼は山には登っただろうし，登っている最中にあとから本を書く自分を意識するなどということもない」

● 「あとから本を書こうが書くまいが，いずれにせよ」は whether の譲歩節にまとめてしまってもよいだろう。「いずれにせよ」を anyway などで訳出するなら，主節の最後など，置く場所を工夫する必要がある。また，この部分の動詞の形は，続く部分が「登っただろう」と過去のことに関する推測で書かれているので，過去形で「あとで本を書くつもりがあったかなかったかにかかわらず」whether or not he intended〔planned〕to write a book later などとする。

● 「(いずれにせよ) 彼は山には登っただろうし」は上述のように過去のことに関する推測であり，he would have climbed the mountain (anyway) などとできる。なお，やや文が長いので，いったんここで切ることも考えられる。

● 「～ということもない」は，直前の部分が否定文ではないので，neither〔nor〕+（助）動詞 + S や not ～ either などの表現は使えない。「そのうえ」besides などを添えるか，ただ and でつなぐのでよい。また，断言した表現になっているが，ここも推測として表現するほうが内容上妥当だろう。

● 「あとから本を書く自分を意識する（などということもない)」は，現在形になっている。そのまま現在形の文も考えられるし，前半とそろえて過去のこととして訳すことも考えられる。「意識する」は内容上，「自分が本を書いているのを想像する，思い描く」imagine〔picture〕himself writing a book later などとできる。

● 「登っている最中に」は while (he was〔is〕) climbing でよい。

▶(ロ) 「表現の自由にしろ，公共の福祉にしろ，民主主義にしろ，それにいかなる価値があるのかを自分の言葉で語ることができなければ，『そんなものは守るに値しない』と言い切る人たちを説得して翻意させることはできない」

● 「～にしろ，…にしろ」は，whether 節が使える。文頭に置いても節の後半（「それに…できなければ」の訳の後）に置いてもよい。文頭の場合は it is about ～の形で話題を導入する。節の後半に置く場合は，「それ」の部分を「何かあるもの」something として整え，whether 節を挿入としてカンマで挟むとよい。ここでも it を主語にすることになるが，これは直前の something を受けるだけなので，about は不要である。

● 「表現の自由にしろ，公共の福祉にしろ，民主主義にしろ」は

whether it is (about) freedom of expression, public welfare, or democracyとできる。

●「自分の言葉で語ることができなければ」は，一般論なので主語はyouがよい。「〜することができなければ」はif you cannot〔are not able to / are unable to〕*do*でよい。unless you can *do*とすることもできる。「語る」はtalk aboutでも誤りではないが，「伝える」expressのほうが自然である。「それにいかなる価値があるのか」が目的語になるので「説明する」explainも文意に合う。

●「それにいかなる価値があるのか」は「あるものがどんな価値をもっているのか」what value something hasが文字どおりの表現。「あるものにどれほど価値があるのか」how valuable something isも使えるだろう。

●「自分の言葉で」はin your own wordsが文字どおりの表現。目的語が長いので，express，explainの直後に置くとよい。

●「〜する人たちを説得して翻意させることはできない」の「説得する」はpersuade，「翻意させる」はconvertが考えられるが，いったん「〜する人たちを説得する」persuade those who 〜として，「彼らの考えを変えさせる」and make them change their mindsと続けてもよい。「考えを変えるように*A*を説得する」persuade *A* to change their minds / talk *A* into changing their mindsとまとめることも考えられる。あるいはthe minds of those who 〜とする。

●「『そんなものは守るに値しない』と言い切る」の「言い切る」は「断言する」assert，affirmが使える。「主張する」claimや「強く言い張る」insistなどもよい。「そんなもの」は「〜にしろ，…にしろ」といろいろなものが挙がっているので，such things，things like theseなどとするとよい。「〜するに値しない」はare not worth *doing*が使える。「守る」は，危害を加えられたり，壊されたり，奪われたりしないように防御する意味なので，protectやdefendが使える。

❖講　評

2021年度も従来どおり，英文和訳・長文読解総合問題・テーマ英作文・和文英訳問題の4題構成。Ⅳの一部（文学部の独自問題）を除いて，理系学部と共通問題である。

Ⅰの英文和訳問題は，(A)・(B)とも部分和訳。(A)は，人と一緒に食事をすることの意味を述べた文章。下線部には2文あり，それぞれはそれほど長くなく，文構造も複雑ではないが，見慣れぬ語が含まれており，文脈から矛盾しない訳を考える必要がある。(B)は，言葉の音や表記の恣意性を論じたもの。ある色を日本語では「あお」と言い，「青」と書くが，英語では「ブルー」と言い，blue と表記するといったことだが，ふだん当たり前すぎて意識しないことを詳細に論じられると，かえって何のことかわかりにくく感じるかもしれない。下線部に2文あるが，第1文がやや長く，日本語として通りのよいものにまとめる力が求められる。話にしっかりついていけると，訳もなめらかに進むだろう。

Ⅱの長文読解総合問題は，クジラの出す声が低くなっている原因について述べた文章。実際の調査結果とそこから考えられる原因を複数紹介し，そこに人間の活動が関与している可能性を示唆している。設問は，同意表現，内容説明，内容真偽。いずれも素直な問いであり，素早く解答していきたい。

Ⅲは「長期にわたる取り組みで前向きな姿勢を保つことが困難になった場合の抜け出し方」を，具体的な経験（自分のものでも他の人のものでもよい）を1つ例に挙げて述べるもの。70 語程度という条件は従来どおりである。適切な例を限られた語数でわかりやすくまとめることが重要である。

Ⅳは例年同様，レベルの高い和文英訳である。日本語ではあまり意識せずに内容がつかめるのに，英語にしようとすると，誰の話をしているのか，時制をどうするのか，語句や節をどこに配置するのか，緻密に考える必要が出てくる。

全体として，英文和訳問題，長文読解総合問題は標準的，英作文問題はやや難と言える。

◀外国語学部▶

I　◀文・人間科・法・経済学部▶ I に同じ。

II　**解答**　設問(1)　全訳下線部①参照。

設問(2)　話し手は聞き手が知っていることや知りたがることをある程度知っており，話しながら相手の目，顔，姿勢を観察でき，聞き手はもっと説明がほしかったり，主張を受け入れられなかったり，付け加えたいことがあったりする場合，言葉をさしはさむことや話を引き継ぐことができるというように，話し手と聞き手の間で行われる情報のやりとりのこと。

設問(3)　ものを書くということは，会話，通信，演説，独白をしている自分を思い浮かべ，その想像の中の自分に語らせる行為であるということ。

設問(4)　全訳下線部④参照。

設問(5)　社内文書や手引書，学期末レポート，研究報告などの実用的な文章に見られる，書き手と読み手が明確な役割をもっており，読み手の必要を満たすことを目的とした，時に決まった型のある簡潔な文体のこと。

設問(6)　全訳下線部⑥参照。

◆全　訳◆

《書くという行為の本質》

文字を書くことは不自然な行為である。チャールズ=ダーウィンが述べたように，「幼い子どもの喃語に見られるとおり，人間には話そうとする本能的傾向があるが，一方，焼いたり，醸造をしたり，文字を書いたりする本能的傾向をもつ子どもはいない」。①話し言葉は人類の誕生より前からあり，言語に対する本能のおかげで，小学校に入学する何年も前に，子どもは明瞭な会話ができる。しかし，書き言葉は，私たちのゲノムには何の痕跡も残っていない最近の発明であり，子ども時代を通じ，またその後もずっと，苦労して習得しなければならないものである。

話すことと書くことは当然その仕組みが違っており，それこそ，子どもたちが書くことに苦労しなければならない理由である。つまり，言語の音を鉛筆かキーボードで再現するのには練習がいるということだ。しかし，話すことと書くことは別の点でも異なっており，そのため書くことの習得は，その仕組みが身についたあとでも生涯続く課題になる。話すことと書くことには，非常に異なった種類の人間関係が関わっており，私たちが自然にできるのは話し言葉に関連する人間関係だけである。口頭での会話が本能的なのは，社会的交流が本能的だからである。私たちは，話をする間柄である人たちと話す。会話の相手と関わるときには，相手が知っていることや知りたがっているかもしれないことを私たちはうっすらと知っており，彼らと話しながら，彼らの目，顔，姿勢を観察している。相手がもっと明快に話してもらうことを必要としていたり，主張を信じられなかったり，付け加えたいことがあったりする場合は，彼らは話に割り込んだり，自分の話す番で話を引き継いだりすることができる。

書いた文書を世間に向けて送ることで見返りを期待できない場合，このやりとりは少しも享受できない。受け手は目に見えず，その思考は読めず，彼らのことをたいして知ることも，彼らの反応を見ることもなく，彼らに言いたいことをわからせなければならない。ものを書くとき，読み手は私たちの想像の中にしか存在しない。ものを書くことは，何よりもまずふりをする行為なのである。私たちは，自分が何らかの会話，通信，演説，独白をしているのを思い浮かべて，この模擬世界で自分の代わりをしている小さなアバターに言うべきことを教えてやらなければならないのだ。

よい文体のカギは，どのようなものであれ戒律の一覧に従うどころでは全くなく，自分が伝達をするふりをしている架空世界を明確に理解することである。多くの可能性がある。親指でメールを打っている人は，現実の会話に参加しているかのようにふるまうことをうまくやってのける。声明文を作成している活動家や説教の下書きをしている牧師は，群衆の前に立って彼らの感情を掻き立てているかのように書かなければならない。

随筆や記事，論評，社説，会報，ブログといった，もっと一般的な読者層に向けた文章を書いているとき，書き手はどんな仮想現実に入り込むべきなのだろうか。文学者のフランシス=ノエル=トマとマーク=ターナーは，今日のそのような書き手にとっての目標として，散文の手本を一つ選び出している。彼らはそれを標準的な文体と呼び，『真実のように明快で簡潔に』という素晴らしいちょっとした書物の中で説明している。

標準的な文体の導きとなるメタファーは，世界を見ることである。書き手は読み手がまだ気づいていないことを見ることができ，読み手が自分で見られるように，読み手の視線を正しい方向に導く。ものを書く目的は提示であり，その動機は私心のない真実である。それは，言語と真実をまっすぐに結びつけるときに成功し，成功の証拠は明快さと簡潔さである。真実は知ることができるが，真実はそれを明らかにする言語とは同じものではない。散文は世界への窓である。書き手は，言葉に置き換える前に真実を知っている。書き手は，自分が考えていることを整理するために書く機会を利用しているのではない。④標準的な散文を書く人は，真実を擁護する必要もない。書き手はただ真実を提示する必要があるだけだ。それは，読み手は有能であり，さえぎるもののない視界を与えられているかぎり，真実を見ればそれを認識できるからである。書き手と読み手は対等であり，読み手の視線を方向づける過程は，会話という形式をとる。

標準的な散文の書き手は，２つの経験のモデルを作らなくてはならない。読み手に世界にある何かを見せることと，読み手を会話に加えることである。それぞれの経験の性質が，標準的な散文が書かれる方法を決定する。見せるというメタファーは，見るべきものがあることを含意する。そして，書き手が指し示している世界の物事は，「具体的な」もの，すなわち，世界を動き回り物と相互に作用し合う人々（あるいは他の生命のある存在）である。会話というメタファーは，読み手が「協力的である」ことを含意する。書き手は，自分の一連の思考の各段階を詳細に説明しなくても，読み手が行間を読み，書き手の真意をとらえ，点と点を結びつけることをあてにできる。

トマとターナーの説明では，標準的な散文は文体の一つに過ぎず，その発明は，デカルトやラ=ロシュフーコーのような17世紀のフランスの文筆家に功績があると彼らは考えている。標準的な文体と他の文体の違いは，会話の筋書きに関する態度，つまり，書き手がどのように自分自身が読み手と関わることを想像するか，そして書き手が何を成し遂げようとしているかを比較することで理解できる。

標準的な文体は，書き手が何ものかに対する，自分の特異で，情緒的で，たいていは言うに言われぬ反応を伝えようとする瞑想的な文体やロマンチックな文体ではない。書き手が他の誰にも見ることができないものを見ることができ，聞き手を結びつけるために言語という音楽を使う予言的な文体，神託的な文体，演説的な文体でもない。

それほど明確ではないが，標準的な文体は，社内文書や手引書，学期末レポート，研究報告の言葉遣いといった実用的な文体とは違っている。（「ストランク・ホワイト（の著書）」のような伝統的な執筆便覧は主に実用的な文体の手引きである）実用的な文体では，書き手と読み手は明確な役割（たとえば管理者と従業員，教師と生徒，専門家と客）をもっており，書き手の目標は読み手の必要を満たすことである。実用的な文体で書くことは，決まった型（たとえば５段落のレポートや科学誌の記事）に従っているかもしれない。そして読み手がよいタイミングでその情報を必要としているため，簡潔である。対照的に，標準的な文体で書くことは，書き手が興味深い真実を提示するのに必要ならば，どんな形式もどんな長さもとる。標準的な文体の書き手の簡潔さは，「書き手の精神の簡潔さから生じているのであり，けっして時間や雇われ仕事の圧力から生じているのではない」。

⑥標準的な文体は，平明な文体とも微妙に異なる。平明な文体ではすべてが見渡せ，読み手は何かを見て取るのに何の手助けも必要としない。標準的な文体では，書き手は提示するに値するものやそれを見るのに申し分ない有利な位置を見つけるのに骨を折ってきた。読み手は，それを見て取るのに懸命に努力しなければならないかもしれないが，その努力は報われるだろう。トマとターナーの説明では，標準的な文体は上流階級的で，平等主義的ではないという。「真実は，それを手に入れるのに進んで努力しようというすべての人の手に入るものであるが，真実が一般にすべての人に所有されているわけではなく，誰の生得権でもないことも確かである」

異なる散文の文体ははっきりと区別できないものであり，多くの種類の文章が異なる文体を混ぜ合わせたり，それらを行き来したりする。（たとえば，学術的な文章は実用的な文体と自意識的な文体を混ぜる傾向がある）標準的な文体は一つの理想である。散文は必ず標準的な文体で書くべきだというわけではなく，すべての書き手がふりをすることをうまくできるわけではない。しかし，標準的な文体の特徴を知っていることで，誰でもよりうまく書けるようになるだろうし，それは，学問，官僚，企業，法律，公の散文を弱体化させる病に対する，私が知っている中では最も有力な治療法である。

◀解　説▶

▶設問(1)　**The spoken word is older than our species, and the instinct for language allows children to engage in articulate conversation years before they enter a schoolhouse.**

●The spoken word is older than our species,「話される語は私たちの種よりも古い」が直訳。通常 word は単語を表すが，ここでは文脈上「言語」のニュアンスで使われていると考えるのが妥当。したがって，The spoken word は「話し言葉」「音声言語」などとするとよい。なお，the＋単数は特定の一つではなく「～というもの一般」を表す，いわゆる「総称単数」である。「私たちの種」とは「人類」のことであり，それよりも古いとは「人類が誕生する前からある」ということ。

●and the instinct for language allows children to engage in articulate conversation「そして，言語に対する本能は子どもが明瞭な会話に携わることを許す」が直訳。allow *A* to *do*「*A* が～するのを許す」は，許可されればそれを行うことができるという意味で，しばしば enable と同様に「*A* が～することを可能にする」の意で使われる。無生物主語であり，「(主語のおかげで) *A* は～することができる」などと整えられる。engage in articulate conversation「明瞭な会話に携わる」とは，会話に加わって，何を言っているか相手にわからせることを表している。「明瞭な会話ができる」などわかりやすい日本語を工夫したい。

●years before they enter a schoolhouse.「彼らが校舎に入る何年も前に」が直訳。years は shortly before ～「～する少し前に」の shortly と同じ役割を果たしており，before ～を修飾する副詞。複数形にするだけで数が多いことを表せるので，「～する何年も前に」となる。「校舎に入る」とは，ここでは入学することを表すと考えるのが妥当。「(小)学校に入学する」などとできるが，日本語でもこの意味で「学校に入る」と言うこともあるので，直訳でも通用する。

But the written word is a recent invention that has left no trace in our genome and must be laboriously acquired throughout childhood and beyond.

●But the written word is a recent invention「しかし，書かれた語は最

近の発明である」が直訳。written word は下線部第 1 文の The spoken word と対照されており，「書き言葉」「文字言語」の意。

● that has left no trace in our genome「私たちのゲノムに何の痕跡も残していない（発明）」が直訳で，ほぼそのままでよいが，「何の痕跡も残っていない」とするとより自然かもしれない。that は invention を先行詞とする関係代名詞。genome「ゲノム」はある生物の遺伝情報全体のこと。日本語では「ゲノム」としているが，英語の発音は［dʒiːnoum］である。「私たちのゲノムに何の痕跡も残っていない」とは，「話し言葉」が本能であることと対照的であることを表している。

● and must be laboriously acquired throughout childhood and beyond.「そして，子ども時代を通じて，またそれを超えて，苦労して獲得されなければならない」が直訳。受動態だが，日本語では「獲得しなければならない」と能動で表現すると自然である。must be … acquired は invention を先行詞とする主格の関係代名詞 that に続く 2 つ目の動詞にも見えるが，「発明を獲得する」はやや無理があり，文の主語 the written word に続く 2 つ目の動詞と考えるのが妥当。laboriously は「苦労して，骨を折って」の意。acquire は「～を獲得する」でもわかるが，「書き言葉」のことであり，「習得する」などとするとつながりがよい。throughout childhood「子ども時代を通してずっと」は be acquired を修飾する。beyond は副詞で，時を表す語＋and beyond で「～以降も」の意。「その後も（ずっと）」などと続けるとよい。

▶設問(2)　解答欄は 14.7cm×3.5cm。下線部は「このやりとり」の意。当該文は「文書を送ることで見返りを期待できない場合，このやりとりは少しも享受できない」となっており，「書き言葉」にはないもの，つまり「話し言葉」特有のものだとわかる。第 2 段第 4 ～最終文（Spoken conversation … up in turn.）に話し言葉で行われていることが述べられており，「話をする間柄である…相手と関わるときには，相手が知っていることや知りたがっているかもしれないことを私たちはうっすらと知っている」（第 4・5 文），「話しながら，相手の目，顔，姿勢を観察している」（第 5 文），「相手がもっと明快に話してもらう必要がある，主張を信じられない，付け加えたいことがある場合は，彼らは話に割り込むこと，自分の話す番で話を引き継ぐことができる」（最終文）となっている。こうした，話の内容を理解するために行われる，話し手と聞き手のやりとりを give-and-take「やりとり」と言っていることがわかる。この内容を解答欄に収まるようにまとめる。

▶設問(3)　解答欄は 14.7cm×3.5cm。下線部は「ものを書くことは，何よりもまずふりをする行為なのである」となっている。直後の文に「私たちは，自分が何らかの会話，通信，演説，独白をしているのを思い浮かべて，この模擬世界で自分の代わりをしている小さなアバターの口に言葉を入れてやらなければならない」とある。つまり，ものを書くことは，話す自分を想像し，その想像の中の自分に語らせる行為だということを表している。

▶設問(4)　**Nor does the writer of classic prose have to argue for the truth ; he just needs to present it.**

●Nor does the writer … have to ～「書き手は～する必要もない」が直訳。否定文のあとに nor＋（助）動詞＋S（疑問文の語順）と続けると「～もまた…ない」の意。下線部直前には he（＝the writer）is not using …とあるので，「書き手も」ではなく「書き手は…もしない」であり，「も」の入れ方に注意が必要。なお，前段第 1 文（Which simulation should …）に an essay, an article, a review, …と列挙されているように，対象が小説に限定されているわけではないので，「作家」という訳語は不適当。

●classic prose は「古典的な散文」が直訳。classic「古典的な」とは，昔ながらの「典型的な」「標準的な」という意味。いずれの訳語でも問題ない。prose「散文」は verse「韻文」（詩や和歌などの類）に対して，語数や韻律に決まりのない通常の文章のこと。

●argue for the truth ;「真実に賛成の論を張る」が直訳。argue for ～は「～を支持する」「～を擁護する」などとすると日本語としてわかりやすいだろう。

●he just needs to present it.「彼はそれを提示する必要があるだけだ」が直訳。ほぼそのままでよいが，「彼」「それ」が指すものを示して，「書き手」「真実」とすると読みやすくなる。

That is because the reader is competent and can recognize the truth when she sees it, as long as she is given an unobstructed

view.

●That is because …「それは…だからだ」と，前文の内容の理由を述べている箇所。

●the reader is competent and can recognize the truth when she sees it,「読み手は有能で，真実を見るときそれを認識できる」が直訳で，ほぼそのままでよいが，when she sees it は「それを見たら」などとすると自然である。また，recognize は，たとえば以前に見たことがあるものを再び見たときに「あ，あれだ」と気づくような認識の仕方を表すので，「真実を見ればそれとわかる」などとすることもできる。なお，the writer を he で受けたので，区別がつくように the reader を she で表している。

●as long as she is given an unobstructed view.「読み手がさえぎるもののない視界を与えられるかぎり」が直訳で，ほぼそのままでよい。as long as 〜は「〜するかぎり，〜しさえすれば」と条件を表す接続詞表現。unobstructed は「さえぎるもののない，よく見える」の意。この部分は「視野」とあることから，can recognize the truth when she sees it にかかると考えられるので，訳出する箇所を適切に整えること。

The writer and the reader are equals, and the process of directing the reader's gaze takes the form of a conversation.

●The writer and the reader are equals,「書き手と読み手は対等な人たちである」が直訳。equal は名詞で「同等の人，対等の人」の意。「対等である」「対等な関係にある」などとわかりやすく整える。

●and the process of directing the reader's gaze「そして読み手の視線を方向づける過程は」が直訳で，そのままでよい。この部分は，同段第 2 文（The writer can see …）後半の he orients the reader's gaze so that she can see it for herself「書き手は…読み手が自分で見られるように，読み手の視線を正しい方向に導く」を受けている。

●takes the form of a conversation.「会話という形をとる」が直訳で，そのままでよい。conversation は「対話」でもよい。

▶設問(5)　解答欄は 14.7cm × 3.5cm。下線部は「実用的な文体」の意。直後に「社内文書や手引書，学期末レポート，研究報告の言葉遣いのような」と具体例が挙がっている。同段第 3 文（In practical style, …）で

「実用的な文体では，書き手と読み手は明確な役割をもっており，書き手の目標は読み手の必要を満たすことである」，続く第 4 文で「実用的な文体で書くことは，決まった型に従っている場合があり，簡潔である」と述べられている。これらの特徴や例を使ってまとめる。なお，memos を「メモ」と訳すのは避けたい。日本語の「メモ」，つまり何かを簡単に書き留めたものは英語では note と言い，memo（memorandum の略）は組織の内部でやりとりされるフォーマルな文書を指している。

▶設問(6)　**Classic style also differs subtly from plain style, where everything is in full view and the reader needs no help in seeing anything.**

●Classic style also differs subtly from plain style,「標準的な文体は，平明な文体とも微妙に異なる」が直訳で，ほぼそのままでよい。subtly は「微妙に，少し」の意。

●where everything is in full view「そこでは，すべてが見渡せる」が直訳。where は plain style を先行詞とする関係副詞で，in plain style「平明な文体では」の意。in full view は「全体が見渡せて，まる見えで」の意。

●and the reader needs no help in seeing anything.「そして読み手は何を見るのでもそのことにおいて何の手助けも必要としない」が直訳。この場合の see は目で見ることではなく，見て取るということ。in *doing* は「～することにおいて，～するときに」が基本訳だが，「見るのに」程度に整えるとよい。anything は「どんなものでも，何でも」の意。「何を見るのにも何も手助けを必要としない」などとまとめられる。

In classic style the writer has worked hard to find something worth showing and the perfect vantage point from which to see it.

●In classic style the writer has worked hard「標準的な文体では，書き手は懸命に努力してきた」が直訳で，ほぼそのままでよい。work hard は「精を出す」「骨を折る」など，いろいろに訳せるだろう。

●to find something worth showing「見せるに値するものを見つけるために」が直訳で，ほぼこのままでよい。不定詞は has worked を修飾し，目的を表す副詞用法。show「見せる」は「提示する」などとも訳せる。

●and the perfect vantage point from which to see it.「そしてそれを見

るのに完璧な立ち位置」が直訳で，find の２つ目の目的語。vantage point は「眺望などの面で有利な位置」の意。from which to see it は形容詞用法の不定詞で，修飾される語が前置詞の目的語にあたる場合，その前置詞の役割をわかりやすくするために関係代名詞を利用することがある。see it from the perfect vantage point がもとになっている。it は something worth showing を受けている。

The reader may have to work hard to discern it, but her efforts will be rewarded.

● The reader may have to work hard to discern it,「読み手はそれを見つけるために懸命に努力しなくてはならないかもしれない」が直訳。discern は「～を見つける，見分ける」の意で，そのままでもよいが，it が something worth showing を受けており，「見出す」「見て取る」「読み取る」などとすることもできる。

● but her efforts will be rewarded.「しかし，その努力は報われるだろう」が直訳で，そのままでよい。

●語句・構文●

(第２段) on speaking terms with ～「～と話をする間柄で」 inkling「うすうす知っていること」

(第３段) inscrutable「計り知れない，謎めいた」 get through to ～「～に自分の言うことをわからせる」 put words into the mouth of ～「言うべき言葉・内容を～に教える」

(第４段) get away with ～「～(悪事など) をうまくやってのける」 whip up ～「～をあおり立てる」

(第６段) align *A* with *B*「*A* を *B* と一列に並べる」

(第７段) count on *A* to *do*「*A* が～することを期待する，～することをあてにする」 catch *one's* drift「人の真意をつかむ」 spell out ～「～を詳細に説明する」

(第９段) ineffable「言葉で言い表せない」

(第10段) brevity「簡潔さ」 elegance「正確さ，簡潔さ」

(最終段) hallmark「特徴」 enfeeble「～を弱める」

III　◀文・人間科・法・経済学部▶Ⅲに同じ。

IV　解答

(1)　〈解答 1〉 Tracing the history of brain evolution, we can see that although the development of intelligence, which allows human beings to think rationally, has enabled us to thrive, we have been able to act cooperatively as a group by moderately controlling that rationality.

〈解答 2〉 Tracing the evolutionary history of the brain enables you to understand that humans have flourished by developing intelligence, thanks to which they are able to think rationally, while appropriate control of such rationality has allowed them to act cooperatively as a group.

(2)　〈解答 1〉 How would people who developed only rationality be treated? They would be excluded from human society as alien elements.

〈解答 2〉 How would those who only developed rationality be dealt with? They would be eliminated from human society as something alien.

(3)　〈解答 1〉 However, if artificial intelligence is considered the embodiment of rationality, which human beings have created, it is very likely that it will work complementarily with human irrationality and establish a strong partnership with humans.

〈解答 2〉 If AI is rationality itself created by humans, there is a good chance that it will complement human irrationality and form a great partnership with human beings.

◀解　説▶

▶(1)　「脳の進化の歴史をたどれば，人間は合理的に考えることのできる知性を発達させることで繁栄もしてきましたが，その合理性を適度に抑えることで集団として協調行動をとることが可能になりました」

●「脳の進化の歴史をたどれば」は，if や when では意味が限定的でしっくりこないので，分詞構文で表現するとよい。ただし，その場合「誰が」たどるのかが問題になるので,「あなた〔私たち〕は…ことがわかる」you〔we〕can see〔find〕that …などとする必要がある。そうなると,「歴史をたどることはあなた〔私たち〕が…ことを理解するのを可能にして〔助けて〕くれる」と無生物主語にして, enable〔allow / help〕you〔us〕to see〔understand〕that …とすることも考えられる。「～の歴史をたどる」は trace the history of ～がよく使われる表現。「脳の進化」は the evolution of the brain となるが,やや冗長なので, brain を形容詞的に用いて brain evolution としたり,「進化の」を歴史にかけて the evolutionary history of the brain としたりすると読みやすい。なお,この文意で「脳」というもの一般を表すのには the brain が適切。一般論を言うには,ほかに無冠詞複数 (brains) と不定冠詞＋単数 (a brain) もあり,使い分けの基準は単純ではないが,前者は「さまざまなものがある」イメージ,後者は「ある不特定の一つ」で,どれでもよいというイメージがある。したがって,いずれもさまざまなものがあるというニュアンスをもつ。そうした含意を必要としない場合には the＋単数が向いている。日本語では明確な区別はないので,読解のときに注意を払ってみるとよいだろう。ちなみに,総称の不定冠詞＋単数は原則として主語にしかならないといった違いもある。

- 「人間は…繁栄もしてきました」は human beings have flourished などとできる。「人間,人類」は human beings か humans が使いやすい。humanity や humankind もあるが,いずれも集合名詞で数や受ける代名詞の扱いの判断がしづらい。「繁栄する」は thrive, prosper も使える。ただし後者は主に経済的な成功を表すので,種の繁栄という文脈では最適とは言えない。「～してきた」と過去から現在まで含むので現在完了を使う。「も」はこのあとに対照的な内容を前提としての「も」であり,この時点で also や too などを用いることはできない。
- 「知性を発達させることで」は by developing intelligence が文字どおり。「知性の発達が,人間が繁栄することを可能にしてきた」と読み換えて the development of intelligence has enabled humans to thrive などとすることもできる。
- 「合理的に考えることのできる（知性)」は,「知性が考える」のではなく,「知性のおかげで人間が合理的に考えることができる」「知性が合理的思考を可能にする」という意味になるように注意。前者は thanks to which we〔they〕are able to think rationally, 後者は which allows rational thinking などとなる。なお, human beings, humans は基本的には 3 人称複数だが,「我々人類」であることは明らかなので we で受けても問題はないだろう。いずれの場合でも, 他の知性との区別を述べているのではないので, 非制限用法にすること。

● 「…が」は, 前半を(al)though で譲歩節にするか, while で後半を続けるとよい。

● 「その合理性を適度に抑えることで」は by *doing* を使うか,「抑えることが…ことを可能にした」と無生物主語にする。「抑える」は「抑圧する」というより,「制御する」というニュアンスだろう。control が使える。「その合理性」の「その」は「人間の繁栄につながった合理性」の意で, 単純に the というより, 指示性がいっそう強い that,「繁栄した人間の」の意で our, 単純に「そのような」such とするとよい。「適度に」は moderately が文字どおり。「適切に」と考えて appropriately, properly としてもよいだろう。control を名詞で使う場合は, それぞれの形容詞形, moderate, appropriate, proper にする。

● 「集団として協調行動をとることが可能になりました」は, 主語は当然「人間」であり, we〔they〕を使って we〔they〕have been able to act cooperatively as a group とすると文字どおり。「抑えることが…可能にした」のパターンなら, has enabled〔allowed / permitted〕us〔them〕to act cooperatively as a group とする。「協調行動をとる」は cooperate の 1 語でも表せる。

▶(2) **「合理性だけが発達した人間は, どのように扱われるのでしょうか？」**

● 「合理性だけが発達した人間」が現実に存在するとは考えにくいので, この下線部は仮定法を使うのが妥当。

● 「合理性だけが発達した人間」の「人間」は, この下線部第 2 文に「彼ら」とあるので複数にしておくのがよいが,「人類」という規模のことではないので people や those (who …) でよい。「合理性だけを発達させた」は people〔those〕who developed only rationality で問題ない。なお, only を developed の前に置いても文意に大差はない。

●「…は，どのように扱われるのでしょうか？」は How would … be treated? が文字どおり。「～を扱う」は deal with ～も使える。

「彼らは，異質なものとして人間社会からは排除されてしまうのです」

●「彼らは…人間社会からは排除されてしまうのです」は They would be excluded from human society が文字どおりの表現で，そのままでよい。「排除する」は eliminate，remove などでもよいだろう。「社会」society は基本的に不可算扱いで無冠詞。

●「異質なもの」は，「（通常の人間社会からすると）よそ者の存在〔要素〕」alien beings〔elements〕，「何か異質なもの」something alien などとできる。

▶(3)「ただ，その人間がつくり出した合理性の塊が人工知能だとすれば，これは人間の不合理性とは補完的に働き，強力なパートナーシップを築くことも可能性としては十分にあり得ます」

●「ただ」は「ただし」，つまり「しかし」の意。however が使える。

●「合理性の塊が人工知能だとすれば」は，「…だとする」を「…と見なす」と考えることもできるが，「…ならば」とまとめてしまうこともできる。なお，前者の場合は，「人工知能を合理性の塊と見なす」とするほうが自然である。「合理性の塊」は「合理性そのもの」の意で rationality itself などとできる。「合理性を具現化したもの」the embodiment of rationality も使える。文字どおりの「塊」mass は普通，物質について使われ，「合理性」のような抽象的なものには適さない。「人工知能」は artificial intelligence だが，この下線部の直後に AI とあり，しばしばこの略語が用いられるので，この表記でもよい。

●「その人間がつくり出した」の「その」は下線部(1)の「その合理性」の場合ほど何を指すのかが明快ではなく，特定の人間を表す語は添えなくてよいだろう。文字どおり which human beings have created としてもよいし，「人間によってつくり出された」created by human beings としてもよい。

●「可能性としては十分にあり得ます」という推測は，直前の「築く」だけでなく，「補完的に働き」も含むと考えるのが妥当。「～する可能性が大いにある」it is very likely that ～，it is quite possible that ～，there is a good chance that ～などで文を始める。that 節内の時制は今後のことなので，willを使う。

● 「これは人間の不合理性とは補完的に働き」の「これ」は，英語ではthisで受けるのは不自然なので，itで表す。文字どおりit will work complementarily with human irrationalityとできる。「人間の不合理性を補完する」it will complement human irrationalityとしてもよいだろう。

● 「強力なパートナーシップを築く」は，主語とwillは前半と共有させればよい。「人間と」を補って，establish〔form, build〕a strong〔great〕partnership with humansとできる。

V 解答

設問(1)　「不屈の」という意味を持つ言葉。

設問(2)　ものを切る道具，お守り，医薬品のうちから2つ。

設問(3)　炭素が，地表からおよそ90マイルから240マイル下（にある岩石圏）の極めて高い圧力と温度にさらされたときに生成される。

設問(4)　世界のダイヤモンド供給量を相当に増加させ，その結果，ダイヤモンドは価値が大幅に下落し（，エメラルド，ルビー，サファイアといった色のある宝石に取って代わられ始め）た。

設問(5)　1215年に，最も有力な教皇の一人が，婚約と結婚式の間に待機期間を設けることを宣言し，その期間の結婚の約束を示すのに指輪が使われたことで始まった。

◆全　訳◆

≪宝石と婚約指輪の歴史≫

著作権の都合上，省略。

著作権の都合上，省略。

著作権の都合上，省略。

◀解　説▶

解答欄はすべて 14.7cm×4.2cm。ただし，すべての解答がこの大きさを満たすほど長いものになるわけではない。

▶設問(1)　第 1 段第 2 文（The stone's name …）に「その石の名前は，ギリシャ語の adamas に由来し，これは『不屈の』と訳される」とある。「どのような意味を持つ言葉に由来するか」という問い方に合わせて「『不屈の』という意味を持つ言葉」とまとめる。

▶設問(2)　第 2 段最終 2 文（Diamonds were worn … wounds when ingested.）に「ダイヤモンドは…ものを切る道具として使われ，邪気を追い払うお守りとしての役割を果たし，戦闘での保護を与えてくれると信じられ…医療品として使われており，摂取すると病気を治し，傷をいやすと考えられていた」とある。「ものを切る道具」「お守り」「医薬品」のうちから 2 つ答える。「戦闘での保護」は物理的な保護ではなく「邪気を払うお守り」の御利益と考えられるので，独立した用途としては数えていない。物理的な保護を指しているとすれば，「…と信じられていた」とは言わないはずである。

▶設問(3)　第 3 段最終文（Diamonds are created …）に「ダイヤモンドは，炭素が地表からおよそ 90 マイルから 240 マイル下にある岩石圏の極めて高い圧力と温度にさらされてできる」とある。この箇所がそのまま解答になる。ただ，lithosphere「岩石圏」はなじみのある語ではないので，訳出できなくてもよいだろう。地表からどのくらいのところか，具体的に述べられている数値をしっかりと聞き取りたい。

▶設問(4)　第 5 段第 4 ～最終文（This newly discovered … the upper class.）に「（キンバリー鉱山は）世界のダイヤモンド供給量を相当に増加させ，ダイヤモンドの価値の大幅な下落という結果になった。上流階級の人たちは…エメラルド，ルビー，サファイアといった色のある宝石をその代わりにし始めた」とある。どこまで解答に含めるかやや悩むところではあるが，少なくとも「ダイヤモンドの供給増加で価値が下落した」ことを答える必要はある。第 5 文（The elite no longer …）前半の「希少なものとは考えなくなった」はダイヤモンドの希少価値が失われたことを意味し，第 4 文の内容と重複するので，なくても差し支えないだろう。

▶設問(5)　最終段第 1・2 文（The history of … in the interim.）に「婚約指輪の歴史は，1215 年，中世の最も有力な教皇の一人が，カップルの婚約と結婚式の間に待機期間を設けることを宣言したときに始まった。指輪は，その期間，カップルの約束を示すのに使われた」とある。この内容をまとめる。なお，a couple は総称で，「どのカップルも」の意。「あるカップル」と解釈すると，婚約指輪を必要としたのはその 1 組だけということになり，婚約指輪が普及した事実と矛盾が生じる。

●語句・構文●

(第 1 段) lend *oneself* to ～「～に役立つ，向いている」

(第 2 段) deposit「埋蔵物，鉱床」 refract「～を屈折させる」 talisman「護符，お守り」 ingest「～を摂取する」

(第 3 段) be composed of ～「～で構成されている，できている」

(第 4 段) deplete「～を枯渇させる，使い尽くす」

(第 5 段) colossal「巨大な」

(最終段) signify「～を示す，意味する」 in the interim「その間」 mandate「～を義務づける」 ornate「飾り立てた」

❖講　評

他学部と一部の問題が共通になっている。

Ⅰの英文和訳問題は，文・人間科・法・経済学部Ⅰと共通問題。

Ⅱの長文読解総合問題は，「書くという行為の本質」を，初めは話すことと比較し，徐々に文体や書く文章の種類へと展開しながら論じたもの。日常的な行為を緻密に論じており，丁寧に文脈についていきたい。設問は，英文和訳と内容説明。内容説明には字数制限が設けられていないので，解答欄の大きさを考慮に入れてまとめる。

Ⅲのテーマ英作文は，文・人間科・法・経済学部Ⅲと共通問題。

Ⅳの和文英訳問題は，一連の文章の 3 カ所を英訳するもの。例年どおり，日本語らしい構造の柔らかい文章であり，2 カ所は長い文 1 つ，1 カ所は短めの文 2 つである。日本文の内容はわかりやすいが，それを英語として正しく読みやすいものになるように，構成を十分考える必要がある。

Vのリスニングは，ダイヤモンドを中心に，その他の宝石と婚約指輪の歴史について述べたもの。過去6年と同様，一連の文章が一気に放送された。設問はすべて日本語の質問に日本語で答える記述式のものだった。設問は問題冊子に印刷されているので，あらかじめ読んで聞き取るポイントをつかんでおきたい。

「読む」「書く」「聞く」という総合的な力が試されることは例年どおりであり，いずれも短期で身につけられるものではなく，英語になじむ地道な積み重ねが求められる。

日本史

I

解答 奈良時代に国家の保護を受けて仏教がさかえると，社会に浸透する過程で日本古来の神祇信仰との融合が進み，神と仏を同一視する神仏習合の思想がおこった。神社の境内には神宮寺が，寺院の境内には守護神をまつる鎮守社が建てられ，神前での読経も行われて神社と寺院の融合が進んだ。平安時代には密教と在来の山岳信仰が結びついて修験道が生まれ，さらに神仏習合が一般化すると，神は仏の仮の姿だとする本地垂迹説が唱えられた。(200 字程度)

◀解　説▶

≪奈良・平安時代の神仏習合≫

▶設問の要求

〔主題〕奈良・平安時代における神仏習合の展開過程について具体的に述べる。

〔条件〕日本の神祇信仰との関連に留意する。

▶論点の抽出

神仏習合と呼ばれる現象について，奈良・平安時代の具体例を指摘しながらその推移を述べればよい。奈良時代の国家仏教の進展の過程で神祇信仰と結びついたこと，その具体例として神宮寺・鎮守社・神前読経などをあげる。平安時代は密教との関連で修験道などが生まれたことを指摘し，融合が進む中で仏教側を優位に置く本地垂迹説の思想が生まれたことで締めればよい。200 字程度の中で神仏習合の具体例をどこまで盛り込むかがポイント。

▶解答の枠組み

〔奈良時代〕

- 神仏習合のはじまり―国家仏教の影響
- 神宮寺の建立
- 鎮守社の建立
- 神前読経

〔平安時代〕

・修験道－密教との関連
・本地垂迹説

▶解説

〔奈良時代〕

●神仏習合のはじまり―国家仏教の影響

6 世紀の公伝以来，仏教は先進文化として，また国家を守護する宗教として保護され，奈良時代には鎮護国家の思想のもと，大仏造立などの仏教保護政策が進められた。しかし一方で，当時の民衆には祖先の霊や土地の霊（産土神）を礼拝するなど土俗的な神祇信仰が根強く残っており，外来信仰である仏教を日本社会に浸透させる過程で，在来信仰との融合を進める必要があった。こうした仏教界の計らいにより，神と仏を同一視するという神仏習合の風潮が生まれたと考えられる。なお，中国においても仏教と在来信仰との融合がみられ，その影響を受けたとも考えられる。

●神宮寺の建立

外来宗教で普遍性の強い仏教は，伝統的な神祇信仰を包摂しながら浸透していくと，古来の神々は仏教による救済や仏法を喜ぶとの観念が生まれ，各地の神社の境内に神宮寺が建てられた。神宮寺は奈良時代初期からみられ，古いものとしては福井県気比神宮や大分県宇佐八幡宮に属する神宮寺などがある。平安時代に入ると，各地の神社のほとんどに神宮寺が建てられるようになった。

●鎮守社の建立

神仏習合の具体例として寺院の境内に守護神をまつることもあり，鎮守社も造られた。解答に「鎮守神」の用語を使用してもよいであろう。鎮守神は特定の土地や建物を守護する神のことであるが，神仏習合の風潮から寺院に有力な神霊を勧請（分霊を迎え，まつること）するようになり，鎮守社が建てられた。例えば，東大寺の鎮守社である手向山（たむけやま）八幡宮は749年創建といわれ，応神天皇ほかを八幡神（鎮守神）としてまつった。八幡神は神仏習合の風潮から，神に仏教の菩薩号をつけて八幡大菩薩ともいい，東大寺の守護神となった。そのほか，延暦寺の日吉神社，金剛峰寺の丹生社などがある。

●神前読経

仏教的観念から，この世に現れた神も前世からの宿業を背負うものとして苦悩をもち，仏法により解脱できるという思想がおこり，神宮寺などでさかんに神前での読経が行われるようになった。こうして神仏習合の風潮が広がり，神社と寺院の融合が進んだ。

〔平安時代〕

●修験道―密教との関連

平安時代の神仏習合の具体例として修験道を指摘しよう。日本の神祇信仰の中に古来，山岳信仰があり，山岳を恵みの源泉として山の神を崇拝する信仰が存在した。山岳そのものを御神体として信仰する神体山の思想は神道発展の根本原理となり，また山岳で宗教的呪法を体得した者は病気治癒や除災などの能力をもつ者として畏怖された。

平安時代に入ると，天台・真言両宗により密教が隆盛した。加持祈禱による呪法を体得する密教では，厳しい山岳修行を重んじたため，古来の山岳信仰との融合がはじまった。これが修験道である。修験道は奈良時代の役小角を開祖とするが，最澄・空海らの山岳仏教の提唱から密教僧の山岳修行がよりいっそうさかんとなり，超自然力を獲得した者は修験者と呼ばれた。なお，修験道は中国の道教や陰陽道の影響もみられるので留意しておこう。

●本地垂迹説

平安時代中期頃から，密教や浄土教の流行を背景に，仏教が優位に立ったうえで，神祇信仰を包摂・統合する立場から本地垂迹説が唱えられるようになった。本地垂迹説とは，日本の神は本地である仏が仮の姿（権現）となって現れ，民衆を救済するという思想のことである。具体例では，天照大神を大日如来，春日大明神を不空羂索観音などとしたように，日本古来の神にそれぞれの本地仏が定められるようになった。

なお，神仏習合の具体例として，薬師寺僧形八幡神像などのように，神が僧の姿で表現される神像彫刻が作られたこと，また怨霊（疫神）を神前読経などで慰める御霊会（御霊信仰）が行われたことなどを解答に指摘してもよいであろう。

II　解答

鎌倉幕府は東国を基盤とする武家政権として成立したが，朝廷も依然として全国の支配権を維持していた。承久の乱に勝利した幕府は京都に六波羅探題を設置して朝廷を監視し，京都の警備や西国の統括にあたらせた。また後鳥羽上皇方の所領を没収し，戦功のあった御家人らを新補地頭に任命するなど，畿内や西国に幕府の支配権を拡大させた。さらに幕府は上皇らを配流し，皇位継承にも介入するなど，朝廷に対する政治的優位を確立した。(200 字程度)

◀解　説▶

≪承久の乱後の朝幕関係の変化≫

▶設問の要求

〔主題〕承久の乱後の朝廷と鎌倉幕府との関係がどのように変化したかについて具体的に述べる。

▶論点の抽出

承久の乱の勝利によって鎌倉幕府の政治的優位が確立されたことを具体的な事柄を指摘しながら述べる。乱以前の朝廷と幕府による二元的な支配の状況をまず説明し，乱後に幕府が六波羅探題や新補地頭を設置して畿内や西国の支配を強化したことを指摘し，さらに上皇の配流や皇位継承への介入により幕府が政治的に優位な立場を確立したことを述べればよい。

▶解答の枠組み

〔承久の乱前の状況〕

- 鎌倉幕府－東国の武家政権
- 朝廷－全国支配権を保持
- 幕府と朝廷の二元的支配

〔承久の乱後の状況〕

- 六波羅探題の設置－朝廷の監視
- 新補地頭の設置－畿内・西国支配の強化

〔鎌倉幕府の政治的優位〕

- 上皇の配流
- 皇位継承への介入

▶注意点

承久の乱に関連する人物などは最小限にとどめておくこと。執権北条義時や後鳥羽上皇などは示してもよいが，配流された土御門・順徳上皇，また廃位された仲恭天皇や即位した後堀河天皇などを書くと 200 字程度の字数には収まらず，また論旨が希薄になるので注意しよう。

▶解説

〔承久の乱前の状況〕

乱後の変化が問われているので，乱以前の状況を指摘しておくことが望ましい。ただ字数を多く割かないように簡潔にまとめよう。

●鎌倉幕府─東国の武家政権

源頼朝が創設した鎌倉幕府は，東国武士団を御家人として組織した軍事政権であった。武士社会の土地を媒介とした御恩と奉公の私的な封建的主従関係を，守護・地頭の設置を朝廷から認可されることで国家体制の中に公的に取り込み，全国的な軍事警察権を掌握した。しかし，西国の御家人は，将軍の保護を受けて職務を遂行するが，多くは地頭に任命されず，従来通り荘園領主や国司から荘官（下司職・郷司職など）や在庁官人に任命される立場であった。

●朝廷─全国支配権を保持

一方，京都には朝廷があり，各国の国司を通じて地方行政を掌握し，広大な国衙領を支配した。また，全国を対象に新制（公家法）と呼ばれる特別立法を発布するなど，依然として全国の支配権を有していた。さらに，有力貴族や大寺社などの権門勢家も多くの荘園を領有し，鎌倉幕府に属さない武士（非御家人）などを私的な軍事力として保持していた。

●幕府と朝廷の二元的支配

鎌倉幕府にとって朝廷（上皇・天皇や貴族）は，征夷大将軍の地位を付与し，武家政権の正当性を保障する権威の源泉であった。よって幕府は朝廷に対して一定の距離を保ちながらも敬い協調する必要があり，原則として朝廷政治に介入しないことになっていた。そのため全国は，東国の武家政権である幕府と伝統的権威を保持する朝廷との二元的支配となった。承久の乱以前の幕府の支配地域は事実上東国に限られ，その権力は西国に浸透していない状況であった。

〔承久の乱後の状況〕

承久の乱は，東国の武家政権である鎌倉幕府が，京都の後鳥羽院（朝廷）による討幕の企てを粉砕し，圧倒的な軍事力で屈服させた事件である。

●六波羅探題の設置─朝廷の監視

鎌倉幕府は，それまでの京都守護が脆弱だったため承久の乱を防ぎえなかったとの反省から，強力な京都駐在機関として六波羅探題を設置した。幕府軍を指揮した北条泰時・時房がそのまま六波羅探題として京都にとどまり，朝廷の監視，京都の警備，さらに尾張以西の諸国を統轄させ，西国御家人の統率にあたらせた。有事には独自に対処できる権限を与え，行政・訴訟・裁判などの機構を備えて独自の機能をもつようになった。西国支配の要として執権に次ぐ重職となり，北条一門から任じられ，これまで弱体であった西国支配が強化された。

●新補地頭の設置―畿内・西国支配の強化

乱の結果，上皇方についた貴族・武士らの 3,000 余カ所の所領が没収され，活躍した東国御家人らに新恩給与として地頭職が与えられた。このとき没収した所領の多くは，それまで幕府の支配圏外であった畿内や西国に所在しており，東国の本領から新補地頭として西国に移住した御家人は西遷御家人と呼ばれ，その中には毛利や大友など後に戦国大名クラスに成長する者も少なくなかった。新補地頭の設置により幕府の支配力は西国にも直接及ぶようになった。

〔鎌倉幕府の政治的優位〕

●上皇の配流

幕府の乱後処理は極めて厳しく，乱の首謀者として後鳥羽上皇は隠岐に，また関係者として土御門上皇と順徳上皇はそれぞれ土佐と佐渡に流された。承久の乱での敗北は白河上皇から続く「治天の君」による院政の権力を凋落させた出来事であった。

●皇位継承への介入

また，幕府は仲恭天皇（順徳上皇の子）を廃位し，乱に関与しなかった皇統として後堀河天皇（高倉天皇の孫）を即位させた。これ以後も幕府は皇位継承に介入するようになった。一方，幕府は政治的優位な立場を確立しながらも朝廷との協調関係を重視し，その後も摂家将軍や皇族将軍を招くなど，朝廷権威を利用して政治の安定をはかった。

Ⅲ　**解答**　寛政の改革では，荒廃した農村を復興するため，出稼ぎを制限して農村人口の減少を防ぎ，耕地の回復をはかった。また，飢饉対策として各地に義倉・社倉を設け，大名にも囲い米を命じた。一方，貧農層が流入した江戸では，下層民による打ちこわしが頻発したため，治安対策として無宿人などを収容する人足寄場を設け，貧民救済策として七分積金の運用をはじめた。さらに，江戸に流入して正業をも

たない者には資金を与えて帰農を奨励した。(200 字程度)

◀解　説▶

≪寛政の改革の農村復興政策≫

▶設問の要求

〔主題〕寛政の改革において幕府がとった農村復興政策について具体的に述べる。

〔条件〕寛政の改革における都市政策にも留意する。

▶論点の抽出

寛政の改革の主要テーマであった農村復興政策と江戸の都市政策を連動させて述べる問題。農村の階層分化という社会状況を視野に入れながら，農村人口の確保という視点で，出稼ぎの制限や江戸に流入した貧農層の帰村の奨励を述べ，一方で滞留貧民への対応として都市政策を想起して解答しよう。農村復興政策では，囲い米，出稼ぎ制限，旧里帰農令の内容を指摘し，また都市政策として，治安対策の人足寄場や貧民救済の七分積金などにも言及しておこう。なお，〔解答〕では旧里帰農令の内容を都市政策の一環と位置づけて説明した。

▶解答の枠組み

〔農村復興政策〕

- 天明の飢饉による荒廃
- 出稼ぎ制限と耕地の回復
- 飢饉対策ー義倉・社倉の設置と囲い米

〔都市政策〕

- 貧農層の江戸流入ー打ちこわし
- 人足寄場ー治安対策
- 七分積金ー貧民救済
- 旧里帰農令ー帰農の奨励

▶解説

〔農村復興政策〕

寛政の改革が課題とした農村復興政策と都市政策の背景には，18 世紀後半から顕著になった貨幣経済の浸透による農村の階層分化があった。貨幣経済の浸透により富農層が形成される一方で，土地を手放して小作人化する貧農層が増大し，貧富の差が広がり本百姓体制が動揺しはじめた。やがて貧農層は離村して江戸などの都市に流入し，滞留貧民（都市下層民）となって治安を乱し，飢饉などの際に打ちこわしを頻発させた。寛政の改革はこうした社会状況に対応することを大きな課題とした。

●天明の飢饉による荒廃

関東・東北地方を中心とする冷害と浅間山の噴火を伴った天明の飢饉は，幕藩体制成立以来の最大の災害であった。特に東北地方の被害が甚大で，各地で離村者も急増して耕地が荒廃する事態に陥った。

●出稼ぎ制限と耕地の回復

寛政の改革の農村復興政策の主眼は，農村人口の回復と耕地面積を復旧増加させ，本百姓体制を維持することであった。他国出稼制限令で農業労働力の減少を抑え，同時に公金貸付政策など金融政策を積極的に導入して耕地面積復興をはかった。ここで旧里帰農令の内容について指摘してもよい。また，公金貸付政策や，農政を預かる代官の交代などについて指摘してもよいであろう。

●飢饉対策―義倉・社倉の設置と囲い米

一方，飢饉による百姓一揆を防止するため，備荒貯蓄を奨励し，一般農民が貧富に応じて穀物を蓄える社倉や富裕者による義倉を設けて穀物を貯蔵させた。また同時に，大名にも 1 万石につき 50 石の割合で米穀を貯蔵する囲い米を命じた。この制度は幕末まで継続され，天保の飢饉で効力を発揮して多くの貧民を救った。

〔都市政策〕

●貧農層の江戸流入―打ちこわし

天明の飢饉を契機とする打ちこわしは，江戸・大坂をはじめ全国 30 余りの都市で発生した（天明の打ちこわし）。特に政権所在地である江戸での大規模な打ちこわしは，老中田沼意次を罷免に追い込む原因となり，幕藩領主にとって支配構造を脅かす大事件となった。寛政の改革では打ちこわしの再発を防止するため，その主体勢力である滞留貧民への対応が大きな課題となった。

●人足寄場―治安対策

打ちこわしの再発防止を目的とする都市政策として，人足寄場が設置された。火付盗賊改・長谷川平蔵の建議で石川島に設置された，無宿人や浮浪者らの収容施設である。江戸の治安維持を目的とするが，職業指導を行う授産所でもあった。

●七分積金―貧民救済

さらに，都市政策の一つとして七分積金（七分金積立）を設けた。飢饉や災害時に備え，江戸の町入用（町費）の節約分の7割（70％）を江戸町会所に毎年積み立て，その積金を貧民救済や低利貸付に充てる制度である。平時には病気などの貧窮者に米・金などを支給し，飢饉や災害などの非常時には施米・施金を実施して成果をあげた。

●旧里帰農令―帰農の奨励

人足寄場や七分積金などで滞留貧民に対応する一方で，農村復興政策と連動して旧里帰農令を発令した。当時の江戸の町人人口の半数以上は「その日稼ぎ」の下層民であり，彼らが打ちこわしの主体勢力であった。旧里帰農令では正業をもたない貧民に資金を与えて帰農を勧め，江戸の人口を減少させるとともに，農村の労働力回復をはかろうとした。改革期間中に三度も発令された旧里帰農令だったが，江戸の暮らしに浸りきった貧民は，過酷な農業労働を忌避してほとんど従わなかった。

Ⅳ 解答

第一議会では，超然主義の立場で軍備増強予算成立をねらう藩閥政府に対し，多数を占めた民党は「政費節減・民力休養」を唱えて地租軽減を要求した。日清戦争後，軍備拡張を急ぐ藩閥政府は政党との提携関係を築いたが，第3次伊藤博文内閣が地租増徴案を提出すると，自由党と進歩党は結束して否決した。両党は憲政党を結成して初の政党内閣を組織したが短命に終わり，次の第2次山県有朋内閣は自由党系の憲政党と提携して地租増徴を実現した。(200 字程度)

◀解　説▶

≪明治の地租問題と政界の展開≫

▶設問の要求

〔主題〕初期議会から第2次山県有朋内閣までの地租問題の展開について具体的に述べる。

〔条件〕藩閥政府と政党との関係に留意する。

▶論点の抽出

初期議会から第2次山県有朋内閣までの政界の推移を，地租問題における藩閥政府と政党との関係を軸に述べる。地租問題がクローズアップされた時期を想起してまとめられるかがポイントである。第一議会で民党が地租軽減を求めたこと，日清戦争後に藩閥政府が政党との連携をはかり，第 3 次伊藤博文内閣が地租増徴を求めたが失敗したこと，そして第 2 次山県内閣が憲政党の協力で地租増徴を実現したこと，以上の大きく 3 つの時期に絞って解答すればよい。

▶解答の枠組み

〔初期議会の政界〕

- 超然主義の藩閥政府と民党
- 第一議会の様相―民党の地租軽減要求

〔日清戦争後の政界〕

- 藩閥政府と民党の提携関係
- 第 3 次伊藤内閣の地租増徴案

〔政党内閣の崩壊と第 2 次山県内閣〕

- 政党内閣の成立と崩壊
- 第 2 次山県内閣―地租増徴の実現

▶注意点

内閣名や政党名をどこまで記すかが悩むところである。それぞれのポイントですべて記してしまうと 200 字程度という字数をオーバーしてしまうので注意しよう。重要なものだけに絞って記すようにすればよい。〔解答〕では説明の便宜上，第 3 次伊藤内閣，自由党と進歩党，憲政党と分裂後の憲政党（自由党系），また設問文に示されている第 2 次山県内閣などを使用した。

▶解説

〔初期議会の政界〕

1873 年の地租改正条例によって土地所有者の農民は地価の 3 ％を金納する義務を負うことになった。地租の負担は大きく，反対一揆が各地で起こると，1877 年に税率は 2.5％に引き下げられた。また国税収入の大半を占めたことから，土地所有者である豪農層（地主）は納税者参政権論の立場から国会開設を求める民権運動に参加するようになり，自由党などの政党が結成されるとその支持基盤となった。〔解答〕には示していないが，政党の支持基盤として地租の納税者である地主層の存在があったことを認識しておこう。

●超然主義の藩閥政府と民党

議会が始まると，藩閥政府は政党に左右されず政治を行うという超然主義を掲げ，政党との対決姿勢を示した。一方，第 1 回総選挙の結果，民権運動の流れをくむ立憲自由党や立憲改進党が過半数を占めた。選挙資格は男子 25 歳以上で地租など直接国税 15 円以上を納める者だったので，有権者はほとんどが地主層であった。よって，初期議会は地主議会とも呼ばれ，立憲自由党や立憲改進党は民党と呼ばれて藩閥政府と対立した。

●第一議会の様相―民党の地租軽減要求

第一議会で藩閥政府（第 1 次山県内閣）は，国境線と関連する朝鮮半島の防衛を説いて軍備増強予算を提示した。これに対して，地租納税者の地主層を支持基盤としている民党側は，「政費節減・民力休養」を唱えて抵抗した。無駄な行政費を整理し，それで得た財源で地租の軽減を行えというスローガンである。結局，藩閥政府が自由党土佐派を切り崩して予算は成立し，民党側の地租軽減は果たせなかった。

〔日清戦争後の政界〕

●藩閥政府と民党の提携関係

日清戦争後，藩閥政府はロシアに対抗するため急速な軍備増強の予算とそれに伴う増税が大きな課題となり，これを議会で成立させるためには，超然主義をやめて民党との提携が必要となった。一方，民党側も国防上，軍備増強は必須と考え，また藩閥政府に協力することで政党勢力の影響力を増やそうとした。こうして第 2 次伊藤内閣は内相に板垣退助を入閣させて自由党と提携，続く第 2 次松方正義内閣は外相に大隈重信を入閣させて進歩党（旧立憲改進党）と提携し，軍備増強予算を成立させた。

●第 3 次伊藤内閣の地租増徴案

1898 年 3 月にロシアが旅順・大連を租借すると，さらに軍備増強予算が必要となり，それには安定性のある地租の増徴が必須となった。一方，民党側は軍備増強に賛成であっても，定額金納地租の負担は重く，増徴に賛成すれば地主などの支持層からの信頼を失うため賛同できなかった。第 3 次伊藤内閣は民党との提携がないまま，地租増徴案（2.5％から 3.7％へ）を提出したが，自由・進歩両党の反対により大差で否決された。

〔政党内閣の崩壊と第 2 次山県内閣〕

●政党内閣の成立と崩壊

「政党」の大きな動きとして，初の政党内閣が誕生したことを簡潔に指摘しよう。地租増徴案を否決した自由・進歩両党は直後に合同して憲政党を結成し，第 3 次伊藤内閣が総辞職すると，初の政党内閣として第 1 次大隈重信内閣が誕生した。しかし，文相尾崎行雄の共和演説事件を契機に，憲政党は憲政党（旧自由党）と憲政本党（旧進歩党）に分裂し，内閣は 4 カ月余りで崩壊した。

●第 2 次山県内閣―地租増徴の実現

次に成立した第 2 次山県内閣（藩閥政府）は，憲政党（旧自由党）との提携により，1898 年，懸案の地租増徴案（2.5％から 3.3％へ）をようやく成立させた。憲政党（旧自由党）は一貫して地租増徴に反対していたが，一転して賛成に回ったのは支持基盤である地主層の性格の変容があったからである。地主は地租や株式投資など資本主義発達の資金面を担っており，支持政党を通じて藩閥政府と提携し，利益還元の輪に参入することを望むようになった。

なお，山県内閣は地租増徴案を成立させる代償として，憲政党の要求である選挙法を改正し，選挙資格を直接国税 10 円以上に引き下げた。一方，地主の不満を解消するため，同時に田畑地価修正法を制定し，また地主制の保護と組織化のために農会法（1899 年）や産業組合法（1900 年）を制定した。さらに，地主を擁護するため，治安警察法（1900 年）に小作争議の弾圧条項を盛り込んだ。

❖講　評

2021 年度も例年と同様，全問論述問題であった。論述量は，4 題すべて 200 字程度で総字数 800 字程度と例年どおりである。時代別の構成もⅠ原始・古代，Ⅱ中世，Ⅲ近世，Ⅳ近代となっている。90 分の試験時間で題意をくみとり，論旨にそってまとめるのは容易ではない。なお，2021 年度は例年と同様に，問題の設定や条件が明確で取り組みやすい問題が多かった。

Ⅰは奈良・平安時代における神仏習合をテーマにした問題。神仏習合の具体例を的確に指摘できるか，また本地垂迹説などを簡潔な説明を加えて述べられるかがポイントである。文化史の内容で受験生の苦手とするものなので，やや難問である。

Ⅱは承久の乱後の朝廷と鎌倉幕府の関係の変化を述べる問題。論述問題としては定番の内容である。乱後，幕府側が政治的に優位となる結論であるが，具体的に六波羅探題や新補地頭などの用語をあげて説明できるかがポイント。また，西国に支配が広がる流れの前提として，乱前の二元的支配の指摘も欠かさずしておきたいところである。承久の乱に関連する人物などの羅列に陥らないように注意しよう。

Ⅲは寛政の改革の農村復興政策について述べる問題。寛政の改革の重要テーマを考察できる良問である。農村復興の前提として都市問題が連動していることに気づけるかがポイント。出稼ぎ制限や旧里帰農令が農村人口や労働力の回復をはかる方策であったこと，留意点の都市政策については滞留貧民への対応として人足寄場や七分積金などを簡潔に指摘しておきたい。旧里帰農令の内容を農村復興政策と都市政策のどちらで説明するかが悩むところであるが，全体的な構成の中で思案して指摘すればよいであろう。

Ⅳは地租問題をテーマに，藩閥政府と政党の関係を述べる問題。内閣名や政党名をどこまで示すか悩むところで，やや難問である。地租問題が浮上したタイミングを的確に想起してまとめられるかが勝負どころ。第一議会で地租軽減が求められたこと，第２次山県内閣で地租増徴が実現したことは想起しやすいが，その間の第３次伊藤内閣の地租増徴の失敗が指摘できるかがポイントになる。

世界史

I　解答　問1．(A)―(1)　(B)―(2)　(C)―(3)

問2．3人の宗教者は，一般信徒は聖職者の言葉を媒介に得られる知識で十分とする，ローマ教皇を頂点とした階層制をとるローマ=カトリック教会の信仰のあり方を「異端者」として批判し，一般信徒が直接聖書から福音に接して正しい信仰を得られるように，ラテン語聖書を各国語に翻訳した。(120 字程度)

問3．11 世紀には，クリュニー修道院出身の教皇グレゴリウス7世が教会刷新運動を進め，教会の腐敗・堕落の原因となっていた聖職売買を一掃するため，皇帝との間に叙任権闘争を展開した。13 世紀には，腐敗・堕落した教会に対して，清貧を理想とする禁欲的な宗教運動が民衆の間に起こった。これに対して教皇インノケンティウス3世は，カタリ派を異端として徹底的に弾圧し，フランチェスコ会やドミニコ会の托鉢修道会を公認して異端審問を行わせた。(200 字程度)

◀解　説▶

≪11～16 世紀のローマ=カトリック教会への批判と同教会の改革運動≫

▶問1．イングランドの神学者ウィクリフ，ボヘミアの宗教者フス，ザクセン選帝侯の庇護を受けた宗教者ルターは，いずれも教会の教えではなく聖書の言葉に立ち戻るべきとする聖書主義の立場をとった。

▶問2．批判されている信仰のあり方としては，史料文の「一般信徒は神の法を知る必要はなく，聖職者や説教師たちが生の声で述べた知識だけで彼らには十分」であるとする信仰のあり方を指す。これは，神と信者の間に聖職者や教会の介在（媒介）を認めるローマ=カトリック教会の考え方で，「異端者」とは「神の代理人」であるローマ教皇を頂点とするローマ=カトリック教会を指している。

このような信仰のあり方に対する変革の方向性としては，一般信者が直接聖書から神の言葉（福音）に接することができるようにすることで，そのためにはウルガタと呼ばれるラテン語聖書を各国の庶民の言葉に翻訳する必要が生じる。こうした聖書主義の立場をとるウィクリフは英語，フスはチェコ語，ルターはドイツ語に聖書を翻訳している。

▶問３．難問。11 世紀の変革としては，設問文の「修道院出身者が主導」という語に着目し，教会刷新運動の中心となったクリュニー修道院出身の教皇グレゴリウス７世のグレゴリウス改革について説明したい。「組織の腐敗」は「聖職売買」（指定語句），「対抗勢力の出現に対峙」は世俗権力である神聖ローマ皇帝との叙任権闘争について言及すればよい。

13 世紀の変革としては，「組織の腐敗」は教会や大修道院の富裕化・世俗化による腐敗・堕落を指し，「対抗勢力の出現」としては，腐敗・堕落を批判して「清貧」（指定語句）を実践する「民衆主体の運動」として「カタリ派」（指定語句）や「托鉢修道会」（指定語句）について言及すればよい。「変革」の方向性としては，同じ「民衆主体の運動」のうち「カタリ派」が「排除」され，「托鉢修道会」がローマ教皇から公認される形で「内部に取り込」まれたことを指摘したいが，この点が難しいと思われる。

なお，「清貧」については，托鉢修道会のフランチェスコ会やドミニコ会を説明する文脈でも使用することができる。

Ⅱ　解答

問１．永楽帝は靖難の役で国内を平定し，モンゴルやベトナムに遠征して周辺の安定を実現した。帝は，政治的安定と軍事的優位を背景に，鄭和に東南アジアからインド，東アフリカまで南海遠征を命じ，明の威信を示して朝貢を促した。その結果，これに応えて，アフリカの珍獣がインド経由で明にもたらされた。この出来事は，異国風俗の使節がはるばる永楽帝の徳を慕って，瑞兆とされる想像上の動物麒麟を献上したものとして，皇帝の権威を高めるのに大いに役立った。（200 字程度）

問２．東方貿易で繁栄するイタリアには，ビザンツ帝国からの亡命者やイスラーム世界との交易を通じてギリシア・ローマの古典文化が流入した。こうした古典文化を模範として，キリスト教以前の古典文化の復興と人間精神の自由な解放を目指すルネサンス運動が起こった。毛織物や金融業，香辛料貿易などで繁栄する都市国家フィレンツェの大富豪メディチ家はこの文化運動を保護し，ルネサンス運動はフィレンツェで開花し，イタリアから西ヨーロッパ全域に広がった。（200 字程度）

◀解　説▶

≪15 世紀にキリンを献上された中国とイタリアの２人の権力者をめぐる，当時の政治・経済・文化的状況≫

▶問１．難問。「キリンが永楽帝に献上された背景」について「明王朝内外の政治・軍事的状況を踏まえて」論述することが要求されている。

アフリカ生まれのキリンがベンガル（インド）を経由して中国にもたらされた背景としては，鄭和の南海遠征について論ずることを要求されていると考えてよいだろう。

明王朝内外の政治・軍事的状況とは，鄭和の南海遠征に至る，靖難の役以後の明王朝内の政治的安定，ベトナムやモンゴルなど周辺諸国に対する軍事的優位について指摘すればよい。

絵のタイトル「瑞応麒麟図」については，キリンが中国の伝説上の神獣麒麟と解釈されたこと，およびそれが瑞応（めでたいしるし）と考えられたことを参考にして，「キリンが示す象徴的意味」を述べたい。

「使節の服装が示す象徴的意味」が難しいが，はるかベンガルにまで永楽帝の名声が届き，その徳を慕ってはるばる朝貢してきたことをその服装によって印象づけたものと〔解答〕では理解した。また，使節の頭にはインドの風俗であるターバンのようなものが巻かれているように見える。なお，使節の衣装は右前の襟（中国・朝鮮・日本など東アジアで特徴的な仕立てである）になっている。これを中国の伝統衣装と理解すれば，使節が中国風の衣装を着用したことになり，その場合，ベンガルでも中国の衣装が受け入れられているという推測も成り立つと思われる。いずれにせよ，使節の服装の解釈では論理的一貫性が求められることに注意したい。

▶問２．メディチ家全盛期の当主ロレンツォ=デ=メディチが「保護したとされる文化活動およびその背景」について，「イタリア半島外部の要素にも重点を置きつつ」論ずることが求められている。

メディチ家が保護した「文化活動」とはもちろんルネサンスのことであり，人文主義や古典文化の復興といった一般的なルネサンスの意味を説明すればよい。また，「その背景」としては，東方貿易によるフィレンツェをはじめとするイタリア諸都市の繁栄，イスラーム世界やビザンツ帝国からの新しい知識やギリシア・ローマの古典文化の流入，大富豪メディチ家など市民による文化保護などについて述べることが求められている。

なお,「イタリア半島外部の要素」とは，イタリアのルネサンスの背景としてビザンツ帝国からの亡命者やイスラーム世界との交流について述べることを要求していると思われる。

III **解答** サウジアラビアはスンナ派，イランはシーア派が大勢を占める。預言者ムハンマドの死後，アリーまで四人のカリフが選ばれ，アリーの暗殺後成立したウマイヤ朝の下でカリフ位が世襲となると，アリーの子孫のみを正統とするシーア派が成立した。アッバース朝以降，すべてのカリフを正統とするスンナ派が多数派を形成し，シーア派は少数派となった。(150 字程度)

◀解　説▶

≪サウジアラビアとイランで大勢を占めるイスラーム教の宗派のあり方≫

サウジアラビアで大勢を占めるスンナ派とイランで大勢を占めるシーア派というイスラーム教の二大宗派のあり方（違いや特徴）について論ずるもの。サウジアラビアとイランのイスラーム教については，2020 年度にも論述問題で出題されており，2 年連続の出題となった。指定語句の中に「四人（のカリフ)」「ウマイヤ朝」「アッバース朝」などの語がみられ，シーア派やスンナ派の成立過程や少数派（多数派）の形成過程について説明することが求められていると考えられる。

なお，現在サウジアラビアで信仰されているスンナ派の「ワッハーブ派」，イランで信仰されているシーア派の「十二イマーム派」については，150 字程度という制限字数と指定語句から考えて言及しなくても差し支えないと思われる。ワッハーブ派が成立したのは 18 世紀，十二イマーム派がイランの国教となったのは，16 世紀に成立したサファヴィー朝においてである。

❖講　評

2021 年度は大問 3 題の出題であった。形式は，論述問題を中心としながら一部に選択問題が出題されている。論述問題の総字数は，870 字程度である。

I　問 1 の選択問題は，ごく基本的であるが，ここで正解することが問 2 の論述問題につながる。問 2 は，史料文と問 1 の〔解答〕をヒントに，宗教改革に先行するウィクリフやフスの教会批判やその改革について問う問題。史料文は読みやすく，論述のテーマとしても難しくない。問 3 も中世末期のキリスト教に関する問題で，11 世紀の教会改革と 13 世紀の異端に対する対応を，ローマ教皇の立場から論述させるもので，13 世紀の民衆運動に関するものが難しい。

Ⅱ　キリンを描いた 15 世紀の 2 枚の絵画を切り口にして，中国とイタリアの同時代の動きについて論述させる問題。問 1 は，キリンが永楽帝に献上された時代背景を問う問題で，「絵のタイトル」「使節の服装やキリンが示す象徴的意味」といった文化史的なアプローチに戸惑った受験生も多かったのではないだろうか。特に「使節の服装」については言及が難しい。提示されている絵は，専門家がどのように解釈しているかという美術史的な視点での解答が求められているというよりも，「使節」の服装をどのように自分で解釈して，このことに論及できるかという点が評価されるのではないだろうか。問 2 は，フィレンツェのメディチ家が保護した文化活動としてのルネサンスについて論ずるもので，論述問題としてはごく基本的なテーマである。

Ⅲ　イスラーム教の二大宗派であるスンナ派とシーア派の歴史について論述させる問題。サウジアラビアのワッハーブ派やイランのシーア派については 2020 年度にも論述問題で問われており，2 年連続の出題となった。論述自体はさほど難しくはないが，150 字程度で過不足なく内容をまとめるには，かなりの構成力が要求される。

2020 年度の大阪大学の問題は，共通テストを意識した，思考力や資料読解力を問う新傾向の問題が多くみられた。しかし，2021 年度は，視覚資料や文献史料を使った大阪大学らしい出題はみられたが，新傾向の問題はみられず，論述内容は極めてオーソドックスなもので，比較的取り組みやすかった。2021 年度の最大の特色は，宗教や絵画，文化運動といった文化史的なアプローチが多かった点にあると言えよう。

地理

I

解答 問1．難民発生国は，シリア，アフガニスタンなどの内戦や政情不安が発生した国である。多くの難民は近隣地域へ緊急に避難するため，難民受入国は発生国に隣接する国が多い。また，先進国のドイツは人道的な見地から難民の受け入れに寛容である。一方，難民受入国のスーダンやコンゴ民主共和国などは，内戦や政情不安が続いた難民発生国でもある。（150字程度）

問2．冷戦終結後，社会主義体制の崩壊と民主化の進展の中で，民族対立が表面化し紛争が多発した。旧ユーゴスラビアは複数の民族が混在していたため，独立をめぐりボスニア=ヘルツェゴビナではクロアチア人，セルビア人，ムスリムの間で，セルビアのコソボ自治州ではセルビア政府とムスリムのアルバニア系住民との間で内戦が起こった。（150字程度）

問3．民族は同じ言語を話す人々の集団であり，言語は人々に連帯感をもたらす。近代には同じ民族からなる国民国家の形成がめざされたが，現実には多くの国が複数の民族で構成されている。多民族国家では，特定の民族が政治・経済的に支配力をもち，ほかの民族が不利益な立場に置かれることで，しばしば紛争が発生した。今日，言語に関しては複数の公用語を制定したり，多文化主義を採用したりすることで紛争を避け，民族の融和をはかっている国もみられる。（200字程度）

◀解　説▶

≪世界の難民と紛争≫

▶問1．「難民の地位に関する条約」では，難民とは，人種，宗教，国籍，政治的意見や，特定の社会集団に属するなどの理由で，自国にいると迫害を受けるおそれがあるために他国に逃れた人々をさす。しかし，実際には迫害の対象になっているだけでなく，国全体が戦争や紛争の危険にさらされ，その被害や危険から逃れた人々も含まれる。図1から，受け入れが多い国は，パキスタン，イラン，スーダン，ウガンダ，コンゴ民主共和国などの発展途上国が中心となっているが，その中にドイツが含まれることが読み取れる。難民の発生国は図1からは直接読み取れず，発生の主な原因となる紛争に関する知識が求められる。難民は紛争から逃れ，命を守るため，とりあえず近隣国へ逃れることが多いと考えられることから，難民発生国は受入国付近にあり，紛争の発生で知られるシリアやアフガニスタンが想起されよう。シリアでは，2011 年にアサド政権と複数の反政府勢力との間で内戦が勃発，深刻化した。アフガニスタンでは，2001 年の同時多発テロ後，アメリカの軍事介入によりタリバン政権が崩壊し，その後も戦闘が続いた。また，図 1 ではスーダンやコンゴ民主共和国が上位の受入国となっているが，スーダンではダルフール紛争のほか，過去に激しい内戦が起こっており，コンゴ民主共和国では 1998 年に反政府運動が激化し，内戦に発展した。そのため，両国は他国からの難民受け入れも多いが，他国への難民も多い。

そこで，記述のポイントとなる難民の発生国と受入国の関係は，受入国のパターンからみて，周辺国が受入国となる場合，先進国が受入国となる場合，発生国自体が受入国となる場合，の 3 つの点から説明するとよい。発生国は発展途上国が多いため，周辺の受入国も発展途上国であることが多いが，ドイツなど先進国の場合は，人道支援の立場から難民受け入れに積極的であることで説明できるだろう。

▶問 2．旧ユーゴスラビアの解体以降のバルカン半島周辺地域の紛争の背景が問われている。まず，旧ユーゴスラビアの紛争に関する知識が求められるが，旧ユーゴスラビアの解体時期を，スロベニア，クロアチア，マケドニアが独立を宣言した 1991 年と考え，それ以降に起こった紛争については，ボスニア=ヘルツェゴビナとコソボの紛争をあげるとよい。紛争の背景が問われているので，紛争の経過について詳しく述べる必要はないが，紛争の内容については，しっかりとした認識をもっておきたい。

記述の中心となる紛争の背景については，時代の特徴と地域の特徴の 2 点から考えるとよい。まず，時代の特徴からみると，この 2 つの紛争の発生は 1989 年の冷戦終結以後の時期にあたり，リード文にもある通り，冷戦以前とは異なる国際情勢が背景にあったと考えられる。つまり，米ソの二大勢力の支配下に置かれた冷戦期の軍事的緊張から解放され，各国で民主化の動きが進む中で，民族主義が台頭，それに伴う民族紛争が起こったととらえられる。この時期には，ユーゴスラビアの紛争以外にロシアのチェチェン共和国の独立運動，ルワンダの内戦など，各地で紛争が多発している。次に，地域つまり当時の旧ユーゴスラビアの国家としての特徴を考えると，旧ユーゴスラビアは第二次世界大戦後，6つの共和国で連邦国家を形成したが，歴史も宗教も異なる民族が複雑に入り混じっていたことが紛争の背景にあったといえる。ボスニア=ヘルツェゴビナでは，宗教が主にカトリックのクロアチア人，セルビア正教のセルビア人，イスラームのボシュニャク人などが混在していた。1980 年に，連邦を結びつけていた強力な指導者であったチトー大統領が死去したことも大きな要因といえるが，冷戦が終結すると，経済格差や宗教の違いなどで民族の独立の動きが高まり，次々と独立を宣言する国が現れ，ユーゴスラビアは解体されていった。その過程で，セルビアを中心とする連邦維持勢力と，分離独立をめざす勢力との間で紛争が勃発した。簡単に戦後のユーゴスラビアの歴史をまとめると次のようになる。

1945 年　ユーゴスラビア連邦人民共和国成立
1991 年　スロベニア，クロアチア，マケドニア（現，北マケドニア）独立
　　　　クロアチア紛争（～95 年）
1992 年　ボスニア=ヘルツェゴビナ独立
　　　　ボスニア=ヘルツェゴビナ紛争（～95 年）
　　　　ユーゴスラビア連邦共和国成立（セルビアとモンテネグロが結成）
1998 年　コソボ紛争激化
2003 年　ユーゴスラビア連邦共和国がセルビア=モンテネグロに改称
2006 年　モンテネグロ独立
2008 年　コソボ独立

▶問３．民族をめぐる問題などについて，民族，言語，国家の３要素相互の関係の説明が求められている。民族問題やこれまでの国民国家の概念・あり方が，なぜ，どのように紛争と結びついているかを考えながら相互の関係を検討しよう。まず，民族と言語との関係については，言語，宗教など文化的特徴で区分される人間の集団が民族であることから，言語は民族の意思疎通をはかり，連帯感をもたせる重要な要因であると考えられる。次に，民族と国家との関係については，国家の民族構成という点から考えるとよい。近代のヨーロッパ世界では，国家形成の過程で，人々が同じ民

族という強い意識を背景に国家を作りあげる国民国家をめざした。しかし，現実には一つの民族ではなく，複数の民族で国家が形成されることが多く，国家を構成する複数の民族の間で支配関係や差別が生じることが，紛争が発生する要因となったと考えられる。民族間の対立による紛争は，歴史を経て世界各地で起こっている。３つ目の国家と言語との関係については，言語は日常生活だけでなく，政治や教育など公の場でも使用することから，国家による使用言語の指定は，国民の生活や人権にかかわる問題ともなる。言語の違いによる民族対立の例はベルギーの言語問題が知られる。

説明の方法としては，民族と言語，民族と国家，国家と言語の３つのそれぞれの関係を明確に分けて述べる方法や，３つまとめて全体像を述べる方法などが考えられる。いずれにしても，リード文からは，平和の構築に向けた民族や国家の新たなあり方を築く方策を意識した説明が求められていると読み取れる。そのための具体的な方策の一つとして，言語に関して，一つの言語への同化政策をとるか，あるいは公用語を複数にするかの違いがあげられる。現在，公用語を複数にしている国や，旧宗主国の言語を公用語にしている国は少なくない。また，多文化主義を採用しているカナダやオーストラリアの例もある。これらの国の方策を念頭において，平和構築へ向けた何らかの方向性を説明するとよいだろう。

II　**解答**　問１．北極圏は寒帯気候に属し，一年中寒さが厳しく降水量は少ない。北極海沿岸はツンドラ気候が分布し，夏は短いが気温が上がり氷が融ける。また，グリーンランドの内陸部は氷雪気候が分布し，年中氷におおわれ氷床がみられる。20 世紀後半以降，地球温暖化の影響で海氷が融け，ホッキョクグマの生息域が狭まるなどの生態系への影響が生じているほか，永久凍土の融解により土中の温室効果ガスのメタンが大量に放出され，地球温暖化の進行が懸念されている。(200 字程度)

問２．北極圏では，凍結で鉄道や道路の敷設が困難なため，陸上交通はあまり発達していない。航空交通は冷戦期には旧ソ連上空の飛行が規制されたため西側諸国に利用されたが，冷戦終結後は利用が減っている。一方，水上交通では，近年の海氷面積の縮小により，太平洋と大西洋をこれまでより短距離で結ぶ北極海航路の開発の可能性が高まっている。(150 字程

度）

問3．北極圏は鉱産資源が豊富で，厳しい条件下でも，戦前から鉄鉱石，石炭など，近年では石油，天然ガスなどの開発が進んでいる。北極海の沿岸地域や大陸棚には，未開発の油田，ガス田などが豊富に存在するといわれる。今後，融氷が進むと，それらの資源の開発の可能性が高まるが，資源をめぐる沿岸国の開発争いや環境汚染の発生が懸念される。（150字程度）

◀解　説▶

≪北極圏の地誌≫

▶問1．リード文に北極圏の地理的な定義が示されているので，地域の範囲は特定しやすい。その南限にあたる北緯66°33′のおよその位置を図2の地図で確認しよう。緯線に緯度は示されていないが，図2の右下にみえる樺太などから判断できる。また，リード文から，北極圏は気候の目安が最暖月の平均気温10℃未満の地域と読み取れ，ケッペンの気候区分では寒帯に分類されることも把握できる。そこで，気候の特色としては，寒帯のうち，最暖月の平均気温が0℃以上の気候はツンドラ気候，0℃未満の気候は氷雪気候に区分されるため，各気候について，気温の特徴を中心に述べるとよい。北極海周辺地域はツンドラ気候，グリーンランド内陸部は氷雪気候が分布する。20世紀後半以降の環境変化については，地球温暖化が想起されるだろう。1980年代から地球には明らかな温暖化傾向が現れたとされ，1988年には，気候変動に関する政府間パネル（IPCC）が発足している。地球温暖化がもたらす環境変化としては，氷床，氷河，永久凍土の融解などが環境へ与える影響について述べるとよい。具体的には，地球全体の海水面上昇の影響も考えられるが，直接この地域に影響をもたらす，ホッキョクグマの生息域の減少や，永久凍土下のメタンの放出などについて述べたい。

▶問2．北極圏における交通については，地球温暖化の影響による海氷の融解で，船舶の航路としての利用が話題であることが思い出されるだろう。ただ，字数も考慮すると，北極圏の特殊性と関連させながら，陸上，航空交通についても簡単に言及したい。陸上交通については，鉄道や道路の敷設が難しい。夏は湿地になり，冬は地面が凍結し，さらに凍結による地盤の隆起の被害も考えられる。航空交通については，冷戦期の利用についてふれたい。冷戦期には，旧ソ連が自国上空を西側諸国の航空機が飛行することに厳しい統制を加えたため，北極圏回りの航空路が設定され，アンカレジなどはその中継地として利用された。アンカレジは，今日，航空貨物の中継地としての利用が盛んになっている。水上交通に関しては，今日注目されている北極海航路について，その利点を述べるとよい。アジアからヨーロッパへ航行する場合，距離が大幅に短縮され，経費も安く済むことが大きいが，海賊による被害もなく安全に航行できることもあげられる。ただし，商業利用のためにはさまざまな問題があるといわれるので，期待されている理由を述べる程度でよいだろう。

▶問３．北極圏の資源の開発は，未開発の資源の存在と開発の可能性が思い浮かぶが，まず資源利用の現状を述べたい。北極圏は鉱産資源が豊富で，厳しい自然条件のもとでも局地的ではあるが，古くは第二次世界大戦以前からすでに利用されていた。ロシアのノリリスク周辺のニッケル鉱などや，スウェーデンのキルナの鉄鉱石，スバールバル諸島の石炭などがその例である。戦後は，アラスカのプルドーベイの石油，さらに 21 世紀以降は，エネルギー価格の高騰や掘削技術の進歩により，ヤマル半島の天然ガスなどロシアで開発が活発化している。これらの現状をふまえ，地球温暖化の影響により海氷面積が縮小することで，資源開発の可能性が高まっていることを述べるとよい。ロシアやカナダの沿岸部には，大陸棚を含め，まだ未開発で採掘可能な油田，ガス田が豊富に分布するといわれる。字数に余裕があれば，資源をめぐる争いや環境汚染などの懸念にふれてもよいだろう。

❖講　評

2021 年度は，大問数は例年どおり２題で，全問論述法が用いられた。論述問題の総字数は６問 1000 字程度で，分布図，地図を用いた出題も例年と変わらない。内容は，１題は系統地理的分野，もう１題は 2018 年度以来となる地誌的分野からの出題で，北極圏の地誌など教科書の扱いがやや少ない分野が出題されたが，近年の地域の動向をふまえた標準的な内容の問題であった。難易度は 2020 年度とほぼ同じであったといえよう。

Ⅰは世界の難民や紛争をめぐる問題であった。問１は難民受入国の図から難民発生国が導けると説明しやすかったであろう。難民受入国を 3 つのパターンに分類して説明したい。問 2 は旧ユーゴスラビア解体以降の紛争が問われた。出来事だけでなく，紛争の背景が問われたことに注意したい。冷戦前と冷戦後の紛争の性格の違いと，旧ユーゴスラビアの民族構成が理解できていると説明しやすかった。問 3 は民族，言語，国家の相互の関係について説明する問題であった。現代の紛争の本質が問われた良問であったが，やや難しく，書くべき内容やまとめ方に戸惑った受験生も少なくなかったと思われる。

Ⅱは北極圏の地誌の問題であった。問 1 は気候の特色と 20 世紀後半以降の環境変化に関する問題で，教科書の内容を理解していれば十分対応できたであろう。ただ，知識量が多いと，逆に字数内に要領よくまとめるのに苦労したかもしれない。問 2 は北極圏の交通の問題であるが，近年注目されている水上交通の北極海航路に固執すると，バランスを欠く記述になってしまう。イメージは薄いかもしれないが，陸上，航空交通にもふれたい。問 3 は北極圏の資源の利用と開発が問われた。北極圏の範囲を確認しながら具体的な資源名をあげ，その利用，開発の現状をふまえた上で，未開発の資源開発の可能性を述べたい。

2021 年度は，教科書の学習内容を素材にした取り組みやすい問題であった。ただ，**Ⅰ**は,「現代社会」や「政治・経済」の学習内容とも重なる出題であったため,「世界史」なども含め，他科目の学習にもしっかり取り組みたい。しかし，地理的事象に関する幅広い知識と，地理的な考え方，諸資料を読みこなす能力が問われた点は例年と変わらないといえるだろう。

数学

1

◇発想◇ (1) 放物線 C 上の点を $(p,\ p^2)$ などとおいて，この点における接線の方程式を求め，これが点 $\mathrm{A}(a,\ -1)$ を通るとして p についての2次方程式を導く。この方程式が異なる2つの実数解をもつことを示す。

(2) (1)で得た2次方程式の2つの実数解を $\alpha,\ \beta$ とおいて，解と係数の関係を用いる。直線PQの方程式を $\alpha,\ \beta$ で表す。

(3) 点と直線の距離の公式を用いて L を a で表す。適当に置き換えることにより，相加・相乗平均の関係を用いることができるように変形する。

解答 (1) $C:y=x^2$ より $y'=2x$ であるから，C 上の点 $(p,\ p^2)$ における接線の方程式は

$$y=2p(x-p)+p^2 \qquad \therefore \quad y=2px-p^2 \quad \cdots\cdots(*)$$

これが点 $\mathrm{A}(a,\ -1)$ を通るから

$$-1=2pa-p^2 \qquad \therefore \quad p^2-2ap-1=0 \quad \cdots\cdots①$$

この p についての2次方程式①の判別式を D とすると

$$\frac{D}{4}=a^2+1>0$$

であるから，①は異なる2つの実数解をもつ。点Aを通る C の接線の本数はこの実数解の個数と一致するので，点Aを通るような C の接線は，ちょうど2本存在する。　(証明終)

(2) ①の2つの実数解を $\alpha,\ \beta\ (\alpha \neq \beta)$ とおいて，$\mathrm{P}(\alpha,\ \alpha^2)$，$\mathrm{Q}(\beta,\ \beta^2)$ と表すことにすると，直線PQの方程式は

$$y=\frac{\beta^2-\alpha^2}{\beta-\alpha}(x-\alpha)+\alpha^2$$

より　$y=(\beta+\alpha)(x-\alpha)+\alpha^2$

$$\therefore \quad y=(\alpha+\beta)x-\alpha\beta$$

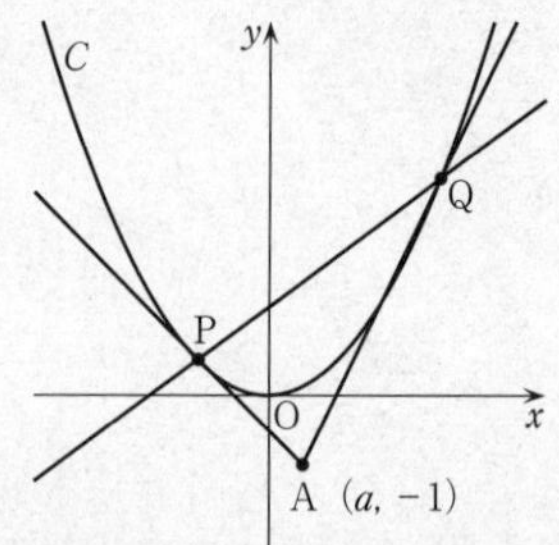

ここで，①において解と係数の関係より

$$\alpha+\beta=2a,\ \ \alpha\beta=-1$$

であるから，直線PQの方程式は，$y=2ax+1$ である。　　　（証明終）

(3)　$y=2ax+1 \Longleftrightarrow 2ax-y+1=0$ であるので，点A$(a,\ -1)$ と直線 $y=2ax+1$ の距離 L は

$$L=\frac{|2a^2-(-1)+1|}{\sqrt{(2a)^2+(-1)^2}}=\frac{2a^2+2}{\sqrt{4a^2+1}}$$

$\sqrt{4a^2+1}=t$ とおくと，$t\geqq 1$ であり

$$4a^2+1=t^2 \qquad \therefore \quad a^2=\frac{t^2-1}{4}$$

よって　$$L=\frac{2\cdot\dfrac{t^2-1}{4}+2}{t}=\frac{t^2+3}{2t}=\frac{1}{2}\left(t+\frac{3}{t}\right)$$

ここで，$t>0$，$\dfrac{3}{t}>0$ より，相加・相乗平均の関係を用いると

$$L=\frac{1}{2}\left(t+\frac{3}{t}\right)\geqq\sqrt{t\cdot\frac{3}{t}}=\sqrt{3}$$

等号は，$t=\dfrac{3}{t}$（$t\geqq 1$）より $t=\sqrt{3}$ のときに成立し，このとき

$$a^2=\frac{3-1}{4}=\frac{1}{2} \qquad \therefore \quad a=\pm\frac{1}{\sqrt{2}}$$

したがって，L の最小値は $\sqrt{3}$，そのときの a の値は $\pm\dfrac{1}{\sqrt{2}}$ である。

……(答)

別解　(2)　接点Pを $(x_1,\ y_1)$（ただし，$y_1=x_1{}^2$）とおくと，〔解答〕(1)の（＊）より，接線の方程式は

$$y=2x_1x-x_1{}^2 \quad すなわち \quad y=2x_1x-y_1$$

と表される。これが点A$(a,\ -1)$ を通るから

$$-1=2x_1a-y_1 \qquad \therefore \quad y_1=2ax_1+1 \quad ……㋐$$

同様に，接点Qを $(x_2,\ y_2)$（ただし，$y_2=x_2{}^2$）とおくと

$$y_2=2ax_2+1 \quad ……㋑$$

㋐，㋑より，直線 $y=2ax+1$ は2点P$(x_1,\ y_1)$，Q$(x_2,\ y_2)$ を通る。2点P，Qを通る直線はただ1つであるから，求める直線の方程式は

$y=2ax+1$ である。

(3) $L=\dfrac{2a^2+2}{\sqrt{4a^2+1}}$ において，$2a^2+2=s$ とおくと，$s\geqq 2$ をみたし

$$4a^2+1=2(s-2)+1=2s-3$$

であるから，$L\neq 0$ より

$$\frac{1}{L}=\frac{\sqrt{2s-3}}{s}=\sqrt{\frac{2}{s}-\frac{3}{s^2}}=\sqrt{-3\left(\frac{1}{s}-\frac{1}{3}\right)^2+\frac{1}{3}}$$

$s\geqq 2 \Longleftrightarrow 0<\dfrac{1}{s}\leqq\dfrac{1}{2}$ より，$\dfrac{1}{L}$ は $\dfrac{1}{s}=\dfrac{1}{3}$ すなわち $s=3$ のとき，最大値 $\dfrac{1}{\sqrt{3}}$ をとる。

$2a^2+2=3 \Longleftrightarrow a^2=\dfrac{1}{2}$ より，L は $a=\pm\dfrac{1}{\sqrt{2}}$ のとき最小値 $\sqrt{3}$ をとる。

参考　本問のように，放物線 C 外の点Aから C に２本の接線が引けるとき，その接点P，Qを結ぶ直線PQのことを，点Aを「極」とする放物線 C の「極線」という。

本問の放物線 C を円 $C:x^2+y^2=r^2$ に置き換えた円 C の極・極線について，次のような命題が成り立つ（この内容は，「数学Ⅱ」の参考書等でしばしば取り上げられている)。

「極 $A(X,\ Y)$ とするとき，円 $C:x^2+y^2=r^2$ の極線の方程式は $Xx+Yy=r^2$ である」

証明：点 $P(x_1,\ y_1)$ とおくと，点Pにおける接線は，公式より

$$x_1x+y_1y=r^2$$

これが点 $A(X,\ Y)$ を通るから　　$x_1X+y_1Y=r^2$

同様に，点 $Q(x_2,\ y_2)$ とおくと　　$x_2X+y_2Y=r^2$

これらは直線 $Xx+Yy=r^2$ が点 $P(x_1,\ y_1)$，$Q(x_2,\ y_2)$ を通ることを示しているから，直線PQの方程式は $Xx+Yy=r^2$ である。

この円の極・極線と同様に，２次曲線（楕円，双曲線，放物線）についても極・極線が定義される。本問は放物線の極・極線を題材に出題されている。

◀解　説▶

≪放物線の曲線外の点から引いた２本の接線とその接点を結ぶ直線，点と直線の距離の最小値，相加・相乗平均の関係≫

▶(1)　放物線の曲線外の点から曲線に引いた接線に関する典型的な出題である。接点を $(p,\ p^2)$ として，この点における接線が点 $\mathrm{A}(a,\ -1)$ を通るとして得られる p の２次方程式が，異なる２つの実数解をもつことを示せばよい。点Aを通る接線の本数は，この実数解の個数（＝接点の個数）と同じであることを確認しておくのが望ましい（本問では放物線（２次関数のグラフ）の接線であるから明らかであるが，４次関数のグラフなどでは，１本の接線が複数の点において接することがあり，接線の本数と接点の個数が一致しないことがあるので注意しよう)。

▶(2)　(1)で得た p の２次方程式の異なる２つの実数解を $\alpha,\ \beta$ とおいて，直線 PQ の方程式をまず $\alpha,\ \beta$ を用いて表せばよい。あとは解と係数の関係を用いれば結論が得られる。

〔別解〕は，〔参考〕で述べた極と極線に関する考え方を用いた解法である。

▶(3)　点と直線の距離の公式を用いて L を求める。L は無理式を含む分数式となるが，分母 $\sqrt{4a^2+1}$ を t とおくことで，相加・相乗平均の関係が使える形に持ち込むことができる。$4a^2+1=t$ とおいても同様に求めることが可能である。

〔別解〕のように，分子 $2a^2+2$ を s とおいて変形し，平方完成により２次関数の最大値として求めることもできる。

2

◇発想◇　(1)　空間において，４点 A_0，B_0，P，Q が同一平面上にある条件から，s と t の関係式を導く。なお，点Nが３点K，L，Mを通る平面上にある条件は，$k,\ l,\ m$ を実数として

$$\overrightarrow{\mathrm{KN}}=l\overrightarrow{\mathrm{KL}}+m\overrightarrow{\mathrm{KM}} \Longleftrightarrow \overrightarrow{\mathrm{ON}}=k\overrightarrow{\mathrm{OK}}+l\overrightarrow{\mathrm{OL}}+m\overrightarrow{\mathrm{OM}}$$
$$(k+l+m=1)$$

が成り立つことである。

(2)　与えられた条件から，$\overrightarrow{\mathrm{OA}}$，$\overrightarrow{\mathrm{OB}}$，$\overrightarrow{\mathrm{OC}}$ についての内積の値をそれぞれ求めることができるので，これを用いて，$\overrightarrow{\mathrm{OP}}\cdot\overrightarrow{\mathrm{OQ}}=0$ を計算する。

解答 (1) $\overrightarrow{OA}=\vec{a}$, $\overrightarrow{OB}=\vec{b}$, $\overrightarrow{OC}=\vec{c}$ とおくと，与えられた条件より

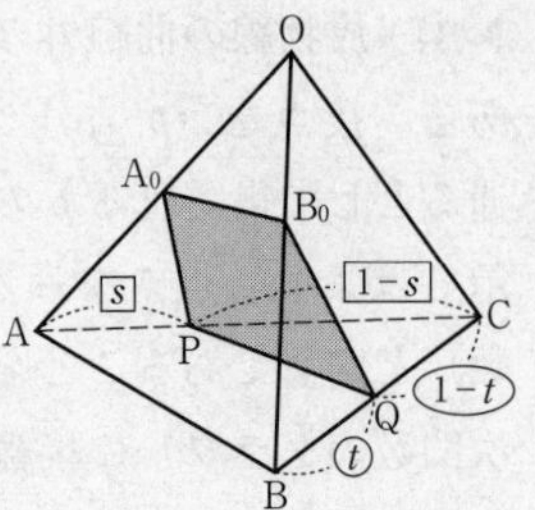

$$\overrightarrow{OA_0}=\frac{1}{2}\vec{a},\ \overrightarrow{OB_0}=\frac{1}{3}\vec{b}$$

$$\overrightarrow{OP}=(1-s)\vec{a}+s\vec{c}\quad (0<s<1)$$

点Qは3点 A_0, B_0, Pを通る平面上にあるから，l, m を実数として

$$\overrightarrow{A_0Q}=l\overrightarrow{A_0B_0}+m\overrightarrow{A_0P}$$

と表せる。よって

$$\overrightarrow{OQ}-\overrightarrow{OA_0}=l(\overrightarrow{OB_0}-\overrightarrow{OA_0})+m(\overrightarrow{OP}-\overrightarrow{OA_0})$$

であるから

$$\overrightarrow{OQ}=(1-l-m)\overrightarrow{OA_0}+l\overrightarrow{OB_0}+m\overrightarrow{OP}$$

これを $\vec{a}$, $\vec{b}$, $\vec{c}$ を用いて表すと

$$\overrightarrow{OQ}=\frac{1}{2}(1-l-m)\vec{a}+\frac{1}{3}l\vec{b}+m\{(1-s)\vec{a}+s\vec{c}\}$$

$$=\left\{\frac{1}{2}(1-l-m)+m(1-s)\right\}\vec{a}+\frac{1}{3}l\vec{b}+ms\vec{c}$$

また，$\overrightarrow{OQ}=(1-t)\vec{b}+t\vec{c}$ $(0<t<1)$ と表せるので

$$\overrightarrow{OQ}=(1-t)\vec{b}+t\vec{c}=\left\{\frac{1}{2}(1-l-m)+m(1-s)\right\}\vec{a}+\frac{1}{3}l\vec{b}+ms\vec{c}$$

$\vec{a}$, $\vec{b}$, $\vec{c}$ は1次独立であるから

$$\begin{cases}\frac{1}{2}(1-l-m)+m(1-s)=0 & \therefore\ 1-l+m-2ms=0 \quad \cdots\cdots① \\ 1-t=\frac{1}{3}l & \therefore\ l=3(1-t) \quad \cdots\cdots② \\ t=ms & s\neq 0 \text{ より } \quad m=\frac{t}{s} \quad \cdots\cdots③\end{cases}$$

②，③を①に代入して

$$1-3(1-t)+\frac{t}{s}-2t=0$$

$$-2s+st+t=0$$

$$\therefore\ (s+1)t=2s \quad \cdots\cdots④$$

$0<s<1$ より $s+1\neq 0$ だから

$$t=\frac{2s}{s+1}$$ ……(答)

(2)　与えられた条件より，$|\vec{a}|=1$，$|\vec{b}|=|\vec{c}|=2$ であり

$$\vec{a}\cdot\vec{b}=1\cdot2\cdot\cos120^\circ=-1,\ \vec{b}\cdot\vec{c}=0,\ \vec{c}\cdot\vec{a}=2\cdot1\cdot\cos60^\circ=1$$

$$\begin{aligned}\overrightarrow{\mathrm{OP}}\cdot\overrightarrow{\mathrm{OQ}}&=\{(1-s)\vec{a}+s\vec{c}\}\cdot\{(1-t)\vec{b}+t\vec{c}\}\\&=(1-s)(1-t)\vec{a}\cdot\vec{b}+(1-s)t\vec{a}\cdot\vec{c}+s(1-t)\vec{b}\cdot\vec{c}+st|\vec{c}|^2\\&=-(1-s)(1-t)+(1-s)t+4st\\&=2(s+1)t+s-1\end{aligned}$$

$\overrightarrow{\mathrm{OP}}\cdot\overrightarrow{\mathrm{OQ}}=0$ なので　　$2(s+1)t+s-1=0$

④より

$$2\cdot2s+s-1=0$$

$$s=\frac{1}{5},\ t=\frac{2s}{s+1}=\frac{1}{3}$$

これらは $0<s<1$，$0<t<1$ をみたす。

したがって　　$s=\dfrac{1}{5}$ ……(答)

◀解　説▶

≪4点が同一平面上にある条件，空間ベクトルの内積≫

▶(1)　4点 $\mathrm{A_0}$，$\mathrm{B_0}$，P，Q が同一平面上にあるから，$\overrightarrow{\mathrm{OA}}=\vec{a}$，$\overrightarrow{\mathrm{OB}}=\vec{b}$，$\overrightarrow{\mathrm{OC}}=\vec{c}$ とおいて，点 $\mathrm{A_0}$，$\mathrm{B_0}$，P，Q の位置ベクトル $\overrightarrow{\mathrm{OA_0}}$，$\overrightarrow{\mathrm{OB_0}}$，$\overrightarrow{\mathrm{OP}}$，$\overrightarrow{\mathrm{OQ}}$ を $\vec{a}$，$\vec{b}$，$\vec{c}$ で表し，この4点が同一平面上にある条件を立式する。4点が同一平面上にある条件は，例えば，$\mathrm{A_0}$ を始点とするベクトルを用いて $\overrightarrow{\mathrm{A_0Q}}=l\overrightarrow{\mathrm{A_0B_0}}+m\overrightarrow{\mathrm{A_0P}}$（$l$，$m$ は実数）とするか，これと同値ではあるが，4点の位置ベクトルを用いて $\overrightarrow{\mathrm{OQ}}=k\overrightarrow{\mathrm{OA_0}}+l\overrightarrow{\mathrm{OB_0}}+m\overrightarrow{\mathrm{OP}}$（$k+l+m=1$）としてもよい（もちろん，他の表し方もある）。$\vec{a}$，$\vec{b}$，$\vec{c}$ が1次独立，すなわち，「$\vec{a}\neq\vec{0}$，$\vec{b}\neq\vec{0}$，$\vec{c}\neq\vec{0}$ かつ $\vec{a}$，$\vec{b}$，$\vec{c}$ は同一平面上にない」ということを確認した上で両辺の $\vec{a}$，$\vec{b}$，$\vec{c}$ の係数を比較すれば，s，t に関する条件を導くことができる。

▶(2)　与えられた条件から，$|\vec{a}|$，$|\vec{b}|$，$|\vec{c}|$ および $\vec{a}\cdot\vec{b}$，$\vec{b}\cdot\vec{c}$，$\vec{c}\cdot\vec{a}$ の値が確定するので，$\overrightarrow{\mathrm{OP}}\cdot\overrightarrow{\mathrm{OQ}}=0$ から得られる式と(1)の結果も用いて，s，t の値を求める。最後に，得られた s，t の値が $0<s<1$，$0<t<1$ をみたすことを確認する。

3

◆発想◆　定積分で表された式をみたす整数 a, b, c について考察する問題である。

(1)　定積分を計算し，$a \neq b$ を用いて c^2 を a, b を用いた式で表す。

(2)　(1)を用いて，「(　P　)(　Q　)＝整数」の形を導き，P, Q の値の組合せを考える。その際，P, Q の大小関係や $P+Q$ が3の倍数になることを考慮すると効率よく求められる。

(3)　(2)と同様に考えると，P, Q はともに3の倍数であることを示すことができる。

解答　(1)　$\displaystyle\int_a^c (x^2+bx)\,dx=\int_b^c (x^2+ax)\,dx$ より

$$\left[\frac{1}{3}x^3+\frac{1}{2}bx^2\right]_a^c=\left[\frac{1}{3}x^3+\frac{1}{2}ax^2\right]_b^c$$

$$\frac{1}{3}(c^3-a^3)+\frac{1}{2}b(c^2-a^2)-\frac{1}{3}(c^3-b^3)-\frac{1}{2}a(c^2-b^2)=0$$

両辺に6をかけて整理すると

$$2(b^3-a^3)+3(bc^2-a^2b-ac^2+ab^2)=0$$

$$2(b-a)(b^2+ab+a^2)+3\{c^2(b-a)+ab(b-a)\}=0$$

$$(b-a)(2a^2+5ab+2b^2+3c^2)=0$$

$a \neq b$ より

$$2a^2+5ab+2b^2+3c^2=0$$

$$3c^2=-(2a+b)(a+2b)$$

ゆえに　　$c^2=-\dfrac{1}{3}(2a+b)(a+2b)$　……(答)

(2)　(1)の結果に $c=3$ を代入すると

$$(2a+b)(a+2b)=-27 \quad \cdots\cdots①$$

ここで，$(2a+b)(a+2b)<0$ であり，また，$a<b$ より $(2a+b)-(a+2b)=a-b<0$，すなわち，$2a+b<a+2b$ であるから

$$2a+b<0<a+2b \quad \cdots\cdots②$$

一方，$(2a+b)(a+2b)$ は3の倍数であるから，$2a+b$ と $a+2b$ の少なくとも一方は3の倍数である。さらに，$(2a+b)+(a+2b)=3(a+b)$ より，

$2a+b$ と $a+2b$ の和は 3 の倍数であるから，$2a+b$ と $a+2b$ の一方のみが 3 の倍数であることはなく，$2a+b$ と $a+2b$ はともに 3 の倍数である。

……③

したがって，①～③より

- $(2a+b,\ a+2b)=(-9,\ 3)$ より　$(a,\ b)=(-7,\ 5)$
- $(2a+b,\ a+2b)=(-3,\ 9)$ より　$(a,\ b)=(-5,\ 7)$

よって，条件をみたす $(a,\ b)$ の組は

$$(a,\ b)=(-7,\ 5),\ (-5,\ 7) \quad \cdots\cdots(\text{答})$$

(3)　(1)の結果より

$$3c^2=-(2a+b)(a+2b) \quad \cdots\cdots④$$

③より，m，n を整数として

$$2a+b=3m,\ a+2b=3n$$

と表せるから，④より

$$3c^2=-3m\cdot 3n \qquad \therefore \quad c^2=-3mn$$

m，n は整数より，c^2 は 3 の倍数である。3 は素数であるから，c も 3 の倍数である。　(証明終)

(注 1)　③において，$2a+b$ と $a+2b$ の和が 3 の倍数であることを用いなくても，次のようにして $2a+b$ と $a+2b$ がともに 3 の倍数であることを示すことができる。

$2a+b$ が 3 の倍数であるとすると，m を整数として $2a+b=3m$ と表されるから

$$a+2b=2(2a+b)-3a=2\cdot 3m-3a=3(2m-a)$$

より，$a+2b$ も 3 の倍数である。

$a+2b$ が 3 の倍数であるときも同様に示すことができる。

(注 2)「c^2 が 3 の倍数であるならば，c も 3 の倍数である」……(※) は，3 が素数であるので成り立つ。このことはほぼ明らかなので，証明を省略して用いられることが多い。念のため，このことの証明を次に示しておこう。対偶証明法を用いる。

(※)の対偶「c が 3 の倍数でないならば，c^2 も 3 の倍数でない」が成り立つことを証明する。

c が 3 の倍数でないとき，k を整数として，$c=3k\pm 1$ と表すことができる。このとき，$c^2=(3k\pm 1)^2=3(3k^2\pm 2k)+1$（複号同順）となるので，

c^2 は3の倍数でないから，対偶が成り立つ。よって，(※)が示された。
なお，一般に，「c^2 が p の倍数であるならば，c も p の倍数である」が成り立つのは，p が約数に平方数を含まない整数のときである。この命題は p がどのような整数に対しても成り立つわけではないが，素数でないときにも成り立つことがあるということにも注意しよう。

別解 (3)　3を法とする合同式を用いて調べる解法である。
($3c^2=-(2a+b)(a+2b)$　……④ とおくところまでは〔解答〕と同じ)
以下，3を法とする合同式で考える。
$3c^2\equiv 0$ であるから $(2a+b)(a+2b)\equiv 0$ となる。このとき，a, b の値がそれぞれ $a\equiv 0$, 1, 2, $b\equiv 0$, 1, 2 のときの $(2a+b)(a+2b)$ (mod3) の値を表にまとめると，右のようになる。この表から，

b \ a	0	1	2
0	$0\cdot 0\equiv 0$	$2\cdot 1\equiv 2$	$1\cdot 2\equiv 2$
1	$1\cdot 2\equiv 2$	$0\cdot 0\equiv 0$	$2\cdot 1\equiv 2$
2	$2\cdot 1\equiv 2$	$1\cdot 2\equiv 2$	$0\cdot 0\equiv 0$

$(2a+b)(a+2b)\equiv 0$ をみたすのは，$a\equiv b$ のときであることがわかる。
このとき，$2a+b\equiv a+2b\equiv 3a\equiv 0$ となるので，$2a+b$ と $a+2b$ はともに3の倍数となる。よって，m, n を整数として

$$2a+b=3m,\quad a+2b=3n$$

と表されるから，④より

$$3c^2=-3m\cdot 3n\qquad c^2=-3mn$$

となり　$c^2\equiv 0$
$c\equiv 1$, 2 とすると，$c^2\not\equiv 0$ であるから　　$c\equiv 0$
このとき $c^2\equiv 0$ をみたす。
よって，c は3の倍数である。

◀解　説▶

≪定積分の計算，不定方程式の整数解，3の倍数であることの証明≫

▶(1)　定積分（＊）を計算して，a, b, c についての関係式を導く。（＊）の左辺と右辺は文字 a と b を入れ換えたものであることに着目すると，(左辺)−(右辺)（$=0$）は $b-a$ を因数にもつと考えることができるので，
$a\neq b$ より $c^2=-\dfrac{1}{3}(2a+b)(a+2b)$ が得られる。

▶(2)　(1)の結果に $c=3$ を代入すると，不定方程式 $(2a+b)(a+2b)=-27$ が導かれるから，$2a+b$, $a+2b$ が整数であることを用いて，$a<b$ をみた

す整数の組 $(a,\ b)$ を求めればよい。このとき，〔解答〕のように，$2a+b<0<a+2b$ かつ，$2a+b$ と $a+2b$ はともに3の倍数であることに着目すると，効率的に処理することができる。もしこの条件を用いないと，$(2a+b,\ a+2b)=(1,\ -27),\ (-1,\ 27),\ (3,\ -9),\ (-3,\ 9),\ (9,\ -3),\ (-9,\ 3)$ の6通りの場合を考察しなければならず，手間がかかる。$2a+b$ と $a+2b$ についての条件をよく精査し，値を絞り込むことが重要である。

▶(3)　(1)で得られる $3c^2=-(2a+b)(a+2b)$ の左辺は3の倍数であるから，右辺の $(2a+b)(a+2b)$ も3の倍数であり，(2)と同様に考えることにより，$2a+b,\ a+2b$ がともに3の倍数であることがわかる。このことから，$(2a+b)(a+2b)$ が9の倍数になるので，c^2 が3の倍数になることが示され，3は素数であることから，c も3の倍数であることが証明できる。このときの「c^2 が3の倍数ならば c も3の倍数」は，問題の趣旨にもよるが，本問の場合は，（注2）で述べたように，既知として証明なしで用いて問題はない。

また，〔別解〕のように，3を法とする合同式を用いることで，$2a+b,\ a+2b$ がともに3の倍数であることを示すこともできる。

❖講　評

2021 年度は，主分野としては[1]微分法，[2]空間ベクトル，[3]整数の性質の内容の問題が出題された。[1]と[3]は他の分野（[1]は式と証明・図形と方程式，[3]は積分法）の知識を要する融合問題であった。微・積分法の分野は，2019 年度を除いて毎年出題されており，2021 年度は融合問題も含めて2題出題された。整数問題は 2016 年度以来久しぶりに出題された。空間ベクトル（空間図形）の分野は近年頻繁に出題されている（2018・2019・2021 年度）。証明問題は3問出題され，うち1問は整数に関する本格的な論証問題であった。

[1]は，放物線の曲線外の点から引いた接線について考察する問題で，この接線が2本存在することを示し，2つの接点を通る直線を求め，さらに点Aとこの直線の距離 L の最小値を求める内容である。微分法以外に，(1)では判別式，(2)では直線の方程式の公式と，解と係数の関係，(3)では点と直線の距離の公式と相加・相乗平均の関係を用いることになる。いくつかの基本事項や公式を駆使して解く標準レベルの問題であり，

これらの内容が正しく把握できていれば容易に完答できる。

2は，理系学部との共通問題。空間ベクトルの問題で，(1)は4点が同一平面上にある条件を用いて等式を導き，(2)は与えられた条件から内積を計算する内容である。4点が同一平面上にある条件を正しく理解できているかがポイントで，これをうまく利用することができれば完答可能な基本・標準レベルの問題である。

3は，理系学部との類似問題。(1)は定積分を計算し，整理すれば容易に解決できる。(2)・(3)は(1)で導いた等式を題材にした出題で，(2)は不定方程式の整数解を求める定型的な問題であり，値を絞り込んで要領よく処理したい。(3)は3の倍数であることの証明で，$2a+b$ と $a+2b$ がともに3の倍数であることを見出すことがポイントであり，和 $3(a+b)$ が3の倍数になることに着目するとよい。(3)は論理を構成する力が問われる論証問題であるが，(1)・(2)は基本的であるので確実に得点したい。

例年，理系学部とは1題が共通問題または類似問題であったが，2021年度は共通問題・類似問題がそれぞれ1題ずつ出題された。しかし，内容はそれほど難しいものではない。2021年度は，2020年度がかなり易化した内容であったことを考えると，2020年度よりやや難化したといえるが，内容は3(3)以外は基本・標準レベルの内容で，いずれも完答を目指したい。計算も複雑なものはほとんどないので，ちょっとしたミスが命取りになる。慎重な処理や検算を心がけたい。

年度によって出題傾向が変わることがあり，また融合問題が多く出題されるので，どの分野も偏ることなく幅広く学習することが重要である。基本・標準レベルの問題は確実に得点できる実力をつけるとともに，融合問題にも対応できるよう，発展的な問題にも積極的に取り組んでいこう。

充実しているのはよいが、作者が夫と死別していることは、注かリード文で説明があってもよいかと思われる。設問は標準～やや難レベル。問二は二カ所に傍線を引いた意図をつかむ必要がある。問三は読解力を試す良問である。問四は前後の文脈を押さえられないと適切な訳は困難だろう。問五の和歌解釈もレベルが高い。文学部の問題としても十分通用するだろう。

す接続助詞。

▼問五　作者が大納言の君に贈った和歌である。句切れなし。「浮き寝」は注が付くが、「つらい思いを抱いて寝ること」の意を掛ける。ここは作者が大納言の君と一緒に中宮のそばで仮寝することをいう。「せし」の「し」は過去の助動詞「き」の連体形。「水の上」に宮中の意を込める。「のみ」は限定の副助詞。「鴨の上毛にさえぞおとらぬ」は注が付く。鴨の上毛の冷たさに劣らないものとは何か。「恋しくて」とあるように作者は中宮のそばで仮寝したつらい日々を、実家に戻った今恋しく思い出している。また（注12）もふまえれば、それは実家での独り寝の寒さということになろう（ここに夫との死別が関わってくる）。この点を明らかにするとともに、言葉を補ってわかりやすく口語訳する必要がある。

❖講　評

Ⅰ　帚木蓬生の評論文からの出題。やや随筆風である。ネガティブ・ケイパビリティという耳慣れない言葉について、筆者自身の体験を交えながら論じた文章で、教えられるところが多い。設問は標準～やや難レベル。問二はある程度自分の言葉で説明する必要があって書きにくいだろう。問四も本文にはっきりと理由づけされているわけではないので書きづらいだろう。問五は本文全体の要約力を試す良問である。設問の「その『裏返しの能力』」とは「ネガティブ・ケイパビリティ」そのものをいうわけだが、惑わされず論理を組み立てることが重要である。

Ⅱ　早川誠の評論文からの出題。政治論である。代表民主制の性質と意義を論じた、説得力のある文章である。ただ論旨のつながりがややとらえにくい箇所がある点（特に第二十三段落以降）、「熟議民主主義」「再帰的近代化」といった言葉に唐突な感じを受ける点で、読み取りにくかったかもしれない。設問は標準～やや難レベル。問二～問四はかなり接近した事柄の説明を求めており、書き分けるのに苦労するだろう。

Ⅲ　有名出典の一つ『紫式部日記』からの出題。多少はこの日記の内容を知っていないと難しく感じるだろう。注が十二分にしみじみと思い知ったということ。それはどういうことかと言えば、さらにその前に「恥づかし、いみじと思ひ知る」とあるように、出仕して恥ずかしい思いやひどくつらい思いを経験したということである。華やかな宮廷生活の陰でさまざまな人間関係のトラブルを味わったということだろう。これが「身の憂さ」の第一である。第二に第二段落を読むと、出仕前に親しく交際していた人との関係が絶えるなどして「物あはれなりける（＝しみじみと悲しいことよ）」と感じていることがわかる。これも「身の憂さ」の一因と考えてよいだろう。また出仕以前の状況については、前問で確認した箇所が手がかりになる。すなわち、所在ないままに四季の風物を眺めて楽しみ、物語を読み、気心の知れた人たちと手紙を交換するなど、「恥づかし、いみじと思ひ知る」ようなこともなく、将来の不安はあるものの、慎ましくも穏やかに暮らしていたことがわかる。よって以上の事情をまとめることになる。

▼問四（ア）「あはれなり」は「人」にかかるので、ここは〝情が深い。愛情が豊かだ〟の意になる。「し」は過去の助動詞「き」の連体形。「人の」の「の」は同格（で）の格助詞。「語らひ（語らふ）」は〝親しくつき合う〟の意。「いかに」は〝どんなに。さぞ〟の意の副詞で「思ひおとすらむ」にかかる。「おもなく（面無し）」は〝あつかましい。恥知らずだ〟。「心浅き（心浅し）」は〝思慮が浅い。軽薄だ〟。「思ひおとす」は〝見下げる。軽蔑する〟の意。「らむ」は現在推量の助動詞。作者に対する友人の現在の心情を想像している。

（イ）「心にくから（心にくし）」は〝奥ゆかしい〟の意。「む」は推量または意志の助動詞。「思ひたる」の「たる（たり）」は存続の助動詞。「自分は奥ゆかしいだろうと思っている人」「奥ゆかしくありたいと思っている人」などと訳すとわかりやすい。「おほぞう」は注があるが、「おほぞうに」で形容動詞の連用形になる。作者のことをいう。よって「私はいい加減であるからには」「私がいい加減に扱っては」などと少し言葉を補うとよい。「文や」の「文」は〝手紙〟。「や」は疑問の係助詞。「散らす」は〝散らかす。紛失する〟の意。「らむ」は現在推量の意。「うたがはるべかめれば」の「る」は自発の助動詞。「べかめれ」は助動詞「べし」の連体形「べかる」の撥音便「べかん」（「ん」の無表記）＋推量の助動詞「めり」の已然形「めれ」で、〝〜にちがいないようだ〟の意。「ば」は理由を表

（b）「そぞろごと」は「すずろごと」に同じ。「そぞろ・すずろ」は形容動詞「そぞろなり・すずろなり（＝何となく心がうごくさま。あてもないさま）」の語幹。「ごと（こと）」は直前の「これ（＝「はかなき物語」）」を受けると考えられるので「言」すなわち〝話。言葉〟の意ととるのがよいだろうが、「事（＝こと）」ととっても通じる。よって「とりとめもない話（こと）」「たわいもない話（こと）」などと訳せばよい。

（c）「あいなけれ（あいなし）」は〝気にくわない。つまらない〟の意。傍線部は、作者が出仕したことがきっかけとなって、交際していた人たちとの手紙のやりとりをしなくなったことを記す一節にある。直前の「いかでかは……おしはからむ」の部分で、出仕する自分の気持ちや状況は理解してもらえないだろうという心情が表明されている。よってここは「つまらないので」と訳すのが適している（「ば」は理由を表す接続助詞）。

（d）「え」は下の「ず」と呼応して不可能を表す副詞。「さら（避る）」は〝避ける〟の意。「えさらず」で〝どうしても避けることができない。やむをえない〟の意。

▼問二　第一段落の「年ごろ」以下「のがれたりしを」までが、作者が中宮彰子の元へ出仕する以前の回想である。実は作者は出仕する以前の「年ごろ（＝数年来）」の前に夫と死別している。この事情をふまえれば本文の内容もより納得がいくだろう。それはともかく、二つの傍線部はこの箇所にある。まず（A）の「行く末の心細さ」は作者の将来の不安をいう。「やるかたなき（やるかたなし）」は〝どうしようもない。心を慰めようがない〟の意。「ものから」は逆接の接続助詞。次に（B）の「世にある（あり）」は〝この世に生きている。この世で栄えている〟の意。ここは前者の意。「べき（べし）」は適当の意。「人かず」は〝人並みの者〟。「ながら」は逆接の接続助詞。全体で、「この世に生きている価値のあるような人並みの者ではないが」という内容になる。設問はこの二つの傍線部を結びつけた心情を尋ねている。そこで（B）→（A）、すなわち「人並みでないとはいえ、わが身の将来が心細い」という流れで結びつけるのが最も適当であろう。

▼問三　「身の憂さ」は〝わが身のつらさ〟の意。直前の「残ることなく思ひ知る」とは、そのわが身のつらさを残らず

水鳥が水に浮いたまま寝るように、中宮のおそばであなたと一緒につらい仮寝をした夜ばかりが今は恋しく思い出されて、自宅で独り寝る寒さは鴨の上毛が霜で冷えるのに劣りません。

（大納言の君の）返歌

上毛に置いた霜を払い合う友のいないこのごろ夜中に寝覚めると、つがいの鴛鴦のように一緒に仮寝をしたあなたのことが恋しくてなりません。

語句 ○思ひ分く＝分別する。区別する。ぼんやり暮らしていても季節季節の到来くらいは分別がつくということ。

○いかにやいかに＝（注2）で引用された和歌の意は〝世の中のことをこのようにあれこれ言い言いしたあげくの果てに、いったいわが身はどのようになるのだろう〟。

○あへしらふ＝相手をする。「はかなき物語」を読むことをいう。

○さしあたりて＝当面。現在のところ。動詞「さしあたる」は〝直面する。当面する〟の意。

○中絶ゆ（なかたゆ）＝交際が途絶える。

▲解　説▼

本文は、出仕以前と現在とを比べながらわが身の境遇を嘆く前半部分（「見どころもなき……物あはれなりける」）と、出仕先で親しくなった大納言の君のことを思い出して和歌を贈答する第三段落からの後半部分（「ただ、えさらず……夜半に恋しき」）とに分けることができる。

※

▼問一　（a）「もの」は感情・心情を表す形容詞や形容動詞などに付いて、〝何となく〟の意を表す接頭語。「むつかしう」は形容詞「むつかし」（＝うっとうしい。わずらわしい。気味が悪い）」の連用形「むつかしく」のウ音便。自宅に戻った作者が「身の憂さ」（第一段落終わり）を感じる場面である。直後の「思ひみだれ（＝思い悩む）」とのつながりを考えれば、「うっとうしい」「気分がふさいで」などと訳すのがよい。

もの思いにふけって毎日を暮らしながら、花の色も鳥の鳴き声も、春秋にめぐり移る空の様子や、月の光、霜・雪を見て、その季節がやってきたのだということだけは分別しつつ、（わが身は）いったいどのようになるのだろうとばかり、将来の心細さはどうしようもないけれども、たわいもない物語などにことよせて語り合う人で、気心の合う人とはしみじみと親しく手紙を書き交わし、少し遠慮されて近づきにくい人には、縁故などを尋ねても手紙を書いたものだが、ただこの物語だけをいろいろと相手にして、とりとめもない話に無聊（ぶりょう）を慰めながら、（自分などは）この世に生きているのがふさわしい人並みの者とは思わないものの、今のところは、恥ずかしい、ひどくつらいと身にしみて感じられることだけは免れていたのに、（宮仕えの身となって）まったく余すところなく身にしみて感じられるわが身のつらさであるよ。

試しに物語を手に取って読んでみるけれど、（以前）読んだときのようにも興をおぼえず驚きあきれるばかりで、情愛の豊かな人で親しくつき合っていた人も、（宮仕えに出た）私をどんなに恥知らずで思慮の浅い者と軽蔑しているだろうと推し量ると、それ（＝そのように邪推する自分の心）までもたいそう恥ずかしくて、手紙を出すこともできない。（また自分は）奥ゆかしいだろうと思っている人は、（私が）手紙をいい加減に扱っては紛失するだろうなどと、つい疑うにちがいないようなので、どうして、私の心の内や、今の状況をも、深く推し量ってくれるだろうか、いやくれないだろうと思うと、それももっともなことで、まことにつまらないので、交際が途絶えるというわけではないけれど、自然とつき合いのなくなる人もいる。また、（私が出仕しているために）いつも自宅にいるわけではなくなってしまったと思いながらも訪ねて来る人も、まれになったりして、何事も、ちょっとしたことにつけても、違う世界に来たような気持ちが、まさしくこの自宅で募ってきて、しみじみと悲しくなるのだった。

ただ、（出仕先で）やむをえず親しくつき合い、少しは心にとめて思う（人）、ねんごろに言葉をかけ合う（人）、現在のところ自然と親しく語り合う人ばかりを、少しは慕わしく思い出すのは、何となく頼りないものよ。

（出仕先の同僚である）大納言の君が、毎夜（私と一緒に）中宮の御前にたいそう近く横になられて、お話をなさった様子が恋しいのも、やはり世の中に順応してしまう（主体性のない私の）心なのか。（大納言の君に贈った和歌、）

の三点を指摘すればよいだろう。

参考　早川誠（一九六八年〜）は政治学者。横浜市生まれ。東京大学法学部卒業。同大学院法学政治学研究科修了。二〇二一年現在、立正大学法学部教授。著書に『政治の隘路』『代表制という思想』がある。

出典　『紫式部日記』

解答

問一　（a）何となくうっとうしく　（b）とりとめもない話　（c）つまらないので　（d）やむをえず

問二　この世に生きている価値のある人の数に入らないとは思うものの、自分の将来が心細くてならないという心情。（五〇字以内）

問三　出仕する以前は四季の風物を眺める、物語を読む、親しい人と手紙を交換するなど、慎ましくも穏やかに暮らしていたのに、出仕後は恥ずかしいことやつらいことを経験したり、親しい人とも疎遠になったりしたから。（一〇〇字以内）

問四　（ア）情愛の豊かな人で親しくつき合っていた人も、私をどんなに恥知らずで思慮の浅い者だと軽蔑しているだろう

（イ）自分は奥ゆかしいだろうと思っている人は、私が手紙をいい加減に扱っては紛失するだろうなどと、つい疑うにちがいないようなので

問五　水鳥が水に浮いたまま寝るように、中宮のおそばであなたと一緒につらい仮寝をした夜ばかりが今は恋しく思い出されて、自宅で独り寝る寒さは鴨の上毛が霜で冷えるのに劣りません。

◆全　訳◆

見所もない自宅の木立を見るにつけても、なんとなくうっとうしく思い悩んで、（夫の死後）数年来、所在ないままに的である。また両者の一致点については、「代表論においても、有権者の意志が重要だ」（第四段落）、「直接民主制のメリットは有権者の声が歪められずに政治に反映されることにある」（第十段落）などとあるように、市民（有権者）の意志、すなわち民意が尊重・重視される点があげられている。説明にあたっては、まず一致点を説明した上で、相違点の説明へと逆接的につなぐのが書きやすいだろう。

▼問三　前問と関連する。傍線部は代表制と直接制（直接民主制）は相互に排斥し合うものではなく、民主主義がうまく機能するためには両方必要であるという趣旨である。その直前で、直接制の例として住民投票が取り上げられ、住民投票は民意のぶつかり合いに終わる恐れがあるが、代表制はそれを補完する制度足りうるという趣旨のことが述べられている。直前の段落にも「代表制という安全装置」とある。この「安全装置」とは何かと言えば、前問で検討した「判断」である。この「判断」について、「齟齬の解消のために民主的な議論がカンキされ」（第十四段落）、「必然的に客観的視点からの判断を下さざるをえない」（第十八段落）などと述べられる。すなわち民意のぶつかり合いを民主的な議論を通じて調整し、客観的な視点から政治的に判断するというのである。解答は、住民投票の例をふまえて、民意のぶつかり合いを調整し判断するという点を引き合いに出しながら、代表制と直接制の相補的な関係を説明すればよいだろう。

▼問四　前問と関連する。傍線部直前の第二十三段落に「代表の民主的性質と非民主的性質」とあり、その後者の「プラスの効果」を説明することになる。前者は、第三・第四段落の内容をふまえれば、代表（者）が選挙によって選ばれ、有権者の意志を実現することをいうと考えられる。これに対して後者は問二・問三でも問われたように、代表制では有権者の意志を政治に反映することが阻止され、判断の領域に踏み込むことをいう。「プラスの効果」については「齟齬の解消のために……活発な政治参加の必要も生じてくる」（第十四段落）、「民主主義を活性化させる」（第十五段落）、「アイマイで不定型な民意を……政策体系に昇華させる」（第二十六段落）、「民主主義を維持発展させる」（最終段落）などに着眼して、有権者の活発な政治参加、民意を議論して政策を決定すること、民主主義の発展というこ

○選好＝複数の選択肢の中から好きなものを選び取ること。
○再帰的近代化＝近代的な価値や制度などについて近代自らが問い直す段階に達すること。

▲解　説▼

本文は全二十七段落から成る。これを四つの部分に分けて、内容をまとめよう。

1　第一〜第八段落（実は、私たちの視点を…）
代表制は意志よりも判断の領域に働きかけて、能動的な政治を実現することを本質としている

2　第九〜第十五段落（これは一見したところ…）
直接民主制は民意を尊重するが、代表制は民意を反映しないことで民主主義を活性化させる

3　第十六〜第二十二段落（念のために付け加えると…）
代表制と直接民主制は相反するものではなく、民主主義が適切に機能するために必要な同等の制度である

4　第二十三〜第二十七段落（……（中略）……代表の民主的性質と…）
民主主義を維持発展させるためには、直接民主主義を推進しながら代表制を再生することである

※

▼問一　(a)「駆逐」は〝追い払うこと〟。
(b)「喚起」は〝呼び起こすこと〟。

▼問二　直接民主制と代表制の相違点は右の2の部分（第九〜第十五段落）で説明される。すなわち「意志」と「判断」という二つのキーワードを用いて、前者については「意志が尊重されて判断が入る余地がない」「意志にあまりにも重点をおきすぎている」（第十一段落）と述べられ、後者については「いかなる意志も制度上ひとまず政治への反映を阻止される」（第十三段落）、「代表は判断の領域に踏み込む」（第十四段落）と述べられる。第五段落でも「意志」よりも「判断」の領域に働きかけると述べられる。「意志」と「判断」のいずれを重視するかという点で両者は対照

Ⅱ

出典　早川誠『代表制という思想』〈第四章　代表制民主主義の思想的基盤　第四節　代表制理解の可能性(2)代表民主制が育む直接民主制〉（風行社）

解答

問一　(a) 駆逐　(b) 喚起　(c) 擁護　(d) 没頭　(e) 曖昧

問二　直接民主制も代表制も有権者の意志を尊重する点は同じでも、前者が意志を重視するあまり判断の入る余地がないのに対して、後者はいったん意志を阻止して判断を活用する。（八〇字以内）

問三　直接制は民意が反映される反面、民意のぶつかり合いに終わる恐れがあるが、代表制は議論を通じて客観的視点からそれに判断を下すことができるという具合に、両者がかみ合ってこそ民主主義がうまく機能するから。（一〇〇字以内）

問四　有権者のいかなる意志も制度上ひとまず政治への反映を阻止して判断の領域に踏み込むという、代表の非民主的性質は、民意を反映しないことによって生じる齟齬を解消するために民主的な議論を喚起し、市民の活発な政治参加を促すとともに、曖昧で不定型な民意を改めて考え直し議論して政策体系に昇華させることで、民主主義を維持発展させることができるということ。（一八〇字以内）

◆要　旨◆

直接民主制のメリットは有権者の意志が政治に反映されることにある。だが人びとの意志はさまざまであり変化していく。これに対して代表制は有権者から意志を切り離し、民意を反映しないことによって民主主義を活性化させる。すなわち曖昧で不定型な民意を考え直し議論して政策体系に昇華させることにその意義がある。代表制と直接制は否定し合う必要はどこにもなく、民主主義が適切に機能するために必要なふたつの同等な制度である。市民にとって必要なことは、政治家の議論が適切だと容認できる場合には、常に自らの意見の動きや変化を伝えて政策論争の材料を提供することである。

語句　○ウルビナティ＝一九五五年〜。アメリカの政治理論家。
○熟議民主主義＝熟議を重視する民主主義の形態。

その理由を考えれば、この言葉およびこの言葉を使ったキーツこそが筆者にとっては重要なのであって、著者はこの言葉を知る単なるきっかけになったにすぎないからと説明できよう。よってこの事情を説明すればよいことになる。

▼問五　まず「その『裏返し（＝現れ方が正反対であること）の能力』」の「その」は、終わりから二段落目の「才能や才覚、物事の処理能力」、言い換えれば「問題が生じれば、的確かつ迅速に対処する能力」を指す。その例として終わりから四・五段落目で「ノウハウ」や「マニュアル」があげられる。ところがこの能力による理解では「ごく低い次元にとどまってしまい」、「理解が誤ってい」ることもあると指摘される（終わりから三段落目）。これに対して「ネガティブ・ケイパビリティ」は「事実や理由をせっかちに求めず、不確実さや不思議さ、懐疑の中にいられる能力」（2「精神医学の限界」）などと説明される。この能力については「実践するのは容易ではありません」と筆者は述べ、その理由として「脳は当面している事象に、とりあえず意味づけをし、何とか『分かろう』とします」（以上、3「心揺さぶられた論文」）と説明する。だがそれでも「ネガティブ・ケイパビリティ」が必要であるのは「対象の本質に深く迫る方法」（2「精神医学の限界」）だからである。以上、「ネガティブ・ケイパビリティ」の説明、「困難である」理由説明、「必要でもある」理由説明、「その」の説明、この四点について、それぞれの該当箇所を引用しながらまとめることになる。

参考　帚木蓬生（一九四七年～）は作家・精神科医。東京大学文学部仏文科卒業、九州大学医学部卒業。二〇二一年現在、福岡県中間市で通谷メンタルクリニックを開業。主な著書に『閉鎖病棟』『逃亡』『やめられない――ギャンブル地獄からの生還』『蠅の帝国』『蛍の航跡』などがある。『ネガティブ・ケイパビリティ――答えの出ない事態に耐える力』は二〇一七年刊。

（d）「権化」は〝ある抽象的な特性を具現化したもの。化身〟。

（e）「不断」は〝絶え間がないこと〟の意。「普段」と区別する。

▼問二　傍線部直後の段落が「例えば」で始まり、「精神医学の限界」を自覚するきっかけとなった体験が記される。それは治ったと思った患者がより重症化して再入院してきたり、入院生活が長期化したりしたという事例である。これに基づいて筆者は「精神科医は医師としてどれほどのことができるのだろう」「精神医学そのものに、どれだけの力があるのだろう」と自問する。精神医学は「医学の大きな分野のひとつである」とはいえ、一人一人の患者の症状（あるいは無症状）に対応しきれていないという現実を筆者が痛感させられたときの感慨である。そしてこれは「共感」が「一筋縄ではいかない」（傍線部の三段落後）という思いへとつながっていく。以上より「本文の内容をふまえて」という設問の指示に従い、二つの事例をもとに一般化した説明を行う必要がある。

▼問三　右の2「精神医学の限界」の部分で詩人キーツの言葉を引用した後、「アイデンティティを持たない詩人は、それを必死に模索する中で、物事の本質に到達するのです」と述べ、その直後の段落で「これ（＝ネガティブ・ケイパビリティ）が、対象の本質に深く迫る方法であり、相手が人間なら、相手を本当に思いやる共感に至る手立てだ」と述べる。この「共感」は精神科医に必須の能力であるから（傍線部（b）の段落）、よって詩人と精神科医がともに「ネガティブ・ケイパビリティ」を身につけるべき理由とは、それによって「物事の本質に到達する」、言い換えれば「対象の本質に深く迫る」ことが可能になるからということになる。このいずれかを引用しながら説明すればよい。

▼問四　精神医学の限界に気づき、患者と共感することの難しさを痛感していた筆者が、「共感に向けて。不思議さの活用」という論文を読み、ネガティブ・ケイパビリティという言葉に衝撃を受ける。それ以来、この言葉が筆者を支え続け、「命の恩人のような言葉」となった（傍線部の直後の段落）という。天啓のような言葉なのである。この言葉を教えてくれた論文の著者については、「著者など、どうせ知らない名前なので、眼中にありません」（傍線部（c）直後の段落）、「著者がどういう人物かは知らず、三十年経った今でも分かりません」（傍線部直前）とそっけない。

才覚、物事の処理能力を想像するが、その裏返しの能力がネガティブ・ケイパビリティなのである。

語句　○フッサール＝一八五九～一九三八年。オーストリアの哲学者・数学者。
○フロイト＝一八五六～一九三九年。オーストリアの精神科医。
○アイデンティティ＝自分とはこういう者であるという確信。自己同一性。

▲解　説▼

出典となった『ネガティブ・ケイパビリティ――答えの出ない事態に耐える力』の原文は、小見出しによって四つの部分に分かれている（「　」の部分。ただし最初の部分にはない。また四つ目の部分はその途中までである）。それに基づいて内容をまとめよう。

1　小見出しなし（ネガティブ・ケイパビリティ…）
医学雑誌で「ネガティブ・ケイパビリティ（＝負の能力・陰性能力）」という言葉を知った

2　「精神医学の限界」（第八段落、精神科医になって五年が過ぎ…）
医学論文の著者は、不確かさの中で事態や情況を持ちこたえ、不思議さや疑いの中にいる能力であるネガティブ・ケイパビリティが、対象の本質に深く迫る方法であり、共感に至る手立てだと結論づけていた

3　「心揺さぶられた論文」（傍線部（2）の次段落、医学論文はそれまでも…）
脳には「分かろう」とする方向性があるため、ネガティブ・ケイパビリティを実践するのは容易でない

4　「ポジティブ・ケイパビリティとネガティブ・ケイパビリティ」（終わりから三段落目、ところがあとで…）
ネガティブ・ケイパビリティは才能や才覚、物事の処理能力の裏返しの能力である

※

▼問一　（a）「至便」は〝非常に便利なこと〟。「思弁（＝経験によらず論理的思考だけで物事を認識しようとすること）」と区別する。

▲人間科・外国語・法・経済学部▼

出典 帚木蓬生『ネガティブ・ケイパビリティ――答えの出ない事態に耐える力』〈はじめに――ネガティブ・ケイパビリティとの出会い〉（朝日新聞出版）

解答

問一　(a)至便　(b)痛感　(c)体得　(d)権化　(e)不断

問二　患者の症状がいつまでも回復しなかったり、回復したと思っても再発したりするように、精神医学における治療法はいまだそれぞれの患者に対応しきれていないということ。（六〇字から八〇字）

問三　対象の本質に深く迫る方法であるから。（二〇字以内）

問四　患者との共感の難しさを痛感する筆者にとって、ネガティブ・ケイパビリティは自分を支え続ける言葉であるけれども、著者はこの言葉を知るきっかけになったにすぎないから。（六〇字から八〇字）

問五　才能や才覚、物事の処理能力は問題が生じれば的確かつ迅速に対処できるとはいえ、その理解はごく低い次元にとどまる。これに対して、未解決の問題に性急に答えを出さず、不思議さや疑いの中にいる能力であるネガティブ・ケイパビリティは、ヒトの脳には当面する事象をとりあえず意味づけてわかろうとする傾向があるために実践するのは困難だが、対象の本質に深く迫ることができるから。（一六〇字から一八〇字）

◆要旨◆

ネガティブ・ケイパビリティとは、どうにも答えの出ない、どうにも対処しようのない事態に耐える能力、性急に証明や理由を求めず、不確実さや不思議さ、懐疑の中にいることができる能力を意味する。ただこれを実践するのは容易でない。なぜなら脳には「分かろう」とする生物としての方向性が備わっているからだ。「分かる」ための窮極の形がマニュアル化である。だが「分かった」つもりの理解はごく低い次元にとどまってしまう。私たちは「能力」と言えば、才能やは本文全体の理解度がはっきり表れる良問である。

Ⅱ　林京子の小説からの出題。入試で見かけるのは珍しい。「トリニティ・サイト」の見学ツアーというやや特殊なテーマを扱っているが、本文を読み進めれば作者が被爆者であることがわかるから、このテーマもうなずけよう。設問は問三がやや難レベル、他は標準レベル。問二の表現効果は、この種の設問としてはそれほど難しくはない。問三は深い読みが求められる。問四は解答にばらつきが出るかもしれない。

Ⅲ　『八雲御抄』からの出題。歌論である。『荘子』の挿話や音楽の例をあげて理解の助けとしてはいるものの、議論が抽象的でわかりにくい。設問は問一・問三が標準、問二・問四はやや難レベルである。特に問二は「心」の意味をどう解釈して説明するかが難しい。問四もどのように理由づけるか悩むところだろう。

Ⅳ　有名出典の『論語』と非有名出典の『琴操』を組み合わせた出題である。どちらも短いが内容が深い。設問は基本～やや難レベル。問一・問二は確実に得点したい。問三以降がやや難になるが、いずれも良問である。問三は「見」「隠」の適切な訳が求められる。リード文などもヒントにしてその趣旨を把握した上で訳そう。問四は漢文を読み慣れていないと手が出ないだろう。問五は甲乙二つの文章をリンクさせてまとめさせるもので、要約力が問われる。

② 自分もその非道・不正に手を染めている
③ 君子として恥ずべきことである

▼問五　甲では、晋国の大臣であった趙簡子が賢臣竇鳴犢を殺したと聞いたとたん、孔子が晋国で仕えるのをやめて国に帰ったことが記されている。ここから趙簡子が非道な大臣であることがわかる。また乙では、君子は乱れそうな国や乱れた国には近づかず、また道義の行われていない国で仕官することは君子にとって恥であると孔子は述べている。そこで甲乙を関連づけると、竇鳴犢を殺した晋国＝道義の行われていない危険な国という等式が導け、これが孔子が趙簡子の招聘に応じなかった理由となる。よって解答のポイントは次の三点となる。

① 晋国の趙簡子が賢臣竇鳴犢を殺した
② 晋国は道義の行われていない危険な国である
③ 君子たる者は趙簡子のもとで仕えるべきではない

参考　『琴操』は琴書。二巻（または一巻）。古代の琴曲とその作者について解説したものである。孔子や伯牙（春秋時代の琴の名人）の作など五十曲の曲目が収録されている。著者の蔡邕は後漢末の政治家・儒者。琴の名手でもあった。『論語』は儒教の経典。「四書五経」の一つ。孔子の没後、孔子とその弟子たちの言行を記録したもの。全二十編。

❖講　評

Ⅰ　東浩紀の評論からの出題。入試でも時折見かけるようになった。「生権力」と「規律訓練」の関係を、「帝国」と「国民国家」の関係と結びつけて論じた文章である。独断と偏見を恐れずに言えば評論文の元ネタはおおよそ西欧にあるのだから、フーコー、ソシュール、マックス・ウェーバー、ウィトゲンシュタイン、レヴィ・ストロースといった主なところは、その理論や思想のおおよそのところは知っておいた方がよいだろう。大阪大学の場合特に言えることである。設問は問一が標準、他はやや難レベルである。問三は筆者の言わんとするところを正確に捉える必要がある。問四

「類」は〝仲間〟の意。「鳥獣」の仲間をいう。前文で、鳥の巣を壊して卵を割れば、それを見た鳳凰が逃げ去るなどと述べられていることをふまえれば、鳥獣を殺傷するのは鳥獣自身ではなく人間であるから、「仲間を殺傷する」と訳すと鳥獣が殺傷する意味にもとれるので、誤解を避けるために「仲間が殺傷される」と受け身で訳す必要がある。「君子」はリード文でそのまま使っているので「君子」のままでもよいだろう。

▼問三　リード文に「乙は君子たる者のあるべき姿について孔子自身が述べた言葉」とあるように、傍線部は君子の心構えを説いた一節にある。前文で君子は乱れそうな国や乱れた国には近づかないと述べたのを受ける。「天下」は〝世の中〟。「道」は〝道義。道徳〟の意。「則」は「道有れば則ち」と読むように「レバ則」の「則」で、〝もし～ならば、…〟の意。「見」は「あらはる」と読むように〝表に出る〟の意であるが、「世に出る」あるいは「仕える」などと訳すのがふさわしい。「隠」はその反対に「世に出ない」「仕えない」などと訳すのがふさわしい。

▼問四　傍線部は前文と対句になる。「邦」は〝国〟。「且（かつ）」は〝そのうえ〟の意の接続詞。「貴」は「たふとし」と読み、〝身分が高い〟の意。国に道義がないのに、富と高い地位を得るのは恥であるという趣旨になる。これと前文の、国に道義があるのに、貧しくて身分が低いのは恥であるという趣旨とを照らし合わせる。いずれも君子の心構えを説いたものである点、および傍線部(d)の内容も考慮すると、君子が富や高い地位を得るのは国に仕えることによってであり、逆に仕えなければ貧しく地位も低いということになる。これと国に道義があるかないかを重ねる。すなわち国に道義が行われているのに仕官せず貧賤に甘んじるのは君子として恥であり、逆に道義が行われていないのに仕官して名利を得るのも君子として恥であるということになる。後者はたとえば君主が暗愚であったり、重臣が君主をないがしろにして権力をふるったりするように、国に道義が行われていないときに仕官して富と地位を得ることは、その非道・不正に自分も手を貸していることになるから、これを恥ずべきことだと非難するのである。以上より解答のポイントは次の三点となる。

①　国に道義が行われていないのに、国に仕えて富や高い地位を得る

を嘆きて曰く、「夫れ趙の治むる所以は、鳴犢の力なり。鳴犢を殺して余を聘す。丘之を聞けり、夫れ沢を竭くして漁れば、則ち蛟龍其の淵に処らず。巣を覆して卵を破れば、則ち鳳凰其の邑に翔らず。鳥獣すら尚類を傷つくるを悪む、而るに況んや君子をや」と。遂に車を回らして還る。

乙 危邦は入らず、乱邦は居らず。天下に道有れば則ち見れ、道無ければ則ち隠る。邦に道有りて、貧しく且賤しきは、恥なり。邦に道無くして、富み且貴きは、恥なり。

語句 ○君子＝徳のある立派な人物（「小人」に対する）。官職にある人。君主。
○聘＝賢者を招いて用いる。招聘。
○蛟龍＝「蛟」はみずち。龍の一種で四足があるという。いずれも伝説上の動物である。
○鳳凰＝おおとり。「鳳」が雄で「凰」が雌である。聖王の世に現れるという伝説上の鳥。

◀解　説▶

リード文で説明されるように、甲は孔子の具体的な言動を記し、乙は孔子の述べた教訓を記している。両者から孔子の一貫した思想を読み取ることが求められている。

▼問一 (a)「将」は「まさに〜んとす」と読む再読文字。〝今にも〜しようとする〟の意。「往」は「往復」の「往」で「ゆく・いく」と読む動詞。　※

(b)「所以」は「ゆゑん（ゆえん）」と読む返読文字で、〝理由。原因〟の意。「治」は「をさむ（おさむ）」と読む他動詞（下二段活用）で、〝統治する〟の意。「所以」に返るために「をさむる（おさめる）」と連体形で読む。あるいは「をさまる（おさまる）」と自動詞（四段活用）で読んでもかまわない。

▼問二 典型的な抑揚形「A尚B、而況C乎（AすらなほB、しかるにいはんやCをや）」である。〝AでさえBである、CはなおさらBである〟の意。これにしたがって訳す。「悪」は〝憎む。嫌う〟の意の動詞。「傷」は〝殺傷する〟。

出典　蔡邕『琴操』〈巻上　将帰操〉
『論語』〈泰伯第八〉

解答

問一　(a)まさにゆか〔いか〕んとす　(b)をさむる〔おさむる・をさまる・おさまる〕ゆゑ〔え〕ん

問二　鳥獣でさえ仲間が殺傷されることを憎むのだから、ましてや君子はなおさら憎むのだ。

問三　世の中に道義が行われていれば出て仕え、道義が行われていなければ隠れて仕えない。

問四　国に道義が行われていないのに、国に仕えて富や高い地位を得るのは自分もその非道・不正に手を染めているわけだから、君子として恥ずべきことであるということ。

問五　晋国の趙簡子が賢臣竇鳴犢を殺したことから、孔子は、晋国が道義の行われていない危険な国であり、君子たる者が趙簡子のもとで仕えるべきではないと判断したから。

◆全　訳◆

甲　（晋国の大臣）趙簡子が孔子を招聘した。（そこで）孔子が（晋国へ）出かけて行こうとした。行き着く前に、趙簡子がすぐれた重臣であった竇鳴犢を殺したと聞いて、ため息をついてこのことを嘆いて言うには、「そもそも趙簡子が（大臣として）国を治められた理由は、鳴犢の能力のおかげなのだ。（それなのに）鳴犢を殺して私を招聘しようとする。この丘（＝私）は次のように聞いている、いったい川や湖を干上がらせて漁をすれば、みずち（＝龍の一種）と龍はその淵にいなくなる。（鳥の）巣を引っくり返して卵を割れば、鳳凰はその村で飛ばなくなる。鳥獣でさえ仲間が殺傷されることを憎むのだから、ましてや君子はなおさら（憎むの）だ」と。かくして車をめぐらせて戻って行った。

乙　乱れる恐れのある国には足を踏み入れない、すでに乱れた国には留まらない。世の中に道義が行われていれば出て仕え、道義が行われていなければ隠れて仕えない。国に道義が行われていながら、（仕えずに）貧乏で身分が低いのは、恥である。（また）国に道義が行われていないのに、（仕えて）富と高い地位を得るのも、恥である。

読み　甲　趙簡子(てうかんし)孔子を聘(め)す。孔子将(まさ)に往(ゆ)かんとす。未(いま)だ至らざるに、趙其(そ)の賢大夫(けんたいふ)竇鳴犢(とうめいとく)を殺すを聞き、喟然(きぜん)として之(これ)

線部の「心」もこの意味である。以上やや抽象的な議論になっているので、筆者は「管絃（＝音楽）」を例にあげ、「堪能と耳きくこととは各別なるなり」、すなわち音楽の演奏と耳の良さとは違うと述べて、笛や箏や琵琶の微妙な音のずれを取り上げている。音楽の演奏が詠歌のたとえであり、音の聞き分けが和歌の本質の理解のたとえである。以上の事情を説明する。解答のポイントは次の二点である。

①　笛や箏や琵琶の演奏が上手な人でも音の微妙な違いを聞き分けられるとはかぎらない

②　和歌を上手に詠むことはできても、歌の真髄を深く理解している人は少ない

▼問三　「我が心」は〝自分の心〟。「よし」は文脈上、〝よい和歌〟の意。「ありもやすらめ」の「や」は疑問の係助詞。「らめ（らむ）」は「む」と同じ推量の助動詞。全体で「あるかもしれない」と訳せばよい。「ただ」は限定の副詞。「しらざる」の目的語が省略されているので、「歌」や「歌の真髄（本質）」などを補う。

▼問四　傍線部は、『万葉集』や『古今和歌集』にある有名なフレーズだからといって安易に用いてはならないと説いている。その理由は二つ考えられる。一つ目は直前の段落の「ただつづけがらに善悪はあるなり」である。「つづけがら」は〝言葉を続ける具合・続け方〟の意。朗詠したときに自然で素直な調子になるように言葉を続けているかどうかで、和歌の良し悪しが決まるということ。古歌にあるフレーズだからといってむやみに使うと、全体の調子や調和が失われるというのである。二つ目は本文冒頭の「歌を詠むこと、心のおこる所なり」で、和歌は自分の心の中から生じるものだと述べている。すなわち、心の中からわき起こる情感をそのまま言葉で表現するものであって、まず言葉があってそれを和歌に仕立てるものではないということになる。よって解答のポイントは次の二点となる。

①　和歌は心の中からわき起こる情感を言葉で表現するものであって、言葉が先にあるわけではない

②　言葉自体に良し悪しはなく、言葉の続け方で良し悪しが決まる

参考　『八雲御抄』は鎌倉時代の歌論書。順徳天皇が古来の歌論書を編集・集大成したもので、六巻から成る。

※

▼問一　傍線部の「よきやう」「わろきやう」は和歌の良し悪しをいう。「輩」は〝仲間。連中〟。作者と同じく和歌を詠む人びとをいう。「人に教ふるちからなし」は人に教えることはできないということ。そこで設問の指示に従い第二段落を見ると、桓公と車つくりの有名な話（『荘子』〈天道第十三〉が典拠）がたとえとしてあげられている。そこでは車つくりが、車を作るにはさまざまな心得があるけれど、それを言葉で伝授することはできないように、書物を読んでも作者の心を理解できるわけではなく、書物は「糟粕」にすぎないと発言している。すなわち両者に共通することは、言葉では伝えることができないものがあるということである。筆者はこの話をふまえて「歌もまたこれにおなじ」と述べて傍線部に続けている。以上より桓公と車つくりの話を要約しながら傍線部の趣旨を説明することになる。その際「人に教ふるちからなし」に関して、言葉で教えることはできないという点を明確に記す必要がある。解答のポイントは次の二点。

①　車作りの心得を言葉では伝授できないように、作者の心は書物を読んでも理解できない

②　心の中ではよい歌か悪い歌かわかっている人でも、それを言葉で人に教えることはできない

▼問二　傍線部の「歌もよくは詠めども」とは和歌を詠むのは上手だけれどもということ。「心をしらぬ」の「心」とは何か。一般に〝心。感情。判断。愛情。情趣。意味。趣向。事情。中心〟などさまざまな意味で用いられるが、歌論では〝和歌の思想や感情。和歌の技巧。和歌の本質〟などの意味で用いられる。そこで本文を見ると、第一段落の「心のおこる」は文字通り〝心〟の意と理解できる。傍線部(a)の「心」も同じである。しかし第三段落の「深き心」の「心」は意味が異なる。直前の「歌を心うる（＝理解する）ことは詠むよりは大事なり」をふまえれば、〝和歌の本質・真髄〟といった意味であると理解できる。すなわち、どんなに和歌を詠み連ねたところで、和歌の本質的なところを理解していなければだめだというのである。第四段落に進むと、「歌を見しり心えたること、この道の至極なり」とあり、ここでも和歌の本質・真髄を理解することが歌道の窮極であると述べている。したがってこれに続く傍

はよい和歌だと思うことはあるかもしれないけれども、それは単に（和歌の真髄を）知らないのと同じである。これ（＝和歌の真髄）を理解して深く習得したいと思うなら、この歌道を深く追究しなければならない。

和歌はただもう要するに古い言葉に基づいて、その趣向を形作るべきである。言ってみればよい言葉というものもなく、悪い言葉というものもない。ただ言葉の続け方によって（和歌の）良し悪しがあるのである。

万葉集にあるからといって、（言葉の続き具合も考えずに）「よしゑやし（＝ままよ。たとえ）」「はしけやし（＝ああ、いとしい）」などと詠み、古今集で詠んでいるからといって、「ちるぞめでたき（＝散るところが見事なのだ）」「わびしらに（＝寂しそうに）」などという言葉を詠むべきではない。このようなたぐいはこれに限らず多い。

語句 ○堪能＝すぐれていること。
○風骨＝作風。風体。
○故実＝古来の作法・慣例。
○さしもなき＝たいしたことのない。それほどでもない。
○しらむ＝白くなる。衰える。弱まる。本文では笛の音が弱いことをいう。
○不覚＝意識がないこと。不注意なこと。愚かなこと。臆病なこと。本文では演奏の拙いことをいう。
○つやつや＝（あとに打消の語を伴って）まったく。少しも。
○ゆきがた＝行くべき方向。行く方向。本文では演奏や詠歌についていうが、詳細は不明。

▲解　説▼

本文は七段落から成り、大きく三つの部分に分けることができる。

1　第一～第三段落　和歌は心の中から起こるものであって、人に教えられるものではない
2　第四・第五段落　和歌を詠むのが上手だからといって、和歌の真髄を理解しているとはかぎらない
3　第六・第七段落　歌語に良し悪しはなく、続け方によって和歌の良し悪しが決まる

る言葉はない。私は七十歳になるけれども、いまだにわが子にこの方法を伝えていない。書物も同じ定めでございましょう」と言った。

和歌もまたこれと同じである。心の中ではよい和歌も悪い和歌もわかっている者たちも、（それを）人に教える能力はない。だから和歌を理解することは詠むこと以上に大切である。その深い真髄を理解しないで、深い情趣を詠むことは難しいとはいえ、ひととおり作法通りに詠みきってしまえば、たまたまよい出来ばえのこともあるけれど、多くの和歌はどれもだめである。

（詠歌に）すぐれている人でも、（詠む）たびごとに秀歌というわけにはいかない。たいしたことのない歌人でもよい和歌を詠むことはあるけれども、そのすべての和歌の風体は同じではなく、ばらつきがある。和歌（の真髄）を見て知り理解することが、この道の極致である。例えば、音楽は演奏が上手なことと聴く能力にすぐれていることとは別のことである。和歌も上手には詠んでも、（和歌の）真髄を知らない人は多い。その有り様は音楽における聴く能力と変わらない。人が音楽を演奏するとき、この道に秀でた人が教えて言うには、「この笛の音は弱くなっている。この箏、琵琶の弦が緩んでいるぞ」と教えても、その場ではたまたまなるほどと思って聞くことはあっても、場が変わって翌日など、やはり（音の微妙なずれを）聞いて理解できるわけではない。音楽の演奏に秀でた人は、箏・笛の（音の）下がり上がりの、ごくわずかな違いもはっきりと聞き分けるにちがいない。いささか音楽を学ぼうとする人は拙いとはいえ、どの弦どの（笛の）穴と聞き分けられなくても、総じて楽器の音が違っていないだろうかと思って聴かなければならない。曲などの（音程が）はずれていくのは、聞いてわかるはずである。またまったく音楽の進むべき方向を知らない人は、その程度のことでさえ聞き分けることができない。

和歌もまた同じである。歌道に秀でた人ははっきりとわかるにちがいない。少しはこれ（＝和歌の真髄）を理解する人は、やはり（和歌の）良し悪しは心で感じるだろう。（これに対して）まったく和歌の詠み進むべき方向を知らない人は、何がどうとも聞いて理解できない。ただし、和歌はどんな者でも（表面的には）理解できるものなので、自分の心の中で

出典　順徳天皇『八雲御抄』〈巻第六　用意部〉

解答

問一　車つくりが桓公に、車作りの心得を言葉では伝授できないのと同じく、作者の心は書物を読んでも理解できないと言ったように、心ではよい和歌か悪い和歌かわかっている人でも、それを言葉で人に教えることはできないということ。

問二　笛や箏や琵琶の演奏が上手な人でも音の微妙な違いを聞き分けられるとはかぎらないように、和歌を上手に詠むことはできても、歌の真髄を深く理解している人は少ないということ。

問三　自分の心の中ではよい歌だなどと思うことはあるかもしれないけれども、それは単に歌の真髄を知らないのと同じである。

問四　和歌は心の中からわき起こる情感を言葉で表現するものであって、言葉が先にあるわけではなく、また、言葉自体に良し悪しはなく、言葉の続け方で良し悪しが決まるのであって、ただ古歌の言葉を使えばよいというものではないから。

◆全　訳◆

和歌を詠むことは、（自分の）心の中から生じるのである。決して人の教えによって（和歌を詠むの）ではない。だから父親が（詠歌に）すぐれているといっても、その子どもは必ずしもその親の心を受け継ぐわけではない。（また）師匠に作風があっても、弟子はその風体を（自分の和歌に）引き写すことはない。

昔、斉の桓公が書物を読むのを聞いて、車つくりが尋ねて言うには、「これは何でしょうか」と。桓公が（言うには）、「これは書物といって昔の人が書き残したものだ」と。（すると）車つくりが言うには、「それでは無益なものでございましょう。その言葉が残っているといっても、まったくその書いた人の心は表れにくい。ただの、古人の残りかすである。私は車を作っているが、いろいろな心得がたくさんある。その方法をすべて会得しているけれども、（それを）人に教え

▼問四　傍線部で「私」は「自分」や「人びと」が「滑稽」になったと述べている。その理由は「自分」と「人びと」では異なると考えられる。まず「人びと」については、ガイガー計数管が鳴るということは計測した計器類に放射能が残留しているということであり、それに「感動」することは第一段落にも「危険性は十分に説明されていた」とあるように、放射能の怖さに無頓着か無知であるということである。次に「自分」の場合はより深刻である。そもそも「私」は被爆者である。傍線部⑶の段落に「身心に刺さる非情な痛み」とあるように被爆者の痛みを知り抜いている。そのことを忘れて残留放射能の威力に「感動」するわが身を省みたとき、その愚かさが「滑稽」でならなかったのだろう。傍線部直後の「自分の体に、ガイガー計数管を当ててみせたくなった」とは、そんな愚かさを自虐ネタにしたかったということである。以上より解答のポイントは次の二点となる。

①　残留放射能の怖さに思い至らない人びとの無頓着さや無知さにあきれる

②　被爆者である自分までもが感動することを愚かに思う

参考　林京子（一九三〇～二〇一七年）は小説家。長崎県生まれ。長崎高女卒業。父の仕事先である上海で十四歳まで暮らす。一九四五年、帰国。長崎の兵器工場に勤務中に被爆する。著書に『祭りの場』『ギヤマン　ビードロ』『ミッシェルの口紅』『無きが如き』『上海』『三界の家』『やすらかに今はねむり給え』『長い時間をかけた人間の経験』などがある。「トリニティからトリニティへ」は文庫本で五十ページ足らずの短編小説。文芸雑誌『群像』二〇〇〇年九月号に発表され、その後単行本に収録された。本文はその後半の一節である。

②　生き物たちの活発な活動が甦ることを願わずにはいられない

▼問二　「グランド・ゼロ」に立った「私」は、原子爆弾が爆発した当時を想像する。その閃光が「無防備に立つ山肌を焼き」、「荒野のものたち」は「攻撃の姿勢をとる間もなく沈黙を強いられた」と「私」は思う。そして「どんなにか熱かっただろう」と同情し、「泣くことも叫ぶこともできない」山脈や荒野たちの無念さに思いを馳せる。このような状況をふまえれば、傍線部の「ひたひたと無音の波が寄せてきて」という比喩は、原子爆弾の閃光に焼かれ、放射線を浴びせられた山脈や荒野たちの憤りや、抗議の声を上げられない無念さが、押し寄せる波のようにひしひしと伝わってくるように「私」が感じている様子を表現したものと理解できよう。「私」が「身を縮めた」のはそのためである。この設問は表現効果を問うので、この比喩の視覚的なイメージ効果を説明しなければならない。解答のポイントは次の二点である。

①　無防備のまま原子爆弾の閃光に焼かれた山脈や荒野たちの憤りや無念さ

②　押し寄せる波のイメージで視覚化して印象づける

▼問三　「私」は原子爆弾の閃光で焼かれた大地を見て涙を流し、そして八月九日（長崎に原爆が投下された一九四五年八月九日）を回想する。当時少女だった「私」は逃げることに夢中で涙を流す余裕はなく、母と再会しても泣かなかった。ところが最初の被爆者となった「トリニティ・サイト」の大地に立ったとき「大地の痛みに震えた」という。傍線部で「八月九日に流さなかった涙」と述べるのは、涙を流す余裕さえなかったからであり、大地に立って「人としてはじめて流した」と述べるのは、大地の無言の痛みに同情する人間的な感情を初めて覚えたからと言えよう。またそれは同時に、悲しむどころではなかった八月九日の自分自身を改めて悲しむ感情を持つことができたからであろう。このように考えれば解答のポイントは次の二点となる。

①　八月九日に被爆したときはわが身を襲った不幸を顧みる余裕はなかった

②　大地の無言の痛みに同情し、同じ被爆者である自分を悲しむ人間的な感情を持つことができた

○グランド・ゼロ＝爆心地。「グランド・ゼロ」の記念碑は、ネットで画像検索すれば見ることができる。
○浦上＝長崎市の浦上地区。浦上天主堂がある。
○傷痍軍人＝戦傷を負った軍人。

◀解　説▶

本文は内容の展開上三つの部分に分けることができる。

1　第一～第四段落「フェンスの内の広さは……私は聞きたかったのである」
「トリニティ・サイト」の敷地内は放射線の危険があり、樹木もない沈黙の荒野だった
2　第五～第十八段落「私は『グランド・ゼロ』へ向かって……だいじょうぶよ、と私はいった」
「グランド・ゼロ」の記念碑の前に立ったとき、被爆した日の光景が甦った
3　第十九～第二十二段落「月子と私は、爆発実験でできた……計数管が鳴り出すそうである」
放射能の残留する計器類に当てたガイガー計数管が鳴り出すのを見て感動する私たちが滑稽になった

※

▼問一　「私」たちは最初の原子爆弾の爆発実験が行われた「トリニティ・サイト」（トリニティはキリスト教における三位一体を意味する）を見学する。そこはいまでも放射能に汚染されており、短い草が生えるばかりで樹木のない、静寂の支配する荒野である。そこを一行の人びとが俯いて無言で歩いていく。このような状況を考えれば、「私」が生き物が立てる音を聞きたかったのは、まるで死んだように静まり返った荒涼とした空間にいたたまれず、生き物たちの活発な活動が甦ることを願わずにはいられなかったからと理由づけできよう。「小さいが力強い音」「あがきの砂の音」「物音」とあるように、「私」が生命の存在を感じさせる物音に執着している点をふまえて、静まり返った不気味さと対照させる形で説明する。解答のポイントは次の二点である。
①　放射能に汚染され、短い草が生えるだけで、静まり返っている

出典　林京子「トリニティからトリニティへ」（『長い時間をかけた人間の経験』講談社文芸文庫）

解答

問一　放射能に汚染され、短い草が生えるだけの、死んだように静まり返った「トリニティ・サイト」の荒野を他のツアー客と同じように無言のまま歩いていると、生き物たちの活発な活動が甦ることを願わずにはいられなかったから。

問二　無防備のまま原子爆弾の閃光に焼かれ、放射線を浴びせられたことへの憤りを誰にも訴えられない、山脈や荒野たちの無念さが「私」にひしひしと迫ってくる様子を、押し寄せる波のイメージで視覚化して印象づける効果。

問三　八月九日に被爆したときはわが身を襲った不幸を顧みる余裕はなかったが、最初の被爆者となった大地に立つことで、大地の無言の痛みに同情し、そして同じ被爆者である自分を悲しむ人間的な感情をようやく持つことができたから。

問四　残留放射能の威力に感動するばかりでその怖さに思い至らない人びとの無頓着さや無知さにあきれると同時に、被爆者として身心の非情な痛みを知り抜いているはずの自分までもが感動することの愚かさを痛感したから。

◆要　旨◆

「私」は「トリニティ・サイト」を訪れるバスツアーに参加した。そこはいまだ残留放射線を浴びる、沈黙が支配する樹木もない荒野だった。フェンスのなかの細い道を歩き出したときから、あれほど自覚的だった被爆者意識が消えていた。そして「グランド・ゼロ」の記念碑の前に立ったとき、八月九日に被爆した自分の姿が甦った。沈黙を続ける大地のなかに、心の奥に沈めてきた逃げた日の光景をみていた。出口の所で、女性係官が当時被爆した計器類にガイガー計数管を当てると、針が大きくぶれて鳴り出した。感動して見入っている自分や人びとが滑稽になった。

語句　○ホワイトサンド＝ニューメキシコ州にあるホワイトサンズ・ミサイル実験場。「トリニティ・サイト」はその一角にある。

①　帝国はグローバリズムが生み出した体制である
②　人間を匿名の消費者として扱うにすぎず、人道的か非人道的かという基準を適用するのは的外れである
③　生産力を上げるための手段とはいえ、公衆衛生や福利厚生を図って労働者の生活の質を上げた

▼問四　第十段落では、第九段落の「この両者（＝人間が人間としてまた動物として扱われること）もまたけっして排他的ではない」や、最終段落の「顔のある個人であるとともに匿名の群れのひとりとしても生きている」の例として少子化問題がとりあげられる。傍線部の「その合意」とは、女性を個性のある一人の人間として扱い、子どもを産めと命じることができないという道徳判断と、女性を群れとして扱い、女性は子どもを産むべきだという道徳判断を現代人が矛盾しないものとして受け入れていることを指している。これが「規律訓練の審級（＝判断基準）と生権力の審級をばらばらに動かしている」、すなわちダブルスタンダード（二重基準・二重規範）が適用されていることを示しているというのである。このうち「規律訓練」については右の第九段落の引用箇所や第六段落の「人間を（規律訓練の徹底によって）人間にするのである」あたりを利用して説明できる。また「生権力」については右の最終段落の引用箇所や、やはり第一段落に戻って、「規律訓練」の説明と対照させる形で適宜引用しながらまとめることができる。以上より解答のポイントは次の三点となる。

①　女性を個性を持った個々の人間として扱うことと、子どもを産むべき群れとして扱うことを無矛盾と考える
②　規律訓練の徹底によって人間を人間にするという判断基準
③　人間を匿名の群れのひとりとして権力者の目的通りに動かすという判断基準

参考　東浩紀（一九七一年～）は批評家・哲学者・小説家。東京大学教養学部教養学科卒業。同大学院総合文化研究科博士課程修了。著書に『存在論的、郵便的』『動物化するポストモダン』『クォンタム・ファミリーズ』『一般意志2.0』『弱いつながり』などがある。『ゲンロン0　観光客の哲学』は二〇一七年刊。

理由については触れる必要はない。そこでまずホテルの事例を見てみると、カードで宿泊客の入退室や階の移動を管理する一方で、スタッフや各種警告の掲示が命令と監視を行っていて、管理と規律訓練が同時に作動していることが説明される。これが「規律社会と管理社会は重なっている」を例示しているわけだが、そもそも規律と管理はそれぞれ何を意味するのかという点を説明する必要がある。そこで第一段落に戻ると、まず規律訓練とは権力者が対象者に命令したり、時には懲罰を与えたりする権力であることが説明される。また管理は生権力としての権力者が対象者の自由意志を尊重しながらも、権力者の目的に沿う形で自由意志を行使するようにさまざまな手段を用いること、そして結果的に対象者の社会的な生活に介入することが説明される。以上より解答のポイントは次の二点となる。

① カードで入退室や階の移動が管理され、スタッフや各種警告の掲示が命令や監視を担う
② 権力者が対象者の社会生活に介入すると同時に対象者に命令し懲罰を与える

▼問三　そもそも「帝国」とは何か。リード文の「グローバリズムの生み出す秩序が帝国のように国民国家に力を及ぼし」や、第六段落の「グローバリズムを動物に割り当てた」、第七段落の「帝国はまさに人間を動物のように扱う体制だ」に着眼すれば、グローバリズムが生み出した地球規模の体制と言えよう。これをふまえて傍線部を見ると、筆者は帝国が人間を「動物」として、言い換えれば「ただ」の「消費者」（第七段落）として扱っていることを、人道主義や左翼（平等主義的、進歩的政治思想）の立場から、動物扱いして虐げているといった非難をするのは当たらないという趣旨のことを述べている。すなわち単に消費者として扱うことに、人道的か非人道的かという基準を適用するのは的外れだというのである。これに加えて、傍線部に続く箇所で、「生権力」という概念を引き合いに出しながら、公衆衛生と福利厚生が図られることで労働者の生活の質が上がったことが指摘される。ただしそれは生産力を上げるためであったと留保をつけてではある（もし右の基準を適用したら、生活の質を上げた以上「人道的」ということになってしまうだろう）。以上の二つの観点から理由づけができる。なお、説明にあたっては「帝国」の意味にも触れるのが適当であろう。解答のポイントは次の三点。

1　規律社会から管理社会へ　第一・第二段落（規律訓練と生権力は…）
ドゥルーズは規律訓練が支配する「規律社会」から、生権力が支配する「管理社会」への移行を説いた

2　規律社会と管理社会は重なっている　第三～第五段落（しかし、その議論は…）
現代世界では国民国家と帝国が重なっているように、規律社会と管理社会も重なっている

3　国民国家と帝国　第六～第十段落（あるいはこのように…）
国民国家は規律訓練によって人間を人間として扱い、帝国は生権力によって人間を動物として扱う

4　両義的存在としての人間　第十一段落（ぼくたちは…）
ぼくたちは個人であるとともに匿名の群れのひとりとしても生きている

※

▼問一　傍線部(1)は「エントリ（＝入力データ）でしかない」と言い、傍線部(2)は「サンプル（＝見本、標本）でしかなく」と言う。いずれも「しかな（い）」という否定的な言い回しが共通するだけでなく、後者の直前に「データのひとつの」とあるように同じ趣旨のことを述べている。そこでこの二つの傍線部の前後を見ると、「帝国はまさに人間を動物のように扱う体制だ」などと、統計学を用いて人間を個性のない動物として扱い管理するという趣旨のことが述べられ、さらに第九段落にも目をやると、意志を持たない、匿名の存在として扱われるという趣旨のことが述べられる。以上より、二つの傍線部を通して、人間＝動物扱いという意味を「意志」「匿名」といった語句を用いて説明すればよいことになる。解答のポイントは次の二点となるが、傍線部に合わせて否定的な言い回しにするとよいだろう。

①　統計学（統計データ・ビッグデータ）の観点から見る
②　人間は意志も個性もない匿名の存在である

▼問二　設問は「規律社会と管理社会が重なっている」理由のみを問うているので、「国民国家と帝国も重なっている」

◆要　旨◆

ドゥルーズは、規律訓練が支配する「規律社会」から、生権力が支配する「管理社会」への移行を説いた。しかし規律と管理というふたつの権力形態は同時に作動しうるのであり、規律社会と管理社会は重なっている。それは現代、国民国家と帝国が重なっているのとパラレルである。国民国家は規律訓練の徹底によって人間を人間にする。一方、帝国は生権力として人間を動物のように管理する。したがって、ぼくたちは顔のある個人であるとともに匿名の群れのひとりとしても生きているのであり、国民国家と帝国という世界の二層構造はこの両義性から必然的に導かれている。

語句　○生権力＝せいけんりょく。フランスの哲学者フーコー（一九二六～一九八四年）は、君主が臣民に対して行使する生殺与奪の権力といった従来の権力観に対置する形で、「生命に対して積極的に働きかける権力、生命を経営・管理し、増大させ、増殖させ、生命に対して厳密な管理統制と全体的な調整とを及ぼそうと企てる権力」（渡辺守章訳『知への意志』新潮社）という新しい権力観を打ち立てた。これが近代社会に登場した生権力（生かす権力）である（近代以前の「死ー権力（殺す権力）」に対応する）。そして生権力の主要な二つの形態として「身体に関わる規律と人口の調整」（同書）をあげている。本文の筆者東浩紀も言う通り、生権力と規律訓練は排他的どころか、生権力の有力な戦略の一つが規律訓練であると言える。

○ジル・ドゥルーズ＝一九二五～一九九五年。フランスの哲学者。いわゆるポスト構造主義の時代を代表する哲学者で、特に精神分析家フェリックス・ガタリとの共著『アンチ・オイディプス』『千のプラトー』などで知られる。

○帝国＝一般には複数の国家・民族を支配する大国を意味するが（例：大英帝国）、イタリアの哲学者ネグリ（一九三三年～）とアメリカの哲学者ハート（一九六〇年～）は共著『帝国』（二〇〇〇年刊）で、グローバル化による国民国家の衰退と、生権力による社会秩序の中から立ち現れてきた世界の秩序を「帝国」と呼んだ。

▲解　説▼

本文は十一段落から成る。これを四つの部分に分けて内容をまとめよう。

国語

▲文 学 部▼

I

出典　東浩紀『ゲンロン0 観光客の哲学』＜第1部 観光客の哲学 第3章 二層構造 3＞（株式会社ゲンロン）

解答

問一　統計学の観点から見れば、人間は動物のように意志も個性もない、単なる匿名の存在にすぎないということ。

問二　カードで入退室や階の移動が管理され、スタッフや各種警告の掲示が命令や監視を担うというホテルの事例は、権力者が対象者の社会生活に介入すると同時に対象者に命令し懲罰を与えるという、管理と規律の両立を示しているから。

問三　グローバリズムの体制である帝国は人間を匿名の消費者として扱うにすぎず、人道的か非人道的かという基準を適用するのは的外れであり、また生産力を上げるためとはいえ、公衆衛生や福利厚生を図って労働者の生活の質を上げたから。

問四　女性を個性を持った個々の人間として扱うことと、子どもを産むべき群れとして扱うこととが矛盾しないと考えるのは、規律訓練の徹底によって人間を人間にするという判断基準と、人間を匿名の群れのひとりとして権力者の目的通りに動かそうとする生権力の判断基準という二重基準が現代社会に存在することを示しているということ。

//////////////////// · memo · ////////////////////

2020年度

解答編

解答編

英語

◀文・人間科・法・経済学部▶

I **解答** 全訳下線部参照。

◆全　訳◆

(A) ≪友情の底にあるもの≫

おそらく，深い友情の最も典型的な特徴は，戦っている状況で自分を守ってくれたり，病気のときにスープや薬を持ってきてくれたりする場合のように，「その人のために何かをすること」だろう。お互いに具体的な行動をとることを通じて築かれる強い絆だけが，本当に犠牲を払おうという気持ちを起こさせる力を持っている。しかし，ネット上の「友人」が，なぜわざわざ友情というきつい仕事をしようとするのかは，はっきりしない。

(B) ≪2種類の注意≫

注意回復理論は，人間が払う主に2つの種類の注意に注目している。方向性注意と無目的注意である。方向性注意を働かせるとき，私たちは特定の作業に集中し，それを妨げるおそれがある，気を散らすどんなものも遮断することになる。たとえば，数学の問題に取り組んでいたり，文学作品の一節を読むことや複雑な機械を組み立てたり修理したりすることに夢中になっているとき，私たちの脳は目の前の作業に完全に専念し，そのため私たちはまっすぐ分散せずに注意を向けなくてはならない。その作業が完了すると，私たちは精神的に疲労したり消耗したりしているのを感じることが多い。逆に，屋外にいるとき，私たちはさまざまな模様や夕日，雲，花，草木の葉，あるいは美しい草地を観察することを楽しむが，これには私たちの無目的注意が使われている。

◀解　説▶

▶(A) **Perhaps the most defining feature of deep friendship is "doing for," as when my friend has my back in a combat situation, or brings me soup or medicine when I'm sick.**

●Perhaps「たぶん，おそらく」は，原文と同様，文頭でよいが，修飾される「である」にかかることが明確になるように，補語が始まる直前に置いてもよい。

●the most defining feature of deep friendship is…「深い友情の最も典型的な特徴は…である」が直訳で，ほぼそのままでよい。defining は「定義となるような」が文字どおりの意味だが，最上級の「最も」と合わせるとややぎこちないかもしれない。

●as when my friend has my back in a combat situation,「私の友人が戦闘状況で私を守ってくれるときのように」が直訳。have *one's* back は「人をかばう，守る」の意の成句。これ自体の知識がなくても，文脈から十分推測できる。「助けてくれる」「味方をしてくれる」なども許容範囲。in a combat situation は武力的な戦闘に限るより，論争など日常的にもある対立を含めた訳にしておくのが無難だろう。なお，ここでは「私」と筆者個人を表す代名詞が使われているが，「友情」の定義という一般論について述べているので，日本語では「私を／私の」を明示しないほうが自然である。必要なら「自分」などとするとよい。

●or brings me soup or medicine when I'm sick.「私が病気のときにスープや薬を持ってきてくれる（場合のように)」が直訳。my friend を主語とする when 節の２つ目の述語動詞部分。上記のとおり，「私」を省いてよい。

●"doing for" は「のためにすること」が直訳だが，これだけでは日本語として意味をなさない。doing と for の目的語を補って訳したい。友情の特徴を述べており，as when 以下の具体例を考えると，for の目的語としては「友人」「相手」「その人」などとなるだろう。doing の目的語としては小さなことから大きなことまで，「その人」のためになることなら何でもよいはずである。「何かを」程度で幅を持たせておくのが適切である。

Only strong bonds, built through embodied mutual activities, have

the power to motivate real sacrifices.

●Only strong bonds, built through embodied mutual activities,「強い絆だけが，それは具体化した相互の活動を通じて築かれるが」が直訳。Only strong bonds が同文の主語。built 以下は分詞構文だが，この分詞句を形容詞用法のように訳して，「…を通じて築かれる強い絆だけが」としたほうが日本語としてはまとまり感がある。embodied は「具体化した」が直訳。「具体的な」などと整える。mutual activities「相互の活動」は，どちらかが一方的に相手に尽くすのではなく，甲が乙のために何かすることもあれば，その逆のこともあるという，互いが互いのために具体的な行動をとることを表している。あまり説明的にならない程度に言葉を補ってわかりやすく訳したい。

●have the power to motivate real sacrifices.「本当の犠牲を動機づける力を持つ」が直訳。motivate real sacrifices は「真の犠牲を払おうという気持ちにさせる」などと通りのよい日本語に整える工夫をすること。

But it is unclear why online "friends" would bother to do the hard work of friendship.

●But it is unclear…「しかし，(それ) ははっきりしない」が直訳。it は why 以下を受ける形式主語。

●why online "friends" would bother to do「なぜオンラインの『友人』がわざわざするのか」が直訳。online は「ネット上の」「ネットでつながった」などとするとわかりやすいだろう。この "friends" は，筆者のいう友情の定義から外れており，本来の意味ではないことを表すために引用符を用いている。訳では「 」をつけておく（" " はもともと日本語の記号ではない)。would は should と同様，話し手の驚きや意外な気持ちを表す。bother to *do* は「わざわざ～する」の意。

●the hard work of friendship.「友情というきつい仕事」が直訳で，ほぼそのままでよい。of は同格を表す。work は「任務」「務め」などとしてもよいが，その場合は「任務〔務め〕を果たす」と動詞を整えること。

▶(B) **Directed attention requires us to focus on a specific task and block any distractions that may interfere with it.**

●Directed attention requires us to…「方向づけられた注意は，私たちに…することを要求する」が直訳。directed は下線部第２文の例を見ると，「指図された」「命令に従った」の意ではなく，「方向づけされた」の意と考えられる。「方向をもった」「方向〔志向〕性の」「一つの方向に向けられた」など，意味が明快になる訳語を選ぶこと。require *A* to *do* は「*A* に～することを要求する」の意で，この文では無生物主語になっているので，「方向性注意によって，私たちは…しなくてはならない」「方向性注意を働かせるとき，私たちは…せざるを得ない〔…することになる〕」などと整えることもできる。

●focus on a specific task「特定の作業に集中する」が直訳で，そのままでよい。文意から，あえて a を「一つの」と訳出してもよいだろう。

●and block any distractions that may interfere with it.「そして，それを邪魔するかもしれない気を散らすものをどれも遮断する」は require *A* to *do* の不定詞の 2 つ目にあたる。block は「～を遮断する，閉めだす」の意。any は，肯定文中では「どれでも」の意で，通常単数形を取る。ここでは複数形になっているが，文意上この意味で訳すのが妥当だろう。that は distractions「気を散らすもの」を先行詞とする関係代名詞。interfere with ～ は「～を邪魔する，妨げる」の意。may は「～かもしれない」でよいが，同文ではよくないことが起こる可能性を表しているので，「～するおそれがある」「～しかねない」などとすることもできる。

For instance, when we are working on a math problem, or engrossed in reading a literary passage or in assembling or repairing an intricate mechanical object, our brains are totally dedicated to the task at hand, requiring our direct undivided attention.

●For instance「たとえば」

●when 節の内部の構造を正確に分析すること。

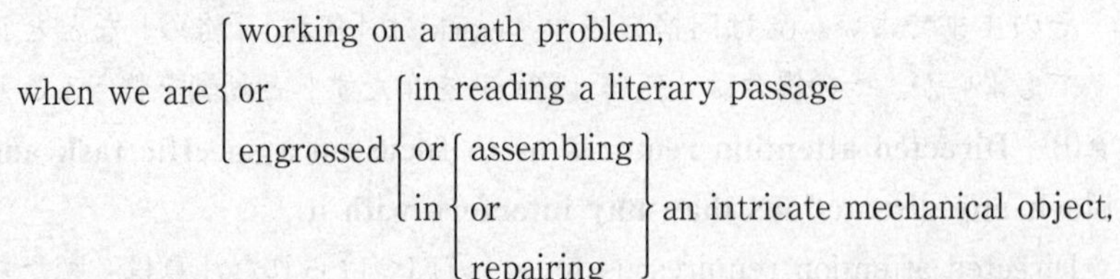

●when we are working on a math problem,「私たちが数学の問題に取

り組んでいるとき」が直訳で，そのままでよい。work on ～「(問題など）に取り組む」

●or engrossed in reading a literary passage「あるいは，文学の一節を読むことに夢中になっている」が直訳。engrossed は working と are を共有している。be engrossed in ～で「～に夢中になっている，没頭している」の意。これ自体の知識がなくても文意から推測できるし，できなくてはならないだろう。a literary passage は「文学（作品）の一節」などとすると自然。

●or in assembling or repairing an intricate mechanical object,「複雑な機械的な物を組み立てたり修理したりすることに」が直訳。be engrossed に続く in ～の２つ目であり，assembling も repairing も in の目的語。また内容上 an intricate mechanical object は assembling, repairing の共通の目的語である。assemble は「～を組み立てる」, intricate は「複雑な，込み入った」の意。mechanical object「機械的な〔機械仕掛けの／機械で動く〕物」は，「機械」で十分であり，むしろこのほうがわかりやすい。

●our brains are totally dedicated to the task at hand,「私たちの脳は，手元の仕事に完全に捧げられている」が直訳。be dedicated to ～は「～に専念している，打ち込んでいる」などとするとわかりやすい。totally は「完全に，すっかり」の意。the task は「作業」などとすれば，同文前半にある具体例とのバランスがよい。at hand は the task を修飾しており，「手元の，手近にある」が直訳，「目の前の」などとすると文意に沿う。

●requiring our direct undivided attention. は分詞構文で「私たちの直接の分割されない注意を要求する」が直訳。原則どおりに考えると，意味上の主語は文の主語の our brains だが，文意から，もう少しおおまかに「脳が目の前の作業に専念していること」とも考えられる（このようなあいまいさが分詞構文の持ち味かもしれない。はっきりと our brains が主語であるなら，and require とすればよいのだから)。いずれにしても，これもある意味で無生物主語なので，「私たち」を主語にして整え直すことで日本語としてのバランスがとれるだろう。direct は「直接の，じかの」ということだが（directed ではないので注意），undivided

「分割されない」とともに，「注意があれこれ分散せず，目の前の作業だけにまっすぐ〔一直線に〕向く」ことを表している。それが伝わるような訳語の選択，日本語表現を工夫したい。

●語句・構文●

(B)　call on ～「（体力・知力など）を行使する，～を求める」

Ⅱ　解答

設問(1)　(i)―(イ)　(ii)―(イ)　(iii)―(ロ)　(iv)―(イ)

設問(2)　全訳下線部(a)参照。

設問(3)　全訳下線部(b)参照。

設問(4)　(to) adapt the landscape around us to our purposes

設問(5)　もともと洞窟を住みかとしていたのは，人間やその他の動物を食べる肉食動物だったが，人間が火を発見してからは，人間が動物を食べる側になり，洞窟の主となったということ。

設問(6)　(ロ)

◆全　訳◆

≪人類を生み育てた技術≫

科学と技術。私たちはそれらを，STEM（「科学，技術，工学，数学」を表す）の一部として，きょうだい，あるいは双子とさえ見なしがちである。現代世界の最も輝かしい驚異ということになると，私たちのポケットに入っているスーパーコンピュータが人工衛星と通信するような時代なので，科学と技術は実際，密接に関係している。しかし，人類の歴史の多くの期間，技術は科学と何の関係もなかった。人間の最も重要な発明品の多くは純粋に道具であって，その背後に何ら科学的方法はない。車輪に井戸，L字形ハンドルに水車に歯車に船の帆，時計や舵や輪作，これらはすべて人類の発達や経済の発達には欠くことのできないものであるが，歴史的にはそのどれ一つとして，今日私たちが科学と見なすものとの関連はない。私たちが毎日使っている最も重要なものの中には，科学的方法が取り入れられるずっと以前に発明されたものもある。私は自分のノート型パソコンやiPhone，Echo（スマートスピーカー），GPSが大好きだが，(a)私が最も手放したくない技術，初めてそれを使った日から私の人生を変え，現在でも起きている時間はずっと頼り，今座ってパソコンのキーボードをたたいているまさにこの瞬間も頼みにしている技術は，13世紀に生まれたものである。メガネだ。石鹸はペニシリンよりも多くの死を防いだ。それは技術であって，科学ではない。

『反穀物の人類史――国家誕生のディープヒストリー』の中で，エール大学政治学教授のジェームズ=C. スコットは，人類の歴史で最も重要な技術という立場を狙う，もっともらしい対抗馬を紹介している。それは〈ホモ=サピエンス〉の出現に先立つほど古い技術で，むしろ私たちの祖先である〈ホモ=エレクトス〉に功績があるとすべきものだ。その技術とは火である。私たちは火を，二通りのきわめて重要で典型的な使い方をしてきた。このうち第一の，最も わかりやすい使い方は調理である。リチャード=ランガムが自著『火の賜物』で論じているように，調理ができるおかげで，私たちは食べ物からより多くのエネルギーを取り出し，またはるかに幅広い食物を食べることができる。動物の中で私たちに最も近い親戚であるチンパンジーは，私たちの 3 倍の大きさの腸を持っているが，それはチンパンジーの食べる生の食物が，ずっと消化しづらいからである。(b)調理された食物から得る余剰のカロリー価のおかげで，私たちは大きな脳を発達させることができたが，その脳は私たちが摂取するエネルギーの，ざっと 5 分の 1 を取り込む。これは，ほとんどの哺乳類の脳が 10 分の 1 足らずであるのと対照的である。その違いこそ，私たちを地球上で最も優勢な種にしているものなのである。

火が私たちの歴史にとって重要だったもう一方の理由は，現代人の目にはそれほど明らかではない。私たちは周囲の地形を私たちの目的に合わせるためにそれを使ったのだ。狩猟採集民は移動しながら火を放ち，周囲の環境を切り拓き，新しい植物がはやく育って獲物を引きつけてくれるようにした。彼らはまた，動物を追い払うために火を使った。彼らはこの技術をかなりの頻度で使ったので，スコットの考えでは，地球の人間支配段階，いわゆる人新世は，私たちの祖先がこの新しい道具を使いこなすようになった時期に始まったとすべきなのである。

スコットが言うには，火という技術を私たちは十分に評価していない。というのも，私たちは長期にわたる，つまり，私たちの種の大半が狩猟採集民だった人間の歴史の 95 パーセントにわたる発明の才の功績が，私たちの祖先にあるとしていないからである。「人間が使う地形建築術としての火が，私たちの歴史の説明の中にしかるべく記録されない理由は，おそらく，その影響が何十万年もかかって広がり，『野蛮人』とも言われる『文明以前の』種族によって完成されたということだろう」と，スコットは書いている。火の重要性を説明するために，スコットは南アフリカの複数の洞窟で見つかったものを指摘している。その洞窟の最も初期の最も古い地層には，肉食動物の完全な骨格と，それらが食べていたもののかみ砕かれた骨の破片が多数含まれている。その中には人間も含まれている。そのあとに来るのは，私たちが火を発見してからの層で，洞窟の所有者は入れ替わっている。人間の骨格は完全で，肉食動物のほうは骨の破片である。火は，ごはんを食べることと，ごはんになってしまうことの違いを生み出すのだ。

解剖学的に言えば，現生人類はおおよそ20万年前から存在している。その期間の大半を，私たちは狩猟採集民として暮らしていた。それから，およそ1万2000年前，私たちが地球を支配するようになる，その前後で違いがはっきりとわかる瞬間だと，一般に認められているものがやってきた。新石器革命である。これは，スコットの言葉を使えば，農業の導入，とりわけ牛や豚のような動物の家畜化と，狩猟採集から作物を植え栽培することへの移行の「組み合わせ」を，私たちが採用したということだ。こうした作物の中で最も重要なのが，小麦，大麦，米，トウモロコシといった，現在も人類の主食であり続けている穀物である。穀物のおかげで人口は増加し，都市が生まれ，したがって，国家が発達し，複雑な社会が出現することになったのである。

◀解　説▶

▶設問(1)　(i)　hand in glove は「手袋の中の手」が直訳だが，ぴったりくっついていることから「親密で（ある)，緊密に協力して（いる)」の意。(イ)の closely related「密接に関係して（いる)」が正解。文意からも十分推測できる。(ロ)「対照的で（ある)」(ハ)「保護下に（ある)」(ニ)「拘束されて（いる)」

(ii)　be credited to ～ で「～に功績があると考える」の意。同文が「その技術は〈ホモ=サピエンス〉より古く，〈ホモ=エレクトス〉に credit されるべきだ」となっていることから「その技術は〈ホモ=エレクトス〉が作った，始めた」の意と推測できる。(イ)の attributed「(～に) 帰せられる」が正解。(ロ)の charged も「～のせいにする」の訳はあるが，過失や事故の原因の意なので不適。(ハ)「(～に) 知られている」 (ニ)「(～に) 支払われる」

(iii) 当該箇所は「火という技術を私たちは十分に評価していない，というのも… ingenuity の功績が，私たちの祖先にあるとしていないからである」となっている。ingenuity は「火という技術」に関連していると考えられる。火を使うことによって摂取できるようになったエネルギーで，人間は大きな脳を発達させることができ，第 2 段最終文（That difference is what…）にあるように「地球上で最も優勢な種」になった。(ロ)の cleverness「賢さ，巧妙さ」が適切。ingenuity は「発明の才，巧妙さ」の意。(イ)「真正性」 (ハ)「感受性」 (ニ)「誠実さ」

(iv) be around で「周りに〔その辺りに〕いる〔ある〕」が直訳。そこから「存在する」の意でよく使われる。(イ)の existent「存在する」が正解。(ロ)「回転させられて」 (ハ)「定住させられて」 (ニ)「放浪して」

▶設問(2) the piece of technology は technology「技術」を不可算名詞として用いており，特定の 1 つであることを表すために the piece of を入れている。日本語では「技術」でかまわない。なお，technology は個々の技術を表して可算名詞扱いすることもできる。

I would be most reluctant to give up「私が最も手放したくないであろう」は technology を先行詞とする関係代名詞節。目的格の which が省略されている。would は仮定法過去。「たとえ手放さなくてはならないとしても」などの even if 節が想定されていると考えられる。would をあえて「であろう」などと表現する必要はない。be reluctant to *do* は「～したくない，～するのは気が進まない」の意。give up は，「(技術を) あきらめる」では不自然なので「手放す」などとしたい。

the one that changed my life from the first day I used it の the one は the (piece of) technology を受ける。that はこれを先行詞とする主格の関係代名詞で「私の人生を変えた技術」となる。from the first day I used it は day のあとに関係副詞 when が省略されており，「私がそれを使った最初の日から」が直訳。first を「私が初めてそれを使った日から」と動詞を飾るように訳すこともできる。life は「生活」の訳も考えられるが，「最も手放したくない」や，このあとの部分と合わせて「初めて使った日から今日まで」となることを考えると「人生」のほうが文意に合うだろう。

and that I'm still reliant on every waking hour の that は the one を先行詞とする目的格の関係代名詞。be reliant on ～は「～に頼っている，依存している」の意。every waking hour は「起きているどの1時間も」が直訳だが，「起きている時間は常に〔ずっと〕」などとすると自然。

am reliant on right now, as I sit typing は関係代名詞 that の節内の2つ目の述語動詞部分で，「座ってタイプしているたった今も頼っている」が直訳。「タイプしている」とは，この文章を書くためにパソコンに向かってキーボードのキーを打っていることを表している。言葉を適宜補って，わかりやすく工夫したい。

dates from the thirteenth century の date from ～は「(ある年代，時期) に始まる，生まれる」の意。「13世紀に生まれる」では不自然なので，「13世紀に生まれたものである」などと整える。

▶設問(3)　The extra caloric value は「余分なカロリー価」が直訳。「余分な」は不要なイメージも持つので，「余剰の」などとするとよい。caloric value は「カロリー値」，あるいはただ「カロリー」としても問題ない。

we get from cooked food は caloric value を先行詞とする関係代名詞節で「私たちが調理された食物から得る」が直訳で，そのままでよい。cooked の訳としては「料理された」もあるが，「料理」には味付けや見た目も考慮した「完成品」のイメージがある。ここでの cooked は「生ではなく火や熱を加えた」ことであり，「調理」のほうが文意には合うだろう。あるいは「火を通した」とすることもできる。

allowed us to develop our big brains は「私たちが私たちの大きな脳を発達させることを許した」が直訳。allow *A* to *do* はしばしば「*A* が～することを可能にする」と，enable と同様の意味合いで使われ，ここもそのニュアンス。無生物主語の文なので，「(主語のおかげで) 私たちは大きな脳を発達させることができた」などと整えられる。

…, which absorb roughly a fifth of the energy we consume は our big brains を先行詞とする関係代名詞節。「私たちの大きな脳」の種類分けをするわけではないので，非制限用法になっている。訳文でも，あとに続く部分が長いので，補足説明的に続けるのがよい。absorb roughly a fifth of the energy は「エネルギーのおおよそ5分の1を吸収する」が直訳で，そのままでもかまわない。absorb は「取り込む」「自分のものとして使う」などの訳も可能。we consume は the energy を先行詞とする関係代名詞節。「私たちが消費する」が直訳だが，消費した，つまり使ってしまったエネルギーを取り込むことはできない。consume food を「食物を食べる」，consume plenty of fluids を「水分をたっぷり摂る」などと訳すように，「摂取する」とするとよい。
as opposed to less than a tenth for most mammals' brains は「ほとんどの哺乳類の脳に関しては 10 分の 1 未満と対照的に」が直訳。as opposed to ～ は「～と対照的に」，less than ～ は「～未満，～足らず」の意。for は「～に関しては」の意で，資料の数値などを項目別に挙げるときなどによく使われる。この部分は，訳し上げるなら，何の 10 分の 1 未満なのかを先取りして訳し込む必要がある。この前でいったん文を切り，「これは，ほとんどの哺乳類の脳が 10 分の 1 足らずであるのと対照的である」などと訳し下したほうが簡単かもしれない。

▶設問(4)　下線部は「地形建築術」が直訳。「地形」は自然のものだが，「建築」は人間が作るものである。地形を人間が作り直すということを述べていると考えられる。第 3 段第 1 文（The other reason …）後半のコロン（：）以下にある（to）adapt the landscape around us to our purposes「周囲の地形を私たちの目的に合わせる（ため）」が適切。この箇所は目的を表す副詞用法の不定詞で「合わせること」の意ではないので to は省いてもよいが，to を入れても 9 語で 10 語以内という条件には合う。

▶設問(5)　下線部は「洞窟の所有権が入れ替わっている」の意。直前の文（The earliest, oldest strata …）には「最も初期の最も古い地層には，肉食動物の完全な骨格と，それらが食べていたもののかみ砕かれた骨の破片が多数ある。その中には人間も含まれている」とあり，この時期には洞窟を住みかとしていたのは肉食動物であり，人間は捕食されていたことがわかる。下線部の直後には「（私たちが火を発見してからの層では）人間の骨格は完全で，肉食動物のほうは骨の破片である」とあり，この時期には人間のほうが動物を食べており，洞窟を住みかとしていたことになる。つまり，人間が火を発見するまでは，洞窟を住みかとしていたのは，人間やその他の動物を食べる肉食動物だったが，人間が火を発見してからは，人間が洞窟を住みかとして，動物を食べる側になったということ，などとまとめられる。解答欄は約15cm×1.8cm。

▶設問(6)　(イ)　第1段最後から2文目（Soap prevented …）の内容と一致する。

(ロ)　第1段第5文（Wheels and wells, …）の内容と一致しない。井戸や歯車は，「歴史的にはそのどれ一つとして，今日私たちが科学と見なすものとの関連はない」とされているものに含まれている。直前の文にも「人間の最も重要な発明品の多くは純粋に道具であって，その背後に何ら科学的方法はない」とある。これが正解。

(ハ)　第2段第2文（It is a technology …）・第3文（That technology is …）に「それは〈ホモ=サピエンス〉の出現に先立つほど古い技術で，むしろ私たちの祖先である〈ホモ=エレクトス〉に功績があるとすべきものだ。その技術とは火である」とあり，第4段最後から2文目（Then comes the layer …）に「私たちが火を発見してからの（洞窟内の地）層では…人間の骨格は完全で，肉食動物のほうは骨の破片である」と，人間が他の動物を食べていたことを述べている。こうしたことから，この選択肢は文章の内容と一致すると言える。

(ニ)　第2段第7文（Our closest animal …）の内容と一致する。

(ホ)　第4段第1文（We don't give the technology …）の内容と一致する。

●語句・構文●

（第1段）sibling「（男女の別なく）きょうだい」 crop rotation「輪作」同じ土地で1年の間に時期を変えて異なる種類の作物を栽培すること。

（第2段）contender「競争相手，対抗馬」 predate「～に先行する」 colon「結腸」大腸全体を指して使うこともある。

（第3段）terrain「地域，周囲の環境」 forebear「祖先」

（第4段）give *A* credit「*A*（の功績）を正しく評価する」 strata ＜ stratum「地層」

（最終段）definitive「決定的な」 before-and-after「前後の違いを示す」 staples「主要産物」

III　解答例

〈解答例1〉 I think a cashless society poses some problems. For one thing, payment with a credit card or online is so quick and easy that some people may spend more than they can afford or purchase unnecessary things without much thought. For another thing, there is always the risk of password leakage or theft. Unlike losing your wallet, it may cause you to lose all your money. (70 語程度)

〈解答例 2〉 Certainly, cashless payment is quick and easy, so it is helpful in reducing the time you "waste", for example, when standing in a supermarket checkout line. However, a cashless society would easily fall into disorder if the power supply is cut off by an accident or a natural disaster, such as a powerful typhoon. You wouldn't be able to buy anything or take trains and buses. So, it may be too risky to go about without any cash. (70 語程度)

◀解　説▶

「現金をほとんど使わず，クレジットカードや電子マネーで決済ができるキャッシュレス社会には，どのような利点，あるいは問題点があると思うか」70 語程度で考えを述べる問題。キャッシュレス社会に賛成か反対かという問い方ではないので，利点だけ，あるいは問題点だけを述べる以外に，両方に言及することもできる。いずれの立場でも，その明確な理由をわかりやすく示すことが重要である。

〈解答例 1〉は，キャッシュレス社会を危惧しており，理由としては簡単に支払いができるため買いすぎたり不必要なものをよく考えずに買ったりする人が出るかもしれないことと，パスワードが盗まれたり漏れたりする可能性があり，財布を落とすのとは違って，（銀行などに入れてある）お金を全部失うかもしれないことを挙げている。〈解答例 2〉は，キャッシュレス決済でレジに並ぶなどの無駄な時間を節約できる一方，キャッシュレス社会は停電などが起きると簡単に混乱してしまうので，まったく現金を持たずにいるのは危険かもしれないとしている。

正しく使える語句・表現で英語として誤りのないものに仕上げること。本問のように社会的な内容がテーマになると，ある程度そのテーマに関する知識が必要になる。新聞やニュースで事実や世の中のことを知っておくように心がけたい。同時に，本問の「キャッシュレス決済」といった表現を英語ではどう言うのかなど，こまめに調べておくことも欠かせない。

Ⅳ 解答 (A) 〈解答１〉 Knowing what questions past philosophers faced and what they thought about them is important for us to learn the lessons they gained at considerable sacrifice, in order for us not to repeat the same foolish mistakes as people of those days made.

〈解答２〉 If we know what kind of problems philosophers in the past dealt with and what they thought of them, we can learn from their lessons drawn at great expense so that we will never repeat the stupid mistakes people at that time committed.

(B)(イ) 〈解答１〉 It is true of reading a book. If you uncritically accept the author's ideas as they are and convey them to others without thinking about the contents for yourself, reading a book is meaningless.

What is important is that, through reading, you look back and reflect on the ideas and lifestyle you have had, and moreover, reconsider the way you live your life.

〈解答２〉 Similarly, if you just embrace the author's opinion blindly and tell others about it without reflecting on its contents on your own, reading a book is of no use.

What matters is looking back on your old ways of thinking and living and examining them carefully by reading a book, and even reviewing how you should live.

(ロ) 〈解答１〉 It is arrogant to write about a historical event, because the writer commands a privileged position after everything is over and writes about what he (or she) didn't actually see as if he (or she) had witnessed it with his (or her) own eyes.

〈解答２〉 To write about historical events is a haughty attempt. After all, those who write about the past are on an advantageous footing from which they can survey everything already concluded and describe what they didn't actually witness as if they had seen it with their own eyes.

◀解　説▶

◆(A)「過去の哲学者がどのような問いに向き合い，どのように考えたかを知ることは，とりもなおさず，私たち自身が，当時の人間と同じような愚かな過ちを再び繰り返すことのないよう，高い費用を払って得た教訓を学ばせてもらうという側面があります」

●文の骨組みは「…を知ることは，とりもなおさず…を学ばせてもらうという側面があります」である。「*A* はとりもなおさず *B* だ」とは，「*A* はすなわち *B* だ」の意であり，「側面がある」を訳出するとかえってつじつまが合わなくなる。また，「させてもらう」も「やる，あげる，くれる，もらう」という日本語特有の受け渡し関係を細やかに表す言い回しであり，「…を知ることは，すなわち…を学ぶことだ」と整理し直せばよい。

●「知ること」は learning が標準的な語だが，あとの「学ぶこと」も learning である。同じ言葉を使ってかまわないが，変化を持たせたければ「知ること」に knowing や realizing などを使えばよいだろう。基本的に know は「知っている」という状態を表すが，この文意なら許容範囲である。

●「過去の哲学者がどのような問いに向き合い，どのように考えたか」の「過去の哲学者」は，past philosophers / philosophers in〔of〕the past でよい。文脈から考えてだれか一人の哲学者のことではないので，複数形にするのを忘れないこと。「向き合う」は face が文字どおり。「～に取り組む」deal with ～ / cope with ～ / approach / address などでもよいだろう。「どのような問い」は what (kind of) questions が文字どおり。「問い」はこの場合 problems「問題」としてもよい。「問い」も一つだけではないはずなので，複数形にすること。なお，kind of のあとに続く名詞が複数形でも，kind 自体は単数形がふつう（複数形にすることもある）である。「どのように考えたか」は，文脈上「その問いに関して」であり，それを補うこと。what they thought about〔of〕them となる。「どのように」は，thought that …「…と（いうことを）考えた」と，think の目的語にあたる部分を問うので，疑問代名詞の what を使うこと。how は「どうやって考えたか」という考える際の方法を表すので不可。

●「とりもなおさず」は前述のとおり「すなわち」のニュアンスだが，この文では主語と補語にあたる部分の関係を表しており，同格関係となる名詞などを言い換えるのに主に使う namely / that is (to say) は使えない。文構造全体を「…を知ることは…を学ぶうえで大切だ」と読み換えることも考えられる。あるいは，動詞部分で「知ること＝学ぶこと」の関係をはっきり示して，means「…を意味する」，is equivalent to …「…と等しい」，directly leads to …「直接…につながる」とするとよい。

●「高い費用を払って得た教訓」の「高い費用を払って」は，文章の前半（下線部の前）にも「高い授業料を払って」と書かれているが，これはもちろん比喩であり，その教訓を得るために大きな犠牲を払ったことを表す。「大きな犠牲を払って得られた教訓」the lessons learned〔drawn / gained〕at great〔considerable〕expense〔cost / sacrifice〕などとできる。関係代名詞を使って the lessons (which) they learned〔drew / gained〕「彼ら（＝過去の哲学者たち）が得た教訓」としてもよい。

●「私たち自身が…を再び繰り返すことのないよう」は目的を表しており，in order for us not to repeat ～ や so that we will not repeat ～ で表せる。「繰り返す」が「また同じことをする」と，「再び」を含意するので，again は不要。「二度と繰り返さない」という強い否定を表していると考えるなら，not の代わりに never を使うとよいだろう。なお，この部分が「学ばせてもらう」にかかることがわかるように工夫するのが望ましい。動詞を修飾する副詞は「最も近くにある動詞（準動詞も含む）にかかる」と見なされる。in order … を文末に置く場合は，「(高い費用を払って）得た」がいちばん近くなるため，カンマを打って「つながっていない」ことを示したい。かかる動詞の近くに挿入する方法もあるが，どこに挿入するのが適切か判断するのはやや難しいかもしれない。「もし…を知れば…を学ぶことができる」という書き方をしているなら，文末にそのままつけても誤解は生じにくい。

●「当時の人間と同じような愚かな過ち」は，「人間」と「過ち」が同じはずがないので，「当時の人間が犯したのと同じような過ち」と言葉を補うこと。「過ちを犯す」は make〔commit〕mistakes,「…と同じような～」は the same ～ as …,「愚かな」は foolish / stupid / silly のいずれでもよい。the same のあとに置くこと。「当時の人間」は people of〔in〕those days〔at that time〕が文字どおり。「当時」が指す具体的な時代が示されていないので，「過去の」in the past などとしておくことも考えられる。全体で the same foolish mistakes as people of those days made などとなる。

◆(B)　▶(イ)「本を読む時も，著者の考えをそのまま無批判に受け入れ，その内容について自分では考えないで他の人に伝えるのでは本を読む意味はありません」

● 「本を読む時も」は，下線部の前に述べられていることが「本を読む時にも当てはまる」の意で「も」としていることを汲み取りたい。「それは本を読むことにも当てはまる」It is true of〔for / with〕reading a book. と独立した文にしたり，簡単に「同様に」similarly / likewise を使ったりして表せる。なお，一般論なので「本」を複数形にすることも思い浮かぶが，続く部分のことを考えると，一度にたくさんの本について人に語るというのは不自然なので，単数で表しておくのが妥当だろう。

● 「著者の考えをそのまま無批判に受け入れ…るのでは」は if 節で表せばよい。主語は読者に教え諭すイメージで you が使える。「著者の考え」は the author's ideas〔opinion〕とできる。「本」は，a book とすると不特定のものを想定することになるが，その想定の中で「その本の著者」という限定がかかる。the author とするのが適切。「…を受け入れる」は accept が最も一般的。embrace「…を喜んで受け入れる」も使える。receive は物理的に物が手元に届くことや人を迎え入れることを表すので，この文意では不適。「そのまま無批判に」は uncritically「無批判に」，blindly「むやみに」と言えば「そのまま」は含意するが，as they are / as it is で表したり，just「ただ」などで強調したりできる。

● 「他の人に伝える」は convey〔communicate〕them〔it〕to others が文字どおり。tell others about them〔it〕ともできる。「それ」=「著者の考え」を補い，使った名詞の数に合わせるのを忘れないこと。

● 「その内容について自分では考えないで」は「～せずに」without *doing* が使える。「自分では」は「自力で」for yourself / on your own が使える。by yourself にもこの意味はあるが，どちらかと言えば alone

「ひとりで」「単独で」のニュアンスが強いかもしれない。「内容」はcontents と通常複数形で使う。「その」は簡単に the でもよいし，「著者の考えの」と見て their〔its〕contents とすることもできる。全体で without thinking about the contents for yourself などとなる。「考える」には reflect on ～「～をよく考える，熟考する」も使えるだろう。なお，この動詞は第 2 文の「振り返って吟味する」にも使える。

● 「本を読む意味はありません」は「本を読むことは無意味である」reading a book is meaningless〔senseless〕あるいは is of no use とすれば容易。「～することは無駄だ」It is no use *doing* / There is no point in *doing* を使うこともできる。

「大切なことは，読書を通じて，自分のそれまで持っていた考えや生き方を振り返って吟味し，さらには，自分の生き方を見直すということです」

● 「大切なことは…です」は what is important is / the important thing is でよい。what matters〔counts〕is とすることもできる。

● 「…ということ（です）」は that 節でも，動名詞でもよい。

● 「読書を通じて」through reading が文字どおり。「本を読むことによって」by reading a book としてもよい。

● 「自分のそれまで持っていた考えや生き方」の「自分のそれまで持っていた」は which you have had が文字どおりだが，old「なじみの，いつもの」など簡単に表すこともできる。あるいは，あえて訳出せず「自分の考えや生き方」としても，大差はないとも言える。「考えや生き方」は ideas and lifestyle / the way of thinking and living のように形をそろえると見やすいが，必ずそろえなくてはならないわけではない。全体で，the ideas and lifestyle（which）you have had / your old way of thinking and living などとなる。

「…を振り返って吟味し」は前述のとおり，reflect on ～ が使える。これには「振り返る」と「吟味する」の両方の意味合いが含まれるが，「～を振り返る」に look back on ～，「吟味し」に examine carefully〔closely〕を使って表現するとよいだろう。前の部分で reflect on ～ を使っているなら，言葉を変えたほうが見栄えがよい。

● 「さらには」は moreover が文字どおり。これ自体は接続詞ではないので，and のあとにカンマで挟んで挿入すること。「見直すこともする」

と考えて，as well を後ろにそえたり，「見直すことさえする」というニュアンスととらえて even をつけたりすることで表すこともできる。

● 「見直す」は reconsider / review が使える。

● 「自分の生き方」は，前にも「生き方」があるので，異なる表現を使うとよい。前述のもの以外には，how you should live / the way you live your life などが使えるだろう。

▶(ロ) 「歴史上の事実について書くのは傲慢なことだ」

● 「…書くのは傲慢なことだ」は形式主語の文が思い浮かぶが，それほど長い主語ではないので，形式主語を使わずに書いてもよい。「傲慢なこと」は「傲慢だ」で十分。日本語では「何は何だ」の文で，補語に「こと」や「もの」を入れることがよくあるが，英語では必要でないことも多い。もし名詞を入れるなら，漠然とした「こと」より，「行為」act,「試み」attempt などとより明確にするとよい。「傲慢な」は arrogant / haughty などが使える。

● 「歴史上の事実について書く」は write about historical facts〔a historical fact〕が文字どおり。ただし，あとに続く「実際には見ていないことを，まるで見てきたように」を考慮すると，「事実」=「起きたことそのもの」ではないとも言える。引用符をつけて "fact(s)"「いわゆる事実」としたり，「出来事，事件」event / happening などに変えたりすることも考えられる。

「ペンを持つ人間は，既にすべてが終わっている特権的な場所から，実際には見ていないことを，まるで見てきたように書くのだから」

● 前文の理由にあたる。Because S V …. と従属節を独立させることはできないので，前文とつないで 1 文にするか，This〔That / It〕is because … とする。あるいは，After all を文頭で使うことも考えられる。この句は，前文の内容に対して，その根拠を示して「だって～だから」の意で使える。

● 「ペンを持つ人間は…場所から…書く」の主語「ペンを持つ人間」は，the writer「執筆者」や those who write about the past「過去のことについて書く人たち」ということ。ただし，述語部分が「書く」であり，「書く人は…と書く」ではややぎこちない。そこで，「場所から」を「場所に立って」として，一度別の動詞を挟むとよいかもしれない。

● 「既にすべてが終わっている特権的な場所から」は上記のとおり，いったん「特権的な場所に立つ〔を占める〕」stand in〔command / take up〕a privileged position とする。「有利な立場にいる〔を得る／占める〕」be〔gain / have〕on an advantageous footing も使えるだろう。「既にすべてが終わっている」は，日本語では「場所」を修飾しているが，「いつ」を表す「終わっている」で，そのまま「どこ」にあたる語 position を飾ることには無理がある。「すべてが終わったあとに」after everything is over〔already done〕と stand を修飾する形にするか，比喩的に「既に決着したすべてが見渡せる（場所）」(position) from which he (or she)〔they〕can look out over〔survey〕everything already settled〔concluded〕などとする。あるいは，この部分は結局「後知恵」のことであり，use hindsight「後知恵を使う」と思い切ってまとめてしまうことも考えられる。

● 「実際には見ていないことを…書く」は write about what he (or she)〔they〕didn't actually see が文字どおりで，このままでよい。「見る」は witness「目撃する」とすることもできる。「実際には」は「自分の目で」with his (or her)〔their〕own eyes などと表現してもよい。「書く」は，write が数多く使われるのを避けて，describe「描く，説明する」などを使うことも考えられる。

● 「まるで見てきたように」は as if he (or she)〔they〕had seen it などとなる。「まるで…したかのように」は as if S had *done* と仮定法過去完了で表す。このような意味のとき，日本語では「見てきた」と言うが，英語では「見た」で十分。「見る」は前述の witness を使ってもよい。また，こちらに「自分の目で」をつけることも考えられる。前の部分とのバランスを考えながら整えたい。

❖講　評

2020 年度も従来どおり，英文和訳・長文読解総合問題・テーマ英作文・和文英訳問題の 4 題構成。Ⅳの一部（文学部の独自問題）を除いて，理系学部と共通問題である。

Ⅰの英文和訳問題は，(A)が全文和訳，(B)が部分和訳だった。(A)は友情とはどういうものかを述べた文章。日本語として自然なものになるように，言葉を補ったり，訳語を吟味したりする必要がある。(B)は，ある理論が注目する 2 種類の「注意」について説明したもの。なじみの薄い概念が説明されており，まさに文章を読みながら理解していくことになる。内容理解の度合いが和訳の仕上がりに影響する。下線が入っていない部分も読み，理解を高めて取り組みたい。

Ⅱの長文読解総合問題は，「火（を扱うこと）」を技術と捉え，それがいかに人類を発達させたかを説明した文章。また，現代では「科学技術」がひとくくりにされているが，人類史のほとんどは科学とは無関係の技術がヒトを支えてきたことも主張しており，興味深い。設問は，同意表現，英文和訳，内容説明，内容真偽。いずれも素直な問いであり，文章を楽しみながら取り組みたい。

Ⅲは「キャッシュレス社会の利点，問題点」について思うところを述べるというもの。賛否を問うているわけではないので，両方に言及することもできる。70 語程度という条件は従来どおりであり，適切な具体的根拠・事例を挙げながらまとめることが重要である。

Ⅳは例年同様，レベルの高い和文英訳である。語句自体が英語ではどう表現できるのか，内容として英語で不自然ではないものにするには構造や言い回しをどのように整えればよいか，十分検討する必要がある。

全体として，英文和訳問題，長文読解総合問題は標準的，英作文問題はやや難と言える。

◀外国語学部▶

I　◀文・人間科・法・経済学部▶Ｉに同じ。

II　**解答**　設問(1)　19世紀初頭に，英国中で社会の最上位層が，ロンドン地区の上流階級の話し方を取り入れ始めたこと。

設問(2)　大英帝国が，産業革命後にアフリカとアジアを植民地化することに精力を注ぎ，経済的優勢を南米にも拡大しながら，1世紀半にわたって世界の多大な領土と人口を支配した時期。

設問(3)　大英帝国は厳格な階層構造を通じて維持され，その最上位層の言葉であるRPが欠かせなかったが，まだラジオもない当時，大多数の人はRPをまったく話さず，聞いたことさえない人も多かったため。

設問(4)　合衆国では，英国ほど出自が問題ではなかったので，上流階級の発音をまねする必要がなく，移民も移り住んだ地域の普通の人たちの発音を身につけていった。結果的に，多数派の発音が自然に標準として採用された。

設問(5)　全訳下線部参照。

設問(6)「一般英国英語」は「一般米語」と比べると，社会的，地域的にはるかに限られたイングランド地方の発音であり，スコットランド，アイルランド，旧植民地の発音はかなり異なったものなので，「一般英国英語」という名称は適切ではないと考えている。

設問(7)　多くの人が，RPから連想する「過去」や「上流階級」にまつわる高慢さやよそよそしさに対する敵意や嘲りといった否定的なイメージをほのめかすこと。

◆全　訳◆

≪「標準英語」の歴史≫

19世紀が始まる頃，英国で注目に値することが起きた。国中で，社会の最上位層に入る人たちが，話し方を変え始めた。彼らは，ロンドン地区の上流階級のしゃべり方を取り入れ始めたのである。

これ以前には，英国の社会的エリートの間には，もっと多様な話し方があった。しかし，ロンドン地区の話し方が着々と，他に類のないれっきとした，すなわち「標準的な」ものとして確立されていった。1869 年には，音声学者アレクサンダー=エリスは，「どの特定の地方でも大きく異ならず，ある程度の多様性を許容する，全国にわたって標準化された発音」について，また「それは特に，ロンドン，宮廷，説教壇，法廷の，教養ある人々の発音と見なせるかもしれない」と書くことができた。

容認標準発音（RP）は，当時南部で生じたばかりだった話し方も含んでいた。たとえば after という語は，口を開いて出す a で，語尾の r は出さずに発音された。これより前の時期に人々が移住したアメリカでは，口を大きく開かない伝統的な a と語尾の r が保存された。

なぜ，またどのようにして，英国中の上流階級の人々は，首都とその周辺の社会的エリートの話し方を「まねした」のだろうか。

その答えは，英国がその産業革命のすぐあとに築いた広大な帝国と関係がある。アメリカの植民地を失い，ナポレオンに勝利したあと，英国はアフリカとアジアを植民地化することに精力を注いだ。1 世紀半にわたって，英国は，中国やアルゼンチンといった国々に対する経済的優勢をさらに拡大しながら，世界の多大な部分の領土と人口を支配した。この時代はまた，RP の時代でもあった。

英国のような小さな国は，権力と権威の厳格な階層構造を通じてしか，地球規模の帝国を統制できなかった。国王とロンドンの宮廷が当然その頂点にあり，植民地の臣民たちが最下層にいた。階層化と階級は必須で，これには話し方も含まれていた。それに加えて，英国の産業が有する原動力は，植民地からもたらされる原料で潤い，富を蓄えた新しい階級の人々を生み出しつつあった。野心を抱き，上昇志向のある人たちにとっては，階層の頂点にいる人たちの作法を身につけ，その結果，出身地域や社会的地位を露わにしてしまうものを隠すことが重要だった。

学校教育は，帝国と RP の両方の維持においてカギとなる要素だった。帝国は，まとまった人数の英国の支配階級が外国で暮らすことを必要とした。彼らは，息子たちを全寮制学校（誤解を招く「パブリック=スクール」という名で知られている）に残していき，そこで息子たちは権威ある地位にある人たちの作法でふるまうように訓練されたが，話し方という点では，これは RP を意味した。「パブリック=スクール発音」は，ロンドン大学ユニバーシティ=カレッジの音声学創設の教授であるダニエル=ジョーンズによってRPを表すのに提案された名前だった。

もちろん，英国人の大半は，まったくRPを話してはおらず，ラジオ以前の時代には，彼らの多くは，RPを聞いたことさえほとんどなかった。この供給不十分ながら重要な必需品の手引きを作る必要があった。ジョーンズは，RPを説明する人たちの中で卓越しており，『英語発音辞典』（1917）や『英語音声学概説』（1918）を出版した。ジョーンズはまた，ジョージ=バーナード=ショーの演劇『ピグマリオン』（1913）に登場する「ヒギンズ教授」の実在のモデルでもあった。後のミュージカル『マイ=フェア=レディ』はこの演劇に基づいたものだった。この劇は，知的な女性が，自分には手に入れられない必需品であるRPで自身の出自を隠せない限り，彼女をどん底の生活に追い込む社会の不公正を嘲笑している（ヒギンズは，賭けとして彼女に教えた）。

合衆国では事情はかなり異なっていた。そこでは，地域的・社会的出自は英国ほど重要ではなく，新興富裕層は，上流階級の作法をまねする必要性を感じなかったのである。合衆国に入ってくる移民たちは，彼らが溶け込んでいった普通のアメリカ人たちの話し方を見習えばよかったが，それは英国では社会的に制限のかかる結果となるであろうものだった。アメリカ人は，「標準的な」話し方を示す手引書や辞書に対して英国人が感じていたのと同じような必要性はまったく持っていなかったのだ。そして，やがてアメリカは，多数派の発音，つまり一般米語として知られる密接に関係づけられた一群の発音を，標準として採用するようになった。

20 世紀になると，マスコミと大衆文化が登場した。当初，これはRPに有利に働いた。RPは50年にわたってBBCラジオを牛耳った。「第一次世界大戦と第二次世界大戦の間の期間に，RPが『BBC英語』と同義になったのは偶然ではない。というのも，BBCはこのタイプの発音を意識的に採用したからである」（ギムソン，1981）。今や，一般大衆はいつも，しかも無料で，RPに触れることになった。多くの人が，それを手本に自分の話し方を修正した。一部の人たちにとっては，地域的・社会的な発音が，RPの着実な拡大で失われたように思えた。ところが，実際には，RPが依って立つ社会的な基盤が崩壊したのだった。

社会的階層というビクトリア朝時代の概念は，新しい世紀が進むにつれて薄れていった。女性は投票権を勝ち取り，２つの大戦から帰還した男性たちはもっと大きな社会的平等を要求し，一方植民地の民族たちは，自治に値すると見なされた。

社会的な変化の速度は，1960 年代に急激に加速した。大衆文化によって，ビートルズのような下層階級出身の英国人は新たな魅力を得ることとなった。かつて当然のものとして受け入れられていた上流階級の「優位性」は，政治的スキャンダルや，メディアにおいて批判や風刺がこれまでになく自由になったことによって失われていった。社会的特権はもはや名誉あるものではなく，むしろ不公正と見なされた。そして，初めて，最上位にいる人たちの話し方が，否定的に受け止められ始めたのである。

だんだんと，あからさまに上流階級とわかる話し方は，嘲りや敵意の対象となり，舞台や映画では俗物の悪党にふさわしいものとなった。社会言語学者のピーター=トラッドギルは次のように書いている。「RP の話し手は，しゃべり始めたとたんに，RP の話し手ではない人たちに，高慢でよそよそしいと受け取られる。そうではないと行動で示せない限り，またそうではないと行動で示すまでは」

同時に，特権をそれほど有していなかった人たちが，より高い水準の功績や成功を手にすることは容易になった。1964 年から 1997 年の間の５人の首相は全員，公立学校で教育を受けた人たちだった。社会的に上昇した人たちは，放送業界の人も含めて，話し方を修正しなくてはならないという圧力を以前ほど感じなくなった。そして，まさしく最上位の人たちの多くは，意識的だろうとそうでなかろうと，自分たちの話し方を中流，下流階級の話し方のほうに変えたのだ。

影響力のある地位に就く普通の家柄の人たちが増えるのと相まって，あからさまに上流階級だとわかる話し方を非難することは，社会的エリートを参考にして定義される「標準」発音について語ることがますますできなくなるということを意味していた。

UCL の初代音声学教授であるダニエル=ジョーンズは，1918 年に RP のことを「有名パブリック=スクールで教育を受けた南部イングランド人男性の」発音と言った。現 UCL 音声学教授のジョン=ウェルズは，1982 年にそれを「『パブリック=スクール』のいずれかに通っていた，あるいは通っている男性たちがいる家族」によって普通に話されているものだと言った。19 世紀に確立され，第一次世界大戦中にはジョーンズにとって，またマーガレット=サッチャーの時代にはウェルズにとって意味のあったこの概念は，続く数十年で，歴史の一部になってしまった。

現代の英国においては，多様性が賛美されている。ビジネス，政治，学問の世界，マスコミの著名人たちは，幅広い発音を示している。しかし，ロンドンと南部地方は，今でも富や権力，影響力において最も有力である。南部の発音，とりわけ中流階級，上流中産階級の発音が，政財界や国際的に視聴されるテレビ番組や映画では，他の発音に比べてよく聞かれる。この種の南部の話し方が，今日の「イギリス英語」にとっての，もっともな教育標準となっている。略語の SSB が，この標準南部英国英語（Standard Southern British）発音を表すのに使われている。それを「一般英国英語」と呼ぶ人もいる。しかし，それは北米における一般米語と比べると，社会的，地域的に見て一般的というにはほど遠い。それはイングランド地方の発音であって，間違いなく，スコットランド，アイルランド，あるいは英国の旧植民地の代表となるものではない。そうした地域では，発音がかなり異なっているのである。

この数十年，社会的音声変化の速度は急速なものではあるが，一夜にして言語パターンがごろっと変わるようなことはなかった。現代の発音は，RP と共通点が大いにある。実際，「RP」を再定義することで，RP を現代の標準を表す用語として維持しようと努力している音声学者もいる。しかし，その用語は，多くの人の頭の中で過去や上流階級と結びついている。最近はジャーナリストや俳優が，まさしくこれをほのめかすことを念頭において RP のことに言及することが多いだろう。

20 年以上前，1997 年の香港返還に伴って，ついに大英帝国に終焉が告げられた。21 世紀への変わり目は，そこから RP を過去形で語ることができるようになる都合のよい転換点と考えられるかもしれない。

◀解　説▶

▶設問(1)　解答欄は 14.7cm×2.8cm。当該文は「これ以前には，英国の社会的エリートの間には，もっと多様な話し方があった」となっている。多様な話し方ではなくなったことを述べている第 1 段の内容をまとめる。時期は文章冒頭にあるように「19 世紀の初頭」であり，「話し方が多様ではなくなった」とは，第 1 段第 2 文（All over the country, …）にあるように「国中で，社会の最上位層に入る人たちが…ロンドン地区の上流階級のしゃべり方を取り入れ始めた」ということである。まとめると「19世紀初頭に，英国中で社会の最上位層が，ロンドン地区の上流階級の話し方を取り入れ始めたこと」などとなる。

▶設問(2) 解答欄は 14.7cm×2.8cm。下線部は「この時代」。第5段最終文にあり，同段の内容をまとめる。まず，「いつ」のことかを拾い出すと，第1文（The answers are …）「産業革命のすぐあと」，第2文（With the loss …）「アメリカの植民地を失い，ナポレオンに勝利して」，第3文（For a century …）「1世紀半に及ぶ」とある。「何が起きたか」については，第1文「英国が広大な帝国を築いた」，第2文「アフリカとアジアを植民地化することに精力を注いだ」，第3文「中国やアルゼンチンといった国々に対する経済的優勢をさらに拡大しながら，世界の多大な部分の領土と人口を支配した」とある。すべてを盛り込む必要はなく，要点をまとめるとよい。「大英帝国が，産業革命後にアフリカとアジアを植民地化することに精力を注ぎ，経済的優勢を南米にも拡大しながら，1世紀半にわたって世界の多大な領土と人口を支配した時期」などとなる。

▶設問(3) 解答欄は 14.7cm×3.2cm。下線部の著書名は『英語発音辞典』『英語音声学概説』で，いずれも英語の発音に関わるものである。直前の第8段第2文（It was necessary …）に「この供給不十分ながら重要な必需品の手引きを作る必要があった」とあり，その「手引き」にあたるのがこれらの著書である。「供給不十分」である理由と「必需品」とは何か，またなぜ必需品なのかをまとめる。「供給不十分」の理由は同段第1文（Of course, …）「英国人の大半は，まったくRPを話してはおらず，ラジオ以前の時代には，彼らの多くは，RPを聞いたことさえほとんどなかった」ことである。ここで「必需品」がRPだとわかる。「必需品」である理由は，第7段第2文（The empire required …）の「帝国は，まとまった人数の英国の支配階級が外国で暮らすことを必要とした」ことが関わるが，これは第6段第1文（A small country …）に「英国のような小さな国は，権力と権威の厳格な階層構造を通じてしか，地球規模の帝国を統制できなかった」とあるとおり，大英帝国の維持のためである。第7段第2文に戻れば，その後半に「権威ある地位にある人たちの作法…話し方という点では…RPを意味した」とあるように，支配階級の言葉として

RP が欠かせなかったのである。したがって，「大英帝国は厳格な階層構造を通じて維持され，その最上位層の言葉である RP が欠かせなかったが，まだラジオもない当時，大多数の人は RP をまったく話さず，聞いたことさえない人も多かったため」などとまとめられる。

▶設問⑷　解答欄は 14.7cm×3.2cm。下線部は「合衆国では事情はかなり異なっていた」となっており，英国との違いをまとめる。直後の文（There, geographical …）に「地域的・社会的出自は英国ほど重要ではなく，新興富裕層は，上流階級の作法をまねする必要性を感じなかった」とあり，続いて「合衆国に入ってくる移民たちは，彼らが溶け込んでいった普通のアメリカ人たちの話し方を見習えばよかった」ともある。同段第 4 文（Americans never had …）には「アメリカ人は，『標準的な』話し方を示す手引書や辞書に対して英国人が感じていたのと同じような必要性はまったく持っていなかった」とある。結果として，英国でごく一部の人たちの発音を標準としたのに対し，アメリカでは「多数派の発音，つまり一般米語として知られる密接に関係づけられた一群の発音を，標準として採用した」(同段最終文)。これらの事情をまとめると「合衆国では，英国ほど出自が問題ではなかったので，上流階級の発音をまねする必要がなく，移民も移り住んだ地域の普通の人たちの発音を身につけていった。結果的に，多数派の発音が自然に標準として採用された」などとなる。

▶設問⑸　**The stigmatization of noticeably upper class speech, together with the growing numbers of people from ordinary backgrounds in positions of influence, meant that it became ever less possible to talk of a 'received' accent defined by reference to the social elite.**

●The stigmatization of noticeably upper class speech,「著しく上流階級の話し方の非難」が直訳。stigmatization のもとの動詞 stigmatize は「～を非難する」の意。of 以下はこの動詞の目的語にあたる関係。「あからさまに上流階級だとわかる話し方を非難すること」などとするとわかりやすい。

●together with the growing numbers of people from ordinary backgrounds in positions of influence,「増加する数の普通の素性の人たちが影響力のある地位にあることとともに」が直訳。together with

～「～とともに，～と相まって」は，with O C「OがCの状態で」の付帯状況のパターンになっている。Oに当たるのが the growing numbers … backgrounds，Cが in positions of influence である。the growing numbers of people from ordinary backgrounds は「ますます多くの普通の出自〔生い立ち／家柄〕の人たちが」「普通の出自の人たちが…ますます増える」などと整える。in positions of influence の in は，通常「～(の中) にいる，ある」だろうが，growing という変化を表す語，「普通の家柄の人」はそもそも影響力のある地位にはいないという判断で，「就いている」ではなく，「就く（ようになる)」などとすべきである。全体で，「ますます多くの普通の家柄の人たちが影響力のある地位に就くようになるのと相まって」「影響力のある地位に就く普通の家柄の人たちが増えるのとともに」などとなる。

●meant that it became ever less possible「それがますます可能ではなくなることを意味した」が直訳。it は形式主語で，このあとに続く to 不定詞が真主語。became ever less possible は「ますます不可能になる」「ますますできなくなる」などと整える。*A* mean *B* は「*A* は *B* を意味する」だが，つまり「*A* は *B*（ということ）だ」という関係を表す。「ますますできなくなるということだった」などとすることもできる。なお，became は meant が過去形なのに合わせて時制の一致をしているので，訳し方に注意。

●to talk of a 'received' accent defined by reference to the social elite.「社会的エリートへの関連によって定義される『標準の』発音のことを話すこと」が直訳。talk of ～ は「～について話す」が直訳で，「～を話題にする」などともできる。また前の less possible と合わせて「～を話題にすることができない」となることをさらに突き詰めると，話題にできないのは，それが語るに値しない，語ること自体がはばかられるということであり，「～は正しくない」「～ではない」という含みを持つ。a 'received' accent defined by reference to the social elite「社会的エリートを参照して定義される『標準』発音」は「社会的エリート（の発音）を参考にして定義される『標準』発音」とできる。

▶設問(6)　解答欄は 14.7cm×3.2cm。下線部は「一般英国英語」の意。直後に「しかし，それは北米における一般米語と比べると，社会的，地域的に見て一般的というにはほど遠い」とあり，その理由として続く文で「それはイングランド地方の発音であって，間違いなく，スコットランド，アイルランド，あるいは英国の旧植民地の代表となるものではない。そうした地域では，発音がかなり異なっている」と述べている。つまり，「一般英国英語」といっても，決して「一般」ではなく，この名称は適切ではないと考えていることがわかる。全体として，「『一般英国英語』は『一般米語』と比べると，社会的，地域的にはるかに限られたイングランド地方の発音であり，スコットランド，アイルランド，旧植民地の発音はかなり異なったものなので，『一般英国英語』という名称は適切ではないと考えている」などとなる。

▶設問(7) 解答欄は14.7cm×3.2cm。下線部は「この含意」が直訳。connotationsは「(語の) 言外の意味，言外にほのめかすこと」というニュアンス。直前の文（But the term is…）に「その用語は，多くの人の頭の中で過去や上流階級と結びついている」とあり，「この含意」は端的には「過去や上流階級という含意」となる。文章をさかのぼれば，第12段第2・3文（Pop culture brought… criticize and satirize.）に「大衆文化によって…下層階級出身の英国人は新たな魅力を得ることとなった。…上流階級の『優位性』は…失われていった」，第13段第1文（Increasingly, noticeably upper…）には「あからさまに上流階級とわかる話し方は，嘲りや敵意の対象となり，舞台や映画では俗物の悪党にふさわしいものとなった」，同段第2文（Sociolinguist Peter Trudgill…）には「RPの話し手は，しゃべり始めたとたんに…高慢でよそよそしいと受け取られる」とある。つまり，「過去」や「上流階級」をほのめかすということは，それらにまつわる敵意や嘲りをにおわせることである。したがって，「多くの人がRPから連想する『過去』や『上流階級』にまつわる高慢さやよそよそしさに対する敵意や嘲りといった否定的なイメージをほのめかすこと」などとなる。

●語句・構文●

(第2段) received「標準とされる」 the metropolis「大都市」この文章ではロンドンのこと。

(第5段) in the wake of ～「～のすぐあとに続いて」

(第6段) stratification「階層化」 the ambitious and aspirational「野心

があり上昇志向のある人たち」 the＋形容詞で「〜な人々」の意。
（第 8 段） condemn *A* to the gutter「*A* をどん底の生活に追い込む」
（第 9 段） ape「〜のものまねをする」 笑われるようなものまねのニュアンスを持つ。日本語にも「猿真似」という言葉があるのと似ている。
（第 10 段） The twentieth century brought mass communication「20 世紀がマスコミをもたらした」が直訳。時を表す言葉を主語にした，一種の無生物主語で「20 世紀になるとマスコミが登場した」などと整える。
（第 11 段） deem *A* to *B*「*A* を *B* だと考える」
（第 12 段） undermine「〜を衰えさせる，蝕む」
（最終段） the past tense「過去時制」

III

◀文・人間科・法・経済学部▶Ⅲに同じ。

IV

解答 (1) 〈解答 1〉 Thinking about something requires your brain to be "active." (But) your brain cannot be active without some (kind of) stimulation. It is difficult to deepen a thought with the only one brain of yours.

〈解答 2〉 In order to think about something, you need to "activate your brain." (And) in order to activate it, there must be some (kind of) stimulus. It is difficult to develop an idea all by yourself.

(2) 〈解答 1〉 During the rest of the time, students are thinking about something completely different. They can no longer think about the question. Here, a "dialog" is indispensable.

〈解答 2〉 After that, students think about some other totally unrelated things. They get nowhere with the problem. In such a situation, you need a "dialog."

(3) 〈解答 1〉 If someone presents an idea that is slightly different from yours, it leads you to generate a new idea. In order to resolve the contradiction, you have to use your head.

〈解答 2〉 If you are challenged about your thoughts by someone who has a slightly different idea, you can go further, because you are forced to think hard in order to work out the disagreement.

◀解　説▶

▶(1)「思考は『動かす』ことが必要です」

●直訳では意味をなさない。この場合の「動かす」とは，下線部(2)にある「思考が行き詰まる」，下線部(3)の「思考を働かせる」などを考えると，「活動している」こと，「活性化している」ことといった読み換えができる。同時に，主語の「思考」も名詞では〈動き〉がないので，「何かを考えること」などと動詞で表現するのが適切。これをそのまま主語にすると「何かを考えることは頭脳が活動的であることを必要とする」となる。require *A* to *do* を使い，Thinking about something requires your brain to be "active." とできる。また「何かを考えるためには，人は頭脳を活性化しなくてはならない」In order to think about something, you need to "activate your brain." などとすることもできる。

「動かすためには刺激がなければならない」

●「何を」動かすのかを補って，ほぼ文字どおりに訳せば，In order to activate your brain, there must be some (kind of) stimulus. となる。your brain は第 1 文にもあるので代名詞 it で表せばよいだろう。「刺激」には stimulation も使える。第 1 文を in order to を使った文にするなら，異なる表現の文で変化を持たせるのもよいし，短い文を畳みかけるように並べたこの文章の場合は，同じ表現を繰り返してリズムを出すのもよい。

●「刺激がなければ」を without some (kind of) stimulation と考えると，「頭脳を活性化できない」you cannot activate your brain,「頭脳は動かない」your brain cannot be active と整えられる。

「自分ひとりの頭の中で考えを深めるのは難しいことです」

●「～するのは難しい」は形式主語で It is difficult to ～ とする。

●「考えを深める」は deepen your〔a〕thought が文字どおり。「深める」を「発展させる」develop とするなら，目的語は idea になる。こうした語句の組み合わせ（コロケーション）は辞書の用例などを見て探ること。

●「自分ひとりの頭の中で」は with the only one brain of yours がほぼ

文字どおり。「中で」となっているが in the brain とは言わない。in を使うなら in your own mind となる。なお，「たったひとりで」by thinking alone / all by yourself / all alone / all on your own などと簡単に表現してもおおむね意味は伝わる。

▶(2)「あとは全然違うことを考えています」

● 「あとは」は「そのあとは」と考えれば after that が文字どおり。前の部分に，15 分で考えてくださいと言われても最初の 1 分しか考えていない，とあるので「残りの時間（の間）は」during〔for〕the rest of the time ともできる。

● 「だれが」は，この前の部分で「多くの小中学校で」とあり，「生徒たちが」students とする。

● 「考えています」は，想定された状況において「思考中」と考えて are thinking about と進行形を使う。「そういうときは違うことを考えるものだ」と一般論ととらえて think about と現在形でもよい。

● 「全然違うこと」は something completely〔totally〕different が文字どおり。あれこれ考えるとすれば複数形の things,「全然違う」を「全く無関係の」と読み換えて，some other totally unrelated things などとすることもできる。

「思考が行き詰まってしまう」

● 「思考」は文脈上,「これこれの問題について考えること」である。「行き詰まる」と合わせて整え直すと,「その問題についてそれ以上考えられなくなる」They can no longer think about the question. などとなる。また，get nowhere「どこにも行きつかない，何の進展もない」を使って，They (are) get(ting) nowhere with the problem.「その問題については何も進展し（そうに）ない」となる。なお，少し踏み込んで考えると，この部分は「全然違うことを考える」理由とも考えられる。as など理由を表す接続詞で前文とつないでもよいかもしれない。

「そこで『対話』が必要になるのです」

● 「そこで」は〈場所〉を表す語なら,「ここで」Here のほうが英語ではつながりがよい。「そしてそのとき」And then としてもよい。もう少し言葉を補って,「そのような状況で」In such a situation などともできる。

● 「『対話』が必要になる」は a "dialog" is necessary〔needed / essential / indispensable〕などとできる。「人が『対話』を必要とする」と考えるなら，前部の students を受けて they としてもよいが，「対話が必要」というのは，考えが行き詰まってしまった状況なら，何にでも当てはまること，つまり一般論を述べていると考えて，you を使って書くこともできる。They〔you〕need a "dialog" となる。なお，you にするなら「そこで」を In such a situation にして「前述のような状況では」と幅を持たせた表現にしておくとバランスがよい。

▶(3) **「ある考えに対して，ちょっと違う考えをぶつけられれば，次の考えに進むことができます」**

●最後の部分の「次の考えに進むことができる」の主語は〈人〉だろう。したがって，初めから〈人〉を主語にして，文全体を整えると書きやすい。

● 「ある考えに対して，ちょっと違う考えをぶつけられれば」は，「もしだれかがあなたの考えとは少し違う考えを示せば」If someone presents an idea that is slightly different from yours,「もしあなたがあなたの考えについて少し異なる考えを持っただれかに疑問を投げかけられたら」If you are challenged about your thoughts by someone who has a slightly different idea など，いろいろに整え直せるだろう。

● 「次の考えに進むことができます」は，「考え A」とそれと異なる「考え B」がぶつかって新たな「考え C」が生まれるということだろう。つまり if 節のことが，「あなたを新しい考えを生み出すことに導く」it leads you to generate a new idea などとできる。「次の」と言っても，初めから順番が決まったもののことではないので，next は使えない。次の文が理由にあたるので，ここは簡単に「先へ進める」you can go further などとしておくこともできる。

「矛盾をどうにかしようと思考を働かせられるのです」

● 「矛盾」は contradiction 以外に，「対立」conflict,「不一致」disagreement なども使える。「どうにかしようと」は，「矛盾を解決するために」in order to resolve〔clear up〕the contradiction / so that you can work out〔resolve〕the disagreement,「矛盾に取り組もうとして」trying to cope with the conflict などとできる。なお，so that S can ～ の構文は，必ず主節のあとに置くこと。

- 「思考を働かせられるのです」は〈可能〉とも〈使役〉や〈受動〉とも読めるが，「矛盾をどうにかするには，考えなくてはならない」という内容と解釈するのが自然であり，〈可能〉ではなさそうである。
- 「思考を働かせる」は，「頭を働かせる」use *one's* head〔brain(s)〕とできる。「一生懸命考える」think hard などとしてもよいだろう。

V　解答

設問(1)　自分の育てた野菜や花を荒らすカタツムリに憤慨してはいたが，殺すには忍びなく，近くの荒地に持っていって放った。

設問(2)　従来の考えでは，カタツムリはあまりにも単純な生き物なので，自分の住みかに戻る能力は持たないと思われていたから。

設問(3)　近所の人や近くに住む友人に，カタツムリをバケツに集めて，それに自分が使ったのとは異なる色のマニキュアで印をつけるように頼むこと。

設問(4)　学校が休みの日に退屈している子どもたちを楽しませることができることと，実際の科学調査に貢献できること。

設問(5)　アジアでは外来種で，作物に深刻な害を及ぼしており，ヨーロッパの小さなカタツムリと比べるとはるかに広い範囲を移動すると考えられるため，戻って来ないようにするためには，ヨーロッパのカタツムリよりもずっと遠くに連れて行かなくてはならないことになる。

◆全　訳◆

≪カタツムリの帰巣本能≫

69 歳のアマチュア科学者が，どうやら自分の家のニワマイマイ（カタツムリ）が帰巣本能を持っていることを発見したようだ。その結果は，カタツムリは自分の家に帰る道を見つけるには単純すぎる生物だと考えている専門家たちの一部を仰天させている。それで，彼らは BBC ラジオ 4 の番組マテリアル=ワールドの助けを借りて，その問題を解決するために全国的な実験を開始した。その実験の構想は，昨年，ルース=ブルックスが自分の庭のカタツムリに憤慨したときに始まった。カタツムリは彼女が育てたレタスを食べ，ペチュニアを荒らし，豆類を完全にだめにしていた。彼女はカタツムリを殺してしまうには優しすぎる人だった。それで，彼女は近くの荒地に持っていって放った。ところが，結局カタツムリは戻ってくることを繰り返した。

「カタツムリを駆除剤や塩で殺すのは本当に嫌だったので，自分の庭を守る人情味のある方法を見つけたかったんです」と，彼女は言った。カタツムリには帰巣本能があるというのは，庭師たちの言い伝えである。しかし，ルースは，このことに科学的根拠はあるのだろうかと思った。助力を求めて，ブルックスさんがマテリアル=ワールドに電話をかけると，マテリアル=ワールドはエクセター大学の生物学者，デイブ=ホジソン博士に連絡できるようにしてくれた。あわせて，彼らはカタツムリの真偽の怪しい帰巣能力を判断するために一連の実験を考案した。ルースが行ったことの結果は，カタツムリが家に帰ることができることを示唆している。彼女は，10メートル以上離れたところに置かれない限り，カタツムリは彼女の庭に戻ってくることができるとわかった。

それはホジソン博士を驚かせる結果だった。「従来の考えは，カタツムリは，あまりにも単純すぎて自分の家に戻る道を見つけることはできないというものです。ですから，もしルースの発見が本当なら，私たちの理論を考え直さなくてはなりません」 ルースの出した結果はたった1回の実験から得たものだ。科学では，研究者は異常値を示す結果，つまりルースの場合なら，彼女のカタツムリがとりわけ頭がよかったといったような結果を出さないことを確実にするために，できるだけ多くの実験を行おうとする。

さらに多くのことを知るために，ホジソン博士は，一般人のメンバーを全国「カタツムリ交換」実験に参加してくれるように誘った。彼は人々に，自分の庭にいるカタツムリをバケツに集めて，マニキュア用のエナメルでカタツムリに印をつけてくれるように頼んでいる。これはカタツムリを傷つけることのない処置だと彼は言っている。次のステップは，近所の人や近くの友人を説得して同じことをしてもらうことだ。ただ，彼らのカタツムリには違う色をつけてもらわなくてはならない。最後のステップは，バケツを交換して，自分のカタツムリが戻ってくるかどうか待ってみることだ。「長い過程になるかもしれません」と，ホジソン博士は言う。「カタツムリは移動が一番速い生き物ではありませんからね」

BBCラジオ4の企画を担当しているミシェル=マーチンいわく，「この実験に参加することは，学校の休暇中に退屈している子どもたちを楽しませるのにとてもよい手段で，しかも実際の科学調査に貢献していることになります。交換したカタツムリが1匹も戻って来ないとしても，結果をオンラインで入力してほしいと思います。そのデータはこの古代からいる生き物の振る舞いを，生態学者が理解する手助けになりますからね」 この調査はただ1種類のカタツムリに関係するものだが，カタツムリは他にもたくさんいる。たとえば，外来種として，アジアの作物の深刻な害虫となっているアフリカマイマイは，もっと小型のヨーロッパのカタツムリに比べるとはるかに広い範囲を移動するだろう。これは，アフリカマイマイが戻って来ないようにするためには，ずっと遠くに連れて行かなくてはならないことを意味する。

しかし，今のところ，アフリカマイマイが本当にそのような振る舞いをするのか，はっきりとはわからない。観察者たちは，種類の異なるカタツムリの帰巣行動に本当に違いがあるのかどうか確かめるために，他のところでこの調査を同じようにやってみるのは面白いだろうと言っている。もし結果がルース=ブルックスの主張を裏づけるなら，庭師たちは，彼らの害虫を取り除くためには，ただ庭のフェンスの向こうにカタツムリを放り投げる以上のことをしなくてはならなくなるだろう。そして，科学者たちは，今やそれほど慎ましやかだとはいえない庭のカタツムリのことを考え直さなくてはならないだろう。

◀解　説▶

解答欄はすべて 14.7cm×4.2cm。

▶設問(1)　第1段第4～6文（The idea for the experiment … of waste land.）に「ルース=ブルックスは自分の庭のカタツムリに憤慨した…カタツムリは彼女が育てたレタスを食べ，ペチュニアを荒らし，豆類を完全にだめにしていた。彼女はカタツムリを殺してしまうには優しすぎる人だった。それで，彼女は近くの荒地に持っていって放った」とある。「自分の育てた野菜や花を荒らすカタツムリに憤慨してはいたが，殺すには忍びなく，近くの荒地に持っていって放った」などとまとめる。

▶設問(2)　第3段第1文（It was a result …）の後半コロン（：）以下に「従来の考えは，カタツムリは，あまりにも単純すぎて自分の家に戻る道を見つけることはできないというものだ」とある。「従来の考えでは，カタツムリはあまりにも単純な生き物なので，自分の住みかに戻る能力は持たないと思われていたから」などとまとめられる。

▶設問(3)　第4段第3文（The next step is …）に「次のステップは，近所の人や近くの友人を説得して同じことをしてもらうことだ。ただ，彼らのカタツムリには違う色をつけてもらわなくてはならない」とある。「同じこと」とは，第4段第2文（He is asking …）にある「自分の庭にいるカタツムリをバケツに集めて，マニキュア用のエナメルでカタツムリに印をつける」という作業である。全体をまとめると，「近所の人や近くに住む友人に，カタツムリをバケツに集めて，それに自分が使ったのとは異なる色のマニキュアで印をつけるように頼むこと」などとなる。

▶設問(4)　第5段第1文（According to Michelle …）の後半コロン（：）以下に「この実験に参加することは，学校の休暇中に退屈している子どもたちを楽しませるのにとてもよい手段で，しかも実際の科学調査に貢献していることになる」とある。「学校が休みの日に退屈している子どもたちを楽しませることができることと，実際の科学調査に貢献できること」などとまとめられる。

▶設問(5)　第5段最終2文（For example, the giant … not come back.）に「外来種として，アジアの作物の深刻な害虫となっているアフリカマイマイは，もっと小型のヨーロッパのカタツムリに比べるとはるかに広い範囲を移動するだろう。これは，アフリカマイマイが戻って来ないようにするためには，ずっと遠くに連れて行かなくてはならないことを意味する」とある。この部分を使ってわかりやすくまとめ直す。「アジアでは外来種で，作物に深刻な害を及ぼしており，ヨーロッパの小さなカタツムリと比べるとはるかに広い範囲を移動すると考えられるため，戻って来ないようにするためには，ヨーロッパのカタツムリよりもずっと遠くに連れて行かなくてはならないことになる」などとなる。なお，最終段第1文（But, currently, we do not …）に「今のところ，アフリカマイマイが本当にそのような振る舞いをするのか，はっきりとはわからない」とあり，上述の部分でも the giant African land snail, … would cover a much wider territory …. This means it would have to be taken … と would が使われている。アフリカマイマイが広い範囲を移動するかどうかはまだ確かめられておらず，したがって取り除くのにずっと遠くに連れて行かなくてはならないということもその推測から言えることなので，断定した表現にならないようにしておくのが適切である。

●語句・構文●

(第 1 段) exasperate「〜を激しく怒らせる」 too kindly a person「あまりにも優しい人」 kindly は形容詞で「優しい，思いやりがある」の意。too が副詞（名詞以外をかざる）であるため，a kindly person という名詞のまとまりを修飾するときには，形容詞 kindly が前に出る。so / as / how / however も同じ語順になる副詞。

(第 2 段) humane「思いやりのある，慈悲深い」 発音注意［*h*juːméin］ put *A* in touch with *B*「*A* が *B* に連絡が取れるようにする」 alleged「申し立てられている，疑わしい」

(第 3 段) freakish「異様な，筋の通らない」

(最終段) replicate「〜を再現する」 back「〜を支持する，裏づける」

❖講　評

他学部と一部問題が共通になっている。

I の英文和訳問題は，文・人間科・法・経済学部 **I** と共通問題。

II の長文読解総合問題は，「『標準英語』の歴史」を英国，米国それぞれの事情に触れながら説明した文章。社会階級が厳格で，大英帝国という世界にまたがる領地をもっていた英国と，基本的には階級がない移民から始まった米国で，「標準英語」がどのように生まれ，受け取られていったかをわかりやすく論じており，興味深い文章である。設問は，内容説明と英文和訳。内容説明には字数制限が設けられていないので，解答欄の大きさを考慮に入れてまとめる。

III のテーマ英作文は，文・人間科・法・経済学部 **III** と共通問題。

IV の和文英訳問題は，一連の文章の 3 カ所を英訳するもの。例年どおり，日本語らしい構造のやわらかい文章であり，英語として正しく内容の伝わる構造や表現になるように，日本文の内容の十分な解釈と高度なパラフレーズが求められた。

V のリスニングは，カタツムリの帰巣本能について述べたもの。過去 5 年と同様，一連の文章が一気に放送された。設問はすべて日本語の質問に日本語で答える記述式のものだった。設問は問題冊子に印刷されているので，あらかじめ読んで聞き取るポイントをつかんでおきたい。

全体的に「読む」「書く」「聞く」という総合的な力が試されることは例年どおりである。いずれも短期で身につけるのが難しい力が問われた。

日本史

I **解答** 倭国は鉄資源を確保するために朝鮮半島南部の加耶諸国と密接な関係をもち，また百済とも友好関係にあった。4世紀末に中国東北部の高句麗が南下すると，加耶や百済とともに対抗したが，5世紀には倭の五王が次々に中国南朝に朝貢し，朝鮮半島南部の政治的立場を有利にするための称号を得ようとした。中国や朝鮮半島との交渉の中で，多くの渡来人によって乗馬の風習が伝わり，土木工事などの先進技術や漢字などの大陸文化を学んだ。(200 字程度)

◀解　説▶

≪古墳時代中期の東アジア諸国・地域との関係≫

▶設問の要求

〔主題〕古墳時代中期の東アジア諸国・地域との関係を述べる。

▶論点の抽出

百舌鳥・古市古墳群が築造された古墳時代中期（5世紀頃）の中国・朝鮮との関係を述べればよい。倭国が朝鮮半島南部の加耶や百済と関係をもっていたこと。また高句麗と交戦し，その影響から中国南朝に朝貢し，その権威のもとで朝鮮半島南部の政治的有利を得ようとしたことを述べればよい。また，朝鮮半島からの渡来人によってさまざまな技術や文化がもたらされたことを付け加えよう。

▶解答の枠組み

〔朝鮮半島との関係〕

- 加耶諸国との密なる関係―鉄資源の確保
- 百済との関係
- 高句麗南下と対立

〔中国南朝への朝貢〕

- 倭の五王の朝貢―朝鮮半島南部の政治的有利を得るため

〔渡来人による先進技術・文化の伝来〕

- 乗馬の風習，土木工事などの先進技術
- 漢字などの大陸文化の摂取

▶解説

〔朝鮮半島との関係〕

倭国で古墳時代が始まり，ヤマト政権が成立していた4世紀には，朝鮮半島南部で小国の連合体であった馬韓から百済，辰韓から新羅などの国家が形成され，弁韓地域は加耶（加羅）諸国という小国連合体が形成された。

●加耶諸国との密なる関係－鉄資源の確保

倭国は加耶諸国に進出し，農耕などに必要な鉄資源を入手していた。『日本書紀』によると加耶諸国を「任那」と総称し，日本府を置いて支配したと記されている。特に製鉄が盛んで，支配を広げるヤマト政権にとって，加耶諸国は農具や武器などの鉄製生産用具の供給地で権威の源泉となった地域である。

●百済との関係

加耶諸国とともに百済との関係も指摘しておこう。百済は南下する高句麗に対抗するため倭国との通交を望み，369年に製作された七支刀を倭国王に贈り，公式な外交関係が生まれた。以後，百済が滅亡するまで交流は続き，6世紀には儒教や仏教などを公式に伝えるなど，先進文化の供給国として倭国に大きな影響を与えた。

●高句麗南下と対立

高句麗は紀元前1世紀頃に中国東北部（満州）から朝鮮北部に建国されたツングース系の騎馬民族国家。第19代好太王（広開土王）のときに全盛期を迎えた。その業績を讃えた好太王の碑文には，4世紀末から倭国と交戦したことが記されている。倭国は南下する高句麗に対し，加耶に拠点を置いて百済と同盟を組んで戦ったが，高句麗の軍事力に対抗できず敗退した。ちなみに，新羅は高句麗と倭国に両属の立場をとっていたようである。

〔中国南朝への朝貢〕

●倭の五王の朝貢－朝鮮半島南部の政治的有利を得るため

倭の五王は『宋書』倭国伝に登場する讃・珍・済・興・武の5人で，古墳時代中期にあたる5世紀の大王（天皇）たちである。讃は仁徳か応神・履中，珍は反正か仁徳で不明な点があるが，済は允恭，興は安康，武は雄略天皇に比定されている。

原始の東アジア世界は中国皇帝が中心となり，周辺諸国の王に王位や称号を与えて地域の安定をはかる冊封体制にあった。周辺諸国の王はさかんに中国王朝に朝貢を行い，高い称号を受けて自らの王権を強化した。5世紀に入り，高句麗・新羅・百済が冊封を受けて権威を高めようとすると，倭王も朝鮮半島南部への進出を有利にするためにさかんに朝貢を行った。『宋書』倭国伝に478年倭王武が朝貢し，朝鮮半島の軍事支配権をもつ「安東大将軍」と「倭王」の地位を得たことが記されている。国内統治を進める倭王は，中国皇帝の権威を背景に朝鮮半島の生産技術や鉄資源を独占的に入手し，すぐれた軍事・経済力を保持して王権を強化したのである。倭の五王がさかんに朝貢を行った5世紀に，百舌鳥古墳群の大仙陵古墳（仁徳天皇陵）や古市古墳群の誉田御廟山古墳（応神天皇陵）など巨大な前方後円墳が出現するのはこうした理由によるものである。

〔渡来人による先進技術・文化の伝来〕

東アジア諸国との交流の影響で，渡来人によってさまざまな技術や文化が伝わったことを指摘しよう。鉄器や須恵器の生産，機織り技術，土木技術など具体的な例を挙げて述べればよい。〔解答〕では，文章の流れから乗馬の風習と土木工事，および漢字の伝来などを指摘しておいた。

●乗馬の風習，土木工事などの先進技術

乗馬については，古墳時代中期の副葬品に馬具が現れることから，乗馬の風習が伝わったことが推測できる。これは加耶諸国でも乗馬の風習があったこと，また騎馬文化をもつ高句麗との交戦の影響があったと考えられる。また土木工事については，加耶諸国からの鉄資源の入手と渡来人による鉄製生産用具の技術革新があり，大仙陵古墳や誉田御廟山古墳の築造が可能になったと考えられる。

●漢字などの大陸文化の摂取

東アジアとの交流の影響として〔解答〕では漢字の伝来も指摘しておいた。5世紀は倭の五王がさかんに中国南朝に朝貢した時期である。渡来人が伝えた漢字は外交交渉においても重要な役割を果たした。ヤマト政権は文筆に長けた渡来人を史部に組織し，記録や外交文書の作成を専門的に担当させた。また漢字は，統治機構を整えつつあったヤマト政権にとって王権を強化し，行政機構などを整えるためにも不可欠であった。なお，漢字が5世紀に国内で使用された例として，稲荷山古墳出土鉄剣銘（埼玉県）や江田船山古墳出土太刀銘（熊本県）などがある。これらの銘文にある

「ワカタケル大王」(雄略天皇) は倭王武と同一人物と考えられ，時代背景を知る手がかりとなっている。

Ⅱ **解答** 11 世紀後半，陸奥の安倍氏の反乱を契機に前九年合戦が起こると，源頼義・義家が東国の武士を率い，出羽の清原氏の協力を得て平定した。その後，清原氏が奥羽で勢力を張ったが，内紛から後三年合戦が起こると，源義家が介入し，清原氏一族の藤原清衡を助けて平定した。やがて藤原清衡が平泉を拠点に奥羽を支配し，その子孫による栄華が 1 世紀続いた。12 世紀末，奥州藤原氏は源頼朝によって滅ぼされ，東北地方は鎌倉幕府の支配下に入った。(200 字程度)

◀解　説▶

≪平安時代後期から末期の東北地方の戦乱≫

▶設問の要求

〔主題〕11 世紀後半から 12 世紀末の東北地方の支配権力の変遷について述べる。

〔条件〕東北地方の戦乱に関連して具体的に述べる。

▶論点の抽出

11 世紀後半から 12 世紀末の東北地方で起こった戦乱を想起し，そのうえで支配権力がどのように変遷したかを述べる。〔条件〕具体的には，前九年合戦，後三年合戦，源頼朝による奥州平定の順で，戦乱後，だれ（何氏）が勢力を得たかを指摘できるかがポイント。よって，戦乱の詳細な内容に言及せず，簡潔にまとめることが必要である。

▶解答の枠組み

〔前九年合戦〕

- 陸奥の安倍氏の反乱
- 源氏が出羽の清原氏の協力で平定─清原氏による奥羽支配

〔後三年合戦〕

- 清原氏の内紛
- 源氏の介入─藤原清衡を援助

〔奥州藤原氏の栄華〕

- 藤原清衡─平泉を拠点に支配権確立
- 3 代にわたる 1 世紀の栄華

〔源頼朝の奥州平定〕

• 奥州藤原氏の滅亡
• 鎌倉幕府による支配

▶注意点

前九年合戦や後三年合戦の詳細な内容や人物名は必要最低限に抑えて解答しよう。ただし，源氏の武士はフルネームで指摘した方がよいだろう。誤字は減点の対象になるので慎重に判断しよう。〔解答〕では論旨の重要性から「藤原清衡」「源頼義」「源義家」「源頼朝」は姓名で指摘した。

▶解説

〔前九年合戦〕

「11世紀後半から」をヒントに1051年から起こった前九年合戦を想起しよう。中央は藤原頼通による摂関全盛期の時代であった。

●陸奥の安倍氏の反乱

安倍氏は陸奥国（岩手県）に勢力を張った豪族で，俘囚の長として北上川流域に勢力を張った。俘囚とは律令国家に服属した東北地方の住民（蝦夷）のことである。前九年合戦は安倍頼時が国司と対立，貢租を奪うなどの反抗を契機に始まった。

●源氏が出羽の清原氏の協力で平定—清原氏による奥羽支配

朝廷は陸奥守として源頼義とその子義家を派遣して鎮圧にあたらせた。頼義・義家は関東の武士を率いて安倍氏と戦ったが苦戦を強いられ，出羽の俘囚の長・清原氏の協力を得て，1062年にようやく平定した。戦後，協力した清原武則は鎮守府将軍となり，安倍氏の領土を合わせて奥羽（陸奥・出羽）の支配者となった。

〔後三年合戦〕

前九年合戦の続編とでもいうべき戦乱で，1083年から1087年まで続いた。中央では1086年から白河上皇による院政が始まっている。

●清原氏の内紛

前九年合戦後，約20年を経て清原氏に内紛が起こった。清原武則の子武貞の死後，3子の真衡・家衡・清衡の相続争いである。このうち清衡は前九年合戦で安倍氏とともに戦死した藤原経清の子で，母が清原武貞と再婚したためそのもとで養われていた。清衡が「藤原」を名のるのは父の姓によるものである。

●源氏の介入―藤原清衡を援助

安倍氏の母をもつ清衡の清原氏内の位置は低いものであったが，後三年合戦では陸奥守として赴任した源義家の援助を得て勝利した。なお，朝廷はこの乱を清原氏の私闘として行賞しなかったため，義家は従った武士たちに私財で報い，信望を集めて武家の棟梁の地位を固めた。

〔奥州藤原氏の栄華〕

●藤原清衡―平泉を拠点に支配権確立

後三年合戦を勝利した藤原清衡は，母方の安倍氏と継父清原氏の勢力圏を合わせて奥羽の支配権を確立し，かつて安倍氏の拠点であった衣川柵が置かれた平泉に居館を構えた。なお，清衡はここに中尊寺を建立し，前九年・後三年合戦の戦没者の霊を弔った。その金色堂は都の浄土教寺院（阿弥陀堂）に倣ったもので平泉文化の象徴となった。解答では「平泉」の地名は欠かさず指摘しておきたい。

●３代にわたる１世紀の栄華

こうして奥州藤原氏は清衡・基衡・秀衡と３代にわたり，約100年の栄華を誇った。彼らは特産である金や良馬を経済基盤として東北支配を固め，清衡の中尊寺をはじめ，基衡は毛越寺，秀衡は無量光院など浄土寺院を建立し，平泉文化を開花させた。

〔源頼朝の奥州平定〕

●奥州藤原氏の滅亡

12世紀末，治承・寿永の内乱（源平合戦）の時期，東北地方は３代秀衡が君臨し，東国に基盤を固める源頼朝と拮抗する一大勢力となっていた。頼朝が平家追討を義経らにまかせ，鎌倉から動かなかったのは，奥州藤原氏の力を無視できなかったからでもある。しかし，頼朝は平家を滅亡させると，反目した義経をかくまったという理由で大規模な遠征を行い，1189年４代藤原泰衡を討ち，ここに奥州藤原氏は滅亡した。

●鎌倉幕府による支配

「支配権力」の「変遷」を述べる問題なので，最後は鎌倉幕府の支配下に入ったことを指摘しておこう。奥州藤原氏滅亡後，源頼朝は陸奥・出羽国には守護を置かず，幕府の直轄として奥州総奉行を置いて支配した。解答に「奥州総奉行」を指摘してもよいであろう。また源頼朝は奥州征伐において，東国だけではなく西国の武士をも動員し，参加した多くの武士に恩賞を与え，御恩と奉公による御家人制度の強化をはかり，全国支配の体制を整えた。

Ⅲ **解答** 19 世紀に入り，欧米列強がアジア市場への進出を本格化させていた。幕府はモリソン号を異国船打払令により撃退するなど，強硬な外交姿勢でのぞんだ。しかし，アヘン戦争で清国がイギリスに大敗すると，天保改革で打払政策を改め，薪水給与令を出して列強との紛争を避けようとした。一方，西洋砲術を採用して軍事力強化を進め，また上知令で江戸・大坂周辺を直轄地とする計画を立てて海防強化をはかるなど，鎖国政策を守ろうとした。(200 字程度)

◀解　説▶

≪対外的危機と天保改革≫

▶設問の要求

〔主題〕天保改革の背景となった対外的危機意識の内容と天保改革の危機打開策を述べる。

▶論点の抽出

前提として鎖国政策を念頭に置いておこう。幕府が鎖国を維持するために迫りくる列強にどのように対応したかを述べればよい。まず天保改革前の対外的危機としてモリソン号事件やアヘン戦争を述べ，特にアヘン戦争の結果，天保改革では紛争回避のために強硬策から緩和策に転換したこと，一方，有事に備えた西洋砲術の採用や上知令による海防強化計画などが指摘できるかがポイントである。

▶解答の枠組み

〔対外的危機意識の内容〕

- 列強の接近
- 異国船打払令によるモリソン号事件
- アヘン戦争

〔天保改革の危機打開策〕

- 薪水給与令の発令ー列強との紛争回避
- 西洋砲術の採用ー軍事力強化
- 上知令ー海防強化策
- 鎖国政策の維持

▶解説

〔対外的危機意識の内容〕

●列強の接近

19 世紀に入り，欧米列強は産業革命に成功し，国外市場などを求めてアジアの植民地獲得に乗り出した。日本にもロシア・イギリス・アメリカなどが頻繁に現れ通商を求めるようになった。特に 1808 年，イギリス軍艦フェートン号が長崎に不法侵入するという事件が起こり，さらに 1824 年，イギリス捕鯨船が出没して薪水を強要する事件が相次いだ。こうした情勢に幕府は祖法の鎖国を遵守するため異国船打払令（無二念打払令，1825 年）を発令して対応した。

●異国船打払令によるモリソン号事件

対外的事件（対外的危機意識の内容）として異国船打払令によるモリソン号事件を指摘しておこう。幕府は日本漂流民を連れたアメリカ商船モリソン号を異国船打払令によって撃退した。この事件について，蘭学者の高野長英（『戊戌夢物語』）や渡辺崋山（『慎機論』）らは，列強に対する打払いの無謀さと危険性を説いて幕府の対外政策を批判した。無謀な打払いにより紛争となれば，列強の軍事力に対抗できないとの危惧である。幕府は蛮社の獄で彼らを厳しく処罰したが，海外知識を深めた蘭学者による提言は列強に対応する新たな課題を投げかけた。蛮社の獄については解答に指摘しなくてもよいが，対外的危機に関する事件として覚えておこう。

●アヘン戦争

蘭学者たちの危惧したことが具現化したのがアヘン戦争（1840 年）である。アヘン戦争で勝利したイギリスは清国と南京条約（1842 年）を結び，香港の割譲のほか，上海などを開港させた。後に追加条約等で，領事裁判権や片務的最恵国待遇を認めさせ，不平等条約による東アジア支配体制の基盤をつくった。

〔天保改革の危機打開策〕

●薪水給与令の発令―列強との紛争回避

アヘン戦争により列強の軍事的脅威に震撼した幕府は新たな対応に迫られ，天保改革では異国船打払令を改め，天保の薪水給与令（1842 年）を発した。外国船に薪水・食料を与えて退去させるという柔軟な対応に切り替え，対外戦争の危機回避に努めようとした。

●西洋砲術の採用―軍事力強化

一方，幕府は有事に備え，軍事面の研究を急速に進め，西洋砲術家の高島秋帆を登用して軍制改革を行った。その指導のもと大砲の調練場であった江戸徳丸ガ原で，西洋砲の実射と操練が行われた。高島秋帆はやや詳細な知識だが，解答に指摘してもよいであろう。

●上知令―海防強化策

上知令は幕府権力や財政強化，また水野忠邦失脚の原因となった法令として覚えているであろうが，有事に備えての海防強化策でもあった。江戸・大坂周辺の大名や旗本の知行地を幕府の直轄地とすることで，重要都市を一元管理し，列強の侵攻に対する防衛体制を強化するねらいがあった。当時の幕府の対外的危機意識が強く示された法令である。結局，対象となった大名や旗本などの反対で撤回され，老中水野忠邦失脚の原因となった。

●鎖国政策の維持

「鎖国」は日本が欧米から大きく後れをとり，発展を妨げたものという悪い評価があるが，幕府が一貫して鎖国体制を維持しようとしたのは，国際紛争に巻き込まれないようにするためであった。産業革命がおこり，蒸気船が現れ，軍事力を発展させた列強にどのように対応すべきか苦慮したのが天保改革である。改革が失敗した10年後にペリーの来航（1853年）によって開国が促され，明治維新への扉が開かれるが，それ以後日本は国際紛争の舞台の上で，戦争の時代を経験することになった。

Ⅳ 解答

金解禁による不況や世界恐慌とが重なって，アメリカ向け生糸の輸出が激減し，製糸業や養蚕業に依存する農家に大打撃を与えた。それに加え豊作による米価の下落，翌年は北海道・東北で大凶作となった。そこに都市失業者の帰農も重なって農家の家計は圧迫され，欠食児童や女子の身売りが急増した。政府は，時局匡救事業として公共土木事業を実施して農民に現金収入を得させ，さらに農山漁村経済更生運動を進め，自力更生をはかった。（200字程度）

◀解　説▶

≪農業恐慌≫

▶設問の要求

〔主題〕農業恐慌が発生した要因，当時の農村の状況，政府による対策を具体的に述べる。

▶論点の抽出

昭和恐慌によって痛手を受けた農村の状況（農業恐慌）を述べる問題。設問の要求が示されているので，必要な用語や説明が思い浮かべば解答できる。「発生した要因」として，世界恐慌によって生糸の輸出が激減し，製糸業や養蚕業に依存していた農家の収入が減ったこと，また豊作貧乏や大凶作となったことにも触れておきたい。「農村の状況」としては欠食児童，娘の身売りなどの社会問題が発生したことを指摘しよう。「政府による対策」として時局匡救事業や農山漁村経済更生運動などを想起できるかがポイント。

▶解答の枠組み

〔農業恐慌が発生した要因〕

- 金解禁による不況
- 世界恐慌の影響―生糸の輸出激減
- 製糸業・養蚕業に依存していた農家に打撃
- 豊作貧乏と大凶作

〔当時の農村の状況〕

- 帰農者の増加―家計を圧迫
- 欠食児童や娘の身売り

〔政府による対策〕

- 時局匡救事業―公共土木工事の推進
- 農山漁村経済更生運動の推進―農民の自力更生

▶解説

〔農業恐慌が発生した要因〕

農業恐慌の背景として昭和恐慌の要因となった金解禁と世界恐慌を指摘しよう。

●金解禁による不況

浜口雄幸内閣は慢性的な不況を克服するため，緊縮財政によって物価を引き下げ，国際競争力をつけるため金解禁を断行し，為替相場を安定させて輸出促進をはかろうとした。しかし，金解禁は実勢より円高の旧平価で断行されたため，輸出は減少，正貨が海外に流出し，深刻な不況に陥って企業の倒産が相次いだ。〔解答〕には，生糸の輸出激減の要因の一つとして，また不況による失業者の帰農を促したことに関連して指摘しておいた。

●世界恐慌の影響―生糸の輸出激減

金解禁とともに昭和恐慌の大きな要因となったのが世界恐慌である。アメリカで始まった世界恐慌は，特にアメリカ向け生糸の輸出を激減させた。生糸は幕末の貿易開始以降，最大の輸出品となり，明治以降も製糸業は外貨獲得産業として大いに発展した。日露戦争後は主にアメリカ向けの輸出品となった。輸出の激減にともない生糸価格が暴落し，その原料となる繭価も暴落させた。

●製糸業・養蚕業に依存していた農家に打撃

製糸業は対米輸出をてこに北関東・中部・東北地方の養蚕地帯で発展した。ほとんどが農家の副業としての零細経営であり，貧農層にとっては出稼ぎ労働による収入源であった。また原料の繭を供給する養蚕業は全国農家の約 4 割が副業としており，養蚕収入は出稼ぎ賃金と並んで重要な収入源であった。恐慌は農家の重要な現金収入源を消滅させたのである。

●豊作貧乏と大凶作

恐慌が始まった 1930 年は豊作のため米価が大幅に下落し，農家は主要な収入源を激減させ，「豊作貧乏（豊作飢饉）」の状況に陥った。これは政府発表の豊作予想により，米穀市場の米価が暴落したことがきっかけであった。これは意図的に米価を引き下げて農業の合理化をはかるために行われたと考えられている。一方，翌年は大凶作となり，特に北海道と東北地方は平年の 3 分の 1 以下の生産量であった。こうして農村では現金収入が減少し，食料欠乏状態に陥った。

〔当時の農村の状況〕

●帰農者の増加―家計を圧迫

昭和恐慌によって大企業は操業短縮，人員整理，賃金切下げを断行し，中小企業は倒産・休業が相次いだ。失業者は 300 万人に達したともいわれている。解雇者の多くが疲弊している農村に帰ってきたため，農家の家計負担は増大し，農村経済が破綻した。

●欠食児童や娘の身売り

その結果，弁当をもっていくことができない小学校の児童が増え，欠食児童とよばれた。なかには十分に食事がとれずに授業中に貧血で倒れる子供もいた。また，口減らしのために若い娘を売り渡す人身売買が横行した。

なお，〔解答〕に示さなかったが，農業恐慌の中で小作争議が頻発したことを指摘してもよいであろう。

〔政府による対策〕

疲弊する農民は，政府や財閥・資本家たちに対する反発を増大させ，台頭する軍部や右翼の支援者となった。一方，軍部は農村の疲弊による兵卒供給の低下を危惧しており，政府や軍部にとって農村の救済は急務であった。

●時局匡救事業―公共土木工事の推進

農村の惨状に対し，農本主義団体や農民組合などが負債据置などを掲げた農村救済請願運動（1932 年）を組織し，窮状打開の陳情をくりかえした。これを受けて斎藤実内閣は時局匡救事業（救農土木事業）をはかり，資金を農村のインフラ整備など公共土木工事に投下し，貧窮農民を雇用して現金収入を得させようとした。

●農山漁村経済更生運動の推進―農民の自力更生

斎藤実内閣は救済事業と並行して，農林省を中心に農山漁村経済更生運動（1932 年）を展開した。恐慌打開のため「勤倹力行」「隣保扶助」「共存共栄」などをスローガンに産業組合を拡大し，農民を結束させて「自力更生」を促した。なお，産業組合は 1900 年に組織された協同組合で戦後に農業協同組合となった組織である。

農山漁村経済更生運動は，満州事変の影響もあり，天皇主義的な軍国主義の温床としての農村再編成の意図があった。それゆえ経済的な回復は遅れ，農村の景気が回復するのは 1937 年頃であった。

❖講　評

2020 年度も例年と同様，全問論述問題であった。論述量は，４題すべて各 200 字程度で総字数 800 字程度と例年どおりであった。時代別の構成もⅠ古代，Ⅱ中世，Ⅲ近世，Ⅳ近代となっている。90 分の試験時間で題意をくみとり，論旨に沿ってまとめるのは容易ではない。

なお，2020 年度は近年と同様に問題の設定や条件が明確で取り組みやすい問題が多かった。Ⅱは平安後期から鎌倉初期の東北地方の戦乱なので，古代から中世をまたいだ問題となっている。また，2019 年度に続き文化史は出題されなかった。

Ⅰは5世紀の外交をテーマにした問題。「古墳時代中期」から5世紀の倭の五王の朝貢を想起できるかがポイントである。また，この時期の朝鮮半島情勢を倭国との関連を踏まえて簡潔にまとめられるかが勝負どころ。なお，影響として渡来人による先進技術や文化について具体例を示せるかも重要である。外交と古墳の巨大化などの因果関係を探る良問だが，やや難問である。

Ⅱは11世紀後半から12世紀末の東北地方の戦乱を想起して述べる問題。論述問題としてはめずらしい内容である。受験生にとっては盲点となった問題であろう。主題が「支配権力の推移」なので誰が支配したかを明確に示す必要がある。前九年合戦で清原氏，後三年合戦で奥州藤原氏，そして最後に奥州藤原氏滅亡と源頼朝の支配まで想起できるかがポイントである。それぞれの戦乱の人物や内容を書きすぎて，字数オーバーとならないように注意したい問題である。

Ⅲは天保改革の対外政策を述べる問題。アヘン戦争による外交政策の転換は論述問題の定番でもあるので，取り組みやすかったであろう。ただ天保改革の西洋砲術の採用，また海防強化の一環として上知令を指摘できるかがポイントになる。2年で終焉した天保改革であったが，国防を視野にいれた時代の転換期の改革であったことが考察できる。

Ⅳは農業恐慌をテーマにした問題。昭和恐慌の内容は金解禁について述べるものが定番であるが，農業恐慌についてはめずらしい。受験生は苦戦したであろう。世界経済との関連で脆弱な日本資本主義の構造を知ることができる良問である。恐慌による農村の状況を的確に指摘できるか，また政府の救済対策として「時局匡救事業」「農山漁村経済更生運動」などの用語が想起できるかが勝負どころであるが，用語が書けなくても趣旨に合った説明ができていればよいであろう。やや難問である。

世界史

解答 問1．ア．コミンテルン〔共産主義インターナショナル，第3インターナショナル〕　イ．ジュネーヴ　ウ．南ベトナム解放民族戦線

問2．X．人民戦線戦術（人民戦線も可）　Y．日中戦争　Z．冷戦

問3．ア・オ

問4．ホー=チ=ミンは，第二次世界大戦中，社会主義勢力に限らず多くの階層・組織を含むベトミンを結成し，国民党政権の支援も得ようとした。また，戦後の独立宣言では「アメリカ独立宣言」や「フランス人権宣言」などブルジョア革命の成果を高く評価し，臨時政府に阮朝のバオダイ帝を最高顧問に迎えた。ベトナム戦争では，共産党以外の諸勢力を巻き込んで結成された南ベトナム解放民族戦線を支援し，遺言でも帝国主義勢力との戦いを民族解放運動と位置付けている。(200 字程度)

問5．18 世紀末の中欧・東欧ではスラヴ系諸民族を支配下に置くロシア帝国・神聖ローマ帝国・オスマン帝国が存在した。ナポレオン戦争は神聖ローマ帝国を解体させ，諸民族にナショナリズムの機運をもたらした。戦後，保守反動のウィーン体制が成立し，分割で独立を失ったポーランドが独立運動を起こしたがロシアに鎮圧された。1848 年にはヨーロッパ各地で革命が起こってウィーン体制が崩壊し，ドイツ統一の機運も高まったが，プロイセン中心の帝国形成は挫折した。また，ポーランドやオーストリア支配下のベーメン・ハンガリーで民族運動が活発化したがいずれも鎮圧された。この後，ドイツでは，オーストリアはハンガリーと二重帝国を形成し，プロイセンがドイツ帝国形成に向けて発展を続けた。(300 字程度)

問6．エ

問7．〈解答例 1〉イスラーム教はムハンマドの下で大発展を遂げ，その後も各地に勢力を広げた。神との一体化をめざすスーフィズムの思想はこの拡大を助けた。長らくオスマン帝国の支配下にあったアラビア半島では，18 世紀にスーフィズムを排して本来のイスラーム教に戻ろうとするワッハーブ派が生まれた。19 世紀にサウード家の民族運動にワッハーブ派が

協力する形でアラビア半島にワッハーブ王国が建国されたものの，オスマン帝国とエジプトの干渉を受けて滅亡した。しかし，第一次世界大戦後，イブン=サウードによってサウジアラビア王国が建国され，ワッハーブ派が国教とされた。(250 字程度)

〈解答例 2〉イランは，イラン民族の復興を唱えたシーア派のサファヴィー朝の下で，その勢力はオスマン帝国やムガル帝国と肩を並べ，首都イスファハーンは「世界の半分」と言われるほど繁栄した。20 世紀前半に成立したパフレヴィー朝は，アメリカの支援のもと，パフレヴィー 2 世が欧米を規範に白色革命と呼ばれる上からの近代化を急激に進めた。しかし，イラン社会の伝統的秩序が破壊されて貧富の差が拡大し，イラン革命によってパフレヴィー朝は倒れ，シーア派の指導者ホメイニを中心とした宗教色の強いイラン=イスラーム共和国が建国された。(250 字程度)

〈解答例 3〉アーリヤ人に起源をもつバラモン教と古代インドの土着信仰が結合したヒンドゥー教は，仏教やジャイナ教の一部を吸収しながら，グプタ朝の時代までにほぼ現在の形になった。それ以後，ヒンドゥー教は，インド人の宗教として定着し，ムガル帝国によって，北インドにイスラーム教が広がった後も，伝統的なヒンドゥー教はインド社会に深く根付いていた。ガンディーは，イギリスの植民地支配に対抗し，広範な大衆を組織するために，ヒンドゥー教の不殺生に基づく非暴力・不服従運動を展開し，インドを独立に導いた。(250 字程度)

〈解答例 4〉『旧約聖書』によれば，ヘブライ人は現在のパレスチナの地にヘブライ王国を建て，ソロモン王の時代に全盛期を迎えた。やがて王国は南北に分裂して滅亡し，その後バビロン捕囚などの民族的苦難を経て選民思想に基づくユダヤ教が成立した。ユダヤ人は，ローマ帝国の支配下で反乱を起こしたが敗れ，祖国を失ったユダヤ人は世界各地に離散した後もユダヤ教の信仰を守り続けた。近代に至って祖国建設のシオニズム運動が起こると，ユダヤ人は伝承に基づいてパレスチナでの国家建設をめざし，第二次世界大戦後，イスラエル建国によってそれを実現した。(250 字程度)

◀解　説▶

≪近現代のベトナム，近代の中欧・東欧の民族運動，近現代の政治運動がよりどころとした過去の国家や宗教など近現代の民族運動をめぐる諸問題≫

▶問 1．ア．年表中の「ソ連」や「世界の共産党の指導機関」の語句に着目すれば，1919年にソ連で結成された各国共産党の国際組織であるコミンテルンと判断できる。

イ．ジュネーヴ停戦協定（休戦協定）が結ばれたことで，インドシナ戦争が終了した。

ウ．南ベトナム解放民族戦線は，ベトナム戦争でアメリカの支援する南ベトナム政府軍と戦い，最終的に南ベトナム全土を解放した。このような反南ベトナム政府武装勢力は，南ベトナム政府からベトコンの蔑称で呼ばれた。

▶問2．X．問題文のBさんの第二の指摘に「帝国主義やファシズムとたたかうために，社会主義革命を将来の課題として棚上げし，『ブルジョワ民主主義』や民族解放運動を含めた幅広い勢力と提携したりこれを支援」したとあるが，これが人民戦線（戦術）と呼ばれるコミンテルンの新方針で，ファシズムに対抗してスペインやフランスで人民戦線内閣が成立した。

Y．1937年7月の盧溝橋事件を契機に日本は中国と全面戦争に入った。これに対して1935年の八・一宣言および1936年の西安事件で国共合作の機運が高まっていた中国では，第二次国共合作による抗日民族統一戦線が結成された。

Z．東西両陣営の武力衝突一歩手前の対立を冷戦と呼ぶ。冷戦の開始時期について定説はないが，1947年のトルーマン=ドクトリンが冷戦の宣戦布告ともいわれる。問題の1946年には，チャーチルの「鉄のカーテン演説」が行われており，両陣営の対立が表面化していた。

▶問3．難問。ア．適切。「カール・マルクスやレーニン」などの社会主義者の名を挙げており，社会主義的な内容と言える。

オ．適切。「兄弟諸党，兄弟諸国が必ず団結を取り戻す」とは，ホー・チ・ミンが死去した1969年当時，同じ社会主義陣営のソ連と中国の対立，ソ連共産党と中国共産党の論争といった社会主義諸国の動きを憂慮する社会主義的な内容と言える。

イ．不適。全体を通じて民族主義的な内容は読み取れるが，社会主義的な内容は見られない。

ウ．不適。「アメリカ帝国主義」が撤退するといった社会主義的内容と「祖国は必ず統一される」「南と北の同胞は必ず一家につどう」といった民族主義的内容が読み取れる。

エ．不適。「大帝国主義国に英雄的にうちかち」といった社会主義的内容と「民族解放運動の名に恥じない」という民族主義的内容が読み取れる。

▶問４．難問。「終始一貫して」という語に着目して，ホー・チ・ミンの活動の「最初期」と「最後期」を意識したい。「社会主義陣営の提携戦略の枠に収まらない民族主義者」という語句に着目すれば，ホー・チ・ミンが社会主義勢力以外の民主主義勢力やブルジョワ勢力と連携したことを指摘すればよいことが分かる。「通常の社会主義者ならしないはずの行動や発言」の語句に着目すれば，「行動」は資料イの「年表」中から，発言は資料ロの「独立宣言」と問３の「遺言」の中から拾い出せばよい。

すでに問２で，独立宣言中に見られる「ブルジョワジー（資本主義者）やナショナリスト（民族主義者）の理想への歩み寄り」を分析している。さらに，問３ではホー・チ・ミンの「遺言」の中に見られる，民族主義的内容についても分析している。こうした分析の内容を論述に盛り込むことも，問題の意図に沿っていると思われる。また，「三つ以上の根拠をあげて」説明せよという指示は，問１の年表，問２の独立宣言，問３の遺言の三つの資料すべてを根拠として使用するという意味にもとれるだろう。

以上から，主として年表資料の中から，ホー・チ・ミンが幅広い勢力（ときには反対勢力とも）と折に触れて提携の道を探っていたことを３つの時期にわたって指摘し，問２の独立宣言と問３の遺言についても加える形で〔解答〕を考えた。

最初は，1941 年，第二次世界大戦中にホー・チ・ミンが結成したベトナム独立同盟会（ベトミン）に，社会主義者だけでなく幅広い勢力を結集したこと，中国の国民党政権の支援も得ようとしたことを指摘した。

次に，1945 年，第二次世界大戦後に独立を宣言してベトナム民主共和国を樹立し，臨時政府にブルジョワ勢力の代表ともいえる旧王族のバオダイ帝を最高顧問に招いたことを指摘した。また，ここでは，年表以外の資料として「独立宣言」の冒頭に「資本主義国であるアメリカとフランスの宣言が引用されている」ことも対象となる。

最後に，三番目の時期として，1960 年，共産党以外の諸勢力を巻き込んで結成された南ベトナム解放民族戦線を，ホー・チ・ミンの指導するベトナム民主共和国が支援したことを指摘した。また，ここでは，その他の資料として問３で分析したホー・チ・ミンの「遺言」のエを引用して，インドシナ戦争やベトナム戦争を通じて，ホー・チ・ミンが社会主義運動ではなく民族解放運動を戦ったという自負も対象となる。

▶問5．難問。カード1からカード3の内容に沿って，18 世紀末から 19 世紀半ばにかけての中欧・東欧の各民族の動きを 300 字という限られた字数の中で概観することが求められている。1848 年の革命に関しては，ドイツのフランクフルト国民議会の開催やパラツキーの指導するスラヴ民族会議などの詳細な記述は，個々の会議や条約の名前，各民族内部の主導権をめぐる対立などは求められていないので省略し，全体のバランスを考慮した記述に留意したい。

次に，カード1からカード3の内容について整理していきたい。カード1では，「この時期の中欧・東欧にすでに存在した帝国」としてはロシア帝国・神聖ローマ帝国・オスマン帝国があげられる。続いて「帝国形成に向かいつつあった国家（できたのはどんな国家？）」として，のちのオーストリア=ハンガリー帝国とドイツ帝国の形成過程について言及したい。ただし，オーストリア=ハンガリー帝国の成立は 1867 年，ドイツ帝国の成立は 1871 年のことであり，「19 世紀半ば」という論述の時代枠を考慮に入れておくことが必要であろう。〔解答〕ではドイツ帝国よりも早く成立したオーストリア=ハンガリー帝国について指摘している。

カード2に関しては，「支配されていた国家や民族」としてはポーランド（ポーランド人）・ベーメン（チェック人）・ハンガリー（マジャール人）などを想定したい。なお，オスマン帝国とギリシア独立戦争については，ギリシアは「中欧・東欧」ではなく南欧なので，言及は避けたい。当時オスマン帝国は東欧（バルカン半島）を支配領域としている。

カード3に関しては，「ナポレオン戦争のインパクト」として，神聖ローマ帝国の解体とドイツ人も含めた各民族にナショナリズムの機運をもたらしたことを指摘したい。「1815 年および 1848 年の変化」としては，ウィーン体制の成立とその崩壊，そして当時のドイツの状況などについて説明すればよい。

なお，「18 世紀末から 19 世紀半ば」という論述の範囲であるが，ほぼ，ナポレオン戦争から 1848 年の革命前後が想定できる。「末」や「半ば」という表現は，時代設定にある程度幅をもたせることが許容されると考えられるが，1772 年の第1回ポーランド分割や 1871 年のドイツ帝国成立については，「18 世紀末」や「19 世紀半ば」の時代枠を若干広く解釈しなければならないため，〔解答〕で直接触れるのは避けている。

▶問6．難問。エ．誤文。カンボジアやラオスは，大国シャム（タイ）やベトナムの圧迫を受けており，ベトナムにとっては強国ではなかった。

ア．正文。阮朝は，南北ベトナムを統一しフエを首都とした。

イ．正文。ホーチミン市（旧サイゴン市）はベトナム共和国（南ベトナム）の首都でカンボジアに近い。阮朝は，外征によって南部のカンボジア方面に領土を拡大した。

ウ．正文。ハノイは北ベトナムの首都で，南北統一後の現在のベトナムの首都。阮朝を建てた阮福暎は，タイソン反乱（西山の乱）で滅ぼされた阮氏の生き残りで，シャムやフランス人宣教師ピニョーの支援を受けてタイソン政権を滅ぼした。

▶問7．例示された「サウジアラビア建国」「イラン革命」「ガンディーのインド独立運動」「イスラエル建国」のうちから一つを選び，これらの「近現代のリーダーまたは政権がよりどころにした過去の国家や宗教の興亡の歴史」について説明することが求められている。したがって，論述に際してこれらの建国や革命，独立運動がどのようなものであったか，それらが関連する「過去の国家や宗教の興亡の歴史」について説明したい。また，必要に応じて，現政権によって否定された直前の時代も考察したい。

●サウジアラビア建国とイスラーム

イブン=サウードによるサウジアラビア王国の建国について，それがよりどころとした「過去の国家や宗教の興亡の歴史」として，ムハンマドの時代のイスラーム教について説明したい。また，18 世紀に起こったアラビア半島におけるワッハーブ派の運動やワッハーブ王国の建国についても言及する必要がある。ワッハーブ派がスーフィズムを批判した点を見逃さないようにしたい。

●イラン革命とイスラーム

パフレヴィー朝を倒して，イスラーム教シーア派の宗教色の極めて強いイラン=イスラーム共和国を建国したイラン革命について，それがよりどころとした「過去の国家や宗教の興亡の歴史」として，イラン民族国家を標榜したサファヴィー朝の繁栄やイランの民族宗教ともいうべきイスラーム教シーア派についてまとめたい。また，イラン革命によって否定されたパフレヴィー朝の上からの近代化政策である白色革命について述べたい。

●ガンディーのインド独立運動

「過去の国家や宗教の興亡の歴史」を説明することが，他の例に比べて難しいと思われる。ここでは，ガンディーの行動や思想の背景にあるヒンドゥー教の影響について説明し，インドにおけるヒンドゥー教の意義やその歴史について述べていきたい。イギリスの植民地支配に抵抗したガンディーの非暴力・不服従運動とインドの伝統宗教に見られる不殺生の思想との関連に着目できるかどうかがカギになる。

●イスラエル建国

イスラエル建国がよりどころとした「過去の国家や宗教の興亡の歴史」として，古代ヘブライ王国やユダヤ教の歴史について説明すればよい。その栄光の歴史を現代に復興しようとするシオニズム運動について言及することは必須であろう。なお，ヘブライ人は他民族からの呼称で，自らはイスラエル人と称し，ユダヤ教成立後はユダヤ人と呼ばれているので，その点注意が必要。

以上，４つの国家について分析したが，よりどころとした「過去の国家や宗教の興亡の歴史」をたどりやすいものとそうでないものとで，論述の難度が異なるので，どの例を選択するか慎重に考慮したい。

また，問題文に述べられている「過去の歴史や宗教の栄光を強調」「その復興を主張した近現代の政治運動」を踏まえたうえで，選択したサウジアラビア，イラン，インド，イスラエルに関係する国家や宗教の興亡を流れに沿って論述する方法で論述を行いたい。

❖講　評

2017・2018年度は，ⅠとⅡが共通で，Ⅲは文学部と外国語学部で別問題となっていたが，2019・2020年度は2016年度以前と同様に両学部で全問同一問題となった。出題数は，2015年度に２題であった以外はすべて３題であったが，2020年度は初めて１題の出題となった。ただし，2020年度の出題数は１題であるが，内容的には従来の３題とほぼ同じと言ってよい。その形式は，論述問題を中心としながら一部に記述問題や選択問題が出題されている。論述問題の総字数は2015年度に790字であったものが，2016年度は820字，2017年度は文学部900字，外国語学部 910 字，2018 年度は文学部 970 字，外国語学部 900 字，2019 年度は両学部共通で 980 字と増加傾向で推移していたが，2020 年度は両学部共通で 750 字と大幅に減少した。

問 1 の記述問題は，かなり長大で詳細な 20 世紀ベトナム史に関する年表中の空欄に適語を答えさせる形式で，内容はきわめて標準的な知識を問うもの。

問 2 は，かなり長めの史料を引用し，問 1 で提示された年表を補足する語句を答えさせる語句記述問題。難度は高くないが，問 1 で答えた語句を使って，それを補足する形式をとっており，一部に問 1 で正答することを前提とした問題が見られる。

問 3 は，ホー=チ=ミンの遺言を引用して，その内容を分析して，問題の条件に適する内容をもつものを選び出す，特殊な形式の文章選択問題。問題文を正確に理解し，引用資料を詳細に分析してその内容を分類していく作業を要求している。問 1 で引用した年表の中の知識や問 2 の問題文の中で提示された問題意識に着目して，それらを利用すれば，より正確に正解を選び出すことができるように工夫された問題であった。

問 4 は問 1 ～問 3 で提示された資料や情報の内容を正確に把握したうえで，資料や情報の中から 3 つ以上の根拠を抜き出し，それらの史実に基づいて 200 字論述の形式で論旨を展開させるという長文論述問題。「思考力」や「表現力」を要求する大学入学共通テストを先取りしたような問題で難問である。

問 5 は，問 1 ～問 3・問 6 がベトナム現代史に関する問題であることから，地域・時代を変えて，同じ民族運動という視点から，中欧・東欧の近代史について問う問題。論述すべき内容はすべて問題文の中に提示されているので，それらの内容を正しく理解して，題意に基づいて正確に表現する力が要求される。2017 年度以来の 300 字の長文論述問題であるが，この問題では 300 字という字数は決して多くはない。限られた字数の中にすべての知識を盛り込むことは難しいので，内容をいかに絞り込んで，題意を反映するかが難しい。

問 6 は，阮朝に関する細かな知識を問う誤文選択問題。選択肢となる文中の情報量が多く，どこに誤りがあるかを見つけるのは，かなりの難問である。

問７は，近現代の政治運動と，それがよりどころとした過去の国家や宗教の興亡の歴史というテーマに基づいて 250 字で論旨を展開する長文論述問題。４つの国家の中から１つを自由に選んで論述させる形式をとっているが，どの国家を選ぶかで論旨の展開が異なり，論述の完成度に開きが生まれるので，４つの国家のどれを選ぶかは慎重に考慮したい。問題文の要求を広く捉えることが可能なため，それぞれの国家について，過去の歴史をまとめる書き方でも許容されると思われる。

以上分析してきたとおり，2020 年度の大阪大学の問題は，１題のみの出題で，すべての問題が関連をもっており，時代・地域ともに狭い範囲からの出題となったが，問１～問７のすべての問題が異なる形式で問われており，出題形式に新しい試みが見られる。全体を通して史料や問題文の読解力や理解力，論旨を展開する思考力や表現力を要求する高水準の問題となった。

地理

I

解答　問1．有人国境離島地域は，領域侵犯や違法操業などの外国の違法行為に対処する拠点地域となるため，わが国の領域保全に重要な役割を担っている。ところが，本土から遠距離にあり，就業機会が少なく若年層の人口流出が続き，過疎化が進行している。活動拠点維持のため，コミュニティの維持は欠かせず，国内外との交通アクセスの改善，輸送コストの低廉化，農林水産業や観光業などの産業の活性化など，地域振興を推進することが課題である。(200 字程度)

問2．ジオパークは科学的に貴重な地形・地質などの地球環境と，それとかかわる生態系，歴史的・文化的遺産も含めた自然公園で，特に離島の場合は開発の手が入らず，それらが自然のままで維持されてきた。これらの遺産を保護しつつ，教育・研究や観光に有効に活用するため，研修施設や宿泊施設を設置し，持続可能な開発をはかることが望まれる。(150 字程度)

問3．国土が広範囲に分布し，多様な気候・風土の下，多様な文化が存在する。一方で，人口や産業が首都のある地域に集中し，他地域との経済格差が大きいことから，国土に広範な交通・通信網を築き，過密や格差の是正をはかることが課題である。また，国土の多くが弧状列島で地震や津波の被害に遭いやすく，災害対策が課題である。(150 字程度)

◀解　説▶

≪日本の離島と島嶼国家≫

▶問1．「有人国境離島」の用語はなじみが薄く，論述のイメージがつかみにくいかもしれないが，文字通りにとらえて，現に人が住んでいる他国との国境となる海域をもつ離島と考え，八重山諸島や対馬などを連想するとよい。リード文の下線部①「我が国の領域」から，近年の領海や排他的経済水域をめぐる問題の一つに，他国の漁船の違法操業などが想起できると，国境付近にある離島は国防上重要な意義をもつ地域と考えられ，論述が展開しやすい。一方，国境をもつかどうかにかかわらず，現在の日本の離島をめぐっては，過疎化，高齢化などの社会問題が浮かんでこよう。離島が領域保全という国防上きわめて重要な地域であることを踏まえると，もし無人化すると領域保全や海洋資源の利用など，さまざまな活動の拠点としての機能が著しく低下することが考えられる。そこで，人が継続して住み続ける地域社会の維持は欠かせないと考え，そのための方策を述べるとよい。航路・空路の交通アクセスの整備，さまざまな物資の輸送コストの軽減や，雇用の増大をはかる産業や観光の振興などの取り組みが考えられる。

▶問2．ジオパークは世界遺産と比べると，活動の歴史が浅く指定地域も少ないため，一般にはあまり知られていないと思われる。ジオは「地球」，パークは「公園」で，「大地の公園」といった意味であるが，日本には，ジオパークは日本ジオパーク委員会が認定した「日本ジオパーク」が 43 地域あり，そのうち 9 地域はユネスコの「世界ジオパーク」にも認定されている（2020 年 4 月現在)。認定されるには，地球科学的に貴重な地形や地質遺産があり，それらとかかわる生態系，歴史的・文化的遺産をもつ地域が含まれることが必要である。また，目的には，それらの遺産の保護・保全と両立する形で，教育・研修の場や観光資源として活用すること，地域の持続可能な発展をめざす活動があげられている。離島のジオパークには，佐渡や隠岐などが指定されているが，本土に比べて手つかずの貴重な自然環境や歴史的・文化的遺産が残されていることが多い。そのため，より有益な教育・研修の場となることが期待されるが，離島の場合はそれが困難な状況にあることが指摘できる。その状況を解善するためには，問 1 と同様，地域振興をはかる方策が必要であるが，特に教育・研修の場を確保するための方策については述べたい。

▶問3．日本・インドネシア・フィリピンの 3 つの国について，島嶼国家に留意して他国と陸続きの大陸国家と比べた特色を考えてみよう。国土は，長い海岸線をもち，広範囲に点在して分布する。気候は多様であり，さまざまな風土や文化が形成されており，それぞれの島には歴史的・文化的に独自性がある。特にインドネシアとフィリピンは，多くの民族から構成され，言語も宗教も多数あって，国民国家としての統一がとれにくいと考えられる。インドネシアではスマトラ島北端のアチェ州，フィリピンではミンダナオ島で分離独立をめざす紛争が過去に起こっている。この 3 国は，国土の多くが新期造山帯に属しており，2004 年のスマトラ沖地震や 2011

年の東日本大震災といったように，しばしば地震や津波の被害に遭ってきた。また急峻な山が多く，居住や農耕が可能な地域が限定されていることから，平坦地では農業生産性が比較的高く，平坦地に人口が集中し，島々がまとまって国家を形成した場合，首都を有する島が政治・経済などの面で優位になるなど，島ごとの経済力などの不均衡がおこることが考えられる。実際に日本も含めて３国は，経済発展に伴って農村部から都市部への人口移動が進み，都市部の過密と農村部の過疎が顕在化しつつある。とりわけ首都に人口をはじめ多くの都市機能が一極集中している。特に，インドネシアのジャカルタやフィリピンのマニラは，首位都市として有名で，スラムの拡大など都市問題が深刻化している。それらの点を考慮すると，課題としては，国家としての統一性の点から，首都のある島と他の島々を結ぶ交通・通信のネットワークの構築，国土全体にバランスの取れた経済発展をはかる，国民の一体性の確立をはかることなどが考えられよう。また，国土保全の点からも，地震，津波，火山などの災害への対策が考えられるだろう。

Ⅱ 解答

問１．米は生産量と供給量の差が小さい国が多く，自国で生産・消費される自給的作物で貿易量は少ない。小麦は生産量と供給量の差が大きい国が多く貿易量も多いが，自国で生産・消費する国もあり，食用としての利用価値が高い。トウモロコシは飼料や燃料用に大量に利用され，生産量が供給量を大幅に上回る国があり貿易量も多い。(150 字程度)

問２．大豆の生産はアメリカ合衆国・中国が多かったが，1970 年代頃から日本などの輸入国が食生活の変化などを背景に新たな生産地を求めたことや農地開発が進んだことから，南米での生産が増加した。また 2000 年頃から，中国の著しい経済成長に伴う食生活の変化で，油脂や飼料用として中国の大豆の輸入量が増加し，世界の生産量も急増している。(150 字程度)

問３．穀物メジャーやバイオメジャーにより穀物の流通や種子の供給が独占されると，農産物の多様性が失われ，農産物の供給や国際価格への影響が懸念されるうえ，ハイブリッド品種や遺伝子組み換え品種の導入による，食の安全や生態系のかく乱も懸念される。また，国境を越えた農地開発により，森林が切り開かれ化学肥料や農薬が大量に使用されると，森林破壊，土壌侵食などによる環境の悪化のほか，在来農業の衰退，食用穀物の不足などが懸念される。(200 字程度)

◀解　説▶

≪世界の農産物の生産・流通・消費≫

▶問 1．3 つの作物の生産量と供給量の散布図をみて，その分布の違いをしっかり読み取ろう。図 1 中，$y=x$ の破線が引かれており，この破線上に点が位置すれば，その国は生産量と供給量は等しく，この破線より下に位置する国では生産量が供給量より多くなる。また，国を示す点がこの破線から遠く離れる位置にあるほど生産量と供給量の差は大きく，差にあたる分の一部は輸出に向けられると考えられる。米は破線に近い国が多いと読み取れ，生産量の多くが自国で消費され貿易量は少ないと考えられる。小麦は破線から離れた国が多く，米に比べると輸出に向けられる量が多いと考えられる。ただし，破線付近に位置する国も多く，グラフに示された点の数が他の作物と比べて多いことからも，食料として利用する国が多いといえる。トウモロコシは x 軸，y 軸の絶対量の違いが示すように，いくつかの国は生産量が供給量に比べきわめて大きく，貿易量も多いと考えられる。この大きな差は食用以外に，飼料やバイオエタノールなどの燃料用などに大量に利用されていると考えるとよい。3 つの作物のこれら生産・流通・消費の相違点を明確に示せるように述べたい。

▶問 2．図 2 のグラフをみると，世界の大豆生産量は 1970 年代から徐々に増加傾向にあり，特に，中国の輸入量が増加する 2000 年ごろから増加量がさらに拡大していることが読み取れるだろう。そこで，1970 年代から世界の生産量が増加したことの説明，2000 年ごろから中国の輸入量が増加したことの説明の 2 点を論述のポイントとするとよい。それぞれの推移の特徴を考える際，「主な用途」の記述が求められていることもあり，大豆の利用法として，日本では豆腐などの大豆食品がなじみがあるが，世界の多くの地域では，大豆は絞って大豆油を採り，搾りかすを配合飼料に利用することをおさえておきたい。大豆の生産は 1960 年代まではアメリカ合衆国と中国が多かったが，1970 年代ごろからは，ブラジルやアルゼンチンなど南米での生産が増加している。これは，1970 年代にアメリカ合衆国の大豆が不作になった際，主な輸入国である日本などが新たな生産地を求めたことが要因の一つにある。日本などの輸入国の生活水準が向上し，大豆の飼料や油脂としての利用が増えたと考えられる。ブラジルのセラードの大豆栽培地域の開発には日本の ODA が使われるなど，他国の投資もありながら，大規模な農地開発が進んだ。また，2000 年ごろからの中国の輸入量増加については，中国は 1990 年代ごろから経済成長が著しく進行し，食生活も変化しつつある時期とみることができる。そこで，油脂や肉類の消費量が増大し，そのための家畜の飼料も含めて大豆の需要が増加し，国内生産ではまかないきれず，輸入量が増加したことを述べるとよい。

▶問３．ハイブリッド品種やバイオメジャーなど，なじみの薄い用語が出てくるが，論点としては，穀物メジャーやバイオメジャーが現れたことによる懸念，農地開発に関して国境を越えた投資が行われていることへの懸念の２点について，その理由を含めて述べるとよいだろう。まず，穀物メジャーは農産物の流通・販売を支配する巨大企業であることは知られるが，さらに品種・農薬などを扱うバイオメジャーが出現することで，農作物の生産から流通・販売まで一貫して巨大企業に独占的に支配されることになり，独占への懸念がまず考えられる。農産物の市場価格や備蓄の動向への影響力をあげるとよい。さらに，巨大企業に品種が扱われることで，種子の支配への懸念も考えられる。ハイブリッド品種が示されているが，あまりなじみのない用語であり，周知の遺伝子組み換え品種を用いると，食品としての安全性や生態系への影響など，新しい品種の導入による懸念が述べられるだろう。ハイブリッド品種は，優秀な品種どうしをかけ合わせて作られた，それぞれの長所をもつ品種をいう。ただし，優れた性質を示すのは１代限りで，２代目には引き継がれないため，また新たに種子を購入する必要があり，発展途上国の貧困な農民層には負担になるといわれる。もう一方の，農地開発に関する投資の点では，投資する巨大企業は利益の確保を優先して農業経営に参画するため，世界各地で近代的な効率のよい大規模農業が展開され，大型機械，肥料，農薬などが大量に使用されると考えられる。これらに関する懸念としては，まず開発による自然環境や周辺地域の動物も含めた生態系の崩壊があげられるだろう。さらに，安価な農産物が流通することから在来の農業が衰退することがあげられるが，さらに発展途上国では，農民が低賃金の雇用労働者になること，自給作物より商品作物の栽培が優先されること，農産物の価格の決定権が握られることなどへの懸念があげられ，字数を考慮してまとめるとよい。

❖講　評

2020年度は，大問数は例年通り2題で，全問論述法が用いられた。論述問題の総字数も6問1000字程度で，例年と変わらない。2019年度は指定語句が与えられた問題が多かったが，2020年度は従来通りの論述法になっている。内容は2題とも系統地理的分野からの出題で，2018年度にあった地誌的分野からの出題はみられなかった。また，2019年度に出題された地図はみられなかったが，2017・2018年度に出題されたグラフを利用して統計を読み取る問題が出題された。統計表・グラフ・地図を用いた出題は頻出しているので，今後も対策は必要である。2020年度は，日本の離島やジオパークなど教科書の扱いが少ない分野が出題され，難易度は2019年度と同程度か，やや難化したといえよう。

Ⅰは日本の離島と島嶼国家の問題であった。問1では有人国境離島は国防上重要な地域であることと，現在の日本の離島が抱える過疎化などの問題点が結びつくと述べやすかったであろう。問2は，離島でジオパークに指定されているのは隠岐や佐渡などであるが，ジオパークの知識がないと論述のイメージもつかみにくく，難しかったと思われる。問3は日本・インドネシア・フィリピンの大規模な島嶼国家の特色と課題が問われたが，具体的な論述のポイントをしぼるのが難しかったであろう。

Ⅱは世界の農作物の生産・流通・消費に関する問題であった。問1は米，小麦，トウモロコシの三大穀物に関する散布図がきちんと読み取れればまとめやすかったであろう。自給的利用と商業的利用の違い，食用と飼料用の利用の違いなどを明確に述べたい。問2は大豆について，世界の生産量と中国の輸入量の推移が問われた。2つのグラフから，変化の変わり目となる1970年代と2000年ごろをポイントと決めると論述しやすかったであろう。問3はバイオメジャーなど見慣れない用語が出題されたが，巨大企業によるアグリビジネスの独占への懸念，また農業経営の参画への懸念をきちんと述べたい。

2020年度は，内容的には教科書などであまり触れられていない分野の出題がみられた。未習の事項を既習の事項にいかに結びつけて考えられるかという柔軟性が得点を左右したといえよう。ただし，地理的事象に関する幅広い知識をもっているか，さらに，地理的な考え方，諸資料を読みこなす能力が身についているかが問われた点は，例年と変わらない。

数学

1

◆発想◆　(1)　$f'(x)$ を求め，$f(x)$ の増減を調べる。
(2)　(1)で求めた極大値 $M(a)$ は $\sin a$ に関する 2 次関数となるから，$\sin a$ のとりうる値の範囲をおさえて，$M(a)$ の最大値と最小値を求めることができる。

解答　(1)　$\sin a=t$ とおくと，$0\leqq a<2\pi$ より

$$-1\leqq t\leqq 1$$

$$f(x)=2x^3-(6+3t)x^2+12tx+t^3+6t+5$$

$$\begin{aligned}f'(x)&=6x^2-2(6+3t)x+12t\\&=6\{x^2-(t+2)x+2t\}\\&=6(x-t)(x-2)\end{aligned}$$

$f'(x)=0$ とすると $x=t$, 2 であり，$t<2$ であるから $f(x)$ の増減は右の表のようになる。

x	…	t	…	2	…
$f'(x)$	+	0	−	0	+
$f(x)$	↗	極大	↘	極小	↗

よって，$f(x)$ は $x=t$（$=\sin a$）のとき，ただ 1 つの極大値をもつ。　　（証明終）

極大値は

$$\begin{aligned}f(t)&=2t^3-(6+3t)\cdot t^2+12t\cdot t+t^3+6t+5\\&=6t^2+6t+5\quad(-1\leqq t\leqq 1)\end{aligned}$$

すなわち

$$M(a)=6\sin^2 a+6\sin a+5\quad\cdots\cdots(答)$$

(2)　$f(t)=6\left(t+\dfrac{1}{2}\right)^2+\dfrac{7}{2}\quad(-1\leqq t\leqq 1)$

$y=f(t)$ のグラフは右図のようになるから，$f(t)$（$=M(a)$）は $t=1$ のとき最大値 17，$t=-\dfrac{1}{2}$ のとき最小値 $\dfrac{7}{2}$ をとる。

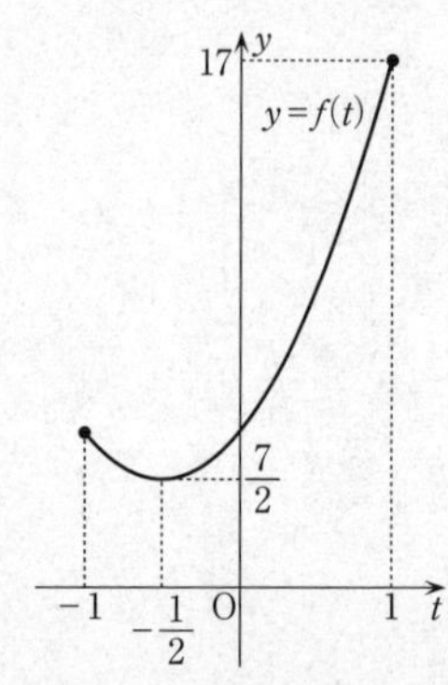

$0 \leqq a < 2\pi$ より

$t=\sin a=1$ のとき　　$a=\dfrac{\pi}{2}$

$t=\sin a=-\dfrac{1}{2}$ のとき　　$a=\dfrac{7}{6}\pi,\ \dfrac{11}{6}\pi$

であるから，$M(a)$ は

$$a=\frac{\pi}{2}\text{ のとき最大値 }17,\ a=\frac{7}{6}\pi,\ \frac{11}{6}\pi\text{ のとき最小値 }\frac{7}{2}\quad\cdots\cdots(\text{答})$$

をとる。

◀解　説▶

≪三角関数を含む 3 次関数の極大値とその最大値・最小値≫

▶(1)　$f'(x)$ を求め，$f(x)$ の増減を調べればよい。増減の様子から $f(x)$ はただ 1 つの極大値をもつことを示すことができる。さらに $\sin a<2$ であることから，$x=\sin a$ のとき極大値をもつことがわかり，極大値は $\sin a$ を用いて表すことができる。$\sin a=t$ とおいて考察してもよい。

▶(2)　$f(x)$ の極大値 $M(a)$ は $\sin a$ についての 2 次式であるから，平方完成を行い，$\sin a$ のとりうる値の範囲を考えると，容易に最大値と最小値を求めることができる。

2

◇発想◇　右図の矢印の部分に確率を記入して点Qの移動を表す推移図（遷移図）を作って考えるとわかりやすい。

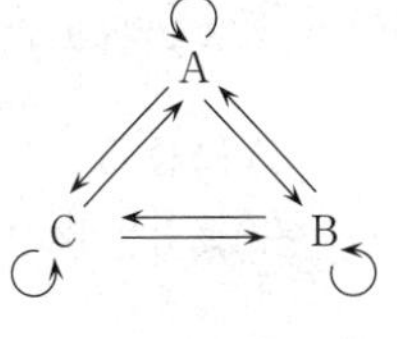

(1)　さいころを 2 回投げたあとにQがAに位置するのは，次の 3 つの場合がある。

A→A→A　　A→B→A　　A→C→A

(2)　下図のような推移図（遷移図）を作る。

n 回目にA $[p_n]$ —㋐→ $n+1$ 回目にA $[p_{n+1}]$

n 回目にB，C $[1-p_n]$ —㋑→ $n+1$ 回目にA $[p_{n+1}]$

㋐，㋑に入る確率はどうなるか考えよう。この図から

$p_{n+1}=p_n\times$㋐$+(1-p_n)\times$㋑が成り立つことがわかる。

(3)　(2)で得られた漸化式を変形し，一般項を求める。

解答　点Qの移動に関する推移図（遷移図）は図1のようになる。

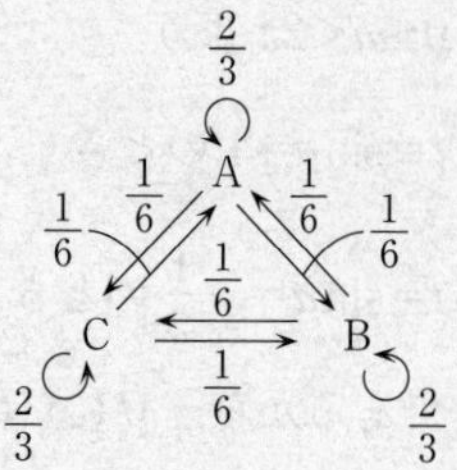

（図　1）

(1)　さいころを2回投げたあとにQがAに位置するときのQの移動のパターンは次の3通りの場合がある。

(i)　$A \xrightarrow{\frac{2}{3}} A \xrightarrow{\frac{2}{3}} A$　　その確率は　$\left(\frac{2}{3}\right)^2$

(ii)　$A \xrightarrow{\frac{1}{6}} B \xrightarrow{\frac{1}{6}} A$　　その確率は　$\left(\frac{1}{6}\right)^2$

(iii)　$A \xrightarrow{\frac{1}{6}} C \xrightarrow{\frac{1}{6}} A$　　その確率は　$\left(\frac{1}{6}\right)^2$

(i)〜(iii)は互いに排反ゆえ，求める確率は

$$p_2=\left(\frac{2}{3}\right)^2+\left(\frac{1}{6}\right)^2+\left(\frac{1}{6}\right)^2=\frac{1}{2}\quad \cdots\cdots(\text{答})$$

(2)　さいころを $n+1$ 回投げたあとにQがAに位置する（確率 p_{n+1}）のはどのような場合か考える。さいころを n 回投げたあとのQの位置が

(i)　Aのとき（確率 p_n）は，$n+1$ 回目に $\frac{2}{3}$ の確率でAにとどまる。

(ii)　A以外の点のとき（確率 $1-p_n$）は，$n+1$ 回目に $\frac{1}{6}$ の確率でAに移る。

(i), (ii)より，図2のような推移図（遷移図）が得られる。

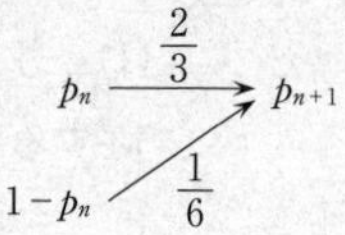

（図　2）

よって　　$p_{n+1}=p_n\times\frac{2}{3}+(1-p_n)\times\frac{1}{6}$

$$=\frac{1}{2}p_n+\frac{1}{6}\quad\cdots\cdots(\text{答})$$

(3)　(2)の結果から，$c=\frac{1}{2}c+\frac{1}{6}$ を満たす $c=\frac{1}{3}$ を用いて

$$p_{n+1}-\frac{1}{3}=\frac{1}{2}\left(p_n-\frac{1}{3}\right)$$

と変形できるから，数列 $\left\{p_n-\frac{1}{3}\right\}$ は初項 $p_1-\frac{1}{3}=\frac{2}{3}-\frac{1}{3}=\frac{1}{3}$，公比 $\frac{1}{2}$ の等

比数列である。したがって

$$p_n-\frac{1}{3}=\frac{1}{3}\left(\frac{1}{2}\right)^{n-1} \qquad \therefore \quad p_n=\frac{1}{3}\left\{1+\left(\frac{1}{2}\right)^{n-1}\right\} \quad \cdots\cdots(答)$$

別解 (2) さいころを n 回投げたあとにQがB，Cに位置する確率をそれぞれ q_n, r_n とすると

$$p_n+q_n+r_n=1 \quad \cdots\cdots(*)$$

さいころを $n+1$ 回投げたあとにQがAに位置するようなQの移動パターンとその確率は

	n 回目		$n+1$ 回目		
(i)	A	$\xrightarrow{\frac{2}{3}}$	A	その確率は	$\frac{2}{3}p_n$
(ii)	B	$\xrightarrow{\frac{1}{6}}$	A	その確率は	$\frac{1}{6}q_n$
(iii)	C	$\xrightarrow{\frac{1}{6}}$	A	その確率は	$\frac{1}{6}r_n$

のようになるから

$$p_{n+1}=\frac{2}{3}p_n+\frac{1}{6}q_n+\frac{1}{6}r_n=\frac{2}{3}p_n+\frac{1}{6}(q_n+r_n)$$

(＊)より，$q_n+r_n=1-p_n$ であるから

$$p_{n+1}=\frac{2}{3}p_n+\frac{1}{6}(1-p_n)=\frac{1}{2}p_n+\frac{1}{6}$$

◀解　説▶

≪円周上の点の移動についての確率漸化式≫

▶(1) 与えられた条件から，点Qの移動に関する推移図（遷移図）を作成してそれをもとに考えるとわかりやすい。さいころを 2 回投げたあとにQがAに位置するような移動のパターンをもれなく考えて，その確率を求めればよい。

▶(2) 確率 p_n についての漸化式（p_n と p_{n+1} の関係式）を立てる。さいころを n 回投げたあとにQがAに位置するとき（確率 p_n）とA以外の点（BまたはC）に位置するとき（確率 $1-p_n$）に分けて，それぞれ $n+1$ 回目にQがAに位置する（確率 p_{n+1}）のはどのような場合かを考える。図

2のような推移図（遷移図）を考えるのがポイントである。QがBまたはCに位置するときは，どちらに位置するときでもそれぞれ$\dfrac{1}{6}$の確率でAに移動することになるが，この推移を表す際，〔別解〕のようにn回目にB，Cに位置する確率をそれぞれq_n，r_nと設定して漸化式を立ててもよい。

▶(3)　(2)で求めた漸化式から$\{p_n\}$の一般項を求めればよい。漸化式$p_{n+1}=ap_n+b$（$a\neq 1$）は，$c=ac+b$を満たすcを用いて$p_{n+1}-c=a(p_n-c)$と変形できるから，数列$\{p_n-c\}$は公比aの等比数列となることを用いる。なお，p_1はさいころを1回投げたときに1，2以外の目が出るときであるから$p_1=1-\dfrac{2}{6}=\dfrac{2}{3}$である。

本問は，確率漸化式に関する典型的なパターンの問題で設定も簡明であるので，解法をしっかりマスターして確実に解けるようにしたい。

3

◇発想◇　三角形の辺の長さに関する不等式を証明する問題である。三角形の内角の関係$\angle\mathrm{ACB}=3\angle\mathrm{ABC}$を辺の関係$c<3b$と結びつけるために，正弦定理を利用することに着目しよう。3倍角の公式を用いると容易に証明することができる。

解答　$\angle\mathrm{ABC}=\theta$とおくと　　$\angle\mathrm{ACB}=3\theta$

△ABCに正弦定理を用いると

$$\frac{b}{\sin\theta}=\frac{c}{\sin 3\theta}$$

$$c=\frac{b\sin 3\theta}{\sin\theta}=\frac{b(3\sin\theta-4\sin^3\theta)}{\sin\theta}$$

$$=3b-4b\sin^2\theta$$

A
c
b
B
θ
3θ
C

$0<\theta<\pi$より$\sin\theta\neq 0$，また$b>0$であるから

$$3b-c=4b\sin^2\theta>0$$

よって，$c<3b$が成り立つ。　　（証明終）

参考　△ABCの外接円の半径をRとすると，正弦定理より

$$\frac{b}{\sin\theta}=\frac{c}{\sin 3\theta}=2R\quad \text{すなわち}\quad b=2R\sin\theta,\ c=2R\sin 3\theta$$

を用いて

$$3b-c=2R(3\sin\theta-\sin 3\theta)=2R\cdot 4\sin^3\theta$$

として示すこともできる。

別解　3 倍角の公式を用いずに，加法定理と 2 倍角の公式を用いて，次のように示してもよい。

正弦定理より

$$c=\frac{b\sin 3\theta}{\sin\theta}=\frac{b\sin(2\theta+\theta)}{\sin\theta}$$

$$=\frac{b(\sin 2\theta\cos\theta+\cos 2\theta\sin\theta)}{\sin\theta}=\frac{b(2\sin\theta\cos^2\theta+\cos 2\theta\sin\theta)}{\sin\theta}$$

$$=b(2\cos^2\theta+\cos 2\theta)$$

ここで，$0<\theta<\pi$ より，$\cos^2\theta<1$，$\cos 2\theta<1$ であるから

$$2\cos^2\theta+\cos 2\theta<3$$

これと $b>0$ より $c<3b$ が成り立つ。

◀解　説▶

≪三角形の辺の長さに関する不等式の証明，正弦定理，3 倍角の公式≫

$\angle\mathrm{ABC}=\theta$ とおくと $\angle\mathrm{ACB}=3\theta$ であることと，正弦定理から $c=\dfrac{b\sin 3\theta}{\sin\theta}$ を導き，3 倍角の公式：$\sin 3\theta=3\sin\theta-4\sin^3\theta$ を用いると $c<3b$ であることが自然に証明できる。また，$\triangle\mathrm{ABC}$ の外接円の半径を R として，$b=2R\sin\theta$，$c=2R\sin 3\theta$ から 3 倍角の公式を用いて，$3b-c>0$ を示してもよい。

3 倍角の公式はしっかり覚えておくか，即座に導出できるようにしておきたいが，必ずしも 3 倍角の公式を用いなくても，加法定理と 2 倍角の公式を使って〔別解〕のように示すこともできる。

❖講　評

医学部保健学科看護学専攻と共通問題である。2020 年度は，主分野としては[1]微分法，[2]確率，[3]図形と計量の内容の問題が出題された。いずれも他の分野（[1]は三角関数・2 次関数，[2]は数列，[3]は式と証

明・三角関数）の知識を要する融合問題であった。微・積分法の分野は，2019 年度を除いて例年出題されている。確率の分野と数列の分野との融合問題（確率漸化式）の出題はきわめて珍しい。また，[1][3]は三角比・三角関数の内容の問題で，2020 年度はこの分野が重点的に出題された。なお，2018・2019 年度と連続して出題された空間図形の問題は出題されなかった。証明問題は 2 問出題された。

[1]は，三角関数を含む 3 次関数がただ 1 つの極大値をもつことを示し，その極大値の最大値と最小値を求める基本的な内容の問題であり，確実に得点したい。

[2]は，円周上の点の移動に関する確率の問題。漸化式を立て，その一般項を求める確率漸化式としては典型的なタイプの標準的な問題であり，十分完答可能な問題である。理系学部の確率漸化式の問題と構造が同じであった。

[3]は，理系学部と類似問題。三角形の辺の長さについての不等式を証明する問題で，正弦定理と 3 倍角の公式を用いる基本的な内容で，本問も確実に得点したい問題である。

[1]～[3]ともに基本～標準レベルの内容で，特に苦労する計算もなく，いずれも完答を目指したい問題である。2019 年度は 2018 年度よりやや易化したが，2020 年度もこの傾向が続き 2019 年度よりさらに易化したといえる。高得点の戦いになったものと予想され，ちょっとしたミスによる失点が命取りになるので，十分注意しよう。

2020 年度は平易な問題が多かったが，年度によって出題傾向が変わることがあり，また融合問題が多く出題される。したがって，どの分野も偏ることなく学習し，基本～標準レベルの問題は確実に得点する実力をつけるとともに，発展的な内容の問題にも取り組むことが重要である。

参考　『発心集』は鎌倉前期の仏教説話集。鴨長明作。全八巻。百二話から成る。遁世・往生・霊験などの説話を通して、仏道修行のあるべき姿を描く。

❖講　評

Ⅰ　宇野邦一の評論文からの出題。入試ではたまに見かける著者である。内容は国家論という硬いテーマを扱っている。設問は標準～やや難レベル。問二は比較的書きやすいだろう。問三は設問の「二つの国家に対する考え方」が何と何を指すと考えるかで解答の方向性が変わるだろう。記述量も多く、時間を要する。やや難レベル。

Ⅱ　佐藤俊樹の評論文からの出題。入試では珍しい著者の部類になる。内容は近代社会論というポピュラーなテーマを扱ったものだが、筆者独自の視点から切り込んでおり、読みごたえがある。設問は標準～やや難レベル。問二は問三との書き分けに注意がいる。問四は「それはどういうことか」とあるが、ポイントは「何が問題となり（＝危険）」「どのような姿勢が求められるのか」にあると考えてまとめるとよいだろう。

Ⅲ　頻出の有名出典の一つである『発心集』からの出題。標準的な文章で、筋も理解しやすい。また注も充実して、読解・解答いずれにも役立つ。設問は総じて標準レベル。問二の(1)の和歌解釈も難しくない。(2)は心情読解を試す良問である。問五は注がヒントになるので標準レベルにとどまる。

自らを慰めようとしている点も指摘したい。

▼問三　「何の」は〝どんな〟。「勤め」は〝勤行。仏道修行〟。「うるはし」は〝立派だ。誠実だ〟の意。〝どんな知恵も勤行も、心が誠実で、その上のことである〟と直訳できる。これを設問の指示に従い、わかりやすく訳す。特に「その上のこと」は「その上で意味（意義・価値）がある」などと具体化する。

▼問四　「かかる」は〝このような〟。「うたてき（うたてし）」は〝厭わしい。嘆かわしい〟の意。直前の「人のため腹悪しくて……ひとはたにぞなりたりける」に着眼する。「腹悪し」は〝腹黒い。意地悪だ〟の意で、その内容が以下に具体化される。「さるべき経論」の「さるべき」は〝立派な〟の意。「要文」は〝重要な文句〟の意。「切り取り」「継ぎ寄せて」とあるのは、人から借りた仏典（巻物）の「要文」を切り取ってしまい、その前後をつなぎ合わせることをいう。そしてそれを「さりげなく」返却する。切り取った紙が唐櫃にいっぱいになったとあるから、常習的に行っていたことがわかる。以上の事情を説明する。

▼問五　(1)傍線部直前の「神感あらたにて」とは神を感応することが著しいさまをいう。「御姿」の「御」は尊敬の接頭語。直後の「奉る」は謙譲の補助動詞。したがって永朝が夢の中で神のお姿を拝見するということ。ただし「御後ろをのみ見て、向かひて見給ふことのなかりければ」とあるように、神の後ろ姿ばかりが見えたというのである。

(2)永朝の夢の中で神が語った言葉に着眼する。「我に後世のことを申さねば、え向かひては見ぬなり」とあるように、神は永朝が後世の極楽往生を祈願しないから正面を向けないのだと述べている。これは最終段落でも「化度衆生の御志」ゆえに「現世のことをのみ祈り申すをば、本意なく（＝不本意に）思し召すなるべし」と解説されている。よってこの事情を説明すればよい。また「神と仏との関係」については、同じ最終段落の「末世の機にしたがひて、仮に神とこそ現じ給へ」が手がかりになる。仏が神の姿を借りて現れたと述べている。仏が、救済する衆生の能力に合わせて仮に神の姿をとって現れるという、いわゆる本地垂迹説である。このあたりは（注13）・（注14）が利用できる。

○まさりがほ＝得意気な顔つき。
○神感あらたにて＝「神感」は〝神の感応〟。「あらたなり」は〝あらたかだ。著しい〟の意。
○いとほしく思し召せども＝「思し召す」は神の自敬表現。
○我に後世のことを申さねば＝「申す」も神の自敬表現。

▲解　説▼

▼問一　(a)「心素直ならぬ」聖梵が計略をめぐらす場面である。「思ふさまに（思ふさまなり）」は〝思い通りだ〟。「成り出で（成り出づ）」は〝出世する〟の意。「ん」は婉曲（～ような）の助動詞。訳さなくてもよい。
(b)聖梵の人柄を述べる一節にある。「いみじき（いみじ）」はよい意味でも悪い意味でも程度がはなはだしいことを表す形容詞。ここは前者で、〝すばらしい。よい〟の意。「聞こえ」は〝評判〟の意。
(c)永朝が夢の中で神を見る場面である。「あやしく（あやし）」は〝不思議だ。不審だ〟。「本意なく（本意なし）」は〝残念だ〟。「覚え（覚ゆ）」は〝思われる〟の意。
(d)神が永朝に告げた言葉の一節である。「なんぢ」は目下の者に対していう二人称の代名詞で、〝お前〟の意。「恨むる（恨む）」は〝恨みに思う。不満に思う〟。「しかるべし」は〝もっともだ。当然だ〟の意の連語。

▼問二　(1)三句切れの和歌である。「昔」は下の句から延暦寺に住んでいた昔をいうとわかる。「見し」の「し」は過去の助動詞「き」の連体形。「月の影」は〝月の光〟。「たる」は存続の助動詞「たり」の連体形。「かな」は詠嘆の終助詞。「や」は疑問の係助詞。「山」は比叡山延暦寺。「けん」は過去推量の助動詞。なお、この和歌は『後拾遺和歌集』巻第十五・雑一に収められている。
(2)「聖梵はまさりがほ（＝得意顔）もなかりければ」とあるように、聖梵は人の少ない東大寺なら昇進できると思って東大寺に移ったのに、思うように昇進できないでいる。このようなわが身の不遇を嘆いている点を説明する。さらに設問に「この歌の比喩表現をふまえて」とあることから、昔と変わらない月を見て、月も自分と同類だと思って

へいらっしゃい。私は、前から三論宗を少し学んでいるので、東大寺へ参ろう」と言って、そこから、それぞれ別れ別れになった。

この二人は、いずれ劣らぬ高僧であるけれど、永朝は心の素直な者なので、行き進むままに、興福寺へ行って、まもなく昇進して僧都になった。聖梵は（出世できず）得意顔にもなれなかったので、月の明るかった夜、しみじみとわが身のありさまを思い続けて詠んだ（和歌）。

あの月は昔見た月の光に似ていることだよ。私と一緒に比叡山延暦寺を出たのであろうか。

この聖梵は、学問の方はすばらしい評判があったけれど、他人に対しては腹黒くて、立派な経論などを人に借りても、特に重要な文句のある箇所を、切り取り、何気ない様子で継ぎあわせて返した。（それで）切り取った文の切れ端が、小さな唐櫃にいっぱいになった。このような厭わしい心を持っていたために、高僧とはいっても、そのかいがない。生きている間、主要な役職にも就けず、ついには両目が抜け落ちて、臨終のときにはさまざまな罪深い相が（顔に）現れて、「あの阿防が」と言って、亡くなった。どんな知恵も勤行も、心が誠実で、その上で意味のあることである。

さて、永朝僧都は、春日神社にいつも籠もっていたが、神の感応があらたかで、夢の中で（神の）お姿を拝見することが、たびたびになったけれども、御後ろ姿ばかりを見て、（永朝と）向き合ってご覧になることがなかったので、不思議にも残念にも思われて、とりわけ信心を尽くしてお祈り申し上げたとき、（神が）夢の中でおっしゃったことには、「お前が、恨みに思うのはもっともだ。しかしながら、気の毒だとはお思いになるけれども、まったく、私に後世の極楽往生を祈念申し上げないので、面と向かっては見ることができないのである」とおっしゃると、（夢に）見た。

末世に生まれた者たちの能力に合わせて、仮に神となって現れなさるけれど、（仏は）本当は、衆生を教え導き救済させたいというお志から起こったことなので、現世のことばかりをお祈り申し上げるのを、不本意にお思いになるのであろう。

語句　○居こぞる＝「こぞる」は〝ことごとく集まる〟の意。

(c)不思議にも残念にも思われて、

(d)お前が、恨みに思うのはもっともだ。

問二 (1)あの月は昔見た月の光に似ていることだよ。私と一緒に比叡山延暦寺を出たのであろうか。

(2)東大寺に移っても思うように昇進できないわが身の不遇を嘆き、月も昔と変わらないのを見て自分を慰めようとする心情。

問三 どんなに知恵があり勤行に努めても、心が誠実であって、その上で意味のあることである。

問四 聖梵は腹黒いところがあって、立派な経論などを人に借りても、特に重要な文句の書いてある箇所を切り取り、その前後をつなぎ合わせて何気ない様子で返すということを、唐櫃がいっぱいになるほど繰り返したから。(一〇〇字程度)

問五 (1)春日神社の神の、後ろ姿。

(2)春日神社の神は末世に生まれた者たちの能力に合わせて仏が化身したものであるが、仏は衆生を教え導き、救済することが目的なので、現世のことばかり祈る永朝に来世の極楽往生を祈願するように教えさとすため。

◆全　訳◆

ひところ、奈良に聖梵入寺、永朝僧都という二人の高僧がいた。もともとは、比叡山延暦寺で同じように長い間学問をして住んでいた。当時、非常に優れた仲間の若い学僧たちが多くいて、彼らよりも秀でることは難しく思われたので、二人で相談して、延暦寺を離れて、奈良へ移った。

奈良坂(＝京都から奈良に出る坂道)に到着して、はるか遠くを見渡すと、興福寺の方には、人が多くことごとく集まっていて、たいそう賑やかである。東大寺の方には、人が少なくて、何となく寂しいように見えたので、聖梵は、昔から心が正直でない者なので、心の中で思うことには、「人の多い所で、思い通りに出世するようなことは極めて難しい。東大寺の方へ行くのがよさそうだなあ」と思って、永朝に言うことには、「同じ所では具合が悪いだろう。あなたは興福寺きる。そこで「日本人が日本近代社会を問うとき」の問題点と、あるべき姿勢を第十三段落以下の内容を把握して説明する。まず第十三段落で、日本人は西欧近代社会に対してズレがあるために、西欧近代を相対化しやすく理解しやすいと言われる。これは第十七段落でも、「彼ら（＝ウェーバーやフーコー）がその孤独な力業によってつかんだ西欧社会への相対性を……たやすく得てしまう」と述べられる。傍線部の「自然さ」とはこのようなたやすさを言ったものであり、また傍線部直後の文でも「彼らの言葉を……納得してしまう」と述べられる。だがこれは「最も危険」であるという。「問題」とはこれをいう。そして筆者は「我々自身が住むこの日本近代社会の重力圏から、我が身をひきはが」（第十六段落）して、「本当の意味で日本近代を問」（最終段落）わなければならないと主張する。これがあるべき姿勢である。以上より、ウェーバーやフーコーが西欧社会の運動を自らの問題として思考し分析したように、日本人も、それを客観的に読んで納得して済ませるのではなく、自らの問題として日本近代さらには近代の運動を問わなければならないというのが筆者の主張である。

参考　佐藤俊樹（一九六三年～）は社会学者。広島県生まれ。東京大学文学部社会学科卒業。同大学院社会学研究科博士課程退学。東京工業大学社会工学部助教授などを経て、現在、東京大学大学院総合文化研究科教授。専門は比較社会学、社会意識、日本社会論。著書に『ノイマンの夢・近代の欲望――情報化社会を解体する』『不平等社会日本――さよなら総中流』『００世代の格差ゲーム』『意味とシステム――ルーマンをめぐる理論社会学的探究』などがある。『近代・組織・資本主義――日本と西欧における近代の地平』は一九九三年刊。

Ⅲ

出典　鴨長明『発心集』〈第八　聖梵・永朝、山を離れ、南都に住む事〉

解答

問一　(a)思い通りに出世する（ような）こと

(b)すばらしい評判

▼問一　（b）「土壌」は〝物事を発生・発展させる基盤〟の意。

▼問二　第一～第四段落で、古代・中世と近代が対比され、「脱古代」「脱中世」という言葉は作られなかったのに、「脱近代」という言葉は作られたことが指摘される。そして、古代や中世においては「自分たちの社会がホウカイする……それは端的に『世界の終わり』であっ」たのに対して、近代においては「いまだ存在しない何かを……現在において待っている」ことが理由として挙げられる。さらに近代に関して「近代社会がその内部に自らを否定するモメントをもっている」（第五段落）と言い換えられる。以上より、「脱〇〇」という言葉が近代になって初めて誕生したこと、近代とは自らを否定して何かを待ち望む時代であること、この二点が理由として取り出せる。これに、設問の指示に従い、右に示した古代人・中世人の時代感覚を捕捉して説明すればよい。なお第五段落の内容は次の問三の〔解答〕で具体的に説明することになるので、ここでは軽く触れる程度でよい。

▼問三　「この二つのモメント（＝契機、きっかけ）」とは、第五段落の「近代社会がその内部に自らを否定するモメント」と、第七段落の「日本という後発近代化社会固有のモメント」をいう。前者についてはその直後の文で「その内部の諸制度をたえず解体―再編成していく」と具体化される。後者についてもその直後の文で「日本近代と西欧社会との距離の意識」と説明される。これについてはさらに第八段落で「西欧と肩をならべあるいは凌駕すると自負していた」が、「機能不全におちいるたびに」「自らを再編成することをしいられた」と具体化される。さらに第十一段落に目をやると、「西欧近代に追いつき追い越そうとする日本近代の運動が作り出す力学」とまとめられる。またこの二つのモメントの関係について、続けて「それをさらにふくみこんで展開する近代という巨大な運動の力学」と述べられる。よって、この包含関係を説明すればよいことになる。

▼問四　設問は傍線部について「どういうことか」とその内容説明を求めている。でもそれに続けて「何が問題となり、それゆえにどのような姿勢が求められるのか」と尋ねている。これは前者の問いを言い直したものと見てよいだろう。また「比喩的な表現を避けて」とことわるのは、第十四・第十五段落で説明される星の運動をふまえたものと判断で

制度をたえず解体―再編成していくという運動である。またこの言説には日本という後発近代化社会固有のモメントが働いている。西欧社会に追いつき追い越そうとする運動である。この二重の力学によって日本近代は動かされてきた。日本において近代を問うことは、日本近代社会と西欧近代社会のズレゆえに、あるたやすさをもっている。だがそのたやすさに安住しているかぎり、本当の意味で日本近代を問うたことにはならないのである。

語句 ○ポストモダン論＝理性・主体・自由といった近代の啓蒙的な理念を批判して、脱近代を目指す思想的潮流。
○ミシェル・フーコー＝一九二六～一九八四年。フランスの哲学者。

▲解　説▼

本文は「近代／脱近代」という言葉について、近代社会自身の再編運動と、日本近代の問い直しという二つの軸を交差させながら考察した文章である。全十八段落。原文は三つの部分に分かれ、それぞれ小見出しが付いている（次の「　」部分）。それに従って本文の内容をまとめよう。

1　「『脱近代』を語る近代社会」　第一～第八段落
「近代／脱近代」という言説には近代社会自らを否定するモメントと、日本という後発近代化社会固有のモメントが働いている

2　「日本近代の二重の力学」　第九～第十二段落
日本における「近代／脱近代」の言説には、西欧に追いつき追い越そうとする力学と、それをふくみこんで展開する近代という巨大な運動の力学が働いている

3　「問いの地平：〈近代〉を問う「たやすさ」と難しさ」　第十三～第十八段落
日本において近代を問うのはたやすいことであるが、そのたやすさに安住していては真に日本近代を問うことにはならない　※

ら理由づけすればよい。

参考　宇野邦一（一九四八年〜）は哲学者・フランス文学者。島根県生まれ。京都大学文学部仏文科卒業。パリ第8大学留学。博士号取得。著書に『ドゥルーズ――流動の哲学』『ジャン・ジュネ――身振りと内在平面』『〈単なる生〉の哲学――生の思想のゆくえ』『映像身体論』『反歴史論』などがある。論文「国家の外の生」は雑誌『現代思想』二〇一八年一一月号に発表され、二〇一九年、『政治的省察――政治の根底にあるもの』に収められた。

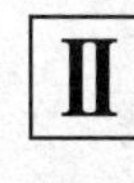

Ⅱ

出典　佐藤俊樹『近代・組織・資本主義――日本と西欧における近代の地平』〈序章　〈近代〉を語る地平線――主題と方法と構成　一　近代そして日本近代〉（ミネルヴァ書房）

解答

問一　(a)崩壊　(b)土壌　(c)模倣〔摸倣〕　(d)衝撃

問二　自分たちの社会の崩壊が端的に世界の終わりであった古代や中世に「脱古代」「脱中世」という言葉がなかったのに対して、自らの時代を否定していまだ存在しない何かを待っている近代において初めて「脱近代」という言葉が誕生したから。（九〇字から一一〇字）

問三　その内部の諸制度をたえず解体―再編成していくという近代社会のモメントと、西欧近代に追いつき追い越そうとして繰り返し自らを再編する、後発近代化社会固有のモメントであり、前者は後者をふくみこんで展開するという関係にある。（九〇字から一一〇字）

問四　ウェーバーやフーコーが自ら属する西欧社会に対してなした思考と分析を、日本という別の社会の視点から単なる学問的好奇心で読んで納得して終わるのではなく、日本近代さらには近代の運動を自らの問題として問う姿勢が求められる。（九〇字から一一〇字）

◆要　旨◆

「近代／脱近代」という言説は近代社会が内部に自らを否定するモメントをもっていることを意味する。その内部の諸

（c）「踏襲」は〝先人のやり方をそのまま受け継ぐこと〟の意。

▼問二　第四段落が日本という国の観念の虚構性を指摘したものである点をふまえる。傍線部はそれを説明的に述べたものである。まず主語が「（日本という国の）〈歴史〉も、同一性の観念も」であることをおさえる。「無数の断片」とは日本という国の観念を作り上げる歴史的、政治的、文化的なさまざまな事柄をいうが、本文ではいちいち具体例をあげていない。「器用仕事的」とは仕事が器用であるさまをいう。「モザイク的工作」とはさまざまな小片を組み合わせて作ることをいう。「成果でしかない」には、日本という国の観念が断片の寄せ集めでできた虚構にすぎないという否定的な意味合いが込められている。そこで同段落を遡ると、「あたかも長い間同じ系統に……〈自己同一性〉の観念を構成している」とあり、また「〈日本人〉の概念は……有機的な連続性の実感を保ち続けている」とある。そしてこのような「現代の意識や歴史的観念」を「あいまいなままに、あいまいな過去の表象に投影した」と批判される。よってこれらの引用箇所をまとめる形で、日本という国の歴史や同一性の観念が虚構されたものであることを説明すれば、「本文の内容を具体的にふまえて」という設問の指示に従ったことになる。

▼問三　国家とは何かという問題について、本文では三つの考え方が紹介されている。第一はカール・シュミットやフランシス・フクヤマの考え方で、国家を「制度やヒトやモノ」（第七段落）に還元するものである。第二はヘーゲルの考え方で、国家はそれらに還元できない「観念や思考の領域」にあるという考え方である。これについて筆者は「物象化」であると言い、また吉本隆明も「共同幻想」として批判的に捉えている。第三はマックス・ウェーバーの考え方で、国家を「暴力装置」と定義するものである。これについて筆者は国家を暴力装置に還元することはできないと批判する（最終段落）。この三つの考え方は、国家を実践的（第八段落）に捉えるか、観念的に捉えるかという観点から二分することができる。すなわち第一と第三が前者であり、第二が後者である。そして筆者は前者については「国家という〈主体〉は何かという問いが残る」（最終段落）と批判し、後者については物象化にくわえて、ナショナリズムと結びついた「有機的感情どうしの諍い」（第七段落）の問題を指摘する。以上の事情を対比的に示しなが

語句　○カール・シュミット＝一八八八〜一九八五年。ドイツの思想家・法学者・政治学者・哲学者。
○フランシス・フクヤマ＝一九五二年〜。アメリカの政治学者。
○国体＝国家の状態。くにがら。特に第二次世界大戦前の日本では、天皇を中心とする国家体制を指して言った。
○ヘーゲル＝一七七〇〜一八三一年。ドイツの哲学者。
○吉本隆明＝一九二四〜二〇一二年。詩人・評論家。主著『共同幻想論』で、人間の集合的な想像力（共同幻想）による国家・宗教・道徳の発生・成立を論じた。
○マックス・ウェーバー＝一八六四〜一九二〇年。ドイツの政治学者・社会学者・経済学者。
○「暴力」も「権力」も＝直前の［中略］の部分に、「これに『国家は特殊な権力組織であり、ある階級を抑圧するための暴力組織である』というレーニン『国家と革命』の定義を付け加えるなら、ますます国家のイメージは、権力と暴力の集中的特権的装置であるというところにきわまる。」とある。

▲解　説▼

本文は、国家とは何かという問いについて、カール・シュミット、フランシス・フクヤマ、ヘーゲル、吉本隆明、マックス・ウェーバーの考えを参照しながら考察したものである。全十段落。第七段落までが前半、第八段落以下が後半となり、原文には以下に示すように小見出しが付いている（「　」の部分）。

「1　なぜ、どのように国家を問題にするのか」　第一〜第七段落
　国家は制度にもモノにもヒトにも還元できず、何か観念的実体のようにみなされている
「2　暴力装置の主体」　第八〜第十段落
　国家は単なる暴力装置に還元できない何かとして考えなければならない

▼問一　（a）「従僕」は〝男の召使。下男〟。　※

▲人間科・外国語・法・経済学部▼

I

出典　宇野邦一『政治的省察――政治の根底にあるもの』〈第3章　国家の外の生〉（青土社）

解答

問一　(a)従僕　(b)肥大　(c)踏襲　(d)対照　(e)既知

問二　日本という国の歴史も同一性も、血縁性に結ばれた同じ系統に属する集団が、同じ自意識をもって長い間日本列島に存在したと仮構する現代の意識や歴史的観念を、過去の表象に投影したものでしかないということ。（一〇〇字以内）

問三　国家とはヒトやモノの集合ではなく、それを全体として規定する法的体系であるとか、あるいは暴力装置であるとかいう考え方がある。だが国家とははるかにそれ以上のものであり、その法規範や暴力装置を運用する国家という主体とは何かという問いが残る。これに対して国家とは制度にもモノにもヒトにも還元できない自己同一的な観念であるという考え方がある。だがこの観念は実体化されて、相反するなんらかの有機的な感情を帯びるのが常であって、これを批判的に見つめなければ有機的感情どうしの諍いを乗り越えることはできないから。（二五〇字以内）

◆要　旨◆

国家とは国の制度を構成するヒトやモノの集合でも、それを全体として規定する法的体系そのものでもない。そのような制度を超えて、幻想的に肥大した自己同一性に裏打ちされている。この観念的実体はなにかしら有機的な感情を帯び、ときにはオーラに包まれている。たとえ国家を「暴力装置」であると実践的に定義しても、その装置を運用する国家という主体は何かという問いが残る。国家を観念的実体として捉えても、また暴力装置のように実践的に捉えても、考える余地がある。国家とは何かという問いに的確に答えるための突破口を見つけなければならない。

ころを推し量って説明する必要がある。これらに比べて問三・問四は要約問題に近く、解答をまとめやすいだろう。

Ⅱ　島木健作の小説からの出題。列車で護送される囚人と乗客たちとの間で起こった出来事を描いたもので、ストーリー性があって興味深く読める。時代背景もほうふつとしてくる。また長さもちょうどいい。設問は良問揃いで、問一・問二が標準レベル、問三・問四がやや難レベルである。問三は語彙力が問われるだろう。問四は「厳粛なもの」の解釈が難しい。

Ⅲ　頻出出典の一つ『狭衣物語』からの出題。筋をとるのに問題はないと思うが、そもそも主人公と源氏の宮はどのような関係なのか、夫婦や恋人同士でもないのに直に対面するのは親しすぎるのではないか、と疑問に思うかもしれない。そういう意味では出典のあらすじを予備知識として知っていれば役に立っただろう。設問は問一〜問三が標準レベル、問四・問五はやや難のレベル。

Ⅳ　劉基の『誠意伯文集』からの出題。彼の『郁離子』は入試でもたまに見かけるが、これは珍しいといえる。本文は短く、内容も標準的なものである。よく知られたことわざがいろいろ出てきて、親しみを持って読めるだろう。設問も総じて標準的である。問四は故事成語の知識がある程度必要である。

事成語を言うことがわかる。呉王夫差が父のかたきである越王勾践を討とうとして、薪の上に寝てその屈辱を忘れず、まもなく勾践を敗る。その後、勾践が胆を嘗めてその屈辱を忘れず、ついに呉を滅ぼしたという故事である。この具体的な話は知らなくても、夫差の注から、夫差と勾践が敵対していたことがわかる。また傍線部の直前から、夫差が酒を飲んで油断した結果国を滅ぼしたこともわかる。これらから傍線部の内容を膨らませて説明することができる。

▼問五　「苦斎」の「斎」は〝書斎〟の意。劉基が自分の書斎を「苦しい書斎」と名づけた理由を説明する。まず孟子の言葉は、天が人に大きな任務を与えるときは、その人の精神を苦しめ、筋骨を疲労させ、肉体を飢えさせるものだということ。要するに、苦労しなければ大きな仕事はできないということである。次に、趙子の言葉は、良薬や忠言は心身に心地よいものではないが役に立ち、苦い李は生存でき、勾践は苦い胆を嘗めて国を隆盛したというもの。これも「苦」が人間にとって大切なことであることを説いている。よってこれらをふまえて、筆者も大成するために自ら「苦」を求めようと決意して「苦斎」と名づけたという、この事情を説明する。

参考　劉基（一三一一～一三七五年）は元末明初の文学者・政治家。青田（現在の浙江省）の人。字は伯温。初め元に仕えたが、その後明の建国に尽力した。洪武帝に信任され「誠意伯」に封ぜられた。著書に『郁離子』『春秋明経』『誠意伯文集』などがある。『誠意伯文集』は彼の詩文を集めたもので、全二十巻。「苦斎記」は、実は劉基の友人である章溢（しょういつ）の書斎に「苦斎」と名づけた理由を述べた文章である。

❖講　評

Ⅰ　稲賀繁美の評論文からの出題。シュー・ビンの偽文字を手がかりにしながら東アジアの新字体を論じた文章である。二〇一九年度に続いて本文は短く、内容も標準的なものである。設問は標準～やや難レベル。問一がおそらく最も難しい。本文にはっきり理由が示されていないために、行間を読むようにして適切な理由を導かなければならない。またどこまで踏み込んで説明すればよいのかも悩ましい。問二がこれに次いで難しい。これも筆者の言わんとしているとて、彼の楽は、吾の苦なり。吾れ聞けり井は甘きを以て竭き、李は苦きを以て存す。夫差は酒に酣するを以て亡び、勾践は胆を嘗むるを以て興ると。亦た猶ほ是くのごときこと無きか」と。劉子聞きて之を悟り、其の室に名づけて苦斎と曰ひ、苦斎記を作る。

◀解　説▶

本文は「苦斎記」と題する文章の終わりの一節である。書斎に「苦斎」と名づけた理由を述べている。

※

▼問一　「之（の）」は従属節（副文）の主格を表す助詞。「将」は「まさに～んとす」と読む再読文字。「於」は対象を表す前置詞。置き字となって読まない。「是（この）」は代名詞。「也（や）」は上の従属節を強調する助詞。返り点は、「人」から「降」へ一・二点で返り、さらに「降」から「将」へレ点で返る。なお「是人」とは傍線部の直前で、例として挙げられている傅説・膠鬲・管夷吾たちを指す。

▼問二　直前の「良薬苦口利於病」と対句になり、ともに日本語のことわざになっている有名な格言である。この二句の典拠は『孔子家語』で、孔子の言葉とされる。「忠」は〝真心〟。「忠言」で〝真心のこもった忠告〟の意になる。「逆」は〝そむく。はむかう〟。「逆耳」で〝耳に痛くて入りにくい。耳に聞きづらい〟の意になる。「利」は〝利益。役に立つこと〟。「於」は対象を表す前置詞。「行」は〝行い。行動〟の意。「行いに利益がある」ではわかりにくいので、少し工夫して訳すとよい。

▼問三　「井以甘竭」は「李以苦存」と対句になり、逆のことを述べている。「井」は〝井戸〟。「以」は原因・理由を表す前置詞。「甘」は〝味がよい。おいしい〟。「竭」は〝涸れる〟の意。「存」は〝長続きする。安らかである。生き長らえる〟の意。苦い李は食べられずに残れるということ。なお「井以甘竭」の典拠は『荘子』の「甘井先竭」。「李以苦存」の典拠は不明である。

▼問四　「嘗胆」から「臥薪嘗胆」（＝復讐を心に誓って辛苦すること。目的を達成するために苦心し努力すること）の故

る悲恋を中心とし、その他の女性たちとの恋愛話をからませる。『源氏物語』の影響が大きい。

出典　劉基『誠意伯文集』〈巻九　苦斎記〉

解答

問一　天之将レ降(サント)ニ大任(ヲ)於是(ノ)人(ニ)一也

問二　真心のこもった忠告は耳にさわって聞き入れにくいが、自分の行いを正すのに役に立つ。

問三　井戸は水がおいしいとそのために飲まれてかれてしまい、李は苦いとそのために食べられないですむ

問四　勾践は呉の王夫差に敗れた屈辱を忘れないために苦い胆を嘗めて辛苦し、やがて越の国を隆盛したということ。

問五　天が人に重大な任務を与えるときは、まずその人の心身を苦しめるのだという孟子の言葉に従って、自分も大成するためには苦労しなければならないと考え、その決意を自らに示そうとしたから。

◆全　訳◆

孟子が言うことには、「天が重大な任務をこの人に与えようとするときは、必ずまずその人の心を苦しめ、その人の筋骨を疲れさせ、その人の肉体を飢えさせるものだ」と。趙子が言うことには、「良い薬は口に苦いが病気には効き、真心のこもった忠告は耳にさわって聞き入れにくいが自分の行いを正すのに役に立つ。人が苦しみとするところは、私の楽しみとするところであり、人が楽しみとするところは、私の苦しみとするところである。私が聞くところでは井戸は水がおいしいという理由で飲まれてかれてしまい、李は苦いという理由で食べられないですむ。夫差は酒を飲んで楽しんだために滅び、勾践は胆を嘗めて辛苦したために国を興隆したと。このようなことは他にないだろうか」と。私劉基はこれを聞いて悟り、その書斎を名づけて苦斎と言い、この苦斎記を書いたのだ。

読み　孟子曰(いは)く、「天の将(まさ)に大任を是(こ)の人に降(おろ)さんとするや、必ず先(ま)づ其(そ)の心志(しんし)を苦しめ、其の筋骨を労(つから)せ、其の体膚(たいふ)を餓(う)ゑしむ」と。趙子(てうし)曰く、「良薬は口に苦(にが)けれども病(やまひ)に利あり、忠言は耳に逆(さか)へども行(かう)に利あり。彼の苦は、吾(われ)の楽にし

▼問四　傍線部はふたたび源氏の宮の様子を描写する。「はなばなと」は〝はなやかに。きらびやかに〟の意の副詞。「にほひ」は〝美しさ〟。「満ちたまへる」の「る」は存続の助動詞「り」の連体形。「御顔」は源氏の宮の顔を指し、美しさが満ちあふれていると描写する。「見合はせ（見合はす）」は〝互いに見る。見交わす〟の意で、狭衣が源氏の宮とまともに目を合わせるさまをいう。ただ名前は記されていないので「男」と表記すればよい。「たてまつり（たてまつる）」は謙譲の補助動詞。「たまひ（たまふ）」は尊敬の補助動詞で、それぞれ源氏の宮、狭衣を敬う。接続助詞「て」は、直後で主語が源氏の宮に代わるので、「〜ので」と理由に訳すとぴったりする。「まばゆげに（まばゆげなり）」は形容詞「まばゆし（＝きまりが悪い。恥ずかしい）」に「げなり」が付いて形容動詞化したもの。源氏の宮のいかにもきまりが悪そうな様子を表す。「思し（思す）」は「思ふ」の尊敬語。「御書」はここは直前に「斎院より絵ども賜はせたる」とあることから、〝手紙〟の意ではなく、〝本〟の意。「紛らはし（紛らはす）」は〝ごまかす。隠す〟の意。狭衣と見交わすことの恥ずかしさをごまかすために本を見るふりをするのである。「ご本を見てごまかしなさる」などと少し説明的に訳すとよいだろう。「もてなし」は〝ふるまい。態度〟。「まみ」は〝目つき。目元〟。「つらつき」は〝顔つき。頬のあたり〟。「言ひ知らず」は〝言いようもなく。何とも言えず〟。「めでたし」は〝素晴らしい。魅力的だ〟の意。一語一句の意味を正確におさえながら丁寧に訳すことが求められている。

▼問五　狭衣が恋に身をやつす業平の絵を源氏の宮に見せながら詠んだ和歌である。三句切れ。「よし」は〝ままよ。ともかく。仕方がない〟の意の副詞。「さらば」は〝それならば〟。「昔の跡」の「跡」は〝足跡。行き来。形跡。行方。前例〟などの意を持つ多義語。直前の文脈から、業平の前例を指す。「尋ね（尋ぬ）」は〝探す。調べる〟。「見よ」は上一段動詞「見る」の命令形。「のみ」は限定の副助詞。「惑ふ」は〝迷う〟の意。「かは」は反語の係助詞。下の句を直訳すると「自分だけが迷う恋の道だろうか、いやそうではない」となる。これに「昔の跡」を関連づけると、業平だって恋の道に迷ったのだという意味を暗にこめている。この事情を具体的に説明しながら訳す。

参考　『狭衣物語』は平安後期の物語。全四巻。禖子（ばいし）内親王に仕えた宣旨が作者か。物語は狭衣大将の、源氏の宮に対す

▼問一　(ア)「そばむ」は〝横向きになる。横を向く〟の意。源氏の宮は横を向いて座って書物を読んでいる。
(イ)「うつし心」は〝正気〟の意。可憐な源氏の宮を前にして狭衣の心が高ぶる様子をいう。
(ウ)「あぢきなく（あぢきなし）」は〝つまらない。おもしろくない〟の意。自分と同じようにかなわぬ恋に身をやつす業平の絵を見た狭衣の心情を表す。「やりきれなく」などと訳せたらベスト。

▼問二　「白き薄物の単衣を着たまひて」以下、傍線部まで、源氏の宮の様子を描写する。特に「御額髪の」以下、髪の様子を描く。前髪が垂れかかり、後ろ髪が背丈と同じ長さに切り揃えられていると述べた後、傍線部に続き、そこでも髪の様子が描写される。「限り」は〝限度〟。「生ひゆか（生ひゆく）」は〝成長していく〟の意で、ここは髪が限度もなく伸びていきそうな様子をいう。「所せげなる（所せげなり）」は形容詞「所せし（＝場所が狭い。いっぱいだ）」に「げなり」を付けた形容動詞で、髪がうっとうしいほどに豊かである様子をいう。「ものから」は逆接の接続助詞。「あてに（あてなり）」は〝上品だ〟、「なまめかしう（なまめかし）」は〝優美だ〟の意。直訳的に説明すればよいだろう。

▼問三　「隠れなき御単衣に」以下、源氏の宮の外見に対する狭衣の批評が述べられる。狭衣は源氏の宮のように愛らしい人はなかなかいないと思い、さらに傍線部へと感想を続ける。「いかで」は疑問（どうして～）・反語（どうして～か、いや～）・願望（何とかして～）の用法があるが、ここは反語の意になる。「心あら（心あり）」は〝思いやりがある。情趣を解する。道理がわかる。下心がある。風情がある〟などの意をもつ多義語。ここは源氏の宮を見て心を動かされない人はいないという文脈なので、〝情趣を解する〟の意になる。あるいは「男女の情を解する」などと訳してもよいだろう。「ん」は婉曲の助動詞。「ただ」は〝～だけ。単に～ばかり〟。「うち見放ち（うち見放つ）」は四段動詞「見放つ（＝見捨てる。ほったらかす）」に語調を整える接頭語「うち」が付いたもの。「たてまつる」は謙譲の補助動詞で源氏の宮への敬意を表す。「やう」は〝こと〟の意の形式名詞。「あらん」の「ん」は推量の助動詞。反語形であることがはっきりわかるように訳す。

言って、（源氏の宮に）身を寄せなさりながら、

　ええままよ、それならば恋に身をやつした在原業平の前例を調べてみなさい。私だけが迷う恋の道であろうか、いや誰だって恋の道には迷うものだよ。

とも、最後まで言うことができず、涙がぽろぽろとこぼれるのを、（源氏の宮は）奇妙だとお思いになる。

語句　○月立つ＝月が改まる。月が出る。
○裾の削ぎ目＝髪を切り揃えた端。
○胸つぶつぶと＝胸がどきどきと。
○斎院＝天皇の名代として京都の賀茂神社に奉仕した未婚の皇女。
○一つ心なる＝同じ心である。「一つ」は〝同じもの・こと〟の意。
○ほろほろと＝ぽろぽろと。ハ行（は・ひ・ふ・へ・ほ）に関して次のような説がある。ハ行は古代は（ぱ・ぴ・ぷ・ぺ・ぽ）と発音され（例えば「はは（母）」は「ぱぱ」と発音され）、中古・中世は（ふぁ・ふぃ・ふ・ふぇ・ふぉ）、近世になって（は・ひ・ふ・へ・ほ）と発音が変化した。ただし擬態語・擬音語の発音だけは（ぱ・ぴ・ぷ・ぺ・ぽ）のまま残った。ところが半濁音の平仮名（ぱ・ぴ・ぷ・ぺ・ぽ）が発明されたのは室町末～戦国時代になってからで、それまではハ行の平仮名で代用されたというものである。この説に従えば「ほろほろと」は「ぽろぽろと」と発音し、「新中納言涙をはらはらと流して」（『平家物語』）の「はらはらと」は「ぱらぱらと」と発音したことになる。

▲解　説▼

本文は狭衣が源氏の宮の部屋を訪れた場面である。二人は従兄妹同士で、実の兄妹のように育てられたが、成長するに及んで、狭衣は従妹に恋心を抱くようになった。この場面での狭衣は十七、八歳で二位中将。源氏の宮は十四、五歳で、東宮后候補であった。

※

◆全　訳◆

月も（六月に）改まったので、（狭衣は）暑さのたえがたい折には、ますます（雨乞いをするという）水恋鳥にも劣らず一心に（源氏の宮を）思い焦がれなさるのを、知る人はいない。所在ない昼ごろ、源氏の宮のお部屋に参上なさったところ、（源氏の宮は）白い薄物の単衣をお召しになって、たいそう赤い紙の本をご覧になろうとして、横向きになってお座りになっているところで、御前髪がゆらゆらと（顔に）垂れかかっていらっしゃるが、御髪の末の方はそのまま背丈と同じ長さに引かれていって、たいそう華奢な御単衣の裾にいかにも仰山に重なり合って、その髪の切り揃えられた端が際立って美しく見えていらっしゃる。（その髪は）どこまでを限度にして長く伸びていくのだろうと思うほど、たくさんであるけれど、上品で優美にお見えになる。（薄くて）隠れようもない御単衣に透けて見えていらっしゃる（体つきの）愛らしさは、（世間には）これほど美しくはない人も多いのに、と思い、やはりどうして情趣を解するような人がただ単に見過ごし申し上げるようなことがあろうか（、いや決してないだろう）、ましてや（狭衣のように）これほどお心に深く恋い慕っていらっしゃる人は、（源氏の宮を）拝見なさるたびごとに、胸がどきどきと鳴って、正気も失うように思われなさるのに、よくもまあ自制していらっしゃるのだった。『源氏物語』の女一の宮も、まったくこれほど美しくいらっしゃることはできなかったからであろうか、薫大将はそれほど執心しなかったのだろう、と（狭衣は）ついお思いになる。

「とても暑いのに、どんなご本をご覧になっているのか」と申し上げなさると、（源氏の宮は）「斎院から絵をいくつかくださったの」と言って、陰りのない日差しのもと、はなやかに美しさの満ちあふれていらっしゃるお顔を（狭衣が）見交わし申し上げなさるので、（源氏の宮は）きまりが悪そうにお思いになってこのご本を見るふりをしてごまかしなさる御ふるまい、目元、前髪のかかり具合、顔つきなど、言いようもなく素晴らしい。（狭衣は）いつものように、（源氏の宮への恋心のせいで）涙が落ちてしまいそうなので、ごまかすために絵をいくつか引き寄せてご覧になると、『伊勢物語』をたいそう見事に描いてあるのだった、とわかると、やりきれなく、自分と同じ心の人（＝在原業平）と向かい合っている気持ちがして、目がとまる（絵の）場面に気持ちを抑えることができず、「この絵をどのようにご覧になりますか」と

①　囚人は普通の弱い人間であった
②　囚人をあざ笑う行為を恥じ、後ろめたく思っている

参考　島木健作（一九〇三〜一九四五年）は小説家。本名、朝倉菊雄。北海道生まれ。東北大学法学部選科を中退して、農民運動に参加するも検挙され、その後転向（＝左翼思想を放棄すること）して作家生活に入る。代表作に『癩』『再建』『生活の探求』『礎』『赤蛙』などがある。「バナナの皮」は昭和十年（一九三五年）発行の『月刊文芸講座』第一巻第九号に発表され、その後単行本に収録された。

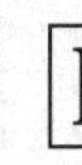

出典　『狭衣物語』〈巻一〉

解答

問一　(ア)横向きになって
(イ)正気
(ウ)やりきれなく

問二　源氏の宮の、髪がどこまでも伸びていこうとするほどに長くて、うっとうしいほど豊かであるものの、上品で優美に見える様子。

問三　どうして情趣を解するような人がただ単に見過ごし申し上げるようなことがあろうか、いや決してないだろう

問四　はなやかに美しさの満ちあふれていらっしゃる源氏の宮のお顔を男が見交わし申し上げなさるので、源氏の宮はきまりが悪そうにお思いになってこのご本を見るふりをしてごまかしなさる御ふるまい、目元、前髪のかかり具合、顔つきなど、言いようもなく素晴らしい。

問五　ええままよ、それならば恋に身をやつした在原業平の前例を調べてみなさい。私だけが迷う恋の道であろうか、いや誰だって恋の道には迷うものだよ。

▼問三　③　「私」がその男に激しい憤りを覚える

無慈悲な田舎紳士の一言でみすぼらしい囚人に戻ってしまった若者が、不浄場（＝トイレ）から戻るとき、乗客たちの視線を浴びる場面である。表現の特徴として「射るような」という直喩と、「裸にされ」という隠喩が考えられる。重点は後者である。まず前者は直前の「視線を放った」の「放った」と同じく、鋭い視線を放たれた矢でたとえている。若者をにらみつける人々の視線の鋭さを強調する効果がある。次に後者の「裸にされ」は、直喩で表せば「まるで裸にされたようで」となるであろうが、さらし者にされて好奇の目でじろじろ眺められる様子を表している。その表現効果は何と言っても「裸」という言葉に伴う視覚的イメージであり、恥辱を味わい怖じ気づいた若者のみじめな姿を感覚的に印象づけている。以上より解答のポイントは次の二点となる。

①「射るような」という直喩＝若者をにらみつける人々の視線の鋭さを強調する

②「裸にされ」という隠喩＝さらし者にされる若者のみじめさを視覚的に印象づける

▼問四　バナナの皮に滑って転ぶのを見て面白がるというのは、子供のたわいないいたずらである。だがこの場合は違う。バナナの皮を置いたのは囚人を憎悪する田舎紳士である。転ぶのはおどおどと頼りない足どりで歩く囚人である。面白がるのは囚人をあざ笑う乗客たちである。ところが囚人のすすり泣く声が聞こえ出すと乗客たちは押し黙ってしまう。なぜか。それはいくら相手が囚人だからとはいえ、すすり泣く者を相手にして笑うのはさすがに良心がとがめたからであり、自らの行為を恥じたからである。ここまではよい。彼らの心理も説明できる。問題は「厳粛（＝厳しくおごそかなさま）なものに打たれて」という表現である。「厳粛なもの」とは何か。それは本文から読み取る限り、すすり泣く若者の姿しかない。最初はおびえ、憎悪し（第二段落）、そしてあざ笑った囚人が、実は子供のようにすすり泣く、普通の弱い人間であったという事実の持つ重さを乗客たちは突きつけられている。筆者はこの事実に「厳粛なもの」を感じ取っているのであり、そこに筆者のヒューマニズムを読み取ることができよう。以上より、解答のポイントは次の二点となる。

※

▼問一　前書きおよび第一段落の内容から若者が置かれた状況を把握する。すなわち若者は看守に付き添われて護送される囚人であり、「私」と向かい合わせに座って窓外の風物を眺めている。「胸をふくらませ、また大きく息を吐き出す」「初々しい」「あどけないものをさえ含んでいる」などとあるように、窓外に流れる景色に心を弾ませながら無心に楽しんでいる。そんな若者を「私」は「普通の人間にたいするように」眺めている。若者自身も自分をそのように考えていると「私」が判断していることは、傍線部(2)の段落の「囚われている人間であることを、全く忘れている」という箇所からもわかる。以上より若者の心情を説明するポイントとして次の二点を指摘できる。

①　囚われの身であることを全く忘れている

②　窓外の風物を眺めながら心を弾ませ、無心に楽しんでいる

▼問二　「私」が新聞を広げたのは目の前の若者の表情の変化を正視できなかったからである。また「感情の荒立ち」とは直後の文に「かの田舎紳士をにくんだ」とあるように、若者の表情を一変させた田舎紳士に激しい憤りを感じたことをいう。そこでこの田舎紳士が登場した場面からの筋をたどる。それは子供を連れた肥えた親方ふうの男で、囚人を見ておびえる子供を慰めようとして、ふと「どろぼう、火つけ、人ごろし……」という言葉が口をついて出る。すると若者の顔から「あどけない、子供らしさ」が消え、「暗く陰惨な、典型的な囚人のそれに変」わる（傍線部直前の段落）。「明るく朗らかな表情を、一瞬のうちに萎えしぼませてしまった」のである。「私」の怒りは「その肥えふとった胴体を踏みにじってやりたい」（以上、傍線部の段落）というほどに激しい憤りに満ちたものであった。よってこの経緯をまとめることになる。設問に「くわしく」とあるので、できるだけ具体的に説明する。解答のポイントは次の三点。

①　親方ふうの男が「どろぼう、火つけ、人ごろし」という言葉を発する

②　若者の顔から明るく朗らかな表情を奪い、暗く陰惨な囚人の表情に変える

いた。ところがはすかいに席を占めていた、太った田舎紳士が「どろぼう、火つけ、人ごろし」という言葉を発するや、囚人の顔は暗く陰惨な、典型的な囚人のそれに変わった。さらにその田舎紳士が通路にバナナの皮を捨てると、不浄場から戻ってきた囚人は派手に転んだ。車内にいろとりどりの笑い声が響きわたった。だが席に戻った囚人の口からすすり泣きの声が聞こえてくると、車内はひそまりかえった。私は無智で冷酷で残忍なその肥大漢に激しい憤りを覚えた。

語句　○編笠＝いぐさやわらなどで編んだ笠。本文では囚人が人目を避けるためかぶっている。
○大兵＝からだが大きいこと。
○腰縄＝囚人を護送するときなどに腰にかける縄。
○肥大漢＝「漢」は〝男〟の意。接尾語的に用いる。「熱血漢」「悪漢」「暴漢」など。本文では大兵肥満の田舎紳士を指している。

◀解　説▶

本文は短編小説「バナナの皮」の冒頭部の一節を除いた部分である。本文は内容の展開上、四つの部分に分けることができる。起承転結の構成になる。

1　「囚人は窓ぎわに座り……かすかにふるえている。……」
私と向かい合って座った囚人はあどけなさを残しながら、汽車の窓外の風物にみとれていた
2　「気がついてみると……あらわれるということはないのである」
請負師ふうの肥えた田舎紳士の言葉で、囚人の明るく朗らかな表情が一瞬のうちに萎えしぼんだ
3　「どのくらいか時間が……立上ることができたのである」
田舎紳士の捨てたバナナの皮に囚人が滑って転び、車内に笑い声が響きわたった
4　「笑声はなおもしばらく……いまだかつてなかったのである」
囚人のすすり泣きの声で車内は静まり返り、私は肥大漢に激しい憤りを覚えた

等意識のもとで作られたと言える。以上より解答のポイントは次の二点となる。

①　中央の漢字文化圏に対する対抗意識や優越感

②　周縁辺境の偽文字にすぎないという劣等感

参考　稲賀繁美（一九五七年～）は東京都生まれ。東京大学教養学部教養学科卒業。同大学院比較文学比較文化専攻。パリ第1大学に留学。パリ第7大学で博士号取得。三重大学人文学部助教授、国際日本文化研究センター教授などを歴任する。著書に『絵画の黄昏――エドゥアール・マネ没後の闘争』『絵画の東方――オリエンタリズムからジャポニスムへ』『日本美術史の近代とその外部』などがある。『絵画の臨界――近代東アジア美術史の桎梏と命運』は二〇一四年刊。

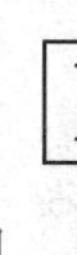

Ⅱ

出典　島木健作「バナナの皮」（『島木健作全集　第二巻』国書刊行会）

解答

問一　「私」は、若者が囚われの身であることを全く忘れて、刑務所に護送されるまでの束の間の時間を窓外の風物を眺めながら心を弾ませ、無心に楽しんでいると考えている。

問二　親方ふうの男の「どろぼう、火つけ、人ごろし」という言葉が若者の顔から明るく朗らかな表情を奪い、暗く陰惨な囚人の表情に変えたために、その男に憤りを覚えたから。

問三　「射るような」という直喩が若者をにらみつける人々の視線の鋭さを強調し、「裸にされ」という隠喩がさらし者にされる若者の痛みやみじめさを視覚的に印象づける効果。

問四　自分たちがおびえ、憎悪し、そして蔑みあざ笑った囚人が普通の弱い人間であったという事実を突きつけられて、自らの残忍で冷酷な行為を恥じ、後ろめたく思っていると考えている。

◆要　旨◆

汽車で私と向かい合って座った若い囚人は窓外の風物にうっとりみとれていた。その顔はあどけないものをさえ含んで

①　中国の公衆が彼の書が偽文字で書かれているのを十分承知している
②　一種の書として鑑賞してしまうことを最初から織り込み済みである
なお、大学から開示された解答例は、「担がれていることを重々承知」の上であえてそれを鑑賞する、という立場について、もう少し踏み込んだ説明をするものだったが、ここでは解答の骨子を示すにとどめた。

▼問三　「そうした経緯」とは直前の文の「当初の海賊行為……伝播循環されるに至る」を指す。偽文字が社会的な認知を得て少しずつ権威を帯び、やがて正統な文字に取って代わるということ。「擬態」は〝他のものに姿や様子を似せること〟。この「好例」がシュー・ビンの偽文字であると傍線部の直後で述べている。シュー・ビンの偽文字については、同第三段落前半で、シュー・ビンが自分の創作した偽文字を「漢字という表意文字の構成原理に則って増幅させている」と述べられている。これが、偽文字を増やして体系化することで正統な真正の文字と同等の地位に立つ過程を実験的に試みた行為であることは容易に理解できよう。「擬態」という言葉に引き寄せて言えば、なぞる行為である。設問の「何が」はこの行為をいい、「何を」はこの過程をいう。以上より解答のポイントは次の三点となる。
①　自分の偽文字を漢字の構成原理に則って増幅させる
②　偽文字が少しずつ権威を帯びて正統な文字とみなされるようになる
③　なぞる・まねる

▼問四　「屈曲」は「屈折」に同じで〝心がゆがむこと〟。設問に説明があるように、傍線部は、優越感と劣等感が混ざった屈折した心情であることをいう。終わり二段落で具体的に説明されている。第四段落からは「中原の漢字文化圏への対抗を意図として発明された」、第五段落からは「周縁文化圏の中央に対する、抵抗」「民族的矜持」「しょせん周縁辺境地帯の『偽文字』として遇されても仕方のない、文化的劣位の表徴（＝外面に表れたしるし。象徴）」あたりに着眼して、中国周辺国での新字体創作が漢字文化圏に対して抱いた、この相反する意識を対比的に説明すればよい。ちなみに日本語のカタカナやひらがなも、〈真名（＝正式の文字。漢字）〉に対する〈仮名（＝仮の文字）〉という劣

▼問一　第一段落で、シュー・ビンの創意工夫による偽文字の観客として二種類の人々が想定されている。一つはそれが偽物であることを見抜ける中国の公衆であり、もう一つは本物と偽物の区別がつかない西側世界の人々である。もちろんシュー・ビンが標的としているのは後者である。彼らには「創意工夫による偽文字が判読不可能であるという事実を判読する能力」（傍線部直前の文）そのものが欠けている。設問は、なぜ彼らが「好適な（＝ふさわしい）顧客（＝ひいきにしてくれる客。得意客）」なのかと尋ねている。その理由は本文にはっきりと書かれていない。だが中国の公衆と対比して考えれば、彼らなら本物か偽物かという視点から書を見てまずその贋作性に注目するだろうが、西側世界の人々にはそのような視点が本来的に欠けているため、純粋に書を書としてその芸術性を鑑賞してくれる。そこに彼の企てがあるといえよう。このように考えれば、解答のポイントは次の二点となる。

①　西側世界の観客は偽文字と本物の文字とを判別できない

②　書を書として見てくれる

▼問二　傍線部は「この紛い物（＝偽文字による書）が功を奏する（＝成功する）のは何故なのか」に対する二つ目の理由になる。一つ目はもちろん「自分たちがいかに欺かれているかを理解できない人々」すなわち西側世界の観客を騙すことによってである。これについては前問で解答した。これに対して「自分たちが担がれている（＝からかわれ、だまされている）ことを重々承知している人々」すなわち中国の公衆をも「味方」にしているとはどういうことか。彼らは漢字文明圏の成員として、シュー・ビンの書が贋作であることを十分に承知している。にもかかわらず、彼の書道展が成功してしまう。その理由は彼らが偽物と知っているからこそ、その創造性に気付けるからだとしか言いようがない。このように偽文字と知った上で一種の書として認めさせてしまうことが「味方に取り込んでしまっている」ということであろう。しかもそれが最初から織り込み済みである点が「抜け目なく」「周到さ」と言われる理由である。よってこのように考えれば、解答のポイントは次の二点となる。

※

をブラッシュ・アップし、ヴァージョン・アップした。その成果が正統なものとして認証されるかどうかは、将来における社会的な認知の問題である。実際、同様の新字体創作は漢字文明圏の周縁部で繰り返されてきた。そこには周縁文化圏の中央に対する抵抗を読み取ることもできるが、中華主義の立場から評定すれば文化的劣位の表徴に他ならなかった。

語句　○シュー・ビン＝徐氷。一九五五年重慶生まれ。中央美術学院で版画を専攻。芸術学修士号取得。現在、中央美術学院教授。

○確信犯＝政治的、宗教的、道徳的信念に基づいて行われる犯罪。また、悪いことであるとわかっていながらなされる（犯罪）行為。近年では後者の意で用いられることが少なくなく、本文も同様である。

○ブラッシュ・アップ＝磨き上げること。

○ヴァージョン・アップ＝機能の向上や不具合の修正。特にパソコンのハードウェアやソフトウェアについて言われる。

○コード＝記号や符号の体系。

○矜持＝誇り。プライド。

▲解　説▼

本文は五段落から成る。これを三区分して内容をまとめよう。

1　第一・第二段落「シュー・ビンの書は……という周到さにあるはずだ」
シュー・ビンの書は、贋作であることを見抜けない人々を騙すだけでなく、見抜ける人々を味方に取り込んでいる

2　第三段落「それにくわえて……許されるだろう」
シュー・ビンの贋作漢字が正統なものとして認証されるかどうかは、将来の社会的認知の問題である

3　第四・第五段落「実際、歴史を振り返ると……他ならなかったはずである」
漢字文明圏の周縁部における新字体創作は、中央に対する抵抗であると同時に、文化的劣位の表徴であった

国語

◀文　学　部▶

Ⅰ

出典　稲賀繁美『絵画の臨界――近代東アジア美術史の桎梏と命運』〈序章　翻訳の政治学と全球化への抵抗――美術史の「海賊史観」と「絵画の臨界」〉（名古屋大学出版会）

解答

問一　偽文字で書を書くというシュー・ビンの企てが成功するのは、偽文字と本物の文字を判別できず、書を書として鑑賞してくれる西側世界の人々を観客にする場合だから。

問二　シュー・ビンは、中国の公衆が彼の書が偽文字で書かれているのを十分承知しつつも、漢字文明圏の成員としてあえてそれを一種の書として鑑賞してしまうことを最初から織り込んでいる点で戦略的であるということ。

問三　シュー・ビンが自分の偽文字を漢字の構成原理に則って増幅させる行為は、社会的な認知を得ずに作られた偽文字が少しずつ権威を帯びて正統な文字と認知されていく過程をなぞったものだということ。

問四　アジアの新字体創作は中央の漢字文化圏に対する対抗意識や自文化の独自性についての優越感と、周縁辺境の偽文字にすぎないという劣等感とが複合した、屈折した意識のもとで発明されたという特徴をもつ。

◆要　旨◆

シュー・ビンの贋作漢字は、漢字文明圏の成員であれば容易に偽物であることを見抜けるはずである。それは西側世界の観客を標的としているのだ。それにくわえて、シュー・ビンは漢字という表意文字の構成原理に則って、自らの偽文字

////////////////////// · memo · //////////////////////

////////////////////// · memo · //////////////////////

////////////////////// · memo · //////////////////////

目　次

問題編

音声配信のご案内

英語リスニング問題の音声を，
専用サイトにて配信しています。

ストリーミング再生
&
ダウンロード対応（PC推奨）

 以下からアクセス！

PCで開く

https://akahon.net/lstng/akhanda

ブラウザのアドレスバーにURLを入力してください。

スマートフォンで開く

本書利用者のみの特典となります。
それ以外のご利用はお控えください。
URLの共有は固く禁止いたします。

パスワード：ou1932

ウェブで再生する場合

- スマホやタブレットでもご利用いただけます。
- 音声の再生スピードを 4 段階で調整できます。

オフラインで再生する場合

- 各年度のページから音声ファイル（MP3 形式・ZIP圧縮）をダウンロードしてご利用ください。

配信期間

2025年3月末まで（予定）

※ダウンロードした音源は，上記期間を過ぎてもご利用いただけます。
※配信期間は，予告なく変更する場合がございます。

対応ブラウザ

▶ＰＣ … Microsoft Edge※ ／ Google Chrome※ ／ Mozilla Firefox※ ／ Apple Safari※
▶スマートフォン・タブレット … Android 4.4 以上 ／ iOS 9 以上　※最新版（2024 年 5 月現在）

【利用上の注意】

- 本サービスの内容は，予告なしに変更・中断・中止される場合がございます。利用ができなかった場合に損害が生じたとしても，当社は一切の責任を負いかねます。
- 本サービスのコンテンツは著作権法によって保護されています。同法により認められた範囲を超えて利用することはできません。
- ご使用の機器や音声再生ソフト，インターネット環境などに関するご質問につきましては，当社では対応いたしかねます。各製品のメーカーにお尋ねください。

英語リスニング問題　専用サイトの配信内容

◆以下は 2024 年 6 月時点の配信内容です。
◆著作権等の理由により，予告なく変更される可能性がございます。
あらかじめご了承ください。

年度	問題番号
2024	外国語学部〔5〕は著作権の都合上省略
2023	外国語学部〔5〕は著作権の都合上省略
2022	外国語学部〔5〕
2021	外国語学部〔5〕は著作権の都合上省略
2020	外国語学部〔5〕

【ご使用にあたって】
- 設問文は各年度の問題編に掲載されています。
- これらの音声ファイルは，大学から公表された資料をもとに当社が独自に録音して再現したものであり，実際の放送音源とは異なります。英文を読むスピードやリピート回数などは，編集部推定によるものです。

2024年度

問題編

前期日程

問題編

▶試験科目

学部	教科	科目等
文学部	外国語	「コミュニケーション英語Ⅰ・Ⅱ・Ⅲ，英語表現Ⅰ・Ⅱ」，ドイツ語，フランス語から１科目選択
	選択	日本史Ｂ，世界史Ｂ，地理Ｂ，「数学Ⅰ・Ⅱ・Ａ・Ｂ」から１科目選択
	国語	国語総合（文学部の学生にふさわしい学力を判定するため，現代文のみならず，古文，漢文からも出題する）
人間科学部 法学部 経済学部	外国語	「コミュニケーション英語Ⅰ・Ⅱ・Ⅲ，英語表現Ⅰ・Ⅱ」，ドイツ語，フランス語から１科目選択
	数学	数学Ⅰ・Ⅱ・Ａ・Ｂ
	国語	国語総合
外国語学部	外国語	「コミュニケーション英語Ⅰ・Ⅱ・Ⅲ，英語表現Ⅰ・Ⅱ，英語会話」，ドイツ語，フランス語，中国語，韓国語，スペイン語，ロシア語から１科目選択。ただし，英語専攻志願者には英語を課す （英語の試験の一部にリスニングテストを行う）
	選択	世界史Ｂ，「数学Ⅰ・Ⅱ・Ａ・Ｂ」から１科目選択
	国語	国語総合

▶備　考

- 英語以外の外国語は省略。
- 「数学Ｂ」は「数列，ベクトル」を出題範囲とし，「確率分布と統計的な推測」を出題範囲から除く。

▶配　点

学部等		外国語	地　歴	数　学	国　語	合　計
文		150点	100点		150点	400点
人間科		200		200	200	600
外国語		300	100		100	500
法		150		150	150	450
経済※	A	20		20	20	60
	B	180		180	180	540
	C	100		100	100	300

※経済学部について

共通テストの配点A 540点，B 60点，C 300点を加算し，A配点で上位65位以内にある者と，B配点で上位65位以内にある者をまず合格者とし，これらの合格者を除いた受験者の中からC配点での高得点者順に合格者を決定する。

英 語

◀文・人間科・法・経済学部▶

（文学部：105 分　人間科・法・経済学部：90 分）

I 次の英文(A)と(B)を読み，それぞれの下線部の意味を日本語で表しなさい。

(A) <u>Rain forests may be known as the planet's lungs, but it's when standing before the seas, with their crashing waves and ceaselessly cycling tides, that we feel the earth breathe. The ocean, say scientists, is the source of all life on earth. It is also, say philosophers, the embodiment of life's greatest terror: the unknown and uncontrollable.</u>

(Wolfson, Elijah. 2022. "Waves of Change: A Special Report." *TIME*, July 4/July 11.)

(B) <u>Ask almost any painter or sculptor, famous or not, why they do what they do and they'll give you the same answer: it's a compulsion. Ask them what advice they might have for an aspiring artist and they'll probably caution you not to attempt a career as one unless you feel you have absolutely no other option.</u> The seasoned artist knows, usually through bitter experience, that making art can be a miserable, endless cycle of frustration and disappointment. The French artist Paul Cézanne, perhaps the greatest painter of the modern era, died in 1906 thinking he had failed.

(Gompertz, Will. 2023. *See What You're Missing: 31 Ways Artists Notice the World — and How You Can Too*. Viking Press.)

Ⅱ 次の英文を読んで，以下の設問に答えなさい。

Stars and galaxies move around us at a pace that seems glacial on human time scales. Their dance is exceedingly gradual, taking place over billions of years. But if we could see time the same way the stars do, the neighborhood around our Milky Way Galaxy would appear surprisingly active.

Galaxies swing around one another, slowly spiraling together until they merge(i). Many don't travel alone but bring companions with them, in a dark collision that may tear some stars from the heart of their homes and splay them across the sky. Other regions grow rich in gas and dust and begin, in their newfound opulence(ii), to birth new stars. The dance of the galaxies is slow and violent, filled with both life and death.

The Milky Way drives the motion of the collection of more than 100 galaxies known as the Local Group. Within that group, only the Andromeda Galaxy is larger than the Milky Way — roughly 125 percent more massive — and like our galaxy, it has a spiral shape. Two smaller galaxies stand out: the Triangulum Galaxy, dancing around Andromeda, and the Large Magellanic Cloud (LMC), orbiting the Milky Way. The rest of the neighborhood is filled mostly with satellites of the pair, smaller galaxies hovering like adoring fans. These galaxies flit about, but eventually will meld with their larger companions. When that(A) happens, it will not be the first time our galaxy has bumped into another.

The Milky Way suffered its first major collision early in its lifetime, roughly 10 billion years ago. Prior to that, it probably had a handful of scrapes with smaller galaxies, but the dramatic crash into a galaxy referred to as Gaia Enceladus left lasting scars. For a long time, those scars were hidden, their absence puzzling astronomers(B). It took the European Space Agency's Gaia space telescope to bring them to light in 2018, after years of hints.

"Before the Gaia data was released, we thought the Milky Way was a very quiet galaxy with no dramatic impact," says Eloisa Poggio, an astronomer at the Astrophysical Observatory of Turin in Italy. "It's more complicated than we thought before."

Gaia Enceladus was a dwarf galaxy, slightly smaller than the Milky Way, perhaps 2 billion years old when it crashed into us. The collision would have significant ramifications(iii). The Milky Way was a stubby disk from which stars were flung out, creating its halo. Part of the disk then became unstable and collapsed into a barlike structure. Over time, a new, thin disk was created. When the show was over, the Milky Way was a different galaxy.

"This is a key pivotal moment in the Milky Way's life," says Vasily Belokurov, part of one of the two teams that co-discovered the ancient artifact(iv). "It unleashed a sequence of transformations in the Milky Way that have changed it into the Milky Way we know."

For the next few billion years, the Milky Way was quiet, consuming(v) the occasional satellite galaxy but leaving the larger ones alone. That changed around 6 billion years ago when the Sagittarius* Galaxy made its own grand entrance.

Sagittarius is an elliptical galaxy, one of the nearest neighbors to the Milky Way, and is coming to an agonizing end as it interacts with the larger object. Discovered in 1994, Sagittarius spirals around the Milky Way's poles, a hundred to a thousand times less massive than our galaxy.

In 2018, scientists discovered a warp in the disk of the Milky Way. Large-scale distortions — collections of stars gravitationally shoved together — are common among spiral galaxies, and ours travels relatively slowly around the disk. A warp can form due to interactions within a galaxy, but the movement suggests an external origin. "The only possible model that can explain such large precession is interaction with a satellite [galaxy]," says Poggio, who measured and tracked the warp.

But who's the culprit?(C) While it's possible that the Milky Way's warp was caused by the LMC, Poggio thinks that the influence of Sagittarius might be stronger, and she's working to prove it. Confirming her theory requires further simulations, which she is in the process of analyzing.

Sagittarius is also triggering waves of star formation in the Milky Way. Researchers have found patches of star formation that coincide with the closest approach, or pericenter, of the dying galaxy. Gravitational interactions push together piles of gas and dust to create regions ripe for(vi) starbirth. Tomás Ruiz-Lara, an astronomer at Kapteyn Astronomical Institute, the Netherlands, found bursts of stellar formation roughly 6.5 billion, 2 billion, and 1 billion years ago, and tied each one to several pericentric passes of Sagittarius.

"The main surprise is that something so small is able to cause all these effects," says Ruiz-Lara. "Sagittarius is an important(D) actor in the film of the origin and evolution of our galaxy."

(Tillman, Nola Taylor. 2022. "Milky Way's Crash-Bang Neighborhood." *Discover*, March–April より一部改変)

*Sagittarius：いて座

設問(1) 下線部(i)～(vi)の語句の本文中での意味に最も近いものを，(イ)～(ニ)から1つ選び，解答欄の選択肢を塗りつぶしなさい。

(i) merge

(イ) accelerate (ロ) combine (ハ) halt (ニ) separate

(ii) opulence

(イ) gravity (ロ) space (ハ) spark (ニ) wealth

(iii) ramifications

(イ) causes (ロ) consequences

(ハ) explosions (ニ) relationships

(iv) artifact

(イ) civilization (ロ) creatures (ハ) documents (ニ) remains

(v) consuming

(イ) absorbing　(ロ) becoming

(ハ) buying　(ニ) producing

(vi) ripe for

(イ) full of　(ロ) lacking in

(ハ) ready for　(ニ) resulting from

設問(2)　下線部(A) that は具体的には何を指しているか，日本語で答えなさい。

設問(3)　下線部(B) their absence puzzling astronomers とはどのような状態を指すのか，本文の内容に即して日本語で説明しなさい。

設問(4)　本文において，下線部(C) who's the culprit? の答えの可能性として具体的に考えられているものは何か，本文中から英語ですべて抜き出しなさい。

設問(5)　下線部(D)において important と述べられている理由を，45 字以内の日本語で説明しなさい。句読点も 1 字に数えます。

設問(6)　本文全体の主旨を最もよく表している文を下記の(イ)～(ホ)から 1 つ選び，解答欄の選択肢を塗りつぶしなさい。

(イ) The fate of our galaxy is played out in a slow but surprisingly dramatic cosmic dance.

(ロ) The Milky Way determines the movement of a large group of some 100 galaxies.

(ハ) The myth of the astronomers and the development of our galaxy became a film in Europe.

(ニ) The primary cause of the birth of new stars in the Milky Way remains debatable.

(ホ) The speed at which stars and galaxies move seems very slow to human beings.

Ⅲ　大学において，あなたが理想とする学びとはどういうものですか。具体例を挙げて，80 語程度の英文で述べなさい。

Ⅳ　次の日本文(A)と(B)のそれぞれの下線部の意味を英語で表しなさい。ただし，(B)では**文学部の志願者は**(イ)を，**文学部以外の学部の志願者は**(ロ)を選んで解答しなさい。

(A)　**(すべての学部の志願者)**

たとえば，「そもそも，人間は他人の心を理解できるのだろうか？」とか，「そもそも，他人を理解するとは，いったいどんなことか？」。あるいは，「そもそも，他人に心があるとどうして分かるのか？」。

こうした疑問は時間がたつにつれて，ふつうは忘れ去られてしまうようです。<u>とはいえ，忘れたからといって，疑問が解決されたわけではありません。時々は，思い出したり，疑問が広がったりするのではないでしょうか。</u>

<u>実を言えば，いつの間にか忘れてしまった「そもそも」問題を，あらためて問い直すのが「哲学すること」に他なりません。</u>哲学は，過去の哲学者の学説を知るのが目的ではありません。

(岡本裕一朗．2023．『哲学 100 の基本』東洋経済新報社　より一部改変)

(B)

(イ)　**(文学部の志願者)**

たとえば，存命中のひとをモデルに小説を描く場合，何よりもまず当人のお許しを頂き，その上で，丹念に取材をさせて頂くことが必須です。<u>フィクションだから何でも許される，というわけでは決してないのです。では，そのひとが既に故人だった場合はどうでしょう。「既にその死から何百年も経過している」「歴史上の偉人として研究し尽くされている」といったケースでは縛りが緩くなることもあるでしょうが，それに当たらない場合は，どうでしょうか。</u>

かつて「あい　永遠に在り」という作品で，実在した関寛斎とその妻あいを描いた時に，随分と悩んだ問題です。

(髙田郁．2023．『晴れときどき涙雨』角川春樹事務所(ハルキ文庫)　より一部改変)

(ロ)（文学部以外の学部の志願者）

人々は以前ほどマスメディアの言うことを鵜呑みにはしなくなった。しかし，それで果たして社会は良くなったのであろうか。

<u>取材をし，記事を書き，ニュースを発信するのが人間である以上，報道は全て正しいとは限らない。また，報道が届く人々の範囲の広さを考えても，個別の記事や番組に対する批判は，あってしかるべき重要なものである。</u>しかし，批判の対象が「マスメディア」「マスコミ」となったとき，それが本当に対象を理解したうえでの批判なのか，その批判が民主主義にとって有益なのかという問いに，今一度立ち戻るべきではないだろうか。

（稲増一憲．2022．『マスメディアとは何か』中央公論新社（中公新書）より一部改変）

◀外国語学部▶

(120分)

I　◀文・人間科・法・経済学部▶ I に同じ。

II　次の英文を読んで，以下の設問に答えなさい。

As you plough through your workload, you're interrupted by a phone call from your partner. They've just got home from work and found the house is a mess. In their words your daughter's room looks like a bomb has hit it. Clothes are strewn across every surface. You let out a groan of frustration. Only last night you harangued your daughter for at least ten minutes on the need — no, the absolute necessity — to keep her room tidy. Why has she ignored you?

①<u>Your attempt to influence your child has backfired. By ordering her to comply in a dictatorial manner you inadvertently triggered a psychological bias known as reactance.</u> This finding was first reported by the Yale psychologist Jack Brehm in 1966. He argued that if people feel their autonomy is threatened, they often react by reasserting their freedom. This means that overly forceful demands are often counterproductive.

While you may be interested to hear about this from a personal perspective, it's important to note that it affects more than just children. Consider the 1976 work of James Pennebaker and Deborah Yates Sanders from the University of Texas. They placed signs in men's toilets asking them not to graffiti. Sometimes the signs were polite and said, "Please do not write on the walls." On other occasions they were stern and said, "Do NOT write on the walls!" The researchers then rotated the signs every two hours. At the end of each session they counted the amount of graffiti on the sign. They discovered that the authoritarian style provoked significantly more reactance: there was nearly twice as much graffiti compared to when the polite message was used. Pennebaker's research suggests that ②you need to temper your language when trying to change the behaviour of others.

Let's look at how you can turn people's desire for freedom of choice to your advantage. Knowing that it's sometimes better to lay on the charm is only so useful. What we really need to know is in which situations we should be most wary of reactance. Psychologists have identified a couple of moments relevant to marketers and marketing.

The first area concerns the authority of the communicator. Pennebaker's bathroom study tested this. Sometimes he attributed the command forbidding graffiti to the chief of police, a high-authority figure; sometimes to the university groundsperson, a low-authority figure. Changing the status of the communicator significantly influenced the reactions of passers-by. There was twice as much graffiti when the dictate came from chief of police rather than the groundsperson. So, be particularly wary about triggering reactance if there is a power imbalance between your brand and the recipient of your communications.

The second nuance concerns the consumer-brand relationship. In 2017 Gavan Fitzsimons from Duke University asked 162 participants to name a clothing brand. Sometimes he asked people to choose a brand that they had used for a long time and felt a degree of loyalty towards; on other occasions he asked the participants to think of a brand they had used only briefly and felt minimal loyalty to. He defined the first group as having a committed relationship and the second group an uncommitted relationship with the brand in question. He then showed the participants one of two ads with their brand's name embedded in it. Some saw what Fitzsimons termed a non-assertive ad which had the message "Winter Collection 2012". Others saw an assertive ad which had an additional demand: "Buy Now!" Finally, he asked participants to indicate whether the ad was likeable or not likeable. Fitzsimons found that committed shoppers liked the assertive ad 20% less than the non-assertive ad. In contrast, there were no significant differences in preference among uncommitted consumers. ③The psychologist argued "this occurs because committed brand relationships have stronger compliance norms than uncommitted brands." The deeper a relationship, the more an assertive message feels like it interferes with our freedom. That increased pressure to comply increases the likelihood of reactance. So, you might get away with a hard sell among new customers, but this behaviour is more likely to backfire among your most enthusiastic buyers. Tailor your communications accordingly.

The next question is how you can minimise the risk of reactance. I'll cover two suggestions. Let's begin with a 2000 study conducted by Nicolas Guéguen from South Brittany University and Alexandre Pascual from the University of Bordeaux. Guéguen approached 80 strangers and asked them for money to take a bus. He made the request in one of two ways. Sometimes he said "Sorry, would you have some coins to take the bus, please?"; on other occasions he modified the request and said "Sorry, would you have some coins to take the bus, please? But you are free to accept or to refuse." When participants were bluntly asked to give money, the compliance rate was 10%. However, when the experimenter highlighted the participant's right to decline, the compliance rate jumped to 48%. ④Additionally, the effect extended beyond the proportion of people who donated. The level of donations was also boosted. The "but you are free" subjects gave on average $1.04, more than double the 48¢ given by those in the control condition. Simply by drawing attention to the fact that people had the right to refuse, Guéguen created a step change in compliance.

An alternative angle is to provide people with a degree of control. The evidence for this comes from a 2014 study by Cait Lamberton from the University of Pittsburgh, Jan-Emmanuel De Neve from UCL and Michael Norton from Harvard University. They asked 182 students to rate their enjoyment of 12 pictures on a nine-point scale. The psychologists told the participants that they would be paid $10 for their time but that they would have to return $3 of their reward as a lab tax. They were instructed to put the fee in an envelope and hand it to the experimenter once they had finished their task. ⑤The complex method of collecting the tax was designed to allow the participants to easily cheat and keep some of the cash. Quite a few did! In fact, 45% left the envelope empty and 3% left only a partial amount.

However, ⑥the psychologists repeated the experiment with a slight twist. A second group of participants was told that they could advise the lab manager on how the tax was to be used. For example, they could suggest the funds were used to buy drinks and snacks for future participants. Even though the group's suggestions were merely advisory there was a sizable impact on compliance: 68% left the full amount of money in the envelope. That's an increase of 30% on the control. Giving people a voice increased their willingness to comply.

(Shotton, Richard. 2023. *The Illusion of Choice*. Harriman House より一部改変)

設問(1) 下線部①において，reactance とはどのようなことを指すと述べられているか。その内容を，本文中の子どもの例を挙げて具体的に日本語で説明しなさい。

設問(2) 下線部②における temper your language とはどういうことか，本文の具体例を用いて日本語で説明しなさい。

設問(3) 下線部③の意味を，this の内容を明らかにしたうえで，日本語で表しなさい。

設問(4) 下線部④の意味を，the effect の内容を明らかにしたうえで，日本語で表しなさい。

設問(5) 下線部⑤の意味を，the complex method の内容を明らかにしたうえで，日本語で表しなさい。

設問(6) 下線部⑥における with a slight twist の内容を，具体的に日本語で説明しなさい。

Ⅲ　◀文・人間科・法・経済学部▶Ⅲに同じ。

Ⅳ　次の日本文の下線部(1)〜(3)の意味を英語で表しなさい。

絵本に救われたことがある。(1)もうずいぶん昔の話になるが，些細（ささい）なことがきっかけで高校生の娘との関係がギクシャクした時期があった。関係が修復しないうちに娘は遠くの大学に行ってしまったので，僕は彼女のために毎月一冊の絵本を選んで手紙を添えて送ることにした。

なぜ絵本だったか。僕にはある後悔があった。長子である息子にはたくさんの絵本を読み聞かせてやれたのだけど，次子である娘が生まれた頃の僕は諏訪中央病院の院長をしていて，彼女にはほとんど絵本を読み聞かせてやれなかった。(2)その後悔を埋め合わせるように，大学生の娘のことを思って本屋に通い，毎月一冊の本を送ったのだ。雪解けまでには，それほど時間はかからなかった。しばらくすると，娘から長い返信の手紙が届くようになったのだ。僕が絵本について語るとき，いつも娘のために本屋で絵本を選んでいた頃を思い出して胸が熱くなる。

(3)絵本には，僕たち大人が思っている以上に力がある。現実から目を背（そむ）けさせてくれたり，嫌なことを忘れさせてくれたりといったまやかしの力ではない。現実と向き合い，困難に打ち勝っていくための本物の力が，絵本にはある。僕はそう信じている。

(鎌田實．2023．『この国の「壁」』潮出版社)

V　これから英語が2回読まれます。その内容について，以下の設問に日本語で答えなさい。

設問(1)　古代文明において，時を計る試みは，どのような装置を使って行われたと述べられていましたか，2つ挙げなさい。

設問(2)　中世に登場した時計は，どのような点で画期的でしたか。

設問(3)　Pendulum clocks の発明は，時計の歴史において，どのようなものの開発につながりましたか。

設問(4)　Quartz clocks は何世紀に発明され，どのような仕組みでしたか。

設問(5)　時計職人たちは，時間を正確に計測することに加えて，どのようなことを追求してきましたか。

放送内容

これからリスニングの問題を始めます。問題用紙と解答用紙のＶ番を見てください。
これから英語が２回読まれます。よく聴いて内容を把握し、設問にすべて日本語で答えてください。解答はいつ始めてもかまいません。メモを取るのは自由です。

それでは始めましょう。

著作権の都合上，省略。

著作権の都合上，省略。

出典：（ https://emperorclock.com/blogs/news/a-journey-through-time-the-fascinating-history-of-clocks-and-horology, A Journey Through Time: The Fascinating History of Clocks and Horology, Daniel Ikpeme より一部改変）

もう一度読みます。

<繰り返し>

これでリスニングテストを終了します。引き続き解答を続けてください。

日本史

(90 分)

(I) 東大寺の旧境内に現存する正倉院には，天平文化を代表する文物が多数残されており，「正倉院宝物」と呼ばれている。正倉院の宝庫はどのような構造をもつ建物であるのかを簡潔に記した上で，正倉院宝物の中身と特徴を具体的に述べなさい(200 字程度)。

(II) 13 世紀後半の 2 度にわたる蒙古襲来は，鎌倉幕府の軍事・支配体制を大きく変容させることとなった。軍事・支配体制がどのように変わったのかについて，その影響にも触れつつ，具体的に述べなさい(200 字程度)。

(III) 江戸幕府の財政再建のため，田沼意次は様々な経済政策を行った。田沼意次による経済政策について，その効果にも触れつつ，具体的に述べなさい(200 字程度)。

(IV) 1854 年にペリーが来航した際，幕府に贈られた蒸気機関車の模型が日本で初めて横浜を走り，明治維新後になると鉄道が次第に陸上輸送の主役となっていく。明治期の日本における鉄道業の展開について，具体的に述べなさい(200 字程度)。

世界史

◀文　学　部▶

(90 分)

(I) 次の文章を読み，下の問い(**問1～問4**)に答えなさい。

2世紀後半から7世紀前半まで，中国では統合と分断が繰り返された。黄巾の乱で後漢が弱体化すると，各地に豪族・武装勢力が乱立した。この分裂は，後漢の滅亡，魏・呉・蜀の対立を経て，晋(西晋)によって統合された。しかし八王の乱・永嘉の乱を契機に，晋は北中国の支配を失い，北中国では，五胡と総称される遊牧民①たちを為政者とする諸国が割拠するようになった。一方の南中国では，317年に晋の皇族が即位して王朝(東晋)を再建した。420年に晋は滅び宋が建国された。やや遅れて439年には，北魏が北中国を統一した。南北で王朝が対立したこの時代②は，589年に隋が南朝最後の王朝を滅ぼしたことで終わる。しかし隋の統一も長くは続かなかった。隋は，土木工事と高句麗遠征③で人心を失い，全土で反乱が起こる。再び訪れた分断の時代を終わらせたのが，唐である。唐は第二代皇帝④である太宗の時に中国を統一し，ようやく安定した統合の時代を迎えた。

問1　下線部①が北中国に居住するにいたった歴史的背景について説明しなさい(150字程度)。

問2　下線部②の時代には，中国へ移住するソグド人が増加した。これはバクトリアを中心に，中央アジアに勢力を拡大した遊牧国家が成立したことで，東方への移動が容易になったためである。この遊牧国家は6世紀後半に弱体化するが，その後もソグド人の移動は続いた。この遊牧国家の名称を答えなさい。

問 3　下線部③は唐代にも実施された。唐の第三代皇帝である高宗の時代には，朝鮮半島諸国間の戦争に介入する形で，高句麗遠征が行われた。この戦争に参加した国の名称を挙げながら，この戦争の推移と帰結について説明しなさい(100字程度)。

問 4　下線部④の事績として**正しいもの**を，下のア～エから一つ選んで解答欄に記号を記しなさい。

ア　モンゴル高原の東突厥を滅ぼして羈縻政策の下においた。

イ　チベット高原の吐蕃の朝貢を受け入れてこれを冊封した。

ウ　スマトラ島のシュリーヴィジャヤと婚姻関係を結んで和親した。

エ　インドのハルシャ＝ヴァルダナのもとに玄奘を使者として派遣した。

(Ⅱ)　次の絵画は，1665年に制作された，オランダ東インド会社職員のピーテル・クノルとその家族の肖像画である。場所はバタヴィアで，クノルと並んで立っているアジア系の女性はクノルの妻コルネリア(1629～1691)である。彼女はオランダ人と日本人を父母に持つ。彼女のような存在は稀ではなく，当時バタヴィアには日系人のクリスチャン・コミュニティが存在していたことが歴史文書や墓から明らかになっている。この絵とその時代に関係する下の問い(**問1～問4**)に答えなさい。

問 1　コルネリアのような日系人女性がこの時期バタヴィアで暮らしていた背景について，日本，オランダ，バタヴィアの関係性を考えて論じなさい(100字程度)。

問 2　この絵に描かれているクノル家は奴隷を50人以上従えた裕福な暮らしを送っていた。当時オランダ東インド会社がどのようにして富を築くことができたかを，以下の語をすべて用いて説明しなさい(150字程度)。

銀　　　香辛料　　　商館

問 3　近世におけるオランダ以外のヨーロッパ諸国によるアジア地域との貿易に関する記述として**正しいもの**を，下のア～エから一つ選んで解答欄に記号を記しなさい。

ア　インド航路を開拓したポルトガルは，スリランカを占領し，それまで香辛料貿易を独占していたムスリム商人と競合しながら，マラッカやモルッカ諸島なども支配下においた。さらに台湾を拠点に対中国貿易も展開した。

イ　スペインはフィリピンに侵略し，マニラに根拠地をおいて交易と支配を行った。マニラからフリゲート船によって太平洋をこえて結ばれたメキシコのアカプルコには，中国産の絹や陶磁器などが運ばれ，アカプルコからは銅が運ばれた。

ウ　フランス東インド会社はリシュリューのもとで再建されてインドに進出し，ポンディシェリ・シャンデルナゴルを基地としてイギリスと対抗したが，デュプレクスが率いるイギリス東インド会社軍にプラッシーの戦いで敗北した。

エ　アンボイナ事件以降インド経営に力を注いだイギリスは，マドラス・ボンベイ・カルカッタを拠点としてインドでの通商活動を盛んに展開した。インド産綿布はイギリスで人気を博し，貿易赤字と輸入代替の必要性が国内の綿工業の発展を促した。

問 4　クノルに先立たれたコルネリアは，莫大な財産を相続し，ヨアン・ビッテルという法律家と再婚した。けれども，その財産をめぐりオランダの社会と法廷を巻き込んだ壮絶な夫婦間の争いをひきおこした。最終的には，女性に財産管理権が認められていなかったため，彼女は敗訴した。しかし，18～19 世紀初頭になると，西ヨーロッパで女性の権利に対する見方に変化が生まれ，女性のおかれた抑圧的立場に対する訴えが公になされるようになっていった。こうした変化に影響を与えた事象として**誤っているもの**を，下のア～エから一つ選んで解答欄に記号を記しなさい。

ア　『フランス人権宣言』において，人間は自由で権利において平等なものであることが謳われたが，女性には選挙権が与えられなかった。

イ　啓蒙思想の影響により，貴族・市民層を対象とした女子教育施設が設置されたり，サロンなどの知的社交会が頻繁になされたりするようになった。

ウ　多くの市民が戦闘に参加したことによって，兵士として招集された男性に代わり，女性が多くの職場で働きはじめた。

エ　市民層の勃興により，冒険小説や恋愛小説など様々なジャンルの文学が広く社会で読まれるようになった。

(Ⅲ) 今年2024年から百年前の1924年，孫文は神戸商業会議所の要請を受けて，11月28日に兵庫県立神戸高等女学校(現在の神戸高等学校)で講演を行った。彼は，中国に帰国後の12月8日に，『民国日報』という現地紙(上海版)に講演の全文を発表した。次の資料はその一部である。この資料を読み，下の問い(**問1～問4**)に答えなさい。

資料

孫文「大亜洲主義」講演

(前略)アジアは衰退したが30年前再び復興しました。そのポイントはどこにあったのでしょうか？すなわち日本です。①(日本は)30年前に，外国と結んでいたいくつかの不平等条約を撤廃しました。日本が不平等条約を撤廃したその日こそ我々全アジア民族復興の日なのです。(中略)

日本がロシアに勝ったことはアジアの全民族に影響を与えたでしょうか？その影響はとても大きかったでしょうか？日本がロシアに勝ったというニュースを聞いて東方のアジアの人々は，それほど重要とは思わなかったのかもしれませんが，それほど喜びませんでした。しかし，西方のアジアの人々はヨーロッパ人と接し，朝な夕な相まみえ毎日彼らの抑圧を受け，痛苦を感じていました。彼らの受けてきた抑圧は東方の人間よりも大きく，痛苦はより深かったのです。だからあの勝利のニュースを聞いて示した喜びは，我々東方の人間よりも大きかったのです。②日本がロシアに勝った日からアジアの全民族はヨーロッパを打ち破ろうと思うようになり，独立運動が起こりました。(中略)

あなた方日本民族は，欧米の覇道の文化を手に入れており，またアジアの王道の文化の本質も持っています。③これから，世界の文化の前途に対して，いったい西方覇道の手先になるのか，あるいは東方王道の楯や砦となるのか，ほかならぬあなた方日本国民がじっくりと検討し，慎重に選択されることにかかっています。

(歴史学研究会編『世界史史料12　21世紀の世界へ　日本と世界　16世紀以後』岩波書店，2013年，317～318頁)

問 1　下線部①で言及された歴史的事実について，新たな条約名を一つ挙げ，その改正内容を答えなさい。

問 2　下線部②について，関係するアジアの民族運動の名称を一つ挙げなさい。

問 3　下線部③の部分は，神戸での講演にはなく，帰国後に付け加えられたものと推測されている。下線部③に注目したうえで，「大亜洲主義」講演として知られるようになったこの孫文の講演全体は，第一次世界大戦後のどのような世界情勢・アジア情勢を反映していたと考えられるか説明しなさい(200 字程度)。

問 4　この講演と同じ 1924 年の 1 月に，孫文が率いる中国国民党は第一回全国代表大会を開催している。そこで，いわゆる「連ソ・容共・扶助工農」の政策が決定され，国共合作(第一次)が正式に成立した。この背景には，ソビエト連邦(ソ連)および共産主義政党の国際組織であったコミンテルンによる働きかけがあった。ソ連，その後継国家である現在のロシア連邦と中国の友好関係の起源は，こうした 1920 年代にまでさかのぼって見出すことができる。その後の，中華人民共和国成立直後からソ連崩壊までの，中国のソ連との関係の変遷を論じなさい(200 字程度)。

◀外国語学部▶

(90分)

(I) 次の文章を読み，下の問いに答えなさい。

1991年3月3日，ロサンゼルスにおいて，自動車を運転していたアフリカ系アメリカ人ロドニー・キングが法定速度違反により逮捕される際に，複数の白人警察官により殴打されるという事件が発生した。この時の映像が拡散されたため，この事件は全国的な反響を呼び，暴行をはたらいた4人の警察官が州裁判所に起訴された。ところが裁判で4人の警察官は無罪となった。これに対し，サウス・セントラル・ロサンゼルスで激しい抗議運動が起こり，それは暴動に発展した。この警察官無罪という判断に対し，司法省は彼らを追訴し，その1年後，連邦裁判所は警察官有罪の判決を下した。

問　上の文章に見られるような事件の背景には，現在のアメリカ合衆国にあたる地域の，17世紀以降の歴史に由来する問題が存在している。それがどのような問題か明らかにした上で，その起源，および19世紀，20世紀それぞれの時期における制度変革に言及しつつ，その経緯を説明しなさい(300字程度)。

(II) ◀文学部▶（II）に同じ。

(III) ◀文学部▶（III）に同じ。

地　理

(90分)

(I)　自然環境と農業に関する下の問い(問1～問3)に答えなさい。

問1　ケッペンの気候区分において，冷帯(亜寒帯)気候は，ほぼ北半球にのみ分布し[(1)]，さらに冷帯冬季少雨気候(Dw)はシベリア付近にのみ分布する[(2)]。以上2点の理由を，次の**図1**の世界地図を参考に説明しなさい(150字程度)。

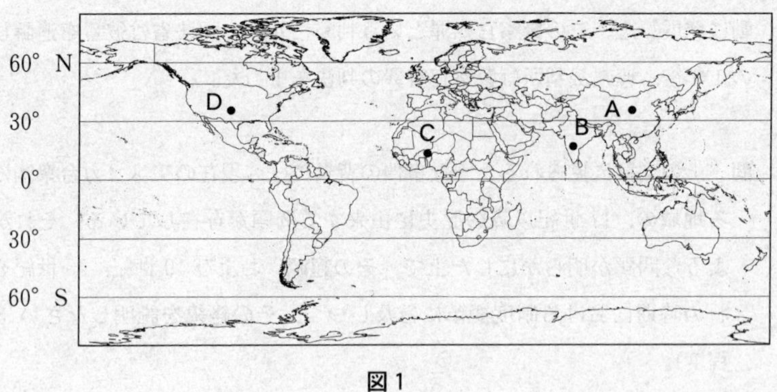

図1

問2　図1の黒い円で示された地域A～Cに共通する気候および農業の特徴を，少なくとも一つの穀物名を挙げて述べなさい(100字程度)。

問3　図1の黒い円で示された地域Dの灌漑(かんがい)農業の特徴と問題点について述べなさい(100字程度)。

(Ⅱ)　漁業に関する下の問い(**問1**～**問3**)に答えなさい。

問1　太平洋北西部の日本近海における好漁場の位置とその要因について，自然環境および経済的・文化的な側面から述べなさい。ただし，下の**図2**(日本の部分図)にある範囲の漁場を対象とし，瀬戸内海の事例を除いて解答すること(200字程度)。

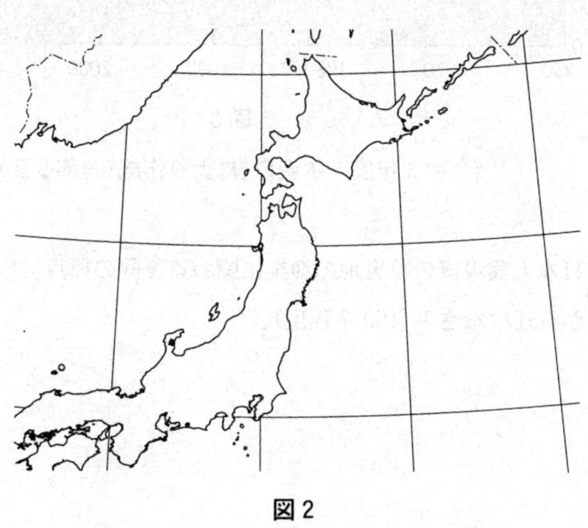

図2

問2　下の**図3**は，世界の漁業・養殖業生産量の推移を示したものである。この図から読み取ることのできる，漁業の種別ごとの傾向と背景について述べなさい(200字程度)。

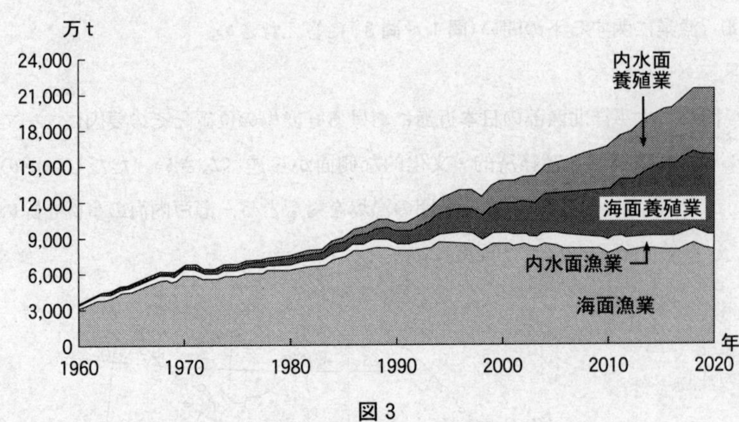

図 3

『令和 3 年度　水産白書』より作成(一部改変)。

問 3　東日本大震災後の被災地の漁業に関わる復興の要点について，多面的な視点から述べなさい(150 字程度)。

数　学

(90 分)

1　曲線 $y = |x^2 - 1|$ を C，直線 $y = 2a(x+1)$ を ℓ とする．ただし，a は $0 < a < 1$ を満たす実数とする．

(1) 曲線 C と直線 ℓ の共有点の座標をすべて求めよ．

(2) 曲線 C と直線 ℓ で囲まれた 2 つの部分の面積が等しくなる a の値を求めよ．

(配点率 35 %)

2　座標空間内の直線 ℓ と z 軸はねじれの位置にあるとする．ℓ と z 軸の両方に直交する直線がただ 1 つ存在することを示せ．

(配点率 35 %)

3　素数を小さい順に並べて得られる数列を

$$p_1,\quad p_2,\quad \cdots,\quad p_n,\quad \cdots$$

とする．

(1) p_{15} の値を求めよ．

(2) $n \geqq 12$ のとき，不等式 $p_n > 3n$ が成り立つことを示せ．

(配点率 30 %)

（注1）　鳥羽法皇　第七四代天皇。在位一一〇七年—二三年。譲位後、二八年にわたって院政を敷いた。
（注2）　小大進　生没年未詳。平安時代後期の歌人。
（注3）　待賢門院　藤原璋子。一一〇一年—四五年。鳥羽天皇の皇后。
（注4）　北野　北野天満宮のこと。北野天神である菅原道真を祭る。
（注5）　祭文　神に告げる言葉。祭詞。
（注6）　鳥羽殿　京都市伏見区鳥羽にあった離宮。
（注7）　もんかう　責め咎めること。拷問に同じ。

問一　傍線部(1)(2)を、主語を明示して現代語訳しなさい。

問二　傍線部(a)の内容を具体的に説明しなさい。

問三　傍線部(b)の和歌を現代語訳しなさい。その際、現人神が誰に当たるかを明示すること。

問四　傍線部(c)は「力をも入れずして天地(あめつち)を動かし、目に見えぬ鬼神(おにかみ)をもあはれと思はせ、男女のなかをも和らげ、たけきもののふの心をもなぐさむるは歌なり」という古今和歌集仮名序の文章を引いた語り手の批評である。語り手はこの小大進の話をどのように考えているのか、本文全体を踏まえながら説明しなさい。

Ⅲ　次の文章を読んで、後の問い(問一~問四)に答えなさい。

鳥羽法皇(注1)の女房に、小大進(注2)といふ歌詠みありけるが、待賢門院(注3)の御方に、御衣一重うせたりけるを負ひて、北野(注4)にこもりて祭文(注5)かきてまもられけるに、(1)三日といふに神水をうちこぼしたりければ、検非違使、「これに過ぎたる失やあるべき。出で給へ」と申しけるを、小大進、泣く泣く申すやう、「おほやけの中のわたくしと申すはこれなり。今三日の暇をたべ。(a)それにしるしなくは、われをぐしていでたまへ」とうちなきて申しければ、検非違使もあはれにおぼえて、のべたりけるほどに、小大進、

(b)思ひいづやなき名たつ身はうかりきと現人神になりし昔を

とよみて、紅の薄様一重にかきて、御宝殿にをしたりける夜、法皇の御夢に、よにけだかくやんごとなき翁の、束帯にて御枕に立ちて、「やや」とおどろかしまいらせて、「われは北野右近の馬場の神にて侍り。めでたき事の侍る、御使給はりてみせ候はん」と申し給ふとおぼしめして、(2)うちおどろかせ給ひて、「天神の見えさせ給へる、いかなることのあるぞ。みてまいれ」とて、「御厩(うまや)の御馬に、北面のものを乗せて馳せよ」と仰せられければ、馳せまいりて見るに、小大進は、あめしづくと泣きて候ひけり。御前に紅の薄様に書きたる歌を見て、これを取りてまいるほどに、いまだまいりもつかぬに、鳥羽殿(注6)の南殿の前に、かのうせたる御衣をかづきて、さきをば法師、あとをば敷島とて、待賢門院のざうしなりけるものかづきて、獅子を舞ひてまいりたりけるこそ、天神のあらたに歌にめでさせ給ひたりけると、めでたく尊く侍れ。則ち小大進をばめしけれども、かかるもんかう(注7)をおふも、心わろきものにおぼしめすやうのあればこそとて、やがて仁和寺なる所にこもり居てけり。(c)力をも入れずしてと、古今集の序にかかれたるは、これらのたぐひにや侍らん。

(『古今著聞集』による)

問二　傍線部(1)について、どうして「緊張をはら」むと考えられるのか、本文の内容に即して八〇字以内で説明しなさい。

問三　傍線部(2)について、アリ塚にたとえることで、ナチスの全体主義国家の性質はどのようなものとして理解できるのか、本文の「誕生」をめぐる議論を踏まえて二〇〇字以内で説明しなさい。

問四　傍線部(3)について、「新しい政治」においては個人と社会はどのようなものであるべきだと考えられているか、本文の内容に即して一四〇字以内で説明しなさい。

問五　傍線部(4)について、どうして「気軽に口にすべきではない」のか、本文の内容に即して一〇〇字以内で説明しなさい。

ろうか。

二〇一六年に政府が策定した「一億総活躍社会プラン」(注)は、「二〇二五年までに希望出生率1・8」を達成することをうたう。出生率の向上を、なぜ国策に掲げる必要があるのか。二〇二〇年五月策定の「少子化社会対策タイコウ(d)」によれば、少子化の進行が、「労働供給の減少、将来の経済や市場規模の縮小、経済成長率の低下、地域・社会の担い手の減少、現役世代の負担の増加、行政サービスの水準の低下」などの弊害をもたらすから、である(内閣府HPより)。国全体の生産力(production)が低下しないように、労働力の再生産(生殖 reproduction)につとめねばならない、というわけであるが、なぜ生産力の低下に不安を感じるのか、といえば、今の社会のしくみが維持できなくなる恐れがあるから、である。税収が減り、ますます国の借金がかさみ、年金や社会保険が立ちゆかなくなり、わたしたちの老後があやうくなるかもしれないから、である。(略)

国の都合や政府の思惑はどうあれ、国難を救うことを意図して子をもうける人は(おそらく)いないし、子どもたちが生まれて来るのは、社会の延命や大人の利益のためでは(けっして)ない。とはいえ、国の都合や政府の思惑がかくのごとしである以上、子どもたちの誕生は、その一つひとつがユニークなはじまりであるがゆえに祝福されるのではなく、くずれかかったアリ塚をささえる労働力の供給としてカウントされてしまうことになる。(4)今やわたしたちは、誕生日おめでとう、などと気軽に口にすべきではないのかもしれない。

(森川輝一「誕生を祝うために」二〇二一年より。出題の都合により、一部改変した箇所がある。)

(注)「一億総活躍社会プラン」「ニッポン一億総活躍プラン」が二〇一六年六月に閣議決定された。

問一　傍線部(a)~(d)のカタカナを漢字に直しなさい。

れは害虫の駆除や病原菌の根絶と同じことなのだという。家畜、あるいは害虫や病原菌、いずれにせよ人間は人間未満の生き物に引き下げられてしまうのであるが、同族をガス室につめこむような所業におよぶのはわが人間族を措いてなく、このような言いぐさは、他の生き物たちへの礼を欠くことになるかもしれない。

ナチスの猛威を生きのびたアーレントは、その暴虐を告発するいっぽう、(3)新しい政治のはじまりを、個のはじまりとしての人間の誕生にもとめる。その導き手となったのは、古代ローマの哲学者アウグスティヌスの書にあらわれる、「はじまりが存在せんがために人間は創られた」という言葉である。創られた、とあるとおり、アウグスティヌスにとってこの言葉は、神による人間の創造というキリスト教の教えと結びあっている。一人ひとりのいのちは神に与えられたものであり、たんなる生殖の所産ではなく、既存の社会への隷属を宿命づけられてもいない。言いかえれば、だれもが自由な個としてこの世に到来し、自分だけの生の時間をきざんでいくのであるが、アウグスティヌスにおいてこの自由は信仰のため、すなわち、欲得まみれの世俗社会に埋没した偽りの生から魂をひきはがし、神の愛へと向け変えるための自由としてある。しかしアーレントがもとめたのは、この世に背をむけて信仰の道にひきこもる自由ではなく、世をともにする隣人たちを苦しめる社会の不正をただし、新しい世界をつくるための自由である。ゆえに彼女は、アウグスティヌスの言葉をいささか大胆に読み替えて、誕生というはじまりは、この世で人間が何かを始める自由のはじまりなのだ、と説く。だれもがユニークな個として、この世界で新しいことを「始めるために生まれて来る」のだ、というのである。国家にいのちを捧げ、敵を皆殺しにせよ、とせまる汚れて腐った大人たちに対して、いやだわたしはそんなことをするために生まれて来たんじゃない、とあらがう自由を守り抜くために。そんなことを許さない新しい世界をわたしたちはつくってゆくのだ、という希望の灯をともし続けるために。

自由と平和を言祝ぐ今日の社会は、戦争と虐殺に狂奔した前世紀の愚行と悲惨から、さしあたりとおく離れているように見える。ならばわたしたちは、子どもの誕生を、個のはじまりというその尊厳にふさわしいしかたで、祝うことができているだうとする。たとえば、男の子だからとズボンをはかせ、怪獣やパトカーのおもちゃを買い与え、今は腕白でよいけれど、大きくなったらしっかり勉強させて将来は立派な家の跡取りに、と期待を寄せるかもしれないが、当の子どものほうは、心のなかではピンクのスカートをはいて人形遊びがしたいと思っていて、やがて時がたち、わたしはほんとうは女性として生きたいのだ、と言い始めるかもしれない。そうしたときに、そうか、ならそうするのがいい、あなたの人生はあなたのものなのだから、と応答できる人間でありたいとわたしは思うし、それが社会全体としても理にかなった態度であると考えるが、いやそれは間違っている、そんなことを許したら社会は立ちゆかなくなってしまう、と考える人が少なくないことも承知している。誕生のうちにはらまれる、上記②と③という二つの要素のあいだの軋轢（あつれき）や衝突のうちに、個人の自由と共同体の秩序をめぐる(a)ソウコク、一般に政治とよばれるいとなみが生起する、と言ってよい。

そうした問題を回避する方法として、②の要素を消し去り、③に①をひきよせる、というやり方がある。(b)セイミョウな組織を構成して種族の存続をはかるアリやシロアリのばあい、はたらきアリとして生まれた個体ははたらきアリとして生き、奴隷みたいに働くために生まれたんじゃない、だの、ミュージシャンになってキリギリスと共演したい、だのと自己主張することはない（ように見える）。みながそのように個を滅却して全体に奉仕すれば、秩序の(c)アンネイと種族の繁栄はゆるぎない—という発想は、人間族の歴史においてめずらしいものではないが、その極端な事例として、前世紀前半のドイツにあらわれたナチズムがある。その迫害の対象となったユダヤ人の一人で、いのちからがら逃れたアメリカの地で政治思想家となったH・アーレントは、(2)ナチスの全体主義国家を巨大なアリ塚にたとえてもいる。

全体に奉仕する忠良な国民を殖やすべく、ナチス体制下では多産がおおいに奨励されたが、殖えるべきは純血種の健康な個体でなければならないとされた。ちょうど家畜の繁殖と同じように、品種をそこなうとみなされた個体は除去の対象となり、やがて劣等とみなされた人々の大規模な殺害へと発展していくが、ヒトラーやヒムラーがしばしば用いたたとえによると、そ

問四　傍線部(4)について、「華語も『実践のなかで伸張し、その存在を引き延ばされ、無限の可能性に向かう』」とは黄錦樹のどのような考えをあらわしているのか、本文全体の趣旨を踏まえて二〇〇字以上、二五〇字以内で説明しなさい。

Ⅱ

次の文章を読んで、後の問い(問一～問五)に答えなさい。

誕生日おめでとう、とわたしたちは言う。家族や友人に、ときにはその日初めて会った人にさえ、わりと気楽にこの言葉を差し向ける。しかしわたしたちは、この言葉でいったい何を祝っているのだろうか。そもそも誕生とは、どういうことなのか。

誕生とはまず、①生殖、すなわち、生物としてのヒトがおこなう繁殖行為の帰結としてあらたな個体が産みだされること、である。生殖はヒトにかぎらずどの生き物でもおこなうことであるが、ヒトのいのちは、唯一のわたしという個のかたちをとってあらわれる。同じヒトではあるが、わたしはあなたではなく、わたし以外のどんな人とも同じではなく、唯一のこのわたしとして生きるのであり、誕生とはその起点に位置する出来事、つまり、②唯一無二(ユニーク)の個のはじまりでもある。とはいえ、子どもは無人の荒野に生まれるのではなく、先に生まれていた人々のあいだに生まれ落ち、かれらが構成する社会の一員となる。わたしはわたしであってあなたたちとはちがう、とあなたたちに伝えることができるのも、あなたたちと同じ言葉を共にしているからである。このように人間の誕生には、③既存の社会への参入・所属、という要素がふくまれているのであるが、(1)②と③の関係は緊張をはらみ、かならずしも調和的ではない。

子どもはユニークな個として生まれて来るが、親をはじめとする大人たちのほうは、自分たちがよいと思うやり方で育てよた困難さが見られる。

（エ）　朱自清らの作家は、李金髪の詩が難解なのは彼が北京語を母語としないからだと考えていた。

（オ）　広東語や華語で書かれた文章も、北京語で書かれた文章と同様に白話文と呼べると筆者は考えている。

（カ）　（ア）～（オ）の選択肢の中にあてはまるものはない。

問二　傍線部（2）について、「白話文の優位性が発揮される場面」の例として適切なものを次の選択肢からすべて選び、記号で答えなさい。

（ア）　清末の中国における知識人が西洋の学術を学ぶうえで、日本語の書物を経由して知識を吸収したこと。

（イ）　魯迅が『狂人日記』を執筆し、封建的な家族制度を批判したこと。

（ウ）　中国の詩人が、日本人によって詠まれた漢詩を翻案して詩作をすること。

（エ）　清末の思想家が民間歌謡のスタイルを発展させて、政治の腐敗を批判すること。

（オ）　民国以降の庶民が文字によって自らの思想を表現すること。

（カ）　（ア）～（オ）の選択肢の中にあてはまるものはない。

問三　傍線部（3）について、「マレーシアの中国南方方言話者は、漢字と華語をマスターすることによって、新たに華人となる」とはどのようなことを意味しているか、本文の内容に即して一三〇字以内で説明しなさい。

は、中国語の純粋美学に適った作品を物したいという願望が埋み火のように燃え続けているのかもしれない。しかし、彼にはそんな美的中国語が「甲羅をつけた」異形の姿に見えてしまう。一方の華語は、蕪雑（ぶざつ）で語彙が貧しく、どれほど言葉を費やしても意に叶わない。黄錦樹は、雅（中国語）と俗（華語）の狭間から抜け出せないまま、夾雑物である華語にひそむ可能性をこう記すしかない。一般に言語がそうであるように、(4)華語も「実践のなかで伸張し、その存在を引き延ばされ、無限の可能性に向かう」のだ、と。おそらく黄錦樹の華語コンプレックスは、昇華されることなく、彼の創作の原動力として存在し続けるだろう。

（松浦恆雄「黄錦樹の華語コンプレックス」二〇一一年より。本文は、黄錦樹『夢と豚と黎明—黄錦樹作品集』（人文書院刊）の解説として掲載された。出題の都合により、一部改変した箇所がある。）

（注1）華人　中国大陸から海外に移住した移民、およびその子孫たちのうち、移住先の国籍を有するものを指す。

（注2）「文学的素養の（……）と思う」〔　〕内は本文の筆者・松浦恆雄による補足である。

問一　傍線部(1)について、本文全体での「華語」、「北京語」の説明として正しいものを次の選択肢からすべて選び、記号で答えなさい。

（ア）老舎が書く文章は、北京語とは異なる体臭を身につけている。

（イ）マレーシア華人の華語とは、家庭で用いられる南方方言のことである。

（ウ）広東語の話者が見よう見まねの北京語の白話文で書くことと、マレーシア華人が華語で書くこととの間には類似しる。六〇年代の華文独立中学は、経費、学生、教員、校舎の確保にも困難を抱え、多くの学校が学生の募集停止を余儀なくされた。しかし、七〇年代に入ると、華語教育に対する危機感から独立中学復興運動が起こり、以降、独立中学の在学生数は増加の一途をたどる。九〇年代以降は、中国の改革開放政策による急速な経済力の向上を背景として、マレーシア政府の華語教育に対する見直しが進み、多文化主義の名目のもと、華語教育が制度的に保障され、それまで認可されなかった華語中心の私立大学の設置も認められるようになった。

このようにマレーシア華人が華語教育にこだわり続けるのは、「華文中学は華人文化のとりで」だと言われるように、「学校教育、新聞、雑誌などのメディアを通じてことばを覚えること、そして漢字の読み書きの能力を身につけることが、華人としてのアイデンティティを保証する」からである。(3)マレーシアの中国南方方言話者は、漢字と華語をマスターすることによって、新たに華人となるのである。

とするならば、華語が純粋な北京語ではなく、華人特有の体臭を持つことに対して、おおよそふたつの異なる反応が予想されよう。ひとつは、華語における北京語の純粋さの欠如が、純粋な「中国性」を永遠に追求させるよう働くことである。もうひとつは、純粋さの欠如した華語によってのみ可能な、マレーシア華人の「中国性」を新たに構築することである。

では、黄錦樹は、自身の華語により、どのようなアイデンティティを作りあげようとしているのか。彼は台湾で中国語（原文「中文」、以下同じ）を媒介語とし文学の何たるかを知り、創作の筆を握るに至った自己を振り返りつつこう記している。「華人として記憶のなかで交響楽のように鳴り響いているのは華語であり、筆を下ろせば『華文』であることは免れない。それが故郷の情緒なのであるが、大中華の典雅な美学の憎む『美学の夾雑物（きょうざつぶつ）』であることも免れない。」黄錦樹は、自分の書く文章が華語による華文であり、中国語の夾雑物であることを、ふたつの「免れない」という語を用い、それが、南方方言を母語とする華人が、望むと望まざるとに拘わらず、引き受けざるを得ない境遇なのだと自らに言いきかせているように思える。彼の心中に詩人であった。彼の書いた詩はその晦渋さのゆえに多くの読者を戸惑わせた。しかし、当時、彼の詩が晦渋なのは、フランス象徴主義のゆえではなく、彼が北京語を話せず、まともな白話文を書けないからだと考えられていた。しかもこう考えたのは、朱自清(一八九八―一九四八)や卞之琳(一九一〇―二〇〇〇)といった二〇世紀を代表する中国の詩人であり、学者であった。さらに二人はともに相対的に北京語に近い江淮方言や呉方言を母語とし、その後の長期にわたる北京滞在により方言の壁を克服して北京語を、つまり北京語による白話文を自家薬籠中のものとしていた。彼らの李金髪に対する見方には、白話文に対する優位性からくる差別意識が、知らず知らずのうちに働いていた可能性は否定できない。

また、同じく広東省出身の小説家欧陽山(一九〇八―二〇〇〇)は、一九三〇年代の大衆文芸運動に呼応し、広東語による白話文の創作の場として「広州文芸」という新聞文芸欄を立ち上げた。彼がこの文芸欄を設けた理由の一つは、「文学的素養の豊かな(特に本省〔広東省〕を離れたことのない)文学青年の多くが新文芸の創作に従事できないのは、彼らが精通する言葉〔広東語〕を用いることができず、書物から学んだ白話文を用いて書かざるをえないからであると思う」(注2)という点にあった。

つまり、広東語しか話せない者が、見よう見まねの白話文で創作するのは極めて困難であるため、広東語による広東語白話文を用いた創作の場の確保が、広東語を母語とする人材の育成に不可欠であると考えたのである。

李金髪や欧陽山の直面した問題は、福建語(閩南語)を母語とする黄錦樹にも共有されているであろうことは容易に想像がつく。しかも黄錦樹の場合、問題はさらに入り組んでいる。そこに華人としてのアイデンティティの問題が関わるからである。

マレーシア華人は、イギリス植民地時代から、華語による学校教育を重視してきた。しかし、一九五〇年代以降、特に五七年のマラヤ連邦独立以降は、マレー語中心の国民統合が推進され、華語教育は締め付けを受けるようになった。一九六一年に公布された教育法により、中学校は、公立の国民中学(国語〔マレー語〕)、国民型中学(英語)及び私立の華文独立中学(華語)に三分され(括弧内は各中学の教授用語)、政府の補助が打ち切られた華文独立中学は、華人社会の寄付金に頼らざるを得なくな二〇世紀に入り、中国では清王朝が崩壊し、中華民国が成立した。それに伴い、王朝を支えた文言文が批判され、話し言葉に基づく白話文が堂々と用いられるようになった。これが五四白話文運動である。

この文言文から白話文へという変化は、貴族の言語から庶民の言語への転換であり、文字による文化を広く庶民に開放し、文化創造の階級差をなくすことが期待されていた。

確かに、民国以降の百年は、(2)白話文の優位性が発揮される場面が少なくなく(抗日戦争などの大衆宣伝などにおいて)、演劇や大衆芸能などを含む口語や白話文による表現が、歴史上最も高い評価を勝ち得た時期でもあった。しかし、思いがけない事態も明らかになった。それは、方言差による白話文の習熟度に差が生まれ、そこから白話文創作に優位に立つ者と劣位に立つ者との新たな差別が生じたのである。

文言文は、口語から切り離された書面語として発達し、膨大な文言文のストックを共有することにより、文言文での文化創造に口語の方言差はほとんど影響しなかった。一方の白話文は、口語を書面語化したものである。民国時代の国語は北京語を基礎とし、白話文も当然北京語を基礎として書かれる。ゆえに北京語や北京語の属する北方方言を母語とする者は、母語(北方方言)の表現を生かした白話文を容易に書くことができる。北京生まれの作家老舎(一八九九―一九六六)の白話文の巧みさは、もちろん彼の言語感覚の鋭さにも拠るが、その「アプリオリな条件の良さ」に負っていると同じ作家仲間からは考えられていた。

しかし、福建語や広東語や客家語のように、北京語との相違があまりにも甚だしい南方方言を母語とする者にとって、母語(南方方言)は白話文の創作に何の役にも立たない。白話文の基礎となる北京語は、彼らには、同じ中国語と言ってもほとんど外国語に近い。彼らの書く白話文は、勢い母語以外の言語を学ぶようにして、技術的に身につけざるを得ないのである。

民国初年の文壇にフランス象徴主義の詩風をもたらした李金髪(一九〇〇―七六)は、広東省梅県出身の客家語を母語とする

　このエッセーに記されている「華人とゴムの木は互いが互いの隠喩として、まさにぴったりである」(マレーシアのゴム園はイギリス植民地政府が原産地ブラジルからゴムの木をこっそり盗みだし移植したことに始まる)という語に惹かれて思ったのであるが、黄錦樹の記すゴムの木から樹液を採り出す熟練の手技は、まるで彼の華語創作における言葉の選択を想起させる。それは、黄錦樹の記す白話文がごく自然な母語として記された書き言葉ではなく、後日学んで身につけた華語(海外華人の用いる北京語の呼称)に基づく白話文だからである。黄錦樹のゴムの木に対する深い思い入れは、彼の華人としての意識、さらに華語への執着に重なるだろう。

　ここでマレーシア華人の言語状況について簡単に触れておきたい。マレーシア華人のほとんどは、中国南方の福建省、広東省、海南省からの移民である。彼らの話す中国語は、福建語、広東語、潮州語、客家語といった方言であるが、いずれも北京語との違いが甚だしく、北京語だけでなく、それぞれ方言間の理解も困難である。華語は、彼らの共通語として、また祖国への文化的象徴性を備えた言語として、学校で学び身につける言葉なのである。しかし、華語は北京語に基づく共通語ではあるが、ちょうど台湾の国語が北京語に基づきながら北京語とは微妙に異なる言語的特徴を持つように、おそらく(1)マレーシア華人の華語も、北京語とは異なる体臭をすでに身につけているように思われる。大陸を代表する作家のひとりである王安憶(一九五四—)がマレーシアのジョホール・バルを訪れた際、接待した『星洲日報』支社の人々の話す華語が、彼女には「歌うような華語」に聞こえたという。王安憶が華語の発音に北京語のイントネーションを大きく逸脱する違和感を覚えたのは明らかであろう。筆者の考える黄錦樹の華語に対する執着というのは、このような差異を含む華語特有の体臭に対する執着である。

　では、黄錦樹にとって、この華人特有の体臭を備えた華語、及び華語による白話文とは、どのような意味を持つのだろうか。まず考察の前提として、北京語による白話文の成立と、そのため南方方言を母語とする人たちに起こった困難について考えることから始めたい。

▲人間科・外国語・法・経済学部▼

（九〇分）

Ⅰ 次の文章を読んで、後の問い（問一～問四）に答えなさい。

黄錦樹（一九六七—）は、マレー半島の南端、ジョホール州のほぼ中央に位置するクルアン（Kluang　中国語では居鑾）に生まれた。地元のクルアン中華中学（中学・高校に相当）を卒業後、台湾にわたり、台湾大学中文系で学士、淡江大学で修士、国立清華大学で博士の学位を取得、現在は、台湾南部の埔里にある暨南国際大学で教鞭を執っている。在学時代から活発な創作活動を展開、聯合報文学賞、中国時報文学賞など台湾の主要な文学賞を総なめにし、すでに小説集四冊、エッセー集一冊を上梓している。また創作の傍ら、文学研究や評論活動にも精力的に取り組み、四冊の評論集がある。いまや、マレーシア華人（注1）を代表する文学者の一人であると言ってよいだろう。

黄錦樹の祖父母が中国の南方、福建省の奥地から移民の群れに混じってクルアンの地に入植したのは、二〇世紀初頭のことであった。黄家は以来、二代にわたりゴム園を営み、ゴム園の収入を主要な収入源として生計を立ててきた。彼は「涙を流す樹」というエッセーに、ゴム園農家の日常を—天候への心配（雨が降ると樹液を採れない）や朝の早さ（陽が当たると粘ってしまう）から樹液を採るため樹皮に傷をつける時の力の入れ具合や採り残した樹液が発する悪臭、その悪臭がゴム園農家の人たちの体臭に浸みつくことに至るまで—丹精な筆致で綴っている。

問一　傍線部(1)「我聞有鳳凰久矣。今真見之。汝売之乎」を現代語訳しなさい。

問二　傍線部(2)「路人将献楚王」を現代語訳しなさい。「献」の対象となるものを明示すること。

問三　傍線部(3)「皆以為真鳳凰、宜献之」を現代語訳しなさい。「以為」「献」の主語を明示すること。

問四　傍線部(4)「識者無不笑之」を、すべて平仮名を用いて書き下し文に改めなさい。現代仮名遣いでもよい。

問五　傍線部(4)「識者無不笑之」とあるが、なぜ識者はこのような態度を示したのか、傍線部(a)「請加倍」および傍線部(b)「過買鳳凰之値十倍矣」をふまえてわかりやすく説明しなさい。

Ⅳ　次にあげる文章を読んで後の問いに答えなさい。設問の都合上、返り点・送り仮名を省略した箇所があります。

楚国有担山鶏者。路*人問曰「何鳥也」。担者欺之曰「鳳凰也」。路人曰(1)「我聞有鳳凰久矣。今真見之。汝売之乎」。担者曰「然」。路人乃酬千金、担者不与。路人(a)請加倍、担者乃与之。(2)路人将献楚王。翌日鳥死。路人不惜其金、唯恨不得以献耳。楚国之人伝之、(3)皆以為真鳳凰、宜献之。遂聞於楚王。楚王感其欲献己、召而厚賜之、(b)過買鳳凰之値十倍矣。(4)識者無不笑之。

（邯鄲淳『笑林』による）

*路人——通りすがりの人。

＊むげはなちなる――突き放したような。すげない。

問一　傍線部①②を文脈に即してわかりやすく現代語訳しなさい。②は、「さりとて」の内容を明らかにし、動作の主体・対象を補って訳すこと。

問二　傍線部ⓐについて、誰のどのようなことばを受けて、何をしようというのか、説明しなさい。

問三　傍線部ⓑについて、誰が、どのようなことをしようといっているか、具体的に説明しなさい。

問四　傍線部㋐は、「近江なる伊香具の海のいかなればみるめもなきに人の恋しき」（『今昔物語集』）という和歌をふまえている。「みるめ」における、海藻（「海松布（みるめ）」）ではないもう一つの意味を明らかにしながら、傍線部に込められた文の書き手の心情を説明しなさい。

問五　傍線部㋑は、ⓧの和歌に表された誰のどのような思いに対し、どのような返事をしているか、わかりやすく説明しなさい。

問六　傍線部Ⓐは、文を送った相手に対してだけでなく、この物語を読む読者に対しての表現効果もねらって書かれている。読者に対してどのような表現効果があるか説明しなさい。

誰ゆゑと、かこつべきたよりもなくて明かし暮らし、かの＊柏木(かしはぎ)の衛門の督(かみ)、二品(にほん)の宮の御事、思ひ乱れしころかとよ、

行方なき空の煙と嘆きけんも、今さらかかる身に知られつつなん。

とまで書きみだして、

ⓧ音にのみきくの白露いつの間に淵(ふち)となりては浮き沈むらん

とあり。乳母、「浅ましながら、＊返歌せぬは七生(しちしやう)何とやらん」と、＊晋銀(しんぎん)の硯に向かひて、白麻の紙を取りて、

(イ)よしやただ淵ともつもれ涙川浮き沈むともあふ瀬あらめや

と書きて、千鳥に投げ出だす。これを取りて真玄に見せければ、＊むげはなちなる返事なり。②さりとて思ひやむべき心ならねば、その後も玉梓(たまづさ)たびたびなり。

（『鴉鷺(あろ)物語』による）

＊ござんなれ――「にこそあるなれ」が短縮された形。

＊さん候ふ――「さに候ふ」と同じ。

＊およびざまに――およばずながら。行き届かないとは思うが。

＊墨淵の硯をならし、鶏距の筆をさしぬらし――墨をすり、筆を墨でぬらして。

＊夜の衣を返しつつ――夜、衣を裏返しに着て寝ると、夢で恋しい人に会えると信じられていた。

＊柏木の衛門の督、二品の宮――『源氏物語』の柏木と女三宮のこと。

＊返歌せぬは七生何とやらん――返歌をしなければ、七度生まれ変わっても悪い報いを受けると言われていた。

＊晋銀の硯に向かひて、白麻の紙を取りて――硯に向かい、紙を取って。

問四　波線部Ⓧ「臙脂のしっぽ」という表現にはどのような効果があるか、本文全体の内容をふまえて説明しなさい。

Ⅲ

次の文章は、擬人化された鳥が登場する物語の一部です。京の祇園林に住む鴉の真玄は、鷺の山城守正素の娘（「姫」「御料人」とも呼ばれる）の評判を耳にし、思いを募らせています。これを読んで後の問いに答えなさい。

真玄、身の程もなくうちそぞろいて、やがて「婿にならん」と申しければ、山城守はなかなか思ひよらざる事にぞいひける。真玄、「さては我を嫌ふ＊ござんなれ。(a)その儀ならば押し寄せて奪ひとりて恥を与ふるか。いひかくるこそ不祥よ」など、あふ者ごとに向かひて遠慮もなく荒言をぞ放ちける。しかれども山城守は、「沙汰のほかの奴」とて是非をいはざる所に、真玄、かの姫の召しつかひける下司、千鳥といふに語らひ寄り、頼みて心の奥をつぶさに語りければ、「さん候ふ。＊殿の御心、人に似させ給はで。その御事にて候へども、(b)あまりにうけたまはり候へば、一筆たまはりて、＊およびざまに御料人のたよりをうかがひ候はん」といふ。うれしさとびあがるばかりにて、＊墨淵の硯をならし、鶏距の筆をさしぬらし、黒みがちなるほどに書きみだし、千鳥に取らせけり。この文を持ちて、かの姫の乳母に連れて河あそびに出でける所にて、少し思はせてさし出だす。姫「なに文ぞ」とて開きて見るに、「祇園林より、御料人へ参らせらるる」といへば、「うつつなや」とて顔うちあかめて捨てけり。乳母取りあげて見るに、

(ア)近江なる、伊香具の海のいかなれば、みるめもなきにと思へども、恋しき時は烏羽玉の、夜の衣を返しつつ、＊Ⓐ君に心は月夜がらす、音にたててなくばかりなる恨みには、うち寝ぬほどの関守に、夢路さへ隔てつる中となりにけり。あふ瀬も涙の深き川に、浮き沈みたる心の闇、たどりたどりて憂き身のほど、①ありとだに知られぬ恋の世を恨み、しのぶもぢずり

そのまま佐知子は、静かに踵を返し、台所を出て、家を出た。いつもの散歩コースをひとりで歩いた。リードはなかったから、中途半端な気分で、腕を大きく振って歩いた。佐知子は、母の腕から垂れ下がり、ゆらゆらと彼女の歩調に合わせてリズムよくゆれるリードを想像し、考えていた。その先に繋がれたものを、姿を、形を。わからない。自分には見えない。触れられない。それはもう、去ってしまった。

物音がして、振り返った。あのころから歳月を重ねたはずの母の家は、ものが溢れているのにがらんどうだった。目を凝らす。でも、凝らすだけだ。佐知子はようやく部屋の明かりをつけた。蛍光灯に照らされる段ボールの山は、高さがそれほどないくせに、寒々としている。③佐知子は空っぽだった段ボールから臙脂色のネクタイをとりだすと、箪笥の上にのる母の白い骨壺に巻きつけた。距離をとる。眺める。母の骨の中に喉仏はあっただろうか。あったはずだ。たぶん。鼻がむずむずと、くしゃみの予感がして、でも、なにも起こらなかった。

（坂崎かおる「母の散歩」による）

問一　傍線部①「その職員は瞳を揺らしながら母の言葉を繰り返した」のはなぜか、その理由をわかりやすく説明しなさい。

問二　傍線部②「「そうなんだ」の「そ」の形で佐知子の唇は止まった」のはなぜか、その原因である母の言動もあわせて説明しなさい。

問三　傍線部③「佐知子は空っぽだった段ボールから臙脂色のネクタイをとりだすと、箪笥の上にのる母の白い骨壺に巻きつけた」のはなぜか、説明しなさい。

佐知子は水をもう一杯飲んだ。今日はやけに喉が渇いた。部屋は薄暗いが、明かりをつける気分にはなれなかった。この家にあるなにもかもがはっきりと見えてしまいそうだった。

母が散歩をやめたのは突然で、予兆も予告もなかった。朝六時を過ぎても母はいて、台所でご飯を作っていた。佐知子は声をかけようとして、ゴミ箱にリードが捨てられているのを見つけた。彼女は黙っていたが、振り向いた母は、その視線に気がついた。

「もう犬はいないよ」

安心して、というように、明るい声で母は言った。佐知子は曖昧な顔で頷いた。ずっと犬がいる生活が当たり前だったので、こうして母だけが立っている、という状態はどこか不自然に感じた。自分はそれが見えたことなど一度もないのに、母からはなにかが損なわれていた。それでも、晴れ晴れとした表情の母を見ると、少し心が落ち着いた。元のような生活に戻れるのかもしれない、と佐知子は子供心に思った。

「犬はどこに行ったの？」

佐知子は母に訊ねた。それが不用意な質問であることは、母の表情を見てすぐに気がついた。遅かった。

「首を絞めたよ」

母は短く言った。「もう必要なくなったからね」

②「そうなんだ」の「そ」の形で佐知子の唇は止まった。首を絞めた。なんと返事をしていいかわからず、佐知子は、「それは」と辛うじて続けた。「それはなんだかかわいそうだね」

「かわいそうなんてことあるもんかい」母はもう背を向けて、卵を割っていた。「想像の犬だよ。誰も、なにも、傷ついていない。傷つけていない」

さに褒めそやし、兄は思春期らしいじとりとした目で見返した。直哉は声変わりが完全に終わる前に死んでしまったので、それからその喉仏がどうなっていく予定だったのか、佐知子たちにはわからずじまいになった。

火葬の日、葬儀場の職員が、白い手袋をはめて、ひとつひとつの焼け残った骨の説明を始めた。しっかりした大腿骨（だいたいこつ）ですね、とか、頭のお骨が少し残っていて聡明なお子さんだったんでしょう、とか、そう言った説明のときに、喉仏の話が出た。本当の喉仏は軟骨なので燃えてなくなってしまうため、火葬したときに残るのは第二頸椎（けいつい）、首のこのあたりですね、こちらの骨になります。ほら、仏様が座禅をしているように見えるでしょう、お定まりの説明がしばらく続いた。

「じゃあ、嘘（うそ）なのね」

滔々（とうとう）と職員が説明を終えたあとで、母はそう言った。嘘。①その職員は瞳を揺らしながら母の言葉を繰り返した。すると母は、「これは本物の喉仏じゃないのよね」と続けた。まあ、と職員は答えた。医学的には、そうなります。

「そう」

じゃあいらない。佐知子は、そう母が言いだすのではないかと思った。しかし、彼女は黙ったままだった。そのまま、決して自分で骨上げはせず、父や佐知子がする様子を、じっと見つめていた。

母が最初に架空の犬を飼いだしたのは、そのあとだった。犬を飼うから、と唐突に宣言し、トマトのような色のリードを買ってきた。でもリードだけだった。ときどきは姿の見えないそれを抱え、頭を撫（な）でた。慣れた手つきだった。佐知子と父は話し合い、そっとしておくことに決めた。だが、佐知子は母の散歩にはなるべく付き添った。朝は六時、夕方は五時。リードを片手に持ち、揺らしながらずんずんと歩く彼女の横を、後ろを、佐知子は共に歩いた。佐知子は、母が家を出ていったきり、戻ってこなくなることを自分は恐れているのだと思っていた。いってきますも、ただいまも言わない彼女が、ある日ふと消えていなくなってしまうのではないかと。

ヘビタくんは事務的に申し訳なさそうな顔をした。佐知子が落胆とやや苛々した表情を見せると、慌てたように「ああ、でも」と付け加えた。

「今すぐってわけじゃなくてもいいですし、なんだったら、うちのリードじゃなくても構いません」

「どういうこと?」(中略)

「ていうか、リードじゃなくても、紐っぽいならなんでもいいですよ」

紐っぽい、の、「ぽ」あたりで、ヘビタくんは佐知子の持つネクタイを見たし、佐知子もそれを見た。微かに膩脂のそれは先が揺れている。彼は口を開きかけ、佐知子と目が合い、結局口を閉じた。

「ま、いつでもいいです」

締めくくるようにヘビタくんは言い、佐知子に「預かり証」と書かれた控えの紙を手渡した。(中略)

首を少し反らせるヘビタくんを見て、喉仏だ、と佐知子は思った。彼の喉仏は、兄のそれと似ていた。完璧な二等辺三角形。直哉は同じように首を反らせ、水を勢いよく飲んでいた。その口元から滑り落ちる水滴の行方を佐知子は今も覚えている。直哉のブレザーは濡れ、それに構わず、喉がぐっぐっと音を立てていた。それは、永遠に失われた骨だった。

(中略)

家に着くと、積まれた段ボールのいくつかに触り、中を覗き、また閉めるという作業を無為に繰り返した。ネクタイはとりあえず、まだなにも入っていない、空っぽの段ボールに入れた。横たわるそれはどこから見てもネクタイで、それ以上ではなかった。

水道からコップに水を注ぎ、一気に飲み干したとき、また喉仏を思い出した。直哉の喉仏は、くっきりと、それは見事に首に浮かんでいた。兄のしゃがれた声と、その白く突き出た肌を見ると、佐知子は胸が高鳴った。母はその二等辺三角形を大げ店主によれば、バスケットは、〈架空の犬〉のダイエットプログラムを提供する団体のもので、母はそこと契約していたらしい。バスケットはそのプログラムのレンタル品ということだった。

「郵送でも返せるみたいだけど、でっかいし、いつもだったら公民館に係の人がいるよ」

場所わかる？　という質問に佐知子が首を振ると、店主は右手でチラシの裏に地図を描こうとしてくれた。（中略）右手のネクタイを見て、手提げの袋をもらえばよかったな、と佐知子は思った。Ⓧ臙脂のしっぽをぶらぶらさせながら、佐知子は公園を目指し、商店街を南に下った。

（中略）

「ヘビタくん」と呼ばれた彼は、「犬のバスケットの返却ですよね」と言った。

「ええ」

佐知子は頷き、男を見た。大学を出たばかりという感じで、真新しいスーツはサイズが合っていなかった。暑さのせいなのか、ネクタイはしていない。ふと、佐知子は兄の直哉のことを思い出した。（中略）

「リードは」

バスケットを置いて戻ってくると、ヘビタくんが訊(たず)ねた。

「リード？」

「ええ」彼は紐(ひも)をもつジェスチャーをした。「リードも一緒にレンタルしているんです」（中略）

「ないとだめですか」（中略）

確認してみます、と携帯を出し、彼はその場を離れた。（中略）

「結論から言うと、やはりリードは返してもらわなければなりません」

問三　責任と「物語り」との結びつきについて、傍線部③をふまえて説明しなさい。

問四　「人間のアイデンティティ」と物語ることとはどのような関係にあるのか、本文全体をふまえて説明しなさい。

Ⅱ

次の文章は、坂崎かおる「母の散歩」の一部です。佐知子は、母のコートのポケットからクリーニング店の預かり証を兼ねたレシートを発見します。仕上がり予定日は半年以上前、母が入院していた頃のことです。以下は、「ネクタイ」と印字されている預かり証に首をかしげつつ、クリーニング店を訪れた後の佐知子について書かれています。これを読んで後の問いに答えなさい。

「お待たせしちゃって」

店主が大きな声で戻ってきた。手には透明なビニールで包まれたネクタイがある。臙脂(えんじ)色。それを受けとりながら、これは誰のものなのか佐知子は考えた。順当に考えれば父のものだ。母の箪笥(たんす)には、まだ父のものが大量に残っていた。だが、彼女の記憶の中で、あまりこういった色のネクタイを締めている父を思い出すことはできなかった。

「意外に多いんだよね、クリーニングの受けとり忘れって」（中略）

そうなんですね、と頷(うなず)く佐知子に、店主はああそうだ、と思い出したように付け加えた。

「そのバスケットは返さなきゃいけないんだって」

「返す？」

とばを集めて配列し、それでひと続きの話を組み立てて自分の考えを伝えることができる」ことを挙げていた。それゆえ、動物と機械に挟撃されて宙吊り（ちゅうづ）になっている人間のアイデンティティの在処（ありか）を見出すとすれば、それは「物語るヒト」すなわち「ホモ・ナランス（homo narrans）」であるところにこそ求められねばならない。もちろん、これは動物や機械を人間から区別することではあれ、差別することではない。逆に言えば、チンパンジーが図形言語によって、あるいは代理人を立てて行為の理由を物語ることができ、コンピュータが物語り能力を加えたチューリング・テスト*に合格するならば、彼／彼女らはもはや「ホモ・ナランス」に属するのであり、それに応じた「人権」を認められてしかるべきであろう。そのとき、「ホモ・ナランス」としての人間の自己認識は、これまでにない新たな段階へと踏み入るはずである。

（野家啓一「ホモ・ナランス（homo narrans）の可能性」による）

＊プロトタイプ――基本型、原型。

＊チューリング・テスト――問いに対して人間のように回答するよう作られたコンピュータが、質問者を実際に欺けるかをテストするという思考実験。それによって「知能」の有無を判定できるとする考えを、数学者のアラン・チューリングが一九五〇年に提唱した。

問一　傍線部①「物語り的因果性」と、著者の言う「科学的説明」との違いを説明しなさい。

問二　傍線部②について、原因―結果のプロトタイプが「個人の行為」であるとはどういうことか、説明しなさい。

ションの形式である」と主張するベネットとフェルドマンは、法的判断において物語りが果たす役割について、次のように述べている。

ある社会的行為の意味、つまりその行為が引き起こす関心とその行為の意義は、誰が・何のために・どのような手段で・どのような文脈において・その行為をするのか・その行為がいかなる種類の発端と結末を備えているのか、ということに依存する。端的にいえば、物語とはひとつのコミュニケーション形式であって、場面、行為、行為者、手段、意図という物語を構成する諸要素の文脈において、行為が展開され、クライマックスをむかえ、結末が与えられるのである。物語は、ある行為をさまざまな時間的・空間的な諸要素のなかに配置するのであるが、その結果、単にある中心的行為に焦点を当ててその行為についての判断を可能にするばかりでなく、その行為の意味について明確な理解ができるか否かを左右する力をも有しているのである。

間然するところのない説明であろう。物語りは行為の意味を理解し、その責任を判断するための不可欠の概念装置なのである。ここで物語りが「コミュニケーションの形式」として特徴づけられていることに注目しておこう。大庭が述べるように、責任とは「応答可能性」の間柄にあることであり、その応答は何よりも行為の理由について説明し理解するところに存する。その意味で、「物語り」とは応答を可能にするコミュニケーションの場だと言ってもよい。③行為の責任を問われるのは、基本的に過去の出来事についてである。そして、過去の行為と現在の自分という二つの出来事を結びつける言語的営みこそ物語り行為にほかならない。それは同時に、因果関係を明らかにし、理由を説明する言語行為なのである。

人間が行為の「自由」をもち、行為の結果について「責任」を負う存在であるとすれば、その存立基盤は行為の理由についむ連続的変化があるだけであり、「信念の獲得」や「決断」などの心的状態に対応する自然的切れ目が存在するわけではない。これは可視光線のスペクトルに「赤」や「青」の区別を示す波長の物理的切れ目が存在しないのと同様である。たとえば、ハムレットが「生きてとどまるか、消えてなくなるか、それが問題だ。どちらが雄々しい態度だろう」と独白してから、オフィーリアに向って「尼寺へ行け、さようなら」と別れを告げるまでの心的状態の変化は、逡巡（しゅんじゅん）から決断へと非連続的であろう。しかし、それに対応するハムレットの脳状態は、ある物理的状態から次の物理的状態へと自然法則に従って連続的に遷移しているはずである。そうでなければ、何か超自然的な力が彼の脳状態を変化させたことになるが、それは科学的知見に反するであろう。それゆえ、特定の脳状態を逡巡や決意として同定できるのは、あくまでも心的状態の非連続性に依拠してのことである。だとすれば、原因―結果のカテゴリーを本来的に適用できるのは、脳状態ではなく、心的状態だと言わねばならない。

このことは、因果関係の適用対象が、もともとメゾスコピックな人間的事象であるという考えとも合致する。すなわち②原因―結果のプロトタイプ*は、心的状態を帰属させることが可能な個人の行為なのである。そして、心的状態は非連続的・離散的であり、行為もまた時空的に完結した出来事であるがゆえに、そこには原因と結果を結びつける背景としての「物語り」が必要とされる。大庭健の言葉を借りれば、「何気ないささいな行為においてさえ、状況の認知、周囲の人たちの抱いている予期・期待、当人の中長期の計画などなど、多くの事が前提となっている」のであり、物語りはそれらの前提をも含めた舞台装置をしつらえるものである。したがって、行為の「責任」が正当に問われうるのもまた、そのような「物語り」という場においてであると言ってよい。

行為の責任が最も厳しく追及され、意図と行為の間の因果関係が問われるのは裁判過程、すなわち法廷の場においてである。「物語は、法廷のさまざまな登場人物たちが裁判の展開を理解して争点について推論することを可能にするコミュニケー

t_0に枝を離れてから時刻t_nに地上に到着するまでの、どの時点のリンゴの物理的状態であってもかまわないはずである。それどころか、t_1時のリンゴの物理的状態が原因で、次のt_2時のリンゴの物理的状態を結果したとすら言える。そして、この時間間隔は極限まで縮めることが可能である。だとすれば、この場合の原因─結果という因果関係のカテゴリーは「空転する歯車」であり、正常な機能を果たしていないと言うべきであろう。

ヒュームは因果関係の成立条件として、原因と結果の時空的隣接性、原因の結果に対する時間的先行性、原因と結果の必然的結合（恒常的連接）の三条件を挙げたが、科学的説明は時空的隣接性と時間的先行性を極小化し、連続性に融合させるのである。これは、自然科学がミクロスコピック（微視的）な連続的変化の描写を目指すものである以上、当然のことであろう。

他方、われわれが原因を探し求めるのは、たとえ変化は連続的であろうとも、時間的に先行する独立の離散的事象に対してである。それゆえ、われわれは蟻の死の原因をリンゴの落下の中間段階にではなく、リンゴが枝を離れた瞬間に求める。このことは、原因─結果の概念が本来的に適用されるのは、メゾスコピック（中規模）な人間的スケールの事象であることを意味する。つまり、われわれは自然の連続的変化の中に人間的関心に従って切れ目を入れ、そこに見出される離散的事象を原因あるいは結果と称するのである。その意味で、この生活世界的カテゴリーとしての因果概念を①「物語り的因果性」と呼ぶことができる。人間が語る「物語り（narrative）」こそ、因果概念が生きて働く場であるからである。

その観点からすれば、自然科学が連続的であるはずのミクロスコピックな領域に因果関係を設定するのは、この日常的用法のいわば極限形態であり、原因─結果のメタフォリカルな適用にほかならない。実際、生命科学者がＤＮＡの塩基配列を原因としてタンパク質の生成を語るとき、彼／彼女らは連続的な分子レベルの自然現象の変化の中から人間的関心に即して、人間の生体にとって重要な役割を演ずる原因と結果を選び出しているのである。

同じことは脳状態にも言うことができる。脳状態をミクロスコピックに見るかぎり、そこには神経細胞群の自己組織化を含

2024年度　前期日程

国語

国語

（一二〇分）

▲文学部▼

I　次の文章は、わたしたちの因果関係のとらえ方において、科学的因果性とは異なる「物語り」が重要な役割を果たしていることについて論じたものです。これを読んで後の問いに答えなさい。

たとえば、リンゴが樹木から落下したとしよう。われわれは通常、その原因はリンゴが熟したからだという。他方で、科学的説明はその原因を重力の作用に求めるであろう。だが、重力は二つの物体の質量と距離によって決まるものであり、そこにあるのは複数の物理量の間の関係のみである。たとえ初期条件を原因としたところで、時刻tにおける重力の値について、その時点での質量が原因か距離が原因かを言うことはできない。言えるのは、時刻tにおける物理系の状態全体が原因だということだけである。

樹木から落下したリンゴは、地上を這(は)い回る蟻(あり)の上に着地するまでは落体の法則に従う。この場合もわれわれは、リンゴが枝を離れたことが原因で地上の蟻が押しつぶされた、と言うであろう。だが、科学的見方をとれば、蟻が死んだ原因は、時刻

//////////////////// · memo · ////////////////////

//////////////////// · memo · ////////////////////

//////////////////// · memo · ////////////////////

//////////////////// · memo · ////////////////////

//////////////////// · memo · ////////////////////

////////////////////// · memo · //////////////////////

//////////////////// · memo · ////////////////////

2023年度

問題編

■前期日程

問題編

▶試験科目

<table>
<tr><th>学部</th><th>教科</th><th>科目等</th></tr>
<tr><td rowspan="3">文学部</td><td>外国語</td><td>「コミュニケーション英語Ⅰ・Ⅱ・Ⅲ，英語表現Ⅰ・Ⅱ」，ドイツ語，フランス語から１科目選択</td></tr>
<tr><td>選択</td><td>日本史B，世界史B，地理B，「数学Ⅰ・Ⅱ・A・B」から１科目選択</td></tr>
<tr><td>国語</td><td>国語総合（文学部の学生にふさわしい学力を判定するため，現代文のみならず，古文，漢文からも出題する）</td></tr>
<tr><td rowspan="3">人間科学部
法学部
経済学部</td><td>外国語</td><td>「コミュニケーション英語Ⅰ・Ⅱ・Ⅲ，英語表現Ⅰ・Ⅱ」，ドイツ語，フランス語から１科目選択</td></tr>
<tr><td>数学</td><td>数学Ⅰ・Ⅱ・A・B</td></tr>
<tr><td>国語</td><td>国語総合</td></tr>
<tr><td rowspan="3">外国語学部</td><td>外国語</td><td>「コミュニケーション英語Ⅰ・Ⅱ・Ⅲ，英語表現Ⅰ・Ⅱ，英語会話」，ドイツ語，フランス語，中国語，韓国語，スペイン語，ロシア語から１科目選択。ただし，英語専攻志願者には英語を課す
（英語の試験の一部にリスニングテストを行う）</td></tr>
<tr><td>選択</td><td>世界史B，「数学Ⅰ・Ⅱ・A・B」から１科目選択</td></tr>
<tr><td>国語</td><td>国語総合</td></tr>
</table>

▶備　考

- 英語以外の外国語は省略。
- 「数学B」は「数列，ベクトル」を出題範囲とし，「確率分布と統計的な推測」を出題範囲から除く。

▶配 点

学部等		外国語	地 歴	数 学	国 語	合 計
文		150点	100点		150点	400点
人 間 科		200		200	200	600
外 国 語		300	100		100	500
法		150		150	150	450
経済※	A	20		20	20	60
	B	180		180	180	540
	C	100		100	100	300

※経済学部について

共通テストの配点A 540点，B 60点，C 300点を加算し，A配点で上位65位以内にある者と，B配点で上位65位以内にある者をまず合格者とし，これらの合格者を除いた受験者の中からC配点での高得点者順に合格者を決定する。

英語

◀文・人間科・法・経済学部▶

（文学部：105 分　人間科・法・経済学部：90 分）

I 次の英文(A)と(B)を読み，それぞれの下線部の意味を日本語で表しなさい。

(A) An average person on planet Earth today acquires most of their energy from the plant kingdom: more than 80 per cent of humanity's calorie intake consists of various kinds of grains and produce. <u>The remaining calories come from the animal kingdom — roughly a tenth from meat, including animal fat and organs, and the rest from eggs and milk, and seafood. The meat we eat also comes from nature — although this is no longer strictly true now that much of the world's meat production looks more like industry than nature.</u>

(Sverdrup-Thygeson, Anne. Translation by Lucy Moffatt. 2021. *Tapestries of life: Uncovering the lifesaving secrets of the natural world.* Mudlark より一部改変)

(B) Ideas about creativity are as old as humanity even if the word 'creativity', in English at least, has been documented only since the 19th century. This is because the act of creating something is a defining characteristic of human beings. <u>Historically, our appreciation for creative individuals has changed and, at different moments in time, certain individuals, professions, or activities have been more easily recognized as creative than others. But the general fascination for what makes creative people 'stand out' and what fuels their capacity to innovate remains constant through the ages.</u>

(Glăveanu, Vlad. 2021. *Creativity: A very short introduction.* Oxford University

Press より一部改変)

Ⅱ 次の英文を読んで，以下の設問に答えなさい。

“Red is associated with love, but do we actually feel it?”

Close your eyes and imagine the color red. Then, think about the emotions that go with this color. You might think of love or anger, potentially also of hate or passion. You might think of all of them, only one of them, or a totally different emotion. Irrespective of (i) what emotion you imagined, as a matter of fact, people easily associate colors with emotions. But *associating* an emotion is not (necessarily) the same as *feeling* it. Maybe you noticed that yourself from the little mental exercise in the beginning: Did you feel anger bubble up or your heart skip a beat when imagining red?

Search the internet using terms like “color” and “feeling,” and you will land on numerous popular websites claiming that colors evoke (ii) feelings. You will also find that certain claims repeat across many such sites. For instance, you can frequently read that blue is a calming color, associated with trust, intelligence, trustworthiness, and productivity. Red, on the other hand, is claimed to be energizing and activating, and also to be the favorite color of extraverts* (but is it, really?). Sure, as is the case for propaganda and publicity more generally, hearing or reading the same things over and over again renders them more believable to the human brain. But repetition does not magically make them true. What is the actual scientific basis for such claims, if any? Can we assume actual feelings while looking at colors?

In a recent post, we described our study on color-emotion associations across 30 countries. In this study, we had investigated how color words were associated with emotion words. We found that participants showed a stunning (iii) degree of similarity and consistency in their color-emotion associations. Wherever people came from, the most consistent associations for red were with love, anger, and hate. Love was also associated with pink, while anger and hate were linked with black. For yellow, the most consistent associations were with joy and amusement, and (A)those emotions were also associated with orange.

Does this mean that all these respondents felt love, anger, hate, joy, or amusement? While we cannot know for sure, we doubt it. (That would be a pretty exhausting life.) We (iv)conjecture that color-emotion associations are mainly conceptual, and (B)they are based on our abstract knowledge and life experiences, whether current or through evolutionary history.

In the case of red, it is impossible to escape its association with love. Just think about Valentine's Day. During the weeks leading up to the date, we are showered with red hearts and red roses wherever we look. And during the rest of the year, if we deeply care for or love somebody, we send red hearts, often in the form of emojis. Red is also an important sexual display for some animal species, like baboons*; the female baboon's red bum is famously known to be an indication of sexual readiness. At the same time, human-made signs of danger and warning are also indicated in red (and yellow). Such red/danger pairings have analogies in the natural world, too: Just think of poisonous mushrooms or dangerous animals. Here, these associations signal danger.

Finally, if we think about (C)red/anger associations, there is a plausible physiological explanation. When people get angry, blood rushes to their faces and they appear flushed. Seeing such angry red faces over and over again leads to a close association between anger and red. We can apply a similar explanation to the positive associations with red: Faces also become flushed when people experience pleasure, likely (v)facilitating the romantic associations with red — love, pleasure, and desire.

Our conclusion from the evidence we have so far is that color-emotion associations have nothing to do with actual feelings, but they have emerged because experiences that often occur together became associated in our minds. This conclusion might be disappointing for many but consider for a moment what it would mean to feel an emotion for every color you see. To us, (D)such a situation seems unlivable. We would have to endure a continuous stream of emotions wherever we go, because the world in which we navigate is full of different colors. Just think of shopping at a supermarket or visiting an art gallery: If all these colors and their combinations triggered particular emotional experiences, just imagine the emotional thunderstorm. Would you really enjoy such experiences?

(Mohr, Christine, & Jonauskaite, Domicele. 2022. “Red is associated with love, but do we actually feel it?” *Psychology Today*.
https://www.psychologytoday.com/us/blog/color-psychology/202202/red-is-associated-love-do-we-actually-feel-it より一部改変)

*extraverts：外向的な人
*baboons：ヒヒ

設問(1)　下線部(i)~(v)の語句の本文中での意味に最も近いものを，(イ)~(ニ)から１つ選び，解答欄の選択肢を塗りつぶしなさい。

(i)　irrespective of

(イ)　in consideration of　(ロ)　instead of
(ハ)　out of　(ニ)　regardless of

(ii)　evoke

(イ)　cause　(ロ)　erase　(ハ)　spare　(ニ)　suffer

(iii)　stunning

(イ)　certain　(ロ)　remarkable　(ハ)　slight　(ニ)　various

(iv)　conjecture

(イ)　doubt　(ロ)　guess　(ハ)　hope　(ニ)　reject

(v)　facilitating

(イ)　contributing to　(ロ)　interfering with
(ハ)　postponing　(ニ)　questioning

設問(2)　下線部(A) those emotions が指し示す箇所を本文中から抜き出しなさい。

設問(3)　下線部(B) they が指し示す箇所を本文中から抜き出しなさい。

設問(4)　下線部(C) red/anger associations が生じる要因を本文の内容に即して日本語で説明しなさい。

設問(5)　下線部(D) such a situation seems unlivable と述べる理由を本文の内容に即して日本語で説明しなさい。

設問(6)　本文の内容に合うものを下記の(イ)~(ホ)から2つ選び，解答欄の1つ目の欄，2つ目の欄それぞれの選択肢を1つずつ塗りつぶしなさい。ただし，解答の順序は問わない。

(イ)　青や赤のような印象の強い色はプロパガンダや宣伝によく利用される。

(ロ)　異なる国においても，色と感情の相関関係にはかなりの一致が見られる。

(ハ)　恋心を伝えるには通常赤いバラの花よりもハートの絵文字を送る人が多い。

(ニ)　ヒヒのお尻がしばしば赤くなることと，人間社会で赤が危険や警告を示す色となっていることの間には，相関関係がある。

(ホ)　喜びの感情と赤色との結びつきには生理学的な要因が関わっている。

設問(7)　本文全体の主旨を最もよく表している文を下記の(イ)~(ニ)から1つ選び，解答欄の選択肢を塗りつぶしなさい。

(イ)　Color-emotion associations are conceptual, and they are unrelated to our experiences.

(ロ)　Colors always go hand in hand with our emotions.

(ハ)　It is unlikely that colors cause us to feel specific emotions.

(ニ)　Many people believe that colors are related to feelings, because such a claim is repeated across many websites.

Ⅲ　効率やスピードを重んじる傾向が最近の世の中にはありますが，それらを追求することについて，あなたはどう考えますか。具体的に利点もしくは問題点を1つ挙げて，80語程度の英文で述べなさい。

Ⅳ　次の日本文(A)と(B)のそれぞれの下線部の意味を英語で表しなさい。ただし，(B)では**文学部の志願者は(イ)を，文学部以外の学部の志願者は(ロ)を選んで解答しなさい。**

(A)　**(すべての学部の志願者)**

「私たちはなぜわかり合えないか」ではなく「私たちはなぜわかり合えるのか」と問うことにより，外見の違いの裏にある共通性が浮かび上がってきます。<u>共通性に気づくことは，違いを認める心の余裕を生むはずです。世界の人々が「どう違うか」ばかりに目を奪われるのでなく，私たちはみな，かつて同じ長い歴史を共有してきた兄弟姉妹である事実に目を向け，だから「私たちは潜在的にわかり合える」という信念を持つべきでしょう。</u>

(海部陽介．2022．『人間らしさとは何か　生きる意味をさぐる人類学講義』河出書房新社 より一部改変)

(B)

(イ)　**(文学部の志願者)**

<u>海外文学の楽しみ方は，大きく分けて二つある。「自分と似ている部分を楽しむ」ことと，「自分と異なる部分を楽しむ」ことだ。知っているから面白いし，知らないから面白い。ぜひ両方の要素を堪能してもらいたい。</u>

<u>むろん，知識が増えればそれに比例して視野が広く深くなり，目に見える世界が変わっていく。画面が大きくなって，解像度が高くなると言ってもいい。</u>

(越前敏弥．2022. 1. 10．「「ハムレットって誰」進歩への一歩」『朝日新聞』)

(ロ)　**(文学部以外の学部の志願者)**

私たちは普段，味覚や視覚，また触覚や聴覚，嗅覚といった五感を駆使して生活している。<u>これら五感は，一見，個々人の主観的・身体的作用のようだ</u>

が，実は文化的・歴史的なものでもある。何かに触れた時に感じる柔らかさや硬さ，街の中で聞こえてくる音，食べ物の味など，何をどう感じ取るかは，生まれ育った社会や文化によって，また時代によって異なるのだ。

(久野愛．2021．『視覚化する味覚――食を彩る資本主義』岩波書店)

◀外国語学部▶

(120分)

I ◀文・人間科・法・経済学部▶ I に同じ。

II 次の英文を読んで，以下の設問に答えなさい。

You can think of your own storytelling mind as a homunculus (a tiny man) who dwells perhaps an inch or two above and behind your left eye. The little man has a lot in common with Sherlock Holmes, the great literary patriarch who paved the way for a thousand fictional detectives. In Sir Arthur Conan Doyle's portrait, Holmes is a genius of criminal investigation, a Newton of the new science of criminology. Holmes has a spooky ability to look at a certain outcome — a corpse, a few barely perceptible clues — and see the whole rich story that led up to it: a love affair, poison pills, adventures in the American West.

These details come from the first Sherlock Holmes novel, *A Study in Scarlet* (1887). ①<u>The novel begins by introducing the narrator, ("my dear") Watson — who is not so much a character as a literary device — whose job it is to highlight Holmes's brilliance through his own conventionality.</u> Watson first meets Holmes in a smoky chemistry lab, where the genius is perfecting new forensic* techniques. Holmes turns to Watson and shakes his hand. And then, for the first of a thousand times, the wizard blows Watson's mind. He says, "You have been in Afghanistan, I perceive."

Watson is dumbstruck. How could Holmes have known? Later, when Holmes and Watson are lounging in their shared apartment, Holmes explains that there was no magic in his insight, only logic. With great relish, he tells

Watson how he "reasoned backwards" from the silent details of his appearance to make rational inferences about Watson's life. "The train of reasoning," Holmes says, ran like this:
②

> Here is a gentleman of a medical type, but with the air of a military man. Clearly an army doctor, then. He has just come from the tropics, for his face is dark, and that is not the natural tint of his skin, for his wrists are fair. He has undergone hardship and sickness, as his haggard face says clearly. His left arm has been injured. He holds it in a stiff and unnatural manner. Where in the tropics could an English army doctor have seen much hardship and got his arm wounded? Clearly in Afghanistan.

Whenever Holmes tells Watson such tales, Watson shakes his head in amazement. And we, Doyle's readers, are supposed to take our cue from Watson, thrilling to the detective's genius. But while Sherlock Holmes stories are good fun, it pays to notice that Holmes's method is ridiculous.

Take the rich story Holmes concocts after glancing at Watson in the lab. Watson is dressed in ordinary civilian clothes. What gives him "the air of a military man"? Watson is not carrying his medical bag or wearing a stethoscope around his neck. What identifies him as "a gentleman of a medical type"? And why is Holmes so sure that Watson had just returned from Afghanistan rather than from one of many other dangerous tropical locations where Britain, at the height of its empire, stationed troops? (Let's ignore the fact that Afghanistan is not actually in the tropical band.) And why does Holmes jump to the conclusion that Watson has sustained a battle wound? Watson holds his arm stiffly, but how does Holmes know that this isn't a result of a cricket injury? How does he know that Watson isn't experiencing — in his painful left arm — a classic symptom of a heart attack?

In short, Sherlock Holmes's usual method is to fabricate the most confident and complete explanatory stories from the most ambiguous clues. Holmes seizes on one of a hundred different interpretations of a clue and arbitrarily insists that the interpretation is correct. This③ then becomes the basis for a multitude of similarly improbable interpretations that all add up to a neat, ingenious, and vanishingly improbable explanatory story.

Sherlock Holmes is a literary figment. He lives in Neverland, so he always gets to be right. But if he tried to ply his trade as a "consulting detective" in the real world, he would be a dangerously incompetent fool — more like *The Pink Panther*'s Inspector Clouseau than the genius who lives with his friend Watson at 221b Baker Street.

We each have a little Sherlock Holmes in our brain. His job is to "reason backwards" from what we can observe in the present and show what orderly series of causes led to particular effects. ④Evolution has given us an "inner Holmes" because the world really is full of stories (intrigues, plots, alliances, relationships of cause and effect), and it pays to detect them. The storytelling mind is a crucial evolutionary adaptation. It allows us to experience our lives as coherent, orderly, and meaningful. It is what makes life more than a blooming, buzzing confusion.

But the storytelling mind is imperfect. After almost five decades of studying the tale-spinning homunculus who resides in the left brain, Michael Gazzaniga has concluded that this little man — for all of his undeniable virtues — can also be a halfwit. The storytelling mind is allergic to uncertainty, randomness, and coincidence. It is addicted to meaning. If the storytelling mind cannot find meaningful patterns in the world, it will try to impose them. In short, the storytelling mind is a factory that produces true stories when it can, but will manufacture lies when it can't.

The human mind is tuned to detect patterns, and it is biased toward false positives rather than false negatives. The same mental software that makes us very alert to human faces and figures causes us to see animals in clouds or Jesus in toaster marks on bread. According to psychologists, this is part of a "mind design" that helps us perceive meaningful patterns in our environments.

⑤<u>Our hunger for meaningful patterns translates into a hunger for story.</u> As the video game designer and writer James Wallis puts it, "Human beings like stories. Our brains have a natural affinity not only for enjoying narratives and learning from them but also for creating them. In the same way that your mind sees an abstract pattern and resolves it into a face, your imagination sees a pattern of events and resolves it into a story." There are a lot of neat studies that make Wallis's point, showing how we automatically extract stories from the information we receive, and how — if there is no story there — we are only too happy to invent one. Consider the following information:

Todd rushed to the store for flowers.

Greg walked her dog.

Sally stayed in bed all day.

Quick, what were you thinking? If you are like most people, you were puzzling over the three sentences, trying to find the hidden story. Perhaps Sally is sad because someone has died. Perhaps Greg and Todd are her friends: one is taking care of Sally's dog, and the other is buying her flowers. Or perhaps Sally is happy. She has just won the lottery, and to celebrate she has decided to luxuriate in bed all day. Greg and Todd are the attractive young men she has hired as her personal assistants.

In fact, these sentences are unrelated. I made them up. But if you have a healthy storytelling mind, you will automatically start to weave them together into the beginnings of a story. ⑥<u>Of course, we recognize consciously that these sentences could serve as building blocks for an infinite number of narratives. But studies show that if you give people random, unpatterned information, they have a very limited ability *not* to weave it into a story.</u>

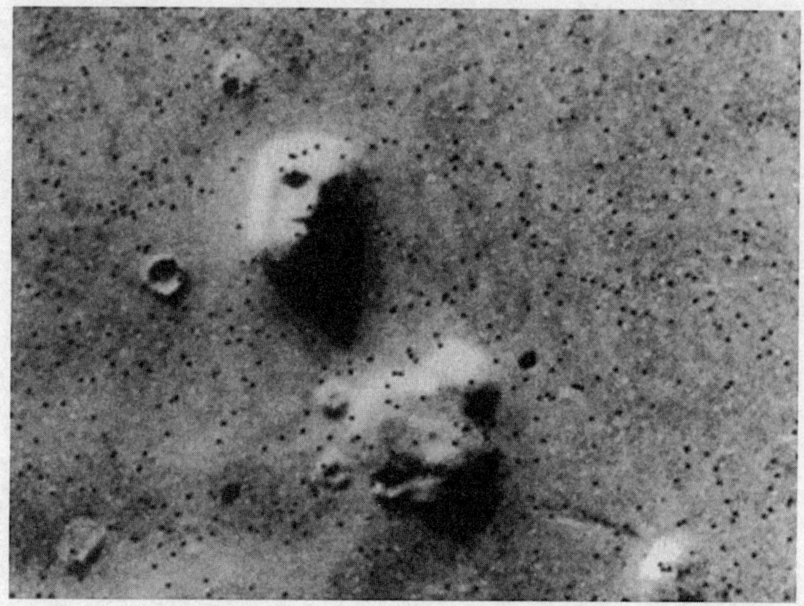

Image of a "face" on Mars taken by *Viking I* in 1976. While some seized on the face as evidence of a Martian civilization, higher-resolution images showed that the "face" is just an ordinary Martian hill.

(Gottschall, Jonathan. 2012. *The storytelling animal: How stories make us human*. Mariner Books より一部改変)

*forensic: relating to or denoting the application of scientific methods and techniques to the investigation of crime

設問(1)　下線部①の意味を日本語で表しなさい。

設問(2)　下線部②が指し示す Holmes の推論について筆者は具体的にどのような論点を挙げて反論しているか，100 字以内の日本語でわかりやすく説明しなさい。

設問(3)　下線部③が指し示す内容について日本語で説明しなさい。

設問(4)　下線部④の意味を日本語で表しなさい。

設問(5)　下線部⑤に関連して，James Wallis はどのように述べているか，日本語で説明しなさい。

設問(6)　下線部⑥の意味を日本語で表しなさい。

Ⅲ　◀文・人間科・法・経済学部▶Ⅲに同じ。

Ⅳ　次の日本文の下線部(1)～(3)の意味を英語で表しなさい。

(1)今の日本では「人として信じるに足るかどうか」「一言を重んじる人か」というようなことを人物鑑定の基準にするという風儀は廃（すた）れてしまいました。そもそも「人を見る目」という言葉さえ死語になった。(2)「人を見る目」というのは，外形的な情報に惑わされず，目の前の人の正味（しょうみ）の人間としてのありようを評価できる能力のことですけれど，そういう能力はもう誰も求めなくなりました。(3)人間の中身がどうであれ，外形的に年収とか，地位とか，社会的な力とか，そういう「エビデンス」に基づいて人間は査定されるべきだというイデオロギーが今の日本では支配的です。

(内田樹．2020．『日本習合論』ミシマ社)

V　これから英語が2回読まれます。その内容について，以下の設問に日本語で答えなさい。

設問(1)　どのようなことが起きたとき，ある言語が消滅したといえますか。

設問(2)　ある調査によると，1996年の時点において世界では6,703の言語が話されていたとして，5地域ごとにその内訳が示されていますが，この数値は鵜呑みにはできないとも述べられています。その理由を答えなさい。

設問(3)　ある言語が消滅すると，そのコミュニティーの伝統はしばしばどうなると述べられていますか。

設問(4)　言語が消滅すると科学的な観点からも失うものが多いと述べられています。その例を1つ示しなさい。

設問(5)　研究者は言語の消滅に備えて具体的に何をしていますか。

放送内容

これからリスニングの問題を始めます。問題用紙と解答用紙のＶ番を見てください。これから英文が２回読まれます。よく聴いて内容を把握し，問題にすべて日本語で答えてください。解答はいつ始めてもかまいません。メモを取るのは自由です。

それでは始めましょう。

著作権の都合上，省略。

What Is an Endangered Language?, Linguistic Society of America by Anthony C. Woodbury

著作権の都合上，省略。

出典：(https://www.linguisticsociety.org/resource/faq-what-endangered-language, アメリカ言語学会)

もう一度読みます。

<繰り返し>

これでリスニングテストを終了します。引き続き解答を続けてください。

日本史

（90 分）

(I)　10 世紀後半から 11 世紀半ばにかけて，摂関政治がおこなわれた。摂関政治の特徴について，太政官機構にも触れつつ，具体的に述べなさい(200 字程度)。

(II)　室町幕府の財政基盤は，知行国と荘園が主だった鎌倉幕府とは大きく異なる。室町幕府の収入源とその特徴について，具体的に述べなさい(200 字程度)。

(III)　1604(慶長 9)年に幕府は，糸割符制度を設けた。幕府が糸割符制度を設けた理由について，その制度の内容にも触れつつ，具体的に述べなさい(200 字程度)。

(IV)　日本における新聞は，幕末に誕生し，明治に入ると政治や社会に影響を与えるようになる。明治期における新聞の展開について，政治との関わりにも触れつつ，具体的に述べなさい(200 字程度)。

世界史

◀文　学　部▶

（90分）

(I)　中世初期のヨーロッパに関する次の資料１・２を読み，下の問い（**問１～問５**）に答えなさい。

資料１

ゴート人もローマ人に向けて武器を取ったのはおよそこの頃であったが，指揮を執ったのはビザンティウムでパトリキウスの身分にあって，コンスル職に昇っていた［ A ］であった。しかし自身のいかなる状況にあっても事を有利に処理することを心得ていた皇帝①が［ A ］に勧めたのは，イタリアに進軍して，オドアケルを攻撃し，そして〔［ A ］〕自身とゴート人として領土の西部を支配することであった。　歴史学研究会編『世界史史料５』

資料２

ちょうど聖降誕祭の日，ミサのために［ B ］が至福の使徒ペテロの前での祈りから立ち上がった時，教皇②は彼の頭上に冠を載せ，そして〔居ならぶ〕すべてのローマ人たちが賛同の歓呼をあげた。崇高なる［ B ］，神によって冠されし偉大にして平和をもたらせるローマ人の皇帝に生命と勝利あれ！そして讃歌のあと彼は，いにしえの皇帝たちの慣例に従って教皇から跪座の礼を受け，続いてパトリキウスの称号を廃して，インペラトールにしてアウグストゥスと称された。　歴史学研究会編『世界史史料５』

問１　空欄［ A ］・［ B ］に当てはまる人物名を答えなさい。

問２　下線部①と下線部②にあたる人物の組み合わせとして正しいものを，次のア～エより一つ選んで解答欄に記号を記しなさい。

ア　①　テオドシウス　　②　グレゴリウス 7 世
イ　①　トラヤヌス　　②　ヨハネス 12 世
ウ　①　レオン 3 世　　②　グレゴリウス 1 世
エ　①　ゼノン　　②　レオ 3 世

問 3　資料 1 に描かれているゴート人は 4 世紀にはドニエプル川流域(黒海北岸)に居住していたが，資料 1 の時期には主にパンノニア(ほぼ現在のハンガリー)に移住していた。このように彼らが移動した経緯を説明しなさい(50 字程度)。

問 4　資料 1 の時期には，地中海西方地域では諸勢力がせめぎあいを繰り広げていた。こうした地域の一つであるイベリア半島で紀元前 3 世紀から資料 1 の時期にかけて生じた支配勢力の変遷を説明しなさい(100 字程度)。

問 5　資料 2 の出来事は，資料 1 の時期以降の西ヨーロッパでローマ＝カトリックを中心とする新たな文化圏が成立する画期となった。下線部②が空欄 [B] に戴冠した理由を，資料 1 から資料 2 までの間に西ヨーロッパで生じた政治と宗教の動きから説明しなさい(150 字程度)。

(Ⅱ)　世界史Ｂの授業で，ヨーロッパと日本で描かれてきた世界図を素材に両者の間での情報交換の歴史を調べることになった。教員から示された資料は，次に示す図１～６である。それぞれの図とその解説を参照しながら，下の問い(**問１～問４**)に答えなさい。

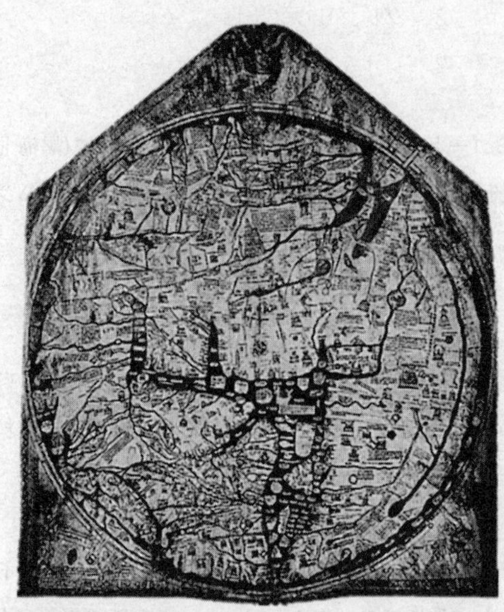

図1　ヘレフォード図　13世紀後半から14世紀頃にヨーロッパで作製され，イングランドのヘレフォード大聖堂に所蔵されている世界図。ヨーロッパから見てキリスト教の聖地エルサレムの位置する東を上方として，上部にアジア，左下部にヨーロッパ，右下部にアフリカが描かれている。

図2　五天竺図　14世紀頃に描かれ，法隆寺に所蔵されている世界図。天竺(インド)でうまれた仏教が震旦(中国)を経て本朝(日本)にもたらされたとする世界観に基づき，三者によって形作られた世界の姿が描かれている。

図3　世界の舞台　17世紀初めまでにアントウェルペンの地理学者オルテリウスが作製した地図帳に含まれた世界図。右端部には日本も描かれるようになり，下部にはオーストラリアなどはなく「メガラニカ」と呼ばれる巨大な陸地が描かれている。

図4　地球万国山海輿地全図説　水戸藩で活躍した儒学者の長久保赤水がマテオ・リッチの『坤輿万国全図』を参考としながら18世紀後半に作製した世界図。地図の下部には図3のように「墨瓦臘泥加(メガラニカ)」という架空の陸地が描かれている。

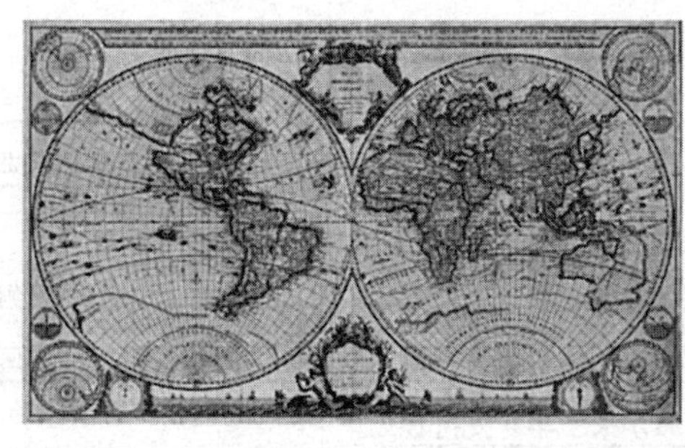

図5　モルティエ世界図　17世紀末から18世紀にかけてアムステルダムの出版業者モルティエから繰り返し出版された地図帳にある地理学者ジャイヨによる世界図。オーストラリアやニューギニアなどがつながった姿で描かれている。

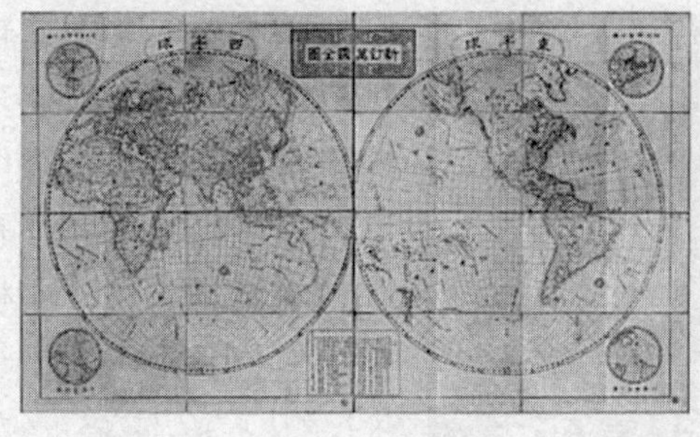

図 6　新訂万国全図　江戸幕府の天文方として活躍した高橋景保が 1810 年に作製した世界図。日本を中心に配置しながら，樺太など日本の北の姿が描かれるとともに，メガラニカは消えてオーストラリア，ニュージーランドなどの姿も描かれている。

問 1　図 1 や図 2 はそれぞれの地域における世界観が反映されたものと考えられている。世界史上，こうした図が作製された地域について述べたア～エのうち，**下線部について正しいもの**を一つ選んで解答欄に記号を記しなさい。

ア　世界の「果て」が円盤のような姿で描かれた地図が作製されたメソポタミアでは，アッカド人たちが複数の都市国家を統一し，彼らの言語で古バビロニアのハンムラビ法典も記された。

イ　数学や幾何学で得られた知識を応用した地図が作製された東地中海では，アレクサンドロス大王の後継者たちとアケメネス朝の抗争により，文化の中心地として栄えていたカイロが衰退した。

ウ　仏教の世界観を表したマンダラが作製されたチベットでは，ダライ＝ラマの庇護の下でナーランダー僧院が栄え，中国や東南アジアから仏典をもとめて多くの僧が来訪した。

エ　モンゴル帝国の支配したユーラシアの姿を描く地図が作製された朝鮮では，元朝の衰退後に新羅が倭寇対策を目的に明朝の冊封を受け，中国の影響を受けた両班たちが朱子学を支持した。

問 2　ヨーロッパで図 1 から図 3 へ世界図の変化が見られた背景について生徒が調べた。調べた内容とそれに基づいた判断として**適切と考えられるもの**

を，下のア～エから一つ選んで解答欄に記号を記しなさい。

ア　ヴァイキングの歴史を調べた結果，図1のようにアメリカ大陸が描かれなかった背景の一つには，ノルマン人の一部が北アメリカに達していたものの，キリスト教を信仰せずに教会と対立していたことがあると判断した。

イ　地中海の歴史を調べた結果，図3のように地中海が詳しく描かれるようになった背景の一つには，シチリアに招かれたイスラーム教徒の学者たちにより，アラブ人たちの生み出した知識が伝達されたことがあると判断した。

ウ　航海術の歴史を調べた結果，図3のように北が上方に描かれるようになった背景の一つには，モンゴルの遊牧民が中国から伝えた羅針盤が，ヨーロッパでは海図とともに航海に利用されたことがあると判断した。

エ　ルネサンスの歴史を調べた結果，図3のように緯線・経線が使われるようになった背景の一つには，アフリカ大陸やアメリカ大陸へと航路が広がるなか，古代ギリシアの知識が参考にされたことがあると判断した。

問3　日本で図4から図6へ世界図の変化が見られた背景について生徒が調べた。その内容と結果について**適切でないと考えられるもの**を，下のア～エから一つ選んで解答欄に記号を記しなさい。

ア　図4が『坤輿万国全図』を参考に作製された背景についてイエズス会を調べた結果，典礼問題をきっかけに中国でのキリスト教布教が禁止されたため，イエズス会士たちは日本へ逃れたことがわかった。

イ　図6がアムステルダムで作製された図5を参考にしていた可能性についてオランダを調べた結果，オランダは長崎の出島に拠点を置いたオランダ東インド会社を通じて日本と交易を行っていたことがわかった。

ウ　図6で日本の北方の様子が描かれるようになった背景についてロシアを調べた結果，ロシアは毛皮などの貿易を拡大させるためにアラスカまで進出し，日本の北方にも関心をもつようになったことがわかった。

エ　図6で南太平洋の様子が描かれるようになった背景についてイギリスを調べた結果，イギリスは，オーストラリアなどの探検事業を進め，その結果として科学的な知識を広めたことがわかった。

問4　図1～図6の世界図から読み取れるヨーロッパと日本との間の情報交換の歴史について，図1～図6の解説や問1～問3の内容を踏まえながら説明しなさい(200字程度)。

(Ⅲ)　第一次世界大戦後の国際秩序に関する次の資料1・2を読み，下の問い(**問1・問2**)に答えなさい。

資料1

戦争放棄に関する条約(ケロッグ＝ブリアン条約，1928年8月27日)

第1条　締約国は，国際紛争解決のために戦争に訴えることを非難し，かつ，その相互の関係において国家政策の手段として戦争を放棄することを，その各々の人民の名において厳粛に宣言する。

第2条　締約国は，相互間に発生する紛争または衝突の処理または解決を，その性質または原因の如何を問わず，平和的手段以外で求めないことを約束する。

歴史学研究会編『世界史史料10』

資料2

ネールーが娘インディラーに宛てた手紙(1933年8月7日)

1932年の夏以来，南アメリカの内部に二つの小さな戦争①が起こっているが，満洲における日本の戦争②とおなじように，これらは公式には戦争とは呼ばれていない。国際連盟の規約やケロッグ平和条約その他の条約以来，戦争はほとんど生じていない。ある国が他国を侵略してその市民を殺すと，これは「紛争」と呼ばれる。そして紛争は条約によって禁止されたものではないから，だれもが平気でいるというわけだ！これら〔南アメリカの〕小さな戦争は，満洲の戦争のようには世界的重要性をもたない。しかしそれらは，国際連盟から幾多の条約や協定までの，大いにもてはやされた世界の平和機構の全体が，どれほど脆弱で役立たずかを証明する役に立つ。国際連盟のある加盟国がほかの加盟国を侵略すると，連盟はいたずらに傍観するか，争いを決着させるために微力で役にも立たない努力をするのみなのだ。

問1　資料1の「戦争放棄に関する条約」(パリ不戦条約)は，提唱者のアメリカ国務長官ケロッグとフランス外相ブリアンの名をとって，ケロッグ＝ブリアン条約ともいわれる。この条約は締結された当時から論争を呼び起こした。

この条約が締結されるに至ったヨーロッパにおける歴史的背景と，なぜこの条約が効力を持たずに軽視されたのかについて，1920年代の国際協調体制の要であった国際連盟(League of Nations)と関連づけて説明しなさい(200字程度)。

問2　資料2は，後にインド共和国初代首相となるジャワーハルラール・ネールーが，1930-33年にかけて監獄の中から娘インディラーに宛てた手紙の一節である。その中でネールーは，世界の歴史と当時の世界情勢について書いている。そこで述べられている下線部①と下線部②に類似する他の事例を，第一次世界大戦から第二次世界大戦の間の時期から取りあげ，その経緯を「世界の平和機構」が役に立たなかったことと関連づけて説明しなさい(200字程度)。

(補足)資料2の1行目，問2の1行目および3行目に記されている「ネールー」は，教科書においては一般的に「ネルー」と記されている人物のことである。

◀外国語学部▶

(90 分)

(I)　次の文章は，イル＝ハン国(フレグ＝ウルス)第 4 代君主のアルグンが西暦1289 年(十二支では丑年) 5 月に西欧のある国に発出した外交書簡の前半部分である。これを読んで，下の問い(**問 1** ～**問 3**)に答えなさい。

とこしえの天の力と皇帝①の神威によって，(これは)私アルグンのことばである。フランス王へ②。去年，お前がマール＝バール＝サウマ巡察官をはじめとする使節たちを通じて上奏するには，「イル＝ハンの軍隊がエジプトの方へ出征するなら，我らもここから出征して合流しましょう」③という。このお前の上奏をよろしいと認め，「天を祈って，寅年十二月に出軍し，(翌年の)正月十五日にダマスクスに下営しよう」と言った。今，その誠実な言葉に従い，軍隊を約束通りに送り，天に道を与えられてその地の人民を攻め取ったら，イェルサレムをお前たちに与えよう。約限に遅れて軍兵を加えても役には立たんぞ。後になってから悔やんでも益はないぞ。

問 1　下線部①で言及される「皇帝」の事跡として正しいものを，下記のア～クから二つ選んで解答欄に記号を記しなさい。

ア　金印勅書を発して七人の選帝侯による皇帝選挙の方法を定めた。
イ　鄭和を東南アジアやインド洋に派遣した。
ウ　勅令によって聖画像(イコン)を禁止した。
エ　日本に遠征軍を派遣した。
オ　プガチョフの乱を鎮圧した。
カ　土木の変でオイラトに捕虜とされた。
キ　聖職者の叙任権をめぐって教皇グレゴリウス 7 世と争った。
ク　南宋を滅ぼした。

問 2　下線部②で言及される「フランス王」の事跡として正しいものを，下記のア～エから一つ選んで解答欄に記号を記しなさい。

ア　ナントの王令を発してユグノーに信仰の自由を認めた。

イ　カペー朝を開いた。

ウ　聖職者・貴族・市民の各身分代表からなる三部会を招集した。

エ　神聖ローマ皇帝位をめぐってハプスブルク家とイタリア戦争を続けた。

問 3　文中の「お前」が下線部③のような提案を行なった背景について，この書簡が書かれるまでの約200年間のユーラシア西方の情勢を念頭におきつつ説明しなさい(300字程度)。

(II)　◀文学部▶（II）に同じ。

(III)　◀文学部▶（III）に同じ。

地理

（90 分）

(I)　アフリカに関する次の問い（**問 1 ～問 3**）に答えなさい。

問 1　次の図 1 は，アフリカ大陸およびマダガスカルにおけるウシの頭数分布を国・地域ごとに円の面積の大きさで示したものである。

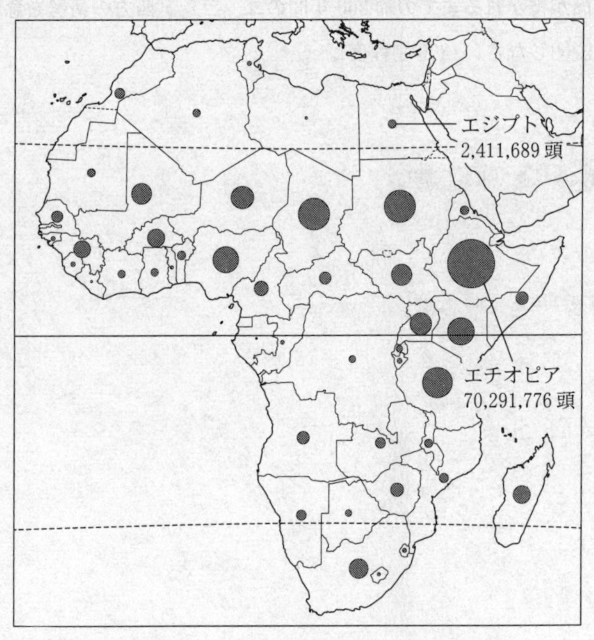

図 1

西サハラはデータなし。統計年次は 2020 年。FAOSTAT のデータにより作成。

(a)　アフリカにはウシ以外の放牧家畜にも，その分布パターンが図 1 に類似するものがみられる。**該当する放牧家畜名を二つ**挙げなさい。

(b)　図 1 の分布の特徴を，自然環境との関係に言及しながら述べなさい（100 字程度）。

(c)　アフリカ以外にウシの牧畜が行われる地域として，チベット・ヒマラヤ地域が挙げられる。チベット・ヒマラヤにおける牧畜の特徴がアフリカの牧畜と異なる点を，自然環境の違いを考慮して一文で説明しなさい（50 字程度）。

問 2　下の図 2 は，アンゴラとエチオピアにおける実質 GDP 成長率（年平均）の推移を示している（参考のために日本の推移も示している）。図 2 から読み取れるアンゴラとエチオピアの経済の推移とその背景について，次の語を全て用いて述べなさい（150 字程度）。

人口　　労働力　　海外企業の誘致　　資源への依存　　原油価格

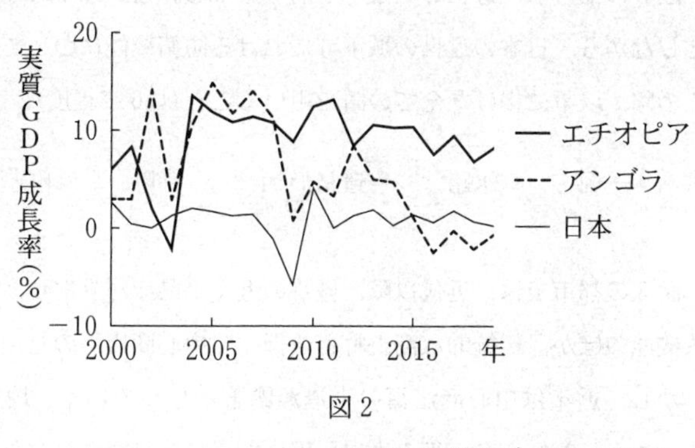

図 2

UNCTADSTAT のデータにより作成。

問 3　サハラ以南アフリカで 1990 年代以降に発生した複数の紛争において，紛争地域で採取される鉱物が紛争を続けるための資金源となる例が報告されている。

(a)　サハラ以南アフリカでみられた**紛争鉱物の例（鉱物名）を二つ**挙げなさ

い。

(b)　紛争鉱物を規制することが困難な理由を説明しなさい(100字程度)。

(Ⅱ)　次のページの地形図(図3)について，以下の問い(**問1～問3**)に答えなさい。

問1　図3中の下部の広い水面は宍道湖と大橋川という河川の一部である。この川は西に位置する宍道湖と東に位置する中海とを結ぶ役割を果たしており，その流路には日本海から中海を経由して塩分を含んだ水が遡上してくる。その結果，宍道湖は汽水湖となっている。汽水湖の事例には，ほかにサロマ湖・浜名湖などがある。汽水湖の特色について述べなさい(150字程度)。

問2　図3の都市は，近世の城下町を前身とする。この都市の建造環境を事例としながら，日本の近世の城下町における防衛機能について述べなさい。その際，以下に掲げた全ての語を用いること(150字程度)。

城　　堀　　水路　　道路形状　　寺院　　町割り

問3　図3の都市では，近代以降，城跡の近くに県庁が立地し，その近辺に行政機能のほか，伝統的な商人町と並行して中心商店街の立地が見られた。しかし，近年は中心商店街の衰退が顕著となっている。地方都市における，こうした中心商店街の衰退要因について述べなさい。なお，図3から読み取れる事項も盛り込むこと(250字程度)。

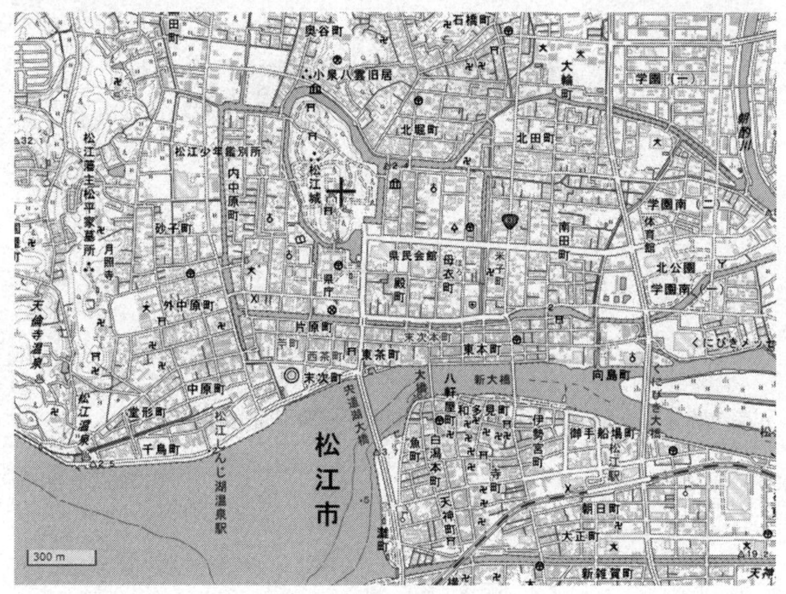

図 3

図中の「＋」印の場所は城地を示す。

国土地理院，「地理院地図（電子国土 Web）」より一部を引用・一部改変。

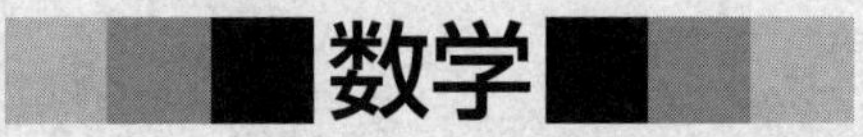

数学

（90分）

1　a, b を実数とする．θ についての方程式

$$\cos 2\theta = a\sin\theta + b$$

が実数解をもつような点 (a, b) の存在範囲を座標平面上に図示せよ．

（配点率 30 %）

2　正の実数 a, x に対して，

$$y = \left(\log_{\frac{1}{2}} x\right)^3 + a\left(\log_{\sqrt{2}} x\right)\left(\log_4 x^3\right)$$

とする．

(1) $t = \log_2 x$ とするとき，y を a, t を用いて表せ．

(2) x が $\dfrac{1}{2} \leqq x \leqq 8$ の範囲を動くとき，y の最大値 M を a を用いて表せ．

（配点率 35 %）

3 平面上の 3 点 O, A, B が

$$\left|2\overrightarrow{\mathrm{OA}}+\overrightarrow{\mathrm{OB}}\right|=\left|\overrightarrow{\mathrm{OA}}+2\overrightarrow{\mathrm{OB}}\right|=1 \quad かつ \quad (2\overrightarrow{\mathrm{OA}}+\overrightarrow{\mathrm{OB}})\cdot(\overrightarrow{\mathrm{OA}}+\overrightarrow{\mathrm{OB}})=\frac{1}{3}$$

をみたすとする.

(1) $(2\overrightarrow{\mathrm{OA}}+\overrightarrow{\mathrm{OB}})\cdot(\overrightarrow{\mathrm{OA}}+2\overrightarrow{\mathrm{OB}})$ を求めよ.

(2) 平面上の点 P が

$$\left|\overrightarrow{\mathrm{OP}}-(\overrightarrow{\mathrm{OA}}+\overrightarrow{\mathrm{OB}})\right|\leqq\frac{1}{3} \quad かつ \quad \overrightarrow{\mathrm{OP}}\cdot(2\overrightarrow{\mathrm{OA}}+\overrightarrow{\mathrm{OB}})\leqq\frac{1}{3}$$

をみたすように動くとき, $\left|\overrightarrow{\mathrm{OP}}\right|$ の最大値と最小値を求めよ.

（配点率 35 %）

問五　傍線部(5)「共に面白き」と言っているのは、どのようなことと、どのようなことが、どのような共通点をもつ話として「面白き」と言っているのか、説明しなさい。

居歌談』巻三に見える。

（注8）　火おこさぬ火桶、炭櫃　『枕草子春曙抄』などによる本文。「火おこさぬ炭櫃」などとする本もある。

（注9）　柿園嵐牛　江戸時代後期の俳人。

（注10）　鍋洗ふ前に三つ四つ蛍かな　本文では嵐牛の句とするが、作者未詳の句として「米洗ふ前に蛍の二つ三つ」という形でも知られる。

（注11）　石川依平　江戸時代後期の歌人。

（注12）　春畊氏　未詳。

（注13）　穂積夫人　明治期の歌人、穂積歌子。

問一　傍線部(1)「なでふたはごとぞや」を現代語訳しなさい。

問二　傍線部(2)「よるところ同じ」について、何と何とが、どのように同じであるというのか、説明しなさい。

問三　傍線部(3)について、なぜ「『鍋洗ふ前を』といはざるべからず」と言うのか。「前を」とした場合と、「前に」とした場合とで、「言外」に感じられるものが、どのように違うのかを示しながら説明しなさい。

問四　傍線部(4)について、「『よの中』といふにかかり」とある「かかり」が、文法的に言う「かかる」(修飾する)ではないことに注意して、どのようなことを言っているのか、説明しなさい。

ねば、とかくの評を加ふべきならず。但し歌にては(3)『鍋洗ふ前を』といはざるべからず。『を』といへば即ち、鍋洗ふ前を三つ四つ蛍が飛びかふさま、言外にしらるべし。『前に』にては鍋を洗ふ前の草むらなどに居るさまにて、飛びかふさまとは聞こえぬなり」とありければ、嵐牛深く感じ、これより常に依平が教へを受けて俳句も大いにすすめり、と春畊(注12)氏語られき。

また、人口に膾炙(くわいしや)せる、

よの中は三日見ぬまに桜かな

の句、或いは「三日見ぬまの」とも伝ふ。(4)「『三日見ぬまに』といふ時は、『三日見ぬま』の句は、『よの中』といふにかかり、三日の間に局面の一変することを『桜かな』といひたることとなり、『桜かな』は花盛りをいへるが如く聞え、また『三日見ぬまの』といふ時は『三日見ぬま』の句は桜にかかりて、『三日見ぬうち変じたる桜』といふこととなりて、『桜かな』は落花をいへるが如く聞ゆ」と、穂積夫人(注13)いはれき。(5)共に面白きはなしなり。

（注1）松尾桃青　桃青は芭蕉の別号。

（注2）眉山が早行の詩　宋・蘇軾の「太白山下早行至横渠鎮書崇寿院壁」という漢詩。

（注3）小山田与清が『俳諧歌論』　小山田与清は江戸時代後期の国学者。『俳諧歌論』は、『古今和歌集』に見える「俳諧歌」から始めて、俳諧について論じる書。

（注4）其角　俳人。芭蕉の門人の一人。

（注5）無名抄　鴨長明による、和歌についての書。

（注6）すさめず　心引かれることがない。

（注7）芳樹翁がいはれし　芳樹翁は江戸時代後期の歌人・国学者、近藤芳樹。引用されているこの部分は、その著書『寄

Ⅲ　次の文章は、明治期に著された中村秋香『秋香歌かたり』の一節である。これを読んで後の問い（問一～問五）に答えなさい。なお、本文は一部改変したところがある。

松尾桃青（注1）が、

馬に寝て残夢月遠し茶の烟（けむり）

の句は、眉山（注2）が早行の詩の「馬上続残夢」といふ句をふみていへるなるが、「月遠し茶の烟」とうけたるにて、残月早行の景色も、馬の背にまどろみつつ、ゆられゆられ行くさまも、まのあたり見るが如く、本詩の「不レ知朝日昇」といへるより、遥かに味あるを覚ゆ。小山田与清（注3）が『俳諧歌論』に、これらの句を評して、漢文を邦語にてよむが如く、(1)なでふたはごとぞやと譏（そし）れるは、よくも思はぬ論といふべし。

また其角（注4）が、

炭櫃（すびつ）さへすごきに夏の炭俵

といへるは、『無名抄』（注5）に、

火おこさぬ夏の炭櫃のここちして人もすさめずすさまじの身や（注6）

とある歌より思ひよせたるなるべしと、芳樹翁（注7）がいはれしはいかが。こは『枕草子』の「すさまじきもの」に「火おこさぬ（注8）火桶（ひをけ）、炭櫃」とあるをふめるにて、(2)『無名抄』の歌とよるところ同じとこそいふべけれ。

遠江なる柿園嵐牛（注9）は、俳句にてはその頃知られたる人なりしが、ある時、

鍋洗（注10）ふ前に三つ四つ蛍かな

といふを得て、かかる情は歌にてはいひ得がたかるべしと思ひ、石川依平（注11）に示しけるに、依平みて、「余は俳諧のことをしら

（出題の都合により、一部改変した箇所がある。）

問一　傍線部(1)の「国境を越える難民の激増」という現象について、本文中のメタファーを用いて、四〇字から六〇字で説明しなさい。

問二　傍線部(2)にあるように、既存のメタファーに新たな思考と表現を加える事例として、著者自身は「渦」というメタファーにどのような新しい思考と表現を加えたか。一〇〇字から一二〇字で説明しなさい。

問三　傍線部(3)について、「その中間にいる」とはどういう状態であるか。人生を航海になぞらえ、「流れ」と「船」の関わり方のイメージを用いて、一五〇字から一七〇字で説明しなさい。

に、流れのなかで完全に自律性を失って流されてしまうという選択肢であり、これはエンジンの壊れた漂流船のイメージである。

このうち、もっとも「力」が必要なのは1番目の「流れに抗う」という関わり方である。この「力」とは個人の主体性(自分の人生に対する自己決定可能性)と、それを可能にする潜在能力のメタファーである。流れが急であればあるほど、逆らったり留まったりするのには大きな力が必要である。つまり時代の変化の流れが激しいほど、それに抗して変わらずに、動かずにいることは、個人の主体的な選択となる。ただし流れが急になればなるほど、この選択には強大な力と意思が必要である。それゆえ多くの人々は多かれ少なかれ、第二の「流れを乗りこなす」選択肢を選ぶ。だが完全に流れに任せてしまっては遭難してしまうから、慎重に航路を保つだけの力が必要である。流れのない淀(よど)みに入り込んでしまったら、自分でオールを漕(こ)ぐ必要もある。嵐に入り込まないように強引に進路を変えることも、ときには必要だ。つまり、この選択肢をとろうとするにも、それ相応の力が必要だということになる。一方、第三のように、エンジンが無力化し舵(かじ)取(と)りも不可能になり、「流される」がままに船の上から空を眺めているしかない漂流船のイメージは、グローバリゼーションという時代の流れに対する個人の無力さ、自分の人生を自己決定することの不可能性を表現している。

こうした思考から明らかになるのは、不可避な時代の流れとしてのグローバリゼーションに対処する私たちの主体性は、移動すること自体ではなく、どのくらいその移動を自己決定できるかという可能性として体験されるということである。時代に流されるという感覚を抱くとき、私たちは自分の「無力さ」を痛感している。そして、時代の流れに乗らず、抗い続ける生き方を貫いた(ように見える)人に、私たちはあたかも「超人」であるかのように畏敬の念を抱く。つまりグローバリゼーションの時代においては、自分の意思で動かずにいられる人がもっとも自己決定可能性が高く、自分の意思にかかわらず動かざるをえない人がもっともそれが弱く、(3)大半の人々はその中間にいるということだ。

(塩原良和『分断と対話の社会学――グローバル社会を生きるための想像力』慶應義塾大学出版会　二〇一七年より。)

　グローバリゼーションは、政治・経済・社会・文化の領域で同時進行している。それゆえもっとも広く捉えれば、それは私たちを取り巻く「時代の流れ」そのものである。この時代潮流に対する評価は、論者によって多様である。チャールズ・レマートらは、グローバリゼーションに関する社会科学的な議論を①(親)グローバリスト、②反グローバリスト(懐疑論者)、③トランスフォーマリスト(変革主義者)、④ポスト(ラディカル)・グローバリストに分類した。①は、グローバリゼーションを主に経済面から捉え、一体化したグローバル市場の形成を不可避かつ基本的には望ましいものとして、それに対応するための国家・企業・個人の改革を説く。それに対して②は、グローバリゼーションと呼ばれる現象は決して現代に特殊なものではないと考え、そうした潮流に反旗を翻す。一方、③と④はグローバリゼーションを経済的側面のみならず社会・文化・政治のすべての側面における大きな変化であり、抗(あらが)うことが難しいことを強調する。そのうえで、③はグローバリゼーションを、「前期近代」の社会で発生した様々なリスクを乗り越えて変革していく、自己再帰的な「高度(後期)近代」の社会のあり方と捉える。それに対して④はグローバリゼーションを後戻りできない決定的な人類社会の変化だとして、そのネガティブな影響に対処していくためのより根本的な変容を模索している。

　「時代の流れ」という表現は、制御しきれないものとしての「流れ(フロー)」という先述したメタファーのバリエーションである。この「流れ」と私たちの人生との関係を示すためにしばしば使われる表現が「船」である。私たちは、人生を航海になぞらえる。グローバリゼーションという大きな時代の流れと、私たちの人生という船の関わり方のイメージは、以下のように分かれるだろう。

　第一に、その流れに徹底的に抗うという選択肢である。これは急流をさかのぼろうとするカヌー競技、あるいは流されまいとして懸命に留まろうとするモーターボートのイメージである。第二に、ある程度流れに身を任せながら、自分の行き先に到達するためにそれを乗りこなすという選択肢がある。これは、風を巧みに操り波を切って進むヨットのイメージである。第三なことに警鐘を鳴らした。それでも彼女自身が実践しているように、メタファーで考えることは、そうでなければ結びつかない多様な思考や発想を結びつけ、交流させることで新たな視点をもたらすこともある。したがって、社会現象を理解する際にメタファーをいかに的確に用いることができるかどうかが問われる。つまり、それは単なる「言葉遊び」になってはいけない。

メタファーを使った社会学的思考と言葉遊びの境界線はいつも曖昧であるが、言葉遊びにならないためには、そのメタファーは少なくとも実証的・論理的な経験・考察にある程度まで裏付けられていなければならない。ただし、メタファーが社会学的思考でありうる条件はそれだけではない。そもそも、私たちはメタファー的表現を、自分の考えていることをほかの誰かにわかりやすく伝えるために用いる。それゆえ、メタファー的思考には、そのメタファーが他者に伝わったときに他者がどのように解釈するかを、あらかじめ考慮することが含まれる。それが十分にわかりやすいものなら、その(2)メタファー的表現を受け取った相手はそれに刺激され、新しい思考と表現を加えて自分に返してくれるだろう。それに、いかにして応答するか。つまり、その人が社会と他者への「真摯さ(truthfulness)」を伴う強勢で臨む限り、メタファー的思考は私たちの想像力と対話可能性を広げていく。

「流れ」「ネットワーク」「渦」といったメタファーで表現されるグローバリゼーションは、誰もが聞いたことがあるが、定義が曖昧なままに使われることが多い。それはつまり「世界が分断しながらひとつになる」という、一見すると矛盾する過程である。もう少し詳しく定義すれば「資本主義市場経済の拡大とともに国境を含むあらゆる境界がゆらぎ、世界中で政治・経済・社会・文化の相互浸透・相互依存が進行しながら、それが対立や葛藤を生み出していく過程」となるだろうか。この定義が意味するところについては次章で詳しく述べるが、本章ではメタファー的思考をもう少し続けて、グローバリゼーションという社会変動のイメージを明確にしてみる。

輸入品の優位による国内産業の衰退や低賃金労働者の流入による国内労働市場の条件悪化、世界的な金融危機、ＳＮＳを媒介にして引き起こされる反政府・市民運動といった現象が、それにあたる。そして洪水の後、残された堆積物によって水路の流れが変わっていることがあるように、ネットワーク自体がフローによって変えられていくこともある。

テッサ・モーリス＝スズキは、既存の国境線を自明視した「地域（国家）」を前提とした地域研究のあり方に異議を申し立てた。そして「地域（国家）」を、外部から絶えず流れ込んでくる人・モノ・カネ・情報のおびただしい「流れ（フロー）」が合流して形成される「渦」と見なす分析視角を提唱した。「渦」の内側と外側には境界が形成されるが、それは「流れ」の変化によって絶えず変わるし、「渦」の内部のあり方も常に変化する。そうしたグローバリゼーションの進展は、「流れ（フロー）」を加速・増量させている。モーリス＝スズキの言う「渦」とは、制御しきれない人・モノ・カネ・情報等の移動としての「流れ（フロー）」が、人々の住む空間／場所、すなわち領域性に影響を与えていくありさまを表現したメタファーである。

この「渦」というメタファーに私が付け加えたいのは、水の底に沈殿していた堆積物が「渦」によって巻き上げられていくイメージである。この場合、「堆積物」とは「流れ」が以前もたらした歴史や集合的記憶のことである。古い堆積物が新しい渦によって水面近くに浮上し、新しく流れ込んだものと混ざり合い、それまでと継続していつつも少し異なった堆積物が再び沈殿していく。それは、ある場所の集合的記憶が現代の出来事によって呼び覚まされ、再解釈され、歴史が語られ直されていくプロセスを表現している。それは保苅実の言う、私たちが日常において行う「歴史実践」であり、また歴史学や外交、政治の舞台で繰り広げられる、歴史の解釈をめぐる論争でもある。

このように、メタファーを適切に用いることで、私たちは社会や歴史の成り立ちや、そこで起こっている現象を具体的なイメージとともに理解することが可能となる。しかしもちろん、メタファーも濫用すれば、実際の出来事とイメージの乖離（かいり）をもたらしかねない。地理学者のドリーン・マッシーは、人文社会科学者が自然科学の概念を比喩的に用いて自説を正当化しがち

Ⅱ

次の文章を読んで、後の問い(問一～問三)に答えなさい。

「たとえ話」はしばしば非科学的だとされる。確かに、たとえ話だけでは科学は成立しない。社会学でも、質的・量的調査の手法によってデータや資料を集め、既存の理論の検討を通じて構築された仮説を検証するという研究の進め方が標準的なものとされている。

だが実際には、そのようにして集めた情報を整理・分析して概念化・理論化していく際に、メタファーを用いた思考は有効である。社会学者ジョン・アーリが指摘したように、かつての社会「有機体」論から、「交換」「視角」「建物＝構造」など、様々なメタファーが社会学の理論構築に活用されてきた。あるいは「生態系(エコロジー)」「法則」「複雑系」といった、自然科学の概念のアナロジーを用いた理論構築の試みも行われてきた。目の前の事象の記述や分析から一歩離れ、その事象がより広い社会的文脈のなかでどのように位置づけられているのか、そしてそれが自分自身とどのように関わっているのかを考える際、メタファー的思考は豊かな想像力の源となる。

たとえばアーリは、グローバリゼーションという社会現象を理解する際に、「移動」をイメージさせるメタファー、特に「フロー(流れ)」と「ネットワーク(あるいはスケイプ)」という言葉の有効性を強調した。これらに類似する言葉はグローバリゼーションをめぐる議論において、しばしばそれがメタファーだと気づかれないほどに頻出する。「流れ」は、人、モノ、カネ、情報等の国境を越えた頻繁な移動の過程を表現している。それに対して「ネットワーク」はそれらの流れを方向づけ統制するために作られる制度、いわば「水路」というイメージである。このようなメタファーを用いることで、政府や企業などが「流れ」を「水路」によって制御しようとするという関係を明確に想像できる。そして川の流れがしばしば水路の堤防を越えて氾濫するように、人、モノ、カネ、情報等の流れも、しばしばネットワークの制御の限界を超えて氾濫する。(1)国境を越える難民の激増、

問一　傍線部(a)～(d)のカタカナを漢字に直しなさい。

問二　傍線部(1)について、AI革命とは、コンピューターが速く賢くなるだけでなく、さらにどのようになる現象でもあるのか。「コンピューターが［　　］現象でもある。」という文になるように、本文中の五〇字から六〇字（句読点を含む。）の箇所をそのまま抜き出して、［　　］を埋めなさい。

問三　傍線部(2)について、著者はなぜそのように考えるのか。その理由を一二〇字以内で述べなさい。

問四　傍線部(3)について、AIの「接続性」とは何か。本文の内容をふまえて五〇字以内で説明しなさい。

問五　傍線部(4)について、AIの「更新可能性」とは何か。本文の内容をふまえて二五字以内で説明しなさい。

い事故もあるが、人間の運転者をすべてコンピューターに替えれば、交通事故による死傷者の数がおよそ九割減ることが見込まれている。言い換えると、自動運転車に切り替えれば、おそらく毎年一〇〇万人の命が救われる。

したがって、人間の仕事を守るためだけに、交通や医療のような分野での自動化を妨げるのは愚行だろう。なにしろ、最終的に守るべきなのは、職ではなく人間なのだから。ヨジョウになった運転者や医師は、何か他にすることを見つけるしかない。

（ユヴァル・ノア・ハラリ『21 Lessons――21世紀の人類のための21の思考』柴田裕之訳　河出書房新社　二〇二一年より。出題の都合により、一部改変した箇所がある。）

（注1）機械学習　機械（コンピューター）が経験からの学習を通じて自らを改善していくコンピューターアルゴリズムのこと。

（注2）ハッキング　ここでは脳などの人体の仕組みや働きを解明し、それによって人間の選択や感情を予測したり操作したりすることをいう。

（注3）アルゴリズム　ある問題や課題を解決するための計算や処理の手順のこと。

（注4）機能的磁気共鳴画像法（fＭＲＩ）　強い磁石と電磁波を用いて体内の状態を断面像として描写する検査法により脳の活動を調べる方法のこと。

（注5）ＩＢＭ　アメリカに本社を置く多国籍ＩＴ企業。

（注6）百度（バイドゥ）　中華人民共和国に本社を置く多国籍ＩＴ企業。

個々の人間をコンピューターネットワークに切り替えたら、個別性の利点が失われるとして、異論を唱える人がいるかもしれない。たとえば、一人の人間の医師が判断を誤っても、世界中の患者を殺すこともなければ、すべての新薬の開発を妨げることもない。それに対して、もし医師全員が本当は単一のシステムにすぎず、そのシステムが間違いを犯せば、大惨事になりかねない。とはいえ実際には、統合されたコンピューターシステムは、個別性のオンケイを失わずに接続性の利点を最大化しうる。同じネットワークで多くの代替アルゴリズムを作動させることが可能だ。だから、辺鄙(へんぴ)な密林の中の村にいる患者は、自分のスマートフォンを使って、単一の権威ある医師ではなく、実際には一〇〇の異なるAI医師にアクセスできる。それらのAI医師の相対的な実績は、絶えず比較されている。IBM(注5)の医師に言われたことが気に入らなかった？　大丈夫。たとえあなたがキリマンジャロの斜面のどこかで立ち往生していたとしても、いとも簡単に百度(バイドゥ)(注6)の医師と連絡を取って、セカンドオピニオンが聞けるから。

おそらく、人間社会が受けるオンケイは計り知れない。AI医師は何十億もの人に、これまでよりもはるかに優れた医療をはるかに安く提供できるだろう。とくに、現在は何の医療も受けていない人々には。学習アルゴリズムと生体(バイオメトリック)センサーのおかげで、発展途上国の貧しい村人さえもが、現在、世界で最も裕福な人が最も進んだ都会の病院で得るものよりも格段に優れた医療を、スマートフォンを通して享受できるようになるかもしれない。

同様に、自動運転車はこれまでのものをはるかに凌ぐ輸送サービスを人々に提供できるのではないか。とくに、交通事故の死亡率を下げられるだろう。現在、交通事故で毎年一二五万人近くが亡くなっている(これは戦争と犯罪とテロで死亡する人の合計を上回る)。これらの事故の九割以上は、いかにも人間らしい過失が原因だ。飲酒運転をする人もいれば、運転しながら電子メールを送っている人や、居眠り運転をする人、道路に注意を向ける代わりにぼんやりと空想に耽(ふけ)っている人もいる。

……(中略)……自動運転車なら、こういうことはいっさいない。もちろん自動運転車特有の問題や制約はあるし、避けられなこのようにＡＩは、人間をハッキングして、これまで人間ならではの技能だったもので人間を凌ぐ態勢にある。だが、それだけではない。ＡＩは、まったく人間とは無縁の能力も享受しており、そのおかげで、ＡＩと人間との違いは、たんに程度の問題ではなく、種類の問題になった。ＡＩが持っている、人間とは無縁の能力のうち、とくに重要なものが二つある。(3)接続性と(4)更新可能性だ。

（中略）

たとえば、多くの運転者は、次々に変わる交通規則をすべて熟知しているわけではなく、しばしば違反する。そのうえ、それぞれの乗り物は独立した存在なので、二台の乗り物が一つの交差点に同時に近づくとき、運転者は自らの意図を伝えそこね、衝突することもありうる。一方、自動運転車はすべて接続しておくことが可能だ。接続した自動運転車が二台、一つの交差点に近づくと、両者は実際には二台の別個の存在ではなく、単一のアルゴリズムの一部だ。したがって、両者が自らの意図を伝えそこねて衝突する可能性は、はるかに低い。そして、交通を管轄する官庁が交通規則を変更することにしたら、自動運転車はすべて完全に同時に、たやすくアップデートでき、プログラムにバグがないかぎり、どの車も新しい規則を厳密に守る。

同様に、もし世界保健機関（ＷＨＯ）が(c)シッペイを認定したり、研究所が新薬を開発したりしたら、こうした進展を世界中の人間の医師全員に知らせることは不可能に近い。それに対してたとえ世界中に一〇〇億のＡＩ医師が存在し、それぞれが一人の人間の健康状態をモニターしていたとしても、そのすべてを瞬く間にアップデートでき、それらのＡＩ医師はみな、新しいシッペイや薬についての自分のフィードバックを伝え合える。このような接続性と更新可能性の潜在的な(d)オンケイはあまりに大きいので、少なくとも一部の職種では、すべての人間をコンピューターに取って代わらせることが理に適っているかもしれない――たとえ個別には、機械よりも腕の良い人間がいくらかいたとしても。

は、確率計算とパターン認識で神経ネットワークと競うだけでいいのなら、それはたいして手強い課題には思えない。

とくに、ＡＩは他者についての直感を求められる仕事では人間を凌ぎうる。歩行者がいっぱいの通りで乗り物を運転したり、見知らぬ人にお金を貸したり、ビジネスの取引の交渉をしたりといった、多くの仕事は、他者の情動や欲望を正しく評価する能力を必要とする。あの子どもは今にも車道に飛び出そうとしているのか？　スーツを着たあの男性は、私からお金を巻き上げて姿をくらますつもりなのか？　あの弁護士は脅し文句を実行に移すつもりか、それとも、はったりをかけているだけなのか？　そうした情動や欲望は非物質的な霊によって生み出されていると考えられていたときには、コンピューターが人間の運転者や銀行家や弁護士に取って代わることがありえないのは明白に思えた。というのも、神が創りたもうた人間の霊を、コンピューターが理解できるはずがないからだ。ところが、じつは情動や欲望が生化学的なアルゴリズムにすぎないのなら、コンピューターがそのアルゴリズムを解読できない理由はない。そして、それをホモ・サピエンスよりもはるかにうまくやれない道理はない。

歩行者の意図を予測する運転者や、お金を借りようとする人の信頼性を評価する銀行家や、交渉の場の雰囲気を測る弁護士は、魔術を頼りにしたりはしない。本人は気づいていないが、彼らの脳は、表情や声の調子、手の動き、さらには体臭まで分析して生化学的なパターンを認識している。適切なセンサーを備えたＡＩなら、人間よりもそのすべてをはるかに正確かつ確実にやってのけられるだろう。

したがって、雇用の喪失の恐れは、情報テクノロジー（ＩＴ）の興隆からのみ生じるわけではない。ＩＴとバイオテクノロジーの融合から生じるのだ。(注4)機能的磁気共鳴画像法（ｆＭＲＩ）スキャナーから雇用市場までの道は長く曲がりくねっているが、それでも数十年のうちにはたどり終えられるだろう。今日、脳科学者が扁桃体（へんとうたい）と小脳について突き止めている事柄が、二〇五〇年にはコンピューターが人間の精神科医やボディーガードを凌ぐことを可能にするかもしれない。

人間だけが持っている種類の認知的技能、すなわち学習や分析、意思の(b)ソツウ、そして何より人間の情動の理解を必要とする新しいサービス業の仕事が出現した。ところが今や人工知能(AI)が、人間の情動の理解を含め、こうした技能のしだいに多くで人間を凌(しの)ぎ始めている。人間がいつまでもしっかりと優位を保ち続けられるような、(身体的な分野と認知的な分野以外の)第三の分野を、私たちは知らない。

(1)AI革命とは、コンピューターが速く賢くなるだけの現象ではない。それに気づくことがきわめて重要だ。この革命は、生命科学と社会科学における飛躍的発展によっても勢いづけられる。人間の情動や欲望や選択を支える生化学的なメカニズムの理解が深まるほど、コンピューターは人間の行動を分析したり、人間の意思決定を予測したり、人間の運転者や銀行家や弁護士に取って代わったりするのがうまくなる。

過去数十年の間に、神経科学や行動経済学のような領域での研究のおかげで、科学者は人間のハッキング(注2)がはかどり、とくに、人間がどのように意思決定を行うかが、はるかによく理解できるようになった。食物から配偶者まで、私たちの選択はすべて、謎めいた自由意志ではなく、一瞬のうちに確率を計算する何十億ものニューロンによってなされることが判明した。自慢の「人間の直感」も、実際には「パターン認識」にすぎなかったのだ。優れた運転者や銀行家や弁護士は、交通や投資や交渉についての魔法のような直感を持っているわけではなく、繰り返し現れるパターンを認識して、不注意な歩行者や支払能力のない借り手や不正直な悪人を見抜いて避けているだけだ。また、人間の脳の生化学的なアルゴリズム(注3)は、完全にはほど遠いことも判明した。脳のアルゴリズムは、都会のジャングルではなくアフリカのサバンナに適応した経験則や手っ取り早い方法、時代遅れの回路に頼っている。すぐれた運転者や銀行家や弁護士でさえ、ときどき愚かな間違いを犯すのも無理はない。

これは、(2)「直感」を必要とするとされている課題においてさえAIが人間を凌ぎうることを意味している。もしあなたが、AIは神秘的な「勘」に関して人間の魂と競う必要があると考えているのなら、AIには勝ち目はないだろう。だが、もしAI

▲人間科・外国語・法・経済学部▼

（九〇分）

Ｉ　次の文章を読んで、後の問い（問一～問五）に答えなさい。

二〇五〇年に雇用市場がどうなっているか、私たちには想像もつかない。だが、機械学習とロボット工学[注1]によって、ヨーグルトの製造からヨガの指導まで、ほぼすべての種類の仕事が変化するだろうことに関しては、みんなの意見がおおむね一致している。とはいえ、その変化がどのような性質のものかや、どれほど差し迫っているかについては、見方が分かれる。わずか一〇年あるいは二〇年のうちに何十億もの人が、経済的な意味で(a)ヨジョウ人員となると考えている人もいる。逆に、長期的に見ても、自動化は新たな雇用を生み出しながら、全員におおいなる繁栄をもたらし続けると主張する人もいる。

……（中略）……自動化が大量失業をもたらすという恐れは一九世紀にさかのぼるが、これまでのところ、現実になってはいない。産業革命が始まって以来、機械に一つ仕事が奪われるたびに、新しい仕事が少なくとも一つ誕生し、平均的な生活水準は劇的に向上してきた。それにもかかわらず、今回は違い、機械学習が本当に現状を根本から覆すだろうと考える、もっともな理由がある。

人間には二種類の能力がある。身体的な能力と認知的な能力だ。過去には機械は主にあくまで身体的な能力の面で人間と競い合い、人間は認知的な能力の面では圧倒的な優位を維持していた。だから、農業と工業で肉体労働が自動化されるなかで、

＊踏却――脚で踏みつけて除く。地面に落ちた唾を掃除することをいう。
＊得苦悩――悩ましい結果を招く。

問一　傍線部⑴「欲唾時、我当先踏」を現代語訳しなさい。「唾」の主語を明示すること。

問二　傍線部⑵「汝何以踏我唇歯」を現代語訳しなさい。

問三　傍線部⑶「我雖欲踏、常不及」を、すべて平仮名を用いて書き下し文に改めなさい。現代仮名遣いでもよい。

問四　傍線部⑷「望得汝意」とあるが、愚人はどのようなことを望んだのか、わかりやすく説明しなさい。

問五　傍線部⑸「当知時与非時」とはどのようなことをいうのか、わかりやすく説明しなさい。

Ⅳ 次にあげる文章を読んで後の問いに答えなさい。設問の都合上、返り点・送り仮名を省略した箇所があります。

昔有二長者一、左右之人欲レ得二其意一、皆尽二恭敬一。長者唾時、左右之人以レ脚踏*却。有二一愚人一、不レ及レ得レ踏、而念曰、「若已唾レ地、則諸人踏却。(1)欲レ唾時、我当二先踏一。」於レ是長者正欲レ唾時、此愚人即挙レ脚踏二長者口一、破レ唇折レ歯。長者語二愚人一曰、(2)「汝何以踏二我唇歯一。」愚人答曰「若長者唾出レ口落レ地、諸人已得二踏却一、(3)我雖欲踏、常不及。以レ是、唾欲レ出レ口、挙レ脚先踏、(4)望レ得二汝意一。」

凡物須レ時。時未レ及レ到、強欲レ為レ之、反*得二苦悩一。以レ是、(5)当レ知二時与レ非レ時一。

（『百喩経』による）

＊元弘の乱れ――新田義貞の軍によって鎌倉幕府が滅ぼされた元弘三年（一三三三）の戦乱。
＊東平王――中国・後漢の光武帝の子。東平（現在の山東省）の王となった。
＊昭君――王昭君。中国・漢の元帝の女官。匈奴（きょうど）に嫁がされ、その地で没した。青塚はその墓。
＊うなゐ松――墓のしるしとして植えた松。
＊宮城野――仙台平野の東部。本荒は宮城野にある地名。
＊草堂一宇――草ぶきの小屋一つ。

問一　傍線部⑴⑵⑶を文脈に即して現代語訳しなさい。⑶は、「煙」が具体的に何を指すか記すこと。

問二　傍線部ⓐについて、このように感じたのはなぜか、説明しなさい。

問三　傍線部ⓑにおいて、書き手はどのような状況を見てどのような心情になっているか、説明しなさい。

問四　傍線部㋐について、次の（一）（二）に答えなさい。

（一）　この和歌を現代語訳しなさい。

（二）　和歌によまれている本荒の萩について、この文章全体で二通りの解釈が示されている。その二つをわかりやすく説明しなさい。

とふしぎなりしか。

舟よりおりてゆく道のほとりに、一つの塚あり。ゆききの人のしわざとおぼえて、あたりの木に、詩歌などあまたかきつけたり。「むかし東平王(とうへいわう)といひける唐人の墓なり。故郷をこひつつここにて身まかりけるが、その思ひのすゑにや、塚のうへの草木もみな西へかたぶくと申しならはせり」と語る人ありしかば、いとあはれにおぼえて、かの昭君が青塚(せいちよう)の草の色もことわりにぞ思ひやられし。(3)誰も旅の空にてはかなくなりなば、夜半の煙もなほふるさとのかたにやなびかましと、うき世の妄執もあぢきなくこそおぼえはべりしか。塚のうへに松の木あまた生ひならべるも、うなゐ松とはこれにやとあはれなり。物語のためしも思ひ出でらる。

ふるさとはげにいかなれば夢となる後さへなほも忘れざるらむ

それをもなほ過ぎて、武隈(たけくま)の松のかげに旅寝して木の間の月に心を尽くし、名取川のわたりを過ぐるとては、行く水のかへらぬことをあはれむ。宮城野(みやぎの)の木のしたつゆも、まことに笠もとりあへぬほどなり。花の色々、錦を敷けると見ゆ。中にも本荒(もとあら)の里といふ所に、色などもほかには異なる萩(はぎ)のありしを、一枝おりて、

(ア)宮城野の萩の名にたつ本荒の里はいつより荒れ始めけむ

と思ひつづけはべりし。この所はむかしは人住みけるを、今はさながらのらやぶになりて、草堂一宇よりほかは見えず。(b)この花をもいにしへは散るをや人の惜しみけむと、あはれに思ひやられはべりき。そもそも本荒の萩とは、春やき残したる去年(こぞ)のふる枝に咲きたるをいふなりと、聞きおきはべり。それを古萩(こはぎ)とも申すなり。これは枝ざしなども、なべての萩よりもこはごはしく、あばらなるにや。本荒の桜などもよみてはべればと思ひ給へしに、今聞きはべれば、もしこの里の名によりてもやよみけむと、はじめて思ひあはせられはべり。

(『都のつと』による)

問三　傍線部(3)について、「わたし」が「スイス人たちはきっと国旗を眺める気持ちが全然違うのだ」と考えるのはなぜか、本文に即して説明しなさい。

問四　傍線部(ア)について、「わたしという粘膜」という表現にはどのような効果があるのか、説明しなさい。

Ⅲ

次の文章は、観応年間（一三五〇～一三五二）のころ東北地方を旅した際に記されたものです。これを読んで、後の問いに答えなさい。

明くれば、遠き野辺を過ぐるとて、その野の名を問へば、「これなむ走井（はしりゐ）」と言ふ。あふ人もなくはるかなる道に、山賊（だち）などいひて人をあやまつたぐひ多ければ、旅人も早く行かんことをのみ急ぎ、走る故に、いひつけたるとかや、聞きはべりしやらん。ある時は峰の嵐をかたしき、野原のつゆにふし、ある時は磯（いそ）打つ波に夢をさまし、浮寝の床に袖をしほる。(1)おのづから、草の枕に弱り行く虫の声を聞きて、秋の末葉になりぬることを思ひ、あまの苫屋（とまや）にふし慣れて、月の出潮（でしほ）のほどを空に知る。

かやうに、(2)いづくともなくあくがれまかりしほどに、白川の関を過ぎて二十日あまりにもなりしに、広き川のほとりに出でぬ。これなむ阿武隈川なりけり。都にて遠く聞きわたりし所の名なれば、かぎりなく遠く来にけるほども思ひ知らる。わたしもり舟さしよせて、道行く人ども急ぎのりて出ではべりしに、水上遠く見わたせば、重なる山の中に煙のたちのぼるところありしを、舟子どもに問ひしかば、「元弘の乱れに鎌倉のほろびしより、この煙たちそめて今に絶えぬなり」と語りしこそ、(a)いがプラットホームで待っているから、その列車の運転手のいる車両にいっしょに乗せてもらいなさいと書いてあった。ベルクさんは最近定年退職してから、取材に来るジャーナリストの案内などの仕事をしている。ルガノ行きの列車はすでにそこに止まっていた。列車の顔面にスイスの国旗がくっついていた。国旗と言っても布でできた旗ではなく、もちろん金属製の紋章です。隣のプラットホームに停車している列車の顔にも、同じく国旗が張り付いている。赤地に白い十字架。もし、日本の長距離列車の顔面に全部日の丸が付いていたら、どんなに嫌な気持ちがするだろう。列車に乗った途端、戦争で集団疎開させられた子どものことが頭に浮かんで、気が滅入るだろう。(3)スイス人たちはきっと国旗を眺める気持ちが全然違うのだ。もしかしたら、これは帆船の舳先（へさき）から首を伸ばしている木製の女の胸像と同じで、魔除けなのかもしれない。山の魔物が、土砂を落としたり、隣をしおらしく流れる小川の水に突然海洋の勢いを与えたりして、鉄道事故など起こすことがないようにと。

（多和田葉子「ゴットハルト鉄道」による）

＊聖ゴットハルト――ヒルデスハイムの司教で、中世の聖人の一人。
＊ユングフラウヨッホ――名峰の景色を楽しむことが出来るスイスの著名な観光地。

問一　傍線部(1)について、「わたし」が「貫通という言葉には好感が持てない」と考えるのはなぜか、本文に即して説明しなさい。

問二　傍線部(2)について、「富士山だって同じことだ」とはどういうことか、本文に即して説明しなさい。

ルトがヨーロッパの中心にあるとは知らなかった。でも地図で見る中心など当てにならない。日本で作られた世界地図では日本がいつも中心にあるのと同じで、地図の上では、誰でも自分を中心に置こうとすればできるのだから。

ゴットハルトは地図の真ん中に堂々と寝そべっていた。その爪先は、イタリアに触れていた。左目はチューリッヒ、右目はバーゼル。心臓はシュビーツ。お腹の辺りには山があって、そこからスイスが生まれたのだと思った。もう少しで、そう思いそうになった。でも、それが嘘だということに、その夜、夢の中で気づいた。ある国が、山の腹から生まれるということはありえない。国を生むことのできる子宮は存在しない。島を生むことのできる子宮がないのと同じです。

その夜、チューリッヒのホテルの部屋で夢にうなされて目が覚めた。書類の山が五つあった。大切な契約書か何か。真っ赤なじゅうたんの上の書類の山は、上から見ると、十字架の形に積まれていた。目を近づけてよく見ると、書類は白紙。雪のように真っ白。雪山。ベッドの隣の壁には、雪に覆われたアンダーマットの写真が飾ってあった。夢から目が覚めた時、初めてそのことに気がついた。山が母親であると信じること、母親と言っても、それが男であると確信していること、それがなぜか多くの人にとっては快いらしい。⑵富士山だって同じことだ。なぜあの山が、ニッポンと書かれた絵葉書の写真の中央に写っているのか。まるで、日本という国が、自然と富士山の中から生まれてきたような錯覚を起こさせる。

頭を雲の上に出し、富士は日本一の山、という歌があったような気がして、その歌をベッドの中で思い出して歌おうとした。ところが、頭を雲の上に出しキングコングがやってくる、というメロディーが裏から強く浮かび上がってきて、富士山を飲み込んでしまった。アタマという最初の言葉をちょっと早めに元気よく歌い始めるだけで、富士山がキングコングになってしまう。

翌朝、チューリッヒ中央駅に行くと、約束の時間までまだ随分余裕があった。ルガノ行き九時三分発の列車に乗るように手紙に書いてあった。九時四十五分にアルトゴルダウに着いたら、ゴットハルト鉄道の運転を四十年続けたベルクさんという人なってしまうから。

君は檸檬(れもん)の花の咲く国を知っているかい、そこへ君を連れていきたい。そんなような詩をゲーテは書いた。イタリアという言葉を聞くだけで、ゲーテの目の中にも、明朗な黄金色に染まった廃墟(はいきょ)がたちあらわれたに違いない。粗大ゴミのようにかさばって重たいアコガレを背負って。知識人は、イタリアに憧れる義務がある。ワインを飲む義務がある。でもわたしは、イタリアに憧れることはできないし、ワインなど飲みたくもない。アルコールを身体に注ぎ込むのは面倒くさい。それよりも、ゴットハルトのお腹に潜り込んで、しばらくそこで暮らしてみたい。石油ランプを灯して。缶詰めの豆のスープを暖めながら。暗闇の中で。列車が通過する時だけ、手の甲が明るく照らされるトンネルの生活。南国の光ではなく、山頂から見た景色でもなく、山の内部で視覚を失いたい。だから、わたしはドイツのインテリにも、日本の旅行者にも、仲間に入れてもらえない。なにしろ、インテリたちにとってはゴットハルトは光を遮る障害物に過ぎないし、日本人観光客は、硬い髭(ひげ)の生えたゴットハルトなどではなく、清純な*ユングフラウヨッホなどというところに出掛けたがる。

チューリッヒの古本屋で、感じのいい店主に勧められて、感じの悪い題名の小説を買った。日本語ではどう言ったらいいのか分からない。我々はゴットハルトを貫き通す、というような題名。（トンネル貫通。この(1)<u>貫通という言葉には好感が持てない</u>。袋小路とか洞穴の方がずっと美しい言葉だと思う。）作者はスイスでは有名でも、スイス人以外は誰も知らない巨匠フェリックス・モッシェリンです。日本と同じで、スイスにはそういう巨匠がよくいる。国境付きの巨匠。厚くてハンドバッグには入らなかった。七一四ページ。初めから終わりまで読む気にはとてもなれないけれど、本を適当にぺらぺらとめくればきっと気にいる言葉が見つかりそうな厚さ。そういう本は買っておいた方がいい。

（中略）

この古本屋では、ついでに中央ヨーロッパの地図も買った。ゴットハルトは地図の中央に堂々と寝そべっていた。ゴットハて、息苦しいのです。だから、異邦人の方に乗ってもらって、軽くしたいのです。編集者は電話でそう言った。わたしは、この編集者が取材と原稿を依頼しようと思った日本人の作家本人ではなかった。それは人違いでもなかった。それは詐欺のようなものだった。

(ア)ゴットハルトは、わたしという粘膜に炎症を起こさせた。それは、まだ行ったことのない海岸の名前を両親から聞かされ、夏休みにはそこへ行くのだと信じ込んだ子どもがかかる熱病と似ていた。ゴットハルト鉄道という言葉が、錆(さ)びた鉄の赤みと、まだ冷たい四月の煙った空気と、ひとりで窓の外を見ながら寂しく感じている乗客にしか聞こえない線路の摩擦音などに姿を変えて、炎症を起こした。期待に喉が火照り、うがいをしてから、わたしはライナーに電話した。ライナーは、キール大学で文学を教えている。まだ教授ではないけれど、四十歳になるまではまだ三ヵ月あるから、それほど深刻に考える必要はないそうだ。四十歳になると、出世について真面目に考え始めるのだと、よくカフェバーなどで酔っ払ったジャーナリストなどが言っているのを聞く。わたしはまだ十年は出世しなくてもいいということになる。仮に出世したくなったとしても、職業がないので出世できない。

ゴットハルト鉄道に乗せてもらうことになったの。とても楽しみにしているの。わたしがそう言うと、ライナーはちょっと困ったように口ごもって、それは大変なことになったね、可哀そうに。そんな長くて暗いトンネルに君を押し込めてしまうとはね、スイス人もひどいことをするものだ。わたしは思い出した。北ドイツの知識階級に所属したいと思ったら、イタリアの光に憧れなければいけないのです。山やトンネルの中に入ったまま出て来なくなるような意識を持っていては、理解されない。理解されないような意識を持つということは、謎めいていて面白いということにはならない。単に自分たちの仲間ではないということにされてしまう。わたしはそれでいいけれど、ライナーはわたしが仲間たちに理解されないようなことを口にするのをとても嫌がる。ライナーの仲間に理解されない意識を持つわたしは、もうライナーとは関係の無い人間だということに

問三　傍線部(b)について、このように言えるのはなぜか、説明しなさい。

問四　傍線部(c)について、なぜ安易に他者への理解を表明するべきでないのか、本文の趣旨をふまえて説明しなさい。

Ⅱ

次の文章は、多和田葉子の小説「ゴットハルト鉄道」の一部です。これを読んで後の問いに答えなさい。

ゴットハルト鉄道に乗ってみないかと言われた。ゴットハルトという名前の男に出くわしたことは、まだない。ゴットは神、ハルトは硬いという意味です。古い名前なので、もうそういう名前の男は存在しないということなのかもしれない。そういう名前の男は見たこともないのに、この名前を初めて聞いてから三分くらいすると、ある風貌が鮮明に浮かびあがってきた。針金のようなひげが顎と頬に生えている。唇は血の色をしていて、その唇が言葉も出てこないのに、休みなく震えている。口をきこうとしない男。目は恐れと怒りでいっぱいで、打ち砕かれる寸前のガラス玉のよう。

ゴットハルトの中を通り抜けて鉄道は走る、とスイス人たちは言う。つまり、男の身体の中を通り抜けて走ると言うこと。長いトンネルに貫かれたその山は、聖ゴットハルト*とも呼ばれています。つまり、聖人のお腹の中を突き抜けて走るということ。わたしはまだ男の身体の中に入ったことがない。誰でも一度は、母親という女性の身体の中にはまっていたことがあるのに、父親の身体の中というのは、どうなっているのか知らないまま、棺桶(かんおけ)に入ってしまう。

聖人のお腹の肉の中を走るのだと思って胸をおどらせ、わたしはすぐに承知した。わたしにこの旅行を依頼してきたのは、音節にアイロンをかけたような丁寧な話し方をするチューリッヒ新報の編集者だった。ゴットハルトは、重いのです。重すぎ貫かれたものである。いま目の前の他者は病に苦しんでいるが、あるいは自分が病であったかもしれない。二人の間に開かれている一つの「である」間柄のなかにある、彼我の落差に気づいたとき、人は自分の立ち位置が不当なものではないのかと感じる。「やましさ」はそこに宿る。しかし、この「やましさ」は「がある」に起因するゆえ、解消不可能である。結局、逃げ場のない間柄のなかで「やましさ」に駆られ、居心地の悪さを抱えて、苦しむ他者と向き合うことしかできない。偶然事に苦しむ人は時に「なぜ、私だけが」と言うかもしれない。しかし、その問いに回答を与えることはできない。一つの間柄を共有しつつ、互いが事実的な偶然性で隔てられていることを知るとき、非当事者は、無力感を募らせ、苦しむ人を前にして何をなすべきか戸惑うばかりである。(c)だが、それこそが、他者への理解を安易に表明することなく、真摯に他者と向き合うということではないのか。「である」間柄のなかで「がある」ことの事実的偶然性に気づき、逃げ場なしの状態で他者と関わること。それこそが九鬼の言う「偶然性を堅く掴む」ことから始める倫理の具体的な形ではないだろうか。

（宮野真生子『出逢いのあわい――九鬼周造における存在論理学と邂逅の倫理』による）

＊裸出――露出に同じ。

問一　傍線部(a)について、どういうことか、説明しなさい。

問二　傍線部(ア)について、「有り―難い」という語は、一般的な感謝の表現としての「有り難い」とどう異なるのか、本文の趣旨をふまえて説明しなさい。

揺るぎなくあるのは、そこを生きる人びとが、それぞれに「である」間柄を保ち、積み上げてきたからである。しかも、その「である」間柄を作るのは、それぞれに「がある」の交換可能性に晒された偶然的な存在である。そのような存在がたまたまここに集い、「である」間柄を紡ぎ、日常という安定を作っているという「有り―難さ」。偶然事に直面し、「がある」の交換可能性に気づくことで日常が「仮小屋」であることを知った人は、再び日常に戻ったとき、この日常が成立していることのかけがえなさ、唯一性に気づくことができる。だからこそ、日常に戻った人は、そのなかで真摯に自らの生き方を選ぶ（あるいは選び直す）ことができる。

（中略）

こうした「有り―難さ」は、当事者だけでなく、その周りの人にも波及する。ただし、その波及は必ずしも「有り―難さ」という形をとるわけではない。たとえば、妻が大病を患ったとき、その夫が感じるのは、「なぜ、私ではなく妻なのか」といった痛みだろうし、西日本に暮らす人間が東日本大震災の被災者と会ったときに感じるのは、「安穏と暮らしていて申しわけない」といった一抹の後ろめたさのようなものだろう。偶然事（とくにネガティブな事柄）が起こり、その当事者は「がある」の裸出に戸惑い、不安になりながらも、必死で日常に戻るなかで、日常に宿る「有り―難さ」を感受することができるが、そのような当事者を前にして、非当事者はある種の「やましさ」のようなものをもつ。(b)だが、それもまた「がある」ことの事実的な偶然性を掴（つか）むことではないのか。

（中略）

目の前にいる他者がなぜ病に冒されることになり、自分は健康な者であるのか、それは偶然的なものである。一つの間柄を共有しつつ、両者の立ち位置は偶然的な「がある」によって決まったにすぎない。その意味で、和辻が考えたのとは異なり、「である」間柄もまた人間が「有つ」ことのできるものではなく、「である」間柄それ自体が、「がある」の事実的な偶然性にの交換可能性と偶然性を逆手にとって「出会わないこともありえたのに会えたのは運命」というふうに、偶然性を必然性に転化することもできるだろう。そうした態度は、「がある」事実性を「有り—難さ」へと反転させて、唯一性を感受する態度につながるものである。だが、災害や病に遭遇することのなかに、「有り—難さ」を宿した唯一性を感受することなどできるだろうか。

まず、注意しておきたいのは、災害や病に見舞われることは、決して運命と呼ぶべきものではなく、あくまでも偶然にすぎないということだ。このことはいくら強調してもしすぎることはない。そもそも、九鬼自身が言うように「運命」とは「偶然が人間の実存性にとって核心的全人格的意味を有つとき」に必然性が感じられるところで成立するものであり、それは人間が偶然に与えた名称にすぎない。そのうえで、私が言いたいのは、偶然事に遭遇したことで、「がある」ことの事実性が「私がある」ことの「有り—難さ」を知る契機となって、そこに唯一性が宿ることはあり得るのではないか、ということだ。ただし、そうした経験は偶然において日常が不安定化し、「がある」の事実性に直面しただけでは手に入らない。そこから再び日常という他者とも「にいる」場に戻ることが必要になる。

九鬼は、実存が生きる日常を、無に晒され壊れやすい「仮小屋」だと言った。だが一方で、人間が生きる場はこの「仮小屋」以外にない。どんなに壊れやすくても、不安になりながらも、そこから逃れることはできず、私たちはこの「仮小屋」を補修しながら生きている。「がある」事実性が、足下にある交換可能性、「無の深淵」を垣間見せようとも、人は「仮小屋」の日常に戻って「である」間柄にのっとり行為する。いま自分がこのような境遇にあることの理由のなさ、理不尽さをかこち、日常の脆さに怯えながらも、人は日常に戻る。そこにあるのは、偶然事において一旦無意味になったと思われた「教師である」「妻である」といった和辻的な間柄における他者との関係である。再び、その間柄の行為的連関が動きはじめるとき、人は日常のしぶとく残る頑丈さ、空洞化したと見えていた間柄がもつ揺るぎなさを感じるだろう。だが、そうした間柄と日常がの居場所が間柄の「である」の一般化によって空洞化していったとしても、それは間延びした日常によって隠蔽される。しかし、こうした日常を根抵から覆すようなことが起こることがある。たとえばそれは、大きな災害や、人生を左右するような出会い、あるいは事故や病で生き方が変わるとき、いわば、予期していなかった偶然の出来事と遭遇するときである。予期していなかった偶然の出来事に見舞われるとき、人は二つのことに気づく。第一に、安定していると思っていた日常は、脆く崩れやすいものであること。第二に、日常を安定化させていた、それまでの間柄の「である」という規定は、偶然事を前にして、ほとんど役に立たないということ。たとえば、「私は教師である」ことも「私は妻である」ことも、病に見舞われたとき、あるいは被災者になったとき、いったん無意味な規定になる。それは、間柄の「である」という規定によって築いてきた自らの生の意味づけが消えてなくなるということではなく、そうした意味づけが届かないところで、生のありようが変わってしまうという体験である。ここに生まれたことも、病になったことも、自分で選んだことではない。たまたま、そういうふうに産まれ落ちただけのこと、自分の手の届かない事柄である。(a)偶然事との出会いにおいて、このように「である」の下に隠れていた、「がある」という偶然的な事実性が裸出*する。そのとき、人は自らの生が「無の深淵」に晒されていること、安定した日常が「仮小屋」にすぎなかったことを悟る。

こうした体験は、病や災害などのネガティブな事柄との出会いでも、恋における運命的な出会いのようなポジティブな出会いでも、それが予想外の出来事である以上、共通して起こることである。ネガティブな偶然事では、日常が無の深淵に晒された仮小屋にすぎないことに気づき、不安がかきたてられ、ポジティブな偶然事では、それまでのつまらない日常を生きている自分は偽りで、これから本当の自分を見つけるのだという高揚感が生まれる。それらはいずれも「がある」事実性に触れたことによる変化の予兆によって与えられた感情といえる。そして、この「がある」の裸出の背後には、「他でもあり得たのになぜ私」「会わない可能性もあったのに、なぜ今ここで」といった交換可能性が存在する。恋のはじまりの出会いであれば、こ

国語

▲文学部▼

（一二〇分）

Ｉ　次の文章は、偶然性をめぐる九鬼周造の思想を、和辻哲郎の「間柄」論と対比しつつ解釈したものです。和辻によれば、人間は「(学生に対して) 教師である」「(夫に対して) 妻である」などといった他者との間柄を生きています。一方、九鬼は、一見安定している間柄の「である」の背後には、人間を一般化し、他の誰かと交換可能な存在にしかねない危うさが潜んでいるものの、それは、この私「がある」ことの唯一性を自覚する機会にもなりうるとしています。この文章は、その指摘からの帰結を論じたものです。これを読んで後の問いに答えなさい。

日常において、「がある」という事実性、偶然性に直面することはほとんどない。変わらない日常のなかで「私の代わりなんていくらでもいる」と呟(つぶや)くことはあったとしても、ため息交じりの交換可能性に触れる呟きが、「それでも私はこんなふうにある。それは(ア)有り難いことだ」などと、「この私がある」ことの唯一性にたどり着くことは滅多にないだろう。日常は、間柄の「である」の規定を定型的になぞることで淡々と続いていき、その安定のうえに多くの人は自らの居場所をつくる。そ

//////////////////// · memo · ////////////////////

2022年度

問題編

■前期日程

問題編

▶試験科目

学部	教科	科目等
文学部	外国語	「コミュニケーション英語Ⅰ・Ⅱ・Ⅲ，英語表現Ⅰ・Ⅱ」，ドイツ語，フランス語から1科目選択
	選択	日本史B，世界史B，地理B，「数学Ⅰ・Ⅱ・A・B」から1科目選択
	国語	国語総合（文学部の学生にふさわしい学力を判定するため，現代文のみならず，古文，漢文からも出題する）
人間科学部 法学部 経済学部	外国語	「コミュニケーション英語Ⅰ・Ⅱ・Ⅲ，英語表現Ⅰ・Ⅱ」，ドイツ語，フランス語から1科目選択
	数学	数学Ⅰ・Ⅱ・A・B
	国語	国語総合
外国語学部	外国語	「コミュニケーション英語Ⅰ・Ⅱ・Ⅲ，英語表現Ⅰ・Ⅱ，英語会話」，ドイツ語，フランス語，中国語，韓国語，スペイン語，ロシア語から1科目選択。ただし，英語専攻志願者には英語を課す （英語の試験の一部にリスニングテストを行う）
	選択	世界史B，「数学Ⅰ・Ⅱ・A・B」から1科目選択
	国語	国語総合

▶備　考

- 英語以外の外国語は省略。
- 「数学B」は「数列，ベクトル」を出題範囲とし，「確率分布と統計的な推測」を出題範囲から除く。

▶配　点

<table>
<tr><th colspan="2">学部等</th><th>外国語</th><th>地　歴</th><th>数　学</th><th>国　語</th><th>合　計</th></tr>
<tr><td colspan="2">文</td><td>150点</td><td colspan="2">100点</td><td>150点</td><td>400点</td></tr>
<tr><td colspan="2">人　間　科</td><td>200</td><td></td><td>200</td><td>200</td><td>600</td></tr>
<tr><td colspan="2">外　国　語</td><td>300</td><td colspan="2">100</td><td>100</td><td>500</td></tr>
<tr><td colspan="2">法</td><td>150</td><td></td><td>150</td><td>150</td><td>450</td></tr>
<tr><td rowspan="3">経済※</td><td>A</td><td>20</td><td></td><td>20</td><td>20</td><td>60</td></tr>
<tr><td>B</td><td>180</td><td></td><td>180</td><td>180</td><td>540</td></tr>
<tr><td>C</td><td>100</td><td></td><td>100</td><td>100</td><td>300</td></tr>
</table>

※経済学部について

共通テストの配点A 540点，B 60点，C 300点を加算し，A配点で上位65位以内にある者と，B配点で上位65位以内にある者をまず合格者とし，これらの合格者を除いた受験者の中からC配点での高得点者順に合格者を決定する。

英語

◀文・人間科・法・経済学部▶

（文学部：105 分　人間科・法・経済学部：90 分）

I　次の英文(A)と(B)を読み，それぞれの下線部の意味を日本語で表しなさい。

(A)　Many owners identify what they think is a dog's "guilty look", but science has shown that this is actually a reaction to the owner's body language at that moment. Guilt is a relatively complex emotion. The dog is simply worried that it's about to be punished, without knowing what it's done wrong.

(https://www.bbc.co.uk/programmes/articles/5dVxCLC17wL7G7Q0hlYRHd8/eleven-pawsome-facts-about-dogs)

(B)　The notion that religion is a force produced by cultural evolution, and that it primarily exists to produce functional benefits to individuals and groups can explain why religions are *in decline* in some parts of the world. As human societies created nations, and devised mechanisms for self-governance, the gods who were so effective at enforcing group norms and ethical behavior through punishment were no longer as necessary.

(Vedantam, Shankar & Mesler, Bill. 2021. *Useful delusions: The power and paradox of the self-deceiving brain*. W. W. Norton & Co. より一部改変)

Ⅱ 次の英文を読んで，以下の設問に答えなさい。

Take a moment to pay attention to your hands. It will be time well spent, because they are evolutionary marvels(i). Hold one up and examine it. Open and close it. Play with your fingers. Touch the tips of your four fingers with your thumb. Rotate your wrist. You should be able to turn it 180 degrees with ease. Ball your hand up into a fist until your thumb lies on top of and lends support to your index, middle, and ring fingers. That is something no ape can do.

Twenty-seven bones connected by joints and ligaments, thirty-three muscles, three main nerve branches, connective tissue, blood vessels, and skin equipped with highly sensitive touch receptors are behind the most delicate and most complex tool(A) for grasping and touching that evolution has ever produced. The palm is protected by a massive sheet of fibrous tissue that makes it possible to grip things powerfully. The fingers are slender and small-boned, partly because they contain no muscles. They are controlled remotely, like puppets hanging from strings. But those strings are highly flexible *tendons attached to muscles found not only in the palm of the hand and forearm but also all the way up to the shoulder.

Between this equipment and our complex brains, we can do things no other creatures on the planet are capable of doing: kindling fire, gathering the finest kernels(ii) of grain from the ground, knitting, cutting, knotting nets, turning tiny screws, typing on a keyboard, or playing basketball or a musical instrument.

Our thumbs have a special role to play in our dexterity(iii). We can easily match them up with any finger. That allows us to feel and touch, to grab and hold. The saddle joint at the base of the thumb rotates like a ball joint. Our thumb is much longer, more powerful, and more flexible than that of our nearest relatives, the great apes. It allows us to execute(iv) a delicate grip as easily as a powerful pinch. Chimpanzees can also clamp small objects between the sides of their thumbs and their fingers, but much less forcefully and without any sensory input from their fingertips. That means they have no means to hold or move tools such as pens or screws precisely between the tip of their thumb and their other fingers.

A great ape holds larger tools — a stick, for example — pressed into their palm at right angles to their forearm. There are not many other options available to them. In contrast to chimpanzees and gorillas, we have highly flexible wrists that allow us to hold an object so that it becomes an extension to our forearm. (B)<u>This</u> intensifies the force of a blow. It also means enemies and dangerous animals can be kept at arm's length. If an animal does come within range and full advantage is then taken of the extra *leverage, bones can be broken.

It is not only the flexibility granted by the fully opposable thumb that makes the human hand so special, but also its extraordinary ability to feel and to touch. It operates almost like an independent sensory organ. We use it to feel the temperature of a breeze and of water. With its help we are able to fit a key directly into a lock, even in the dark. We can detect uneven surfaces with our fingers that we cannot see with our naked eye. With a little bit of practice, we can use our fingers to tell real silk from synthetic silk or real leather from fake leather, even with our eyes closed.

Our sense of touch detects delicate differences and sends this information via a dense network of receptors and neural pathways to our spinal cord and from there to our brain. Our fingers can even replace our eyes as ways to perceive the world, as the Dutch paleontologist Geerat Vermeij, who has been blind since the age of three, can attest. A specialist famous for his work on marine *mussels and their ecosystems, he has never seen a fossil. Out in the field, he feels the complex structures of mussels and of the rocks in which they are found. With his fingers, he "sees" details many sighted scientists miss. There is no doubt about it: our hands are an (v)<u>exceptional</u> development in the history of evolution.

(Böhme, Madelaine, Braun, Rüdiger & Breier, Florian. 2020. *Ancient bones: Unearthing the astonishing new story of how we became human* (Jane Billinghurst,

Trans.). Greystone Books より一部改変)

*tendons：腱

*leverage：てこの作用，力

*mussels：ムラサキイガイ

設問(1) 下線部(i)〜(v)の語句の本文中での意味に最も近いものを，(イ)〜(ニ)から1つ選び，記号で答えなさい。

(i) marvels

(イ) concepts (ロ) innovations (ハ) outcomes (ニ) wonders

(ii) kernels

(イ) breeds (ロ) points (ハ) seeds (ニ) waves

(iii) dexterity

(イ) elegance (ロ) manipulation (ハ) skillfulness (ニ) strength

(iv) execute

(イ) imitate (ロ) perform (ハ) relax (ニ) select

(v) exceptional

(イ) advanced (ロ) characteristic

(ハ) major (ニ) remarkable

設問(2) 下線部(A) the most delicate and most complex tool は具体的には何を指しているか，日本語で答えなさい。

設問(3) 第2段落で著者は人の指について「糸で吊るされた操り人形のようだ」と述べていますが，これは人の指がどのような仕組みで動くことを表したものか，本文中から読み取り，45字程度の日本語で答えなさい。句読点も1字

に数えます。　〔解答欄〕51字

設問(4)　下線部(B) This の指す内容を日本語で答えなさい。

設問(5)　本文の中で類人猿の手の能力を示すものとして言及されているものを下記の(イ)～(ホ)から2つ選び，記号で答えなさい。

(イ)　Holding a fist so that the thumb lies on top of and lends support to other fingers

(ロ)　Holding an object and pressing it into the palm at right angles to the forearm

(ハ)　Holding an object between the tip of the thumb and other fingers

(ニ)　Holding enemies and dangerous animals at arm's length

(ホ)　Holding tiny things using no sensory input from the fingertips

設問(6)　世界を知覚するにあたって指が目の代わりになることを古生物学者の Geerat Vermeij 氏の例はどのように示しているか，本文の内容に即して65字程度の日本語で説明しなさい。句読点も1字に数えます。

〔解答欄〕72字

III　科学技術の発展によって，機械やAI（人工知能）が人の代わりをすることが増えてきました。製造業においてはかなり以前から，また近年では運輸や接客などのサービス業でも自動化が進んでいます。このように社会が大きく変わろうとしている中にあって，どうしても機械やAIが取って代わることができない，もしくは取って代わってほしくないとあなたが考えるのはどのような仕事ですか。具体的な仕事を1つ挙げ，その理由を80語程度の英文で述べなさい。

Ⅳ 次の日本文(A)と(B)のそれぞれの下線部の意味を英語で表しなさい。ただし，(B)では**文学部の志願者は**(イ)を，**文学部以外の学部の志願者は**(ロ)を選んで解答しなさい。

(A) **(すべての学部の志願者)**

不思議なことに，宇宙について知れば知るほど，宇宙は「偶然という名の奇跡」に溢れている，ということに驚かされます。

例えば，現在の宇宙が持っているいろいろな条件が整わないと，私たちは誕生しえませんでした。この条件は偶然にそろったものともいえますし，一方でその偶然が起こる確率は奇跡的というほど低いのも事実です。

(本間希樹．2021．『宇宙の奇跡を科学する』扶桑社)

(B)

(イ) **(文学部の志願者　※文学部以外の学部の志願者は次の(ロ)を解答すること)**

人と人が関わり合いを持つ場合，それが望んだ関わり合いであっても，損得が生まれたり，予想外の出来事で気まずくなったりすることがあります。会話も人と人との関わり合いなので，悪意がなくても，話し手や聞き手が不愉快な思いをすることはあります。不注意から出たちょっとした失言が元で，ケンカになったり，極端な場合は仕事を辞めざるをえなくなったりします。もちろん，会話を通して親しくなり，信頼関係を深めることもたくさんありますが，他者と関わり合いを持つ以上，相手を傷つける可能性は常にあるのです。

(時本真吾．2020．『あいまいな会話はなぜ成立するのか』岩波書店 より一部改変)

(ロ) **(文学部以外の学部の志願者)**

仕事で進めているプロジェクトの進行がはかばかしくない。仮にうまく進められても，期待していたほどの結果は得られないかもしれない。そのような場合に思い切って退却することは，選択肢として十分ありえます。

頂上を目指して山に登っているとき，雲行きが怪しくなれば，事故が起きないよう退却する勇気が必要です。それと同じで，進路でも仕事でも進めていることを途中で見切るのは，そこに関わる人の時間やお金を無駄にしないために

<u>は必要なことです。</u>

撤退する勇気や決断は，ギリシャ・ローマ時代からリーダーにとっての重要な要素でもあります。

(丹羽宇一郎．2021．『人間の器』幻冬舎)

◀外国語学部▶

（120分）

I　◀文・人間科・法・経済学部▶ I に同じ。

II　次の英文を読んで，以下の設問に答えなさい。

How do human brains create social reality? To answer this, let's consider it from a brain's point of view. For your whole life, your brain is trapped inside a dark, silent box called your skull.

Your brain constantly receives data from your eyes, ears, nose, and other sense organs. It also receives a continuous stream of sense data from inside your body as your lungs expand, your heart beats, your temperature changes, and the rest of your insides carry on their symphony of activity.

All this data presents a mystery to your brain-in-a-box. Together, the data represents the end result of some set of causes that are unknown.

When something in the world produces a change in air pressure that you hear as a loud bang, some potential causes could be a door slamming, a gunshot, or a fish tank toppling to the floor. When your stomach unleashes a gurgle, the cause might be hunger, indigestion, nervousness, or love.

So, your brain has a problem to solve, which philosophers call a 'reverse inference problem'. Faced with ambiguous data, your brain must somehow guess the causes of that data as it plans what to do next, so it can keep you alive and well.

Fortunately, your brain has another source of information that can help with this task: memory. Your brain can draw on your lifetime of past experiences, some of which were similar to the present moment, to guess the meaning of the sense data.

①A slammed door, rather than a fish tank, may well be the best candidate for a loud bang if, for example, there is a strong breeze blowing through a nearby window, or if your heartbroken lover has just stormed out of the room and you've experienced similar exits in past relationships.

Your brain's best guess — right or wrong — manifests itself as your action and everything you see, hear, smell, taste and feel in that moment. And this whirlwind of mental construction all happens in the blink of an eye, completely outside of your awareness.

The esteemed neuroscientist Gerald Edelman described daily experience as ②'the remembered present'. You might feel like you simply react to events that happen around you, but in fact, your brain constantly and invisibly guesses what to do next and what you will experience next, based on memories that are similar to the present moment.

A key word here is 'similar'. The brain doesn't need an exact match. You have no trouble climbing a new, unfamiliar staircase because you've climbed staircases in the past. So similarity is enough for your brain to help you survive and thrive in the world.

In psychology and philosophy, things that are similar to one another form a category. For example, think about fish, a common-sense category that includes many taxonomic groups of aquatic animals. ③Fish come in all colours, shapes and sizes. They swim with a variety of motions. Some travel in schools and others are solitary. Some live in oceans, some in ponds, and some in human homes.

A typical fish may have fins and scales and breathe underwater, but some fish have no scales (such as sharks), some have no fins (such as the hagfish), and a few can breathe on land (such as the lungfish). Despite this, we still consider all of these creatures similar and call them fish. We would never consider a dog to be a fish.

You might think that categories exist in the outside world, but in fact, your brain makes them. If I ask you to imagine a fish as a pet, your brain creates a category that could include bettas, goldfish and guppies. But if I ask you to imagine a fish in a restaurant, your brain would more likely build a category from cod, haddock and salmon. ④So a category like 'fish' is not something static in your brain. It is an abstract category that your brain creates, based on context.

The most important similarities forming a category like 'fish' are not about physical looks but about function. You don't eat a betta sandwich for lunch or keep a salmon in an aquarium, because the function of a pet is different from the function of a meal.

Similarly, the function of a fishbowl is usually to hold live fish, but in another context it can become a vase for flowers, a container for pencils or spare change, a drinking bowl for a thirsty dog, a fire extinguisher for a small blaze, or even a weapon to hurl at an attacker.

Abstract categories are tremendously flexible. Consider the following three objects: a bottle of water, an elephant and a pistol. These objects do not look alike, feel alike, smell alike, or have any other obvious physical similarities. It turns out that they do share a physical function: they can all squirt water. So they form a category.

But they also share another function that, unlike water-squirting, is completely untethered from their physical nature. They are members of the category, 'things that would fail to pass through airport security'. This purely abstract category is only based on function and is a product of human minds.

Purely abstract categories, in fact, drive many of your actions and experiences. When your brain makes guesses about the sense data around and within you, those guesses often form an abstract category based on function.

⑤To explain a feeling of shortness of breath, your brain might construct a category containing physical exercise, a punch in the gut, surprise, lust and a hundred other potential causes that are all similar to the present moment, so it can whittle them down and act. Category construction is the process by which your brain figures out what something is, what to do about it, and how it should regulate your organs, hormones and immune system as it prepares for action.

Abstract categories are also the engine behind social reality. ⑥When we impose a function on an object, we categorise that object as something else. Throughout our history, all manner of objects have belonged to the abstract category 'money': not only paper rectangles and metal discs, but also shells, barley, salt, and carved boulders too heavy to move. We even impose the functions of money on intangibles such as mortgages and Bitcoin.

We share such categorisations and make them real — sometimes with only a small group, and sometimes with a large population, as with money and countries and citizenship.

(Feldman-Barrett, Lisa. 2021. "The mind-blowing science behind how our brains shape reality." https://www.sciencefocus.com/the-human-body/the-mind-blowing-science-behind-how-our-brains-shape-reality/ より一部改変)

設問⑴　下線部①の意味を日本語で表しなさい。

設問⑵　下線部②が示す内容を日本語で具体的に説明しなさい。

設問⑶　下線部③の意味を日本語で表しなさい。

設問⑷　下線部④において筆者は 'fish' というカテゴリーについて触れているが，本文中でどのような具体例を挙げて解説しているか，日本語でわかりやすく説明しなさい。

設問⑸　下線部⑤の意味を日本語で表しなさい。

設問⑹　下線部⑥について筆者はどのような具体例を挙げて解説しているか，本文に即して日本語でわかりやすく説明しなさい。

Ⅲ　◀文・人間科・法・経済学部▶Ⅲに同じ。

Ⅳ　次の日本文の下線部(1)〜(3)の意味を英語で表しなさい。

グローバル化の時代で人の移動が容易になり，コミュニケーションツールも増えた。(1)<u>国外に住んでいるからといって，昔ほど「遠くへ行っちゃった」「寂しい」という感覚はない。私は私の実家と毎日連絡し，妻も両親と連絡していて，距離感は昔とは変わってきている。</u>

(2)<u>ただ，異なる文化の人たちが結婚すると，当然生まれ育った環境が違うため，子育ての価値観もやっぱり違う。ぶつかることもある。文化の根底にある価値観がぶつかったとき，折り合いが重要になってくる。</u>

一方で私が思うのは，日本人同士でも文化が違うことってあるよね，ということだ。(3)<u>私は，恋愛では価値観や文化の違いは乗り越えられず，信頼なら乗り越えられると思っている。恋愛は，相手への気持ちが冷めたら途端に我慢できなくなる。</u>けれど，信頼ベースでよき友人というところに立てば，そこは「我慢」ではなく，ちゃんと議論して決めることができる。「結婚は我慢」などと言う人もいるけれど，我慢には限界があるのではないか。

(ウスビ・サコ．2020．『アフリカ出身　サコ学長、日本を語る』朝日新聞出版)

V　これから英語が 2 回読まれます。その内容について，以下の設問に日本語で答えなさい。

設問(1)　ゾウアザラシ(elephant seal)が脂肪を必要とするのはなぜですか。

設問(2)　アダチ氏らのグループによる研究によると，メスのゾウアザラシはどれくらいの期間でどれくらいの距離を移動しましたか。

設問(3)　調査に用いられた 3 つの機器のうち，あごの下に装着するものは何を調べるためのものですか。

設問(4)　メスのゾウアザラシの捕食活動はどのようなものですか。マッコウクジラ(sperm whale)と対比させて答えなさい。

設問(5)　このグループによる研究によると，ゾウアザラシの 1 日の睡眠時間は何時間くらいであると考えられますか。

放送内容

これからリスニングの問題を始めます。問題用紙と解答用紙のⅤ番を見てください。

これから英文が２回読まれます。よく聴いて内容を把握し，問題にすべて日本語で答えてください。解答はいつ始めてもかまいません。メモを取るのは自由です。

それでは始めましょう。

A new study has found that elephant seals have to work very hard to stay fat.

The research represents the most complete study to date of the feeding behavior of northern elephant seals. Scientists paid special attention to females of the species during migrations in the northeastern Pacific Ocean.

The seals were found to spend up to 20 hours every day — and sometimes a full 24 hours — in continuous deep-diving to feed on fish. They fed 1,000 to 2,000 times daily to gain the body fat necessary for reproduction and warmth in the cold waters.

Taiki Adachi of the University of St Andrews in Scotland led the study, which recently appeared in the journal *Science Advances*.

"It is not easy to get fat," Adachi said.

Researchers studied 48 female elephant seals from Año Nuevo State Park in California as they traveled large ocean distances for two months. Their entire trip was around 6,000 kilometers.

Scientists based their findings on data collected in 2011 and 2018. They used three small removable devices.

One device, attached under the jaw, counted the number of times the seals fed and measured their depth. A second satellite-linked device, attached to the head, followed the seals' ocean movements. The third device was a "smart" video camera with an infra-red LED light and another depth sensor. It was also attached to the head.

Elephant seals get their name from the large noses of the males. These noses look like an elephant's trunk. There are two species — the northern elephant seal and the slightly larger southern elephant seal. The two are the world's biggest seals and the largest ocean mammals other than whales.

Male northern elephant seals can grow up to 4 meters long and weigh up to 2,000 kilograms. Females are smaller, getting up to about 3 meters in length and 590 kilograms. The males feed only in coastal waters.

Some large marine mammals depend on deep dives to get enough food to support their large bodies. Sperm whales, for example, hunt for large prey like giant squid.

Female elephant seals — which are large, but not as big as sperm whales — have a different solution. They eat huge amounts of small fish. But it is difficult for them to catch enough small fish to meet the energy needs of their large bodies.

Adachi said about the female elephant seals:

"They continuously dive, for long periods of time — 20 minutes on average and about 100 minutes at maximum — and deep — 500 meters on average and about 1,500 meters at maximum — with only a few minutes breathing at the surface."

Adachi noted that the seals do not come back to land for their two-month trip, or migration. "The sleeping hours in at-sea animals is not fully understood. But, based on our record of extreme foraging, their available time for sleeping should be less than 20 percent of the day," he added.

Foraging is a term that means looking for food.

Northern elephant seals live on the Pacific coast of the United States, Canada and Mexico.

They generally give birth in California and Baja California, usually on offshore islands, from December to March. During their mating season, they do not eat. During this period they lose about a third of their body weight.

（https://learningenglish.voanews.com/a/study-elephant-seals-do-a-lot-of-work-to-stay-fat-/5896457.html）

もう一度読みます。

＜繰り返し＞

これでリスニングテストを終了します。引き続き解答を続けてください。

出典追記：Voice of America, Reuters

日本史

（90分）

(I)　縄文時代になると，定住生活が開始されるようになる。集落と墓に焦点をあてながら，縄文時代の社会の特徴について述べなさい(200字程度)。

(II)　鎌倉幕府を倒した後醍醐天皇は自らの理念のもとに「建武の新政」とよばれる政治を行ったが，これは数年しか続かなかった。その理由について，鎌倉時代の政治との違いに留意しながら，具体的に述べなさい(200字程度)。

(III)　江戸幕府は，寛永期には銭座で寛永通宝を大量に鋳造して広く供給した。その理由・背景について，戦国時代から江戸時代初期の銭貨の使用状況をふまえながら，具体的に述べなさい(200字程度)。

(IV)　1917年のロシア革命を通じてソヴィエト社会主義共和国連邦が生まれて以降，日ソ関係は複雑な過程をたどった。このロシア革命から日独防共協定の締結に至るまでの日露・日ソ関係の展開について，具体的に述べなさい(200字程度)。

世界史

（90分）

(I)　次の資料1～3は，それぞれ17世紀前半，17世紀後半，19世紀初頭のアメリカ大陸と西インド諸島におけるフランス植民地に関連する資料である。それらを読み，下の問い（**問1～問6**）に答えなさい。

資料1　フランス領カナダ植民地東部の原住民ヒューロン族とフランシスコ会の宣教師を描いた図

資料 2

第 1 条

余の島々[フランス領西インド諸島]から，そこに居住しているすべての［A］を追放するよう厳命する。［A］はキリスト教の明白な敵であり，この開封王書の発行から数えて 3 カ月以内に余の島々から立ち退くよう命ずる。違反者は身柄拘束と財産没収に処する。

第 2 条

余の島々にやってくるあらゆる［B］はローマ・カトリックの洗礼を受け，カトリックの宗教教育を施される。(中略)

第 3 条

ローマ・カトリック以外の宗教の公的礼拝を禁止する。違反者は余の命令への反逆者および不服従者として処罰する。(中略)

第 12 条

［B］同士の婚姻により生まれた子供は［B］であり，両親が主人を異にする場合，父方ではなく母方の主人のもとに帰属する。

資料 3

市民よ，2 世紀にわたってあなたがたの国を血まみれにしてきた野蛮人どもを国から追い出しただけでは十分ではありません。フランスがあなたがたの目にさらしていた自由という幻影を弄んでいた勃興し続ける派閥を抑えただけでは十分ではないのです。国民の権威の最後の発動によって，わたしたちが生まれた国で自由の帝国を永遠に確実なものにしなければなりません。わたしたちの精神を最も屈辱的な麻痺状態に長いあいだ保ってきた非人間的な政府から，わたしたちを再び従属させるという希望を完全に奪わなければなりません。最後に，独立して生きなければなりません。さもなくば死を。

独立か，さもなくば死を。これらの神聖な言葉がわたしたちを結集させ，戦いとわたしたちの再会の合図となるものでありますように。(中略)

わたしたちの国ではすべてがこの野蛮な人々の残虐行為の記憶をよみがえらせます。わたしたちの法，慣習，都市，すべてはフランスの刻印を残しています。(中略)

わたしたちは自由になることを敢えて選んだのですから，わたしたち自身で，わたしたち自身のために，自由になろうではありませんか。成長していく子供のように，自分の重さで，自分にとって役に立たない，自分の歩行を妨げる縁を壊そうではありませんか。どんな人たちがわたしたちのために戦ってくれたでしょうか，どんな人たちがわたしたちの労働の成果を享受したいと思っているでしょうか。そして，[B]になるために打ち負かすというのは，なんと不名誉でばかげた行為でしょう。[B]！…身分をあらわすこの呼び名はフランス人に任せましょう。彼らは征服した結果自由であることをやめたのです。

ほかの範にならいましょう。将来を見据え，後世に臆病な例を残すことを恐れて，自由な人々の列から外されるよりも，絶滅することを選んだ人々を真似しましょう。

問1　空欄[A]にあてはまる語は何か。①～⑤から選びなさい。

①　イエズス会士　　②　マニ教徒　　③　ユダヤ教徒
④　原住民　　⑤　無神論者

問2　空欄[A]に関して，最も関連性の高い記述はどれか。①～④から選びなさい。

①　ドイツの社会学者マックス・ヴェーバーによって，近代資本主義の精神的基盤となる職業倫理を育んだ土壌であると論じられた。
②　シオニズムが構想したパレスチナへの回帰と国家建設は，1917年にイギリスが出したバルフォア宣言によって後押しされた。
③　世界をアフラ＝マズダとアーリマンの絶え間ない戦いとしてとらえる宗教であり，アケメネス朝で保護された。
④　コンスタンティヌス帝が開催したニケーア公会議において三位一体説に反対したため異端とされた。

問 3　資料 1 と資料 2 を参考にしながら，16 世紀から 17 世紀のヨーロッパにおけるカトリック教会の状況を説明しなさい(100 字程度)。

問 4　空欄 [B] にあてはまるものは，17 世紀以降のアメリカ大陸や西インド諸島に多数存在していた。このような状況が生じた経緯を説明しなさい(150 字程度)。

問 5　資料 3 はある歴史的事件に関連して発せられた文書である。その出来事とは何か。答えなさい。

問 6　資料 3 が示す事件の背景には，フランスが最終的に軍事的な介入を断念したという事情もあった。その理由を，当時のフランスの内政・外政の状況をふまえて説明しなさい(100 字程度)。

(Ⅱ)　19 世紀半ば以降，東南アジア島しょ部ではイギリスやオランダによる植民地経営が本格化し，現地社会に大きな変容をもたらした。植民地体制下で社会生活が安定し，人口が増加した。貧富の格差は生じたものの，富裕層も成長した。次の表 1・表 2・グラフ 1 および資料 1 は，それらに関連したものである。それらを見て，下の問い(**問 1 ～問 4**)に答えなさい。

表 1　作物 A の輸出量に関するデータ

年	英領マレーの輸出量(t)	世界の総輸出量(t)	世界総輸出量に占める英領マレーの輸出量の比(%)
1910	6,500	94,000	6.9
1911	10,800	93,000	11.6
1912	20,300	112,100	18.1
1913	33,600	118,400	28.4
1914	47,000	121,700	38.6
1915	70,200	166,600	42.1
1916	96,000	210,100	45.7
1917	129,000	267,300	48.3
1918	112,000	221,400	50.6
1919	204,000	398,000	51.3
1920	181,000	353,600	51.2
1921	151,000	300,200	50.3
1922	214,000	399,700	53.5

表 2　オランダ領東インドの主要産品の輸出額比率(%で表示，1880～1930 年)

	1880 年	1890 年	1910 年	1920 年	1930 年
ゴ　ム	0.1	0.2	2.1	8.4	18.2
香辛料	3.6	4.5	4.1	0.9	4.8
コーヒー	42.7	15.3	3.6	2.7	3.8
コプラ	—	5.4	12.8	4.7	7.8
砂　糖	34.9	38.3	42.3	53.5	26.1
タバコ	10.5	16.3	9.8	8.6	6.2
茶	1.3	2.2	3.5	2.0	7.4
石油・石油製品	—	2.4	11.4	15.8	19.5
スズ・スズ鉱石	6.8	15.5	10.3	3.3	6.2

※各年の合計は 100 % にならないことがある

グラフ1　オランダ領東インドからのメッカ巡礼者数

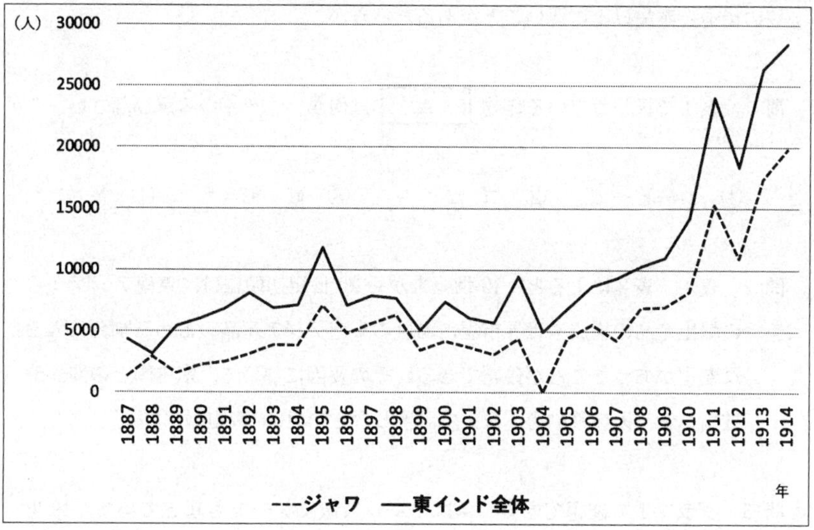

(人) 30000 25000 20000 15000 10000 5000 0

1887 1888 1889 1890 1891 1892 1893 1894 1895 1896 1897 1898 1899 1900 1901 1902 1903 1904 1905 1906 1907 1908 1909 1910 1911 1912 1913 1914 年

---ジャワ　—東インド全体

資料1　オランダ領東インドで発行された『ムニール』誌の創刊号の巻頭言(1911 年)

タクワ(アッラーの戒めを完全に守り，神の禁止事項を行わないこと)とは，故郷に善行を伝えたり，子供たちを教え導いたりする助け合いの道において，祖国と民族から，この世と来世の後退を取り除き，知識や学習を愛する人々へそれぞれの心を奮い立たせる知識の書物を執筆することである。イスラム教の基本を知り，全ての神の命によって善行をおこなうことは，全ての善行の種であり，基礎である。また，エジプトやインドやトルコなどのイスラム大国ではすでに行われているように，日刊紙，週刊誌，月刊誌など，様々な新聞や雑誌を発行する上での助け合いや努力をすることは，善行の種や進歩の木がさらに増えて，民族と祖国の人々の宗教を強くする。(中略)

しかし，本当にそうであっても，我々の側にはまだ，我々の民族またはスマトラ島民族一般を指導し，イスラームの知識の道を進ませるための新聞も雑誌も存在しない。それゆえに，永遠に無知で，宗教の扉を閉じ(中略)，そしていつも人々を宗教から後退させ，自覚を失わせている。そしてついには全く宗教を失わせてしまうおそれがある。我々イスラム教徒にとって，宗教の後退と喪失以上に悪いことがあるだろうか。

問1　表1で扱われている作物［A］は何か。①～④から選びなさい。

①　コーヒー　　②　ゴ　ム　　③　砂　糖　　④　茶

問2　表1・表2によると，19世紀末から20世紀初頭には，東南アジアからの輸出産品の構成や世界市場における東南アジア産品の占める割合に大きな変化があったことが確認できる。その要因について，宗主国との関係や技術革新，人口移動をふまえて説明しなさい(120字程度)。

問3　グラフ1で確認できる現象はイギリス領マレーでも起きている。19世紀末から20世紀前半にかけて東南アジアのムスリム社会にこのような現象が見られた要因について，表1・表2で示されている経済的な変化や当時の世界的な交通環境をふまえて説明しなさい(120字程度)。

問4　20世紀に入ると，東南アジア島しょ部ではアラビア文字で書かれた新聞・雑誌が数多く出版され，国境を超えて広く流通した。資料1はそうした雑誌の一つである。こうした雑誌の流通量増加の背景について，資料1で記された内容やグラフ1で示された現象をふまえて説明しなさい(150字程度)。

地理

(90分)

(I)　観光・交通と人の移動に関する次の問い(**問1**～**問4**)に答えなさい。

問1　下の図1は，いくつかの地域の2018年における国際観光客到着数と伸び率(前年比)を散布図で表したものであり，図中の円の大きさと円内の数字は国際観光客出発数(単位：100万人)を示している。また，次ページの表1は同年における国際観光客の発地と着地との関係を示す資料である。図1と表1を参考にして，発着地の関係に言及しながら世界の国際観光客流動について説明しなさい(150字程度)。

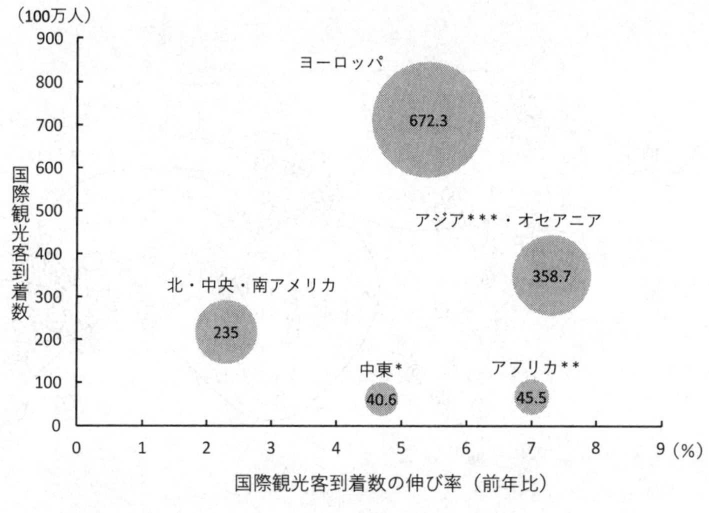

図1

(注)　円の中心が縦軸・横軸の値に相当する。*中東にはエジプト・リビアを含み，イランを含まない。**アフリカにはエジプト・リビアを含まない。***アジアにはイランを含み，それ以外の西アジアを含まない。

(出典)　国連世界観光機関の資料(*International Tourism Highlights, 2019 Edition*)に基づいて作成。

表 1

発着地の関係	国際観光客到着数(100 万人)
地域内への国際観光	1058.0
地域外への国際観光	294.2

(注)「地域」は図 1 の地域分類による。国連世界観光機関の資料(*International Tourism Highlights, 2019 Edition*)に基づいて作成。

問 2　下の図 2 は，1956 年に中国南西部で発生が確認され，その翌年から世界的に拡散・流行した「アジアかぜ(アジアインフルエンザ)」と呼ばれるインフルエンザの拡散の概略を示したものである。一方，2019 年末に中国中部の武漢(ウーハン)市で集団感染が確認され，その後世界に拡散した新型コロナウイルス感染症(COVID-19)は，このアジアかぜと同様にパンデミック(感染症の世界的流行)の一つの事例である。両者の時空間的な拡散過程について，どんな共通点と相違点が推測できるか，図 2 を参考にして述べなさい(200 字程度)。

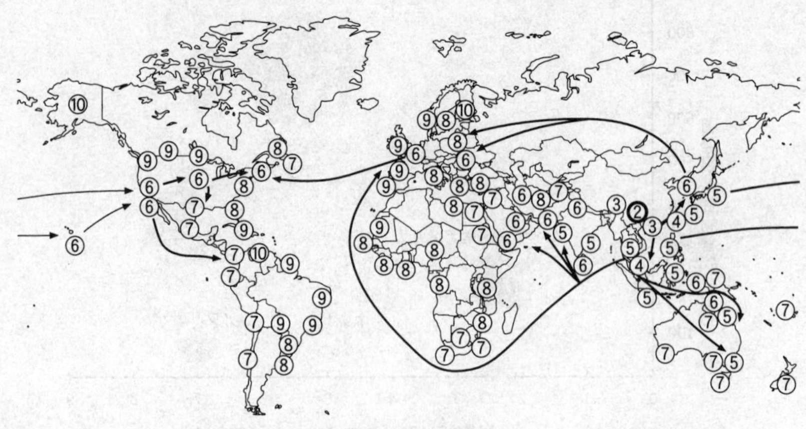

図 2

(注)　丸囲みの数字は感染者が初めて報告された 1957 年中の月を示し，太丸囲みは推定される起源地。矢印は推定される主要な拡散経路。なお，国境線は必ずしも現在と同じではない。

(出典)　Cliff, A.D. et al.　1981.　*Spatial Diffusion: An Historical Geography of Epidemics in an Island Community*.　Cambridge: Cambridge University Press, p. 14, Fig. 27(A) をもとに改変。

問 3　下の図3は，1963年～2018年の日本における訪日外国人数と海外渡航者数の推移を示したものである。訪日外国人数の推移を表しているのはA，Bのどちらか，いずれかのアルファベットで答えなさい。

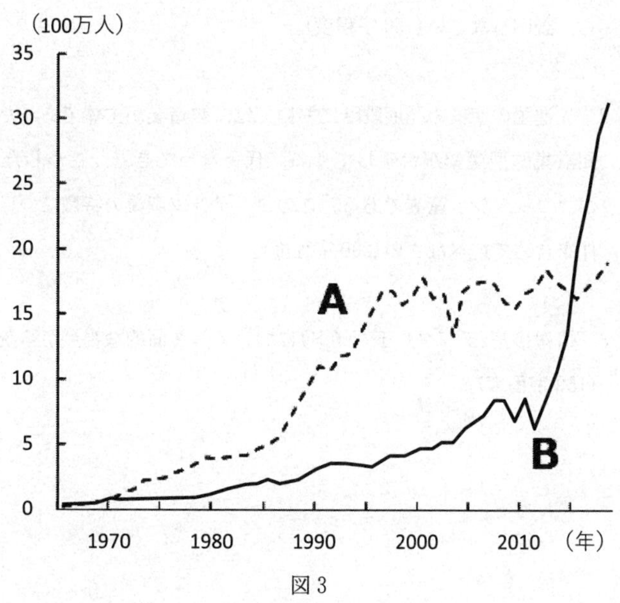

図3

（出典）　日本政府観光局の資料に基づいて作成。

問 4　図3を参考に，1963年～2018年の日本における国際観光客流動について説明しなさい(150字程度)。

(II)　製造業・情報産業に関する次の問い(**問1**～**問3**)に答えなさい。

問1　1980年代および1990年代以降の日本では,「産業の空洞化」と言われる現象が生じた。この現象について,時代背景や海外との関係に留意しながら,説明しなさい(150字程度)。

問2　先進国の産業の発展段階においては,製造業が主体であった時代から,知識集約型産業が台頭してくる時代となってきた。こうした産業の一例が,コンテンツ産業である。このコンテンツ産業の特徴について,立地条件を含めて述べなさい(200字程度)。

問3　情報格差(デジタルデバイド)について,多面的な視点から説明しなさい(150字程度)。

数学

（90分）

1　三角形ABCにおいて，辺ABを2:1に内分する点をM，辺ACを1:2に内分する点をNとする．また，線分BNと線分CMの交点をPとする．

(1) $\overrightarrow{\mathrm{AP}}$を，$\overrightarrow{\mathrm{AB}}$と$\overrightarrow{\mathrm{AC}}$を用いて表せ．

(2) 辺BC，CA，ABの長さをそれぞれa，b，cとするとき，線分APの長さを，a，b，cを用いて表せ．

（配点率 30 %）

2　nを2以上の自然数とし，1個のさいころをn回投げて出る目の数を順にX_1，X_2，……，X_nとする．X_1，X_2，……，X_nの最小公倍数をL_n，最大公約数をG_nとするとき，以下の問いに答えよ．

(1) $L_2=5$となる確率および$G_2=5$となる確率を求めよ．

(2) L_nが素数でない確率を求めよ．

(3) G_nが素数でない確率を求めよ．

（配点率 35 %）

3　以下の問いに答えよ.

(1) 実数 α, β に対し,

$$\int_{\alpha}^{\beta}(x-\alpha)(x-\beta)\,dx=\frac{(\alpha-\beta)^3}{6}$$

が成り立つことを示せ.

(2) a, b を $b>a^2$ を満たす定数とし, 座標平面上に点 $\mathrm{A}(a,\,b)$ をとる. さらに, 点 A を通り, 傾きが k の直線を ℓ とし, 直線 ℓ と放物線 $y=x^2$ で囲まれた部分の面積を $S(k)$ とする. k が実数全体を動くとき, $S(k)$ の最小値を求めよ.

（配点率 35 %）

問二　傍線部(2)の和歌について、「つきもせず」の掛詞に留意しつつ、現代語訳しなさい。

問三　傍線部(3)を現代語訳しなさい。

問四　傍線部(4)を現代語訳しなさい。

問五　傍線部(5)を現代語訳しなさい。

問六　傍線部(6)を現代語訳しなさい。「竜頭」の語は、そのまま使ってよい。

問七　傍線部(7)について、なぜこの面は「奇異の物なり」と見なされたのか、本文に即して説明しなさい。

て、(6)竜頭さへ砕けたれば、ふたたびあげんたよりもなくなりぬ。(7)面は奇異の物なりとて、宗像(むなかた)の宮に納めて、今にかの宮に伝はれりとぞ。鐘はこの寺崇福寺に納まるべかりしを、かく竜神の愛せるといふにより、永く海底の物とはなれり。

(注1)　五町　「町」は距離の単位で、一町は百メートル強。
(注2)　三韓　古代の朝鮮半島にあった三つの国の総称。
(注3)　過ぐれども　万葉集のこの歌は、「過ぎぬとも」と訓ずることが現在は多い。
(注4)　志賀の皇神　志賀にまつられている海の守り神。
(注5)　衣笠内大臣　鎌倉時代前期の歌人、藤原家良。
(注6)　家の集　個人の歌集。ここでは源俊頼の『散木奇歌集』。源俊頼は平安時代後期の歌人。
(注7)　大名寄　「名寄(なよせ)」は、名所に関する事物や歌を集めて書物にしたもので、この「大名寄」は『類字名所和歌集』と見られる。
(注8)　竜頭　釣鐘をつるすために突起させて穴を開けてある部分。
(注9)　曳声　力を入れるときに発する声。
(注10)　翁の面　能楽の翁に用いる面。
(注11)　希代　世にもまれな様子。

問一　傍線部(1)について、そのように見なされた根拠はどのようなことであるのか、説明しなさい。

ば、今更引き上げ給はんもおそれ有り」と諫めしに、元来、長政勇将なれば、聞き入れ給はずして、「我が用にて我が領内にある物を取るに、竜神とて惜しむやうやある。早くも海より引き上げよ」とて、数十艘の船を浮べ、鐘の竜頭(注8)に大綱をおびたたしく懸けて、海より岡に引き連ね、数千人の力を以て、曳声(注9)を出して引きたりしに、その鐘少し動くやいなや、大空にはかにかきくもり、天地闇夜のごとく成りて、大風、波を巻き返せば、船砕け、綱切れて、人も大半潮に溺れて漂ひければ、つひにそのこと遂げざりけり。太守なほ怒り給ひしかども、諸臣強ひて諫めとどめしかば、やむことを得ずして、そのままに捨て置き給ひぬ。

その後、三、四代目の太守、勇気殊に勝れ給ひぬるが、この鐘のことを聞し召し、「何でふことやあるべき。その日に折あしく風の吹きければこそ不思議にも思ひつれ。(4)たとひ竜神いませばとて、領主にいかで敵すべきや。この鐘引き上げ得ざることそ口惜しけれ」とて、諸臣の諫めを用ひず。用意を丈夫にせよとて、髪毛を入れてよりたる大綱をおびたたしく鐘の竜頭にまとひ、船数艘に大石を数多く積み入れて、船の足を深く沈め、かの鐘の上に至り、鐘に付けたる綱を船にきびしくまとひ付けて、かの積みたりし大石を海中へなげ捨てたりしに、船やうやくに浮くにつけて、鐘もやうやう動く程こそあれ、案に違はず、震動雷電して風おびたたしく吹き起り、雲は墨をときしがごとく、大波、山を砕けば、(5)なじかはもってたまるべき、船も人も微塵になり、鐘も竜頭に砕けて横ざまに成り、また、海底に沈みたり。それより大波、陸にのぼり、人家、田地、大に破壊し、人民のなげき大かたならず。

不思議なるは、その潮に連れて、翁の面(注10)、一つあがり来りたり。その面、希代(注11)の作にして、なかなか世間の物にあらず。太守には、なほも争ひ給ふべき気色なりしかど、人民の歎きなればとて、諸臣諫めしにより、かつは竜神より鐘のかはりの心にてや、希代の面を打ちあげたりしことなれば、太守にも思ひ留り給ひて、鐘はつひに人間の手に入らず、殊に横ざまになり

Ⅲ　次の文章は、江戸時代後期の人、橘南谿（たちばななんけい）による『西遊記』の一節で、筑前の国にある崇福寺（そうふくじ）で聞いた話を書きとめたものです。文中の「この国」は筑前国であり、文中に見える鐘の岬・織幡山・志賀・宗像などの地名も筑前のものです。これを読んで、後の問い（問一〜問七）に答えなさい。なお、本文は一部改変したところがあります。

この国の海中に鐘あり。その所を鐘の岬といふ。織幡（おりはた）山の艮（うしとら）の方、岸を離るること、わづかに五町（注1）ばかりの所にあり。船にてその所に至れば、よく見ゆるよし、里人いふ。これはむかし三韓（注2）より撞鐘（つきがね）を船に積みて渡せしに、竜神その鐘を望み、この海に至りて、波風にはかに起り、船くつがへりて、鐘はつひに海底に沈みぬ。三韓より渡りしことは（1）ふるきことにや、万葉集の歌にも、

千早振る鐘の岬を過ぐれ（注3）ども我は忘れず志賀（しか）（注4）の皇神（すめかみ）　　読人しらず

と出でたり。また、新古今にも、

白波の岩打つ音やひびくらん鐘の岬の暁の空　　衣笠内大臣（注5）

また、家の集（注6）、

（2）音にきく鐘の岬はつきもせずなく声ひびくわたりなりけり　　俊頼

また、大名寄（おほなよせ）（注7）に、

聞きあかす鐘の岬のうき枕夢路も波に幾夜へだてぬ

など、諸集に見えて、むかしより竜宮の物とて人々おそれ、（3）誰取りあげんとせし人も無かりしに、当君の先祖、黒田長政、この国の太守となりて、「この崇福寺を菩提寺に取り立て、いまだ程よき鐘もなければ、新たに造り鋳（い）んよりは海中にある鐘こそ名高き鐘なれば、引き上げてこの寺に寄附せん」とありしを、諸臣皆、「この鐘は竜神の惜しみ給ふと古来より申し伝へ候へ

うした話題を平和に持ち出せるようになるのではないか。

（全卓樹『銀河の片隅で科学夜話』朝日出版社　二〇二〇年より。出題の都合により、一部改変した箇所がある。）

問一　傍線部（1）にある三つのジニ係数の値の違いについて、ワッツ博士のグループの実験結果をふまえて、二〇〇字以内で説明しなさい。

問二　傍線部（2）「内的価値に基づかない人気曲」はなぜ生まれるのか。著者が援用する故事の意味をふまえて、一一〇字から一三〇字で説明しなさい。

問三　傍線部（3）「ダークサイド」と表現されたのはなぜか、六〇字から八〇字で説明しなさい。

導したコンサルティングファームとか。まあ物理学者や数学者の(3)ダークサイドへの堕ち方もいろいろね。

これ以上は夕食の場に不適当なことが明らかだったので、先週末に行った足摺の先の柏島の、透明な海の上に飛んで見えた船の情景に、あわてて話題を切り替えた。

自らの判断がつきにくい事項について、多数の他者の判断を参考にしてものを決める習性は、おそらくは長い先史時代に人類が獲得した形質なのだろう。そこでは狩りの獲物についても果実の豊富な茂みについても情報が乏しく、他者からの伝聞は貴重な判断材料であったはずだ。また集団の素早い意思統一のためのメカニズムとして、付和雷同の心性はとても効率的である。競合する敵対的集団に囲まれた原始部族社会で、これは組織防衛上必要不可欠のものだったろう。人間に限らず広く動物界を見ても、多数の他者の判断に従う行動は、多くの場面で種の繁栄にとって有利だったに違いない。それは8の字ダンスで方向を伝えて、瞬く間にコロニーの皆が良い餌場に殺到する、ハチたちの習性を見ても明らかである。

インターネットで万人がつながった今の世で、人間だれしもがもつ付和雷同の心性が、時として暴走して大小の不都合をもたらす様を、われわれは日々目撃している。おそらくそれは、食料調達が困難であった先史時代に適応した人体が、飽食の現代に不適応を起こして、世に肥満が蔓延するのと類似の現象なのだろう。

不都合を正すにはことがらの正確な理解が前提になる。数理的な社会学のメスがもし本当に価値のあるものならば、それは私企業の営利追求の手助け以外にも用いられるだろう。社会制度の賢い設計を通じて、人々が宣伝や世論操作のたやすい餌食となり、パニュルジュの羊のように次々入水するのを防ぐ手立てが見つかるだろう。

今一度われわれ科学者が、ダークサイドから這い上がる時が来るであろうか。その時こそはすべての家庭の夕餉どきに、こんなに手を尽くしてもあらかじめヒット曲を予測できない、というのが音楽業界の悩みであるが、これもそう考えると納得できる。

音楽をはじめとした芸術芸能、あるいは言論界や政治の世界まで含めて、みなの人気投票で優劣を定める分野は、「少数の天才」と「凡庸なそれ以外」にはっきり二分される世界になりがちで、名声、収入、権威もそれに従って分配される習わしになっている。しかしながら、ワッツ博士たちの社会実験から判断すると、この鋭い二分は、才能や適性の分布に起因するというよりも、われわれ人間の付和雷同の心によって発生する、社会的な構成物だと考えたほうがよさそうである。成功は才能と時の運、というわけである。

と、こういう話を夕食どきに家人に向かって喋っていたら、

――学者って面白い人達ね。そんなの誰でも知ってることじゃない。ネイチャアとかサイエンスとか、常識をご大層な実験で確認するそんな論文でいっぱいなわけ?

という答えが返ってきた。

――いやまあ、そうかもしれないけど、きちんとコントロールされた再現可能な条件で、科学的に行なわれた実験ってのは、ただのお茶飲み話とは少しは違うし。それにこういう風にジニ係数とか使って定量的にできるようになったら、これそのままマーケティングとか世論誘導とか、いろいろ実用的な応用があるだろうし。

と、私も一応抗弁を試みる。予想通り家人からきっぱりとした言明が返ってきた。

――そうやって精密にして、数理社会学だか社会物理学だか知らないけど、科学的な道具に仕立て上げたら、その使い道が営利企業のマーケティングなのね。それとなんでしたっけあの、ケンブリッジなんとかの、アメリカ大統領選で世論操作を主

る。

実験結果を一言で言うと「付和雷同の心が超人気曲をランダムに生み出す」である。

各人が独立に判断する第一グループでは、人気のある数曲、全く人気のない数曲、その間にある中間的評価の多くの曲、と評価の分布はなだらかであった。一方他人の評価を見ながらのグループでは、数曲の非常に突出した人気曲があって、それらが残りの一般曲を圧倒していた。

実験は2回に分けて行われ、最初の実験で訪問者が見せられるのは、3行に分けてランダムに並べられた曲の表であった。一方2回目の実験では曲は評価の数字の大きい順に1行に並べられた。1回目の実験で見られた人気曲とそれ以外への分極は、2回目の実験ではより極端になって観測された。

(1)技術的に言うと、観測された曲の人気分布のジニ係数は、1回目の実験ではおよそ0・4、2回目の実験では0・5を超えるほどであった。両方の実験とも他人の評価を見ない参照データとなる第一グループでは、ジニ係数は0・25であった。ちなみに読者諸氏の多くもご存じのとおり、ジニ係数というのは、すべての曲が同じ投票数ならば0、一曲だけに全投票が集まる場合に1となる、不平等さの度合いを測る統計量である。

面白いのは、全グループ共通の人気曲がある一方で、各々のグループだけで大人気となる曲も必ず見られる点である。全グループで不人気な曲というのも見つかる。全グループ共通の人気曲や不人気曲は、他人の判断を参照しない第一グループでも、やはり人気曲や不人気曲として登場する。これらは誰しもが認める名曲そして駄曲と見なせるだろう。そして各グループごとに特有なバラバラの人気曲のほうは、おそらくは「人気があるから人気がある」という付和雷同の群集心理が作り上げた、(2)「内的価値に基づかない人気曲」と考えるべきであろう。

初期段階である曲にたまたま高評点が重なって、雪だるま式に評価を上げて大人気曲へと成長する、というわけである。ど

Ⅱ　次の文章を読んで、後の問い(問一～問三)に答えなさい。

フランス語に「パニュルジュの羊みたいに」という表現があって、付和雷同(ふわらいどう)する様をさす言葉である。智慧者のいたずら屋パニュルジュの物語に由来するのだという。彼を笑い者にした商人から、リーダーと思しき羊を一匹買い取ったパニュルジュが、すぐさま羊を海に投げ込むや、残りの羊もみな海に飛び込んで、商人は大損をしたという故事である。

人間誰しもの心には、多かれ少なかれ付和雷同の習性が根深く巣食っている。パニュルジュならぬわれわれはむしろ、付和雷同心を逆手にとった賢い商人たちの宣伝にのって、日々細々と損をする消費者となったりする。

ものごとを決めるときに他人の判断に頼る傾向と、それがもたらす社会的な帰結については、数理物理学的社会学の大家、ダンカン・ワッツ博士の有名な研究を見るのがよい。「人工的文化市場における不平等と予測不能性の実験的研究」と題された2006年の論文で、アメリカの「サイエンス」誌に掲載されている。

ワッツ博士のグループは、インターネット上に音楽ダウンロード・サイトを作った。サイトの訪問者は1万5千人近くに上り、彼らが被験者となったわけである。訪問者はみな、18組の新人アーティスト・グループの手になる48曲のリストを見せられる。曲はどれも試聴可能で、訪問者は曲に1から5の評価をつけたのちに、1曲ダウンロードできるという仕組みである。

訪問者たちは、彼ら自身気づかぬ間に、9つあるグループのどれかに振り分けられる。振り分けられた各訪問者の画面には、それぞれのグループ内での曲の評価の集計が、ポイントとして表示されるようになっている。つまり各訪問者は、それまでの他の訪問者の評価の集計を見ながら、自分の評価を下すわけである。ところが第一のグループだけ特殊で、ここでは他の訪問者の評価は表示されない。つまり第一グループでは訪問者は自分の耳と感性だけで曲を評価するわけである。そして残りの8つのグループは、同じ0評価から出発して、他人の意見を見ながらの評価が積もっていく、いわば8つの並行世界とな

（注）サンクション　ここでは、ある行為に対する肯定または否定の意味を持つ反応をいう。

問一　傍線部(a)～(d)のカタカナを漢字に直しなさい。

問二　傍線部(1)について、「北風と太陽」の寓話にこのような解釈がなされている理由を、本文の内容に基づき、「インセンティブ」という言葉を用いて、六〇字から八〇字で説明しなさい。

問三　傍線部(2)について、著者はなぜそのように考えているのか。本文の内容に基づき、一〇〇字から一二〇字で説明しなさい。

問四　傍線部(3)について、本文で示された実験結果に基づき、一〇〇字から一二〇字で具体的に説明しなさい。

で人々の充足感は高まり、他者に依存しない（させない）個人主義的傾向が強くなるのだという。こうなると、何が外で何が内かはますますわからなくなる。金銭の効果だけでも複雑なのだから、法の効果はなおさらである。

帽子をとり損ねた太陽と同じように、インセンティブは逆効果を生むことすらある。法との関連性で最も引用されているのは、次のフィールド実験であろう。実験の対象となったイスラエルの民間の託児所（一〇か所）は、一歳から四歳までの幼児を三〇名ほど預かっていた。親が所定の時間に遅れて子を引き取りに来たときに罰金を徴収すると、親の遅刻は減るだろうか。それを調べるため、一〇施設のうち六施設では親が一〇分以上遅刻した場合に罰金を徴収することになった（一方、残りの四施設は徴収しなかった）。すると、罰金制度を導入しなかった四施設と比べ、導入した六施設では遅刻する親の人数が有意に増加するという結果が観察された。しかも興味深いことに、罰金制度をやめた後も、六施設では遅刻率は高止まりしてしまったのである。

この実験結果には何とおりかの解釈がありうるが、その一つに「罰金の導入によって人々の状況把握のしかたが変化した」という解釈がある。すなわち、所定の時間を経過した後も子供を預かる託児所側の行動が、「好意で行っていること」ではなく「お金を取って行うサービス」として認知されるようになった、という解釈である。言い換えると、罰金導入により、非金銭的であった社会的交換関係が金銭ベースの取引関係に変質したのである。

これ以外に、(3)インセンティブが内発的動機づけを阻害すること（クラウディング・アウト）を示唆する研究は数多く存在する。インセンティブの働き方を私たちが正確に理解できるようになるまでには、まだまだ長い道のりがありそうである。

（飯田高『法と社会科学をつなぐ』有斐閣　二〇一六年より。出題の都合により、一部改変した箇所がある。）

するとき、性格や気質といった内的要因を過度に重視する一方で、環境や状況などの外的要因を軽視する傾向が私たちにあるからである。

たとえば、ある組織に属する人が違法行為をしたという事件を見聞きすると、たとえ真の原因が別の点にあったとしても、その人の性格に原因を帰属させがちである。これは「基本的帰属錯誤」または「対応バイアス」と呼ばれるが、インセンティブの概念を頭の片隅に置いておけば、こうした錯誤は少なからず防げるだろう。

法と人間行動を考えるときに問題となるのは、法がいかなるインセンティブを与えられるのか、そして法の意図するインセンティブと現実のインセンティブがどのくらい合致しているのか、ということである。(2)しかし、これらは十分に解明されているとは言いがたい。

その一因は、行動に対する法の効果を研究する人たちが外発・内発の二分法にこだわりすぎていたという事情にある。つまり、「法が発動する正または負のサンクション(注)による外からの動機づけ」と「法の正統性や道徳に関係する内からの動機づけ」のどちらがより重要か、という問題設定が幅を利かせていたのである。

実際には、先ほど述べたように、外発と内発はあまりはっきりとは区別できない場合がある。それと同様に、法も意思決定に対しては微妙な形で働きかけをしている。

例を挙げよう。心優しい甲さんは、他の人たちのためになることをしたいと願っている。ここで、行為X(例・エコ商品の購入、シートベルト着用、予防接種など)を奨励するルールが定められたとする。甲さんはこのルールができたのをみて「Xはいろんな人たちの利益に適うのだ」と推論し、積極的にXを行うようになった。さて、甲さんがルールに沿う行動をとったのは、外発的インセンティブによるのだろうか、それとも内発的動機によるのだろうか?

インセンティブは私たちが意識していないところで影響を与えてもいる。ある実験研究によれば、お金のことを考えるだけれる動機づけもここに含まれる。

外発的動機づけ(≒インセンティブ)と対になる概念は内発的動機づけであり、こちらは賞罰に依存しない動機づけを指す。行動そのものが目的になっている状況、たとえば美術鑑賞やゲームをしている場面を一例として考えていただければよいだろう。

内発的動機づけと対比すると、インセンティブは外からただ一方的に与えられるもののようにも見えるかもしれない。しかし、インセンティブの妙は、「当の個人は自ら選択を行っていると思っている」という性質を備えている点にある。先の寓話の中で太陽の(c)ホウリャクが説得や優しさになぞらえられているのは、旅人が「自発性」をもつ余地を——本当に自発的か否かはさておいて——太陽が残しているからであろう。このカギ括弧つきの「自発性」ゆえに、外発的なインセンティブと内発的動機づけの境界が明らかでないことも多々ある。

境界をどこに設定するにしても、法は外発的なインセンティブにも内発的な動機づけにも関わっており、他のさまざまな制度とならんで人間行動をコントロールしている。

法が人々の「自発性」を完全に封じてしまうこともあるが、たいていの場合、法は人々の自律的な意思決定を通じて行動をコントロールすることを目指している。刑罰や行政罰、あるいは損害賠償義務などを使う方法、税金や賦課金といった金銭を徴収する方法、逆に税制上の(d)ユウグウ措置やその他の経済的利益によって誘導する方法、違反者の氏名や名称を公表する方法、こういった方法はすべてインセンティブを用いている。

多くの人にとって法は、「強制のための手段」であると同時に「意思決定に影響を及ぼす要素」として立ち現れる。法はインセンティブを提供するための道具なのである。

このように人間行動をインセンティブの観点から捉えるのには大きな意味がある。というのは、他者の行動を説明しようと勝負を行っていた。まず太陽が旅人を燦々と照らして暑くしようとしたところ、旅人は日射しを防ぐためにかえって帽子を深くかぶってしまう。次いで北風が思い切り吹きつけると、帽子は簡単に吹き飛んでいった(その後は前記のとおり)。この気の毒な旅人の話の教訓は、「どんなことにも適切な方法があり、つねに最良と言える方法はない」ということである。とろうとするものが何であるかにかかわらず、北風と太陽の寓話ではインセンティブをうまく扱えなかったほうが負けている。

インセンティブとは、「ある個人に特定の行動を選ぶように仕向ける要因」を指す言葉である。この"incentive"の語源をたどってみると、「音楽を(a)カナでる」ことと「火をつける」ことの両方が関係していたという。これらは人の気持ちを動かすという点で共通しており、要するにその気を起こさせる外からの刺激がインセンティブなのである。太陽はインセンティブを意識的に使い、帽子をとる勝負では失敗し、服をとる勝負では成功を収めている。それとは対照的に、北風はどちらの勝負でもインセンティブを使おうとしていない。それどころか、自分の意図しない方向に作用するインセンティブを旅人に与えてしまってもいる。

このインセンティブという考え方は、社会科学の支柱としての役割を陰に陽に果たしてきた。たとえば、経済学は金銭に関する学問と表現するよりは、インセンティブの構造に関する学問と表現したほうが(b)ジッタイに近い。経済学の主たる舞台である「市場」というものは、インセンティブを活用して人々の満足度を高めようとするしくみの一つと考えることができる。現在の経済学では、狭義の市場のみならず、インセンティブを提供するしくみや制度が広く視野に入れられている。

インセンティブを検討の対象とする学問分野は経済学だけではない。人間行動を探究する際には必然的にその原因や理由について考察を進めることになり、類似の概念が他の分野でもしばしば登場する。心理学の文脈では、インセンティブは外発的動機づけと大まかに対応している。金銭的・物理的な報酬や処罰だけでなく、他者からの承認・非承認などによってもたらさ

▲人間科・外国語・法・経済学部▼

（九〇分）

I　次の文章を読んで、後の問い（問一〜問四）に答えなさい。

イソップ寓話の「北風と太陽」では、どちらが強いか言い争っていた北風と太陽が、旅人の服を脱がせるという勝負を行う（上着だけ脱がせればよいというバージョンもある）。北風は力いっぱい吹きつけて旅人の服を飛ばそうとするが、旅人は寒さを嫌ってしっかり服を押さえるばかりで、疲れ果てた北風は太陽に番を譲る。太陽ははじめゆっくりと照りつけ、旅人が着込んだ服を脱いでいくのを見ながら、徐々に熱を強めていった。ついに旅人は暑さに耐えかね、自ら服を全部脱いで川へ水浴びに行く。

この北風と太陽の寓話には、「説得は強制よりも勝る」「厳しい態度でなく優しい態度で接したほうがうまくいく」というような教訓が付記されていることが多い。調べてみると、(1)説得が強制よりも有効だという解釈はヴィクトリア期に定着したものらしく、この寓話の解釈は時代とともに少しずつ変わってきている。節度を守ることを説いた話なのだと考えた人もいれば、キリスト教の教えに引きつけて解釈した人もいた。

私自身はずいぶん後になって知ったのだが、次のような話が前に付け加わる場合もある。北風と太陽は、旅人の帽子をとる

問三　傍線部⑶「挙杖撃馬」とあるが、老人がこのような行動を取ったのはなぜか、その時の状況をふまえて説明しなさい。

問四　傍線部⑷「令怒、引弓将射之」を「之」の内容を示しながら現代語訳しなさい。

問五　傍線部⑸「恩」とは具体的に何を指しているのか、本文全体をふまえてわかりやすく説明しなさい。

有レ穽。恐二ルルノミ君ノ堕一ツルヲ耳。」令曰ク、「汝為二ルカ何人一。」翁跪ひざまづキテ曰ク、「姚牛ノ父也。感ジ二君ノ活カスニレ牛ヲ、故ニ来リテ謝スレ恩ニ。」(5)因リテ滅きエテ不レ見エ。

（『幽明録』による）

＊項県――今の河南省項城市。
＊刀戟――刀や矛。
＊県署――県の役所。
＊衆中――多くの人がみているなかで。
＊令――県の長官。
＊推遷――審理を延期する。
＊深穽――獣を捕獲するために掘った深い落とし穴。
＊一公――一人の老人。

問一　傍線部(1)「父為郷人所殺」を、すべて平仮名を用いて読み下しなさい。現代仮名遣いでもよい。

問二　傍線部(2)「孝節」とは具体的に何を指しているのか、わかりやすく説明しなさい。

（2）　なぜ傍線部(c)のような行動を取ったのか、わかりやすく説明しなさい。

問四　傍線部(d)を現代語訳しなさい。その際、「花の衣」「苔の袂」がどのようなものを示すか明確にすること。

Ⅳ　次の文章は、魏晋南北朝時代の幽霊譚（たん）を集めた『幽明録』の一節です。これを読んで後の問いに答えなさい。ただし、設問の都合上、返り点・送り仮名を省略した箇所があります。

＊項（かう）県（くぇん）ノ民姚（えう）牛（ぎう）、年十余歳ニシテ、(1)父為郷人所殺。牛（ぎう）売リ㆓衣物ヲ㆒市（かヒ）㆓刀（たう）＊戟（げき）ヲ㆒、図（はかリテ）欲㆓報（セント）讐（ス）㆒。後在（リテ）㆓県署＊ノ前㆒相遇（ヒ）、手（てヅカラ）刃（きル）㆓之ヲ於衆中（しうちう）ニ㆒。吏捕（とラヘ）得（うルモ）、令（れい）＊深ク矜（あはレミ）㆓(2)孝節ナルヲ㆒、為（ために）＊推㆓遷ス其ノ事ヲ㆒。牛会ヒ㆑赦（しゃ）ニ得㆑免（まぬかルルヲ）。

令後ニ出猟スルニ、逐ヒテ㆑鹿ヲ入ル㆓草中ニ㆒。有リ㆓古（ふるキ）深（しん）穽（せい）＊数処㆒、馬将ニ㆑趣（おもむカント）㆑之ニ。忽（たちまチ）見ル㆓一＊公㆒(3)挙㆑杖撃㆑馬。馬驚キ避ケ、不㆑得㆑及ブヲ㆑鹿ニ。(4)令怒リ、引キ㆑弓ヲ将ニ㆑射ント㆑之ヲ。公曰ク、「此ノ中ニかかれどなほえ聞かず、御はてになりて、御ぶくぬぎに、よろづの殿上人川原にいでたるに、童のことやうなるなむ、柏に書きたる文をもて来たる。とりて見れば、

(d)みな人は花の衣になりぬなり苔の袂（たもと）よかはきだにせよ

とありければ、この良少将の手に(ウ)見なしつ。「いづら」といひて、もて来し人を世界にもとむれど、なし。法師になりたるべしとは、これにてなむみな人知りにける。されど、いづくにかあらむといふこと、さらにえ知らず。

（『大和物語』による）

＊深草の帝――仁明天皇（八一〇～八五〇、在位八三三～八五〇）。第五四代天皇。
＊良少将――良岑宗貞（八一六～八九〇）。父安世は、桓武天皇の子で、仁明天皇の従弟に当たる。法名は、遍昭。
＊誦経――読経のためのお布施。
＊御ぶくぬぎ――喪服を脱ぐこと。

問一　傍線部(ア)～(ウ)を現代語訳しなさい。

問二　傍線部(a)(b)には掛詞が用いられている。それぞれ掛詞を踏まえて現代語訳しなさい。

問三　傍線部(c)について、次の（1）（2）に答えなさい。

（1）　指示語の内容を明らかにして、現代語訳しなさい。

かくて世にもらうあるものにおぼえ、仕うまつる帝、かぎりなくおぼされてあるほどに、この帝、うせたまひぬ。御葬(はぶり)の夜、御ともにみな人仕うまつりけるなかに、その夜より、この良少将(ア)うせにけり。友だち・妻(め)も、いかならむとて、しばしはここかしこもとむれども、音耳にも聞えず。法師にやなりにけむ、身をや投げてけむ。法師になりたらば、さてなむあるとも聞えなむ。なほ身を投げたるなるべしと思ふに、世の中にもいみじうあはれがり、妻子(めこ)どもはさらにもいはず、夜昼、精進潔斎(さうじいもゐ)をして、世間の仏神に願を立てまどへど、音にも聞えず。妻は三人なむありけるを、よろしく思ひけるには、「なほ世に経(へ)じとなむ思ふ」とふたりにはいひけり。かぎりなく思ひて子どもなどあるには、(C)ちりばかりもさるけしきも見せざりけり。このことをかけてもいはば、女も、いみじと思ふべし。われも、えかくなるまじき心地のしければ、寄りだに来で、にはかになむうせにける。

ともかくもなれ、「かくなむ思ふ」ともいはざりけることのいみじきことを思ひつつ泣きいられて、初瀬の御寺に、この妻まうでにけり。この少将は法師になりて、蓑(みの)ひとつをうち着て、世間世界を行ひありきて、初瀬の御寺に行ふほどになむありける。局(つぼね)近うゐて行へば、この女、導師にいふやう、「この人かくなりにたるを、生きて世にあるものならば、いまひとたびあひ見せたまへ。身を投げ死にたるものならば、その道なしたまへ。さてなむ死にたりとも、この人のあらむやうを、夢にてもうつつにても、聞き見せたまへ」といひて、わが装束、上下、帯、太刀まで、みな誦経(ずきやう)にしけり。みづからも申しもやらず泣きけり。はじめは、「なに人のまうでたるらむ」と聞きゐたるに、わが上をかく申しつつ、わが装束などをかく誦経にするを見るに、心も肝(きも)もなく、悲しきこと、ものに似ず。「走りやいでなまし」と千たび思ひけれども、思ひかへし思ひかへしゐて、夜ひと夜泣きあかしけり。わが妻子どもの泣く泣く申す声どもも聞ゆ。いといみじき心地しけり。されど(イ)念じて泣きあかして、朝(あした)に見れば、蓑もなにも涙のかかりたる所は、血の涙にてなむありける。「いみじう泣けば、血の涙といふものはあるものになむありける」とぞいひける。「そのをりなむ走りもいでぬべき心地せし」とぞ、のちにいひける。

問二　傍線部⑵について、五郎が「急に自分がいやにな」ったのはなぜだと思われるか、その理由を説明しなさい。

問三　傍線部⑶において、「弱い獣のようにぴんと立てた」という表現にはどのような効果があるのか、説明しなさい。

問四　傍線部⑷について、なぜ五郎は「その父は今迄の父とはなにかが少し違うかもしれない」と思ったのか、その理由を説明しなさい。

Ⅲ

次の文章を読んで、後の問いに答えなさい。

深草の帝(みかど)と申しける御時、良少将(りやうせうしやう)といふ人、いみじき時にてありける。いと色好みになむありける。しのびてときどきあひける女、おなじ内(うち)にありけり。「今宵かならずあはむ」と契りたる夜ありけり。女いたう化粧(けさう)して待つに、音もせず。目をさまして、夜や更(ふ)けぬらむと思ふほどに、時申す音のしければ、聞くに、「丑三(うしみ)つ」と申しけるを聞きて、男のもとに、ふといひやりける。

(a)人心うしみつ今は頼まじよ

といひやりたりけるに、おどろきて、

(b)夢に見ゆやとねぞすぎにける

とぞつけてやりける。しばしと思ひて、うちやすみけるほどに、寝過ぎにたるになむありける。

愉快そうな笑い声を残して父の姿は石垣の向うにすぐ消えた。ナイフを出して枝を削ろうか、それとも「ぼうけん手帳」を読んでみようか、と物憂く考えながら五郎はまた頭を草につけて目の上に指を組む。鳥の鳴き声が横の方からきこえて来る……。

どのくらい時間がたったのかはっきりしない。まだ父は戻って来ない。五郎は草の上に起き上った。太陽の位置が少し右に動いたように思われる。日の色が微かに薄くなっている。小さな不安が自分の奥に生れているのに五郎は気づく。それはまだはっきりした形をとってはいない。冷蔵庫に似た白い扉を開く父親の姿が見える。雪の残った狭い道を石垣に背を擦りつけるようにして横這(ば)いに進む無精髭(ひげ)の生えた父の顔が見える。ひやりとした竹藪に足を踏み込む影が見える。鳥だろうか。(3)弱い獣のようにぴんと立てた五郎の耳に短い響きがきこえた。もしかしたらパパはなにかを失くしたのかもしれない、という考えが突然ひらめいて五郎を摑(つか)んだ。失くしたとすれば、それは馬みたいに大きなものに違いないと彼は咄嗟(とっさ)に思った。向うに歩き続ける父の身体から直角に離れて遠ざかって行く白い馬をいつか見たような気がする。竹藪の中の細い道から、たった一声、その馬を出してたもれえ、と今父が叫んだのではないか。五郎は動けなかった。いや、今にも立って走り出そうとする自分を彼は必死におさえつけた。枯草に坐って、どこかから戻って来る父をここで待つことが必要なのだ、と彼は誰に教えられもせずに悟っていた。(4)その父は今迄(まで)の父とはなにかが少し違うかもしれない、そんな予感が息をつめて坐り続ける五郎の中に生れ、彼の体を下の方から静かに浸しはじめていた。

（黒井千次「声の山」による）

問一　傍線部(1)について、「左の手首が頼りなく軽かった」のはなぜだと思われるか、その理由を説明しなさい。

う鳴き声がのどかに返って来る。

昼食がすみ、水筒の焙じ茶をたっぷり飲み、バッグから出したせんべいを齧りながら五郎は枯草に寝転んだ。

「いいとこだね、ここは。」

思わず声が咽喉から出た。ジャンパーを脱いでスエターになった身体にほんの少し冷たく感じる空気が快い。

「人によってはな、こんなことを言ったらしいよ。自分から姿をくらまして出て行った者がしばらくしてどうしても帰りたくなったりするだろう。黙って帰って来るのは具合が悪いから、あの山で名を呼ばれたので止むを得ず帰って来たんだということにもしたんだろうって。」

五郎は目の上に指を組んだ手をのせたままで、へえ、と息を吐いた。昼寝でも出来そうなのんびりとした枯草の日溜りのことを言ったのに、父親の言葉が別の方にそれて行くのがおかしかった。弟や妹が一緒だったらここでの時間の過し方も違ったろう、と五郎は思った。けれども今は、枯草の上を転げまわったり、拾った枝で斬り合いをしたりするより、大人のようにただ横たわっていたかった。

「もう一度見てくるからな。」

父が立上って身体から枯草を払い落した。

「お宮を？　あの道？」

寝たままで五郎はたずねた。聞き取りにくい声を返して父は階段の方に歩きはじめている。

「ここに帰って来てよ。まさかいなくなったりしないだろうな。」

急になにかが立去って行くような気がして五郎は片肘つくと身を起した。

「ばかだな、ここはいなくなった人を探す場所じゃないか、逆だろう。」

「風とか?」

「うん。」

「呼んでみようか?」

(中略)

「………。」

「ねえ、呼んでもいい?」

「……なにを呼ぶんだ?」

「ただ、叫んでみるだけだよ。」

「……やってみろ。」

あー、と五郎は遠慮勝ちの声をあげた。竹藪(やぶ)のこもった空気の中に声はすぐ消えた。

「そんな叫び方じゃ駄目だ。」

きいた時は気の進まなそうな返事しかしなかったのに、今度はけしかけるような父の言い方だった。おー、と五郎は声量をあげた。前より更に反応はなかった。おーいになろうが、ヤッホーに変ろうが、山の空気はただ五郎の声を呑(の)んだままだった。馬鹿にされたような気がした。なにかいけないことをしたような気がした。(2)急に自分がいやになって五郎は唇を噛(か)んだ。

一番下の石垣を背にして枯草に腰をおろし、電車を降りた折に駅で買って来た弁当を開くと気持ちが和んではじめてピクニックの雰囲気になった。北を石垣に守られ、冬の日をいっぱいに浴びた南面のその場所は絶好の休息地だった。変電所とは反対側になる筈(はず)だがそちらの側でもなにか工事が行なわれているのか、時折下の方から金属性の重い音が登って来る。足下の崖のあたりから黒い鳥がふわりと浮いて空を舞いはじめる。とんびかな、と五郎が目を細めて後を追うと、カア、カア、とい五郎の予想に反して話は意外な方向に進んでいきそうな気配だった。

「生き物？」

「小鳥だとか、虫だとかもさ。」

「死んだのはいるけれどね。ほら、白い十姉妹（じゅうしまつ）が巣の中でさ。」

「死んだのは駄目だ。それはもう戻らない。」

「逃げたようなもの？」

うん、と父は短く答えた。父の言ったとおり短い下りはすぐ終ってまた登りがはじまっている。最初にきかれた時、腕時計のことを思い切って言ってしまった方が良かったのかもしれないという後悔が五郎の中に薄く湧きはじめる。

「権現さまにお神酒をあげてお祈りしてから鍵取八郎右衛門という人に頼むと、家出して行方が知れなくなった者や、突然消えてしまった肉親をさがし出してくれたんだ。」

「どうやって？」

「鉦（かね）と太鼓を叩（たた）きながら神社のまわりをぐるっと廻（まわ）る。廻りながらさがしたい人や物の名前を三度呼ぶ。なんとかを出してたもれえーっていうふうにな。」

「そうすれば出て来る？」

「いや、呼び声になにかの反応があった時には必ず消息がどこかから知らされて、いなくなった人に会えたというよ。それでこの権現さまは有名になったんだ。」

「反応というのは、山彦とか？」

「そうだろう。」

Ⅱ

次の文章は、黒井千次の小説「声の山」の一部です。「僕」は父に連れられて、今まで登ったことのない山に登ります。以下はその時のことを書いたものです。これを読んで後の問いに答えなさい。

「お前、なにか失くして困っているものはないか?」

半コートを脱いで再び歩きはじめた父親の放った言葉が五郎を刺した。口ごもったまま答えることが出来ずに息子は足を運んだ。(1)左の手首が頼りなく軽かった。知っているのだろうか、と彼は父の表情をうかがった。

「別に……。」

今日の自分の装備で一つだけ気がかりなのは時計のないことだった。三年生になった時にようやく買ってもらったブルーのベルトのついた腕時計は今も目のすぐ裏にあるのに、一週間前から姿を消していた。机のひき出しはもちろん、本棚、押入れ、バッグをさがし、遊びに行った友達の家まできいたのだが遂に行方がわからない。——俺は中学校にはいった際にはじめて兄貴の古い時計をもらったのだ、小学生から時計を持つ必要がどこにある、と父親は五郎の要求をなかなかきき入れようとはしなかった。遊びに出かけて帰る時間を守るのに腕時計があった方がいい、とようやく母が認めたのは、家に来た友達が三人とも腕時計をはめているのを見たからだ。買ってもらった時計そのものへの愛着というより、それを失くしたことによって叱られるのが怖くていやだった。

「なにか思い出すものはないか?」

父親がどこかでみつけてそのまま黙って持っているのだろうか。二人だけのこういう場所で紛失を告げてしまった方が結局叱られ方が軽く済むかもしれぬ。曖昧に開きかけた五郎の口を父の次の言葉が遮った。

「品物ではなくて、生き物でもいいんだよ。」

問二　傍線部(b)「契約モデルに囚われている」とあるが、このモデルに囚われていると、なぜ家族における責任が特殊な責任のように思われるのか、説明しなさい。

問三　傍線部(c)「そうだとすれば「特別な責任」はやはり、親密な関係性がなければ果たし得ないのではないかという点」について、グディンはどのように考えているのか、「そうだとすれば」の「そう」の内容を示しながら、説明しなさい。

問四　傍線部(d)「「分有可能性」の実践的な価値」とあるが、「傷つきやすさを避けるモデル」による責任論では、なぜ責任を分かちもつことが可能になるのか、またそのことによって実際にどのような価値が生じるのか、本文中で言及される具体例を用いて説明しなさい。

理的だとする。だが逆に、子を養育する責任を、もし母親や父親が最終的に果たせない場合は、なんらかの形で、子に対する危害を避けるための責任を果たし得る者が果たす方がよい、と考える。たとえば、グディンは、別の著作で福祉に依存しなければならない母親たちを社会的コストとして批判する者たちに問いかける。

いったん子どもたちがこの世界に生まれてくれば、いったい誰が、その子どもたちを飢えさせることは道徳的に許されると真剣に論じるだろうか。他者に対する教訓として、こうした母親たちが飢えることは道徳的に適っていると、誰が本気で論じるだろうか。

かれは、飢えという深刻な危害を最終的に避けることができるのに、その対策をとらない者——この場合は、政府——の責任を問うのだ。もちろんそれは、母親のなんらかの落ち度から生じてくるような責任を免除することと同じではない。子に対する母親の責任と政府の責任は、矛盾するどころか両立し得るし、相互に補完しあうこともあるだろう。ここに、責任の第一の特徴である、(d)「分有可能性」の実践的な価値がある。

（岡野八代『フェミニズムの政治学』による）

問一　傍線部(a)「たとえば責任の場合は、教師が学生によりよい教育効果をもたらすために、ある特定の講義については専門の講師を雇い入れることによって、自らが直接的な行為をなさなくても果たしたことになる」とあるが、この例において、なぜ教師は責任を果たしたと言えるのか、責任の意味を明らかにしながら、説明しなさい。

通常考えられているほどに、責任を負う者によって一方的に担われるものではないであろう。文脈に応じた実践を積むなかで、当事者は互いに呼びかけと応答の仕方を学びあいながら、それぞれの立場が流動的でありながらも固定され、だからこそ取替えのきかない「特別な責任」が関係性のなかで立ち現れてくるのである。

関係性のなかから生じ、関係性のなかでその重みも変化する、といった関係的な責任理解からすれば、ビジネス契約における当事者の責任と、子どもに対する親の責任とが、一つの責任論の中に包摂される。すなわち、両者の違いは、その関係性の違いから発する当事者間の相互依存の在り方とその程度にある。一方の当事者の行為に左右される、傷つきやすい相手が被るであろう危害を生じさせない責任という意味においては、同じ内容の責任を負っているのである。

第二に、(c)そうだとすれば「特別な責任」はやはり、親密な関係性がなければ果たし得ないのではないかという点について、グディンはつぎのように論じる。契約モデルは、ある結果を生む行為を最初にした者が、行為の帰結についても責任を負うべきだとする、因果論的な責任モデルをとる。他方、「傷つきやすさを避けるモデル」は、ある行為が他者に及ぼす結果の重さを勘案する帰結主義をとる。なぜならば、このモデルが重視するのは、傷つきやすい立場に置かれた者が被る危険性のある「危害」をいかにして避けるか、という意味における責任だからである。ここでは、だれが「傷つきやすさ」という状況を惹起したのかは問われない。ヴァルネラブルな立場にある者にとってみれば、その責任を誰が担うかは、状況に左右される二次的な問題であり、まず重要なのは、危害を避ける、という結果がもたらされることだからだ。

すなわち「傷つきやすさを避けるモデル」は、初発の行為はどうあれ、最終的にその責任がもっともよく果たせる者が果たすのが合理的だと考える。たとえば、因果論的なモデルでは、母親や父親は子をもつという決意を最初にしたのだから、その行為の帰結としての子の養育に責任があるとされるが、「傷つきやすさを避けるモデル」からすれば、どのような経緯があったにせよ、もし母親や父親が最終的にその子の養育の責任が果たせるのであれば、彼女たちが「特別な責任」を果たすのが合身に命令を下す義務論的な倫理がいかに多くの感情や行為を忘れさせ、社会における関係性から切り離されたものかを知っているはずだ。グディンによれば、義務は義務を負う者に直接ある行為をするよう命じるが、責任は、責任を負う者につねに行為を命じるものではなく、むしろ、ある特定の成果がもたらされることを引き受けるよう命じる。(a)たとえば責任の場合は、教師が学生によりよい教育効果をもたらすために、ある特定の講義については専門の講師を雇い入れることによって、自らが直接的な行為をなさなくても果たしたことになる。また、義務は、義務を果たすか否かの二元論的な倫理であるが、責任は程度の問題であり、多数の者たちと分有可能で、かつ責任者に多くの裁量があることを特徴とする。

さて、議論のなかでかれが批判の標的とするのは、伝統的な契約論、すなわち、わたしたちがある特定の他者や関係性に対して「特別な責任」を負うべき理由は、自発的に取り交わした契約がもたらす結果に対しては義務を負わなければならないからだ、という考えである。かれは、この契約論的な責任論に対して、ヴァルネラビリティ・モデル、すなわち、「傷つきやすさを避けるモデル」を提起する。

グディンによれば、わたしたちが特定の他者や関係性に「特別な責任」を負うべきなのは、他者とともにおかれたある関係性のなかで、ある特定の他者が、わたしたちの行為や選択に左右される、すなわち傷つきやすい立場に置かれるからである。また、この場合の関係性は、自発的に取り結んだ関係性だけでなく、偶然に否応なくおかれた状態における他者との関係性をも含んでいる点に注意しておきたい。

かれの責任論は、つぎの二点を強調する。第一に、家族関係に代表されるような「特別な責任」は、より公的な場における責任と比べてなんら特別な責任倫理を表しているわけではない。家族における責任が特殊な責任のように思われてきたのは、責任が個人の自発的行為から生じる、という(b)契約モデルに囚われているからである。そうではなく、ヴァルネラブルという用語そのものが示しているように、つねに責任は関係性のなかでこそ生じていると考えなければならない。したがって、責任は

▲文学部▼

（一二〇分）

Ⅰ　次の文章は、「契約モデル」ではなく「傷つきやすさを避けるモデル」を用いて責任を論じるロバート・グディンの議論を紹介するものです。これを読んで後の問いに答えなさい。

グディンの責任論の出発点は、わたしたちは、身近な家族、友人に始まり、ビジネス上の契約相手、あるいは、ある価値観や領域を共有し合う同胞に対して、「特別な責任」を負っているという道徳的な直感をもっている、という事実である。かれは、その直感を生じさせているじっさいの関係性を注視することで、〈わたしたちはなぜ互いに責任を果たし合うのか〉といった、さまざまな関係性に共通する責任の意味を示し、わたしたちが社会を構成するのは、そのようにして示された責任をよりよく果たしあえる共同体を築くためである、と論じる。

ここで、かれが義務と責任を区別していることに注意したい。義務とは、ある行為を命じる意志を重視し、その結果については問わない義務論的な倫理であり、責任とはある結果を生じさせる帰結主義的な倫理である。わたしたちはすでに、自分自

//////////////////// ・memo・ ////////////////////

2021年度

問題編

■前期日程

問題編

▶試験科目

学部	教科	科目等
文学部	外国語	「コミュニケーション英語Ⅰ・Ⅱ・Ⅲ，英語表現Ⅰ・Ⅱ」，ドイツ語，フランス語から１科目選択
	選択	日本史Ｂ，世界史Ｂ，地理Ｂ，「数学Ⅰ・Ⅱ・Ａ・Ｂ」から１科目選択
	国語	国語総合（文学部の学生にふさわしい学力を判定するため，現代文のみならず，古文，漢文からも出題する）
人間科学部 法学部 経済学部	外国語	「コミュニケーション英語Ⅰ・Ⅱ・Ⅲ，英語表現Ⅰ・Ⅱ」，ドイツ語，フランス語から１科目選択
	数学	数学Ⅰ・Ⅱ・Ａ・Ｂ
	国語	国語総合
外国語学部	外国語	「コミュニケーション英語Ⅰ・Ⅱ・Ⅲ，英語表現Ⅰ・Ⅱ，英語会話」，ドイツ語，フランス語，中国語，韓国語，スペイン語，ロシア語から１科目選択。ただし，英語専攻志願者には英語を課す （英語の試験の一部にリスニングテストを行う）
	選択	世界史Ｂ，「数学Ⅰ・Ⅱ・Ａ・Ｂ」から１科目選択
	国語	国語総合

▶備　考

- 英語以外の外国語は省略。
- 「数学Ｂ」は「数列，ベクトル」を出題範囲とし，「確率分布と統計的な推測」を出題範囲から除く。

▶配　点

<table>
<tr><th colspan="2">学部等</th><th>外国語</th><th>地　歴</th><th>数　学</th><th>国　語</th><th>合　計</th></tr>
<tr><td colspan="2">文</td><td>150点</td><td colspan="2">100点</td><td>150点</td><td>400点</td></tr>
<tr><td colspan="2">人間科</td><td>200</td><td></td><td>200</td><td>200</td><td>600</td></tr>
<tr><td colspan="2">外国語</td><td>300</td><td colspan="2">100</td><td>100</td><td>500</td></tr>
<tr><td colspan="2">法</td><td>150</td><td></td><td>150</td><td>150</td><td>450</td></tr>
<tr><td rowspan="3">経済※</td><td>A</td><td>20</td><td></td><td>20</td><td>20</td><td>60</td></tr>
<tr><td>B</td><td>180</td><td></td><td>180</td><td>180</td><td>540</td></tr>
<tr><td>C</td><td>100</td><td></td><td>100</td><td>100</td><td>300</td></tr>
</table>

※経済学部について

共通テストの配点A 540点，B 60点，C 300点を加算し，A配点で上位65位以内にある者と，B配点で上位65位以内にある者をまず合格者とし，これらの合格者を除いた受験者の中からC配点での高得点者順に合格者を決定する。

英語

◀文・人間科・法・経済学部▶

（文学部：105 分　人間科・法・経済学部：90 分）

I 次の英文(A)と(B)を読み，それぞれの下線部の意味を日本語で表しなさい。(B)については，引用符の中の単語は英語のままでよい。

(A) One of the oddest aspects of American culture is our general dismissal of commensality. Most human cultures have considered food preparation and consumption, especially consuming food together, as essential to family, tribal, religious, and other social bonds. Some people would go even further and say that as social creatures, eating together makes us more socially adept and indeed happier human beings. However, in our highly individualistic society the value of eating and drinking together is probably honored more in the breach than in the observance.

(Ludington, Charles C. & Booker, Matthew M. 2019. *Food fights: How history matters to contemporary food debates.* The University of North Carolina Press より一部改変)

(B) In language, the relationship between the form of a signal and its meaning is largely arbitrary. For example, the sound of "blue" will likely have no relationship to the properties of light we experience as blue nor to the visual written form "blue," will sound different across languages, and have no sound at all in signed languages. No equivalent of "blue" will even exist in many languages that might make fewer or more or different color distinctions. With respect to language, the meaning of a signal cannot be predicted from the physical properties of the signal available to the senses. Rather, the relationship is set by convention.

(Boroditsky, Lera. 2019. "Language and the brain." *Science*, 366(6461), October 4. DOI: 10.1126/science.aaz6490 より一部改変)

Ⅱ 次の英文を読んで，以下の設問に答えなさい。

Is any environment more secluded from our imagination than the seas surrounding Antarctica? Icebergs grind above a seabed dotted with salps, sea squirts, sponges, and other barely animate organisms. The sun scarcely rises for half the year. Under the elemental conditions at these latitudes, Antarctic blue whales exist in a world defined by bioacoustics. Blue whales, Earth's largest animals, call to others of their kind, though exactly what these cries communicate remains a mystery. Whether to attract a mate, to repel(i) a rival, or for some other social purpose, the sounds blue whales make are less song, more drone — a tectonic rumble on the furthest edge of human hearing. That the sounds of blue whales seem simple might suggest they are unchanging across generations. But these atonal sounds have begun evolving. Since at least the 1960s, their pitch has downshifted the equivalent of three white keys on a piano. Scientists have theories as to why — some worrisome, some hopeful, all involving humans.

The deepening of Antarctic blue whales' sounds is not unique to the subspecies(A). Groups of pygmy blue whales found near Madagascar, Sri Lanka, and Australia, as well as fin whales, which live in seas around the world, have also dropped their pitch. (Even before this change, fin whales emitted sounds so low as to be nearly imperceptible to humans; the wavelengths of their calls were often longer than the bodies of the whales themselves.) In a study last year that analyzed more than 1 million individual recordings of whale calls, scale shifts were found across species, and among populations that don't necessarily interact with one another. Which is to say(ii), whatever has triggered the change doesn't seem to have a specific geographic origin.

The underwater clamor caused by maritime traffic and extractive industries might seem a likely culprit. After all, such noise is known to interrupt whales' foraging and interfere with their vocal interactions. But although some whales do <u>adapt</u>(B), in limited ways, to artificial sounds in the ocean — by pausing their calls to avoid competing with the passage of cargo ships, for example — scientists don't believe that the deepening whale calls are a response to sonic pollution. They have identified lowered pitches even across populations of whales that live in seas without major shipping routes, where mechanical noise is <u>negligible</u>(iii).

Another possible explanation for the change in whale calls is the achievements of global conservation efforts. At the start of the 20th century, an estimated 239,000 Antarctic blue whales occupied the Southern Ocean. By the early 1970s, decades of commercial whaling — initially by Norwegian and British whalers, and later by illegal Soviet fleets — had decreased the blue-whale population in the region to a mere 360. But since protection of the subspecies began in 1966, that number has begun to rebound. Scientists have speculated that the whale's <u>anatomy</u>(iv) determines that the louder it gets, the higher the pitch of its calls. As populations have grown, then, the whales may have decreased their volume because they are more likely to be communicating over short distances. In other words, Antarctic blue whales may be lower-toned today than in previous decades simply because they no longer need to shout.

Last year's study of whale calls also suggests a more ominous reason for the drop in pitch, however: Perhaps whales don't need to be so loud because sound waves travel farther in oceans made acidic by the absorption of carbon dioxide.

Carbon dioxide in the atmosphere, meanwhile, may indirectly influence whale voices in other ways. Recent monitoring of Antarctic blue whales shows that, during the austral summer, their pitch rises. Researchers have hypothesized that in warmer months, the whales must use their forte volume to be heard amid the cracking ice — a natural sound amplified by <u>unnatural</u>(C) processes, as rising temperatures <u>exacerbate</u>(v) ice-melt. So the impacts of a warming planet may modulate animal sounds even in remote places with barely any humans, and where the most thunderous notes come not from ships, but from the clatter of breaking ice.

We may not yet know what the sounds of blue whales mean. But whether through our intent to preserve these creatures, or as a result of refashioning their environment, our deeds echo in⁽ᵛⁱ⁾ their voices.

(Giggs, Rebecca. "Whale songs are getting deeper." *The Atlantic*, October 2019.)

設問(1)　下線部(i)～(vi)の語句の本文中での意味に最も近いものを，(イ)～(ニ)から1つ選び，記号で答えなさい。

(i)　repel
(イ)　call on　　(ロ)　drive away
(ハ)　escape from　　(ニ)　reconcile with

(ii)　Which is to say
(イ)　Moreover　　(ロ)　None the less
(ハ)　On the other hand　　(ニ)　Put another way

(iii)　negligible
(イ)　extremely limited　　(ロ)　hardly pleasant
(ハ)　relatively loud　　(ニ)　very significant

(iv)　anatomy
(イ)　animal language　　(ロ)　body structure
(ハ)　musical ability　　(ニ)　space science

(v)　exacerbate
(イ)　delay　　(ロ)　freeze
(ハ)　reduce　　(ニ)　worsen

(vi)　echo in
(イ)　are irrelevant to　　(ロ)　become unnoticeable in
(ハ)　have an impact on　　(ニ)　work in favor of

設問(2)　下線部(A) the subspecies が指すものを本文中の英語で答えなさい。

設問(3)　下線部(B) adapt は具体的にはたとえばどういう行動をとるのか。本文の内容に従い，25 字以内の日本語で説明しなさい。句読点も 1 字に数えます。

設問(4)　下線部(C) unnatural はどのような意味で unnatural であると考えられるか，25 字以内の日本語で説明しなさい。句読点も 1 字に数えます。

設問(5)　本文の内容に従い，この文章のタイトルである "Whale songs are getting deeper" という現象の原因であると考えられるものを下記の(イ)～(ヘ)から 2 つ選び，記号で答えなさい。

(イ)　Drones are spotted by blue whales.

(ロ)　Many ships pass over blue whales.

(ハ)　Some nations have resumed commercial whaling.

(ニ)　The number of blue whales has increased.

(ホ)　Seawater now has a higher level of acidity.

(ヘ)　The sound of melting ice is getting noisier.

Ⅲ　長期にわたって何かに取り組む場合，前向きな姿勢を保ち続けるのが難しいことがあります。そのような状況になった時，具体的にどうすれば抜け出せるでしょうか。あなた自身もしくは他の人の経験を 1 つ例に挙げて，70 語程度の英文で述べなさい。

Ⅳ 次の日本文⒜と⒝のそれぞれの下線部の意味を英語で表しなさい。ただし，⒝では**文学部の志願者は⑴を，文学部以外の学部の志願者は⑵を**選んで解答しなさい。

⒜　**（すべての学部の志願者）**

私が「学ぶことって楽しいな」と思えるようになったのは，大学を卒業して社会に出てからです。

一度学びの楽しさを味わってからは，やみつきになりました。<u>学べば学ぶほど，いままでわからなかったことがわかるようになり，それによって自分の視野が広がります。知らないことや新しいことに出合うと好奇心が刺激され，もっと多くのことを学びたくなります。</u>

（池上彰．2020．『なんのために学ぶのか』SBクリエイティブ より一部改変）

⒝

⑴　**（文学部の志願者）**

ある登山家がひとつの登山をして，その記録を文章に起こし単行本にまとめたとする。しかし彼が本を書いたからといって，その本の読者は，彼の登山の根本がこの本によって侵食されているとは感じないだろう。<u>登山家にとっての表現はあくまで登山行為そのものであり，その登山行為をあとから文章にまとめたところで，そんなものは所詮“おまけ”，彼の登山の副次的な生産物にすぎない。あとから本を書こうが書くまいが，いずれにせよ彼は山には登っただろうし，登っている最中にあとから本を書く自分を意識するなどということもない。</u>つまりこのとき登山家は純粋に行動者――あるいは行動的表現者――として完結できている。

（角幡唯介．2020．『旅人の表現術』集英社）

⑵　**（文学部以外の学部の志願者）**

なぜ「表現の自由」は守るに値するものなのか？

残念ながら，その問いに対する答えは憲法本文には書かれていない。書かれていないのは，それが自明だからではない（自明なら「表現の自由」をめぐって論争が起きるはずがない）。書かれていないのは，その答えは国民が自分の頭で考え，自分の言葉で語らなければならないことだからである。

表現の自由にしろ，公共の福祉にしろ，民主主義にしろ，それにいかなる価値があるのかを自分の言葉で語ることができなければ，「そんなものは守るに値しない」と言い切る人たちを説得して翻意させることはできない。

(内田樹. 「民主主義をめざさない社会」
http://blog.tatsuru.com/2020/03/26_1503.html より一部改変)

◀外国語学部▶

（120 分）

I ◀文・人間科・法・経済学部▶ I に同じ。

II 次の英文を読んで，以下の設問に答えなさい。

Writing is an unnatural act. As Charles Darwin observed, "Man has an instinctive tendency to speak, as we see in the babble of our young children, whereas no child has an instinctive tendency to bake, brew, or write." ①<u>The spoken word is older than our species, and the instinct for language allows children to engage in articulate conversation years before they enter a schoolhouse. But the written word is a recent invention that has left no trace in our genome and must be laboriously acquired throughout childhood and beyond.</u>

Speech and writing differ in their mechanics, of course, and that is one reason children must struggle with writing: it takes practice to reproduce the sounds of language with a pencil or a keyboard. But they differ in another way, which makes the acquisition of writing a lifelong challenge even after the mechanics have been mastered. Speaking and writing involve very different kinds of human relationship, and only the one associated with speech comes naturally to us. Spoken conversation is instinctive because social interaction is instinctive: we speak to those with whom we are on speaking terms. When we engage our conversational partners, we have an inkling of what they know and what they might be interested in learning, and as we chat with them, we monitor their eyes, their face, and their posture. If they need clarification, or cannot swallow an assertion, or have something to add, they can break into the conversation or follow up in turn.

We enjoy none of ②<u>this give-and-take</u> when we cast our bread upon the waters by sending a written missive out into the world. The recipients are invisible and inscrutable, and we have to get through to them without knowing much about them or seeing their reactions. At the time that we write, the reader exists only in our imaginations. ③<u>Writing is above all an act of pretense.</u> We have to visualize ourselves in some kind of conversation, or correspondence, or oration, or soliloquy, and put words into the mouth of the little avatar who represents us in this simulated world.

The key to good style, far more than obeying any list of commandments, is to have a clear conception of the make-believe world in which you're pretending to communicate. There are many possibilities. A person thumb-typing a text message can get away with acting as if he is taking part in a real conversation. An activist composing a manifesto, or a minister drafting a sermon, must write as if they are standing in front of a crowd and whipping up their emotions.

Which simulation should a writer immerse himself in when composing a piece for a more generic readership, such as an essay, an article, a review, an editorial, a newsletter, or a blog post? The literary scholars Francis-Noël Thomas and Mark Turner have singled out one model of prose as an aspiration for such writers today. They call it classic style, and explain it in a wonderful little book called *Clear and Simple as the Truth*.

The guiding metaphor of classic style is seeing the world. The writer can see something that the reader has not yet noticed, and he orients the reader's gaze so that she can see it for herself. The purpose of writing is presentation, and its motive is disinterested truth. It succeeds when it aligns language with the truth, the proof of success being clarity and simplicity. The truth can be known, and is not the same as the language that reveals it; prose is a window onto the world. The writer knows the truth before putting it into words; he is not using the occasion of writing to sort out what he thinks. ④<u>Nor does the writer of classic prose have to argue for the truth; he just needs to present it. That is because the reader is competent and can recognize the truth when she sees it, as long as she is given an unobstructed view. The writer and the reader are equals, and the process of directing the reader's gaze takes the form of a conversation.</u>

A writer of classic prose must simulate two experiences: showing the reader something in the world, and engaging her in conversation. The nature of each experience shapes the way that classic prose is written. The metaphor of showing implies that there is something to see. The things in the world the writer is pointing to, then, are *concrete*: people (or other animate beings) who move around in the world and interact with objects. The metaphor of conversation implies that the reader is *cooperative*. The writer can count on her to read between the lines, catch his drift, and connect the dots, without his having to spell out every step in his train of thought.

Classic prose, Thomas and Turner explain, is just one kind of style, whose invention they credit to seventeenth-century French writers such as Descartes and La Rochefoucauld. The differences between classic style and other styles can be appreciated by comparing their stances on the communication scenario: how the writer imagines himself to be related to the reader, and what the writer is trying to accomplish.

Classic style is not a contemplative or romantic style, in which a writer tries to share his idiosyncratic, emotional, and mostly ineffable reactions to something. Nor is it a prophetic, oracular, or oratorical style, where the writer has the gift of being able to see things that no one else can, and uses the music of language to unite an audience.

Less obviously, classic style differs from practical style ⑤, like the language of memos, manuals, term papers, and research reports. (Traditional stylebooks such as Strunk and White are mainly guides to practical style.) In practical style, the writer and reader have defined roles (supervisor and employee, teacher and student, technician and customer), and the writer's goal is to satisfy the reader's need. Writing in practical style may conform to a fixed template (a five-paragraph essay, a report in a scientific journal), and it is brief because the reader needs the information in a timely manner. Writing in classic style, in contrast, takes whatever form and whatever length the writer needs to present an interesting truth. The classic writer's brevity "comes from the elegance of his mind, never from pressures of time or employment."

⑥Classic style also differs subtly from plain style, where everything is in full view and the reader needs no help in seeing anything. In classic style the writer has worked hard to find something worth showing and the perfect vantage point from which to see it. The reader may have to work hard to discern it, but her efforts will be rewarded. Classic style, Thomas and Turner explain, is aristocratic, not egalitarian: "Truth is available to all who are willing to work to achieve it, but truth is certainly not commonly possessed by all and is no one's birthright."

The different prose styles are not sharply demarcated, and many kinds of writing blend the different styles or alternate between them. (Academic writing, for example, tends to mix practical and self-conscious styles.) Classic style is an ideal. Not all prose should be classic, and not all writers can carry off the pretense. But knowing the hallmarks of classic style will make anyone a better writer, and it is the strongest cure I know for the disease that enfeebles academic, bureaucratic, corporate, legal, and official prose.

(Pinker, Steven. 2014. *The sense of style: The thinking person's guide to writing in the 21st century*. Penguin Books より一部改変)

設問(1)　下線部①の意味を日本語で表しなさい。

設問(2)　下線部②が指す内容を日本語で具体的に説明しなさい。

設問(3)　下線部③が指す内容を日本語で具体的に説明しなさい。

設問(4)　下線部④の意味を日本語で表しなさい。

設問(5)　下線部⑤が指す内容を日本語で具体的に説明しなさい。

設問(6)　下線部⑥の意味を日本語で表しなさい。

Ⅲ　◀文・人間科・法・経済学部▶Ⅲに同じ。

Ⅳ　次の日本文の下線部(1)〜(3)の意味を英語で表しなさい。

(1)脳の進化の歴史をたどれば，人間は合理的に考えることのできる知性を発達させることで繁栄もしてきましたが，その合理性を適度に抑えることで集団として協調行動をとることが可能になりました。

それが，今日まで人類が発展を続けることができた大きな要素だったのではないかと考えることができます。果たして，(2)合理性だけが発達した人間は，どのように扱われるのでしょうか？　彼らは，異質なものとして人間社会からは排除されてしまうのです。

(3)ただ，その人間がつくり出した合理性の塊が人工知能だとすれば，これは人間の不合理性とは補完的に働き，強力なパートナーシップを築くことも可能性としては十分にあり得ます。AI との勝負，などと煽るつまらないビジネスをしている場合ではなく，このディレクション(使い方)ができるかどうかこそが人類の課題と言えるでしょう。

(中野信子．2020．『空気を読む脳』講談社 より一部改変)

V　これから英語が2回読まれます。その内容について，以下の設問に日本語で答えなさい。

設問(1)　ダイヤモンドの語源はギリシャ語でどのような意味を持つ言葉に由来しますか。

設問(2)　ダイヤモンドは装飾の他にどのような用途で使用されましたか。2つ事例を挙げなさい。

設問(3)　ダイヤモンドは炭素がどのような状態になった時に生成されますか。

設問(4)　Kimberley Mine の開鉱の結果，どのような現象が起こり，それはダイヤモンドにどのような影響を及ぼしましたか。

設問(5)　婚約指輪は，いつ，どのようなことが契機となって始まりましたか。

放送内容

これからリスニングの問題を始めます。問題用紙と解答用紙のV番を見てください。

これから英語が2回読まれます。よく聴いて内容を把握し，問題にすべて日本語で答えてください。解答はいつ始めてもかまいません。メモを取るのは自由です。

それでは始めましょう。

著作権の都合上，省略。

History of diamonds, Brilliance

著作権の都合上，省略。

もう一度読みます。

<繰り返し>

これでリスニングテストを終了します。引き続き解答を続けてください。

日本史

（90 分）

(I)　仏教が日本列島に伝来すると，日本の神祇信仰はさまざまな影響を受け，やがて神仏習合と呼ばれる現象があらわれるようになる。奈良・平安時代における神仏習合の展開過程について具体的に述べなさい（200 字程度）。

(II)　承久の乱は，朝廷と鎌倉幕府の関係を大きく変化させる契機となった。乱後，両者の関係はどのように変化したのかについて，具体的に述べなさい（200 字程度）。

(III)　天明の飢饉をうけ，都市と農村は危機に陥った。寛政の改革において幕府がとった農村復興政策について，寛政の改革における都市政策にも留意しながら具体的に述べなさい（200 字程度）。

(IV)　1890 年に帝国議会が開設されて以後長い間，地租問題は政界の争点であり続けた。初期議会から第 2 次山県有朋内閣までの地租問題の展開について，藩閥政府と政党との関係に留意しつつ具体的に述べなさい（200 字程度）。

世界史

(90 分)

(I)　以下の文章を読み，下の問い(**問 1** ～**問 3**)に答えなさい。

一般信徒は神の法を知る必要はなく，聖職者や説教師たちが生の声で述べた知識だけで彼らには十分だと，うそぶく異端者に耳を傾けるべきではない。なぜなら，聖書が教会の信じるところであり，正しい信仰の意味でそれがはっきりと知られれば知られるほど，良いことだからである。それゆえ，一般信徒が信仰を知らねばならないのだから，もっともよく知られた言語で教えられねばならない。

歴史学研究会編『世界史史料 5』

問 1　以上は 14 世紀後半のイングランドの神学者による文章である。著者(A)と，その影響を受けたボヘミアの宗教者(B)およびザクセン選帝侯の庇護を受けた宗教者(C)の名前として適当なものを，それぞれ下の選択肢から選び，数字で答えなさい。

(1)　ウィクリフ
(2)　フス
(3)　ルター
(4)　ツヴィングリ
(5)　ワット＝タイラー
(6)　ウィリアム＝オブ＝オッカム
(7)　カルヴァン

問 2　上記の宗教者Ａ・Ｂ・Ｃはともに，下線部の「異端者」のどのような信仰のあり方を批判し，それをどのような方法で変革しようと試みたのか，論述しなさい。ただし，「異端者」とは何を指すかを明示すること(120 字程度)。

問 3　問 2 で答えた「異端者」に対しては，14 世紀以前にも，様々な批判が示され，その「異端者」自身も，組織の腐敗や対抗勢力の出現に対峙するなかで，様々な刷新を試みてきた。11 世紀のそれは修道院出身者が主導したものであり，13 世紀のそれは民衆主体の運動を一部は排除し，一部は内部に取り込むことで進められた。「異端者」は，当時のどのような状況を，どのように変革しようとしたのか，11 世紀・13 世紀のそれぞれについて論述しなさい。ただし，下記の語句をすべて使用すること(200 字程度)。

聖職売買　　清貧　　カタリ派　　托鉢修道会

(Ⅱ)　以下の文章を読み，下の問い(**問 1**・**問 2**)に答えなさい。

下に掲げる図Ⅰ・図Ⅱは，いずれも，アフリカ大陸原産の大型草食獣・キリンが，15 世紀当時における東西の権力者に献上された様子を描いたものである。左は，明王朝の皇帝，朱棣(てい)①(永楽帝，在位 1402–24 年)への，右はフィレンツェのロレンツォ＝デ＝メディチ②(1449–92 年)に対する献納品として，キリンが描きこまれている。異域に生息する巨大な珍獣というプレゼントは，権力者の威光を演出し広く宣示するために，あるいは古典期の博物学的な知識とのつながりを示すうえで，絶好の題材だっただろう。

グローバル規模での人と人の交流に翻弄される動物をめぐる問題は，現在も形をかえて多くの論議を巻き起こしつつある。

図Ⅰ　瑞応麒麟図〈沈度題〉

図Ⅱ　各国大使から贈り物を受け取るロレンツォ〈G. ヴァザーリ〉

問 1　図Ⅰは，下線部①の人物に対してベンガルから贈られたキリンを描いたものとされる。キリンが下線部①の人物に献上された背景について，明王朝内外の政治・軍事的状況を踏まえて論述しなさい。なお，絵のタイトルも参考にしつつ，使節の服装やキリンが示す象徴的意味についても，論及すること(200 字程度)。

問 2　図Ⅱの右上部分には，下線部②の人物に対してマムルーク朝のスルタンより贈呈されたキリンが見える。下線部②の人物が保護したとされる文化活動およびその背景について，イタリア半島外部の要素にも重点を置きつつ，論述しなさい(200 字程度)。

Ⅲ　以下の文章を読み，下の問いに答えなさい。

2020 年 6 月，サウジアラビアは新型コロナウィルス感染症の拡大を防止する目的で，巡礼月におけるメッカへの巡礼者の受け入れを休止する旨を発表した。これにより，サウジアラビア国内の少数の巡礼者以外は巡礼を行えないこととなった。巡礼月に行われるメッカ巡礼は「大巡礼」と呼ばれ，イスラム教徒の重要な宗教行為である。たとえ貧しくとも生涯をかけて巡礼資金を貯め，命がけで大巡礼に出る者も少なくない。そのため，サウジアラビアの決定は異例のことであった。

もっとも，過去には疫禍や反乱，戦争，そのほか宗教的，政治的な対立などの理由によって大巡礼が一時中断したり，低迷することはあった。たとえば 2016 年にはイランからの巡礼が一時，停止した。前年の大巡礼において発生した将棋倒し事故に端を発する両国の政治的対立が原因であったが，その背景には両国の宗教事情も深く関係していた。両国で大勢を占める宗派のあり方について，論述しなさい。ただし，以下の語句をすべて用いること(150 字程度)。

アッバース朝　　アリー　　ウマイヤ朝
カリフ　　預言者　　四人

地理

(90 分)

(I) 世界の難民や紛争をめぐる問題に関する次の文章を読み，下の問い(**問 1** ~ **問 3**)に答えなさい。

2015 年，大量の移民・難民が地中海やバルカン半島などを経由してヨーロッパに流入し，移民・難民問題が世界的な注目を浴びた。しかし，①難民はそれ以前から世界の様々な地域で発生しており，深刻な問題であり続けている。

難民発生の最も主要な原因は紛争である。紛争の背景や形態は時代ごとの特徴を持っている。1980 年代末期から 1990 年代にかけては，②それより前の時期とは異なる背景による紛争が多発するようになり，また 2000 年代以降になると，テロリズムなどを手段とする組織の活動が活発化した。

現代の紛争は，③民族をめぐる問題や，国民国家の概念・あり方にも深刻な問題を投げかけているものと言え，平和構築に向けた新たな枠組みが問われている。

問 1 下線部①に関して，世界の国・地域の難民受入数の分布を示した図 1 を参考に，難民発生国と難民受入国との関係について説明しなさい(150 字程度)。

問 2 下線部②に関して，旧ユーゴスラビアの解体以降にバルカン半島やその周辺地域で起こった紛争の背景について説明しなさい(150 字程度)。

問 3 下線部③に関して，民族と言語との関係，民族と国家との関係，および国家と言語との関係について，世界の事例や現状を踏まえて説明しなさい。なお，具体的な国・地域名や民族・言語名などの語句は用いないこと(200 字程度)。

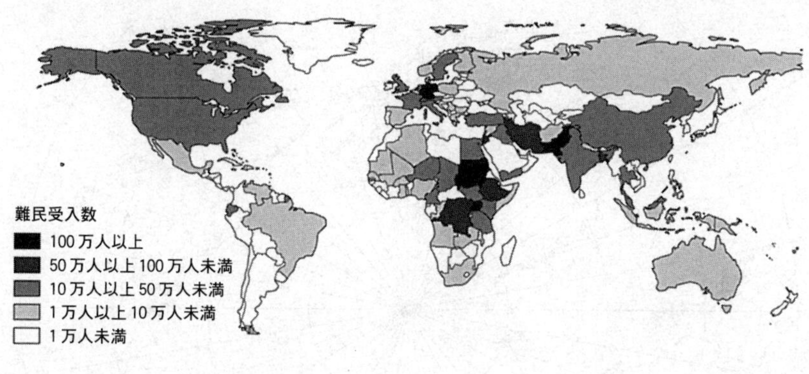

図 1

(注)　UNHCR のデータ(年次は 2018 年)に基づいて作成。

(II)　北極圏とは，通常は北緯およそ 66°33′ より高緯度地域のことをいう。気候の目安としては最暖月平均気温 10 ℃ の等温線を北極圏の限界とする場合がある。

この北極圏に関する，以下の問い(**問 1** ～**問 3**)に答えなさい。なお，後掲の図 2 を参照すること。

問 1　北極圏における気候の特色と 20 世紀後半以降の環境変化について述べなさい(200 字程度)。

問 2　北極圏における交通の概要について述べなさい(150 字程度)。

問 3　北極圏の資源の利用と開発について述べなさい(150 字程度)。

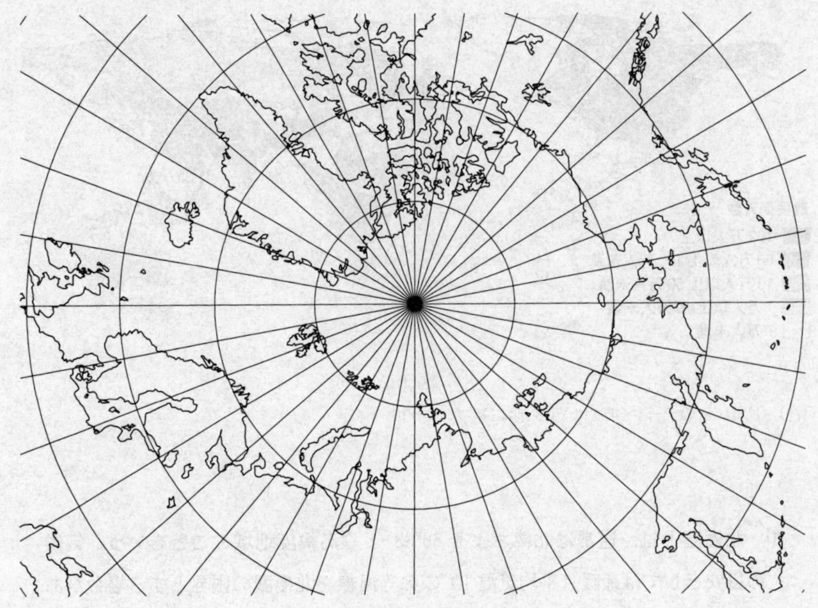

図 2 北極圏および周辺地域

数学

（90 分）

1 　a を実数とする．C を放物線 $y=x^2$ とする．

(1) 点 $\mathrm{A}(a,-1)$ を通るような C の接線は，ちょうど 2 本存在することを示せ．

(2) 点 $\mathrm{A}(a,-1)$ から C に 2 本の接線を引き，その接点を P，Q とする．直線 PQ の方程式は $y=2ax+1$ であることを示せ．

(3) 点 $\mathrm{A}(a,-1)$ と直線 $y=2ax+1$ の距離を L とする．a が実数全体を動くとき，L の最小値とそのときの a の値を求めよ．

（配点率 30 %）

2 　空間内に，同一平面上にない 4 点 O，A，B，C がある．s，t を $0<s<1$，$0<t<1$ をみたす実数とする．線分 OA を $1:1$ に内分する点を $\mathrm{A_0}$，線分 OB を $1:2$ に内分する点を $\mathrm{B_0}$，線分 AC を $s:(1-s)$ に内分する点を P，線分 BC を $t:(1-t)$ に内分する点を Q とする．さらに 4 点 $\mathrm{A_0}$，$\mathrm{B_0}$，P，Q が同一平面上にあるとする．

(1) t を s を用いて表せ．

(2) $|\overrightarrow{\mathrm{OA}}|=1$，$|\overrightarrow{\mathrm{OB}}|=|\overrightarrow{\mathrm{OC}}|=2$，$\angle\mathrm{AOB}=120^\circ$，$\angle\mathrm{BOC}=90^\circ$，$\angle\mathrm{COA}=60^\circ$，$\angle\mathrm{POQ}=90^\circ$ であるとき，s の値を求めよ．

（配点率 35 %）

3　整数 a，b，c に関する次の条件 $(*)$ を考える．

$$\int_a^c (x^2+bx)\,dx = \int_b^c (x^2+ax)\,dx \quad \cdots\cdots (*)$$

(1) 整数 a，b，c が $(*)$ および $a \neq b$ をみたすとき，c^2 を a，b を用いて表せ．

(2) $c=3$ のとき，$(*)$ および $a<b$ をみたす整数の組 (a,b) をすべて求めよ．

(3) 整数 a，b，c が $(*)$ および $a \neq b$ をみたすとき，c は 3 の倍数であることを示せ．

（配点率 35 %）

（注12）　うちはらふ友　寒さによって上毛に置いた霜をうちはらう友。

問一　傍線部(a)～(d)を現代語訳しなさい。

問二　傍線部(A)・(B)について、ここにはどのような心情が記されているか、五〇字以内で説明しなさい。

問三　傍線部(I)「身の憂さ」について、書き手がこのように感じるのはなぜか、出仕する以前の状況をふまえて、一〇〇字以内で説明しなさい。

問四　傍線部(ア)・(イ)を現代語訳しなさい。

問五　和歌①について、何が「鴨の上毛」に劣らないのかを明らかにして現代語訳しなさい。

大納言の君(注8)の、夜々は御前に(注9)いと近う臥したまひつつ、物語したまひしけはひの恋しきも、なほ世に従ひぬる心か。

①浮き寝(注10)せし水の上のみ恋しくて鴨の上毛(注11)にさえぞおとらぬ

かへし

うちはらふ(注12)友なきころの寝覚めにはつがひし鴛鴦ぞ夜半に恋しき

（注1）古里　書き手の自宅を指す。
（注2）いかにやいかに　「世の中をかく言ひ言ひの果て果てはいかにやいかにならむとすらむ」（『拾遺和歌集』）による。
（注3）少しけ遠き　少し遠慮されて近づきにくい人。
（注4）これ　「はかなき物語」のこと。
（注5）おほぞう　いいかげんであること。
（注6）住み定まらずなりにたり　書き手が中宮に出仕したために、いつも自宅にいるという状況ではなくなったことを指す。
（注7）ここ　書き手の自宅を指す。
（注8）大納言の君　書き手とともに中宮に仕えている女性。
（注9）御前に　中宮の前で。
（注10）浮き寝　水鳥が水に浮いたまま寝ること。
（注11）鴨の上毛にさえぞおとらぬ　「鴨の上毛」は鴨の体の表面の毛のことで、寒い冬には霜が置くとされた。「さえ」は、冷える意の動詞「冴ゆ」の連用形。

Ⅲ

次の文章は『紫式部日記』の一節で、中宮に出仕している書き手が、一時的に自宅に帰り、出仕する以前のことを思い出しながら、現在の自分の置かれている状況について思いを述べている部分です。これを読んで、後の問い(問一~問五)に答えなさい。なお、出題の都合により本文は一部改変したところがあります。

見どころもなき古里(注1)の木立を見るにも、(a)ものむつかしう思ひみだれて、年ごろ、つれづれにながめ明かし暮らしつつ、花鳥の色をも音をも、春秋に行きかふ空のけしき、月の影、霜・雪を見て、その時来にけりとばかり思ひ分きつつ、いかにやいか(注2)にとばかり、(A)行く末の心細さはやるかたなきものから、はかなき物語などにつけてうち語らふ人、同じ心なるはあはれに書き交はし、少しけ遠き(注3)、たよりどもをたづねてもいひけるを、ただこれをさまざまにあへしらひ(注4)、(b)そぞろごとにつれづれをば慰めつつ、(B)世にあるべき人かずとは思はずながら、さしあたりて、恥づかし、いみじと思ひ知るかたばかりのがれたりしを、さも残ることなく思ひ知る身の憂さ(Ⅰ)かな。

こころみに物語を取りて見れど、見しやうにもおぼえずあさましく、(ア)あはれなりし人の語らひしあたりも、われをいかにおもなく心浅きものと思ひおとすらむとおしはかるに、それさへいと恥づかしくて、えおとづれやらず。(イ)心にくからむと思ひたる人は、おほぞう(注5)にては文や散らすらむなど、うたがはるべかめれば、いかでかは、わが心のうち、あるさまをも、深うおしはからむと、ことわりにて、(c)いとあいなければ、中絶ゆとなけれど、おのづからかき絶ゆるもあり。また、住み定まらずなり(注6)にたりとも思ひやりつつおとなひ来る人も、難うなどしつつ、すべて、はかなき事にふれても、あらぬ世に来たる心地ぞ、ここにてしもうちまさり(注7)、物あはれなりける。

ただ、(d)えさらずうち語らひ、少しも心とめて思ふ、こまやかに物を言ひかよふ、さしあたりておのづからむつび語らふ人ばかりを、少しもなつかしく思ふぞ、ものはかなきや。

ば、その批判は妥当ではない。(e)アイマイで不定型な民意を、あらためて考え直し議論して政策体系に昇華させることが代表制の意義である。それをも民意からの離反だと批難するのであれば、それは議論や思考を拒否する点で、むしろ反民主的な政治を生み出しかねない。

市民にとって必要なのは、政治家の利己的な行動と民意から距離をおいた議論とを的確に区別すること、そして政治家の議論が適切なものだと容認できる場合には、常に市民の意見の動きや変化を伝えて政策論争の材料を提供することである。直接民主主義を推進しながらも、それを代表制再生の触媒とすることこそ現代の民主制運営に必要なスタンスであり、どんなに回り道に思えようとも、民主主義を維持発展させるためのもっとも広い道なのである。

(早川誠『代表制という思想』風行社　二〇一四年より。出題の都合により一部改変した箇所がある。)

問一　傍線部(a)~(e)のカタカナを漢字に直しなさい。

問二　直接民主制と代表制の一致点と異なる点を本文の内容をふまえて八〇字以内で説明しなさい。

問三　傍線部(1)の理由を一〇〇字以内で説明しなさい。

問四　傍線部(2)の「非民主的性質にふくまれるプラスの効果」として、本文中ではどのようなことが挙げられているかを一八〇字以内で説明しなさい。

るだろう。

さらにいえば、これは、代表制を採用したとしても市民の意見をとり上げることになんら矛盾はないということも意味している。代表を民意から切り離すことが制度的な工夫にとどまる以上、有権者の見解を政治家の見解に比べて本来的に劣っていると考えるべき理由はないからである。

判断の質において直接民主制が劣るという理由で代表制が採用されているわけではない。したがって、代表制を採用しても直接民主制を否定する必要はない。むしろ、代表制という安全装置が採用されているからこそ、安心して直接民主制を活性化させることができる。

住民投票の例でいえば、議会制民主主義は住民投票を否定するものではない。だが逆に、住民投票が民意のぶつかり合いに終わらないようにするためには、議会制民主主義という制度の存在は必須である。(1)代表制と直接制は、民主主義が適切に機能するために必要とされるふたつの同等な制度なのであり、両者が否定し合う必要はどこにもない。

……(中略)……代表の民主的性質と非民主的性質という複層性について論じた。今、そのふたつの層のうち民主的な層が信頼性を失いつつあるのは、代表制そのものの問題というよりも、再帰的近代化の影響が大きい。ならば解決は代表制の外側から民主的な層の活動を援助することに求められてもよい。そうすれば、(2)非民主的性質にふくまれるプラスの効果を維持しながら改革をすすめることも可能になる。代表制を(c)ヨウゴすることで、問題解決への道が開けるのである。

現代民主主義においては、有権者の意見と、議会の意見が乖離しているといわれる。民意が反映されず、政治家という特権的な階級が民主主義を蔑ろにして私的な利害の争いに(d)ボットウしている、というのが一般的な批判の流れである。

だが、もし政治家の争いが「私的」と批判される理由が、単に市民各々の意志とかけ離れているということだけにあるのならは、複数の視点から編まれた資料の提示や異なる見解をもつ専門家からの助言という形で組み込まれている。だが、それらは選好が変化する可能性を高めるとしても、変化しない意志が結果としてそのまま表明されることを妨げるものではない。

これに対して代表制では、いかなる意志も制度上ひとまず政治への反映を阻止される。市民の意志は、代表者を通して表明されなければならないからである。代表という制度を使うことで、意志は有権者から強制的に切り離されるのである。代表は有権者の意志を受けとりはするが、それでも代表者は有権者自身ではない。ルソーの言葉にしたがえば、「意志というものは代表されるものではない」。だからこそ、代表は判断の領域に踏み込むことができる。しかも、意志をそのまま表現するわけにいかないからこそ、齟齬の解消のために民主的な議論が(b)カンキされ、活発な政治参加の必要も生じてくる。

論点を明確にするために極端な形で表現するならば、代表制の特質は、そして代表制の意義は、直接民主制と比較して民意を反映しないことにあるのであり、民意を反映しないことによって民主主義を活性化させることにあるのである。

念のために付け加えると、有権者の分断に対処するために代表者による判断が必要だとしても、代表者の有能さに依拠したエリート主義の立場をとる必要はない。代表者が優れた能力をもっていることは望ましいかもしれないが、そうでなくとも代表は代表であることそれ自体によって総合的な視点と判断力をもつように強いられる。なぜなら、多数の有権者によって選出される代表は、特定の個人や集団の民意だけを尊重することはできないからである。

しかも、会社組織にせよ労働組合にせよ組織型の選挙の退潮があきらかになり、流動性を特徴とする無党派層の影響が大きくなった現代の選挙では、こうした状況はなおさらよく当てはまることになる。

代表は、高い能力ゆえに良質な判断ができるのではなく、自身の意志実現を図る直接民主制的な政治主体ではないという制度的な位置づけによって、必然的に客観的視点からの判断を下さざるをえない立場に追い込まれるのである。

場合によっては、市民よりも能力的に劣った政治家が選挙で選ばれることもあるかもしれない。その場合にも、その政治家この場合に意志ということで意味されているのは、現在の定まった意見、変化することのない静的な見解で、時間的な推移に重きがおかれていないものである。あらかじめ定まった意志が前提とされるのであれば、政治過程はその意志を表現するための道具的な価値をもつだけになってしまう。

これに対して判断は、人びとの意志がさまざまに異なっていて、時間の経過とともに議論や行動のなかでやりとりされ変化していくことを重視する。意志が不定型であるがゆえに、判断することが必要になってくるのである。

そして判断が重要だと考えるのであれば、選挙でも投票という行為と集計結果だけをみていればよいということにはならない。選挙の機会に、またその準備や事後をふくめて、異なる意志をもつ有権者のあいだで議論がなされ、能動的な政治が実現されることが、代表制の本質だということになる。

これは一見したところ熟議民主主義に似た主張であり、直接制を志向する議論であるかのように思える。だが、意志ではなく判断を重視する場合には、代表制のほうが直接制に比べて有利な面もある。

この論点については、代表制批判論から振り返ってみるのがわかりやすいだろう。代表制を批判して直接制の優位を説く議論は、通常の場合、代表が民意を適切に反映しないということを理由にあげる。逆に、直接民主制のメリットは有権者の声が歪められずに政治に反映されることにある、ということになる。

しかしながら、有権者の声が歪められずに政治に反映されるということは、そのままの意志が尊重されて判断が入る余地がないということにもつながる。判断という観点からみた場合には、直接民主制は意志にあまりにも重点をおきすぎているのである。

熟議民主主義論が、選好の変容というアイデアを通じて、単なる意志ではない判断の要素を組み込もうとしているのはたしかである。だが、そこには制度的に意志と判断を切り離す仕組みが存在しない。意志や選好の変化を引き起こすための工夫

Ⅱ　次の文章を読んで、後の問い（問一～問四）に答えなさい。

実は、私たちの視点を少し変えるだけで、現代政治の仕組みと働きはかなり異なってみえてくる。そして、視点を変えることで、私たちの代表制の使い方も、大きく変わってくるように思われる。

私たちは、ごく当たり前のように、政治とは民意の実現であり、政治家とは民意を反映する媒介者であると考える。だが……（中略）……現代における民意は、細分化し流動的で、組織化するのがむずかしい。端的にいえば、〝民意〟という何かひとつの事物があるというようにイメージするのは誤りである。

民意と呼ばれるものが民主主義にとって重要なのはいうまでもない。人民の意志を反映することは民主主義の基本である。近代政治社会を基礎づけてきた契約論的な政治理論が重視される理由もここにあった。選挙にもとづく代表民主制も、世襲政治との比較のなかで、市民が自分たちの意志と力で政治の方向を決定していく点を評価されて広く支持を集めてきた。意志の力を重視するがゆえに、抽選という別種の民主主義的な制度が(a)クチクされた。

［中略］

代表論においても、有権者の意志が重要だと考えられるからこそ、権威付与や委任代表の論理が強い力をもってきたといえるだろう。有権者の意志を実現するのが代表の役割であるからには、代表たる政治家は有権者の考えにしたがって行動しなければならないということになる。日本国憲法もふくめ、各国憲法等で国民代表の理念が表明されながらも、委任代表の考え方がなくならないのは、意志にもとづく民主制論の影響である。

しかし、民主主義にとって、市民の意志の反映は重視されるべき事柄の一側面にすぎない。ウルビナティによれば、代表制の役割は、「意志」（will）というよりも「判断」（judgment）の領域に働きかけることにあるという。

（注）　キーツ（John Keats, 1795—1821）はイギリスのロマン主義の詩人。「今では有名になった兄弟宛ての手紙」とは、一八一七年十二月二十一日付けの弟宛の書簡のこと。

問一　傍線部(a)〜(e)のカタカナを漢字に直しなさい。

問二　傍線部(1)とは、具体的にどういうことか、本文の内容をふまえて六〇字から八〇字で説明しなさい。

問三　詩人と精神科医がともに「ネガティブ・ケイパビリティ」を身につけるべきとされる理由は共通している。本文の内容をふまえてその理由を二〇字以内で記述しなさい。

問四　著者が傍線部(2)のような心境に至ったのはなぜか、本文の内容をふまえて六〇字から八〇字で説明しなさい。

問五　私たち人間にとって「ネガティブ・ケイパビリティ」を身につけ、発揮することは、なぜ困難であると同時に必要でもあるのか、その「裏返しの能力」と対比させながら、一六〇字から一八〇字で説明しなさい。

〈問題〉を性急に措定せず、生半可な意味づけや知識でもって、未解決の問題にせっかちに帳尻を合わせず、宙ぶらりんの状態を持ちこたえるのがネガティブ・ケイパビリティだとしても、実践するのは容易ではありません。

なぜならヒトの脳には、後述するように、「分かろう」とする生物としての方向性が備わっているからです。さまざまな社会的状況や自然現象、病気や苦悩に、私たちがいろんな意味づけをして「理解」し、「分かった」つもりになろうとするのも、そうした脳の傾向が下地になっています。

目の前に、わけの分からないもの、不可思議なもの、嫌なものが放置されていると、脳は落ちつかず、及び腰になります。そうした困惑状態を回避しようとして、脳は当面している事象に、とりあえず意味づけをし、何とか「分かろう」とします。世の中でノウハウもの、ハウツーものが歓迎されるのは、そのためです。

「分かる」ための窮極の形がマニュアル化です。マニュアルがあれば、その場に展開する事象は「分かった」ものとして片づけられ、対処法も定まります。ヒトの脳が悩まなくてもすむように、マニュアルは考案されていると言えます。

ところがあとで詳しく述べるように、ここには大きな落とし穴があります。「分かった」つもりの理解が、ごく低い次元にとどまってしまい、より高い次元まで発展しないのです。まして理解が誤っていれば、悲劇はさらに深刻になります。

私たちは「能力」と言えば、才能や才覚、物事の処理能力を想像します。学校教育や職業教育が(e)フダンに追求し、目的としているのもこの能力です。問題が生じれば、的確かつ迅速に対処する能力が養成されます。

ネガティブ・ケイパビリティは、その裏返しの能力です。論理を離れた、どのようにも決められない、宙ぶらりんの状態を回避せず、耐え抜く能力です。

（帚木蓬生『ネガティブ・ケイパビリティ　答えの出ない事態に耐える力』朝日新聞出版　二〇一七年より。
なお本文は一部を改変している。）

詩人はあらゆる存在の中で、最も非詩的である。というのも詩人はアイデンティティを持たないからだ。詩人は常にアイデンティティを求めながらも至らず、代わりに何か他の物体を満たす。神の衝動の産物である太陽や月、海、男と女などは詩的であり、変えられない属性を持っている。ところが、詩人は何も持たない。アイデンティティがない。確かに、神のあらゆる創造物の中で最も詩的でない。自己というものがないのだ。

ここに至って、キーツの真意がようやく読み取れた気がしました。アイデンティティを持たない詩人は、それを必死に模索する中で、物事の本質に到達するのです。その宙吊り状態を支える力こそがネガティブ・ケイパビリティのようなのです。キーツはネガティブ・ケイパビリティの(d)ゴンゲとして、シェイクスピアを引き合いに出しています。しかし本当は、詩人こそネガティブ・ケイパビリティを身につけるべきだと説いているのです。

不確かさの中で事態や情況を持ちこたえ、不思議さや疑いの中にいる能力——。しかもこれが、対象の本質に深く迫る方法であり、相手が人間なら、相手を本当に思いやる共感に至る手立てだと、論文の著者は結論していました。

著者の所属は、ハーバード大学医学部精神科となっていました。しかし著者がどういう人物かは知らず、三十年経った今でも分かりません。(2)キーツのネガティブ・ケイパビリティを知ってからは、著者のことなどどうでもよくなったのです。

医学論文はそれまでも多数読んでいましたし、その後も現在まで数えきれないほど読んでいます。しかし、この論文ほど心揺さぶられた論考は、古稀に至った今日までありません。このとき衝撃をもって学んだネガティブ・ケイパビリティという言葉が、その後もずっと私を支え続けています。難局に直面するたび、この能力が頭をかすめました。この言葉を思い起こすたびに、逃げ出さずにその場に居続けられたのです。その意味では、私を救ってくれた命の恩人のような言葉です。

――人はどのようにして、他の人の内なる体験に接近し始められるだろうか。共感を持った探索をするには、探求者が結論を棚上げする創造的な能力を持っていなければならない。現象学や精神分析学の創始者たちは、問題を締めくくらない手順、つまり新しい可能性に対して心を開き続けるやり方を、容易にする方法を発展させた。加えて、フッサールの現象学的還元と、フロイトの自由連想という基本公式は、芸術的な観察の本質を明示したキーツの記述と、際立った類似性を有している。体験の核心に迫ろうとするキーツの探求は、想像を通じて共感に至る道を照らしてくれる。

フッサールとフロイトなら、共感について考える際、当然引用されるかもしれない。しかし詩人のキーツがどうしてここに出てくるのか。

不思議に思って読み進めていく先に、「ネガティブ・ケイパビリティ」の記述があったのです。

今では有名になった兄弟宛ての手紙の中で、キーツはシェイクスピアが「ネガティブ・ケイパビリティ」を有していたと書いている。「それは事実や理由をせっかちに求めず、不確実さや不思議さ、懐疑の中にいられる能力」である。

能力と言えば、通常は何かを成し遂げる能力を意味しています。しかしここでは、何かを処理して問題解決をする能力ではなく、そういうことをしない能力が推賞されているのです。しかもその能力を、かのシェイクスピアが持っていたというのですから、聞き捨てなりません。

さらに読んでいくと、キーツが詩人について語った部分も引用されていました。

型でしょう。

ともかくその雑誌には、生理学、生化学、薬理学など、精神医学のさまざまな分野の論文がひしめき合っています。いきおい精読するのは、目次を眺めて、関心をひく表題を持つ論文だけです。そんな論文は、一号に二つ三つある程度です。

精神科医になって五年が過ぎ、六年目にはいった頃でした。この時期は、精神科医として多少の自信をつける半面、自分の未熟さにまだ道遠しと思う、相反する気持に揺れ動く頃です。要するに、精神科医の仕事そのものと、その根底にある(1)精神医学の限界に気づき始めた時期だったのです。

例えば研修医の頃、うまく治ってくれたと思った患者さんが、何年か大学外の病院をローテーションして大学に戻ってみると、また再入院していたりします。しかも前よりも重症になっているのです。かと思うと、大学の外に出る前に入院していた患者さんが、そのまま入院生活を続けていたりするのです。いったい精神科医は医師としてどれほどのことができるのだろう。いやそもそも医学の大きな分野のひとつである精神医学そのものに、どれだけの力があるのだろう。そんな不安感にさいなまれ、自信をなくしかけるのが臨床五、六年目の精神科医と言っていいかもしれません。

そんな折、眼に飛び込んできたのが、「共感に向けて。不思議さの活用」という表題を持つ論文でした。何だこれは、と思いました。〈共感〉(empathy)は分かります。精神科医になりたての頃から、これは嫌というほど教えられ、実際に患者さんと接する中での重要性も(b)ツウカンさせられます。簡単に言えば、「相手を思いやる心」です。

とはいえ、これが漠然としていて、かつ奥が深く、(c)タイトクするにも一筋縄ではいかないのです。

その「共感」と「不思議さ」を結びつけた論文ですから、驚きつつ立ったまま頁をめくり、本文を読み始めました。著者など、どうせ知らない名前なので、眼中にありません。医学論文にはまず冒頭に要約があります。それはこうなっていました。

▲人間科・外国語・法・経済学部▼

（九〇分）

I 次の文章を読んで、後の問い（問一～問五）に答えなさい。

ネガティブ・ケイパビリティ（negative capability　負の能力もしくは陰性能力）とは、「どうにも答えの出ない、どうにも対処しようのない事態に耐える能力」をさします。

あるいは、「性急に証明や理由を求めずに、不確実さや不思議さ、懐疑の中にいることができる能力」を意味します。

この言葉に出会った時の衝撃は、今でも鮮明に覚えています。

九州大学医学部の精神科では、国内外のさまざまな精神医学の月刊誌を購入していました。私の机のある部屋は、その開架の本棚に近く、いつでも手にして読めたのです。

欧米の雑誌で、最も読まれていたのはおそらく『米国精神医学雑誌』でしょう。深緑色の表紙で一センチ弱の厚みを持ち、光沢のある上質な紙に印刷されています。手に取りやすく、実に読みやすい雑誌です。

現在では、医学図書館に行っても、開架の医学雑誌はほんのひと握りになってしまい、ガランとしています。その代わり、検索用のパソコンが五、六十台並び、電子ジャーナルから閲覧したり、検索してプリントアウトする仕組みになっています。雑誌毎の手触りとか重み、色彩は失われ、無機質になってしまいました。(a)シベンさの陰で、人間臭い何かが失われていった典

問四　傍線部(e)「邦無道、富且貴焉、恥也」はどのようなことをいうのか、わかりやすく説明しなさい。

問五　甲の文章には、孔子が趙簡子の招きに応じなかったことが述べられています。なぜ、孔子は応じなかったのか、乙の文章の趣旨を踏まえてわかりやすく説明しなさい。

乙

危邦*ハ不レ入ラ、乱邦ハ不レ居ラ。(d)天下ニ有レバレ道則チ見（あらは）レ、無ケレバレ道則チ隠ル。邦ニ有リテレ道、貧シク且賤（いや）シキハ焉、恥也。(e)邦ニ無クシテレ道、富ミ且貴キハ焉、恥也。

（『論語』による）

＊竇鳴犢――春秋時代、晋国の賢大夫（重臣）。趙鞅に仕えた。
＊喟然――ため息をつくさま。
＊丘聞之――「丘」は孔子の名。「之」は以下に述べることがらを指す。
＊竭沢――川や湖を干上がらせる。
＊危邦――混乱していて危険な国。次句の「乱邦」も同様の意味。

問一　傍線部ⓐ「将往」、ⓑ「所以治」について、すべてひらがなを用いて読み下しなさい。現代仮名遣いでもよい。

問二　傍線部ⓒ「鳥獣尚悪傷類、而況君子乎」を現代語訳しなさい。

問三　傍線部ⓓ「天下有道則見、無道則隠」を現代語訳しなさい。

問三　傍線部(c)を現代語訳しなさい。

問四　傍線部(d)のように主張するのはなぜか、本文全体の趣旨を踏まえて、理由を説明しなさい。

IV

次にあげる文章甲は孔子が晋国の趙簡子（趙鞅）から招かれたときのエピソード、乙は君子たる者のあるべき姿について孔子自身が述べた言葉です。甲・乙ふたつの文章を読んで後の問いに答えなさい。ただし、設問の都合上、返り点・送り仮名を省略した箇所があります。

甲

趙簡子聘孔子。孔子(a)将往。未至、聞趙殺其賢大夫*竇鳴犢、*喟然而嘆之曰、「夫趙之(b)所以治者、鳴犢之力也。殺鳴犢而聘余。*丘聞之、夫*竭沢而漁、則蛟龍不処其淵。覆巣破卵、則鳳凰不翔其邑。(c)鳥獣尚悪傷類、而況君子乎」。遂回車而還。

（蔡邕『琴操』により、一部改変）

ざらむ人は、さほどだにもきくべからず。

歌もまたおなじ。道に長ぜん人はあきらかに見るべし。すこしこれをしらむは、さすがによしあし心にはおぼゆべし。つやつや歌のゆきがたしらざらむ人は、なにとも聞くべからず。ただし、歌はいかなるものも心うることなれば、(c)我が心によしなどおもふことはありもやすらめども、それはただしらざるにおなじ。これを心えてしらむとおもはば、この道をふかくすべし。

歌はただ詮ずる所ふるき詞によりて、その心をつくるべし。いはばよき詞もなし、わろき詞もなし。ただつづけがらに善悪はあるなり。

(d)万葉集にあればとて、「よしゑやし」「はしけやし」などいひ、古今によめばとて、「ちるぞめでたき」「わびしらに」などいへる詞よむべきにあらず。かのたぐひこれにかぎらずおほし。

（『八雲御抄』による）

＊斉桓公――中国、春秋時代の斉の君主。

＊糟粕――残りかす。

問一　傍線部ⓐはどのようなことをいっているのか、桓公と車つくりとの会話を踏まえて、説明しなさい。

問二　傍線部ⓑはどのようなことをいっているのか、「管絃」について述べられたことを踏まえて、わかりやすく説明しなさい。その際、「心」の意味するところを明確にすること。

Ⅲ　次の文章を読んで、後の問いに答えなさい。

歌を詠むこと、心のおこる所なり。さらさら人の教へによらず。されば父堪能なりといへども、子かならずしもその心をつがず。師匠風骨あれども、弟子その体をうつす事なし。

昔、斉*桓公が文を読むを聞きて、車つくり問ひていはく、「これは何事にか侍るらん」。桓公、「これは文とていにしへの人つくりおきたるものなり」。車つくりいはく、「さては詮なきものにこそ侍るなれ。その詞ありといふとも、さらにその人の心あらはれがたし。ただ、古人の*糟粕なり。われ車をつくるに、種々の故実おほし。その様みなうかべたれども、人に教ふる詞なし。我七十になるといへども、いまだ子にこれをつたへず。文もその定めにこそ侍るらめ」といへり。

歌もまたこれにおなじ。(a)心にはよきやうもわろきやうもしれる輩も、人に教ふるちからなし。されば歌を心うることは詠むよりは大事なり。その深き心をしらずして、ふかき心を詠まむことかたかるべしといへども、一様にかなひていひおほせつれば、おのづからよきこともあれども、おほよその歌ことごとにかなはず。

堪能の人、たびごとに秀逸にあらず。さしもなき歌人もよき歌は詠めども、すべての歌の様さらにおなじものにあらず、かはりたるなり。歌を見しり心えたること、この道の至極なり。たとへば、管絃は堪能と耳きくこととは各別なるなり。(b)歌もよくは詠めども、心をしらぬ人おほし。その様管絃の耳にかはる所なし。人管絃をせん時、この道に長ぜん人教へていはく、「この笛の音はしらみたるなり。この箏、琵琶の緒はゆるびたるぞ」と教ふとも、その座にてはおのづからげにときくことありとも、座かはりてまた次の日など、なほ聞きしるべきにあらず。管絃に長ぜん人は、箏・笛のさがりあがり、いささかのたがひもあきらかにきくべし。すこし管絃をまなばむ人は不覚なりと云ふとも、いづれの緒いづれの穴ときかずとも、なべて物の音のたがひたるやらむとはきくべし。楽などのあらずなりゆかんは、きこゆべきことなり。又つやつや管絃のゆきがたしら

問一　傍線部⑴について、「私」が「生きているものがたてる物音」を「聞きたかった」のはなぜだと思われるか、説明しなさい。

問二　傍線部⑵において、「無音の波」という表現にはどのような効果があるのか説明しなさい。

問三　傍線部⑶について、なぜ「私」は「八月九日に流さなかった涙」を「人としてはじめて流したのかもしれない」と思ったのか、その理由を説明しなさい。

問四　傍線部⑷について、なぜ「私」は「感動して見入っている自分や、テーブルを囲む人びとが滑稽にな」ったのか、その理由を説明しなさい。

器類の破片と、目覚し時計、部品の鉄片が並べてある。女性係官が目覚し時計に、ガイガー計数管を当てた。針が大きくぶれて、計数管が鳴り出した。

雨の日の、実験に使われた計器類である。まだ放射能が残留している、といって、針をさして説明する。音が強くなり、弱くなって波を打つ。アメリカ人たちは首をふって、おお、と半世紀むかしの威力に感動し、月子も私も、凄(すご)いね、と首をふった。係官は、どうだ、という表情である。(4)私は感動して見入っている自分や、テーブルを囲む人びとが滑稽になり、自分の体に、ガイガー計数管を当ててみせたくなった。ガアガア鳴り出したら、みんな驚くだろうな、と。

地上に放射された放射能の残留年月は、物質にもよるが、半永久的といわれている。フランスに住む知人の話によると、キュリー夫人の研究室に入ると、いまでも計数管が鳴り出すそうである。

（林京子「トリニティからトリニティへ」による）

＊月子――カナの幼なじみでテキサス州在住。カナの紹介で「私」と知り合う。戦争中は疎開していたので被爆はしていない。

＊ファットマン――一九四五年八月九日、長崎に投下されたものと同型の原子爆弾。

＊カナ――「女学校時代」の「私」の同学年生。「私」とカナは二人とも勤労動員中に被爆している。近年は消息が途絶えている。

＊ガイガー計数管――放射線量を測定する機器。

げた日の光景を、みていたのだろう。決定的な日の私を。

「グランド・ゼロ」へ歩いていく一人の老人の後姿が、私の目に映った。集団から離れて、老人は杖をついて歩いている。七十二、三歳だろうか。上背のある、骨組みがしっかりした体格である。退役した傷痍軍人のように思える。目が悪い様子で、黒いレンズの眼鏡をかけている。連れ添っている者はいない。体の自由が利くうちに「グランド・ゼロ」を訪ねたい、とバスツアーに参加したのだろう。憂いがある老人の姿に、私は惹かれた。どんな半生を生きてきたのか。わざわざ「トリニティ・サイト」まで訪ねてくるぐらいだから、ミュージアムの老人や月子の夫のように、第二次世界大戦を戦った男なのだろう。

杖の先で「トリニティ・サイト」を探りながら歩いていた老人が、石碑を取り巻く人垣の外で、足を止めた。杖の頭に両手を重ねておいて、遠くから石碑を眺めている。

迷彩服を着た三、四人の少年が、老人の横を駆け抜けていく。赤いフリスビーを空に投げ上げて、一人遊びをしている少年もいる。

前日まで空軍基地内の、アトミック・ミュージアムにあったファットマン*が、夜を徹して運ばれて、フェンスの内に展示してあった。爆発実験に使われたプルトニウム爆弾と同型の、兄弟分である。年に二回の里帰りなのだ。

月子と私は、いつか手をつないで歩いていた。日本の野山でみかける、ぼけの花によく似た五弁の花が、草のなかに二つ三つ咲いている。黄色い、艶のある花も咲いている。月子と私はしゃがんで、地に平みついて咲く花を眺めた。カナ生きているかしら、と月子がぽっ、といった。だいじょうぶよ、と私はいった。

月子と私は、爆発実験でできたクレーターをのぞいてから、出口に向かった。出口、すなわち入口でもある辺りに、人だかりがしている。入るときには気が付かなかったが、木のテーブルが出されて、テーブルの上に、爆発実験のときに使われた計どんなにか熱かっただろう――。

「トリニティ・サイト」に立つこの時まで、私は、地上で最初に核の被害を受けたのは、私たち人間だと思っていた。そうではなかった。被爆者の先輩が、ここにいた。泣くことも叫ぶこともできないで、ここにいた。

私の目に涙があふれた。

係官の誘導に従ってフェンスのなかの細い道を歩き出したときから、あれほど自覚的だった被爆者意識が、私の脳裏から消えていた。「グランド・ゼロ」に向かう私は、被爆する以前の、十四歳の少女に還っていたようだった。八月九日を体験する前の「時」に戻って、「グランド・ゼロ」という未知なる地点へ、歩き出していたのかもしれない。記念碑の前に立ったときに私は、正真正銘の被爆をした。

思い返してみると、八月九日に私は一滴の涙も流していない。手や足や、顔の形をとどめない人の群に混って逃げながら、涙は流さなかった。真夏の道の蟻のように、浦上の焼け野原に一筋の列ができていた。治療を受けるために集まった、まだ歩ける人の列だった。列と向きあって、一人の医師が手当をしていた。割れた敷石に腰かけた医師も、頭に包帯を巻いていた。ガレキになった長崎の街は海まで見渡せて、地面より高いものは、ここにも人間しかいなかった。私は、光のなかに浮き出た光景をみながら、ひたすら逃げた。

三日後に、疎開地から七里の道を歩いて母が私を探しにきた。途中で、浦上の救援に向かう学生たちに母は私の職場を告げて、細い骨があったら娘のですから拾ってきてください、と頼んだ。

私が無事であるのを知ると、生きてたのね、といって母は胸に抱きしめて泣いた。それでも私は涙を流さなかった。(3)八月九日に流さなかった涙を、私は人としてはじめて流したのかもしれない。もの言わぬ大地に立ったとき私は、大地の痛みに震えた。今日まで生きてきた日日も、身心に刺さる非情な痛みだった。しかしそれは、九日から派生した表皮の痛みだったのかもしれない。私は、自分が被爆者であることを忘れていたが、沈黙を続ける大地のなかに、年月をかけて心の奥に沈めてきた逃ミリレントゲンを太陽から、三十～三十五を食物からとっている。見学を決めるのはあなたである〟と危険性は十分に説明されていた。

フェンスのなかに一時間とどまると、〇・五ミリから一ミリレントゲンの放射線が、人体に加算されるのである。アメリカ人の大人が、年間に浴びる放射線が九十ミリレントゲンとあるから、「トリニティ・サイト」で浴びる放射線は、決して低いとはいえない。

私たちは車から降りると、許可されたミネラルウォーターのボトルをもって、フェンスの内へ歩いていった。見学者は二百人ばかりである。家族連れが多く、子供の手を引いた父親の姿が目につく。砂漠の植物のトゲと、放射能をもつ短かい足許(あしもと)の草に気をとられているからだろうか。見学者たちはうつ向いて、無言で歩いていく。荒野のなかで動いているのは、「トリニティ・サイト」を歩く人間だけである。樹木がない荒野では、小鳥も巣が造れないのだろう。

私は、鳴りを静めた荒野に耳を澄ました。陽にあたためられてはぜる草の実の、小さいが力強い音が聞きたかった。蟻(あり)地獄を滑り落ちていく虫がたてる、あがきの砂の音でもよかった。(1)生きているものがたてる物音を、私は聞きたかったのである。

私は「グランド・ゼロ」へ向かって歩いていった。石の碑を取り巻く見学者の、輪の外まで歩いて、私は立ち止まった。顔をあげて四方をみた。一望千里、身の隠し処のない曠野(こうや)である。地面より高いのは人間と、「トリニティ・サイト」を囲むフェンス、遠くの地平線に連なる赤い山肌。その中心点、私の目の前に立つ「グランド・ゼロ」の記念碑だけである。

五十余年前の七月、原子爆弾の閃光(せんこう)はこの一点から、曠野の四方へ走ったのである。実験の日は朝から、ニューメキシコには珍しい大雨が降っていたという。実験は豪雨のなかをついて、行われた。閃光は降りしきる雨を煮えたぎらせ、白く泡立ちながら荒野を走り、無防備に立つ山肌を焼き、空に舞い上ったのである。その後の静寂。攻撃の姿勢をとる間もなく沈黙を強いられた、荒野のものたち。

大地の底から、赤い山肌をさらした遠い山脈から、褐色の荒野から、(2)ひたひたと無音の波が寄せてきて、私は身を縮めた。

問一　傍線部(1)の「エントリでしかない」や傍線部(2)の「サンプルでしかなく」とはどういうことか、説明しなさい。

問二　傍線部(a)について、ホテルの事例から規律社会と管理社会が重なっていると推論できるのはなぜか、説明しなさい。

問三　傍線部(b)について、「帝国は人間を人間扱いしていない」という「告発につながらない」のはなぜか、説明しなさい。

問四　傍線部(c)は、どのようなことをいっているのか、説明しなさい。

Ⅱ

次の文章は、林京子の小説「トリニティからトリニティへ」の一部です。一九九九年秋、「私」は世界ではじめて原子爆弾の爆発実験が行われたアメリカ合衆国ニューメキシコ州の「トリニティ・サイト」と呼ばれる地を訪れる。以下はその時のことを述べたものです。これを読んで後の問いに答えなさい。

フェンスの内の広さは、野球場が六つも七つも入る、原っぱだった。囲いの外の地域も含めて、辺りはミサイル実験場なのだろう。観光写真に載っているホワイトサンドと、ミサイル実験場になっているホワイトサンドが、同じ地点とは思わないが、〝今日までに四万二千発のミサイルが発射されている〟という。〝射撃場のどこかに射撃物が埋まっている可能性があるので、よく注意すること、またこれは常識である〟と注意書きがあった。『トリニティ・サイト一九四五―一九九五年』という小冊子には〝フェンス内の放射能レベルは低く、一時間のツアーで〇・五から一ミリレントゲンを浴びる計算になる。アメリカ人の大人は毎年一年間に、平均九十ミリレントゲンの放射線を浴びている。例えばエネルギー省の発表によると三十五～五十個人が、個別のコミュニケーションの場では人間として（意志を持った顔のある存在として）扱われるとともに、同時に統計の対象としては動物のように（匿名のひとつのサンプルとして）扱われるということは十分にありうる。というより、現代社会はむしろそのような例に満ちている。

たとえば少子化問題を考えてみよう。ぼくたちの社会は、女性ひとりひとりを顔のある固有の存在として扱うかぎり、つまり人間として扱うかぎり、けっして「子どもを産め」とは命じることができない。それは倫理に反している。しかし他方で、女性の全体を顔のない群れとして、すなわち動物として分析するかぎりにおいて、ある数の女性は子どもを産むべきであり、そのためには経済的あるいは技術的なこれこれの環境が必要だと言うことができる。こちらは倫理に反していない。そしてこのふたつの道徳判断は、現代社会では（奇妙なことに！）矛盾しないものと考えられている。(c)その合意そのものが、ぼくたちの社会が、規律訓練の審級*と生権力の審級をばらばらに動かしていることを証拠だてている。国民国家は出産を奨励できないが、帝国は奨励できる。それが現代の出産の倫理である。

ぼくたちは、人間であるとともに動物としても生きている。顔のある個人であるとともに匿名の群れのひとりとしても生きている。人間はそもそもだれもがそのような両義的な存在なのであり、ここまで見てきた世界の二層構造は、いわばその両義性から必然的に導かれている。

（東浩紀『観光客の哲学』による）

＊ヘーゲル――一九世紀初めのドイツ連邦形成期に活躍した哲学者。
＊エントリ――入力データ。
＊審級――本来は裁判用語であるが、ここでは判断基準と同様の意味。

理社会は重なっているのだと、したがって国民国家と帝国も重なっているのだと言うべきではなかろうか？

あるいはこのように表現してもよいかもしれない。ぼくは、ナショナリズムを人間に、グローバリズムを動物に割り当てた。国民国家（ネーション）は人間を人間として扱う体制である。むしろ、国民国家こそが人間を（規律訓練の徹底によって）人間にするのである。それがヘーゲル*が述べたことである。

では帝国はどうだろうか。人間と動物の対比にしたがうならば、帝国はまさに人間を動物のように扱う体制だと言うことができる。帝国は個人になにも呼びかけない。ただ消費者であることしか求めない。そこでは個人は、地球規模の世界市場で集められた、ビッグデータのひとつの⑴エントリ*でしかない。

ただし、これはけっして、人道主義的で左翼的な非難、すなわち⒝「帝国は人間を人間扱いしていない！」といった類の告発につながらない。さきほども述べたように、生権力はそもそも『知への意志』で導入された概念である。この著作でフーコーが明らかにしたのは、一九世紀のドイツやフランスにおいて、公衆衛生の重要性が発見され、統計学が整い、労働者の住環境が改善され福利厚生が図られるその歩みが、そのまま国家権力（生権力）の拡大に結びつく光景だった。一九世紀の国民国家は、厳しい競争のなか、生産力を上げるために労働者の人口を計画的に増やす必要に迫られていた。公衆衛生の理念はその配慮から誕生している。むろん、公衆衛生の理念は労働者の生活の質をまちがいなく上げたにちがいない。しかしそれは、起源としては、農場の生産性を上げるため、牛馬の衛生管理を徹底するのと同じ発想による配慮だったのである。だから公衆衛生の対象となる労働者には顔がない。名前もない。それは何十万、何百万というデータのひとつの⑵サンプルでしかなく、また実際にそのような規模で分析しなければ公衆衛生は実現できない。だからそれは統計学の進歩と密接に結びついている。生権力はこの点で、本質的に人間を動物のように管理する権力である。実際、カードキーやＧＰＳのようなドゥルーズが例示に用いた管理社会の技術は、ほとんどが最初は家畜に用いられたのではなかろうか？

そして、人間が人間として扱われることと人間が動物として扱われること、この両者もまたけっして排他的ではない。同じで、このふたつの本は異なった現象を分析している。けれども、のちに、フーコーの友人でもあった哲学者のジル・ドゥルーズが、一九九〇年に発表した短い評論で両者を対立させ、規律訓練が支配する「規律社会」は一九世紀までの社会のモデルであり、現代社会は生権力が支配する「管理社会」に移行しつつあるという簡単な図式を提示してみせた。規律から管理へというこの図式は、フーコーのもともとの主張に比べてたいへんわかりやすかったので、すぐに広く知られるようになった。

しかし、その議論はどれほど適切だろうか。ぼくには、そこで立論の前提となった権力形態の移行という想定そのものが疑わしいように思われる。

なぜか。それは、規律と管理というふたつの権力形態は、ほんとうはたがいに排他的ではないはずだからである。規律と管理は同時に作動しうる。権力者あるいは管理者は、ひとつの目的を実現するため複数の手段を用いることができる。たとえば、公園からホームレスを追い出したいのであれば、直接にホームレスに出て行けと命令することもできれば、ベンチや歩道の設計を変え、あるいは近くに宿舎を用意し、ホームレスが「自発的に」公園を離れるよう仕向けることもできる。

ドゥルーズが管理社会の例として提示したのは、「決められた障壁を解除するエレクトロニクスのカードによって、各人が自分のマンションを離れ、自分の住んでいる通りや街区を離れることができるような」「しかし決まった日や決まった時間帯には、同じカードが拒絶されることもある」町である。しかし、そのようなカードを与えられたからといって、規律訓練的な命令や監視がなくなるわけではない。ぼくはたまたまいまこの原稿をホテルで書いているが、最近の少なからぬホテルは、まさにドゥルーズが想像したようなカードで入退室や階の移動を管理している。チェックアウトのあとは、同じカードを使っても同じ部屋には入れないし、エレベーターのボタンすら押せない。しかし、だからといってフロントからスタッフがいなくなるわけではないし、各種警告の掲示がなくなるわけでもない。カードの存在は、むしろ、そのような命令と監視が行き届かない場合（顧客と言葉が通じない場合など）の保険として機能している。(a)だとすれば、ぼくたちは、現代世界では規律社会と管

国語

▲文学部▼

（一二〇分）

Ⅰ　次の文章は、現代世界ではグローバリズムの生み出す秩序が帝国のように国民国家に力を及ぼし、その結果として生権力と規律訓練とが並存していることについて論じています。これを読んで後の問いに答えなさい。

規律訓練と生権力は、フランス系現代思想で使われる権力の二類型である。おおざっぱに説明すれば、規律訓練のほうは、権力者があろしろこうしろと命令し、懲罰を与えることで対象者を動かす権力を指す言葉である。懲罰があるので規律訓練と呼ばれる。他方で生権力のほうは、あくまでも対象者の自由意志を尊重しながらも、規則を変えたり価格を変えたり環境を変えたりすることで、結果的に権力者の目的どおりに対象者を動かす権力を指す言葉である。対象者の社会的な生活に介入するという意味で生権力と呼ばれる。

この両概念の歴史は複雑で、一般にはともにフーコーが発明したと考えられているが、実際には彼は両者をこのように対立させてはいない。そもそも規律訓練は一九七五年の『監獄の誕生』で、生権力は一九七六年の『知への意志』で現れる言葉

//////////////////// · memo · ////////////////////

2020年度

問題編

■前期日程

問題編

▶試験科目

学　部	教 科	科　　目　　等
文　学　部	外国語	「コミュニケーション英語Ⅰ・Ⅱ・Ⅲ，英語表現Ⅰ・Ⅱ」，ドイツ語，フランス語から１科目選択
	選　択	日本史Ｂ，世界史Ｂ，地理Ｂ，「数学Ⅰ・Ⅱ・Ａ・Ｂ」から１科目選択
	国　語	国語総合（文学部の学生にふさわしい学力を判定するため，現代文のみならず，古文，漢文からも出題する）
人間科学部 法　学　部 経済学部	外国語	「コミュニケーション英語Ⅰ・Ⅱ・Ⅲ，英語表現Ⅰ・Ⅱ」，ドイツ語，フランス語から１科目選択
	数　学	数学Ⅰ・Ⅱ・Ａ・Ｂ
	国　語	国語総合
外国語学部	外国語	「コミュニケーション英語Ⅰ・Ⅱ・Ⅲ，英語表現Ⅰ・Ⅱ，英語会話」，ドイツ語，フランス語，中国語，韓国語，スペイン語，ロシア語から１科目選択。ただし，英語専攻志願者には英語を課す （英語の試験の一部にリスニングテストを行う）
	選　択	世界史Ｂ，「数学Ⅰ・Ⅱ・Ａ・Ｂ」から１科目選択
	国　語	国語総合

▶備　考

- 英語以外の外国語は省略。
- 「数学Ｂ」は「数列，ベクトル」を出題範囲とし，「確率分布と統計的な推測」を出題範囲から除く。

▶配　点

<table>
<tr><th colspan="2">学部等</th><th>外国語</th><th>地　歴</th><th>数　学</th><th>国　語</th><th>合　計</th></tr>
<tr><td colspan="2">文</td><td>150 点</td><td colspan="2">100 点</td><td>150 点</td><td>400 点</td></tr>
<tr><td colspan="2">人　間　科</td><td>200</td><td></td><td>200</td><td>200</td><td>600</td></tr>
<tr><td colspan="2">外　国　語</td><td>300</td><td colspan="2">100</td><td>100</td><td>500</td></tr>
<tr><td colspan="2">法</td><td>150</td><td></td><td>150</td><td>150</td><td>450</td></tr>
<tr><td rowspan="3">経済※</td><td>A</td><td>20</td><td></td><td>20</td><td>20</td><td>60</td></tr>
<tr><td>B</td><td>180</td><td></td><td>180</td><td>180</td><td>540</td></tr>
<tr><td>C</td><td>100</td><td></td><td>100</td><td>100</td><td>300</td></tr>
</table>

※経済学部について

センター試験の配点A 540 点，B 60 点，C 300 点を加算し，A配点で上位 65 位以内にある者と，B配点で上位 65 位以内にある者をまず合格者とし，これらの合格者を除いた受験者の中からC配点での高得点者順に合格者を決定する。

英語

◀文・人間科・法・経済学部▶

（文学部：105 分　人間科・法・経済学部：90 分）

I　次の英文(A)と(B)を読み，それぞれの下線部の意味を日本語で表しなさい。

(A)　Perhaps the most defining feature of deep friendship is "doing for," as when my friend has my back in a combat situation, or brings me soup or medicine when I'm sick. Only strong bonds, built through embodied mutual activities, have the power to motivate real sacrifices. But it is unclear why online "friends" would bother to do the hard work of friendship.

© The New York Times

(B)　Attention restoration theory looks at the two main types of attention that humans employ: directed and undirected attention. Directed attention requires us to focus on a specific task and block any distractions that may interfere with it. For instance, when we are working on a math problem, or engrossed in reading a literary passage or in assembling or repairing an intricate mechanical object, our brains are totally dedicated to the task at hand, requiring our direct undivided attention. After we complete the task we often feel mentally fatigued or drained. Conversely, when we are outdoors, we may enjoy observing patterns or a sunset, clouds, flowers, leaves or a beautiful meadow, which call on our undirected attention.

From *Renewal* by Andres R. Edwards, New Society Publishers

Ⅱ　次の英文を読んで，以下の設問に答えなさい。

Science and technology: we tend to think of them as siblings, perhaps even as twins, as parts of STEM (for "science, technology, engineering, and mathematics"). When it comes to the shiniest wonders of the modern world — as the supercomputers in our pockets communicate with satellites — science and technology are indeed <u>hand in glove</u>(i). For much of human history, though, technology had nothing to do with science. Many of our most significant inventions are pure tools, with no scientific method behind them. Wheels and wells, cranks and mills and gears and ships' masts, clocks and rudders and crop rotation: all have been crucial to human and economic development, and none historically had any connection with what we think of today as science. Some of the most important things we use every day were invented long before the adoption of the scientific method. I love my laptop and my iPhone and my Echo and my GPS, but <u>the piece of technology I would be most reluctant to give up, the one that changed my life from the first day I used it, and that I'm still reliant on every waking hour — am reliant on right now, as I sit typing — dates from the thirteenth century</u>(a): my glasses. Soap prevented more deaths than penicillin. That's technology, not science.

In *Against the Grain: A Deep History of the Earliest States*, James C. Scott, a professor of political science at Yale, presents a plausible contender for the most important piece of technology in the history of man. It is a technology so old that it predates *Homo sapiens* and instead should be <u>credited</u>(ii) to our ancestor *Homo erectus*. That technology is fire. We have used it in two crucial, defining ways. The first and the most obvious of these is cooking. As Richard Wrangham has argued in his book *Catching Fire*, our ability to cook allows us to extract more energy from the food we eat, and also to eat a far wider range of foods. Our closest animal relative, the chimpanzee, has a colon three times as large as ours, because its diet of raw food is so much harder to digest. <u>The extra caloric value we get from cooked food allowed us to develop our big brains, which absorb roughly a fifth of the energy we consume, as opposed to less than</u>(b) a tenth for most mammals' brains. That difference is what has made us the dominant species on the planet.

The other reason fire was central to our history is less obvious to contemporary eyes: we used it to adapt the landscape around us to our purposes. Hunter-gatherers would set fires as they moved, to clear terrain and make it ready for fast-growing, prey-attracting new plants. They would also drive animals with fire. They used this technology so much that, Scott thinks, we should date the human-dominated phase of Earth, the so-called Anthropocene, from the time our forebears mastered this new tool.

We don't give the technology of fire enough credit, Scott suggests, because we don't give our ancestors much credit for their ingenuity (iii) over the long period — ninety-five percent of human history — during which most of our species were hunter-gatherers. "Why human fire as landscape architecture (c) doesn't register as it ought to in our historical accounts is perhaps that its effects were spread over hundreds of millennia and were accomplished by 'precivilized' peoples also known as 'savages,'" Scott writes. To demonstrate the significance of fire, he points to what we've found in certain caves in southern Africa. The earliest, oldest strata of the caves contain whole skeletons of carnivores and many chewed-up bone fragments of the things they were eating, including us. Then comes the layer from when we discovered fire, and ownership of the caves switches (d): the human skeletons are whole, and the carnivores are bone fragments. Fire is the difference between eating lunch and being lunch.

Anatomically modern humans have been around (iv) for roughly two hundred thousand years. For most of that time, we lived as hunter-gatherers. Then, about twelve thousand years ago, came what is generally agreed to be the definitive before-and-after moment in our ascent to planetary dominance: the Neolithic Revolution. This was our adoption of, to use Scott's word, a "package" of agricultural innovations, notably the domestication of animals such as the cow and the pig, and the transition from hunting and gathering to planting and cultivating crops. The most important of these crops have been the cereals — wheat, barley, rice, and maize — that remain the staples of humanity's diet. Cereals allowed population growth and the birth of cities, and, hence, the development of states and the rise of complex societies.

From The Case Against Civilization ; Did our hunter-gather ancestors have it better ? , The New Yorker on September 11, 2017, by John Lanchester

設問(1) 本文中の下線部(i)〜(iv)の語句の意味に最も近いものを，(イ)〜(ニ)から選び，記号で答えなさい。

(i) hand in glove

(イ) closely related (ロ) in contrast

(ハ) under protection (ニ) under restraint

(ii) credited

(イ) attributed (ロ) charged

(ハ) known (ニ) paid

(iii) ingenuity

(イ) authenticity (ロ) cleverness

(ハ) sensitivity (ニ) truthfulness

(iv) around

(イ) existent (ロ) revolved

(ハ) settled (ニ) wandering

設問(2) 下線部(a)の意味を日本語で表しなさい。

設問(3) 下線部(b)の意味を日本語で表しなさい。

設問(4) 下線部(c) landscape architecture の意味を説明する部分を本文中から10語以内で抜き出しなさい。

設問(5)　下線部(d) ownership of the caves switches の内容を具体的に日本語で説明しなさい。

設問(6)　この文章の内容に<u>合わないもの</u>を(イ)～(ホ)から 1 つ選び，記号で答えなさい。

(イ)　石鹸はペニシリンより多くの命を救った。

(ロ)　井戸や歯車は科学の知識なしには作ることができなかった。

(ハ)　科学が発達する以前から人類は技術によって他の動物より優位に立ってきた。

(ニ)　人の腸がチンパンジーに比べて 3 分の 1 の大きさなのは，火によって食物を調理してきたことと関係している。

(ホ)　文明化以前の人類が火を使って成し遂げてきたことについて，我々の認識が不十分であると述べる研究者もいる。

Ⅲ　現代は，現金をほとんど使わず，クレジットカードや電子マネーで決済ができるキャッシュレス社会になりつつあります。こうした社会にはどのような利点，あるいは問題点があると思いますか。70 語程度の英文で述べなさい。

Ⅳ 次の日本文⑷と⑻のそれぞれの下線部の意味を英語で表しなさい。ただし，⑻では**文学部の志願者は⑴**を，**文学部以外の学部の志願者は⑵**を選んで解答しなさい。

⑷ **(すべての学部の志願者)**

過去の多くの哲学者は，同時代の悲劇を目にするたびに，私たち人間の愚かさを告発し，そのような悲劇が二度と繰り返されないために，どのように私たちの愚かさを克服するべきかを考え，話し，書いてきました。人類はこれまでに高い授業料を払って，様々な失敗からの教訓を得ているのです。

過去の哲学者がどのような問いに向き合い，どのように考えたかを知ることは，とりもなおさず，私たち自身が，当時の人間と同じような愚かな過ちを再び繰り返すことのないよう，高い費用を払って得た教訓を学ばせてもらうという側面があります。

山口周『武器になる哲学』

⑻

⑴ **(文学部の志願者)**

「道聴塗説」という言葉があります。人から聞いたことを自分では理解しないで，そのまま他の人に伝えるということです。ある人の考えを聞き，なるほどその通りだと深く納得しても，他の人から違うことを聞けば，今度はそれを鵜呑みにして人に伝えるのです。

本を読む時も，著者の考えをそのまま無批判に受け入れ，その内容について自分では考えないで他の人に伝えるのでは本を読む意味はありません。

大切なことは，読書を通じて，自分のそれまで持っていた考えや生き方を振り返って吟味し，さらには，自分の生き方を見直すということです。

本をどう読むかは生き方そのものを表しますが，本の読み方が変われば，生き方も変わってきます。

岸見一郎『本をどう読むか』

⑵ **(文学部以外の学部の志願者)**

歴史上の事実について書くのは傲慢なことだ。ペンを持つ人間は，既にすべてが終わっている特権的な場所から，実際には見ていないことを，まるで見てきたように書くのだから。

梯久美子「歴史を記述する上での誠実さ」

◀外国語学部▶

（120 分）

I　◀文・人間科・法・経済学部▶ I に同じ。

II　次の英文を読んで，以下の設問に答えなさい。

Around the beginning of the nineteenth century, something remarkable happened in Great Britain. All over the country, people at the top of society began to change the way they spoke: they began to adopt the speech patterns of the upper classes in the London area.

Before <u>this</u>①, there had been greater diversity of speech among Britain's social elite. But the London area model steadily became established as uniquely respectable, or 'received'. By 1869, the phonetician Alexander Ellis could write of 'a received pronunciation all over the country, not widely different in any particular locality, and admitting of a certain degree of variety. It may be especially considered as the educated pronunciation of the metropolis, of the court, the pulpit, and the bar.'

This Received Pronunciation (RP) included fashions that had only recently arisen in the South. The word *after*, for example, was pronounced with a new broad *a*, and without its final *r*. In America, which had been settled earlier, the traditional unbroadened *a* and final *r* were preserved.

Why and how did upper class people all over Britain 'clone' the speech of the social elite in and around the capital?

The answers are related to the vast empire which Britain built up in the wake of its industrial revolution. With the loss of the American colonies and the defeat of Napoleon, Britain threw its energies into colonizing Africa and Asia. For a century and a half, Britain ruled over an enormous part of the world's territory and population, its economic domination extending ever further, over countries such as China and Argentina. <u>This era</u>② was also the era of RP.

A small country like Britain could only control a planetary empire through a strict hierarchy of power and authority. The Crown and the London court naturally sat at the top, and colonial subjects were at the bottom. Stratification and rank were vital, and this included ways of speaking. In addition, Britain's industrial powerhouse, fed by materials from the colonies, was generating a new class of people with wealth. It was important for the ambitious and aspirational to acquire the manners of those at the top, and therefore to conceal regional and social markers.

Schooling was a key element in the maintenance of both the empire and RP. The empire required a large proportion of Britain's ruling class to live abroad; they left their sons in boarding schools (known misleadingly as 'public schools') where they were conditioned to behave with the manners of those in authority, and in terms of speech this meant RP. 'Public School Pronunciation' was the name proposed for RP by Daniel Jones, the founding Professor of Phonetics at University College London.

Of course, the great majority of Britons never spoke RP, and in an age before radio many of them hardly even heard it. It was necessary to produce guides to this scarce but important commodity. Jones was pre-eminent among describers of RP, producing ③<u>*An English Pronouncing Dictionary* (1917) and *An Outline of English Phonetics* (1918)</u>. Jones was also a real-life model for 'Professor Higgins' in George Bernard Shaw's play *Pygmalion* (1913), on which the musical *My Fair Lady* was later based. The play mocks the injustice of a society which condemns an intelligent woman to the gutter unless she can conceal her origins with RP, a commodity she can't afford. (Higgins teaches her as a bet.)

④<u>Things were very different in the United States.</u> There, geographical and social origins mattered less, and the newly wealthy felt no need to ape aristocratic manners. Immigrants could emulate the speech of the ordinary Americans they mingled with, something that in Britain would have had socially restrictive consequences. Americans never had quite the same need that was felt in Britain for manuals and dictionaries showing the 'received' way to speak. And in time, America naturally came to adopt as its standard the pronunciation of the majority, a family of closely-related accents known as General American.

The twentieth century brought mass communication and culture. At first, this acted in RP's favour. RP dominated BBC radio for fifty years. 'It was no accident that RP became synonymous between the wars with the term "BBC English", for the BBC consciously adopted this type of pronunciation' (Gimson 1981). The general population were now exposed to RP regularly, and free of charge. Many people modified their speech towards it. To some it seemed that regional and social accents might be lost in RP's steady spread. Instead, the social foundations on which RP stood collapsed.

Victorian notions of social hierarchy faded as the new century progressed. Women won the right to vote and men returning from two world wars demanded greater economic equality, while colonial peoples were deemed worthy of self-government.

The pace of social change accelerated rapidly in the 1960s. Pop culture brought new glamour to Britons from the lower classes, like the Beatles. The once accepted 'superiority' of the upper classes was undermined by political scandals and a new freedom in the media to criticize and satirize. Social privilege was no longer seen as prestigious, but rather as unfair. And, for the first time, the speech patterns of those at the top began to be perceived negatively.

Increasingly, noticeably upper class speech became an object of mockery or resentment, appropriate for snobbish villains on stage and screen. Sociolinguist Peter Trudgill has written, 'RP speakers are perceived, as soon as they start speaking, as haughty and unfriendly by non-RP speakers unless and until they are able to demonstrate the contrary.'

At the same time, it became easier for less privileged people to reach higher levels of attainment and success; all five Prime Ministers from 1964 to 1997 were educated at state schools. Those who rose socially felt less pressure than before to modify their speech, including those in broadcasting. And many of those at the very top, consciously or otherwise, modified their speech towards that of the middle or lower classes.

⑤<u>The stigmatization of noticeably upper class speech, together with the growing numbers of people from ordinary backgrounds in positions of influence, meant that it became ever less possible to talk of a 'received' accent defined by reference to the social elite.</u>

Daniel Jones, the first UCL Professor of Phonetics, referred to RP in 1918 as the pronunciation 'of Southern Englishmen who have been educated at the great public boarding schools'. John Wells, the last UCL Professor of Phonetics, referred to it in 1982 as typically spoken by 'families whose menfolk were or are pupils at one of the "public schools"'. This conception, established in the nineteenth century, meaningful to Jones during the First World War and to Wells in the era of Margaret Thatcher, has in the subsequent decades become part of history.

In contemporary Britain, diversity is celebrated. Prominent figures in business, politics, academia and the media exhibit a range of accents. But London and the South are still dominant in wealth, power and influence. Accents of the South, particularly middle and upper-middle class accents, are heard more often than others in public life, and in the TV programmes and films that are seen internationally. Southern speech of this type is a natural teaching standard for 'British English' today; the abbreviation SSB is used for this Standard Southern British pronunciation. Some call it ⑥<u>'General British'</u>, but it's socially and regionally far less general than General American is in North America. It's an accent of England, and certainly not representative of Scotland, Ireland, or the former British colonies, where pronunciation is substantially different.

Although the pace of socio-phonetic change has been rapid in recent decades, there was no overnight revolution in speech patterns; modern pronunciation has much in common with RP. Indeed, some phoneticians have made efforts to keep the term 'RP' for the modern standard, by redefining it. But the term is linked in many people's minds with the past and with the upper classes. Nowadays journalists and actors will often refer to RP with precisely these connotations⑦ in mind.

A line was finally drawn under the British Empire over twenty years ago, with the handover of Hong Kong in 1997. The turn of the twenty-first century might be taken as a convenient point from which RP can be referred to in the past tense.

From English After RP: Standard British Pronunciation Today by Geoff Lindsey, Palgrave Macmillan

設問(1) 下線部①が指す内容を日本語で具体的に説明しなさい。

設問(2) 下線部②が指す内容を日本語で具体的に説明しなさい。

設問(3) 当時の社会的背景を踏まえて，Daniel Jones が下線部③の 2 冊の本を著した理由を日本語で説明しなさい。

設問(4) 下線部④の内容を日本語で具体的に説明しなさい。

設問(5) 下線部⑤の意味を日本語で表しなさい。

設問(6) 下線部⑥の名称について筆者がどのように考えているかを日本語で具体的に説明しなさい。

設問(7) 下線部⑦が指す内容を日本語で説明しなさい。

Ⅲ ◀文・人間科・法・経済学部▶Ⅲに同じ。

Ⅳ　次の日本文の下線部(1)～(3)の意味を英語で表しなさい。

(1)思考は「動かす」ことが必要です。動かすためには刺激がなければならない。自分ひとりの頭の中で考えを深めるのは難しいことです。多くの小中学校で，「いまから 15 分でこれこれの問題について考えてください」というように「考える時間」をつくったりしますが，たいていは最初の 1 分しか考えていません。(2)あとは全然違うことを考えています。思考が行き詰まってしまう。そこで「対話」が必要になるのです。

(3)ある考えに対して，ちょっと違う考えをぶつけられれば，次の考えに進むことができます。矛盾をどうにかしようと思考を働かせられるのです。

（齋藤孝『読書する人だけがたどり着ける場所』）

V　これから英語が 2 回読まれます。その内容について，以下の設問に日本語で答えなさい。

設問(1)　Ruth Brooks は当初，自分の庭で見つけたカタツムリをどのように扱っていましたか。

設問(2)　Dr Hodgson が Ruth の実験の結果に驚いたのはなぜですか。

設問(3)　A National “Snail Swap” Experiment には 3 つのステップがありますが，2 番目のステップでするべきことは何ですか。

設問(4)　Michelle Martin によれば，この実験(A National “Snail Swap” Experiment)に参加することで一般の人々にはどのような 2 つのメリットがありますか。

設問(5)　The giant African land snail についてはどのように説明されていますか。

放送内容

これからリスニングの問題を始めます。問題用紙と解答用紙のＶ番を見てください。

これから英語が２回読まれます。よく聴いて内容を把握し，問題にすべて日本語で答えてください。解答はいつ始めてもかまいません。メモを取るのは自由です。

それでは始めましょう。

A 69-year-old amateur scientist has apparently discovered that her garden snails have a homing instinct. The result has astonished some professionals who believe that snails are far too simple creatures to find their way home. So with the help of BBC Radio 4's Material World Programme they have launched a national experiment to settle the question. The idea for the experiment started last year -- when Ruth Brooks became exasperated with the snails in her garden. They had eaten her lettuce, ravaged her petunias and devastated her beans. She was too kindly a person to kill them -- so she took them away to a nearby piece of waste land. But she found that they kept coming back.

"I really don't like killing snails with pellets or salt and I wanted to find a humane way of protecting my garden," she said. It is gardener's lore that snails have a homing instinct. But Ruth wondered if there was a scientific basis to this. For help, Ms Brooks called Material World, who put her in touch with Dr Dave Hodgson, a biologist at Exeter University. Together they devised a series of experiments to assess the snails' alleged homing ability. Ruth's results suggest that snails are able to home. She found that her snails were able to return to her garden unless they were placed more than 10 metres away.

It was a result that astonished Dr Hodgson: "The conventional thinking is that snails are far too simple to be able to find their way home. So if Ruth's findings are true we'll have to rethink our theories." Ruth's result is from just one experiment. In science, researchers try to do as many experiments as they can to ensure they have not got a freakish result -- or in Ruth's case -- that she has particularly clever snails.

To learn more, Dr Hodgson has invited members of the public to take part in a National "Snail Swap" Experiment. He is asking people to collect their garden snails in a bucket and label them with coloured nail varnish -- a process he says does not harm them. The next step is to persuade a neighbour and nearby friend to do the same -- but they have to label their snails a different colour. The final step is to swap buckets and wait to see if any of your snails come back. "It could be a long process," says Dr Hodgson, "because snails aren't the fastest of creatures."

According to Michelle Martin, who is managing the project for BBC Radio 4 : "Taking part in this experiment is a great way to keep bored children entertained during the school holidays, and you'll be contributing to real science research. Even if none of your swapped snails return we'd like you to enter your results online, as the data will help ecologists understand the behaviour of these ancient creatures." This study concerned only one type of snail, but there are many others. For example, the giant African land snail, which, as an invasive species, has become a serious crop pest in Asia, would cover a much wider territory than its smaller European cousins. This means it would have to be taken much further away to ensure it did not come back.

But, currently, we do not know for sure if they really do behave like that. Observers say it would be interesting to replicate this study elsewhere to see if there really is a difference between the homing behaviour of different types of snails. If the results back Ruth Brooks' claims -- gardeners will have to do more than just throw their snails over the garden fence to be rid of their pests. And scientists will have to think again about the now not so humble garden snail.

(https : //www.bbc.com/news/science-environment-10856523)

もう一度読みます。

〈繰り返し〉

これでリスニングテストを終了します。引き続き解答を続けてください。

日本史

(90 分)

(I) 2019 年，大阪府に所在する百舌鳥・古市古墳群が，ユネスコによって世界遺産として登録された。これらの古墳群の築造年代の中心は，古墳時代中期である。この時代において，倭国は東アジア諸国・地域といかなる関係にあったのか，具体的に述べなさい(200 字程度)。

(II) 11 世紀後半から 12 世紀末にかけて，東北地方ではたびたび戦乱が起こった。それらの戦乱と関わって，東北地方の支配権力がどのように変遷したのか，具体的に述べなさい(200 字程度)。

(III) 天保改革の背景の一つに，対外的危機があった。当時の幕府がいだいていた対外的危機意識の内容と，天保改革の中で打ち出された危機打開策の内容について，具体的に述べなさい(200 字程度)。

(IV) 昭和恐慌は深刻な農業恐慌をともなった。この農業恐慌が発生した要因，当時の農村の状況，政府による対策について，具体的に述べなさい(200 字程度)。

世界史

（90分）

ある高校の生徒たちが，2年生の秋の海外実習でベトナムの首都ハノイを訪れ，ベトナム独立の父とされるホー・チ・ミンの廟（びょう）を見学した。生徒たちのうちAさんからDさんまでの4人は，そのときの経験が忘れられず，実習の詳しいレポートを作成しただけでなく，大学進学後にもそれぞれ，ベトナムと世界の歴史を研究している。これについて，下の問い（**問1**～**問7**）に答えよ。なお個々の問いは完全に独立してはいない。ある問いを考えるのに別の問いの情報が役立つことがありうる。

問1　生徒たちは最初に，同じ高校出身の先輩で大学院生のPさんに手伝ってもらいながら，実習レポートを書くためにホー・チ・ミンの生涯を調べ，関連する世界の動きも加筆して，下のような年表を作った（**資料イ**）。年表中の空欄 ア ～ ウ に補うべき適切な語句を，解答欄にそれぞれ記入せよ。

資料イ　ホー・チ・ミンの生涯と世界の動き

1890年ごろ　北中部のゲアン省で生まれる（本名グエン・タッ・タイン）。父は科挙試験に合格しフランスの保護国だった阮朝の官僚となる。タインは父とともに首都フエに行き，そこの小中学校で学ぶ。
1911年　フランス船で出国，米英仏などで働きながら学ぶ。
1914～18年　第一次世界大戦
1919年　ヴェルサイユ講和会議に，グエン・アイクオック（阮愛国）の名前で，ベトナム独立を求める「アンナン人の要求」を提出。フランス社会党に加入。
1920年　フランス共産党創立大会に参加。2年後にソ連にわたり，社会主義の理論・運動方法を学び，世界の共産党の指導機関である ア の活動家として，アジア各地で活動。
1924年　孫文が建てた広東政府を援助するソ連のボロディン使節団に加わり，広州・香港を中心に活動。翌年香港でベトナム青年革命会を結成。
1930年　香港でベトナム共産党結成（すぐにカンボジア・ラオスを含むインドシナ共産党に改組されるが，1951年に分離してベトナム労働党，1976年にベトナム共産党となる)。
1939～45 年　第二次世界大戦(41～45 年アジア太平洋戦争)
1940 年　日本軍がフランス領インドシナ北部に進駐(翌年，南部にも進駐)。
1941 年　ベトナムに戻り，日本に抵抗するために，多くの階層・組織を含むベトミンを結成。中国の国民党政権の支援も得ようとする。その際，中国向けにホー・チ・ミン(胡志明)と名乗り，それが定着。
1945 年　日本の降伏直後に全土を掌握して 9 月 2 日に独立を宣言し，ベトナム民主共和国臨時政府を樹立(ベトナム 8 月革命)。阮朝のバオダイ帝を最高顧問に迎える(バオダイはのちフランスの働きかけで離脱し，「ベトナム国」元首となる)。翌年，総選挙を経て正式の政府をつくり国家主席となるが，独立を認めないフランスとの戦争(インドシナ戦争)が始まる。
1949 年　中華人民共和国が成立。
1954 年　ディエンビエンフーの戦いで敗れたフランスがインドシナからの撤退を決め，［　イ　］停戦協定で暫定的にベトナムは南北に分けられる(ベトナム民主共和国は北部を支配。南部はバオダイのベトナム国)。
1955 年　アメリカがバオダイに代えてゴー・ディン・ジエムを立て，南部にベトナム共和国を樹立，南北分断が固定化。
1960 年　ベトナム共和国(南ベトナム)で，共産党以外の諸勢力も巻き込んで，ジエム政権に反対する［　ウ　］が結成され，ゲリラ闘争を開始。これを支援するベトナム民主共和国(北ベトナム)では計画経済開始。
1963 年　中ソ対立が激化し公開論争が行われる。
1965 年　アメリカが北ベトナム爆撃の一方で南ベトナムに直接派兵し，ベトナム戦争が始まる(～75 年)。
1969 年　9 月 2 日に国家主席のままハノイで死去(レー・ズアンらによる集団指導体制で戦争継続)。遺体はハノイのホー・チ・ミン廟に保存される。

問 2　A さんは大学入学後，政治リーダーについてのレポートを書くことになった。そこで年表作成の際に読んだホー・チ・ミンの伝記を思い出し，ソ連で学んで社会主義革命を起こそうとしたリーダーについて想像されるのとは違った，民族主義的な行動が見られることに気づいた。さらにホー・チ・ミンが起草した独立宣言(**資料ロ**)を読んだところ，冒頭に資本主義国であるアメリカとフランスの宣言が引用されているので，A さんはさらに驚いた。中略部分も含めて，フランスの植民地支配への批判はあるが，資本主義そのものを批判した言葉は見つからない。

資料ロ　ベトナム民主共和国独立宣言

国中の同胞たちよ。
「すべての人間は平等の権利をもって生まれてくる。造物主*は人々に，だれも犯すことのできない権利を与えている。その諸権利のなかには，生きる権利，自由の権利と幸福追求の権利が含まれる」

この不朽の言葉は，1776 年の「アメリカ独立宣言」のなかにあるものだ。広く考えるとこの文は，世界の各民族はすべて平等に生まれ，どの民族も生きる権利，幸福の権利と自由の権利をもつことを意味する。

1791 年のフランス革命の「人権と市民権に関する宣言」もやはり言っている。

「人は権利において自由かつ平等に生まれ，そしてつねに，権利において自由かつ平等であらねばならない」と。

それは，だれも争うことのできない道理なのである。

にもかかわらず，この 80 年以上というもの，フランス植民地主義者たちは，自由・平等・博愛の旗印を利用して，わが国土を奪いわが同胞を圧迫してきた。かれらの行動は，人道と正義にまったく反している。

（中略）

われわれは，テヘランとサンフランシスコの会議で民族平等の原則を認めた連合諸国が，ベトナム人民の独立の権利を認めないわけは決してないと信じる。

この 80 年以上にわたってフランスの奴隷のくびきに勇敢に抵抗してきた民族，この数年は連合国側に立ってファシストに勇敢に抵抗してきた民族，この民族は自由を得なければならない。この民族は独立を得なければならない。

この道理にもとづき，われわれベトナム民主共和国臨時政府は，世界に対しておごそかに宣言する。

ベトナムの国は自由と独立を享受する権利をもち，事実，すでに自由で独立した国になっている。すべてのベトナム民族は，あらゆる心と力，命と財産をもって，この自由と独立の権利を守るであろう。

＊造物主　天地を創造したキリスト教の神のこと。

そこで政治思想の研究を目指しているＢさんに相談したところ，Ｂさんは，第一に「もともと社会主義思想は，ブルジョワジーによる革命が掲げた自由や平等の理想自体は肯定していること」，第二に「ロシア革命後の社会主義国や共産党の内部でも，自由主義や社会民主主義を排斥する動きがある一方で，帝国主義やファシズムとたたかうために，社会主義革命を将来の課題として棚上げし，『ブルジョワ民主主義』や民族解放運動を含めた幅広い勢力と提携したりこれを支援しようとする動きがあったこと」，第三に「社会主義陣営が衰退する1980年代より前は，民族解放の道として社会主義に親近感をもつ植民地や新興国のリーダーが少なくなかったこと」などの点を指摘した。そこで，ソ連が連合国に加わった第二次世界大戦の直後にホー・チ・ミンが発表した独立宣言も，こうした提携の戦略によるブルジョワジーやナショナリストの理想への歩み寄りがあったのではないかと考えたAさんは，独立宣言に至るホー・チ・ミンの歩みに影響を与えた可能性があるできごと，資本主義国とも提携する戦略がその後に変更を余儀なくされたできごとなどを，年表(**資料イ**)に補足することにした。その際に補足した下の3つの年の記述の空欄 [X] [Y] [Z] に入る適当なできごとを，解答欄にそれぞれ記入せよ。

1935年 [ア] が [X] を提唱。
1937年 [Y] が始まり，中国側で第二次国共合作が具体化。
1946年 米ソ両陣営の [Z] が表面化。

問3 Aさん・Bさんが，ホー・チ・ミンがもつ社会主義者(共産主義者)と民族主義者(ナショナリスト)の二面性について，さらに掘り下げたいと希望したので，大学院生のPさんは，ホー・チ・ミンが死去した直後に公表された遺言も読むように勧めた。2人は遺言の文章を細かく区切り，社会主義的な内容，民族主義的な内容，両方にまたがる内容のどれに分類できるかを考察した。下のア～オはその一部である。かれが最後まで純粋な社会主義者でありつづけたと考える場合に，この中のどれが根拠にできるだろうか。社会主義者でなければ言わないことがらと社会主義者以外でも言いそうなことがらの区別や，かれが没した当時の社会主義諸国の動きにも注意しながら，適切と考えられるものを**二つ**選んで解答欄に記号を記入せよ。

ア　わたしがカール・マルクスやレーニンおよびその他の先輩革命家に会いに行くようなことになったとき，全国の同胞，党内の同志，各地の友人たちみんなが，思いがけないことと感じないように，ここにいくつかのことを書き残しておく。

イ　わが同胞は，なお多くの財産・生命を犠牲にしなければならないかもしれない。それでも(中略)山はある，川はある，人はいる。アメリカに勝ったらいまの十倍美しく再建しよう！

ウ　アメリカ帝国主義は必ずわが国から撤退しなければならなくなるだろう。わが祖国は必ず統一されるだろう。南と北の同胞は必ず一家につどうだろう。

エ　わが国は一小国でありながら，フランス，アメリカという二つの大帝国主義国に英雄的にうちかち，民族解放運動の名に恥じない貢献をしたという，大きな栄誉をになうことになるだろう。

オ　わたしは，兄弟諸党，兄弟諸国が必ず団結を取り戻すと，かたく信じている。

問 4　ホー・チ・ミンは終始一貫して，社会主義陣営の提携戦略の枠に収まらない民族主義者であったのだと考える場合，**問** 1 ～ 3 の資料や情報から，どのような根拠をあげることができるだろうか。三つ以上の根拠をあげて，200 字程度で説明せよ。通常の社会主義者ならしないはずの行動や発言にも注意すること。

問 5　A さんは大学でヨーロッパの思想や学術を研究している C さんにも相談した。そこでホー・チ・ミンの独立宣言を読んだ C さんは，違和感をいだいた。アメリカ独立革命やフランス革命など「環大西洋革命」が目ざしたのは，個人の自由と，自由な個人の選択の結果として社会契約によって形成され国民の意思で変更可能な国家だと習っていたのに対し，ホー・チ・ミンが用いた民族という漢語には，言語や文化を共有し，個人の選択を超越した変更不可能なまとまりというニュアンスが感じられるからである。C さんはそこで，入学後に聞いた講義の内容を思い出した。変更不可能な集団としての民族が自然に持つ権利という思想は，19 世紀半ばの中欧・東欧あたりで最初に強く主張され，第一次世界大戦後に民族自決権が広く認められたのと並行して世界に広がったものだ，という内容だった。C さんが「環大西洋革命」と同じ 18 世紀末から，19 世紀半ばにかけての中欧・東欧の政治情勢を整理することにしたので，P さんは，次の 3 枚のカードに，教科書から関連事項を書き抜くようにアドバイスした。

カード1：この時期の中欧・東欧にすでに存在した帝国，帝国形成に向かいつつあった国家(できたのはどんな国家？)

カード2：それらの諸国に支配されていた国家や民族

カード3：ナポレオン戦争のインパクト，1815年および1848年の変化

そこで，あなたがCさんならば，18世紀末から19世紀半ばの中欧・東欧の各民族の動きについて，どのように説明するか。カード1からカード3の内容にふれながら300字程度で述べよ。なお，会議や条約の名前，各民族内部の主導権をめぐる対立などは，書く必要がない。

問6　Dさんは，ベトナムの指導者たちの歴史認識というテーマで大学での研究を進めている。まず日本語訳されているベトナムの歴史教科書を図書館で読んだところ，近代以前のベトナムも外国の支配や侵略とたびたび戦ってきた点が強調され，外国を撃退した王朝が高く評価されている一方で，フランスに屈した阮朝は，低い評価をされていることに，強い印象を受けた。次に日本人が書いたベトナム史の入門書も読んでみると，阮朝については歴史学界でも，肯定的な見方と否定的な見方の対立があることがわかった。将来はベトナム留学もしてベトナム史を研究したいと考えているDさんは，阮朝について，どこでどう調べると，どんな結果になりそうかについて予想し，下のような複数の仮説を立てた。そのうち明らかに事実誤認を含む仮説を一つ選んで，解答欄に記号を記入せよ。

ア　首都だったフエで阮朝王室の子孫にインタビューすると，南北ベトナムを統一した阮朝について，肯定的な意見が聞けるだろう。

イ　南部のホーチミン市でベトナム共和国時代の教科書を調べたら，阮氏が南部に領土を広げたことなどについて，肯定的な評価がされているだろう。

ウ　北部のハノイで出版されている学者の論文を読んだら，タイソン反乱と戦う過程でシャム(タイ)やフランスの宣教師の支援を受けるなど，「売国的」なやりかたで王朝を立てた阮朝の行動が非難されているだろう。

エ　山岳地帯の少数民族社会を調べたら，ラオスやカンボジアなどの強国の

圧迫から守ってくれなかった阮朝に対する否定的な評価が出てくるだろう。

問 7　先輩のＰさんから，たとえば明治維新期の日本のリーダーなども参考にするように言われ，明治維新が「富国強兵」による近代国家の建設と，「王政復古」で「神武*創業」に戻るという，二重の主張をしていたことに気づいたＤさんは，「近代国家を作ろうとしたリーダーたちは，必ず直前の時代や政権を否定するが，近代化によって前の時代を超えようとするだけでなく，もっと前の歴史や宗教・文化にもよりどころを求める」というパターンがあるのではないかと考えた。Ｄさんはそこで，過去の歴史や宗教の栄光を強調したり，その復興を主張した近現代の政治運動の例を探したところ，世界のあちこちでこのパターンが見られることがわかった。下のカードには，Ｄさんがメモした事項が書かれている。

＊神武は建国神話上の初代天皇を指す。

サウジアラビア建国やイラン革命とイスラーム ガンディーのインド独立運動とヒンドゥー教 イスラエル建国と古代ユダヤ人の宗教・国家

このカードの例から一つの国を選んで，カードに書かれた近現代のリーダーまたは政権がよりどころにした過去の国家や宗教の興亡の歴史について，250 字程度で論述せよ。

地理

(90分)

〔I〕 次の文章は，わが国の離島について述べたものである。この文章を読んで，下の問い(問1～問3)に答えなさい。

私たちの国は，数多くの島嶼(とうしょ)により構成されています。

このうち，沖縄，奄美，小笠原等を除く，78地域255島(平成30年4月1日現在)が離島振興法による離島振興対策実施地域となっています。

これらの離島は，①我が国の領域，排他的経済水域等の保全，海洋資源の利用，多様な文化の継承，自然環境の保全とあわせて，自然との触れ合いの場及び機会の提供，食料の安定的な供給等，我が国及び国民の利益の保護及び増進に重要な役割を担っています。

離島は四方を海等で囲まれている等，他の地域に比較して厳しい自然的社会的条件の下にありますが，②本土にはないような豊かな自然環境や昔ながらの文化を気に入った方が何度も島を訪れ，新たに定住するような流れもでてきています。

国土交通省では，これら離島のインフラ整備やメンテナンスだけでなく，離島における地域活性化を推進し，定住の促進を図るための市町村の創意工夫を活かした取組の支援にも，力を入れて取り組んでいます。

(国土交通省ウエッブ・サイトより。一部改変，略)

問1 下線部①について，とくに有人国境離島地域の維持に関する課題について説明しなさい。なお，この場合の有人国境離島地域には，北方四島(北海道)・竹島(島根県)・尖閣諸島(沖縄県)は含まれない(200字程度)。

問2 下線部②について，佐渡や隠岐などの離島を含むエリアがジオパークに指定されている場合がある。離島におけるジオパークについて，その歴史・文化的および自然環境的特性の利活用に関して述べなさい(150字程度)。

問 3　1億人以上の人口を抱える大規模島嶼国家としての，日本・インドネシア・フィリピンが有する特色・課題について述べなさい(150字程度)。

(Ⅱ)　世界の農産物の生産・流通・消費に関する次の文章を読み，下の問い(**問**1～**問**3)に答えなさい。

世界の三大穀物とよばれる米，小麦，トウモロコシは，20世紀以降になると国際的な取引量が増大し，生産・消費量ともに拡大したが，一方でその生産・流通・消費の特徴は穀物によって異なっている。①

穀物以外にも，国境を越えて大規模に貿易が行われるようになった作物は少なくない。なかでも大豆②は，かつては東アジアを中心に伝統的作物として生産・消費されていたが，今日では穀物メジャーとよばれる企業の取り扱う代表的な作物の一つとなっている。

また，20世紀後半以降，アグリビジネスは多様化・大規模化し，上記のような作物の大規模な流通を独占することによって巨大化した穀物メジャーのほかにも，ハイブリッド品種などの作物を農薬とあわせて生産・販売する「バイオメジャー」とよばれる巨大な多国籍企業が現れたことや，農地開発に関して国境を越えた投資が行われることなどに対して，在来農業の持続性や環境・生態系への影響に対する懸念③も広がっている。

問 1　下線部①に関して，次の**図**1の三つのグラフ(A～C)は，米・小麦・トウモロコシそれぞれについて，生産量または1人当たり供給量が上位10位以内である国をとりあげ，それぞれの国の生産量と供給量との関係を示した散布図である。図1から読みとることができる三つの穀物の生産・流通・消費の特徴について説明しなさい(150字程度)。

問 2　下線部②に関して，世界の大豆生産量の推移および中国の輸入量の推移を示した次の**図 2** を参考に，大豆の**生産地・消費地および主な用途における，20 世紀後半以降の推移**について説明しなさい(150 字程度)。

問 3　下線部③に関して，なぜ，どのような懸念を生じさせているのか，考えられる要因について述べなさい(200 字程度)。

A．米

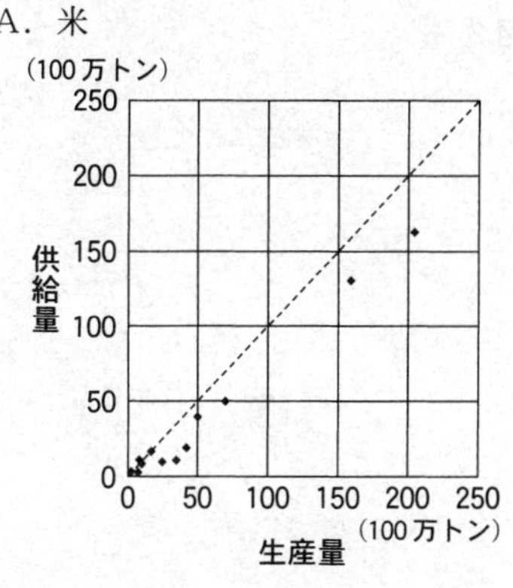

B．小麦

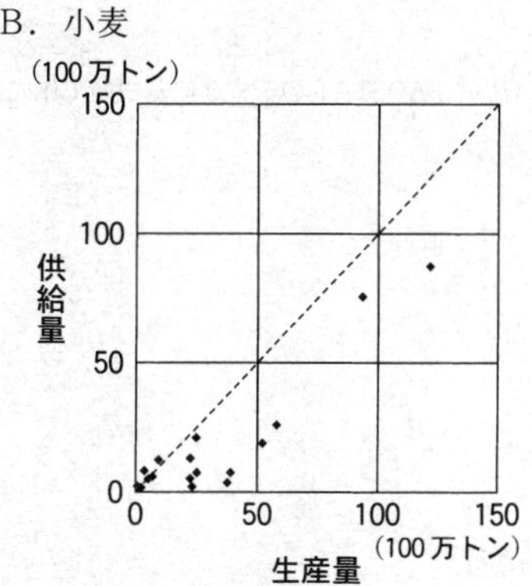

C．トウモロコシ

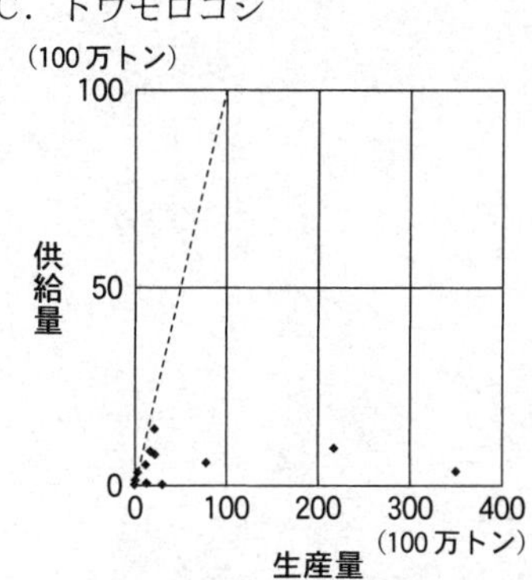

図 1

(注)　FAOSTAT のデータ(年次は 2013 年)に基づいて作成。

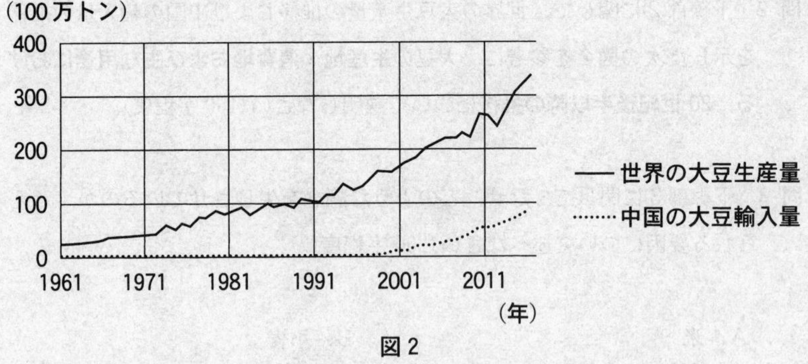

図 2

(注)　FAOSTAT のデータに基づいて作成。

数学

（90 分）

1　a を $0 \leqq a < 2\pi$ を満たす実数とする．関数

$$f(x) = 2x^3 - (6 + 3\sin a)\,x^2 + (12\sin a)\,x + \sin^3 a + 6\sin a + 5$$

について，以下の問いに答えよ．

(1) $f(x)$ はただ 1 つの極大値をもつことを示し，その極大値 $M(a)$ を求めよ．

(2) $0 \leqq a < 2\pi$ における $M(a)$ の最大値とそのときの a の値，最小値とそのときの a の値をそれぞれ求めよ．

（配点率 35 %）

2　円周を 3 等分する点を時計回りに A，B，C とおく．点 Q は A から出発し，A，B，C を以下のように移動する．1 個のさいころを投げて，1 の目が出た場合は時計回りに隣の点に移動し，2 の目が出た場合は反時計回りに隣の点に移動し，その他の目が出た場合は移動しない．さいころを n 回投げたあとに Q が A に位置する確率を p_n とする．以下の問いに答えよ．

(1) p_2 を求めよ．

(2) p_{n+1} を p_n を用いて表せ．

(3) p_n を求めよ．

（配点率 35 %）

3 三角形 ABC において，辺 AB の長さを c，辺 CA の長さを b で表す．$\angle ACB = 3\angle ABC$ であるとき，$c < 3b$ を示せ．

（配点率 30 %）

問五　傍線部(イ)「御姿」について、次の問いに答えなさい。
(1)　誰の、どのような「御姿」か、本文に即して説明しなさい。
(2)　なぜ(1)のような姿をしていたか、作者の考えを、神と仏との関係を明らかにしながら説明しなさい。

（注8）唐櫃（からひつ）　脚とふたの付いた箱。
（注9）ひとはた　いっぱい。
（注10）司　主要な役職。
（注11）かのあはうの　臨終の際、地獄の獄卒「阿防」を見たことを意味するか。
（注12）春日の社（やしろ）　奈良の春日神社。藤原氏の氏神であり、その神は、藤原氏の氏寺である興福寺の仏と同一視された。
（注13）末世の機にしたがひて　末世に生まれた者たちの能力に合わせて。
（注14）化度衆生（けどしゆじやう）　仏が衆生を教え導き、救済すること。

問一　傍線部(a)～(d)を現代語訳しなさい。

問二　和歌(X)について、次の問いに答えなさい。
(1)　現代語に訳しなさい。
(2)　この歌の比喩表現をふまえて、よみ手の心情を説明しなさい。

問三　傍線部(A)「何の智恵も勤めも、心うるはしくて、その上のことなり」をわかりやすく現代語訳しなさい。

問四　傍線部(ア)「かかるうたてき心」と作者が述べるのはなぜか、本文に即して一〇〇字程度で説明しなさい。
（解答欄：一一〇字）

りける。(ア)かかるうたてき心を持ちたるゆゑに、智者といふとも、その験(しるし)もなし。現世には、(注10)司もならず、つひに二つの目抜けて、臨終にはさまざま罪深き相どもあらはれて、「かのあはうの(注11)」と言ひてぞ、終はりにける。(A)何の智恵も勤めも、心うるはしくて、その上のことなり。

さて、永朝僧都は、春日の社(やしろ)(注12)に常にこもりけるに、神感あらたにて、夢の中に(イ)御姿見奉ること、たびたびになりにけれども、御後ろをのみ見て、向かひて見給(たま)ふことのなかりければ、(c)あやしく本意(ほい)なく覚えて、殊に信を至(いた)して祈り申しける時、夢の中に仰せられけるやう、(d)「なんぢ、恨むる所しかるべし。ただし、いとほしく思し召せども、すべて、我に後世のことを申さねば、え向かひては見ぬなり」と仰せ給ふとなむ、見たりける。

(注13)末世の機にしたがひて、仮に神とこそ現じ給へど、まことには、化度衆生(けどしゆじやう)(注14)の御志より発(おこ)りければ、現世のことをのみ祈り申すをば、本意なく思し召すなるべし。

（『発心集』より）

(注1)　聖梵入寺(しやうぼんにふじ)　東大寺の僧。入寺は僧侶の階級で、阿闍梨(あじやり)の下。

(注2)　永朝　興福寺の僧。

(注3)　山　比叡(えい)山延暦寺。

(注4)　覚えてげれば　「覚えてければ」に同じ。

(注5)　三論宗　仏教の一宗派。

(注6)　学生(がくしやう)　学問。

(注7)　経論　仏教の教えである経と、その注釈である論のこと。

で説明しなさい。

Ⅲ　次の文章を読んで、後の問い(問一～問五)に答えなさい。

中ごろ、奈良に聖梵入寺(しやうぼんにふじ)(注1)、永朝僧都(注2)といふ二人の智者(ち)あり。もとは、山(注3)に同じやうに学久しくして住みけり。そのころ、いみじき同志の若人(わかうど)ども多くて、かれらにすぐれんこともありがたく覚えてげれば(注4)、二人言ひ合はせつつ、山を別れて、奈良へなむ移りける。

奈良坂に至りて、はるかに見やるに、興福寺の方には、人多く居こぞりて、いみじうにぎやかなり。東大寺の方には、人ずくなにて、ものさびしきやうに見えければ、聖梵、もとより心素直ならぬ者にて、心の中(うち)に思ふやう、「人多き所にて、(a)思ふさまに成り出でんことはきはめてかたし。東大寺の方へこそ行くべかりけれ」と思ひて、永朝に言ふやう、「一所にては悪しかりなむ。そなたには興福寺へいませ。われは、もとより三論宗(注5)を少し学したれば、東大寺へまからん」と言ひて、そこよりなむ、おのおの行き別れける。

この二人、劣らぬ智者なれど、永朝は心うるはしき者にて、行くままに、興福寺へ行きて、ほどなく進みて僧都になりぬ。聖梵はまさりがほもなかりければ、月のあかかりける夜、つくづくと身のありさまを思ひつづけてよみける。

(X)昔見し月の影にも似たるかな我と共にや山を出でけん

この聖梵、学生(がくしやう)(注6)の方は(b)いみじき聞こえありけれど、人のため腹悪しくて、さるべき経論(注7)などを人に借りても、殊なる要文ある所をば、切り取り、さりげなく継ぎ寄せてなむ返しける。書き切りおきたる文のきれ、小さき唐櫃(からひつ)(注8)にひとはた(注9)にぞなりたである。彼らの言葉をある種生理的な(d)ショウゲキや抵抗なしに、たんなる学問的好奇心だけで読んで納得してしまう。その「たやすさ」を我々はまずしりぞけねばならない。ウェーバーやフーコーが西欧社会をとらえようとすることと、我々がそれを読んで西欧社会を理解することは、根本的に異なる。彼らがその孤独な力業によってつかんだ西欧社会への相対性を、我々はたんに我々が日本という別の社会に住んでいるという事実によって、たやすく得てしまう。

そうした事実性に安住しているかぎり、我々は本当は何もこの手ににぎることはできない。そのたやすさに安住しているかぎり、本当の意味で日本近代を問うたことにはならないのである。

（佐藤俊樹『近代・組織・資本主義』ミネルヴァ書房　一九九三年より。出題の都合により一部改変した箇所がある。）

問一　傍線部(a)～(d)のカタカナを漢字に直しなさい。

問二　傍線部(1)「きわめて近代的な概念だとさえいえる」とあるが、古代や中世との比較のうえで、なぜ脱近代という言葉が近代的な概念であるといえるのか。九〇字から一一〇字で説明しなさい。

問三　傍線部(2)「この二つのモメント」とあるが、この二つはそれぞれどのようなものであり、またこの二つはお互いにどのような関係にあるのか。九〇字から一一〇字で説明しなさい。

問四　傍線部(3)「その自然さこそ本当は最も危険なのである」とあるが、それはどういうことか。日本人が日本近代社会を問うときには、何が問題となり、それゆえにどのような姿勢が求められるのか。比喩的な表現を避けて九〇字から一一〇字をどうしようもなくかたちづくり、またひきさきつづけている。誰もそれから逃れることはできない。日本近代を生きるとは、意識するにせよしないにせよ、肯定するにせよ否定するにせよ、この二重の力学のなかで己れを位置付けることなのである。

日本において近代を問うことは、ある「たやすさ」をもっている。我々の住むこの日本近代社会は、西欧近代に対してあるズレをもって成立している。日本近代社会は西欧近代社会といくつかの点で決定的にちがう。そのズレが我々に西欧近代を「たやすく」語る視座を常にあたえつづけてきた。ズレがあるゆえに相対化しやすく、かつ、それが断絶ではなくズレであるがゆえに理解もしやすい。その意味で「たやすい」のである。

それはちょうど、ある星から他の星の速度を測っているにひとしい。日本近代社会という星を基準にして西欧近代という別の星を観察すれば、その独自の運動を取り出すことができる。日本近代が西欧近代とは違った歴史と環境の下に成立している以上、日本からみて西欧近代の独自の運動が見えるのは、全く自然なことにすぎない。

しかし、その自然さに安住しているかぎり、とらえられないものがある。それはこの日本近代という星自身の運動であり、そして、それをふくむこの近代という、西欧や日本のみならず、地球上のあらゆる社会に回帰不能な変貌をしいている巨大な重力である。

それらをとらえるためには、何よりもまず、我々自身が住むこの日本近代社会の重力圏から、我が身をひきはがさなければならない。そうしてはじめて、日本近代とそれをさらにつつみこむ近代そのものの運動をとらえることができる――たとえ、それもまた一つの「姿」であるにせよ。マックス・ウェーバーが、そしてミシェル・フーコーが西欧社会に対してなした思考とは、本来そうした作業だったはずである。

彼らの西欧社会の分析は、我々にとってもごく自然な説得力をもっている。けれども、(3)その自然さこそ本当は最も危険なのしかし、その願望はこれまでのところ、ことごとくうちくだかれてきた。いったんは構築した社会のシステム、西欧と肩をならべあるいは凌駕すると自負していたシステムが機能不全におちいるたびに、日本は当時の西欧近代の諸制度を新たに輸入して、自らを再編成することをしいられた。そのつど日本人は「近代」を再発見させられ、自分が(c)モホウしようとした西欧近代がいかに巨大なものか、あらためて思い知らされてきたのである。

日本における「近代／脱近代」の言説は今もなお、(2)この二つのモメントによって支配されている。我々は現在何度目かの「近代」の発見をしつつある。それは一面では戦後の高度成長期に構築された社会のシステムがいろいろな点で機能障害を起こしている、その反映である。それをいかに解決するかという問題に直面して、我々はまた西欧近代社会を参照する必要に迫られている。

その一方で、人工／自然、社会／環境といった十九世紀西欧で確立された諸形象が、今、全世界的な規模でゆらいでいる。西欧自身をふくめ、近代全体があるフェイズから別のフェイズへ移行しつつある。そのなかで、これまで自明とされてきた社会の基本的な形式が問い直され、新たな近代の形態が模索されている。その閾域に我々もやはり立っている。それが「近代／脱近代」という形で意識されているのである。

日本における「近代／脱近代」の言説を支配するこの二重のモメント。それは日本近代社会とそこで生きる人間たちをつかみとっている二重の力学を、まさに象徴するものである。西欧近代に追いつき追い越そうとする日本近代の運動が作り出す力学と、それをさらにふくみこんで展開する近代という巨大な運動の力学。明治以来、日本社会はこの二つの力によって動かされてきた。「近代／脱近代」という言説の変遷もその一端にすぎない。

我々日本人にとっての「近代」とはまさしく、この二重の力学のなかで生きることであった。一人一人の人間の喜怒哀楽、その誕生と死から社会の歴史に至るまで、あらゆる領域にこの二重の力学はその影をおとしている。この二重の力学は我々の生に自らを否定するモメントをもっていることを意味する。近代はある種の不安定さを、その内部の諸制度をたえず解体─再編成していくという運動性を、自身のなかに組み込んで成立している社会なのである。近代社会でたえず「近代」が問いなおされ、「脱近代」が意識されるのも、そのためである。近代社会はいわば近代社会であるがゆえに、自らのうちに「脱近代」への志向をかきたてつづける。「近代／脱近代」という形で言説を生産すること自体、我々が近代社会に生きているまごうことなき証しにほかならない。

「近代／脱近代」という言説には、さらに、もう一つの側面がある。明治以来「近代」という言葉が大流行した時期は五回ある。最初は一九一〇年前後、明治の四〇年代から大正の初めにかけて。「近代」という言葉もこの時定着する。次は一九四二年頃。そして三回目は敗戦直後である。六〇年代や最近のポストモダン論を加えて、都合五回。興味深いことに、この五回はそれぞれ日本近代社会の転換期と重なりあっている。例えば最初の流行期は日露戦争に勝ち、日本が欧米列強の仲間入りをした時期である。自分たちもようやく「近代」を語る資格を得たのだという安心感と自負が、そこにはあふれている。と同時に、この一九一〇年前後は日本近代社会の「日本化」がはじまる時期でもあった。軍隊や企業、学校で「温情主義」や「家族主義」がさかんに語られる。いわゆる日本的経営の萌芽がうまれるのもこの頃である。西欧の近代にはとりあえず追いついた、これからは日本独自の近代を構築しよう──そうした意識がひろまった時代に、「近代」の意味は確立された。

その後については説明する必要もないだろう。日本における「近代／脱近代」という言説の運動にはもう一つ、日本という後発近代化社会固有のモメントが働いている。それは一言でいえば、日本近代と西欧社会との距離の意識である。自分たちは十分に近代社会になりおおせたのだろうか。西欧とは異なる(b)ドジョウに近代社会を接ぎ木する苦しい作業は終わったのか。──「近代」が人々の口の端にのぼる時、そこにはつねにこうした問いかけがある。「脱近代」という言葉には、その問いに肯じたいという、日本人の切ない願いがこめられているのである。

Ⅱ

次の文章を読んで、後の問い（問一～問四）に答えなさい。

「脱近代」とか「近代の終わり」といった言葉がさかんに語られている。昭和が終わりそして二十世紀が終わる。時間のなかに人工的にひかれた境界に本質的な意味はないにせよ、「昭和の終焉」や「二十世紀の終焉」に仮託して、我々がひとつの転換点を感じ取っているのは事実である。

それにしても「脱近代」というのはおもしろい言葉だ。ギリシア人やローマ人は「脱古代」とはいわなかったし、鎌倉時代の「ポスト中世」論者というのもきいたことがない。もちろん、彼らは自分たちの時代を「古」とか「中」とか冠して呼びはしなかったが、たとえどんな言い方をしていたとしても、「脱○○」という言葉をつくることはなかったろう。自分たちの社会が(a)ホウカイするのを目撃した古代人や中世人にとって、それは端的に「世界の終わり」であって、そこに「脱古代」や「脱中世」、あるいは「古代の終焉」や「中世の終焉」を発見した人間はいない。

そもそも「脱近代」とは一体何なのだろうか。そこでいわれているのは結局「近代ではない」以上の何ものでもない。しかし、およそ「近代ではない」という言い方が意味をもちうるとすれば、それはその言葉が語られている空間が実は近代だからだ。脱近代とはいまだ存在しない何かを、それに充当されるべき未来の何かを、現在において待っている言葉なのである。

脱近代というのはまぎれもなく近代社会の言葉である。いやむしろ、(1)きわめて近代的な概念だとさえいえる。最近のポストモダン論にかぎらず、近代社会はこれまでも脱近代を語る言葉を無数に生み出してきた。近代社会の誕生とともに、脱近代という概念も誕生したといっていい。「脱古代」や「脱中世」がなく、ただ近代だけが「脱近代」を語るとすれば、それ自体が近代社会にとって決定的な何かを物語っている。

脱近代という言葉は近代の否定をそのうちにふくむ。そうした言葉を近代社会がうみだした――それは近代社会がその内部置〉そのものでしかなく、それ以上でも以下でもないとすれば、こういう問いそのものが無意味である。しかし国家の暴力の特異性を考えてみるだけでも、すでに国家は単なる暴力装置に還元できない。その「還元できないもの」について考えるという課題は、やはりなくならないのだ。国家は何ら神秘化し、精神化すべき実体ではないにちがいない。しかし現に神秘化され、精神化されて、そのような精神や神秘が、あたかも国家の実体をなしているかのように機能しているとすれば、この〈実体化〉についても、そしてその〈暴力〉の作用や連鎖に関しても考える余地がある。定義するには単純化してかかるべきなのに、やはり単純化することはできない。それなら国家の複雑化した実体と過程について、ただ複雑に考えるのではなく、問いに的確に答えるための突破口を見つけなければならない。

（宇野邦一『政治的省察　政治の根底にあるもの』青土社　二〇一九年より。
なお本文は一部を改変し、文中引用部分の注を省いている。）

問一　傍線部(a)～(e)のカタカナを漢字に直しなさい。

問二　傍線部(＊)について、どのようなことをいっているのか、本文の内容を具体的にふまえて一〇〇字以内で説明しなさい。

問三　この文章の中には大きく分けて二つの国家に対する考え方が含まれているが、それらを示し、なおかつ、筆者がそうした考え方のいずれによっても国家を捉えきれないとする理由について二五〇字以内で記述しなさい。

念を見つめることである。この観念的実体はなにかしら有機的な感情を帯び、ときにはオーラに包まれている。国家は一つの身体（国体）と感じられる。その有機性が、実はどんなものであり、どんなふうに作用するかを考えてみるという課題が、いつもあるはずだ。国家を批判し、これに抵抗するものの側にも、個人であれ集団であれ、あるパッションやアイデンティティがあるなら、そこにも有機的な感情が形成されるはずだ。有機的な感情はそれ自体、善でも悪でもないが、これを批判的に（無機的に）見つめなければ、有機的感情どうしの諍い（いさかい）を乗り越えることはできない。

〔中略〕

たとえば国家を「暴力装置」として定義することは、いまもしばしば(c)トウシュウされるが、すでに古典的なアプローチといえる。マックス・ウェーバーの、もう少しつまびらかな定義をふりかえってみよう。「国家とは、ある一定の領域の内部で――この「領域」という点が特徴なのだが――正当な物理的暴力行使の独占を（実効的に）要求する人間共同体である」（マックス・ウェーバー『職業としての政治』）。これは吉本隆明が表明したような、それに属する人間集団をすっぽり包む国家という概念とは、もちろん(d)タイショウ的な、ほぼ実践的な定義である。

〔中略〕

……しかしほんとうは何も説明したことにはならない。「暴力」も「権力」も、あらかじめ定義された(e)キチのもののようにこれらの言葉は語っている。もしそうならば、国家は単にそれらを集中的に所有しているにすぎないことになる。しかし国家が、それらを所有しているならば、その所有者としての国家が何かという問いが、当然新たに発生することになる。

〔中略〕

要するに国家が「暴力装置」であると定義しても、まだその国家とは何かという問いは残っている。国家が単に何らかの〈装置〉そのものでないとすれば、その装置を運用する国家という〈主体〉は何かという問いが残るからだ。もし国家とは、ある〈装

(b)ヒダイした有機的な自己同一性の観念にうらうちされている。なぜか人間は、長いあいだ神を必要としてきたように、そのような幻想としての国家をいまも必要とするようだが、それがほんとうに必要なものかわからない。観念(表象)と現実的機構の混交である「それ」が何か、慣行どおりの枠組みを逸脱して考え続けなければならない。国家とは何よりもまず政治的なもので、その定義はさしあたって政治学の課題であるように見えるが、政治学の枠組みからも離れて問わなければならないことがあるのだ。

はこの議論に改めて参入しようとは思わない。とにかく国家とは、具体的に国立、国定、国有などの制度を超えて、幻想的に

制度にもモノにもヒトにも還元できない国家があるとすれば、確かに政治的次元を超えて国家を問わなければならないのだ。その「還元不可能なもの」とは、幻想とかイデオロギーとか、あるいはヘーゲルのように(絶対)理性の形態というべきなのか。それらはどれも観念や思考の領域にあるが、単に観念・思考とはみなされず、ほとんど実体であるかのようにみなされている。物を神と見なすことは、まさに物神化と呼ばれるが、観念を実体とみなすことは、物象化と呼ばれる。じつは両者とも、異様なことだとはいえ、この世界にありふれている現象なのだ。幻想、イデオロギー、理性、これらの言葉もすっかり使いまわされて意味を失いかけている。そしてまた、やはり観念や思考や感情のレベルにあるが、あまりにも不確定で無形なので、そういう言葉(幻想、イデオロギー、理性)にはおさまらないミクロな観念や思考や感情の果てしない振動と広がりがある。

……(中略)……吉本隆明は、「国家は国民のすべてを足もとまで包み込んでいる袋みたいなもの」という観念を、日本を含むアジア的な共通の国家観としていたが、いわゆるナショナリズムにとって、国家とはいたるところで、制度やヒトやモノ以上のものであり続けていて、もちろんナショナリズム自体が世界的な現象であり続けている。ナショナリズムにとって国家は、単なる機構や制度以上の観念に分厚く包まれている。それを「幻想」あるいは「共同幻想」と呼ぶことは、すでに批判的にこの観

「国家は人民の特定の状態、しかも政治的統一の状態である。国家形体はこの統一体の特殊な形成の様式である。国家のあらゆる概念規定の主体は人民である。国家は状態であり、しかも人民の状態である」(カール・シュミット『憲法論』)。

しかし国家とは、単にそのような国の制度を構成する、比較的イメージしやすいヒトやモノの集合ではなく、それを全体として規定する法的体系そのものでもない。確かに、はるかそれ以上のものを意味するようなのだ(ちなみにフランシス・フクヤマ『政治の起源』は、政治の三大要素として、「国家」、「法」、「説明責任」をかかげて包括的な政治の世界史を試みているが、その「国家」とは、端的に、整備された〈官僚制度〉を示すにすぎず、ナショナリズムのような観念とは、あくまで分離して考察している)。

たとえば、〈日本〉という固有名のついたひとつの集合体(国)は、ある種の歴史的観念とともに浮かび上がってきて(「国体」のようなものとして)ほとんど幻想レベルにまで膨れ上がっている。しかし「幻想的」ということはまさに、それほど考えられたものではなく、内実もないかもしれないことを含意している。地図の上の日本列島に、あたかも長い間同じ系統に属する集団が、同じ自意識をもって存在したかのような仮構が無前提に受け入れられ、根拠があいまいなままに〈自己同一性〉の観念を構成している。特に国籍法が、いまも〈血縁〉を原理としていることもあって、〈日本人〉の概念は、単にこの列島に生まれ住んできたものというよりも、血縁性に結ばれた有機的な連続性の実感を保ち続けている。実は教科書的知識の水準でも、歴史の過程を遡って考えてみれば、まず日本という固有名が何を示すかということさえも、少しも自明ではない。しばしばそれは現代の意識や歴史的観念を、あいまいなままに、あいまいな過去の表象に投影したものでしかない。国家をめぐる同一性の観念は、必ず〈歴史〉を参照するが、このとき〈歴史〉も、同一性の観念も、(＊)無数の断片をつぎはぎした器用仕事的、モザイク的工作の成果でしかない。

このことに関する議論はすでにおびただしく行われてきて決着がついているはずなのに、実は収拾がつかないので、いま私

▲人間科・外国語・法・経済学部▼

（九〇分）

I　次の文章を読んで、後の問い（問一～問三）に答えなさい。

国家とは何か、と考えはじめると、なぜ国家について考えようとするのか同時に問わざるをえない。いたるところで、〈国民主権〉を前提とするはずの国家が、分厚い制度や機関としてあり、実はあいかわらず国民から遠いところに、そびえたつようにしてある。国家とは〈私たち〉であり、〈私たち〉のものであり、〈私たち〉の思考、意志、力が形成する政体であり、公共性であるはずだが、実感としては、そんなふうに存在していない。むしろ統治（政府、行政）の機関から、立法、司法の機関そして「軍隊」ではないと言われる「自衛隊」まで、たくさんの官庁の建築や、そこに出入りする公務員や、「国」の行方をリードするという政治家たちの集団が、まず「国家」のイメージとして浮かんでくる。そのような機関、制度を構成する人間たちの活動が国家であり、それは少なくとも名目上は、隅々まで法的に規定されている。カール・シュミットの書物（『憲法論』）には、国家を、何よりもまず法的規範によって定義する明瞭な記述が見える。「国家は厳重にコントロールされた、社会のジュウボク[(a)]とみられる。国家は完結した法規範の体系の下におかれ、あるいは単純にこの規範体系と同一視せられ、したがって国家は規範または手続き以外のなにものでもない」（カール・シュミット『憲法論』）。

もちろん法が国家の実体なのではなく、国家はあくまでも人間の集団（人民）であり、その集団の〈統一された〉状態である。

問一　傍線部⑴「天之将降大任於是人也」は、「天の将に大任を是の人に降さんとするや」と読みます。この読みに従って、解答用紙の漢文に返り点と送り仮名を付けなさい。

問二　傍線部⑵「忠言逆耳利於行」を現代語訳しなさい。

問三　傍線部⑶「井以甘竭、李以苦存」を現代語訳しなさい。

問四　傍線部⑷「勾践以嘗胆興」の意味をわかりやすく説明しなさい。

問五　傍線部⑸「苦斎」について、劉基がその書斎を「苦斎」と名づけたのはなぜか。冒頭の孟子の言葉を踏まえながらわかりやすく説明しなさい。

Ⅳ　次の文章は、元末明初の文人劉基(りゅうき)がその書斎「苦斎」について述べたものです。これを読んで、後の問いに答えなさい。ただし、設問の都合上、返り点・送り仮名を省略した部分があります。

孟子曰ク、(1)「天之将降大任於是人也、必ズ先ヅ苦シメ二其ノ心志ヲ一、労セ二其ノ筋骨ヲ一、餓ヱシムト二其ノ体膚ヲ一。」趙子曰ク、「良薬ハ苦ケレドモレ口ニ利アリ二於病ニ一、(2)忠言逆レ耳利二於行一。」彼之苦ハ、吾之楽ニシテ、而彼之楽ハ、吾之苦也。吾聞ケリ、(3)井ハ以テレ甘キヲ竭キ、＊李ハ以テレ苦キヲ存ス。＊夫差ハ以テレ酣スルヲレ酒ニ亡ビ、而勾践ハ以テレ嘗ムルヲレ胆ヲ興ルト。(4)無二亦タ猶ホレ是クノ也夫カト。」＊劉子聞キテ而悟リレ之ヲ、名ヅケテ二其ノ室ニ一曰ヒ二(5)苦斎ト一、作ル二苦斎記ヲ一。

（『誠意伯文集』による）

＊李――すもも。
＊夫差――春秋時代の呉の王。越の王である勾践のライバル。
＊劉子――この文章の著者の劉基。

＊水恋鳥――アカショウビンのこととされるが、名前の由来は未詳。
＊額髪――額に懸かる髪。前髪のこと。
＊源氏の女一の宮――『源氏物語』に登場する女性。
＊薫大将――『源氏物語』に登場する男性。
＊在五中将の日記――『伊勢物語』。「在五中将」は在原業平を指し、『伊勢物語』は在原業平が自らのことを記したものとも考えられていた。

問一　傍線部(ア)(イ)(ウ)の意味を述べなさい。

問二　傍線部(A)は、誰のどのような様子を述べているのか、説明しなさい。

問三　傍線部(B)を現代語訳しなさい。

問四　傍線部(C)を、動作主（主語）を補って現代語訳しなさい。

問五　傍線部(D)の和歌について、「昔の跡」が何を指しているのかを示しながら現代語訳しなさい。

Ⅲ　次の文章は『狭衣物語』の一節で、主人公の男性が「源氏の宮」という高貴な女性のもとを訪れる場面です。これを読んで、後の問いに答えなさい。

月も立ちぬれば、暑さのわりなき頃は、いとど＊水恋鳥にも劣らず心一つに思ひ焦がれたまふを、知る人なし。つれづれなる昼つ方、源氏の宮の御方に参りたまへれば、白き薄物の単衣を着たまひて、いと赤き紙なる書を御覧ずとて、(ア)そばみて居たまへるに、＊御額髪のゆらゆらとこぼれかかりたまへるに、裾はやがて後ろと等しく引かれゆきて、いとあえかなる御単衣の裾にこちたげにたたなはりゆきて、裾の削ぎ目はなやかに見えたまへる、(A)いづくを限りに生ひゆかんと、所せげなるものから、あてになまめかしう見えたまふ。隠れなき御単衣に透きたまへるうつくしさ、いとかからぬ人しもこそ多かれ、と、(B)なほいかで心あらん人のただうち見放ちたてまつるやうはあらん、ましてかばかり御心にしみたまへる人は、見たてまつりたまへるたびごとに、胸つぶつぶと鳴りつつ、(イ)うつし心もなきやうにおぼえたまふを、よくぞ忍びたまひける。＊源氏の女一の宮も、いとかくばかりえこそおはせざりければや、＊薫大将のさしも心留めざりけん、とぞ思さるる。

「いと暑きに、いかなる御書御覧ずるぞ」と聞こえたまへば、「＊斎院より絵ども賜はせたる」とて、くまなき日のけしきに(C)は、はなばなとにほひ満ちたまへる御顔に見合はせたてまつりたまひて、まばゆげに思してこの御書に紛らはしたまふ御もてなし、まみ、額髪のかかり、つらつきなど、言ひ知らずめでたし。例の、涙も落ちぬべきに、紛らはしに絵どもを取り寄せて見たまへば、＊在五中将の日記をいとめでたう書きたるなりけり、と見るに、(ウ)あぢきなく、一つ心なる人に向ひたる心地して、目留まるところに忍びあへで、「これはいかが御覧ずる」とて、さし寄せたまふままに、

(D)よしさらば昔の跡を尋ね見よ我のみ惑ふ恋の道かは

とも、え言ひやらず、涙のほろほろとこぼるるを、あやしと思す。

る。(4)厳粛なものに打たれて車内にはコトリとの音もしなかった。私は硬(こわ)ばった真青(まっさお)な顔をして、彼ひとり今なお平然たるかの肥大漢の横顔を喰い入るように見すえていた。富んで無智なるものの、冷酷さ、残忍さを見ること、今までに私は必ずしも少なしとはしない。しかしこの時ほどにはげしいいきどおりに身を灼(や)いたことはいまだかつてなかったのである。

＊検査――二十歳に達した成年男子が義務づけられていた徴兵検査。
＊請負師――下請けの職人たちを束ねる役目を果たす仕事。

問一　傍線部(1)「心の喜び」とあるが、「私」は若者がどのような「喜び」を感じていると考えているのか、わかりやすく説明しなさい。

問二　傍線部(2)「読もうとひろげた新聞を持つ手のふるえのどうにもとどまらぬ感情の荒立ちをおぼえた」とあるが、なぜこのように「私」は感じたのか、その理由をくわしく説明しなさい。

問三　傍線部(3)「幾十の射るような視線に裸にされ」とあるが、このような表現にはどのような効果があると考えられるか、説明しなさい。

問四　傍線部(4)「厳粛なものに打たれて車内にはコトリとの音もしなかった」とあるが、「私」は多くの乗客たちの心理をどのように考えているのか、「厳粛なもの」という表現に留意して説明しなさい。

にさかんにパクついていた。ふりかえって、近づいて来るわかものをじろりと見た男は、今喰い終ったバナナの皮を、通り路にすてたのである。すてられたバナナの皮は、ちょうど通路のまんなかにおちた。紳士はなんの気もなく、ただ無造作にすてたのかも知れぬ。しかし、横をむいてにやりとわらった顔の卑しさにはなにかを期待して心にほくそ笑んでいるところがあり、見ていた私は、おもわずはっと緊張した。何か起りそうな予感にわれ知らず腰をうかせていた。すると、その瞬間だった。ちょうどそこまで来た囚人が、地ひびきするほどの音を立ててのけさまにうしろにひっくりかえった。いうまでもなくバナナの皮に足をとられたのである。あわてて起き上ろうとし、ふたたび中途でひっくりかえった。両手の自由のきかぬ彼は三度四度と身もだえした。どっと、いろとりどりの笑声が、狭い車内にひびきわたった。

「馬鹿野郎！」

冷酷にののしって、看守の手が、帯にかかり、はじめてわかものは立上ることができたのである。

笑声はなおもしばらくつづいていた。しおれたわかものが、席へもどって来てのちも、くっくっと含み笑う、若い女などの、世にこれほどに冷酷なものも少ないであろう笑いがきこえていた。が——間もなく、それらのこえはぴたりとやんでしまった。かつてない静けさに車内はしーんとひそまりかえった。

若いかの囚人の口をもれて、すすり泣きのこえがきこえてきたのである。喰いしばった歯のすきまから、それはもれて来た。はじめはおさえにおさえた低い音だったが、ついにそれはおさえがたくどっとあふれた。子供のような嗚咽（おえつ）のこえがしだいに高くなって行くのであった。涙のしずくが頬をつたわった。ふとみる、彼の頭の耳に近いあたりには、倒れた拍子に座席のかどにうちつけたものだろう、髪の毛の上に血さえにじんでいる。手錠の喰いこんだ手首は、起き上ろうともだえた時に傷ついたものだろう、いたいたしく皮がむけ、ここにも血しおがふきでている。……

汽車は走り、車輪のひびきはごうごうと今しも鉄橋を越えた。そのひびきのあいまに、すすり泣きのこえはなおもきこえ供らしさは影を消して、急にいくつか年をとった、萎(しぼ)んだものになっていた。暗く陰惨な、典型的な囚人のそれに変っていたのである。心を鎮めようとし、依然、窓の外を見ているが、手の指先は、それとあきらかに見えるほど、ぶるぶるふるえているのだった。……

私も亦(また)、(2)読もうとひろげた新聞を持つ手のふるえのどうにもとどまらぬ感情の荒立ちをおぼえたのである。私はかの田舎紳士をにくんだ。その肥えふとった胴体を踏みにじってやりたい切ない衝動に身をおいた。たった一つ、——若い囚人の顔に今が今までうかんでいた、ちょうどこの五月の季節のように、明るく朗らかな表情を、一瞬のうちに萎(な)えしぼませてしまった、——はげしい毒素のような、彼のその一と言のためにである。私はこの年若い囚人が、何の罪で、何年の刑期で、どこへ送られて行くかを知らぬ。しかしながら私は、ついさっきまで彼の顔にうかんでいたような表情が、このような生活にあるものの上に、容易に見得るものではないことをよく知っている。それは一年に一度か、二年に一度、何かの折にひょいとやってくる程度のものである。その生活にあるあいだじゅう、何年居ろうと、ついにそういうことのない不幸なものもある。囚われている人間であることを、全く忘れている瞬間でないならば、そういう表情が彼の上にあらわれるということはないのである。

どのくらいか時間がたった。側につきそっていた役人は、その時、時間を見、囚人をうながし立たしめた。ここにあってもちゃんと時間をきめてするらしい不浄場へ行く時が来たのである。囚人は気のすすまぬふうに立ってあるきだした。向うはしの不浄場の前で、手錠の鍵をはずしてもらい、そこにあるあいだ、役人はその前に立って待つのであった。用をすました囚人は、ふたたび手錠に腰縄姿でこっちへあるいて来た。車内の人々は一せいに彼に鋭い視線を放った。(3)幾十の射るような視線に裸にされ、何よりもさきに蒙(こうむ)った心の痛手があって、若ものはおどおどし、足もともどこかたよりなげだった。

さきの請負師ふうの田舎紳士と、子供は、そのときはもう、一向そしらぬふうに、バスケットを下し、果物やら、菓子やらのそば近くあるいて来、じろじろと彼を見て、それから帰って行くものがあった。多くはただ物珍しそうな、罪のない眼いろであったが、なかにははげしい憎悪に燃えて、生き身の皮まではぎ取りそうな、無慈悲な眼つきで見据えるものもあった。私たちとは別の側に、はすかいに席をしめていた、四十歳前後の親方ふうの男など、そのうちの主な一人であった。おそらくは土木請負師*などのたぐいであろう、大兵(だいひょう)肥満の洋服姿で、赤皮の編上げをはき、ズボンの裾は靴下のなかにおしこんで、靴下止めを上からしていた。右手に一つ、左手に二つ金の指輪をはめ、はっはっと大口あけてわらう時の口のなかもお神楽の獅(し)子(し)にそっくりなら、胸間にぶら下げている金の鎖の太さもなみなみのものとはおもわれぬ。彼は六つか七つぐらいの男の児をひとり連れていた。子供は父親の膝の上にいて、甘えている。かの囚人の方にちらりと眼をくれ、子供らしく誇張した表情で、おびえたように父親の胸に顔をうずめ、足をばたばたさせるのであった。父親は幅広く厚い胸でがっしりと子供をささえ、あたりのもののふりむいてみるほどの大ごえをあげてわらうのである。

「こわくない、こわくない、何がこわいもんかい、お父さんがついてらあな。」

子供は父親の首に両手をまきつけて、耳もとに口をよせ、ひそひそとなにかささやいた。

「うん、うん、わるいことさえせなんだら何もこわいこたアありゃしない。わるいことをすりゃな、おまわりさんがしばってつれてって、あんな着ものを着にゃならんぞ。何？　どんなわるいこと？　はっはっ、そりゃ坊や、いろいろあらあな。どろぼう、火つけ、人ごろし……」

私はおもわずはっとして、なにか、自分に直接関することででもあるように、顔いろをかえた。とっさの間、私は目の前のかの囚人の顔を正視する勇気を失った。しかし、私はおもい切って見たのである。「どろぼう、火つけ、人ごろし……」のこえがひびいたとき、今まで窓の外ばかり見ていたわかものは、ぎくりとしたふうで、こえのする方をちらりと見た。すぐにもとへ顔をかえしたが、一瞬のうちにその顔は、今までとはまるでべつなものになってしまっていた。今までのあどけない、子

Ⅱ　次の文章は、島木健作の小説『バナナの皮』（一九三五年発表）の一部です。五月末のある日、上野駅から汽車に乗ろうとしていた「私」は、護送されている囚人を見かけます。客車に乗りこむと、「私」と向かい合った席にその囚人が役人（看守）と共にやってきます。これを読んで後の問いに答えなさい。なお、本文は一部改変したところがあります。

囚人は窓ぎわに座り、役人はその横に座ったから、私と囚人とは膝（ひざ）をつきあわすほどにして顔を合せたわけである。彼は座ると同時に、編笠をとり、朝の光りにみちた窓外に向いてまぶしそうに目をまたたいた。さわやかな風に面を吹かれ、着ものの上からそれとわかるほどに胸をふくらませ、また大きく息を吐き出すのだった。私はそういう境遇にある人にたいする特別な見方をもってではなく、普通の人間にたいするように彼の顔を正視した。まだ若い青年だった。はじめてそのうしろ姿を一（いち）瞥（べつ）したとき、しっかりした骨組にもかかわらず、肩のあたりの線に、どこかまだ一人前になりきらぬ、初々しいものを見たのであるが、それをそのまま裏書するような実際の彼の若さであった。皮膚は荒れ、このような生活にあるものに特有な、澱（よど）んだ汚水のような色艶（つや）だったが、光り失わぬ黒く澄んだ眼は、検査*をすぎてまだ間のない頃のものをおもわせた。かすかに口を開き、そのときはもう動き出した汽車の窓外に、刻一刻かわって行く風物にうっとりみとれているさまは、あどけないものをさえ含んでいる。ふいに彼は小刻みに膝をひょいひょいと動かしはじめた。今の彼としてほかには表現し得ない(1)心の喜びなのであろう。太く冷たい鉄の手錠のしかと喰（く）い込んでいる双の手首が、その膝の動きにつれて無心にかすかにふるえている。……

気がついてみると、しかし、彼の存在に心をとられているのは決して私一人ではなかった。この車内にある大半のものがそうであったといえる。彼がはいって来た当座、おびえたように身をすくめたものたちも、自分たちの座席から遠くはなれた今の彼を見るときは、安堵（あんど）の胸をなでおろすと同時に、好奇心が頭をもちあげて来たようである。用もないのにぶらぶら私たち

問一　傍線部(a)について、なぜ「解読できない偽文字であることを見抜けない人々こそが、好適な顧客なのだ」といえるのか、説明しなさい。

問二　傍線部(b)の「抜け目なく、味方に取り込んでしまっている、という周到さ」とはどういうことか、説明しなさい。

問三　傍線部(c)の「そうした経緯を見事に擬態して演じた」とはどういうことか、何が何を「演じて」いるのかを示しながら説明しなさい。

問四　本文で述べられるアジアの新字体創作の文化的特徴について、傍線部(d)の「屈曲した劣性複合」という観点から説明しなさい。なお「劣性複合（inferiority complex）」とは、「優越感と複合した劣等感」といった意味で使われている。

なかろう。不必要なまでに複雑な文字構成からは、北方騎馬民族の中華の民に対する屈曲した劣性複合を読み取りたくなる。(d)だが、これらの「偽」漢字は、王朝によって正統なる文字とのお墨付きを得るや、公式な国事文書において、大手を振って使われるようになる。

その経緯や形態は様々だが、そこには周縁文化圏の中央に対する、抵抗の様子を読み取ってもよかろう。日本におけるカタカナやひらがなも例外ではない。前者は漢字の部首の一部、後者は略字草書体を利用して表音文字を創案したものだが、これは漢字では表記に不便な地域言語を擁護することにつながった。正規の漢文に対しては、補助的・従属的な役割に甘んじたが、女性の使用者たちは、やがて日本を代表する文学の書き手となる。李氏朝鮮の世宗による訓民正音*の制定（一四四六年）は、世界でも稀（まれ）な、あるいは唯一の完全に人工的な表音字母の開発といえる。ハングルもまた長らくのあいだ、表向きの漢字使用に対して従属的な位置にあったが、半島の民族主義が高まると、その受け皿として正統性を獲得し、やがては漢字排斥の根拠とされるまでの民族的矜持を託され、誇り高い地位を授けられる。だが、これらはいずれも、中華主義の立場から評定すれば、しょせん周縁辺境地帯の「偽文字」として遇されても仕方のない、文化的劣位の表徴に他ならなかったはずである。

（稲賀繁美『絵画の臨界―近代東アジア美術史の桎梏と命運―』により、一部改変）

＊契丹文字――現在の中国東北部からモンゴル高原までの地域を支配した契丹（キタイ）で作られた文字。

＊西夏文字――現在の中国西北部を支配した西夏王国で作られた文字。

＊女真文字――現在の中国東北部に女真族が建国した金王朝で作られた文字。

＊中原――辺境に対する中央。中華文明の中心地。

＊訓民正音――朝鮮語を表記するために作られた表音文字ハングルの古称。

できない偽文字であることを見抜けない人々こそが、好適な顧客なのだ。たしかに彼らは「文盲」なのだが、彼ら自身は、シュー・ビンの作品を前にして、いかに自分たちが「文盲」なのか理解できない。

となれば、シュー・ビンは、一種の確信犯だといえるだろう。というのも彼は、自らの贋作漢字あるいは紛(まが)い物の漢字を公衆に対して展示するにあたって、自分が公衆を欺いていることに自覚的だからだ。それなら、この紛い物が功を奏するのは何故なのか。それは「自分たちがいかに欺かれているかを理解できない人々」を騙(だま)しているだけではなく、それよりも大切なこととして、「自分たちが担がれていることを重々承知している人々」をも、シュー・ビンが(b)抜け目なく、味方に取り込んでしまっている、という周到さにあるはずだ。

それにくわえて、昨今ではシュー・ビンは自分の偽漢字は学習すれば読解できるし、習得することだって可能だと言い立て始めている。実際彼は、自分の創作した文字を、漢字という表意文字の構成原理に則って増幅させている。基本的な部首を組み合わせることで、漢字は新たな語義を獲得し、それを伝達する自己組成の力学を蔵している。この漢字ならではの機動性を頼りに、シュー・ビンは自らの偽文字をブラッシュ・アップ（brush up）し、ヴァージョン・アップ（version up）した。はたしてその成果は、正統なものとして認証されるのだろうか。だがそれは、将来における社会的な認知の問題であって、作者本人が全面的に責任を負う筋合いのものではあるまい。当初の海賊行為（というのも、それは、社会的な認知を得ない、偽金造りならぬ「偽文字造り」だったのだから）が少しずつ権威を帯び、最後には社会において、代替的なコードとして、まっとうに伝播循環されるに至る。(c)そうした経緯を見事に擬態して演じたひとつの好例を、シュー・ビンに見ることも許されるだろう。

実際、歴史を振り返ると、同様の新字体創作は漢字文明圏の周縁部において、何度となく繰り返されてきた。シュー・ビン発案の字体に近いものから見るならば、＊契丹(きったん)文字（九二〇年頃に制定）や、＊西夏文字（一〇三六年頃に制定）あるいは＊女真文字（一一九二年に制定）は、北方の遊牧民族によって、＊中原の漢字文化圏への対抗を意図して発明されたものと見て、間違い

国語

◀文学部▶

（一二〇分）

I　次の文章は、近現代東アジアにおける美術を、文化的な「境界侵犯」という観点から論じたもので、中国系の現代アート作家、シュー・ビンによる、漢字に似た創作文字を用いた書の作品をとりあげています。これを読んで後の問いに答えなさい。

シュー・ビンの書は、中華文明が公認してきた漢字体系からみれば、公然たる贋作にして擬態にすぎぬという限りで、自らの創意出自の偽モノ性を憚らず公言する。彼はまず一方では、自らの創作が偽物であることを、ほかでもない中国の公衆に対して包み隠さず訴える。実際、漢字文明圏の成員であれば、誰しも容易に、シュー・ビンの漢字が偽物でしかないことは見抜けるはずである（それが、漢字文明圏の成員の証にすらなりえる）。ところがそのうえで、彼の作品は、もっぱら西側世界の観客を標的としている。それは、彼の文字を解読できないことを前提とした観客である。むろん西側世界の観客とても、シュー・ビンの「漢字」が漢字としては解読不可能なことくらい、知識としては知っていよう。だがそうした観衆には、彼の創意工夫による偽文字が判読不可能であるという事実を判読する能力が、原則的には想定されていない。言い換えれば、(a)解読

////////////////////// · memo · //////////////////////

教学社 刊行一覧

2025年版 大学赤本シリーズ

374大学556点
全都道府県を網羅

国公立大学（都道府県順）

全国の書店で取り扱っています。店頭にない場合は，お取り寄せができます。

1 北海道大学（文系－前期日程）
2 北海道大学（理系－前期日程） 医
3 北海道大学（後期日程）
4 旭川医科大学（医学部〈医学科〉） 医
5 小樽商科大学
6 帯広畜産大学
7 北海道教育大学
8 室蘭工業大学／北見工業大学
9 釧路公立大学
10 公立千歳科学技術大学
11 公立はこだて未来大学 総推
12 札幌医科大学（医学部） 医
13 弘前大学 医
14 岩手大学
15 岩手県立大学・盛岡短期大学部・宮古短期大学部
16 東北大学（文系－前期日程）
17 東北大学（理系－前期日程） 医
18 東北大学（後期日程）
19 宮城教育大学
20 宮城大学
21 秋田大学 医
22 秋田県立大学
23 国際教養大学 総推
24 山形大学 医
25 福島大学
26 会津大学
27 福島県立医科大学（医・保健科学部） 医
28 茨城大学（文系）
29 茨城大学（理系）
30 筑波大学（推薦入試） 医 総推
31 筑波大学（文系－前期日程）
32 筑波大学（理系－前期日程） 医
33 筑波大学（後期日程）
34 宇都宮大学
35 群馬大学 医
36 群馬県立女子大学
37 高崎経済大学
38 前橋工科大学
39 埼玉大学（文系）
40 埼玉大学（理系）
41 千葉大学（文系－前期日程）
42 千葉大学（理系－前期日程） 医
43 千葉大学（後期日程） 医
44 東京大学（文科） DL
45 東京大学（理科） DL 医
46 お茶の水女子大学
47 電気通信大学
48 東京外国語大学 DL
49 東京海洋大学
50 東京科学大学（旧 東京工業大学）
51 東京科学大学（旧 東京医科歯科大学） 医
52 東京学芸大学
53 東京藝術大学
54 東京農工大学
55 一橋大学（前期日程）
56 一橋大学（後期日程）
57 東京都立大学（文系）
58 東京都立大学（理系）
59 横浜国立大学（文系）
60 横浜国立大学（理系）
61 横浜市立大学（国際教養・国際商・理・データサイエンス・医〈看護〉学部）
62 横浜市立大学（医学部〈医学科〉） 医
63 新潟大学（人文・教育〈文系〉・法・経済科・医〈看護〉・創生学部）
64 新潟大学（教育〈理系〉・理・医〈看護を除く〉・歯・工・農学部） 医
65 新潟県立大学
66 富山大学（文系）
67 富山大学（理系） 医
68 富山県立大学
69 金沢大学（文系）
70 金沢大学（理系） 医
71 福井大学（教育・医〈看護〉・工・国際地域学部）
72 福井大学（医学部〈医学科〉） 医
73 福井県立大学
74 山梨大学（教育・医〈看護〉・工・生命環境学部）
75 山梨大学（医学部〈医学科〉） 医
76 都留文科大学
77 信州大学（文系－前期日程）
78 信州大学（理系－前期日程） 医
79 信州大学（後期日程）
80 公立諏訪東京理科大学 総推
81 岐阜大学（前期日程） 医
82 岐阜大学（後期日程）
83 岐阜薬科大学
84 静岡大学（前期日程）
85 静岡大学（後期日程）
86 浜松医科大学（医学部〈医学科〉） 医
87 静岡県立大学
88 静岡文化芸術大学
89 名古屋大学（文系）
90 名古屋大学（理系） 医
91 愛知教育大学
92 名古屋工業大学
93 愛知県立大学
94 名古屋市立大学（経済・人文社会・芸術工・看護・総合生命理・データサイエンス学部）
95 名古屋市立大学（医学部〈医学科〉） 医
96 名古屋市立大学（薬学部）
97 三重大学（人文・教育・医〈看護〉学部）
98 三重大学（医〈医〉・工・生物資源学部） 医
99 滋賀大学
100 滋賀医科大学（医学部〈医学科〉） 医
101 滋賀県立大学
102 京都大学（文系）
103 京都大学（理系） 医
104 京都教育大学
105 京都工芸繊維大学
106 京都府立大学
107 京都府立医科大学（医学部〈医学科〉） 医
108 大阪大学（文系） DL
109 大阪大学（理系） 医
110 大阪教育大学
111 大阪公立大学（現代システム科学域〈文系〉・文・法・経済・商・看護・生活科〈居住環境・人間福祉〉学部－前期日程）
112 大阪公立大学（現代システム科学域〈理系〉・理・工・農・獣医・医・生活科〈食栄養〉学部－前期日程） 医
113 大阪公立大学（中期日程）
114 大阪公立大学（後期日程）
115 神戸大学（文系－前期日程）
116 神戸大学（理系－前期日程） 医
117 神戸大学（後期日程）
118 神戸市外国語大学 DL
119 兵庫県立大学（国際商経・社会情報科・看護学部）
120 兵庫県立大学（工・理・環境人間学部）
121 奈良教育大学／奈良県立大学
122 奈良女子大学
123 奈良県立医科大学（医学部〈医学科〉） 医
124 和歌山大学
125 和歌山県立医科大学（医・薬学部） 医
126 鳥取大学 医
127 公立鳥取環境大学
128 島根大学 医
129 岡山大学（文系）
130 岡山大学（理系） 医
131 岡山県立大学
132 広島大学（文系－前期日程）
133 広島大学（理系－前期日程） 医
134 広島大学（後期日程）
135 尾道市立大学 総推
136 県立広島大学
137 広島市立大学
138 福山市立大学 総推
139 山口大学（人文・教育〈文系〉・経済・医〈看護〉・国際総合科学部）
140 山口大学（教育〈理系〉・理・医〈看護を除く〉・工・農・共同獣医学部） 医
141 山陽小野田市立山口東京理科大学 総推
142 下関市立大学／山口県立大学
143 周南公立大学 新 総推
144 徳島大学 医
145 香川大学 医
146 愛媛大学 医
147 高知大学 医
148 高知工科大学
149 九州大学（文系－前期日程）
150 九州大学（理系－前期日程） 医
151 九州大学（後期日程）
152 九州工業大学
153 福岡教育大学
154 北九州市立大学
155 九州歯科大学
156 福岡県立大学／福岡女子大学
157 佐賀大学 医
158 長崎大学（多文化社会・教育〈文系〉・経済・医〈保健〉・環境科〈文系〉学部）
159 長崎大学（教育〈理系〉・医〈医〉・歯・薬・情報データ科・工・環境科〈理系〉・水産学部） 医
160 長崎県立大学 総推
161 熊本大学（文・教育・法・医〈看護〉学部・情報融合学環〈文系型〉）
162 熊本大学（理・医〈看護を除く〉・薬・工学部・情報融合学環〈理系型〉） 医
163 熊本県立大学
164 大分大学（教育・経済・医〈看護〉・理工・福祉健康科学部）
165 大分大学（医学部〈医・先進医療科学科〉） 医
166 宮崎大学（教育・医〈看護〉・工・農・地域資源創成学部）
167 宮崎大学（医学部〈医学科〉） 医
168 鹿児島大学（文系）
169 鹿児島大学（理系） 医
170 琉球大学 医

2025年版　大学赤本シリーズ

国公立大学 その他

171 〔国公立大〕医学部医学科 総合型選抜・学校推薦型選抜※ 医 総推
172 看護・医療系大学〈国公立 東日本〉※
173 看護・医療系大学〈国公立 中日本〉※
174 看護・医療系大学〈国公立 西日本〉※
175 海上保安大学校／気象大学校
176 航空保安大学校
177 国立看護大学校
178 防衛大学校 総推
179 防衛医科大学校（医学科） 医
180 防衛医科大学校（看護学科）

※No.171～174の収載大学は赤本ウェブサイト（http://akahon.net/）でご確認ください。

私立大学①

北海道の大学（50音順）

201 札幌大学
202 札幌学院大学
203 北星学園大学
204 北海学園大学
205 北海道医療大学
206 北海道科学大学
207 北海道武蔵女子大学・短期大学
208 酪農学園大学（獣医学群〈獣医学類〉）

東北の大学（50音順）

209 岩手医科大学（医・歯・薬学部） 医
210 仙台大学 総推
211 東北医科薬科大学（医・薬学部） 医
212 東北学院大学
213 東北工業大学
214 東北福祉大学
215 宮城学院女子大学 総推

関東の大学（50音順）

あ行（関東の大学）

216 青山学院大学（法・国際政治経済学部－個別学部日程）
217 青山学院大学（経済学部－個別学部日程）
218 青山学院大学（経営学部－個別学部日程）
219 青山学院大学（文・教育人間科学部－個別学部日程）
220 青山学院大学（総合文化政策・社会情報・地球社会共生・コミュニティ人間科学部－個別学部日程）
221 青山学院大学（理工学部－個別学部日程）
222 青山学院大学（全学部日程）
223 麻布大学（獣医、生命・環境科学部）
224 亜細亜大学
226 桜美林大学
227 大妻女子大学・短期大学部

か行（関東の大学）

228 学習院大学（法学部－コア試験）
229 学習院大学（経済学部－コア試験）
230 学習院大学（文学部－コア試験）
231 学習院大学（国際社会科学部－コア試験）
232 学習院大学（理学部－コア試験）
233 学習院女子大学
234 神奈川大学（給費生試験）
235 神奈川大学（一般入試）
236 神奈川工科大学
237 鎌倉女子大学・短期大学部
238 川村学園女子大学
239 神田外語大学
240 関東学院大学
241 北里大学（理学部）
242 北里大学（医学部） 医
243 北里大学（薬学部）
244 北里大学（看護・医療衛生学部）
245 北里大学（未来工・獣医・海洋生命科学部）
246 共立女子大学・短期大学
247 杏林大学（医学部） 医
248 杏林大学（保健学部）
249 群馬医療福祉大学・短期大学部
250 群馬パース大学 総推
251 慶應義塾大学（法学部）
252 慶應義塾大学（経済学部）
253 慶應義塾大学（商学部）
254 慶應義塾大学（文学部） 総推
255 慶應義塾大学（総合政策学部）
256 慶應義塾大学（環境情報学部）
257 慶應義塾大学（理工学部）
258 慶應義塾大学（医学部） 医
259 慶應義塾大学（薬学部）
260 慶應義塾大学（看護医療学部）
261 工学院大学
262 國學院大學
263 国際医療福祉大学 医
264 国際基督教大学
265 国士舘大学
266 駒澤大学（一般選抜T方式・S方式）
267 駒澤大学（全学部統一日程選抜）

さ行（関東の大学）

268 埼玉医科大学（医学部） 医
269 相模女子大学・短期大学部
270 産業能率大学
271 自治医科大学（医学部） 医
272 自治医科大学（看護学部）／東京慈恵会医科大学（医学部〈看護学科〉）
273 実践女子大学 総推
274 芝浦工業大学（前期日程）
275 芝浦工業大学（全学統一日程・後期日程）
276 十文字学園女子大学
277 淑徳大学
278 順天堂大学（医学部） 医
279 順天堂大学（スポーツ健康科・医療看護・保健看護・国際教養・保健医療・医療科・健康データサイエンス・薬学部） 総推
280 上智大学（神・文・総合人間科学部）
281 上智大学（法・経済学部）
282 上智大学（外国語・総合グローバル学部）
283 上智大学（理工学部）
284 上智大学（TEAPスコア利用方式）
285 湘南工科大学
286 昭和大学（医学部） 医
287 昭和大学（歯・薬・保健医療学部）
288 昭和女子大学
289 昭和薬科大学
290 女子栄養大学・短期大学部 総推
291 白百合女子大学
292 成蹊大学（法学部－A方式）
293 成蹊大学（経済・経営学部－A方式）
294 成蹊大学（文学部－A方式）
295 成蹊大学（理工学部－A方式）
296 成蹊大学（E方式・G方式・P方式）
297 成城大学（経済・社会イノベーション学部－A方式）
298 成城大学（文芸・法学部－A方式）
299 成城大学（S方式〈全学部統一選抜〉）
300 聖心女子大学
301 清泉女子大学
303 聖マリアンナ医科大学 医
304 聖路加国際大学（看護学部）
305 専修大学（スカラシップ・全国入試）
306 専修大学（前期入試〈学部個別入試〉）
307 専修大学（前期入試〈全学部入試・スカラシップ入試〉）

た行（関東の大学）

308 大正大学
309 大東文化大学
310 高崎健康福祉大学
311 拓殖大学
312 玉川大学
313 多摩美術大学
314 千葉工業大学
315 中央大学（法学部－学部別選抜）
316 中央大学（経済学部－学部別選抜）
317 中央大学（商学部－学部別選抜）
318 中央大学（文学部－学部別選抜）
319 中央大学（総合政策学部－学部別選抜）
320 中央大学（国際経営・国際情報学部－学部別選抜）
321 中央大学（理工学部－学部別選抜）
322 中央大学（5学部共通選抜）
323 中央学院大学
324 津田塾大学
325 帝京大学（薬・経済・法・文・外国語・教育・理工・医療技術・福岡医療技術学部）
326 帝京大学（医学部） 医
327 帝京科学大学 総推
328 帝京平成大学 総推
329 東海大学（医〈医〉学部を除く－一般選抜）
330 東海大学（文系・理系学部統一選抜）
331 東海大学（医学部〈医学科〉） 医
332 東京医科大学（医学部〈医学科〉） 医
333 東京家政大学・短期大学部 総推
334 東京経済大学
335 東京工科大学
336 東京工芸大学
337 東京国際大学
338 東京歯科大学
339 東京慈恵会医科大学（医学部〈医学科〉） 医
340 東京情報大学
341 東京女子大学
342 東京女子医科大学（医学部） 医
343 東京電機大学
344 東京都市大学
345 東京農業大学
346 東京薬科大学（薬学部） 総推
347 東京薬科大学（生命科学部） 総推
348 東京理科大学（理学部〈第一部〉－B方式）
349 東京理科大学（創域理工学部－B方式・S方式）
350 東京理科大学（工学部－B方式）
351 東京理科大学（先進工学部－B方式）
352 東京理科大学（薬学部－B方式）
353 東京理科大学（経営学部－B方式）
354 東京理科大学（C方式、グローバル方式、理学部〈第二部〉－B方式）
355 東邦大学（医学部） 医
356 東邦大学（薬学部）

2025年版　大学赤本シリーズ

私立大学②

357 東邦大学(理・看護・健康科学部)
358 東洋大学(文・経済・経営・法・社会・国際・国際観光学部)
359 東洋大学(情報連携・福祉社会デザイン・健康スポーツ科・理工・総合情報・生命科・食環境科学部)
360 東洋大学(英語〈3日程×3カ年〉)
361 東洋大学(国語〈3日程×3カ年〉)
362 東洋大学(日本史・世界史〈2日程×3カ年〉)
363 東洋英和女学院大学
364 常磐大学・短期大学 総推
365 獨協大学
366 獨協医科大学(医学部) 医

な行(関東の大学)

367 二松学舎大学
368 日本大学(法学部)
369 日本大学(経済学部)
370 日本大学(商学部)
371 日本大学(文理学部〈文系〉)
372 日本大学(文理学部〈理系〉)
373 日本大学(芸術学部〈専門試験併用型〉)
374 日本大学(国際関係学部)
375 日本大学(危機管理・スポーツ科学部)
376 日本大学(理工学部)
377 日本大学(生産工・工学部)
378 日本大学(生物資源科学部)
379 日本大学(医学部) 医
380 日本大学(歯・松戸歯学部)
381 日本大学(薬学部)
382 日本大学(N全学統一方式−医・芸術〈専門試験併用型〉学部を除く)
383 日本医科大学 医
384 日本工業大学
385 日本歯科大学
386 日本社会事業大学 総推
387 日本獣医生命科学大学
388 日本女子大学
389 日本体育大学

は行(関東の大学)

390 白鷗大学(学業特待選抜・一般選抜)
391 フェリス女学院大学
392 文教大学
393 法政大学(法〈Ⅰ日程〉・文〈Ⅱ日程〉・経営〈Ⅱ日程〉学部−A方式)
394 法政大学(法〈Ⅱ日程〉・国際文化・キャリアデザイン学部−A方式)
395 法政大学(文〈Ⅰ日程〉・経営〈Ⅰ日程〉・人間環境・グローバル教養学部−A方式)
396 法政大学(経済〈Ⅰ日程〉・社会〈Ⅰ日程〉・現代福祉学部−A方式)
397 法政大学(経済〈Ⅱ日程〉・社会〈Ⅱ日程〉・スポーツ健康学部−A方式)
398 法政大学(情報科・デザイン工・理工・生命科学部−A方式)
399 法政大学(T日程〈統一日程〉・英語外部試験利用入試)
400 星薬科大学 総推

ま行(関東の大学)

401 武蔵大学
402 武蔵野大学
403 武蔵野美術大学
404 明海大学
405 明治大学(法学部−学部別入試)
406 明治大学(政治経済学部−学部別入試)
407 明治大学(商学部−学部別入試)
408 明治大学(経営学部−学部別入試)
409 明治大学(文学部−学部別入試)
410 明治大学(国際日本学部−学部別入試)
411 明治大学(情報コミュニケーション学部−学部別入試)
412 明治大学(理工学部−学部別入試)
413 明治大学(総合数理学部−学部別入試)
414 明治大学(農学部−学部別入試)
415 明治大学(全学部統一入試)
416 明治学院大学(A日程)
417 明治学院大学(全学部日程)
418 明治薬科大学 総推
419 明星大学
420 目白大学・短期大学部

ら・わ行(関東の大学)

421 立教大学(文系学部−一般入試〈大学独自の英語を課さない日程〉)
422 立教大学(国語〈3日程×3カ年〉)
423 立教大学(日本史・世界史〈2日程×3カ年〉)
424 立教大学(文学部−一般入試〈大学独自の英語を課す日程〉)
425 立教大学(理学部−一般入試)
426 立正大学
427 早稲田大学(法学部)
428 早稲田大学(政治経済学部)
429 早稲田大学(商学部)
430 早稲田大学(社会科学部)
431 早稲田大学(文学部)
432 早稲田大学(文化構想学部)
433 早稲田大学(教育学部〈文科系〉)
434 早稲田大学(教育学部〈理科系〉)
435 早稲田大学(人間科・スポーツ科学部)
436 早稲田大学(国際教養学部)
437 早稲田大学(基幹理工・創造理工・先進理工学部)
438 和洋女子大学 総推

中部の大学(50音順)

439 愛知大学
440 愛知医科大学(医学部) 医
441 愛知学院大学・短期大学部
442 愛知工業大学 総推
443 愛知淑徳大学
444 朝日大学 総推
445 金沢医科大学(医学部) 医
446 金沢工業大学
447 岐阜聖徳学園大学 総推
448 金城学院大学
449 至学館大学 総推
450 静岡理工科大学
451 椙山女学園大学
452 大同大学
453 中京大学
454 中部大学
455 名古屋外国語大学 総推
456 名古屋学院大学 総推
457 名古屋学芸大学 総推
458 名古屋女子大学 総推
459 南山大学(外国語〈英米〉・法・総合政策・国際教養学部)
460 南山大学(人文・外国語〈英米を除く〉・経済・経営・理工学部)
461 新潟国際情報大学
462 日本福祉大学
463 福井工業大学
464 藤田医科大学(医学部) 医
465 藤田医科大学(医療科・保健衛生学部)
466 名城大学(法・経営・経済・外国語・人間・都市情報学部)
467 名城大学(情報工・理工・農・薬学部)
468 山梨学院大学

近畿の大学(50音順)

469 追手門学院大学 総推
470 大阪医科薬科大学(医学部) 医
471 大阪医科薬科大学(薬学部) 総推
472 大阪学院大学 総推
473 大阪経済大学 総推
474 大阪経済法科大学 総推
475 大阪工業大学 総推
476 大阪国際大学・短期大学部 総推
477 大阪産業大学 総推
478 大阪歯科大学(歯学部)
479 大阪商業大学 総推
480 大阪成蹊大学・短期大学 総推
481 大谷大学 総推
482 大手前大学・短期大学 総推
483 関西大学(文系)
484 関西大学(理系)
485 関西大学(英語〈3日程×3カ年〉)
486 関西大学(国語〈3日程×3カ年〉)
487 関西大学(日本史・世界史・文系数学〈3日程×3カ年〉)
488 関西医科大学(医学部) 医
489 関西医療大学 総推
490 関西外国語大学・短期大学部 総推
491 関西学院大学(文・法・商・人間福祉・総合政策学部−学部個別日程)
492 関西学院大学(神・社会・経済・国際・教育学部−学部個別日程)
493 関西学院大学(全学部日程〈文系型〉)
494 関西学院大学(全学部日程〈理系型〉)
495 関西学院大学(共通テスト併用日程〈数学〉・英数日程)
496 関西学院大学(英語〈3日程×3カ年〉) 新
497 関西学院大学(国語〈3日程×3カ年〉) 新
498 関西学院大学(日本史・世界史・文系数学〈3日程×3カ年〉) 新
499 畿央大学 総推
500 京都外国語大学・短期大学 総推
502 京都産業大学(公募推薦入試) 総推
503 京都産業大学(一般選抜入試〈前期日程〉)
504 京都女子大学 総推
505 京都先端科学大学 総推
506 京都橘大学 総推
507 京都ノートルダム女子大学 総推
508 京都薬科大学 総推
509 近畿大学・短期大学部(医学部を除く−推薦入試) 総推
510 近畿大学・短期大学部(医学部を除く−一般入試前期)
511 近畿大学(英語〈医学部を除く3日程×3カ年〉)
512 近畿大学(理系数学〈医学部を除く3日程×3カ年〉)
513 近畿大学(国語〈医学部を除く3日程×3カ年〉)
514 近畿大学(医学部−推薦入試・一般入試前期) 医 総推
515 近畿大学・短期大学部(一般入試後期) 医
516 皇學館大学 総推
517 甲南大学 総推
518 甲南女子大学(学校推薦型選抜) 新 総推
519 神戸学院大学 総推
520 神戸国際大学 総推
521 神戸女学院大学 総推
522 神戸女子大学・短期大学 総推
523 神戸薬科大学 総推
524 四天王寺大学・短期大学部 総推
525 摂南大学(公募制推薦入試) 総推
526 摂南大学(一般選抜前期日程)
527 帝塚山学院大学 総推
528 同志社大学(法、グローバル・コミュニケーション学部−学部個別日程)

2025年版　大学赤本シリーズ

私立大学③

- 529 同志社大学(文・経済学部−学部個別日程)
- 530 同志社大学(神・商・心理・グローバル地域文化学部−学部個別日程)
- 531 同志社大学(社会学部−学部個別日程)
- 532 同志社大学(政策・文化情報〈文系型〉・スポーツ健康科〈文系型〉学部−学部個別日程)
- 533 同志社大学(理工・生命医科・文化情報〈理系型〉・スポーツ健康科〈理系型〉学部−学部個別日程)
- 534 同志社大学(全学部日程)
- 535 同志社女子大学 総推
- 536 奈良大学 総推
- 537 奈良学園大学 総推
- 538 阪南大学 総推
- 539 姫路獨協大学 総推
- 540 兵庫医科大学(医学部) 医
- 541 兵庫医科大学(薬・看護・リハビリテーション学部) 総推
- 542 佛教大学 総推
- 543 武庫川女子大学 総推
- 544 桃山学院大学 総推
- 545 大和大学・大和大学白鳳短期大学部 総推
- 546 立命館大学(文系−全学統一方式・学部個別配点方式)／立命館アジア太平洋大学(前期方式・英語重視方式)
- 547 立命館大学(理系−全学統一方式・学部個別配点方式・理系型3教科方式・薬学方式)
- 548 立命館大学(英語〈全学統一方式3日程×3カ年〉)
- 549 立命館大学(国語〈全学統一方式3日程×3カ年〉)
- 550 立命館大学(文系選択科目〈全学統一方式2日程×3カ年〉)
- 551 立命館大学(IR方式〈英語資格試験利用型〉・共通テスト併用方式)／立命館アジア太平洋大学(共通テスト併用方式)
- 552 立命館大学(後期分割方式・「経営学部で学ぶ感性＋共通テスト」方式)／立命館アジア太平洋大学(後期方式)
- 553 龍谷大学(公募推薦入試) 総推
- 554 龍谷大学(一般選抜入試)

中国の大学(50音順)

- 555 岡山商科大学 総推
- 556 岡山理科大学 総推
- 557 川崎医科大学 医
- 558 吉備国際大学 総推
- 559 就実大学 総推
- 560 広島経済大学
- 561 広島国際大学 総推
- 562 広島修道大学
- 563 広島文教大学 総推
- 564 福山大学／福山平成大学
- 565 安田女子大学 総推

四国の大学(50音順)

- 567 松山大学

九州の大学(50音順)

- 568 九州医療科学大学
- 569 九州産業大学
- 570 熊本学園大学
- 571 久留米大学(文・人間健康・法・経済・商学部)
- 572 久留米大学(医学部〈医学科〉) 医
- 573 産業医科大学(医学部) 医
- 574 西南学院大学(商・経済・法・人間科学部−A日程)
- 575 西南学院大学(神・外国語・国際文化学部−A日程／全学部−F日程)
- 576 福岡大学(医学部医学科を除く−学校推薦型選抜・一般選抜系統別日程) 総推
- 577 福岡大学(医学部医学科を除く−一般選抜前期日程)
- 578 福岡大学(医学部〈医学科〉−学校推薦型選抜・一般選抜系統別日程) 医 総推
- 579 福岡工業大学
- 580 令和健康科学大学 総推

医 医学部医学科を含む
総推 総合型選抜または学校推薦型選抜を含む
DL リスニング音声配信　新 2024年 新刊・復刊

掲載している入試の種類や試験科目，収載年数などはそれぞれ異なります。詳細については，それぞれの本の目次や赤本ウェブサイトでご確認ください。

akahon.net

赤本｜

難関校過去問シリーズ

出題形式別・分野別に収録した
「入試問題事典」

定価2,310~2,640円(本体2,100~2,400円)

先輩合格者はこう使った！
「難関校過去問シリーズの使い方」

61年，全部載せ！
要約演習で，総合力を鍛える

東大の英語
要約問題 UNLIMITED

国公立大学

- 東大の英語25カ年[第12版] 改
- 東大の英語リスニング20カ年[第9版] DL 改
- 東大の英語 要約問題 UNLIMITED
- 東大の文系数学25カ年[第12版] 改
- 東大の理系数学25カ年[第12版] 改
- 東大の現代文25カ年[第12版] 改
- 東大の古典25カ年[第12版] 改
- 東大の日本史25カ年[第9版] 改
- 東大の世界史25カ年[第9版] 改
- 東大の地理25カ年[第9版] 改
- 東大の物理25カ年[第9版] 改
- 東大の化学25カ年[第9版] 改
- 東大の生物25カ年[第9版] 改
- 東工大の英語20カ年[第8版] 改
- 東工大の数学20カ年[第9版] 改
- 東工大の物理20カ年[第5版] 改
- 東工大の化学20カ年[第5版] 改
- 一橋大の英語20カ年[第9版] 改
- 一橋大の数学20カ年[第9版] 改
- 一橋大の国語20カ年[第6版] 改
- 一橋大の日本史20カ年[第6版] 改
- 一橋大の世界史20カ年[第6版] 改
- 筑波大の英語15カ年 新
- 筑波大の数学15カ年 新
- 京大の英語25カ年[第12版]
- 京大の文系数学25カ年[第12版]
- 京大の理系数学25カ年[第12版]
- 京大の現代文25カ年[第2版]
- 京大の古典25カ年[第2版]
- 京大の日本史20カ年[第3版]
- 京大の世界史20カ年[第3版]
- 京大の物理25カ年[第9版]
- 京大の化学25カ年[第9版]
- 北大の英語15カ年[第8版]
- 北大の理系数学15カ年[第8版]
- 北大の物理15カ年[第2版]
- 北大の化学15カ年[第2版]
- 東北大の英語15カ年[第8版]
- 東北大の理系数学15カ年[第8版]
- 東北大の物理15カ年[第2版]
- 東北大の化学15カ年[第2版]
- 名古屋大の英語15カ年[第8版]
- 名古屋大の理系数学15カ年[第8版]
- 名古屋大の物理15カ年[第2版]
- 名古屋大の化学15カ年[第2版]
- 阪大の英語20カ年[第9版]
- 阪大の文系数学20カ年[第3版]
- 阪大の理系数学20カ年[第9版]
- 阪大の国語15カ年[第3版]
- 阪大の物理20カ年[第8版]
- 阪大の化学20カ年[第6版]
- 九大の英語15カ年[第8版]
- 九大の理系数学15カ年[第7版]
- 九大の物理15カ年[第2版]
- 九大の化学15カ年[第2版]
- 神戸大の英語15カ年[第9版]
- 神戸大の数学15カ年[第5版]
- 神戸大の国語15カ年[第3版]

私立大学

- 早稲田の英語[第11版] 改
- 早稲田の国語[第9版] 改
- 早稲田の日本史[第9版] 改
- 早稲田の世界史[第2版] 改
- 慶應の英語[第11版] 改
- 慶應の小論文[第3版] 改
- 明治大の英語[第9版] 改
- 明治大の国語[第2版] 改
- 明治大の日本史[第2版] 改
- 中央大の英語[第9版] 改
- 法政大の英語[第9版] 改
- 同志社大の英語[第10版]
- 立命館大の英語[第10版]
- 関西大の英語[第10版]
- 関西学院大の英語[第10版]

DL リスニング音声配信
新 2024年 新刊
改 2024年 改訂

共通テスト対策関連書籍

共通テスト対策 も 赤本で

① 過去問演習

2025年版

共通テスト 赤本シリーズ

全12点

A5判／定価1,320円
（本体1,200円）

- 英国数には新課程対応オリジナル実戦模試 掲載！
- 公表された新課程試作問題はすべて掲載！
- くわしい対策講座で得点力UP
- 英語はリスニングを10回分掲載！ 赤本の音声サイトで本番さながらの対策！

- 英語 リーディング／リスニング DL
- 数学I, A／II, B, C
- 国語
- 歴史総合, 日本史探究
- 歴史総合, 世界史探究
- 地理総合, 地理探究
- 公共, 倫理
- 公共, 政治・経済
- 物理
- 化学
- 生物
- 物理基礎／化学基礎／生物基礎／地学基礎

DL 音声無料配信

② 自己分析

赤本ノートシリーズ 過去問演習の効果を最大化

▶共通テスト対策には

赤本ノート（共通テスト用）

赤本ルーズリーフ（共通テスト用）

共通テスト赤本シリーズ
新課程攻略問題集
全26点に対応!!

▶二次・私大対策には

赤本ノート（二次・私大用）

大学赤本シリーズ
全556点に対応!!

③ 重点対策

共通テスト赤本プラス

新課程攻略問題集

基礎固め&苦手克服のための分野別対策問題集!!
厳選された問題でかしこく対策

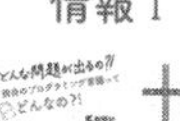

- 英語リーディング
- 英語リスニング DL
- 数学I, A
- 数学II, B, C
- 国語（現代文）
- 国語（古文, 漢文）
- 歴史総合, 日本史探究
- 歴史総合, 世界史探究
- 地理総合, 地理探究
- 公共, 政治・経済
- 物理
- 化学
- 生物
- 情報I

DL 音声無料配信

全14点 好評発売中！

A5判／定価1,320円（本体1,200円）

手軽なサイズの実戦的参考書

目からウロコのコツが満載！
直前期にも！

満点のコツ シリーズ

赤本ポケット

いつも受験生のそばに―赤本

大学入試シリーズ＋α
入試対策も共通テスト対策も赤本で

入試対策

赤本プラス

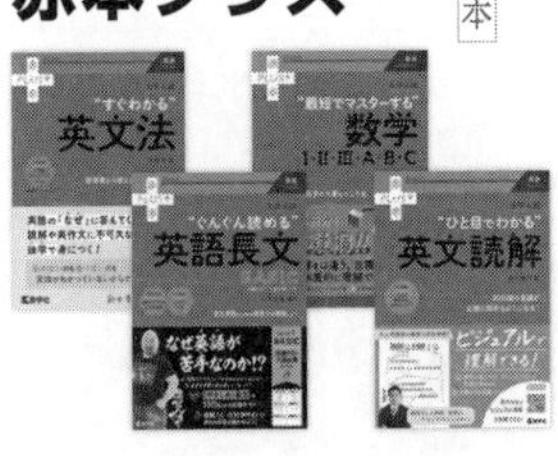

赤本プラスとは，**過去問演習の効果を最大にする**ためのシリーズです。「赤本」であぶり出された弱点を，赤本プラスで克服しましょう。

大学入試 すぐわかる英文法 DL
大学入試 ひと目でわかる英文読解
大学入試 絶対できる英語リスニング DL
大学入試 すぐ書ける自由英作文
大学入試 ぐんぐん読める
英語長文〔BASIC〕 DL
大学入試 ぐんぐん読める
英語長文〔STANDARD〕 DL
大学入試 ぐんぐん読める
英語長文〔ADVANCED〕 DL
大学入試 正しく書ける英作文
大学入試 最短でマスターする
数学Ⅰ・Ⅱ・Ⅲ・A・B・C
大学入試 突破力を鍛える最難関の数学
大学入試 知らなきゃ解けない
古文常識・和歌
大学入試 ちゃんと身につく物理
大学入試 もっと身につく
物理問題集（①力学・波動）
大学入試 もっと身につく
物理問題集（②熱力学・電磁気・原子）

入試対策

英検®赤本シリーズ

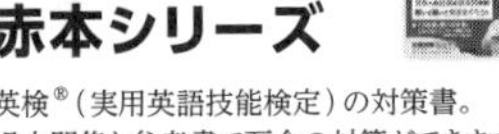

英検®（実用英語技能検定）の対策書。
過去問集と参考書で万全の対策ができます。

▶**過去問集（2024年度版）**
英検®準1級過去問集 DL
英検®2級過去問集 DL
英検®準2級過去問集 DL
英検®3級過去問集 DL

▶**参考書**
竹岡の英検®準1級マスター DL
竹岡の英検®2級マスター CD DL
竹岡の英検®準2級マスター CD DL
竹岡の英検®3級マスター CD DL

CD リスニングCDつき　DL 音声無料配信
新 2024年新刊・改訂

入試対策

赤本プレミアム

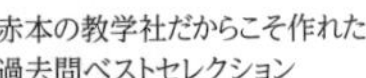

赤本の教学社だからこそ作れた、
過去問ベストセレクション

東大数学プレミアム
東大現代文プレミアム
京大数学プレミアム〔改訂版〕
京大古典プレミアム

入試対策

赤本メディカルシリーズ

過去問を徹底的に研究し，独自の出題傾向をもつメディカル系の入試に役立つ内容を精選した実戦的なシリーズ。

〔国公立大〕医学部の英語〔3訂版〕
私立医大の英語〔長文読解編〕〔3訂版〕
私立医大の英語〔文法・語法編〕〔改訂版〕
医学部の実戦小論文〔3訂版〕
医歯薬系の英単語〔4訂版〕
医系小論文 最頻出論点20〔4訂版〕
医学部の面接〔4訂版〕

入試対策

体系シリーズ

国公立大二次・難関私大突破へ，自学自習に適したハイレベル問題集。

体系英語長文　体系世界史
体系英作文　体系物理〔第7版〕
体系現代文

入試対策

単行本

▶**英語**
Q&A即決英語勉強法
TEAP攻略問題集 CD
東大の英単語〔新装版〕
早慶上智の英単語〔改訂版〕

▶**国語・小論文**
著者に注目! 現代文問題集
ブレない小論文の書き方 樋口式ワークノート

▶**レシピ集**
奥薗壽子の赤本合格レシピ

入試対策　共通テスト対策

赤本手帳

赤本手帳（2025年度受験用）プラムレッド
赤本手帳（2025年度受験用）インディゴブルー
赤本手帳（2025年度受験用）ナチュラルホワイト

入試対策

風呂で覚えるシリーズ

水をはじく特殊な紙を使用。いつでもどこでも読めるから，ちょっとした時間を有効に使える！

風呂で覚える英単語〔4訂新装版〕
風呂で覚える英熟語〔改訂新装版〕
風呂で覚える古文単語〔改訂新装版〕
風呂で覚える古文文法〔改訂新装版〕
風呂で覚える漢文〔改訂新装版〕
風呂で覚える日本史〔年代〕〔改訂新装版〕
風呂で覚える世界史〔年代〕〔改訂新装版〕
風呂で覚える倫理〔改訂版〕
風呂で覚える百人一首〔改訂版〕

共通テスト対策

満点のコツシリーズ

共通テストで満点を狙うための実戦的参考書。
重要度の増したリスニング対策は
「カリスマ講師」竹岡広信が一回読みにも
対応できるコツを伝授！

共通テスト英語〔リスニング〕
満点のコツ〔改訂版〕 新 DL
共通テスト古文 満点のコツ〔改訂版〕 新
共通テスト漢文 満点のコツ〔改訂版〕 新

入試対策　共通テスト対策

赤本ポケットシリーズ

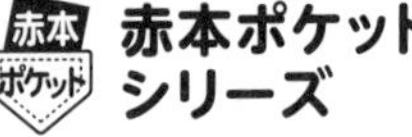

▶**共通テスト対策**
共通テスト日本史〔文化史〕

▶**系統別進路ガイド**
デザイン系学科をめざすあなたへ

大学赤本シリーズ

赤本ウェブサイト

過去問の代名詞として、70年以上の伝統と実績。

新刊案内・特集ページも充実！
受験生の「知りたい」に答える

akahon.netでチェック！

志望大学の赤本の刊行状況を確認できる！

「赤本取扱い書店検索」で赤本を置いている書店を見つけられる！

赤本チャンネル＆赤本ブログ

赤本チャンネル

人気講師の大学別講座や
共通テスト対策など、
受験に役立つ動画 を公開中！

赤本ブログ

受験のメンタルケア、合格者の声など、
受験に役立つ記事 が充実。

英語の過去問、解きっぱなしにしていませんか？

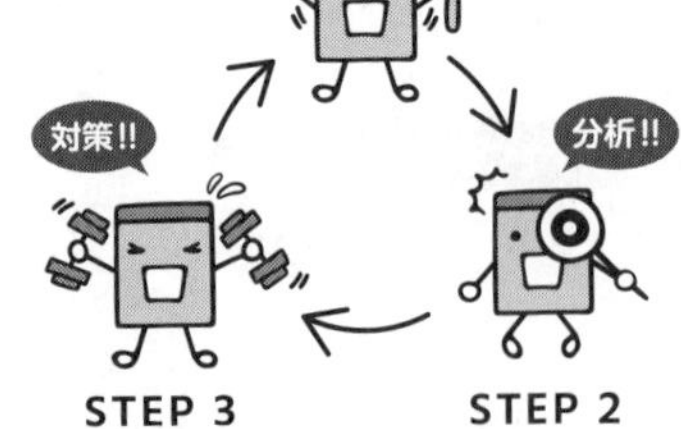

過去問を解いてみると、自分の弱い部分が見えてくる！

受験生は、英語のこんなことで悩んでいる…!?

こんな悩みをまるっと解決してくれるのが、赤本プラスです。

【英文読解編】

- 単語をつなぎ合わせて読んでます…
- **まずは頻出の構文パターンを頭に叩き込もう**
- 下線部訳が苦手…
- **SVOCを丁寧に分析できるようになろう**

→ 大学入試 ひと目でわかる英文読解
英文構造がビジュアルで理解できる！

【英語長文編】

- いつも時間切れになってしまう…
- **速読を妨げる原因を見つけよう**
- 何度も同じところを読み返してしまう…
- **展開を予測しながら読み進めよう**

→ 大学入試 ぐんぐん読める英語長文 BASIC / STANDARD / ADVANCED
6つのステップで、英語が「正確に速く」読めるようになる！

【英作文編】

- ［和文英訳］ってどう対策したらいいの？
- **頻出パターンから、日本語⇒英語の転換に慣れよう**
- いろんな解答例があると混乱します…
- **試験会場でも書けそうな例に絞ってあるので覚えやすい**

→ New 大学入試 正しく書ける英作文
頻出パターン×厳選例文でムダなく［和文英訳］対策！

【自由英作文編】

- 何から手をつけたらよいの…？
- **志望校の出題形式や頻出テーマをチェック!**
- 自由と言われてもどう書き始めたらよいの…？
- **自由英作文特有の「解答の型」を知ろう**

→ 大学入試 すぐ書ける自由英作文
頻出テーマ×重要度順 最大効率で対策できる！

赤本プラスは、数学・物理・古文もあるよ

（英語8点・古文1点・数学2点・物理3点）

大学赤本シリーズ

別冊問題編

2025